Jürgen Lehmann

Russische Literatur in Deutschland

Ihre Rezeption durch deutschsprachige Schriftsteller und Kritiker vom 18. Jahrhundert bis zur Gegenwart

Verlag J. B. Metzler

Redaktion: Jens Finckh

Bibliografische Information der Deutschen Nationalbibliothek
Die Deutsche Nationalbibliothek verzeichnet diese Publikation in der Deutschen Nationalbibliografie;
detaillierte bibliografische Daten sind im Internet über http://dnb.d-nb.de abrufbar.

ISBN 978-3-476-02528-9
ISBN 978-3-476-05373-2 (eBook)
DOI 10.1007/978-3-476-05373-2

Dieses Werk einschließlich aller seiner Teile ist urheberrechtlich geschützt. Jede Verwertung außerhalb
der engen Grenzen des Urheberrechtsgesetzes ist ohne Zustimmung des Verlages unzulässig und
strafbar. Das gilt insbesondere für Vervielfältigungen, Übersetzungen, Mikroverfilmungen und die
Einspeicherung und Verarbeitung in elektronischen Systemen.

© 2015 Springer-Verlag GmbH Deutschland
Ursprünglich erschienen bei J.B. Metzler'sche Verlagsbuchhandlung
und Carl Ernst Poeschel Verlag GmbH in Stuttgart 2015
www.metzlerverlag.de
info@metzlerverlag.de

Inhalt

1 Einleitung 1
    Danksagung. 11
    Editorische Vorbemerkung 11

2 Wahrnehmungen und Annäherungen vor 1800 13
2.1 Erste Kontakte in der Zeit zwischen Kiever Rus und dem frühen 18. Jahrhundert 13
2.2 Der deutsche Sprachraum und Russland im 18. Jahrhundert. 16
    Historische Kontexte und Wege der kulturellen Vermittlung. 16
    Russisches in deutschsprachigen Publikationen der Aufklärung 18
2.3 Bedeutende Wegbereiter in Historiographie und Geschichtsphilosophie: Schlözer und Herder 20

3 Behutsame Annäherung in Literaturkritik und Dichtung zwischen 1800 und 1885 25
3.1 Historische Kontexte 25
3.2 Russische Dichtung in der deutschsprachigen Literatur und Kritik während der ersten zwei Drittel des 19. Jahrhunderts 29
3.2.1 Russische Vermittler 29
    Nikolaj Karamzin 29 | Vasilij Žukovskij 30 | Ivan Turgenev 31
3.2.2 Deutsche Vermittler und Vermittlungsinstanzen 34
3.2.3 Übersetzerinnen und Übersetzer 35
    Karolina Pavlova 35 | Wilhelm Wolfsohn 36 | Friedrich Bodenstedt 42 | Weitere Übersetzer 43
3.2.4 Frühe Formen einer Auseinandersetzung in Dichtung und Literaturkritik 44
    Das Feuilleton 46 | Karl August Varnhagen von Ense 49 | Heinrich König und Nikolaj Mel'gunov 50

3.3	Begegnungen auf Augenhöhe: Auseinandersetzung mit russischen Freunden und Lehrern in der Literatur des »Poetischen Realismus« und des deutschsprachigen Spätrealismus am Beispiel der Rezeption Turgenevs	52
	Theodor Fontane	53
	Russische Literatur im Kontext des deutschsprachigen Spätrealismus	56

4 Die Rezeption russischer Literatur zwischen 1885 und 1918 59

4.1	Historische und literaturgeschichtliche Kontexte	59
4.2	Vermittlergestalten und Vermittlungsinstanzen	63
	Übersetzer und Herausgeber	63
	Essayisten und Literaturkritiker	65
	Institutionelle Vermittlung: Zeitschriften, Verlage, Literaturgeschichten	68
4.3	Die deutschsprachige Rezeption Tolstojs und Dostoevskijs	70
	Dostoevskij	72
	Tolstoj	75
	Editorische Großprojekte	77
	Kontrastierende Vergleiche	78
	Bezug auf russische Interpretationsdiskurse	79
4.4	Russische Literatur im deutschen Naturalismus	80
	Die literaturkritische Diskussion in Zeitschriften und Essays	80
	Gerhart Hauptmann	82
4.5	Russische Literatur im Impressionismus und in der Wiener Moderne	84
4.6	Russische Literatur in der Wahrnehmung der Expressionisten	88
4.7	»Zaum« und »Dada«. Korrespondenzen zwischen avantgardistischer Lautdichtung in russischem Futurismus und deutschsprachigem Dadaismus	90
4.8	Legitimierung zivilisationskritischer und restaurativer Geschichtsphilosophie im Kontext russischer Lektüren	91
4.9	Rainer Maria Rilke: Russische Kultur und Literatur als Inspiration und Orientierung	94
	Biographische Kontexte, Übersetzungsversuche, Kunst- und Literaturkritik	94

	Die »russischen Dinge« in Rilkes Dichtung: Motive, Ikone und Wortbild, Spezifika der Erzählprosa 99
	Der Dialog mit Marina Cvetaeva 103
4.10	Franz Kafka und seine slavischen »Blutsverwandten«: Die Dostoevskij-, Tolstoj- und Gogol'-Rezeption in Romanen und Erzählungen 105
4.11	Die Wahrnehmung zeitgenössischer russischer Schriftsteller um 1900: Gor'kij, Čechov, Garšin. 109
4.12	Thomas Mann. 111
	Thomas Manns russische Lektüren 111
	Intertextuelle Bezüge zu russischen Autoren und Texten in der Erzählprosa: *Der Bajazzo, Tonio Kröger, Der Zauberberg, Doktor Faustus* 114
	Die großen Essays: Das Dostoevskij-Kapitel in den *Betrachtungen eines Unpolitischen*; *Goethe und Tolstoi*; die späten Essays über Dostoevskij und Čechov 120

5 Russische Literatur im deutschsprachigen Raum zwischen den Weltkriegen 130

5.1	Historische Kontexte 130
5.2	Vermittlungsinstanzen, Vermittlungswege, Vermittlungspersonen 133
	Annäherungen in Wissenschaft, bildender Kunst, Film, Drama und Theater. 134
	Begegnungen im Rahmen des Exils: Das »russische Berlin« 137
	Institutionen, Verlage, Zeitschriften. 139
	Übersetzerinnen und Übersetzer 143
5.3	Reiseberichte 147
	Heinrich Vogeler 149
	Lion Feuchtwanger. 150
	Egon Erwin Kisch 154
	Joseph Roth. 154
	Armin T. Wegner 155
5.4	Die weltliterarische Nobilitierung russischer Dichter in der deutschsprachigen Essayistik 158
	Stefan Zweig 159
	Georg Lukács 167
	Walter Benjamin 174

5.5 Schöpferische Aneignung russischer Dichtung in der Erzählprosa
der zwanziger und dreißiger Jahre: Hesse, Döblin, Bergengruen.........177
Hermann Hesse..177
Alfred Döblin 184
Werner Bergengruen..186
5.6 Ab- und Ausgrenzung statt Aneignung: Sir Galahads *Idiotenführer
durch die russische Literatur* 188

6 Regression im Zeichen der NS-Diktatur 1933–1945 191
6.1 Diskriminierung im Kontext brauner Ideologie 191
Die »Russland«-Romane Edwin Erich Dwingers.......................193
Übersetzungen und Editionen russischer Dichtung unter schwierigen
Bedingungen: Sigismund von Radeckis Anthologie *Der Glockenturm*
u.a. 194
6.2 Vermittlung russischer Dichtung durch deutschsprachige Schriftsteller
im sowjetischen Exil 196

7 Bertolt Brecht 199
7.1 Biographische Kontexte 199
7.2 Dichterische Aneignung: Die dramaturgische Bearbeitung von
Gor'kijs Roman *Die Mutter* und Texten anderer russischer Dichter
(Aleksandr Ostrovskij, Gogol')...203
7.3 Brechts Dramentheorie und ihre russischen Kontexte.................208

8 Die Rezeption russischer und sowjetischer Literatur in
der Sowjetischen Besatzungszone (SBZ) und in der DDR ...221
8.1 Verordnete Aufnahme und schöpferische Aneignung zwischen 1945
und den sechziger Jahren...221
8.1.1 Historische Kontexte 221
8.1.2 Vermittlungsinstanzen 223
Institutionen und Organisationen 223 | Verlage 227 | Anthologien 230 |
Übersetzerinnen und Übersetzer 231
8.1.3 Lernen im Spannungsfeld von Verordnung und Überzeugung: Literatur
im Kontext des Sozialistischen Realismus.................................233

Die agitatorische Lyrik von Johannes R. Becher, Erich Weinert und Kurt Barthel (Pseud. Kuba) 234 | Die sozialistische Erziehungs- und Aufbauprosa 237 | Literarische Existenz zwischen Parteilichkeit und kritischer Distanz: Das Spätwerk von Anna Seghers 239 | Orientierung an sowjetischer Literatur in den Genres Produktionsroman und Landlebenliteratur 243

8.1.4 Die »Molodaja literatura« (Junge Literatur) in der Sowjetunion und der »Sozialistische Ankunftsroman« in der DDR. 248
8.1.5 Christa Wolf. 250
8.1.6 Agitation auf der Bühne: Dramaturgische Bearbeitungen sowjetischer Texte 254
8.2 Im Spannungsfeld von Gedächtnisarbeit und künstlerischer Emanzipation: Die Auseinandersetzung mit russischer Dichtung in der DDR-Literatur seit Mitte der sechziger Jahre. 255
8.2.1 Historische Kontexte 255
8.2.2 Erinnerte Schuld: Johannes Bobrowski 258
8.2.3 Übersetzung – Nachdichtung – Dichtung: Emanzipatorische Aneignung von Werken russischer Symbolisten (Blok), Akmeisten (Mandel'štam, Achmatova) und Futuristen (Majakovskij) 261
8.2.4 Systemkritische Befragung im Kontext russischer und sowjetischer Literatur im Drama nach 1960 271
Heiner Müller 271 | Volker Brauns Drama *Übergangsgesellschaft* 278
8.2.5 Affinitäten in der Erzählprosa seit den sechziger Jahren. 280
Die russische »Dorfprosa« und ihre Korrespondenzen in der DDR-Dorfgeschichte 280 | Das Banale des sozialistischen Alltags: Jurij Trifonovs und Erich Loests Erzählprosa 281 | Uwe Grüning 282

9 Dichterische und essayistische Rezeption russischer und sowjetischer Literatur nach 1945 in den deutschsprachigen Ländern westlich des »Eisernen Vorhangs«. 285

9.1 Historische Kontexte 285
9.2 Vermittler. 290
Verlage 290
Bedeutende russische Vermittler: Fedor Stepun und Lev Kopelev 294
Übersetzerinnen und Übersetzer 296
Reiseberichte 297

X   Inhalt

9.3   Schöpferische Aneignung in Dichtung und Essayistik 298
9.3.1   Identifikation und Dialog: Der »Russkij poėt« Paul Celan 298
        Celans Annäherungen an die russische Literatur 298 | Celan als
        Übersetzer russischer Lyrik 299 | Die aneignende Rezeption
        Mandel'štams in Dichtung und Poetik 309
9.3.2   Oskar Pastior: *Mein Chlebnikov*. *316*
9.3.3   Ingeborg Bachmann. 317
9.3.4   Thomas Bernhard: Die schöpferische Aneignung Dostoevskijs,
        Lermontovs und Kropotkins. 321
9.3.5   Heinrich Böll. 324
        Biographische Kontexte 324 | Dostoevskij-Rezeption 326 | Ausein-
        andersetzung mit Gogol', Tolstoj und Čechov 332 | Dialog mit der
        russischen Exilliteratur 333
9.3.6   Siegfried Lenz. 335
9.3.7   Horst Bienek. 337
9.3.8   Christoph Meckel 341
9.3.9   Gerhard Meier: Tolstojs *Krieg und Frieden* als Leitmotiv im
        Roman *Borodino*. *345*
9.3.10 Späte *Oblomov*-Adaptionen durch Kroetz, Koerbl, Rücker und Wagner...346

10   Tendenzen und Perspektiven nach 1989......................349
10.1   Ingo Schulze 349
10.2   Hans Joachim Schädlich 353
10.3   Tret'jakov-Rezeptionen 354
10.4   Russen als deutschsprachige Autoren 355

Anhang 359
I.   Siglen. 359
II.   Bibliographie 359
        Allgemeines: Geschichtliche, kultur- und literarhistorische Übersichts-
        darstellungen. 359
        Bibliographien 360
        Einzeluntersuchungen 360
        Einzeluntersuchungen zu russischen Autoren 378

Aleksandr Blok 378 | Anton Čechov 379 | Marina Cvetaeva 379 |
Fedor Dostoevskij 380 | Sergej Esenin 385 | Ivan Gončarov 385 |
Maksim Gor'kij 385 | Vladimir Majakovskij 386 | Osip Mandel'štam 386 |
Boris Pasternak 387 | Lev Tolstoj 387 | Ivan Turgenev 388

Einzeluntersuchungen zu deutschsprachigen Autoren 390

Bertolt Brecht 390 | Paul Celan 391 | Theodor Fontane 393 |
Johann Wolfgang Goethe 393 | Gerhart Hauptmann 394 |
Franz Kafka 395 | Thomas Mann 396 | Rainer Maria Rilke 399

III. Namensregister 402

1 Einleitung

> »*Ich fühle, daß die russischen Dinge die besten Bilder und Namen für meine persönlichen Gefühle und Geständnisse sind. Und daß ich mit ihnen – sobald ich sie nur gründlich erfaßt habe – alles aussprechen werde, was in meiner Kunst nach Klang und Klarheit drängt.*«

Die zitierten Sätze entstammen einem Brief, den Rainer Maria Rilke – überwältigt von den Eindrücken seiner ersten Russlandreise – am 28.5.1899 an Elena Voronina geschrieben hat. Sie sind einer von vielen Belegen für Rilkes fast sein ganzes Leben lang bestehendes Interesse an russischer Kunst und Literatur, Beleg für eine grundlegende Affinität zu den »russischen Dingen«, die insbesondre sein Frühwerk maßgeblich geprägt hat. Darüber hinaus demonstrieren sie – stellvertretend für eine Vielzahl ähnlicher Äußerungen von Dichtern, Kritikern und Philosophen – die ungemein intensiven, umfangreichen und vielgestaltigen Beziehungen zwischen russischer und deutscher Kultur, bestätigen eindrucksvoll, dass für die Entwicklung der deutschsprachigen Literatur nicht nur die schöpferische Auseinandersetzung mit antiken Autoren, mit Werken der englischen, französischen, italienischen und spanischen Literatur, sondern auch mit russischer Dichtung von großer Bedeutung gewesen ist.

Diese für beide Literaturen so fruchtbare und im positiven Sinne folgenreiche Symbiose beginnt – abgesehen von ersten gegenseitigen Wahrnehmungen in Gestalt von Reiseberichten und topischer Gestaltung des Russen als Barbaren oder als Bauern – in Form übersetzerischer und literaturkritischer Annäherung im frühen 18. Jahrhundert, intensiviert sich seit dem letzten Drittel des 19. Jahrhunderts in zahlreichen und vielgestaltigen Modi einer schöpferischen Aneignung und dauert in der Gegenwart an. Die betreffenden Texte verraten in vielen Fällen eine erstaunliche Affinität beider Literaturen. Sie bezeugen die hohe Sprachkompetenz ihrer Autoren ebenso wie den Willen zu konstruktiver Auseinandersetzung in Literaturkritik und Essayistik. Die literarhistorische Relevanz dieses Dialogs zwischen beiden Literaturen zeigt sich zunächst daran, dass bedeutende Dichter überaus intensiv an ihm beteiligt waren, z.B. Vasilij Žukovskij, Ivan Turgenev, Boris Pasternak, Andrej Belyj, Sergej Tret'jakov auf russischer, Rainer Maria Rilke, Thomas Mann, Bertolt Brecht, Stefan Zweig, Heinrich Böll, Paul Celan und Heiner Müller auf deutscher Seite, wobei es in einzelnen Fällen auch zu echten dialogischen Begegnungen zwischen deutschen und russischen Autoren gekommen ist. Beispielhaft demonstrieren dies u.a. Turgenevs Begegnungen mit Repräsentanten des deutschen »Poetischen Realismus«, der Briefwechsel zwischen Rilke und Marina Cvetaeva, die Zusammenarbeit von Sergej Tret'jakov und Bertolt Brecht, die Gespräche Michail Šolochovs mit DDR-Autoren wie Anna Seghers, Erik Neutsch u.a.

Relevant ist diese Rezeption aber vor allem deshalb, weil sie in Gestalt schöpferischer Aneignung nicht selten mitverantwortlich für bestimmte Paradigmenwechsel in der Geschichte der deutschsprachigen Literatur ist. Das betrifft Epochen und Gattungen ebenso wie einzelne Autoren. So ist das Entstehen einer realistischen und spätrealistischen Erzählprosa im deutschsprachigen Raum nicht denkbar ohne eine intensive Beschäftigung mit russischen Realisten: So verschiedene Autoren wie Theodor Fontane, Marie von Ebner-Eschenbach und Leopold von Sacher-Masoch lernen bei Ivan Turgenev, Gerhart Hauptmann und der junge Thomas Mann bei Lev Tolstoj und Fedor Dostoevskij. Letztere bewirken an der Wende vom 19. zum 20. Jahrhundert geradezu einen epochalen literatur- und geistesgeschichtlichen Umbruch, weil sie mit literarischen Texten vom französischen und deutschen Naturalismus angestoßene gesellschafts- und kulturkritische Fragestellungen religiös, existenzialphilosophisch und psychologisch intensivieren und vertiefen. So geschieht die Ablösung deutschsprachiger Impressionisten und Expressionisten (Peter Altenberg, Hermann Bahr, Arthur Schnitzler, Alfred Döblin u.a.) vom Naturalismus auch im Kontext russischer Lektüren (Lev Tolstoj, Fedor Dostoevskij, Vsevolod Garšin, Anton Čechov), und die von Thomas Mann und Hermann Hesse bis hin zu Anna Seghers und Christa Wolf begegnenden Reflexionen über Voraussetzungen und Grenzen dichterischer Subjektivität sind ohne deren Auseinandersetzung mit dem Werk Dostoevskijs kaum vorstellbar. Renommierte Autoren beschäftigen sich während entscheidender Schwellensituationen besonders intensiv mit russischen Texten: Rilke erarbeitet sich um 1900 im Rahmen einer konstruktiven Auseinandersetzung mit russischer Dichtung und bildender Kunst ein neues Verständnis des dichterischen Bildes, Thomas Mann sucht u.a. in Anlehnung an Dostoevskij 1918 eine politisch-weltanschauliche Orientierung (*Betrachtungen eines Unpolitischen*), Bertolt Brecht konzipiert sein »episches Theater« im Rahmen eines langjährigen Studiums russischer Literatur- und Theatertheoretiker wie Sergej Tret'jakov und Konstantin Stanislavskij, Paul Celan formuliert im Kontext der ihn zutiefst verstörenden Goll-Affäre mit Hilfe einer identifizierenden Rezeption der Lyrik von Osip Mandel'štam eine neue Konzeption von Dichtung, junge DDR-Autoren wie Rainer und Sarah Kirsch, Karl Mickel, Elke Erb und andere Repräsentanten der »Sächsischen Dichterschule« suchen während der siebziger Jahre im Rahmen einer intensiven, auch übersetzerischen Aneignung von Werken des russischen Symbolismus, Akmeismus und Futurismus nach neuen Ausdrucksmöglichkeiten, Stückeschreiber wie Volker Braun und Heiner Müller gestalten die Endphase und den Zerfall des »real existierenden Sozialismus« mit Hilfe russischer Texte von Anton Čechov, Fedor Gladkov und Aleksandr Bek.

Höchst folgenreich ist die geistige Auseinandersetzung im Bereich der Essayistik. Einige der bedeutendsten Essays deutscher Sprache, von Autoren wie Thomas Mann, Stefan Zweig, Georg Lukács, Walter Benjamin bis hin zu Heinrich Böll und Christoph Meckel, sind russischen Dichtern gewidmet, wobei zwei Tendenzen dominieren: zum einen die ideologische und kulturpolitische Vereinnahmung (Thomas Mann, Georg Lukács) und zum anderen die geistesgeschichtlich und poetologisch begründete Fiktionalisierung von Dichterbiographien (Stefan Zweig, Heinrich Böll, Christoph Meckel). Vornehmlich hier wird erkennbar, dass schöpferische Rezeption nicht allein die innovative Aufnahme von Themen, Motiven und Verfahren meint, sondern darüber hinaus die sich in Essays äußernde geistig-theoretische Auseinandersetzung mit russischen Dichtern, in deren Gefolge dann eine neue Konzeption von Dichtung und die ihr verpflichteten Sprachkunstwerke entstehen. Beispielhaft demonstriert dies bei Hermann Hesse die Verschränkung der Dostoevskij-Artikel mit dem Roman *Steppenwolf* und bei Christa Wolf die Korrespondenz der Dostoevskij-Interpretationen in *Lesen und Schreiben. Glauben an Irdisches* zum u.a. im Roman *Nachdenken über Christa T.* gestalteten Konzept einer »subjektiven Authentizität«.

Bedeutsam schließlich ist diese Rezeption in kultur- und geistesgeschichtlicher Hinsicht, geschieht sie doch nicht selten im Kontext weltanschaulicher Entwürfe, von denen sie zum einen beeinflusst ist, die sie zum anderen aber auch ästhetisierend modifiziert bzw. weiterentwickelt. Diese Entwicklung beginnt um die Mitte des 19. Jahrhunderts mit dem bedeutenden, dem »Geist der Goethezeit« verpflichteten Übersetzer Wilhelm Wolfsohn, setzt sich fort in der ästhetisierenden Neuformulierung slavophiler Gedanken durch Rilke, Thomas Mann u.a., erreicht einen ersten Höhepunkt im Rahmen einer ideologisch höchst unterschiedlichen Tolstoj- und Dostoevskij-Rezeption Ende des 19. und im ersten Drittel des 20. Jahrhunderts und gipfelt in der vielgestaltigen und kontroversen Aneignung russischer Dichtung im Kontext des Dialektischen und Historischen Materialismus im 20. Jahrhundert – bei Parteiführern (Rosa Luxemburg) und Philosophen (Georg Lukács) ebenso wie bei Dichtern (Bertolt Brecht, Anna Seghers, Sarah Kirsch u.a.).

Geradezu exemplarisch ist diese Rezeption für bestimmte Formen einer von der modernen Kulturwissenschaft (z.B. Jan und Aleida Assmann) diskutierten Transformation literarischer in gesellschaftspolitisch relevante kulturelle Texte während historischer Übergangsperioden. Im Gegensatz zur im 19. Jahrhundert begründeten Tradition, Literaturgeschichte als in Bezug auf Volk und Nation identitätsstiftende kulturelle Handlung zu verstehen, markiert eine Rezeptionsgeschichte gerade auch die Brüche innerhalb einer scheinbar homogenen nationalen Kultur und Gesellschaft, offenbaren Umfang und Art des Umgangs mit fremden Literaturen Phasen von geistiger, ideologischer und künstlerischer Desorientierung. Russische Dichter, an ihrer Spitze Tolstoj und Dostoevskij, prägen in entscheidenden Schwellensituationen der deutschen Geschichte des 20. Jahrhunderts die Suche nach geistiger Orientierung, ihre Texte werden also dominant als Dokumente philosophischer und religiöser Diskurse wahrgenommen. Die Vehemenz, mit der um 1900 russische Literatur aufgenommen wird, die Neu-Gier, mit der sich Repräsentanten nicht nur des literarischen Lebens, sondern auch der Philosophie, Theologie, Soziologie und Psychologie auf die Schriften Fedor Dostoevskijs stürzen, verrät einiges über das Ausmaß der geistigen Leere, der intellektuellen Stagnation im Wilhelminischen Deutschland. Vornehmlich in dieser Phase wird die dialogisch-schöpferische Aneignung durch eine bisweilen schwer erträgliche, rabiate, die künstlerische Dignität der fremden Dichter und ihrer Texte nicht beachtende bzw. nicht achtende Vereinnahmung ersetzt; beispielhaft demonstriert dies die deutsche Dostoevskij-Rezeption im ersten Drittel des 20. Jahrhunderts. Das Bestreben, sich in der Erfahrung des Fremden selbst zu finden, die Suche nach Orientierung mit Hilfe russischer Dichtung ist in sehr unterschiedlichen sozialen und ideologischen Bereichen erkennbar, bestimmt z.b. prominente Ansätze einer extrem konservativen Zivilisationskritik (Arthur Moeller van den Bruck, Oswald Spengler, Thomas Mann) im Fin de siècle und nach dem verlorenen Ersten Weltkrieg, prägt die Versuche einer ideologischen und philosophischen Standortbestimmung nach dem Zweiten Weltkrieg in der DDR und in Teilen der westdeutschen Philosophie (z.B. Reinhard Lauths Dostoevskij-Buch). Ähnliches gilt für die modernen Naturwissenschaften wie für die von Freud begründete Form der Psychoanalyse, die ihr Profil auch einer intensiven Auseinandersetzung mit Dostoevskij verdankt.

Die aus dieser Rezeption russischer Dichtungen erwachsenen Beziehungen sind von hoher Komplexität, die Vermittlungswege sind nicht selten verschlungen und unübersichtlich. Die Geschichte dieser Rezeption ist die einer immensen Bereicherung, aber auch diejenige zahlreicher und folgenreicher Missverständnisse. Nicht selten ist gerade die intensive Aneignung russischer Literatur determiniert von Vorurteilen und Projektionen, geprägt von der Spannung zwischen Faszination und Furcht, zwischen imaginierter Nähe und Fremdheit, was dazu führt, dass die Distanz zwischen deutscher und russischer Literatur nicht wie gewünscht überwunden, sondern indirekt verstärkt wird, dass das so geliebte Andere letztlich doch das Fremde bleibt. Anschaulich zeigt dies die so umfängliche und intensive Aufnahme russischer Literatur durch Thomas Mann. Bisweilen verlaufen die Wege – wie in Teilen der Turgenev-, Tolstoj- und Dostoevskij-Rezeption in Deutschland – über andere Literaturen, etwa über die französische. Und nicht selten ergeben sich im Rahmen dieser Rezeption zwischen deutschsprachigen Autoren dialogische Begegnungen, beziehen sich z.B. in Bezug auf Dostoevskij Heinrich Böll auf Anna Seghers, und in Bezug auf den russischen Akmeismus Ingeborg Bachmann auf Paul Celan u.a.

So sind die Verfahren und Formen dieser Rezeption von großer Vielfalt und so ist die jeweilige Auseinandersetzung von unterschiedlicher Intensität; sie präsentiert sich sowohl in einfachen als auch schöpferischen, der Nachdichtung nahestehenden Übersetzungen, sie ist erkennbar an strukturbestimmenden intertextuellen Bezügen (z.B. in Marie von Ebner-Eschenbachs Novellistik oder in Heiner Müllers *Wolokolamsker Chaussee I–V*), ist evident in Widmungsgedichten (z.B. in den vielen Esenin- und Majakovskij-Gedichten in der DDR-Lyrik) und zeigt sich in der vielgestaltigen Verwendung von aus der russischen Literatur stammenden Themen und Motiven (z.B. in Franz Kafkas Roman *Der Proceß* oder in Thomas Bernhards Drama *Die Jagdgesellschaft*). Als besonders wichtige Zeugnisse einer geistesgeschichtlich bedeutsamen Rezeption haben sich die zahlreichen russischen Autoren gewidmeten literaturkritischen Artikel und Essays erwiesen. Sie sind wie Walter Benjamins Leskov-Buch von hoher literaturtheoretischer Relevanz, sind wie die vielen Dostoevskij-Essays, z.B. von Stefan Zweig und Hermann Hesse, sprachkünstlerisch anspruchsvolle Artikulationen geschichtsphilosophischer Reflexionen.

Bei all dieser Vielfalt sind hinsichtlich Themen und Intentionen aber auch bestimmte Konstanten, gewisse Rezeptionslinien unübersehbar. Im Zentrum des Interesses steht eine überschaubare Anzahl von Autoren: Fedor Dostoevskij (1821–1881), Lev Tolstoj (1828–1910), Nikolaj Gogol' (1809–1852), Aleksandr Puškin (1799–1837), Michail Lermontov (1814–1841), Ivan Gončarov (1812–1891), Ivan Turgenev (1818–1883), Anton Čechov (1860–1904), Maksim Gor'kij (1868–1936), Boris Pasternak (1890–1960), Osip Mandel'štam (1891–1938), Aleksandr Solženicyn (1918–2008). Nicht selten gilt die Aufmerksamkeit mehr der Person des Autors als seinen Werken. Durchgehend erkennbar ist eine die Literarizität der Werke missachtende Tendenz, russische Literatur dominant als Informationsquelle in Bezug auf Politik, Gesellschaft, Religion und Kultur eines besonders fremd empfundenen Landes zu benutzen. Darüber hinaus ist eine derartige Rezeption bei nicht wenigen vom Bestreben geleitet, bestehende Images, also Fremdbilder, zu bestätigen oder gar zu verstärken (Literatur als Ausdruck der »russischen Seele«, eines animalischen »Asiatentums« etc.), um sie dann argumentativ im Rahmen mythisierender oder ideologisierender Systementwürfe zu verwenden; das betrifft in hohem Maße die deutsche Dostoevskij-Rezeption im 20. Jahrhundert. Solcherart Instrumentalisierung begegnet auch bei renommierten Schriftstellern, bisweilen bei ein und demselben in unterschiedlicher Funktion; so verwendet Thomas Mann in seiner während des Ersten Weltkrieges verfassten kulturpolitischen Streitschrift *Betrachtungen eines Unpolitischen* Texte Dostoevskijs für die Legitimierung einer »Konservativen Revolution«, um sich dann ein Jahrzehnt später im Rahmen einer Auseinandersetzung mit Tolstoj (im Essay *Goethe und Tolstoi*) von einer solchen konservativen Position zu emanzipieren. Bemerkbar sind solche Konstanten aber auch bei anspruchsvoller literaturimmanenter Rezeption russischer Werke. So gilt die besondere Aufmerksamkeit von Schriftstellern wie Hermann Hesse, Heinrich Böll, Paul Celan, Gottfried Benn, Sarah Kirsch und Horst Bienek dem Verhältnis von Ethik und Ästhetik im Kontext der sog. »Lazarenischen Literatur«, betrifft also Texte russischer Autoren wie Fedor Dostoevskij, Lev Tolstoj, Anton Čechov, Osip

Mandel'štam, Anna Achmatova, Aleksandr Solženicyn, in denen die Aspekte Leiden, Demütigung, Ausgrenzung und Verfolgung eine zentrale Rolle spielen. Wiederholt erkennbar ist auch das Bemühen deutschsprachiger Schriftsteller, vergessenen, verkannten und verfolgten russischen Dichtern Gehör zu verschaffen, ihnen eine Stimme zu geben: Bertolt Brecht seinem »Lehrer« und Freund Sergej Tret'jakov, Paul Celan seinem »Bruder Ossip« Mandel'štam, Christoph Meckel dem zu Unrecht vergessenen Evgenij Baratynskij.

Wer sich der Geschichte der russischen Literatur in Deutschland, Österreich und der Schweiz zuwendet, betritt also ein ›weites Feld‹, in dem noch Vieles zu entdecken, wenig Beachtetes neu zu bewerten ist.

Die Einzelheiten dieser Geschichte sind manchem Kenner vertraut, vielen interessierten Lesern aber unbekannt; deshalb soll mit dem voriegenden Buch der Versuch unternommen werden, die Fülle und Vielfalt dieser deutsch-russischen Begegnungen einem breiteren Publikum nahezubringen. Das kann nur selektiv geschehen; einen Anspruch auf Vollständigkeit zu formulieren wäre ein vermessenes Unterfangen. Bereits das Schreiben einer auf eine Nationalliteratur bezogenen Literaturgeschichte erfordert einen gewissen Wagemut und ein Bewusstsein dessen, dass ein solches Projekt sowohl hinsichtlich des Gegenstandes als auch hinsichtlich der Art und Methode seiner historiographischen Präsentation mit kritischer Befragung zu rechnen hat. Das betrifft die Auswahl von Autoren und die Bewertung ihrer Werke ebenso wie die Berücksichtigung entstehungsrelevanter Kontexte, es betrifft die zeitliche Gliederung mit Hilfe von immer wieder neu hinterfragten Epochenbegriffen. Noch frag-würdiger in wörtlichem Sinn ist eine rezeptionsgeschichtliche Darstellung, die zwei Literaturen und darüber hinaus die vielfältigen Formen ihrer Beziehungen im Blick haben muss. Das bedeutet, dass neben der historisch geordneten Faktenvermittlung weitere Betrachtungsaspekte zu beachten sind: dialogische, also die Aufnahme russischer Literatur als schöpferische Auseinandersetzung verstehende, imagologische, also bestimmte, die Rezeption steuernde Russland-Bilder, und alteritätstheoretische, also die Erfahrung des Anderen bzw. des Fremden reflektierende Aneignungen; gerade diese beiden Aspekte, die Verbindung von Fremdheitserfahrung und Imagebildung in der Gestalt des exotisch-anziehenden und des als bedrohlich empfundenen Russen, die Spannung zwischen Faszination und Furcht, spielen bei der literarischen und literarkritischen Darstellung und Bewertung russischer Texte von Beginn an eine wichtige Rolle; so finden sich den Aspekt Fremdheit akzentuierende Begriffe wie »skythisch« oder »asiatisch« nicht nur in Reiseberichten seit der frühen Neuzeit, sondern auch in literarischen Texten des 20. Jahrhunderts von Thomas Mann oder Hermann Hesse bis hin zu Heiner Müller. Nicht selten sind es die russische Gesellschaft und Kultur betreffende Images, welche die Wahrnehmung russischer Dichtung präformieren und nachhaltig beeinflussen; prominente Beispiele dafür finden sich in der Turgenev-Rezeption des späten 19. und in bestimmten Phasen der Tolstoj-Rezeption des 20. Jahrhunderts. Zugleich hat diese Art von Rezeption immer wieder auf in Russland weniger beachtete Merkmale der russischen Literatur aufmerksam gemacht; das betrifft insbesondre die vielgestaltige deutsche Dostoevskij-Rezeption oder die in Essays von Stefan Zweig oder Georg Lukács erörterte Frage nach dem Potential russischer Dichtung, »Weltliteratur« im Sinne Goethes zu sein, also »geistigen Warenverkehr« zwischen Nationen und Kulturen zu ermöglichen. Des Weiteren sind die vielgestaltigen Formen der Vermittlung zu beachten: Übersetzungen, Artikel, Rezensionen, Briefe, Reiseberichte sowie die dafür verantwortlichen Personen und Institutionen, also Übersetzer, Literaturkritiker, Zeitschriften, Verlage u.a. Besonders wichtig in vorliegendem Fall sind die Übersetzungen, handelt es sich doch bei der Rezeption russischer Literatur um Texte, die – im Gegensatz zu englischen, französischen oder italienischen – den meisten Dichter-Rezipienten in ihrer originalsprachlichen Gestalt nicht zugänglich waren, Ausnahmen wie Rilke, Bergengruen oder Celan bestätigen nur die Regel; erst im Bereich der DDR-Literatur wird sich dies ändern. Dieses Angewiesensein auf Übersetzungen dürfte auch einer der Gründe dafür sein, dass bei der Rezeption russischer Literatur durch deutsche Autoren häufig der inhaltliche und weniger der sprachkünstlerische Aspekt im Vordergrund stand, erkennbar u.a. an der westlichen Pasternak-Rezeption, in deren Rahmen nicht der geniale Lyriker Pasternak, sondern der Verfasser des Romans *Doktor Živago* besonderes Interesse weckte. Nicht selten haben Übersetzungen kanonisch gewirkt, haben die Interpretation eines Werkes oder das Bild eines Autors jahrzehntelang bestimmt; beispielhaft demonstriert dies die im Piper-Verlag Anfang des 20. Jahrhunderts veröffentlichte Rahsin-Übertragung der Werke von Dostoevskij, die lange den Blick auf die sprachlichen Besonderheiten dieses Autors, auf die Dialogizität und die Vielstimmigkeit seiner Texte verstellt hat. All dies ist im Rahmen der hier vorgestellten Rezeptionsgeschichte zu berücksichtigen, darstellbar ist es bestenfalls ansatzweise.

Neben den Übersetzerinnen und Übersetzern sind es prominente Literaturkritiker und Publizisten, welche für die Aneignung russischer Dichtung von entscheidender Bedeutung waren. So wird dem jungen Theodor Fontane die russische Literatur des frühen 19. Jahrhunderts (Puškin, Lermontov, Gogol' u.a.) durch seinen Mentor Wilhelm Wolfsohn nahegebracht, sehen Hugo von Hofmannsthal und Thomas Mann Tolstoj und Dostoevskij aus der Perspektive von Dmitrij Merežkovskij, gewinnt Heinrich Böll Einsicht in die vielgestaltige sowjetische Literaturszene der sechziger und siebziger Jahre mit Hilfe seines Freundes Lev Kopelev.

Die Arbeit ist dominant rezeptionsgeschichtlich orientiert, m.a.W. es geht um die Wahrnehmung und um die schöpferische Aufnahme russischer Literatur durch deutsche Dichter, Kritiker und Philosophen, also um die Auseinandersetzung mit Texten. Nur in diesem Kontext ist die Arbeit auch kulturgeschichtlich orientiert. Imagologische Aspekte finden nur ausnahmsweise Berücksichtigung; u.a. auch deshalb, weil dieser Themenbereich durch das von Lev Kopelev, Mechthild Keller und Gerd Koenen verantwortete, von Karl Eimermacher und Astrid Volpert weitergeführte Projekt der »West-östlichen Spiegelungen« umfassend behandelt worden ist. In wenigen Fällen von deutlichen Korrespondenzen, aber nicht oder nur schwer nachweisbaren Kontaktbeziehungen werden auch typologische Analogien berücksichtigt; Beispiele dafür sind deutliche, aber genetisch nicht nachweisbare Übereinstimmungen zwischen Arthur Schnitzlers Novelle *Sterben* und Tolstojs *Smert' Ivana Il'iča* (Der Tod des Ivan Il'ič), zwischen dem *Lieutenant Gustl* und Dostoevskijs Erzählung *Krotkaja* (Die Sanfte) sowie zwischen Thomas Manns Erzählung *Der Bajazzo* und Dostoevskijs *Zapiski iz podpol'ja* (Aufzeichnungen aus dem Untergrund).

Was den Aspekt Historiographie betrifft, so geht es hier nicht um eine streng teleologisch oder kausal argumentierende Rezeptionsgeschichte, sondern um eine deskriptive Darstellung der in den vergangenen zwei Jahrhunderten geschehenen Wahrnehmungen, Annäherungen und Aneignungen russischer Literatur im deutschsprachigen Raum. Die drei Begriffe sind als grobe Orientierungshilfe zu verstehen; sie bezeichnen sowohl Formen als auch Phasen der Begegnung mit dem kulturell Fremden. Die Gliederung orientiert sich nicht an Epochen wie Romantik, Realismus, Moderne etc., u.a. auch deshalb, weil sie wie z.B. der Begriff »Romantik« in Russland und in Deutschland unterschiedlich definiert werden. Gängige Epochenbegriffe wie »Realismus«, »Naturalismus« u.a. erscheinen nur in den Kap. 3.3 und 4, wo sie der Übersichtlichkeit halber literarische Gruppierungen bezeichnen. Bestimmend für die Einteilung in Großkapitel waren die Phasen der Wahrnehmung und Annäherung (Kap. 2 und 3) sowie in Bezug auf die aneignende Rezeption herausgehobene Perioden, also die Jahre kurz vor und kurz nach 1900, die zwanziger Jahre, die Zeit zwischen 1945 und 1989 in der SBZ bzw. in der DDR und in den deutschsprachigen Ländern westlich des Eisernen Vorhangs; aus Gründen der besseren Lesbarkeit ist die besonders umfängliche Rezeption russischer Literatur durch DDR-Autoren sowohl historisch als auch gattungsorientiert geordnet.

Die Studie ist eine Mischung aus rezeptionsgeschichtlichem Überblick und detaillierter Einzelanalyse von schöpferischer Aneignung am Beispiel bedeutender Autoren und Texte. Auf diese Weise sollen sowohl der Umfang als auch die Vielfalt und die Intensität dieser Rezeption veranschaulicht werden. Die Makrostruktur der Kapitel berücksichtigt zunächst ansatzweise die historischen Kontexte sowie Arten der Faktenvermittlung, denn sie sind für die Entstehung und Modifizierung einer durch Presse, Verlage, Übersetzer repräsentierten Rezeptionskultur von großer Bedeutung gewesen. Diese wiederum beeinflusst nicht unerheblich die Formen der Vermittlung und die verschiedenen Arten der literarischen Rezeption, z.B. eine für die Zusammenstellung von Anthologien relevante Kanonbildung, in deren Rahmen die Suche nach dem »russischen Wesen« bzw. nach der »russischen Seele« nicht selten die Auswahl der übersetzten und edierten Texte bestimmt. Beispielhaft demonstriert wird die Relevanz gesellschaftlicher und kulturpolitischer Kontexte durch die Rezeption russischer Literatur in der SBZ und in der DDR. Demzufolge beginnen die Kapitel mit einer Skizzierung des historischen Erwartungshorizonts, mit einer bewusst kurz gehaltenen Darstellung der politischen, sozial-, kultur- und literaturgeschichtlichen Begründungszusammenhänge. Mit ihrer Hilfe sind die Quantität, die Eigenart und die Qualität dichterischer Rezeptionsvorgänge besser zu verstehen. Zugleich ermöglichen es diese einführenden rezeptionsgeschichtlich relevanten Informationen, Stellenwert und Funktionen der literarischen Aneignungen im jeweiligen System Literatur genauer zu bestimmen und zu profilieren, insbesondere Art und Umfang einer schöpferischen Rezeption russischer Literatur durch deutschsprachige Dichter, die eben nicht der Bestätigung von Images, sondern der Suche nach neuen künstlerischen Ausdrucks- und Gestaltungsmöglichkeiten dient. Darüber hinaus wird im Rahmen dieser Überblicke der Versuch unternommen, auf thematisch durchgehende Rezeptionslinien aufmerksam zu machen. Die Passagen über die Vermittlung berücksichtigen sowohl Personen als auch Institutionen, verzichten allerdings aus pragmatischen Gründen weitgehend auf die Wiedergabe literaturwissenschaftlicher Publikationen. Auch diese Passagen können die jeweiligen Rezeptionswege (Verlage, Übersetzungen etc.) nur skizzieren; detaillierte Informationen vermittelt die am Schluss befindliche Bibliographie, insbesondere aber die 2012 erschienene, überaus verdienstvolle Arbeit von Friedrich Hübner.

Im Zentrum der Monographie stehen Kapitel, die denjenigen Autoren bzw. Autorengruppen gewidmet sind, deren Werk in besonderem Maße von der Auseinandersetzung mit russischer Literatur geprägt ist (Rainer Maria Rilke, Thomas Mann, Bertolt Brecht, Anna Seghers, Christa Wolf, Paul Celan, Heinrich Böll, Johannes Bobrowski, Thomas Bernhard, Heiner Müller, Christoph Meckel, Ingo Schulze u.a.). Sie dokumentieren an Einzelfällen Umfang, Intensität, Formen und Funktionen dichterischer und essayistischer Rezeption russischer Literatur.

Die jeweiligen Rezeptionsvorgänge werden mit Begriffen charakterisiert wie Wahrnehmung, Annäherung, Übersetzung, Verarbeitung, Aneignung, Dialog, produktive bzw. schöpferische Rezeption, literaturkritische Auseinandersetzung. Eine methodologisch-theoretische Erörterung dieser ja vor allem in Rezeptionsästhetik, Alteritätsforschung und Intertextualitätstheorien durchaus kontrovers erörterten Terminologie ist im Rahmen dieser Arbeit nicht möglich.

Diese Rezeptionsgeschichte befasst sich ausschließlich mit schriftlich fixierten Texten aus den Bereichen Dichtung, Essayistik und Literaturkritik. Rezeptionen russischer Literatur in Gestalt von Hörspielen, Filmen (z.B. Verfilmungen von Romanen wie Tolstojs *Anna Karenina*, Boris Pasternaks *Doktor Živago*) oder in Fernsehspielen (Ivan Gončarovs Roman *Oblomov* in *Oblomovs Liebe*) werden nicht berücksichtigt. Bestenfalls in Einzelfällen angemerkt werden kann die für die Beziehung beider Literaturen bedeutsame, aber hier nicht darstellbare Rückwirkung deutscher Rezeptionsvorgänge auf die russische Dichtung und Literaturkritik. Dies betrifft z.B. die erste wichtige solcher Doppelrezeptionen: Vissarion Belinskijs Auseinandersetzung mit Karl August Varnhagen von Enses berühmter Puškin-Rezension. Ähnliches gilt für das hochinteressante Faktum, dass sich Potenzen der russischen Dichtung bisweilen früher in der deutschen als in der russischen Literatur entfalten und dann erst über diese Rezeption in Russland wirksam werden; beispielhaft demonstriert dies u.a. die in beiden Ländern sehr kompliziert verlaufende Dostoevskij-Aneignung.

*

Die vorliegende Arbeit versteht sich als Resümee eigener langjähriger Beschäftigung mit der Geschichte der deutsch-russischen literarischen Beziehungen, beginnend mit Schullektüren in der DDR, fortgesetzt im Studium bei Wilhelm Lettenbauer in Freiburg und Vasilij Kulešov in Moskau, intensiviert im Rahmen von Forschungsaufenthalten in der Sowjetunion sowie im Verlauf von zahlreichen Begegnungen mit russischen Freunden und Kollegen wie Lev Kopelev, Ilja Fradkin, Aleksandr Michajlov u.a. Als umfassende, an der historischen Entwicklung ausgerichtete Bestandsaufnahme dieser Beziehungen ist sie natürlich den zahlreichen, in der Bibliographie ausführlich dokumentierten Beiträgen zu dieser Thematik verpflichtet. Das gilt für methodisch-theoretische Vorüberlegungen (Reißner 1962, 1988, Wegner 1968, Alekseev 1974 und Rammelmeyer 1978, 1979) und kulturhistorische Studien (Schlögel 1991, 1999) ebenso wie für die Teilübersichten oder einzelnen Autoren gewidmeten Monographien (Kahle 1950, Reißner 1970, Graßhoff 1973, Hartmann/Eggeling 1998, Gerigk 2000, Schünemann 2005, Schult 2012). Es gilt für Wolfgang Kasacks Überblicke über die zwischen 1945 und 1990 veröffentlichten deutschsprachigen Übersetzungen russischer Literatur des 20. Jahrhunderts, für Karlheinz Kaspers der Literatur der neunziger Jahre gewidmete Überblicke in *Osteuropa*, für Friedrich Hübners bereits erwähnte Bibliographie der Übersetzungen russischer Literatur ins Deutsche. Es gilt vor allem für das erwähnte, von Lev Kopelev initiierte Projekt der »West-östlichen Spiegelungen« und für seine Fortsetzung (Neue Folge) durch Karl Eimermacher und Astrid Volpert und es gilt für die zahlreichen, einzelne Autoren, bestimmte Texte und besondere Phasen der Rezeptionsgeschichte behandelnden Monographien und Aufsätze, von denen eine große Zahl der deutschsprachigen, insbesondere der DDR-Slavistik zu verdanken ist, z.B. Eberhard Reißner, Helmut Graßhoff, Ulf Lehmann, Gerhard Ziegengeist u.a., vor allem aber Fritz Mierau, dessen schriftliche und mündliche Anteilnahme dieses Buch bereichert und befördert hat. Sie alle in einem Anmerkungsapparat zu würdigen ist im Rahmen einer literaturgeschichtlichen Überblicksdarstellung nicht möglich. Gleichwohl wird aber im Fließtext in Klammern (Name, Erscheinungsjahr der betr. Arbeit und Seite) auf jeweils relevante, in der Bibliographie vorgestellte Sekundärliteratur verwiesen.

Die Bibliographie versucht, dem gegenwärtigen Forschungsstand gerecht zu werden, Anspruch auf Vollständigkeit erhebt sie nicht.

Danksagung

Eine so umfangreiche und schwierige Arbeit wie die vorliegende wäre ohne vielfältige Unterstützung nicht realisierbar gewesen. Zu danken habe ich deshalb Christoph Meckel, Ingo Schulze, Katja Petrovskaja und Annett Gröschner für bereichernde Gespräche und wichtige schriftliche Informationen. Für konstruktiven Rat und Kritik von russischen und deutschen Kolleginnen und Kollegen bin ich zu Dank verpflichtet insbesondre Fritz und Sieglinde Mierau, darüber hinaus Natalija Bakši, Aleksandr Belobratov, Hendrik Birus, Elisabeth Cheauré, Erika Greber, Dirk Kemper, Aleksej Kruglov, Fred Lönker, Larissa Polubojarinova und Aleksej Žerebin. Tatkräftige Hilfe habe ich jederzeit durch das Department Germanistik und Komparatistik der Universität Erlangen-Nürnberg erfahren. Mein Dank gilt hier vor allem Isabelle Urban für das unermüdliche Schreiben des Textes sowie Dirk Kretzschmar, Christine Lubkoll und Dirk Niefanger für die Vermittlung von Hilfskraftgeldern, die meinen engagierten und findigen »Buchbeschaffern« Isanne Dickenherr, Daniel Hagmann und Jens Feuring ihre nicht immer leichte Arbeit ermöglicht haben. Jens Finckh danke ich für die überaus sorgfältige Lektorierung des Textes, Friederike Schruhl für das Erstellen des Registers. Großen Dank schulde ich Dr. Oliver Schütze vom Metzler-Verlag für seine geduldige, von großem Interesse und konstruktiven Ratschlägen geprägte verlegerische Begleitung sowie der VG Wort für einen großzügigen Druckkostenzuschuss. Last but not least danke ich meiner Frau für ihre kritische und inspirierende Lektüre meiner Ausführungen und meinem Sohn Manuel für engagierte Hilfe bei der Textgestaltung.

Editorische Vorbemerkung

Russische Namen, Titel und Termini werden gemäß der wissenschaftlichen Transliteration (DIN 1460) wiedergegeben, also »Dostoevskij« statt »Dostojewski«, »Čechov« statt »Tschechow«, »Solženicyn« statt »Solschenizin« u.a. Davon abweichende Schreibweisen betreffen die von deutschsprachigen Autoren verwendete Umschrift.

Für im deutschsprachigen Bereich inzwischen fest eingebürgerte Schreibweisen wie Sowjetunion, sowjetisch, Zar Peter I., Katharina II. etc. wird diese Schreibweise beibehalten.

Bei der Erstbenennung eines russischen Werkes erscheint in der Regel zunächst der russische Titel und danach der deutsche in Klammern, also »*Prestuplenie i nakazanie* (Verbrechen und Strafe)«, »*Vojna i mir* (Krieg und Frieden)«. Abgesehen von kontextuell bedingten Ausnahmen werden danach nur die deutschen Titel genannt. Die russischen Namen werden ohne Vatersnamen angegeben, bei mehrfacher Nennung – das gilt vor allem für Fedor Dostoevskij und Lev Tolstoj – erscheint in der Regel nur der Familienname. Bei Nennung des letzteren – also Tolstoj – ist immer Lev Tolstoj gemeint; Aleksej Nikolaevič und Aleksej Konstantinovič Tolstoj werden mit Vor- und Vatersnamen genannt. Die vollständigen russischen Namen, also Vorname, Vatersname und Familienname, erscheinen im Namensregister.

Schließlich sei noch darauf verwiesen, dass in Bezug auf Autoren und Texte das bisweilen aus stilistischen Gründen verwendete Adjektiv »deutsch« immer im Sinne von »deutschsprachig« zu verstehen ist.

Am Ende dieses Buches befindet sich eine Auswahlbibliographie; sie verzeichnet neben Übersichtsdarstellungen und Bibliographien 775 Titel zur Rezeption russischer Literatur im deutschsprachigen Raum. In ihrem ersten Teil enthält sie auf größere Zusammenhänge bezogene Arbeiten, im zweiten Publikationen zu Autoren, welche diese Rezeption besonders geprägt haben.

Anders als in den meisten Literaturgeschichten erscheinen im Fließtext in Klammern (Name, Jahr) kurze Hinweise auf die in der Bibliographie genannte jeweils relevante Sekundärliteratur. Damit das Buch lesbar bleibt, ist bei Daten und Zitierungen auf detaillierte Nachweise im Fließtext bewusst verzichtet worden.

2 Wahrnehmungen und Annäherungen vor 1800

2.1 Erste Kontakte in der Zeit zwischen Kiever Rus und dem frühen 18. Jahrhundert

Begegnungen zwischen Deutschen und Russen auf politischer und wirtschaftlicher Ebene gibt es spätestens seit dem Mittelalter, schriftlich belegt durch Chroniken wie die Detmar- oder die Livländische Reimchronik, durch Reiseberichte sowie durch frühe literarische Zeugnisse in russischer Sprache. So berichtet das bedeutendste Werk der altrussischen Literatur, das *Slovo o polku Igoreve* (Das Igorlied), von Deutschen in Kiev, die neben Russen und anderen Ethnien den Kiever Großfürsten Svjatoslav rühmen und die militärische Niederlage beweinen, die der Fürst Igor von Novgorod-Seversk 1185 im Kampf gegen die Polovcer erlitten hatte. Bedeutende süddeutsche Gewerbe- und Handelszentren wie Nürnberg und Augsburg knüpften bereits im Mittelalter Handelsverbindungen nach Russland. Nordrussische Städte wie Novgorod, Smolensk und Pskov unterhielten, u.a. im Rahmen der Hanse, seit dem späten Mittelalter nicht immer spannungsfreie, aber erfolgreiche wirtschaftliche Beziehungen zum deutschen Reich, deutsche Hansestädte wie Lübeck zum russischen, trotz mannigfaltiger Hindernisse und Beeinträchtigungen, bedingt u.a. durch die Missions- und Kolonisierungsbestrebungen des Deutschen Ordens. Ebenfalls bereits im Mittelalter bereisten Beauftragte der deutschen Kaiser das Land. Erste wichtige Informationen über das russische Reich vermitteln folglich Kaufleute und Diplomaten wie der im Auftrag der Habsburger Kaiser Maximilian I. und Karl V. reisende Sigismund Freiherr von Herberstein (1486–1566), der Russland zweimal, 1516 bis 1518 und 1526/1527, besuchte. In seinen 1549 erschienenen, später in ganz Europa durch Übersetzungen ins Englische, Französische und Italienische verbreiteten *Rerum moscoviticarum comentarii* (erste dt. Ausgabe u.d.T. *Moscovia der Hauptstat in Reissen*, 1557) berichtet er nicht nur umfassend und differenziert über geographische, soziale, religiöse und institutionelle Besonderheiten Russlands, sondern auch über die russische Sprache und ihre literarischen Denkmäler in Gestalt von Chroniken, kirchlichen Texten etc.; zudem enthält die Schrift eine zumindest in Ansätzen richtige Landkarte Russlands sowie einen Stadtplan von Moskau. Die bis ins 18. Jahrhundert in ganz Europa intensiv rezipierte Schrift erlebte ein Vielzahl von Auflagen; zahlreiche Russland-Berichte der Frühen Neuzeit stützen sich auf von Herbersteins Ausführungen (Poljakov 1999, S. 25ff.).

Nach der zweihundertjährigen Herrschaft der Mongolen intensivieren sich die Kontakte seit Beginn des 16. Jahrhunderts auf wirtschaftlicher und technisch-militärischer Ebene. Deutsche Handwerker und Militärexperten stehen vermehrt in russischen Diensten, engagiert u.a. durch Ivan IV., den »Schrecklichen« (1533–1584), der einen seiner wichtigsten Siege, die Eroberung von Kazan' im Jahre 1552, u.a. einem deutschen Sprengstoffexperten verdankt. Spätestens im 17. Jahrhundert werden Universitäten wie Rostock, Greifswald, Jena, Frankfurt/Oder und Wittenberg zu Zentren wissenschaftlicher Auseinandersetzung mit russischer Kulturgeschichte, Theologie und Sprache, dokumentiert u.a. in Johannes Schwabes 1665 erschienener Schrift *Cyrkov Moskovskij*, die neben theologischen auch philologische Aspekte berücksichtigt (Zeil 1994, S. 17). Nur wenig später gibt es die ersten ernsthaften Versuche, die russische Sprache im deutschsprachigen Raum erlernbar zu machen (Heinrich Wilhelm Ludolfs *Grammatica russica*, 1696). Seit dem 16. Jahrhundert erscheinen vermehrt Reiseberichte und Flugschriften, z.B. im Kontext des Livländischen Krieges (1558–1583); allein in der zweiten Hälfte des 17. Jahrhunderts werden in West- und Nordeuropa mehr als siebzig solcher Schriften publiziert. Auch wenn sie in weiten Teilen ein nicht immer objektives, häufig negatives Russlandbild vermitteln (Kappeler 1985), ist ihre Kenntnis insofern wichtig, als durch sie der Boden bereitet wurde für einen umfassenden und anspruchsvollen geistigen Austausch zwischen Osteuropa auf der einen und Mittel-, West- und Nordeuropa auf der anderen Seite.

Herausragend innerhalb dieses Genres in Bezug auf Fülle der Informationen, literarische Qualität und Wirkung ist die *Offt begehrte Beschreibung Der Newen Orientalischen Reise* (1647), vor allem aber deren erweiterte zweite Auflage *Vermehrte Newe Beschreibung Der Muscowitischen und Persischen Reyse* (1656) des holsteinischen Bibliothekars Adam Olearius (1599–1671), eine der wichtigsten Darstellungen Russlands in der frühen Neuzeit. Olearius hatte als Sekretär der Gesandtschaft des Herzogs von Holstein-Gottorp 1633–1636 an einer Reise nach Russland und Persien teilgenommen; insgesamt hat er sich zwischen 1633 und 1643 dreimal in Russland aufgehalten. Olearius ist der erste bedeutende Literat (er war Mitglied der Fruchtbringenden Gesellschaft), der sich mit Russland intensiv beschäftigt hat. Von den sechs Büchern der *Vermehrten Newen Beschreibung* enthält vor allem das dritte eingehende Darstellungen des russischen Landes und russischer Lebenswelt (Geschichte, Staatsform, Bevölkerung, Bildungsstand der Menschen, Religion, Klima, Topographie u.a.), ergänzt durch zahlreiche Abbildungen und eine detaillierte Karte Russlands, die – insbesondre die Zeichnung des Wolga-Raumes von Novgorod bis Astrachan – bis weit ins 18. Jahrhundert als das zuverlässigste kartographische Dokument dieser Gegend angesehen wurde. Olearius' ungewöhnlich umfangreicher und detaillierter Bericht ist freilich schon aufgrund seiner mangelnden

Sprachkenntnisse nicht immer zuverlässig, bisweilen von Vorurteilen getrübt. Das betrifft u.a. die negativ typisierenden Zeichnungen von Personen (der Russe als ungebildeter Barbar, als Säufer u.ä.; Liszkowski 1985). Andererseits darf sie aber, auch wegen ihrer sprachlichen Qualitäten und der eingefügten, Russland betreffenden Verse des Barockdichters Paul Fleming, als erstes bedeutendes Dokument einer literarischen Beschäftigung mit Russland gelten.

Die vielfach nachgedruckte (Fechner 2012, S. 201f.) und auch bald nach Erscheinen ins Holländische, Französische, Englische und Italienische übersetzte Reisebeschreibung von Olearius ist zudem deshalb von besonderem Interesse, weil sie mehrfach Ausgangspunkt und Grundlage literarischer Beschäftigung mit Russland geworden ist. So stützen sich die auf Russland bezogenen Kapitel des *Abentheuerlichen Simplicissimus Teutsch* (1668) von Hans Jacob Christoffel von Grimmelshausen unübersehbar auf Olearius' Text, und auch Goethe und Schiller (im Kontext des *Demetrius*-Dramas) haben sich u.a. mit Hilfe dieser Reisebeschreibung über Russland informiert.

Literarisch präsent wird das Thema Russland in der Barockzeit nicht nur durch Grimmelshausen. Dabei geht es zunächst nicht um eine Auseinandersetzung mit einer bestenfalls in Ansätzen existierenden russischen Literatur; vielmehr werden das Land und seine Bewohner Bestandteil topischer Darstellung, und zwar in zweifacher Weise: zum einen in Gestalt des in Anlehnung an die antike Idyllen-Literatur gezeichneten friedlichen Landbewohners, zum anderen bei der Charakterisierung des Russen als Barbar, als Skythe: Russland wird mit dem Land Skythia gleichgesetzt, seine Bewohner erscheinen als Inkarnation des Fremden, Unbekannten, das nicht selten als das Bedrohende gesehen wird, u.a. in Gedichten von Johann Klaj oder Simon Dach.

Die erste literarisch bedeutsame Bezugnahme auf Russland ist dem Barockdichter Paul Fleming (1609–1640) zu verdanken. Der Opitz-Schüler hatte gemeinsam mit seinem Freund Olearius an der erwähnten Russland-Reise des Herzogs von Holstein-Gottorp teilgenommen und die dabei gewonnenen vielfältigen Eindrücke in mehr als fünfzig Russland-Gedichten literarisch verarbeitet. Neben Lob- und Huldigungsgedichten sind es vor allem die Beschreibungen der Landschaft, der sie bewohnenden Menschen und ihrer Tätigkeiten, die ein neues Bild von Russland vermitteln wollen, geleitet von der Hoffnung, ›in der Barbarei etwas zu finden, das nicht barbarisch ist‹. Eingelöst wird dies im ersten großen Novgorod-Gedicht (*In Groß-Neugart der Reußen, M. DC XXXIV*), das den Russen als friedlichen, in einer von Harmonie bestimmten Lebenswelt existierenden Bauern und Kolonisator vorstellt. Fleming konkretisiert dabei topische Landschaftsgestaltung mit Hilfe realistischer Beobachtungen und erschafft so eine Form von Landlebenliteratur, die durchaus noch dem Genre Idylle verpflichtet ist (z.B. in der Stilisierung der Natur zum geschichtsfernen und konfliktfreien Raum), zugleich aber bemüht ist, die individuelle, positive Erfahrung dieser fremden Kultur sprachkünstlerisch zu artikulieren.

2.2 Der deutsche Sprachraum und Russland im 18. Jahrhundert

Historische Kontexte und Wege der kulturellen Vermittlung

Das Interesse an Russland verstärkt sich im Zeitalter der Aufklärung. Peter I. (reg. 1682/1689–1725) und in seiner Nachfolge vor allem die aus Deutschland stammende Katharina II. (reg. 1762–1796) erzwingen mit einer Vielzahl von Reformen die Öffnung des Landes nach West- und Mitteleuropa, akzentuiert durch die Gründung und den prachtvollen Ausbau von St. Petersburg als neuer Hauptstadt Russlands. Begleitet werden diese Reformen von kulturellen, den dominierenden Einfluss der orthodoxen Kirche einschränkenden Aktivitäten, in deren Rahmen und Verlauf sich Wissenschaft und Kunst in schöpferischer Auseinandersetzung mit westeuropäischen Vorbildern rasch entwickeln. Beispielhaft demonstrieren dies die Gründung der russischen Akademie der Wissenschaften (1725) und zahlreicher Fachhochschulen, die gezielte Förderung des Buchdrucks sowie die Einführung einer vereinfachten Schrift- und Literatursprache. All dies begünstigt das Entstehen einer eigenständigen anspruchsvollen Literatur, repräsentiert u.a. durch den Satiriker Antioch Kantemir (1709–1744), durch den Universalgelehrten und Dichter Michail Lomonosov (1711–1765), durch den Übersetzer und Versreformer Vasilij Trediakovskij (1703–1769), durch den Klassizisten Aleksandr Sumarokov (1718–1777) und durch den vielseitigen, insbesondre durch seine Gedichte *Vodopad* (Der Wasserfall) und *Bog* (Gott) berühmt gewordenen Gavrila Deržavin (1743–1816). Außenpolitisch abgesichert wird die Öffnung nach Westen mit Hilfe einer expansiven Heiratspolitik, in deren Gefolge eine Vielzahl von dynastischen Verbindungen zu deutschen Fürstenhöfen geknüpft wird, z.B. nach Preußen, Sachsen-Weimar und Württemberg; bis weit ins 19. Jahrhundert wird Russland auf diesem Wege Einfluss auf politische Entscheidungen deutscher Fürstenhöfe ausüben. Darüber hinaus entwickelt sich Russland im Rahmen wechselnder Militärbündnisse, namentlich mit Preußen und Österreich, zum machtpolitisch gewichtigen Akteur in Zentraleuropa. Spätestens nach dem für Russland mit der Einnahme der Festung Asov (1696) erfolgreich abgeschlossenen Feldzug gegen die Türken im Süden sowie nach dem siegreich beendeten Nordischen Krieg (1700–1721), der endlich den ersehnten Zugang zur Ostsee brachte, löst der russische Staat zu Beginn des 18. Jahrhunderts Schweden und Polen als europäische Großmächte in Nordosteuropa ab. Im Gefolge der Polnischen Teilungen vergrößert es auch sein Territorium in Richtung Westeuropa und avanciert zum direkten Nachbarn von Österreich und Preußen. Zugleich verstärkt das Zarenreich spätestens im Gefolge des Siebenjährigen Krieges seinen Einfluss im deutschsprachigen Raum sowohl militärisch als auch diplomatisch: Russische Truppen dringen bis nach Berlin vor und die russische Regierung erlangt zunehmend eine Mittlerrolle zwischen Preußen und Österreich (z.B. im Frieden von Teschen 1779) – eine Rolle, die sie auch im 19. Jahrhundert mehrfach übernehmen wird.

Die Reformen und die insbesondere während der Herrschaft Katharinas II. intensivierte Verstärkung des politischen Gewichts sind folgenreich auch für die kulturellen Beziehungen zwischen beiden Ländern. Die Wahrnehmung Russlands wird eine andere, geprägt durch eine im Verlauf der kommenden Jahrhunderte immer wieder begegnenden Mischung aus Neugierde und Wissensdurst auf der einen und Furcht vor einem schwer einschätzbaren großen Nachbarn auf der anderen Seite. Angelockt durch attraktive Angebote zieht es eine Fülle von Fachkräften aus dem deutschsprachigen Raum in das neue Russland, die in den Bereichen Militär, Verwaltung, Wirtschaft, Industrie und Bildung z.T. einflussreiche Positionen erlangen. Beispielhaft demonstriert dies die Biographie von Ernst Johann von Bühren (Biron), der als beim Volk verhasster Günstling der Zarin Anna Ivanovna (reg. 1730–1740) Russland regierte. Auch die russische Akademie der Wissenschaften wurde in den ersten Jahrzehnten nach ihrer Gründung von deutschen Gelehrten dominiert; von den anfangs 107 Mitgliedern waren 48 Deutsche.

Zugleich bemüht sich die russische Regierung verstärkt, u.a. mit Hilfe von Peters deutschem Berater Heinrich von Huyssen, im Rahmen einer Kampagne zur Imageverbesserung um deutsche Multiplikatoren in den Bereichen Kultur, Wissenschaft und Publizistik. Beginnend mit den Petrinischen Reformen wird Russland Gegenstand tätigen Interesses bei führenden deutschen Kulturträgern in Kunst, Wissenschaft und Theologie, z.B. bei Vertretern des deutschen Pietismus wie den Herrnhutern, Hermann Francke und Ernst Glück.

Von den Gelehrten und Philosophen ist vor allem Gottfried Wilhelm Leibniz (1646–1716) zu nennen. Dieser war seit 1668 mit den Sprachen und der Geschichte der slavischen Völker befasst. In diesem Kontext hat er als erster deutscher Intellektueller intensiv über das Verhältnis von Europa und Russland nachgedacht und letzterem im Rahmen seiner politischen und geschichtsphilosophischen Reflexionen eine zentrale Rolle als Vermittler zwischen Europa und Asien zugewiesen. Leibniz ist Peter I. zwischen 1711 und 1716 viermal begegnet und hat diesem in zahlreichen Briefen und Denkschriften Anregungen für die weitere politische und gesellschaftliche Reformierung Russlands übersandt. Abgesehen von frühen kritischen Einschätzungen erscheint Russland bei Leibniz nicht mehr als Land der Barbaren, sondern als ein kulturell entwicklungsfähiger sozialer Organismus. Dementsprechend hat Leibniz Peter I. Pläne für die Reorganisation des Staatsapparates sowie zur Gründung einer Akademie der Wissenschaften übermittelt. Leibniz' Position ist repräsentativ für viele deutsche Aufklärer, die dem großen unbekannten Land im Osten mit Neugierde und Interesse begegneten, es vor allem nach den Reformen von Peter I. und Katharina II. als mit gewaltigen Potenzen begabtes Land der Zukunft und Erwartung betrachteten, eine Haltung, die unter veränderten, fast gegensätzlichen ideologischen Voraussetzungen einundhalb Jahrhunderte später wieder zu beobachten ist.

Russisches in deutschsprachigen Publikationen der Aufklärung

Korrespondierend mit diesem Interesse werden im deutschsprachigen Bereich die publizistischen Informationen über Land und Leute zu Beginn des 18. Jahrhunderts ausführlicher, vielfältiger, genauer und, was die Wertungen betrifft, auch differenzierter, z.B. in Zeitschriften wie den *Acta eruditorum*, der *Europäischen Fama* oder im *Curieusen Bücher-Cabinet*. In der zweiten Hälfte des 18. Jahrhunderts übernehmen diese kulturvermittelnde Funktion im Sinne der Aufklärung u.a. die *Göttingischen Anzeigen von gelehrten Sachen*, Anton Friedrich Büschings Berliner *Wöchentliche Nachrichten*, die *Bibliothèque Germanique* und die *Nouvelle Bibliothèque Germanique*, Friedrich Nicolais *Allgemeine deutsche Bibliothek*, Christoph Martin Wielands *Teutscher Merkur*, Christian Friedrich Daniel Schubarts *Deutsche Chronik* und die *Allgemeine Literaturzeitung*. Als einschlägiges Periodikum ist zudem die von Gerhard Friedrich Müller herausgegebene neunbändige *Sammlung Rußischer Geschichte* (1732–1764) zu nennen.

Im Bereich der nichtfiktionalen Literatur sind es Tagebücher, Biographien und Reisebeschreibungen, die, angeregt durch die von Peter I. erzwungenen Reformen und durch eine Reihe z.T. in Russland erschienener Lebensbeschreibungen über den russischen Herrscher und über sein Land berichten. Beispielhaft für diese Entwicklung sind u.a. Christian Stieffs *Relation von dem gegenwärtigen zustande des Moscovitischen Reichs* (1706) und vor allem die 1721 in Hannover erschienene Schrift *Das veränderte Rußland* von Friedrich Christian Weber. Letzterer, ein erklärter Befürworter der Petrinischen Reformen, hat zwischen 1714 und 1719 in St. Petersburg gelebt und vermittelt im Rahmen einer tagebuchartigen, mit verschiedensten Belegtexten angereicherten Darstellung ein detailliertes und präzises Bild des Landes und seiner rasanten Veränderung. Webers Ausführungen haben die deutsche Russland-Publizistik in der ersten Hälfte des 18. Jahrhunderts maßgeblich beeinflusst (Matthes 1987, S. 109ff.). Ein früher kompetenter Vermittler russischer Sprache und Kultur war auch der im Kontext der *Grammatica russica* (1696) bereits erwähnte, in Russland gut vernetzte Heinrich Wilhelm Ludolf (1655–1712), der u.a. für Leibniz und für den Hallenser Pietisten Hermann Francke Kontakte nach Russland geknüpft hat. Von den Ende des 18. Jahrhunderts publizierten Darstellungen ist vor allem Christoph Meiners' zweibändige, 1798 erschienene *Vergleichung des ältern, und neuern Rußlandes* zu nennen, die auch kulturelle und gesellschaftliche Aspekte berücksichtigt.

Publizistische Organe sind es auch, welche die anspruchsvollen Erzeugnisse der im 18. Jahrhundert entstehenden neueren russischen Literatur in Deutschland bekannt gemacht haben. Eine wichtige Rolle spielt dabei der Aufklärer Johann Christoph Gottsched (1700–1766), der ein ausgeprägtes Interesse an der Entwicklung von Kultur und Literatur in Russland zeigte und zahlreiche Kontakte zu Russen und in Russland lebenden Deutschen unterhielt. Mit ihm wird Leipzig neben Halle,

Jena und Riga zu einem der Zentren russisch-deutscher kultureller Begegnung im 18. Jahrhundert. Unter den von Gottsched herausgegebenen Zeitschriften ist vor allem *Das Neueste aus der anmuthigen Gelehrsamkeit* (1751–1762) zu nennen, in der erstmals in Deutschland eine literarisch ambitionierte Auseinandersetzung mit russischer Dichtung erkennbar ist (U. Lehmann, 1966). Hier erschienen u.a. erste Erzeugnisse aus der Feder russischer Autoren, so eine Satire von Kantemir, einem der großen Satiriker der frühen russischen Literatur, in einer Nachdichtung Gottscheds und, nach Kantemirs Tod (1744), auch ein Essay über Leben und Werk dieses früh verstorbenen russischen Dichters. Im Verlauf von zwölf Jahren wurden immerhin zweiunddreißig Beiträge über das Kulturleben in Russland, über neue literarische Werke (u.a. von Sumarokov und Lomonosov) sowie über die Neuerscheinungen russischer Zeitschriften angezeigt bzw. veröffentlicht. Zudem gab es Informationen über das gelehrte Leben in Russland, z.B. über die Universitäten.

Bezeichnend für das verstärkte Interesse an Russland ist außerdem die ungewöhnlich umfassende Vorstellung des Landes in Zedlers *Universal-Lexicon* (1732–1750), das auf 66½ Spalten (zum Vergleich: England 26½, Frankreich 10½, Italien 4½ Spalten) die geographischen Besonderheiten, die Bevölkerung, Staatsform, Religion und Geschichte, besonders ausführlich aber den gegenwärtigen Zustand des Landes beschreibt.

Im Kontext dieser vielfältigen Informationen beschäftigen sich – neben dem Gottsched-Kreis – auch andere deutsche Dichter wie Albrecht von Haller, Karl Wilhelm Ramler oder Johann Peter Uz mit Russland. Die betreffenden literarischen Texte, in der Mehrzahl Gedichte, sind zunächst vor allem politischen Ereignissen wie Kriegen (der Nordische, der Siebenjährige Krieg) und bestimmten Herrschern wie Peter I. oder Katharina II. gewidmet (Keller 1987a). Solche literarischen Reaktionen zeigen sich z.B. in Gestalt von Huldigungsoden (Gottscheds *Auf Kaiser Petern den Großen. Ein Gesang*, 1761; *Lob- und Klage-Ode* auf den Tod Peters I., 1725; Johann Gottfried Herders Katharina II. gewidmeter *Lobgesang am Neujahrsfeste. Riga* 1765); Johann Heinrich Voß' Kaiser Alexander I. von Russland zugedachtes *Festlied der Deutschrussen* (1801) u.a. Mit Beginn der sechziger Jahre werden aber auch die russischen Autoren vermehrt wahrgenommen. 1768 präsentiert die vom Aufklärer Christian Felix Weiße herausgegebene Leipziger *Neue Bibliothek der schönen Wissenschaften und der freyen Künste* u.d.T. *Nachricht von einigen russischen Schriftstellern, nebst einem kurzen Berichte vom russischen Theater* die Lebensläufe von mehr als vierzig Schriftstellern. Zwischen 1772 und 1789 veröffentlichte der als Historiker, Linguist und Übersetzer tätige Hartwig Ludwig Christian Bacmeister (1730–1806) in der Zeitschrift *Die Russische Bibliothek, zur Kenntniß des gegenwärtigen Zustandes der Literatur in Rußland* im Rahmen von Rezensionen und Anzeigen detaillierte Informationen über die seit 1770 auf dem russischen Buchmarkt erschienenen wissenschaftlichen und poetischen Schriften, z.B. über Werke von Lomonosov, Sumarokov, Fonvizin. Bacmeister, einer der wichtigsten

Vermittler zwischen deutscher und russischer Literatur im 18. Jahrhundert, war mit dem ebenfalls in Russland tätigen Historiker August Wilhelm Schlözer befreundet und hat u.a. auch Klopstock geholfen, den *Messias* in Russland zu veröffentlichen. Eine Art Fortsetzung der *Russischen Bibliothek* war das zwischen 1793 und 1796 erschienene, von Johann Heinrich von Busse (1763–1835) herausgegebene *Journal von Rußland*.

In der zweiten Hälfte des 18. Jahrhunderts werden im deutschsprachigen Raum Werke von Trediakovskij, Lomonosov, Kantemir, Sumarokov u.a. vermehrt übersetzt und rezensiert, auch von renommierten Autoren. Eingehende Beschäftigung mit Russland und der im Entstehen begriffenen modernen russischen Literatur verraten z.B. einige Schriften von Johann Gottfried Seume (1763–1810) und von August von Kotzebue (1761–1819). Orientiert ist die Auswahl offensichtlich am die europäische Aufklärung bestimmenden Gattungskanon; davon abweichende, in Russland sehr populäre Komödiendichter in Oper und Theater wie Ivan Barkov oder Aleksandr Ablesimov sind nicht wahrgenommen worden. Der zu Beginn des 19. Jahrhunderts in Deutschland als erfolgreicher Komödiendichter bekannt gewordene und später als russischer Spion verdächtigte Kotzebue hat sich nicht nur mehrfach im Rahmen idealisierender Reisebeschreibungen über Russland geäußert (*Das merkwürdigste Jahr meines Lebens*, 1801; *Erinnerungen von einer Reise aus Liefland nach Rom und Neapel*, 1805), sondern ist 1793 auch mit Gedichtübersetzungen von Deržavin hervorgetreten. Seume, der zeitweilig in russischen Diensten stand, hat als einer der ersten deutschen Schriftsteller versucht, Spezifika der russischen Literatur im Vergleich mit der deutschen herauszuarbeiten, z.B. im Rahmen einer Katharina II. verherrlichenden, aber durchaus kenntnisreichen Charakterisierung von russischen Autoren wie Cheraskov, Vasilij Petrov, Sumarokov, Karamzin und Deržavin in *Über das Leben und den Karakter der Kaiserin von Russland Katharina II.* (1797). Darüber hinaus hat er in dem sozialkritischen Reisebericht *Mein Sommer 1805* (ersch. 1806) nicht nur von einer Reise durch Polen und das Baltikum nach St. Petersburg und Moskau eingehend und teilnehmend über die gravierenden sozialen Gegensätze in der russischen Gesellschaft berichtet, sondern in diesem Zusammenhang auch Bedenkenswertes über das problematische Verhältnis von Staat und Volk formuliert (Oellers 1987).

2.3 Bedeutende Wegbereiter in Historiographie und Geschichtsphilosophie: Schlözer und Herder

Schlözer und Herder sind sicher die wichtigsten und bekanntesten Vermittlerfiguren im 18. Jahrhundert. Ihre Bedeutung resultiert zum einen aus der Intensität und dem Umfang der Beschäftigung mit russischer Geschichte und Kultur, zum anderen daraus, dass die Ergebnisse dieser geschichtswissenschaftlichen und kulturphilosophischen Auseinandersetzung in vielfältiger Weise auf Russland und seine Entwicklung in Kultur und Literatur zurückgewirkt haben.

August Ludwig Schlözer

August Ludwig Schlözer (1735–1809) gilt auch heute noch als einer der besten Kenner der russischen und osteuropäischen Geschichte, der russischen Sprache und der altrussischen Literatur im 18. Jahrhundert (Winter 1961, Donnert 1985). Zugleich gehört er zu den ersten Deutschen, die ihren Landsleuten ein umfassendes, vielseitiges und zugleich systematisch geordnetes und wissenschaftlich fundiertes Bild Russlands zu vermitteln suchten. Der u.a. auch von Goethe hochgeschätzte, von Kollegen aber auch kritisch beurteilte Schlözer hatte sich bereits als Student in Wittenberg und in Göttingen mit einer Vielzahl von Sprachen befasst und beherrschte im Alter von 27 Jahren über ein Dutzend von ihnen; in Göttingen studierte er vor allem orientalische und in diesem Rahmen auch slavische Sprachen. Schlözer ist 1761 erstmals nach Russland gereist und hat dort als Mitglied der Petersburger Akademie (ab 1764) zunächst als Historiker gearbeitet, sich aber vor allem zwischen 1761 und 1770 auch sehr intensiv als Gelehrter mit slavischen Sprachen beschäftigt, eine Tätigkeit, aus der eines der ersten deutsch-russischen Wörterbücher hervorging. Bereits 1770, also mit 35 Jahren, galt er als einer der besten deutschen Kenner Osteuropas. In diesem Zusammenhang hat er sich dann um eine sprachwissenschaftliche Beschreibung der russischen Sprache bemüht, deren Ergebnis 1764 eine russische Sprachlehre war. Aufgrund von deren Fehlerhaftigkeit und von auch selbst verschuldeten Auseinandersetzungen mit deutschen und russischen Kollegen, u.a. mit dem überaus verdienstvollen Historiker Gerhard Friedrich Müller und mit dem Aufklärer Michail Lomonosov, ist diese Sprachlehre aber weitgehend unbekannt geblieben, ihre Veröffentlichung ist immer wieder hintertrieben worden; ein ähnliches Schicksal hatten ein halbes Jahrhundert zuvor die sprachgeschichtlich ebenfalls umstrittenen Arbeiten des Berliner Pädagogen Johann Leonhard Frisch erfahren. Schlözer versuchte bereits hier, das Russische als Bestandteil einer größeren slavischen Sprachgruppe zu sehen; seine Bemühungen sind nicht unbedingt auf praktischen Spracherwerb gerichtet, sondern mehr historisch-philologisch orientiert. In diesen Zusammenhang gehört auch die Beschäftigung mit russischer Sprach- und Literaturgeschichte. Hier verband sich das Interesse des Historikers an alten Chroniken mit dem des Spezialisten für Sprachgeschichte. Ausgehend davon hat er u.a. eine Schrift mit dem Titel *Gedanken über die Art, die russische Historie zu traktieren* (1764) verfasst, in der er die russische auch als europäische Geschichte zu verstehen sucht. Darüber hinaus fordert er bereits hier ein umfassendes Studium alter Chroniken; er hat als erster in Deutschland auf das altrussische *Igorlied* aufmerksam gemacht. Zwischen 1802 und 1809 ist von ihm eine fünfbändige Übersetzung der *Nestorchronik* publiziert worden (*Übersetzungen des russischen Chro-*

nisten *Nestor bis zum Jahre 980*) – eine, was wissenschaftlichen Rang und Wirkung betrifft, geradezu epochale Leistung. All diese Arbeiten Schlözers gehören zu den ersten Zeugnissen eines intensiven Studiums altrussischer Literatur durch einen deutschen Gelehrten. Wichtige programmatische Eckpunkte dieser Arbeiten hatte er bereits in der Schrift *Proben russischer Annalen* aus dem Jahre 1768 zusammengefasst, in der er zudem Grundsätzliches über die Bearbeitung ungedruckter russischer Chroniken ausführt. Auch seine Schrift *Allgemeine Nordische Geschichte* (1771) enthält im Rahmen einer Klassifizierung der slavischen Völker ausführliche Passagen über die altrussische Sprache und Literatur, wobei unter ›nordischer Geschichte‹ nicht nur Skandinavien, sondern eben auch der nordosteuropäische Raum gemeint war; bis weit ins 19. Jahrhundert galt Russland nicht als osteuropäisches, sondern als nordeuropäisches Land. Auch in einem seiner letzten Werke, dem *HandBuch der Geschichte des Kaisertums Rußland vom Anfange des Stats, bis zum Tode Katharina der II* (1802), würdigt er die Potentiale der russischen Sprache und der jungen russischen Literatur und prophezeit ihnen einen ebenbürtigen Rang unter den großen europäischen Sprachen und Literaturen. Neben diesen Tätigkeiten hat Schlözer auch in seiner Eigenschaft als Hochschullehrer in Göttingen und als Rezensent der *Göttingischen Anzeigen von gelehrten Sachen* sehr viel für die Verbreitung der Kenntnisse über Russland im deutschsprachigen Raum getan.

Johann Gottfried Herder

Weit wichtiger, bekannter und folgenreicher für das Verhältnis von Russland und Deutschland ist die Tätigkeit Johann Gottfried Herders (1744–1803) gewesen, insbesondre durch seine Arbeiten zur Kulturgeschichte und Kulturphilosophie und durch die darin formulierte Konzeption vom Eigenwert verschiedener Volksstämme und »Volksgeiste«. Gerade im Rahmen seiner individualisierenden und historisierenden Betrachtung geschichtlicher Entwicklung geht Herder über die Aufklärung hinaus und propagiert die besondere Physiognomie von einzelnen Völkerschaften. Im Rahmen einer in mehreren Phasen verlaufenden Beschäftigung mit Russland kommt es zu einer differenzierten Beschreibung und Bewertung der slavischen Völker und zur Entdeckung ihrer Volksliteratur. Bereits der junge Herder entwickelt in der zweiten Hälfte der sechziger Jahre Pläne und Gedanken für eine Erweckung des kulturellen und historischen Bewusstseins in Russland. Weitere Belege für das Interesse an Russland schon zu Beginn seiner literarischen Laufbahn sind zum einen die in der Tradition des Herrscherlobes stehenden Widmungsgedichte an Peter I. und Katharina II. (z.B. der *Lobgesang am Neujahrsfeste*, 1764/1765) und zum anderen die Russland gewidmeten Passagen im *Journal meiner Reise im Jahre 1769* (ersch. 1846). Die dort formulierten Reflexionen über Russlands soziale und kulturelle Besonderheiten, über dessen Verhältnis zu Livland u.a. gelten als Entwurf einer größeren, nicht geschriebenen Studie über Russland mit dem Titel *Über die wahre Kultur eines Volkes und insonderheit Rußlands.* (Keller 1987, S. 370ff.). Vergleichbare Überlegungen begegnen viel später nochmals in einem 1802 in der Zeitschrift *Adrastea* publizierten Artikel über Peter I.; relevant für die eigene Dichtung waren diese Arbeiten aber nicht.

Bedeutsamer für das Selbstverständnis der Slaven und eben auch der Russen sind die zwischen 1784 und 1791 erschienenen *Ideen zur Philosophie der Geschichte der Menschheit*, Herders geschichtsphilosophisches Hauptwerk. Relevant sind hier vor allem die Ausführungen im 4. Kapitel des 16. Buches (1791), wo in einem großen historischen Ausgriff die Geschichte der Slaven von den Ursprüngen bis zum Mittelalter nachgezeichnet wird, begleitet und vertieft durch eine Charakterisierung der betreffenden Völker. Dies geschieht im Rahmen einer bis zum Mittelalter reichenden Vergleichung mit den Deutschen bzw. mit den Germanen. Mit Hilfe der dabei formulierten »Taubentheorie« wird vor allem der friedfertige Charakter der Slaven betont. Im Gegensatz zu den Deutschen seien sie eben kein Abenteurer- und Kriegervolk gewesen; sie seien vor allem als Kolonisatoren aufgetreten, hätten nur dann fremdes Land und fremdes Gebiet besetzt, wenn dieses leer und weitgehend unbesiedelt gewesen sei. Das erinnert an Flemings erwähnte Russlanddichtung, verdankt sich hier aber nicht topischer Gestaltung, sondern Rousseauscher Prägung. Herders Charakterisierung dieses Verhältnisses ist folgenreich gewesen; es hat slavophil geprägte literarische Typologisierungen im 19. Jahrhundert ebenso beinflusst (z.B. die von dem Literaturkritiker Apollon Grigor'ev und Dostoevskij vertretene Konzeption des počvenničestvo, die die Slaven als friedfertigen und die Deutschen als raubgierigen Typus definierte) wie einige von deutschen Schriftstellern im 20. Jahrhundert vorgenommene Charakterisierungen dieses Verhältnisses. Im Verlauf seiner historischen, von geschichtsphilosophisch strukturierten Gedankengängen begleiteten Darstellung skizziert Herder dann auch die zukünftige Rolle der Slaven in Europa und darüber hinaus in der Weltgeschichte. Dabei vertritt er die Meinung, dass sich diese Volksgruppe so weit entwickeln könne, dass sie in der Zukunft eine führende Rolle in der Weltkultur spielen werde. Und merkwürdigerweise ist es die Ukraine, der er aufgrund ihrer südlichen Lage eine besondere Rolle zuerkennt. Sie wird nach Herder ein neues Griechenland werden. Der schöne Himmel dieses Volkes, sein lustiges Wesen, seine musikalische Natur, das von ihm bewohnte fruchtbare Land werden laut Herder erwachen; aus vielen kleinen wilden Stämmen, wie es die Griechen vormals auch waren, werde eine gesittete Nation entstehen. Der Vergleich mit Griechenland zeugt von der hohen Wertschätzung, die Herder in Bezug auf die Slaven gehegt hat. Eine solche Nobilitierung ist erstaunlich, wenn man bedenkt, welch hohen Stellenwert Griechenland und die Griechenverehrung gerade im ausgehenden 18. Jahrhundert, spätestens seit Winckelmann, in Deutschland und auch im geschichtsphilosophischen Denken Herders gehabt haben. Ein weiterer Aspekt dieser Nobilitierung der Slaven ist ihre Profilierung als Vermittlungsinstanz zwischen Asien und Europa. Mit Hilfe dieser

Vermittlung wäre nach der utopischen Konzeption Herders zugleich eine Erneuerung Europas und seiner Kultur durch die Slaven, insbesondre durch die Ukrainer, möglich und eine weitere Stufe in der Entwicklung der gesamten Menschheit zu einem höheren Grad von Bildung und Humanität erreicht, ein Gedankengang, der wenige Jahrzehnte später im geschichtsphilosophischen Denken der russischen Slavophilen und um 1900 in dem deutscher Dichter und Kulturkritiker wie Rilke, Nietzsche und einiger Repräsentanten der »Konservativen Revolution« eine wichtige Rolle spielen wird.

Die im sog. »Slavenkapitel« aus den *Ideen zur Philosophie der Geschichte der Menschheit* formulierten Charakterisierungen der Slaven und Russen sowie die damit verbundene Berücksichtigung der jeweils besonderen Individualität dieser Völker sind von großer Reichweite gewesen. Die von Herder entwickelte historisierende Betrachtungsweise, die auf die Eigenheiten von einzelnen Völkern besondere Rücksicht genommen hat, ist für die Russen und die übrigen Slaven bei der Entwicklung eines Nationalbewusstseins von großer Relevanz gewesen. Herders Ausführungen zur Volkspoesie und zur Geschichtsphilosophie wurden recht bald ins Russische, Polnische und Tschechische übersetzt und haben bis ins 20. Jahrhundert immer wieder als legitimierende Grundlage für die Betonung von eigener Nationalität auch bei den West- und Südslaven gedient.

In diesem Zusammenhang ist Herder nicht nur einer der größten Anreger innerhalb der deutschen Geistesgeschichte, sondern auch außerordentlich wichtig für die Vermittlung slavischer Literatur geworden. Herder selbst hat in seinen Sammlungen von Volksdichtung, insbesondre von Volksliedern, erstmals einem breiteren deutschen Publikum slavische und baltische Volksdichtung zugänglich und bekanntgemacht. In der Schrift *Auszug aus einem Briefwechsel über Oßian und die Lieder alter Völker*, abgedruckt in *Von Deutscher Art und Kunst* (1773), praktiziert und propagiert er die Sammlung von Volksliedern – ein Appell, der nicht nur bei Goethe, sondern auch bei den Slaven auf fruchtbaren Boden gefallen ist, in Russland schon in den zwanziger und dreißiger Jahren des 19. Jahrhunderts. In Verbindung mit der im »Slavenkapitel« der *Ideen* formulierten geschichtsphilosophischen Konzeption sind diese Anregungen und Aktivitäten bei der Formulierung der sog. »narodnost'« (Volksverbundenheit, Volkstümlichkeit, Volkshaftigkeit) relevant gewesen, einer ideologischen Konzeption, die sowohl im zaristischen als auch im sowjetischen Russland wichtiger Bestandteil ästhetischer und literaturtheoretischer Entwürfe werden sollte.

3 Behutsame Annäherung in Literaturkritik und Dichtung zwischen 1800 und 1885

3.1 Historische Kontexte

Anfang des 19. Jahrhunderts beginnt eine neue Phase in den Beziehungen zwischen dem deutschsprachigen Raum und dem zaristischen Russland. Das gilt für die politischen und gesellschaftlichen Kontakte ebenso wie für die kulturellen. Bedingt ist die Annäherung zunächst durch den gemeinsamen Kampf gegen Napoleon unter russischer Führung, der dem Land als »Befreier Europas« für einige Jahre einen enormen Prestigegewinn verschafft, erkennbar u.a. in der ausgiebigen und positiven Würdigung durch deutsche Dichter (z.B. Friedrich Rückerts *Geharnischte Sonette* von 1813). In diesem Zusammenhang gelangt eine Vielzahl junger und kulturell interessierter Russen nach Deutschland, eine Entwicklung, die sich auch in den folgenden Jahrzehnten fortsetzt, als zahlreiche Russen zu Studienzwecken nach Deutschland reisen. Auf politischer Ebene kommt es nach den Napoleonischen Kriegen zu weitreichenden Kooperationen. Bereits im November 1813 schließt Russland Bündnisse mit den süddeutschen Rheinbundstaaten; durch die während des Wiener Kongresses (1814/1815) getroffenen Vereinbarungen gewinnt Russland weiter Macht und Einfluss in Mitteleuropa. Die für Frankreich positiven, für die deutschen Teilstaaten hingegen wenig erfreulichen Friedensverhandlungen mit Frankreich 1814 und 1815 führen allerdings zu starken Irritationen vor allem in national gesinnten deutschen Kreisen. Russland erwies sich nicht wie gehofft als Sachwalter deutscher Interessen, sondern als bedrohliche Hegemonialmacht, der man verstärkt mit Misstrauen und Abneigung begegnete. Bestätigt wurde diese Haltung dadurch, dass Russland die ihm im Rahmen der Polnischen Teilungen zugesprochenen Gebiete Polens trotz liberaler Verheißungen mehr und mehr zur russischen Provinz machte, woran auch die blutig niedergeschlagenen Aufstände der Polen 1830 und 1863 nichts ändern konnten. Gut sechzig Jahre später sollte sich dieser Vorgang in umgekehrter Konstellation wiederholen, als sich Russland nach dem erfolgreichen Krieg gegen die Türken auf dem Berliner Kongress (1878) um die Früchte des Sieges gebracht sah und dafür die deutsche Verhandlungsführung unter Bismarck verantwortlich machte. Einen wenig erfreulichen Einfluss gewinnt Russland auch mit Hilfe der 1815 zwischen Russland, Preußen und Österreich zwecks Bekämpfung liberaler Bestrebungen vereinbarten »Heiligen Allianz«, über die Russland nach den Kongressen von Troppau (1820) und Verona (1822), vor allem aber unter Nikolaus I. (reg. 1825–1855) immer wieder auch innenpolitische Entwicklungen in Preußen, Österreich und anderen deutschen Teilstaaten zu beeinflussen versuchte. Negativer Höhepunkt solcher u.a. durch den Vertrag von Berlin (1833) erneut sanktionierten Aktivitäten ist die Mitwirkung russischer Truppen an der Niederschlagung revolutionärer Bewegungen 1848/1849, z.B. in Ungarn. Der Rolle als »Gendarm Europas« korrespondiert eine Fülle innenpolitischer Restriktionen in Russland. 1825 scheitert der von liberal gesinnten Offizieren initiierte Dekabristenaufstand in Russland, Beginn einer von verschärfter Zensur, staatlicher Bevormundung und Repression geprägten, bis zur Jahrhundertmitte während Periode geistiger und kultureller Verdunklung in Russland, kontrolliert durch eine 1826 gebildete Geheimpolizei (»Dritte Abteilung«), ideologisch legitimiert durch die vom Unterrichtsminister und Goetheverehrer Sergej Uvarov dekretierte Dreieinigkeit von Autokratie (samoderžavie), Orthodoxie (pravoslavie) und Volksverbundenheit (narodnost'). Die dynastischen Verbindungen zwischen St. Petersburg und deutschen Fürstenhöfen bleiben in den folgenden Jahrzehnten erhalten und werden sogar weiter ausgebaut; das betrifft vor allem Preußen, Sachsen-Weimar, Württemberg und Baden. Nikolaus I. war mit einer preußischen Prinzessin verheiratet, im Südwesten Deutschlands bildeten sich aufgrund familiärer Verbindungen im Verlauf des 19. Jahrhunderts kleine Zentren russischer Kultur und Literatur, z.B. in Stuttgart, Karlsruhe und Baden-Baden (wo sich Turgenev, Dostoevskij und zahlreiche andere Russen zeitweise aufhielten). Literarhistorisch von Belang in diesem Zusammenhang war die Heirat des Erbprinzen Carl Friedrich von Sachsen-Weimar-Eisenach mit der russischen Großfürstin Maria Pavlovna im Jahre 1804. Sie suchte nicht nur von Beginn an den geistigen Austausch mit den Repräsentanten der Weimarer Literaturszene, sondern brachte eine beeindruckende Bibliothek mit Werken russischer Dichter und Wissenschaftler nach Weimar (U. Lehmann 1968, S. 434ff.).

Mit Hilfe dieser vielfältigen Verbindungen versuchte die russische Regierung auch publizistisch immer wieder Einfluss auf die öffentliche Meinung in den deutschen Teilstaaten zu nehmen. Das geschah im Bereich der Zensur oder dadurch, dass sie Beiträge von der russischen Regierung nahestehenden Journalisten und Schriftstellern in deutscher Übersetzung in Deutschland und Österreich publizieren ließ, in denen das russische Reich als Freund und Helfer, als Garant stabiler monarchischer staatlicher Ordnung erscheinen sollte. Das betraf u.a. auch die Erzählprosa und literaturkritische Artikel von heute zu Recht weitgehend vergessenen, konservativ eingestellten Autoren wie Fadej Bulgarin, Nikolaj Greč und Osip Senkovskij (Pseud. Baron Brambäus). Deren Schriften fanden in den zwanziger und dreißiger Jahren des 19. Jahrhunderts sowohl in Russland als auch im deutschsprachigen Raum Aufmerksamkeit und Interesse, z.B. durch Beiträge im *Magazin für die*

Literatur des Auslandes. Diese und nicht etwa Puškin oder Lermontov galten einflussreichen deutschen Kritikern, auch ideologisch und politisch unterschiedlich orientierten wie Wolfgang Menzel oder Karl Gutzkow, lange Zeit als Repräsentanten der modernen russischen Literatur. Auf deutscher Seite ist in diesem Zusammenhang neben der Zeitschrift *Archiv für die wissenschaftliche Kunde von Russland* (1841–1867) vor allem Kotzebue zu nennen, der nicht nur ein bekannter Schauspieldichter, sondern auch Agent des russischen Hofes war und in zahlreichen Schriften und Publikationsorganen, z.B. in seinem *Literarischen Wochenblatt*, immer wieder zugunsten der russischen Regierung agierte. Solcherart Öffentlichkeitsarbeit für das zaristische Russland wurde noch dringlicher nach dem Erscheinen des dreibändigen, das Zarenreich überaus negativ zeichnenden Russlandberichts des Marquis Astolphe de Custine (*La Russie en 1839*, ersch. 1843), der in ganz Europa mit großem Erfolg verbreitet wurde.

Endpunkt dieser Phase der Reaktion und Stagnation war der für Russland mit dem Fall der Krimfestung Sewastopol schmählich endende Krimkrieg 1854/1855 und der ebenfalls 1855 erfolgte Tod Nikolaus I. Die Bilanz war erschreckend: Russland verlor in Europa an Einfluss; es erwies sich sowohl im In- als auch im Ausland als der »Koloss auf tönernen Füßen«, von dem Russlandkritiker schon lange gesprochen hatten, gelähmt durch eine unfähige, korrupte Verwaltung, geschwächt durch eine rückständige Wirtschaft, gebeutelt durch zunehmende soziale Spannungen, ausgehend insbesondere von den Auseinandersetzungen um die Leibeigenschaft der Bauern. Deren Aufhebung im Jahre 1861 verbesserte die Lage der Bauern nur partiell, gleiches gilt für angestrebte Verbesserungen im Kultur- und Bildungsbereich. Mit der Lockerung der Zensur kam es zu Ansätzen von Meinungsfreiheit, die Unzufriedenheit von Studenten und die Unruhe von Intellektuellen und Literaten blieben jedoch bestehen, nach einem gescheiterten Attentat auf Zar Alexander II. (1866) war eine kurze Phase der Liberalisierung wieder vorbei. Trotz oder vielleicht auch gerade wegen dieser instabilen politischen und gesellschaftlichen Verhältnisse entwickelte sich ein reges kulturelles Leben, in dessen Mittelpunkt eine sozial engagierte und künstlerisch anspruchsvolle Literatur entstand, deren bedeutendste Protagonisten Puškin, Lermontov und Gogol' rasch in Deutschland bekannt gemacht wurden.

Das Verhältnis zu Preußen und Österreich blieb auch nach der Jahrhundertmitte wechselhaft, wurde im ganzen aber distanzierter; spätestens seit Ende der fünfziger Jahre begann Russland sich Frankreich anzunähern. Vor allem die demütigenden Folgen des Krimkriegs, die Enttäuschung über mangelnde Unterstützung durch die deutschen Teilstaaten und der Imageverlust nach der brutalen Niederschlagung des Aufstandes in Polen 1863 verstärkten, auch im kulturellen Bereich, die ohnehin vorhandenen russischen Vorbehalte gegenüber dem Ausland. Sie forcierten eine in Teilen nationalistisch aufgeladene und von militanten Repräsentanten des Slavophilentums und des Panslavismus (Ivan Aksakov, Jurij Samarin, Nikolaj Danilevskij u.a.) ideologisch legitimierte Besinnung auf die Werte des Slaventums. Eine solche Position wird auch Dostoevskij während der sechziger und siebziger Jahre in Briefen (u.a. an Apollon Majkov) und essayistischen Arbeiten nachhaltig vertreten (u.a. im *Dnevnik pisatelja*/Tagebuch eines Schriftstellers) – beeinflusst nicht zuletzt durch die von seinem Freund und Mitarbeiter Apollon Grigor'ev (1822–1864) formulierte Konzeption des počvenničestvo (Bodenständlertum).

Auch auf deutscher Seite gestalteten sich die Beziehungen zum russischen Reich durchaus wechselhaft. Auf politischer Ebene gab es, auch aufgrund der erwähnten dynastischen Verbindungen, zahlreiche Kontakte und Kooperationen, insbesondre mit Preußen, das seit 1830 sogar durch einen speziellen Vertrag zur Bekämpfung von »Demagogen« mit Russland verbunden war. Russland war den Regierenden in Preußen und Österreich als Verteidiger bestehender gesellschaftlicher und politischer Strukturen willkommen, auch wenn dies mit demütigenden Eingriffen Russlands verbunden war, z.B. während der Revolutionen 1848/1849 oder, in Bezug auf Preußen, 1850 im Rahmen einer Vermittlung zwischen Preußen und Österreich (»Olmützer Punktation«). Russland blieb aber auch danach ein wichtiger Bündnispartner Preußens; ohne die stillschweigende Einwilligung der zaristischen Regierung wäre die Gründung des Deutschen Reiches 1871 kaum möglich gewesen.

Diese komplizierten, aber auch recht engen politischen Beziehungen hatten natürlich Auswirkungen auf die öffentliche, durchaus kontroverse Auseinandersetzung mit Russland in Publizistik und Literatur. Eine konservative Meinungsbildung betrieben die erwähnten, z.T. in russischen Diensten stehenden Multiplikatoren Kotzebue, Bulgarin etc. Es gab aber auch regierungsunabhängige, um Objektivität und Differenzierung bemühte Beiträge von konservativen Intellektuellen; das betrifft neben zahlreichen Zeitschriftenartikeln u.a. die *Beiträge zur Kenntnis des Innern von Rußland* von Johann Friedrich Erdmann (1822/1825/1826), Gustav Roses Bericht über die Russland-Reisen Alexander von Humboldts 1829 (*Mineralogisch-geognostische Reise nach dem Ural, dem Altai und dem Kaspischen Meere*, 2 Bde., 1837/1842) sowie die dreibändigen *Studien über die inneren Zustände, das Volksleben und insbesondere die ländlichen Einrichtungen Rußlands* (1847/1852) des Barons August von Haxthausen, eines Onkels der Dichterin Annette von Droste-Hülshoff, über die bäuerliche Sozialordnung des »mir« in Russland (Kux 1992, Schmidt 1992).

Kontrastierend dazu hat sich das liberale Deutschland während der ersten Hälfte des 19. Jahrhunderts immer wieder sehr kritisch über die politischen und sozialen Zustände in Russland geäußert. Insbesondre nach der brutalen Niederschlagung des Polenaufstandes 1830/1831 und nach den russischen Interventionen im Revolutionsjahr 1848/1849 reagierte die publizistische und literarische Öffentlichkeit im deutschsprachigen liberalen Lager in Texten von Georg Herwegh, August von Platen, Friedrich August von Stegemann, August Heinrich Hoffmann von Fallersleben u.a. mit harscher Kritik (Pape 1992, S. 443ff.), verstärkte ihre Angriffe während des Krimkrieges

1854/1855, der von manchen Kommentatoren, einmal mehr mit Hilfe alter negativer Images, zum Kampf des zivilisierten Europa gegen ein brutales, barbarisches, »orientalisches« Russland stilisiert wurde. Russland galt zudem nicht zu Unrecht spätestens seit den vierziger Jahren als erklärter Gegner einer Vereinigung der deutschen Teilstaaten zu einem Nationalstaat und war auch deshalb vielen national gesinnten Deutschen verhasst. Die im Rahmen solch negativer Stellungnahmen offenbar werdende Angst vor einem übermächtigen und zugleich unkalkulierbaren Russland konnte allerdings ein stetig zunehmendes Interesse an der neuen russischen Literatur nicht eindämmen. Vermittelt durch zahlreiche und sehr verschiedene, sowohl aus Russland als aus Deutschland stammende Autoren und Kritiker, wird sie vermehrt Gegenstand literaturkritischer Erörterungen und poetologischer Reflexionen.

3.2 Russische Dichtung in der deutschsprachigen Literatur und Kritik während der ersten zwei Drittel des 19. Jahrhunderts

3.2.1 Russische Vermittler

Trotz der Vermittlungsbemühungen im 18. Jahrhundert durch deutsche und russische Aufklärer ist Russland für die Mehrzahl der Westeuropäer und Deutschen zu Beginn des 19. Jahrhunderts eine terra incognita, insbesondre was Kultur und Literatur betrifft. Das ändert sich nach Beendigung der Napoleonischen Kriege, als das Zarenreich, seine Bewohner, seine gesellschaftlichen Verhältnisse und seine Kultur mehr und mehr Gegenstand von Veröffentlichungen werden, die nicht selten aus der Feder russischer, baltendeutscher und deutscher Schriftsteller stammen.

Wichtige Vermittler waren zunächst die vielen nach Deutschland reisenden und z.T. dort studierenden und arbeitenden russischen Dichter und Intellektuellen wie der Schellingianer Stepan Ševyrev (1806–1864), der Dichter Vil' gel'm Kjuchel'beker (Küchelbecker, 1797–1846), der lange Zeit in München als Diplomat tätige, u.a. mit Friedrich Wilhelm Joseph Schelling befreundete Romantiker Fedor Tjutčev (1803–1873), der wegen seiner liberalen Ideen verfolgte und ins Exil getriebene Dichter und Publizist Aleksandr Gercen (Herzen, 1812–1870), insbesondre aber die im Folgenden ausführlicher darzustellenden Nikolaj Karamzin, Vasilij Žukovskij und Ivan Turgenev. Sie haben im Rahmen vielfältiger Kontakte der deutschen literarischen Elite umfassende und differenzierte Informationen über russische Kultur und Literatur vermittelt.

Nikolaj Karamzin

Wie bereits erwähnt, gehören die Reiseberichte zu den wichtigsten Formen der Vermittlung zwischen den Völkern – und das gilt natürlich auch für die Literatur. Vom späten 18. bis zum Ende des 20. Jahrhunderts haben russische und deutsche Dichter in z.T. sprachlich höchst anspruchsvoller Weise über Russland bzw. Deutschland berichtet, gipfelnd in der umfangreichen Reiseliteratur der zwanziger Jahre des 20. Jahrhunderts.

Zu den ersten namhaften russischen Reisenden in Sachen Literatur gehört der als Begründer des russischen Sentimentalismus und als Historiograph hervorgetretene Nikolaj Karamzin (1766-1826). Dieser hatte bereits als Student in Moskau Kontakte zu Deutschen, u.a. zu dem seit 1781 in Moskau lebenden Jakob Michael Reinhold Lenz, der sich mit Übersetzungen russischer Literatur ins Deutsche beschäftigte (die ersten fünf Gesänge von Michail Cheraskovs Epos *Rossijada*) und den jungen Karamzin mit Rousseau und Shakespeare, vor allem aber auch mit der neueren deutschen Literatur bekannt machte. Beraten durch Lenz unternahm Karamzin 1789/1790 eine Europareise, in deren Verlauf er in Deutschland führende Dichter und Philosophen aufsuchte und sie auf die gerade entstehende neue russische Literatur aufmerksam machte, z.B. Karl Wilhelm Ramler, Friedrich Nicolai, Christian Felix Weiße, Immanuel Kant, Karl Philipp Moritz, Christoph Martin Wieland und Johann Gottfried Herder. Dokumentiert hat Karamzin diese Begegnungen in seinen 1791/1792 im *Moskovskij žurnal* (Moskauer Journal) erschienenen und bereits ab 1799 von Johann Gottfried Richter (1763-1829) ins Deutsche übersetzten *Pis'ma russkogo putešestvennika* (Briefe eines russischen Reisenden), einem der bedeutendsten Texte der europäischen Reiseliteratur, der noch im Jahr seines erstmaligen Erscheinens u.a. von Wieland im *Neuen Teutschen Merkur* positiv bewertet wurde. Nicht zuletzt aufgrund dieser vielfältigen Kontakte ist Karamzin als erster beachtenswerter Repräsentant russischer Literatur in Deutschland wahrgenommen worden. Er ist der erste russische Schriftsteller, dessen Werke relativ rasch und mehrfach ins Deutsche übertragen worden sind.

Vasilij Žukovskij

Weit bedeutender noch als Vermittler zwischen deutscher und russischer Literatur ist der Dichter und Übersetzer Vasilij Žukovskij (1783-1852). Er gehört zu den Begründern der neueren russischen Literatur, er hat ihre Sprache melodiös und sangbar gemacht, ohne ihn ist die Entwicklung der russischen Lyrik von der Romantik bis hin zum Symbolismus nicht denkbar. Vornehmlich durch seine Nachdichtungen und Übersetzungen ins Russische sind Gattungen wie die Elegie und vor allem die Ballade in Russland heimisch geworden.

Žukovskij hat sich während seines ganzen Lebens intensiv mit deutscher Literatur und Literaturtheorie beschäftigt. Bereits als 22-Jähriger übersetzt er Teile von Johann Joachim Eschenburgs *Entwurf einer Theorie und Literatur der schönen Wissenschaften* (1783) ins Russische, er ist der wichtigste russische Übersetzer deutscher Dichtung im 19. Jahrhundert (Texte von Christian Heinrich Spieß, Gottfried August Bürger, dessen *Lenore* er dreimal übersetzerisch bearbeitet, Johann

Peter Hebel, Johann Wolfgang Goethe, Friedrich Schiller, Ludwig Uhland, Friedrich Rückert u.a.). Darüber hinaus hat er sich auch mit Autoren aus der Zeit des Vormärz befasst, z.B. mit Franz Grillparzer, Nikolaus Lenau, Anastasius Grün. Erste persönliche Begegnungen mit deutschen Schriftstellern und Künstlern gab es um 1800 in Moskau, dann 1815 bis 1817 im baltischen Dorpat, schließlich durch seine Eheschließung mit der Tochter seines Freundes Wilhelm von Reutern, die ihn bewog, ab 1841 erst in Düsseldorf und dann in Baden-Baden zu leben. Dort ist er auch gestorben. Žukovskij war im kulturellen und gesellschaftlichen Leben Russlands und Deutschlands bestens vernetzt, befreundet mit bedeutenden russischen Dichtern wie Karamzin, Puškin, Lermontov u.a., bekannt mit Goethe und zahlreichen Dichtern und Künstlern der deutschen Romantik, als Prinzenerzieher einflussreich am Zarenhof. Besonders wichtig für die Vermittlung russischer Literatur in Deutschland waren seine Reisen (1821, 1827, 1838, 1840), 1821 als Begleiter des russischen Thronfolgers (Žukovskij war der Russischlehrer von dessen aus Preußen stammender Gattin Friederike Charlotte Wilhelmine und Erzieher des späteren Zaren Alexander II.). Kaum ein Russe hat in der ersten Hälfte des 19. Jahrhunderts so viele deutsche Geistesgrößen besucht wie Žukovskij und ihnen, wie es Goethe in einem Brief vom 1.5.1828 an den russischen Staatsrat Nicolaus Borchardt formuliert hat, die Vorzüge der russischen Dichtung und ihre »hohe ästhetische Cultur« nahegebracht. Neben Goethe waren es u.a. Ludwig Tieck, Sulpiz Boisserée, Wilhelm von Humboldt, Carl Gustav Carus, Justinus Kerner und der Maler Caspar David Friedrich, bei denen er, wie die Briefwechsel der Genannten belegen, großen Eindruck hinterlassen hat.

Ivan Turgenev

In der zweiten Hälfte des 19. Jahrhunderts hat ein bis heute in Deutschland sehr bekannter Dichter als Vermittler zwischen beiden Literaturen eine ungemein wichtige Rolle gespielt – nämlich Ivan Turgenev (1818–1883). Über ihn kommt es erstmals auf Autorenebene zu umfassenden und literarisch fruchtbaren Begegnungen, bedingt durch seine ungewöhnlich starke Affinität zu deutscher Kultur, Philosophie und Literatur, die ihn veranlasst hat, im Vorwort zum ersten Band seiner 1869 erschienenen *Ausgewählten Werke* Deutschland als sein zweites Vaterland zu bezeichnen. Turgenev hat 1838 bis 1841 in Berlin studiert und jahrelang in Baden-Baden gelebt, er hat deutschsprachige Gedichte geschrieben wie z.B. *Nemec* (Der Deutsche), deutsch korrespondiert (z.B. mit Bettina von Arnim, Paul Heyse, Julius Rodenberg und vor allem mit seinem langjährigen Freund, dem Maler und Schriftsteller Ludwig Pietsch), war bekannt mit einer Fülle von Dichtern, Übersetzern, Literaturkritikern und bildenden Künstlern; neben den bereits erwähnten sind zu nennen: Eduard Mörike, Theodor Storm, Gustav Freytag, Berthold Auerbach, Friedrich Bodenstedt, Ludwig Friedländer, Paul und Rudolf Lindau, Adolf Menzel. Darüber hinaus hat er sich als Dichter in Werken wie *Faust, Dvorjanskoe gnezdo* (Das

Adelsnest), *Senilia* und als Literaturkritiker (z.B. mit der 1845 im *Sovremennik*/Der Zeitgenosse veröffentlichten *Faust*-Rezension) ausgiebig mit deutscher Literatur und Philosophie beschäftigt. Daher ist Turgenev, was die Dichter angeht, die erste literarhistorisch bedeutende Vermittlergestalt. Erstmals kommt es zu einer von den Autoren ausgehenden wechselseitigen Auseinandersetzung beider Literaturen auf verschiedenen Ebenen und in unterschiedlicher Gestalt: im Rahmen persönlicher Begegnungen (u. a. mit Theodor Storm, Eduard Mörike, Bertold Auerbach), im Briefwechsel mit Dichtern wie Heyse und Storm, mit Verlegern und einflussreichen Literaturkritikern wie Julius Rodenberg, Georg Friedlaender und Julian Schmidt. Aufgrund der engen Beziehung zu führenden Vertretern des deutschsprachigen Literaturbetriebs war Turgenev gut informiert über die vielfältigen Rezeptionsweisen russischer Literatur in Deutschland. Wie seine Briefe an Kritiker wie Julian Schmidt oder enge Freunde wie Ludwig Pietsch bezeugen, hat er diese Rezeption sehr genau verfolgt und auch immer wieder versucht, sie zu befördern und zu beeinflussen, die seiner eigenen Werke, aber auch die anderer russischer Autoren. So bittet er im Brief vom 3.6.1869 Pietsch um eine seinen Vorstellungen entsprechende Interpretation von *Otcy i deti* (Väter und Söhne), schickt 1881 an Schmidt, den einflussreichen Herausgeber der *Grenzboten*, Tolstojs *Vojna i mir* (Krieg und Frieden) mit empfehlenden Worten. Schmidt ließ er immer wieder die deutschen und französischen Übersetzungen der eigenen Werke zukommen, weil er großen Wert auf dessen literaturkritisches Urteil legte. »J. Schmidts Aufsatz [*Iwan Turgénjew*, in: *Preußische Jahrbücher*, 1868; J. L.] über mich – ist gewiß das Beste, was man über meine Wenigkeit geschrieben hat – und ich bin ihm recht dankbar«, heißt es in einem Brief vom 17.10.1868 an Pietsch. In diesem Aufsatz hatte Schmidt Turgenev als einen Schriftsteller vorgestellt, dem an poetischer Kraft niemand in Europa gleichkomme. Turgenev hat seine Vermittlerrolle bewusst und engagiert übernommen, das belegen viele Briefe an Kollegen und Literaturkritiker. So bezeichnet er es im Brief an Moritz Necker (eigentl. Necheles) vom 16.4.1879 als eine seiner wichtigsten schriftstellerischen Intentionen, Russland den Europäern näher gebracht zu haben. Im genannten Briefwechsel mit Kollegen, mit Literaturkritikern und Verlegern finden sich neben den erwähnten Lektüreempfehlungen auch vielfältige Informationen über das gesellschaftliche und kulturelle Leben in Russland.

Turgenev ist sehr schnell ins Deutsche übersetzt worden. insbesondre die *Zapiski ochotnika* (Aufzeichnungen eines Jägers) haben ihn rasch in ganz Europa, vor allem in Frankreich und Deutschland, bekannt gemacht. Die *Aufzeichnungen* waren bereits ab 1852, also direkt nach der russischen Publikation im gleichen Jahr, von August Viedert übertragen worden (zunächst in Zeitschriften und Zeitungen, 1854 ein erster Teil in Buchform; der zweite, von August Boltz fehlerhaft übertragene, erschien 1855). Der Durchbruch zum in Deutschland außerordentlich populären Autor gelang mit der zweibändigen Publikation von Erzählungen in der Übersetzung von Friedrich Bodenstedt (*Erzählungen von Iwan Turgénjew*, 1864/1865). Spätestens seit Ende der sechziger Jahre war es dann geradezu Pflicht für einen Literaturverlag, einen russischen Autor – und wenn möglich, einen Text von Turgenev – in deutscher Sprache herauszubringen, auch in Konkurrenz zu anderen Verlagen. So erschienen 1877, nur wenige Monate nach der Publikation in Russland, innerhalb kürzester Zeit gleich fünf deutsche Übersetzungen des Romans, *Nov'* (Neuland). Als Turgenev-Übersetzer haben sich viele versucht, neben kompetenten wie Wilhelm Wolfsohn, Wilhelm Henckel, Bodenstedt oder den von Turgenev sehr geschätzten Viedert und Moritz Hartmann (als Übersetzer der französischen Übertragungen von Turgenevs Werken) finden sich Namen wie Heinrich Bode, Marie von Pezold, Leopold Kayssler, Eduard von Ungern-Sternberg, Claire von Glümer, Wilhelm Lange, Heinrich von Lankenau u.a. Turgenev hat die Übertragungen seiner Werke ins Deutsche sehr genau verfolgt, seine Briefe enthalten immer wieder Klagen über fehlerhafte Übertragungen, z.B. in Bezug auf einzelne Texte der Mitauer Ausgabe (*Väter und Söhne* in: *Iwan Turgénjew's Ausgewählte Werke*, Bd. 1, 1869). Die Fehlerquote ergab sich zum einen aus mangelnder Sprachkompetenz, zum anderen aber auch daraus, dass eine Reihe von Werken, z.B. die *Väter und Söhne* oder Novellen aus französischen Übersetzungen ins Deutsche übertragen worden waren. So hat u.a. Friedrich Spielhagen 1861 Turgenevs *Dnevnik lišnego čeloveka* (Tagebuch eines überflüssigen Menschen) aus der betreffenden französischen Übersetzung ins Deutsche übersetzt. Das in der Forschung gelegentlich berichtete Kuriosum, die Übertragung der Novelle *Strannaja istorija* (Eine wunderliche Geschichte) sei bereits 1869, also noch vor ihrer russischen Erstveröffentlichung im Januar 1870 in *Vestnik Evropy*, erschienen, beruht offenbar auf einer Fehldatierung: Tatsächlich erscheint auch der deutsche Text erstmals 1870 (in Heft 1/2 von Rodenbergs Zeitschrift *Der Salon für Literatur, Kunst und Gesellschaft*). Die hohe Zahl der Übersetzungen ist auch ein Beleg für Turgenevs große Popularität im deutschsprachigen Raum. Von Mitte der siebziger bis in die Mitte der achtziger Jahre war Turgenev der bekannteste russische Prosaschriftsteller, noch 1890 konstatierte der Kulturkritiker Victor Hehn einen »Turgenieff-Kultus« in Deutschland, und ein Rezensent des *Magazins für die Literatur des Auslandes* sprach 1877 vom geradezu wutartigen Überfall der Verleger und Übersetzer auf Turgenevs Werk (Dornacher 1983, S. 87). Insbesondre durch Werke wie die *Aufzeichnungen eines Jägers* und Zeitromane wie *Väter und Söhne*, *Dym* (Rauch) und *Nov'* (Neuland) galt Turgenev als kompetenter »Biograph des russischen Volkes«, als zuverlässiger Informant über gesellschaftliche und kulturelle Zustände und Entwicklungen in Russland. Mit dem u.a. von Schmidt gerühmten »wohltuenden Humor«, mit seinen lyrisch getönten Naturschilderungen und der differenzierten psychologisierenden Darstellung verschiedenartigster Personen erwies er sich zudem als Verwandter des deutschen »Poetischen Realismus«, erinnerte manchen Leser und Kritiker an Storm; die ethnographische Komponente in den *Aufzeichnungen eines Jägers* gemahnte an die für die Entstehung eines deutschsprachigen Realismus höchst relevante Dorfgeschichte; nicht zufällig war

Berthold Auerbach (1812–1882), der bedeutendste Repräsentant der deutschsprachigen Dorfgeschichte, ein wichtiger Gesprächspartner für Turgenev. Dichterisch rezipiert worden ist Turgenev zuerst von Fontane sowie einigen Spätrealisten wie Leopold von Sacher-Masoch und Marie von Ebner-Eschenbach (s.u.). Mit Beginn der achtziger Jahre erlahmte das Interesse an seinen Werken, Gegenstand zahlreicher literaturkritischer Veröffentlichungen wurde er noch einmal anlässlich seines Todes im Jahre 1883 (neben vielen Nachrufen u.a. Eugen Zabel: *Iwan Turgenjew. Eine literarische Studie*, 1884). Spätestens seit 1885 galten nicht er, sondern Tolstoj und Dostoevskij als Repräsentanten der modernen russischen Literatur.

3.2.2 Deutsche Vermittler und Vermittlungsinstanzen

Maßgeblichen Anteil an der intensivierten Rezeption russischer Literatur hatten verschiedene Vermittlungsinstanzen: Anthologien, Übersetzer und Literaturkritiker. Was die Anthologien übersetzter russischer Literatur angeht, so sind vor allem John Bowrings und Carl Friedrich von der Borgs Sammlungen zu nennen. Bowrings »Russische Anthologie« (*Rossijskaja antologija. Specimens of the Russian Poets*, 2 Bde., 1821/1823) enthält Werke aus dem 18. und frühen 19. Jahrhundert, neben sechs Volksliedern vor allem Texte von Deržavin, Žukovskij, Karamzin, Bogdanovič, Bobrov, Chemnicer, Krylov, Neledinskij-Meletzkij, Kostrov, Davydov, Batjuškov und Lomonosov. Sie ist vom Herausgeber und Übersetzer Bowring mit einem einleitenden Essay und Kommentierungen ausgestattet. Die Anthologie darf als erste bedeutende Vermittlung russischer Versdichtung außerhalb Russlands gelten.

Carl Friedrich von der Borgs in Deutschland wohlwollend rezensierte Sammlung *Poetische Erzeugnisse der Russen. Ein Versuch* (2 Bde., 1820/1823) präsentierte dem deutschsprachigen Publikum neben Volksliedern zahlreiche durch von der Borg selbst übersetzte Gedichte von vorwiegend dem 18. Jahrhundert angehörenden russischen Autoren (z.B. Krylov, Deržavin, Sumarokov, Lomonosov, Dmitriev), berücksichtigt aber auch damals moderne Literatur, u.a. Werke Karamzins, Batjuškovs, des jungen Puškin. Von der Borgs Sammlung ist die bis dahin umfänglichste Vorstellung russischer Poesie in Deutschland, enthält aber weniger einführende Informationen als Bowrings Anthologie.

Darüber hinaus erwähnenswert sind Heinrich von Busses Sammlung *Fürst Wladimir und dessen Tafelrunde. Altrussische Heldenlieder* (1819) sowie Peter Otto von Goetzes, im Titel an Herders berühmte Volksliedsammlung erinnernde *Stimmen des russischen Volks in Liedern* (1828). Letztere überzeugt nicht nur durch eine kompetente Auswahl der Texte aus verschiedenen Genres, sondern auch durch eine kenntnisreiche literarhistorische Einführung und durch eine die stilistischen und inhaltlichen Besonderheiten der Lieder berücksichtigende Kommentierung.

Neben diesen vornehmlich lyrische Texte enthaltenden Sammlungen erschienen ab 1830 auch Anthologien von Prosatexten, z.B. Anton Dietrichs *Russische*

Volksmärchen, in den Urschriften gesammelt und ins Deutsche übersetzt (1831), August von Oldekops *Schneeglöckchen* (1833), Eduard von Olbergs *Nordische Blüthen* (1837), Friedrich Tietz' *Historische und romantische Erzählungen, Begebenheiten und Skizzen* (1838), August Lewalds *Russische Geschichten* (1846), die von Heinrich Müller 1863 unter dem Titel *Aus dem russischen Volksleben* herausgegebene Erzählprosa u.a. Bedeutsam für die Vermittlung von noch heute gelesener Erzählprosa waren vor allem Robert Lipperts 1846/1847 erschienenes *Nordisches Novellenbuch* (Texte u.a. von Puškin, Bestužev (Pseud. Marlinskij), Odoevskij, Gogol') sowie Wilhelm Wolfsohns Anthologien *Rußlands Novellendichter* (3 Bde., 1848/1851; u.a. Puškin und Gercen) und *Erzählungen aus Rußland* (1851).

3.2.3 Übersetzerinnen und Übersetzer

Entscheidenden Anteil an der Vermittlung russischer Literatur hatten natürlich die Übersetzungen. Seit Beginn der dreißiger Jahre des 19. Jahrhunderts wird vermehrt zeitgenössische russische Belletristik übersetzt, von den sprachkünstlerisch anspruchsvollen Dichtern vor allem Puškin und Gogol'. Die Qualität war zunächst alles andere als erfreulich, nicht selten führte mangelnde Sprachkompetenz zu kuriosen Verfälschungen, z.B. wenn der Beginn von Puškins Versmärchen *Ruslan i Ljudmila* (»An einer Meeresbucht stand eine grüne Eiche«) auf Deutsch mit »Am Zwiebelmeer stand eine grüne Eiche« wiedergegeben wurde, weil der Übersetzer fälschlicherweise das russische Wort »lukomor'e« (Meeresbucht) als ein aus »luk« (Zwiebel) und »more« (Meer) gebildetes Kompositum verstanden hat. Doch es gab auch bereits in der ersten Hälfte des 19. Jahrhunderts hervorragende Übersetzer und Übersetzerinnen, die sich durch hohe Sprachkompetenz und dichterisches Gestaltungsvermögen auszeichneten und so für eine adäquate Rezeption der von ihnen übertragenen Texte in Deutschland und Österreich sorgten.

Karolina Pavlova

Zu ihnen gehört die Dichterin und Übersetzerin Karolina Pavlova, geb. Jaenisch (1807–1893), Tochter eines russifizierten deutschen Professors an der Moskauer Universität. Pavlova ist zweisprachig aufgewachsen, war von 1837 bis 1853 mit dem Literaturkritiker und Schriftsteller Nikolaj Pavlov (1803–1864) verheiratet und hat sehr früh wichtige Repräsentanten der neuen russischen Literatur persönlich kennengelernt, u.a. Puškin, Venevitinov, Baratynskij, Vjazemskij, Jazykov, Fet sowie bedeutende Kritiker und Philosophen wie Kireevskij, Konstantin Aksakov, Chomjakov und Ševyrev. Darüber hinaus war sie befreundet mit Adam Mickiewicz, dem bedeutendsten polnischen Dichter des 19. Jahrhunderts, der ihr ebenso wie Nikolaj Jazykov (1803–1846) einige seiner Gedichte gewidmet hat. Vertraut mit beiden Sprachen, eingebunden in das literarische Leben Russlands, wird Pavlova vor allem in den dreißiger und vierziger Jahren des 19. Jahrhunderts zur kompetenten Vermittlerin russischer Literatur in Deutschland und deutscher Literatur in Russland (u.a. als Schiller-Übersetzerin). Relevant für die Rezeption russischer Literatur ist vor allem die eigene Dichtungen und Übertragungen vorstellende Anthologie *Das Nordlicht. Proben der neueren russischen Literatur* (1833). Sie enthält u.a. Übersetzungen russischer Gedichte von Žukovskij, Puškin, Jazykov und einigen Romantikern, die erstmals den russischen Originalen sprachlich und dichterisch adäquat sind; Alexander von Humboldt hat Pavlovas Übertragungen hoch geschätzt und sie mehrfach zu dieser Tätigkeit ermutigt. Sie ist leider trotz solcher Fürsprache, trotz weiterer Übersetzungen (z.B. von Dramen Aleksej Konstantinovič Tolstojs, der ihr seine zwölf deutschen Gedichte gewidmet hat), trotz einer innovativen und sprachkünstlerisch auf hohem Niveau stehenden Dichtung bereits zu Lebzeiten in Vergessenheit geraten; erst die russischen Symbolisten haben sie ein Jahrzehnt nach ihrem Tod wiederentdeckt. Die hohe Qualität ihrer Übertragungen offenbart sich besonders deutlich, wenn man sie mit den fast gleichzeitig entstandenen banalisierenden und einbürgernden Übersetzungen von Friedrich Tietz (1803–1879) vergleicht, der als Verfasser von Reiseberichten über Russland um die Mitte des 19. Jahrhundert recht bekannt war (u.a. *Bunte Skizzen aus Ost und Süd. Entworfen und gesammelt in Preußen, Rußland, der Türkei, Griechenland, auf den ionischen Inseln und in Italien von F. Tietz*, 1838).

Wilhelm Wolfsohn

Weit folgenreicher für die deutsche Rezeption russischer Literatur im 19. Jahrhundert waren die Vermittlungsbemühungen von Wilhelm Wolfsohn (1820–1865) und Friedrich Bodenstedt (1819–1892). Beide haben als Übersetzer, als Publizisten und als Literaturkritiker russische Autoren erstmals einem breiteren Publikum bekannt gemacht.

Karl Wilhelm Wolfsohn entstammt einer im zaristischen Russland ansässigen jüdischen Familie. Geboren wurde er am 20.1.1820 in Odessa, besuchte dort das deutsche jüdische Gymnasium und erhielt eine gründliche Ausbildung in Sprachen (Deutsch, Russisch, Französisch, Hebräisch), Literatur, Geistes- und Naturwissenschaften. Zusätzlich lernte er mit Hilfe von Privatlehrern Griechisch und Latein. 1837 ging Wolfsohn nach Leipzig, um Medizin zu studieren, gab diese Absicht aber wegen finanzieller Probleme auf und begann ein Studium der Philosophie und Literatur, das er 1842/1843 mit einer Dissertation *Über die schönwissenschaftliche Literatur der Russen* abschloss. Es ist die erste, mit einer Anthologie russischer Texte verbundene, grundlegende wissenschaftliche Studie über die damals moderne russische Literatur in Deutschland. In Leipzig begegnete er 1841 erstmals dem fast gleichaltrigen Theodor Fontane im sog. »Herwegh-Klub«, einem Kreis demokratisch gesinnter Studenten, in dessen Rahmen literarische und politische Probleme diskutiert wurden (Schultze 1963a, 1988). Bereits während der Leipziger Zeit beginnt Wolfsohn eine rege publizistische, dichterische und übersetzerische Tätigkeit. Nach 1843 setzt er dies an verschiedenen Orten fort, hält in Russland (wo er als erster Fontanes Werke vorstellt) und Deutschland Vorträge über russische Schriftsteller, schreibt Gedichte und Dramen, gibt renommierte Zeitschriften wie das *Deutsche Museum* mit heraus, übersetzt eine Vielzahl von Texten der damals modernen russischen Autoren Puškin, Gogol', Lermontov, Dostoevskij, Tjutčev, Pavlov u.a. und wird damit und mit seinen Artikeln über russische Autoren und über das literarische Leben in Russland zu einem der wichtigsten Vermittler russischer Literatur in Deutschland in der Mitte des 19. Jahrhunderts. Bei all dem führte er ein Nomadenleben, fand aufgrund seiner Herkunft keine feste Anstellung, weil ihn keines der deutschen Fürstentümer ohne russische Emigrationserlaubnis einbürgern wollte. Seine Bemühungen, eine Christin zu ehelichen, waren erst nach elfjähriger Verlobungszeit erfolgreich, als er in Dessau die dortige Staatsbürgerschaft erlangte. Nach langer Irrfahrt, wechselnden Aufenthalten in Russland und Deutschland, konnte er sich Anfang der fünfziger Jahre endlich mit seiner Familie in Dresden niederlassen, wo er, befreundet mit renommierten deutschen Autoren wie Berthold Auerbach und Otto Ludwig, eine rege Tätigkeit als Herausgeber, als beliebter und erfolgreicher Dramenautor und als Übersetzer entfaltete, insbesondre in den von ihm edierten Bänden der *Russischen Revue* und später der *Nordischen Revue*. Berühmt waren seine öffentlichen Vorlesungen über deutsche und russische Literatur, zu denen bis zu 500 Hörer kamen. Hingegen sind seine russischen Themen gewidmeten dichterischen Erzeugnisse, z.B. die Dramen *Zar und Bürger* (1854), oder *Nur eine Seele* (1857) zu Recht vergessen. Hervorgetreten ist Wolfsohn auch als Förderer jüdischer Kultur, u.a. mit dem Almanach *Jeschurun. Taschenbuch für Schilderungen und Anklänge aus dem Leben der Juden* (1841, unter dem Pseud. Carl Maien). Auch hier ist die Intention bestimmend, verschiedene Kulturen und Religionen, jüdische und christliche, einander anzunähern, mit den Übersetzungen Grenzen zu überwinden. Wilhelm Wolfsohn ist nach langer Krankheit, nur 45 Jahre alt, am 13.8.1865 in Dresden gestorben.

Wolfsohn darf als der erste philosophisch und literaturtheoretisch versierte Vermittler russischer Literatur in Deutschland und deutscher Literatur in Russland angesehen werden. Die skizzierte Vita demonstriert seine intensiven, systematischen Studien in den Bereichen Literatur- und Geistesgeschichte, Studien, deren Ergebnisse seinen dichterischen, literaturkritischen und übersetzungstheoretischen Arbeiten ein fest gegründetes ästhetisches und auch weltanschauliches Fundament gegeben haben. Mit ihm beginnt eine geistesgeschichtlich bedeutsame Rezeptionslinie, deren Besonderheit darin besteht, dass die jeweilige Aufnahme russischer Texte im Kontext eines bestimmten weltanschaulichen Entwurfs geschieht, der diese Rezeption einerseits beeinflusst, andererseits von ihr auch modifiziert und weiterentwickelt wird. Höhepunkt dieser Entwicklung sind die ästhetisierende Neuformulierung slavophiler Gedanken im Werk Rainer Maria Rilkes um 1900 und die deutsche Tolstoj- und Dostoevskij-Rezeption Ende des 19. und im ersten Drittel des 20. Jahrhunderts.

Wolfsohn ist – was seinen geistigen Habitus betrifft – unverkennbar von der Haskala, der jüdischen Variante der Aufklärung, vor allem aber von der Philosophie des Deutschen Idealismus sowie vom Kunstverständnis der Deutschen Klassik geprägt. Auf letzteres deuten die Goethe verpflichtete organologisch-morphologische Konzeption vom Keimen, Wachsen und Reifen sowohl der Kunstwerke als auch ganzer Literaturen sowie die der Klassik verpflichtete Auffassung von einer bildenden, die Humanität befördernden Funktion der Kunst. Darüber hinaus dokumentieren Wolfsohns Ausführungen ein spezifisches Verständnis von Weltliteratur, das, ähnlich wie das Goethes, Weltliteratur nicht als Summe von Meisterwerken versteht, sondern als dasjenige an jeder Nationalliteratur, das sie aus Abgegrenztheit und Isolierung löst und so die Beziehung zu anderen Literaturen ermöglicht bzw. aufrechterhält. Letzteres ist laut Wolfsohn die vornehmste Aufgabe des Übersetzers, und auch hierin, bei der Bestimmung dieser Aufgabe, zeigt er sich – bis hin zu einzelnen Formulierungen – als Schüler Goethes, z.B. was die Ausführungen über das Deutsche als besonders geeignete Übersetzungssprache betrifft. Bei Wolfsohn heißt es dazu in einem Beitrag zur *Russischen Revue*: »[Es ist] eine Sprache geboten, die eben möglichst viele Nationaleigenthümlichkeiten vermitteln kann. Daß die deutsche Sprache dies, wie keine andere, vermag, werden uns [keine] Gegner abstreiten.« (*Zur Reform des Unterrichtswesens*, in: *Russische Revue. Zeitschrift zur Kunde des geistigen Lebens in Rußland*, 1863). Und in der Vorrede zu diesem ersten Band der *Russischen Revue* rühmt Wolfsohn die deutsche Sprache als besonders bewährte Vermittlerin »der erhabensten Humanitätsideen [...] in jedem Theile der alten und neuen Welt«.

Diese noch mit vielen anderen Beispielen belegbare Nähe zur Deutschen Klassik demonstriert Wolfsohn auch in der Wahl seiner Motti. Vielen seiner Schriften sind Goethe- und Schiller-Zitate vorangestellt, die hier nicht schmückendes Anhängsel, sondern Vorausdeutung auf eine Argumentation sind, die stark vom deutschen ästhetischen Denken um 1800 geprägt ist. Vornehmlich dies verschafft Wolfsohn eine einzigartige Stellung unter den Vermittlern russischer Literatur im 19. Jahrhundert, denn mit Hilfe dieser den deutschen literaturkritischen Diskurs lange Zeit bestimmenden kunstphilosophischen Orientierung hat er vielen deutschen Lesern russische Dichtung besonders überzeugend nahe bringen können.

Wie bereits erwähnt, schließt das auch die Rezeption deutscher Philosophie ein, insbesondre die kunst- und geschichtsphilosophischen Schriften von Herder, Hegel und Schelling. Auf die Nähe zu Philosophen wie Schelling und Hegel verweisen Formulierungen Wolfsohns, welche die Wirklichkeit und ihre einzelnen Bereiche, sei es Geschichte, Natur, Gesellschaft oder Kunst, als Manifestation eines Absoluten, eines mit Begriffen wie Idee bzw. Geist bezeichneten Ganzen versteht. Dieser Geist oder diese Idee entfaltet und objektiviert sich auf verschiedene Weise, in Gestalt individueller, durch lokale, historische, soziale und kulturelle Merkmale ausgezeichnete Völker oder Nationen ebenso wie als bestimmte Kunstform. Diese

Grundgedanken des Deutschen Idealismus modifiziert Wolfsohn unter Berücksichtigung einer russischen Variante, der sog. Narodnost'-Konzeption, einer Konzeption, welche die ästhetische und geschichtsphilosophische Diskussion in Russland von den dreißiger Jahren des 19. bis zur Doktrin des Sozialistischen Realismus im 20. Jahrhundert maßgeblich geprägt hat. Sie ist hier im Einzelnen nicht darstellbar; wichtig ist in unserem Zusammenhang, dass in ihrem Rahmen die o.g. Objektivationen des Geistes, also Volk und Kunst, in der Weise eng aufeinander bezogen werden, dass idealistisch verstandene Kunst und somit Literatur immer Ausdruck einer Volksindividualität sein soll. »Die Kunst«, heißt es im Puškin-Essay von 1848, »ist das Allgemeine in den Besonderheiten aller Volkscharaktere [...] Der Dichter erfüllt seinen höchsten Künstlerberuf, wenn er die Poesie als Weltgabe bewährt; er kann ihn aber nur erfüllen, wenn der *Nationalgeist* in ihm seine vollste Entwickelung erreicht. Je höher, je vollendeter diese ist, desto mehr trägt sie Allgemeinmenschliches in sich.« (*Rußlands Novellendichter*, Bd. 1, 1848) In diesem Sinne erscheint z.B. Puškin gleichermaßen als nationaler Dichter und als Weltliterat. Gestützt auf solche philosophisch-ästhetische Positionen vertritt Wolfsohn eine Auffassung von Realismus, die – durchaus verwandt mit der Konzeption eines literarischen »Ideal-Realismus« des mit ihm befreundeten Otto Ludwig – von der Kunst eine präzise Wiedergabe der Wirklichkeit fordert, eine Wiedergabe freilich, die nicht naturalistisch abbildend ist, sondern den Kunstcharakter des jeweiligen Werkes durchscheinen lässt. Wolfsohn betont also das Vermögen der Kunst, die dargestellten realen individuellen, regionalen, historischen und sozialen Fakten auf ein sie umfassendes und bedingendes Ganzes zu beziehen, auf historische Gesetzmäßigkeiten ebenso wie auf soziale Strukturen. Aus dieser erkenntnisvermittelnden Funktion erwächst die spezifische künstlerische Legitimation, mit Hilfe der Einbildungskraft auf die positive Veränderbarkeit der o.g. Gesetzmäßigkeiten und Strukturen aufmerksam zu machen. Diese ästhetische Konzeption einer ›realidealistischen Kunst‹, die »[s]tatt aus der Idee die Erscheinung herauszuarbeiten, [...] aus der Erscheinung die Idee heraus[arbeitet]« (*Culturbriefe III*, in: *Leipziger Zeitung*, 1.2.1857), prägt in Ansätzen bereits die erwähnte Dissertation, in der die russische Literatur erstmals nicht als Ansammlung von Texten und Autoren, sondern als ein organisches, sich entwickelndes Ganzes vorgestellt wird, mit Puškin als vorläufigem Höhepunkt. Wolfsohn hat diese ›realidealistische‹ Position bis zu seinem frühen Tod vertreten, so wenn er 1857 das in den dreißiger Jahren einsetzende Erlöschen der sog. Kunstperiode zugunsten einer vom Journalismus dominierten »Zeitungspoesie« beklagt (*Culturbriefe I*, in: *Leipziger Zeitung*, 4.1.1857). Zugleich – und auch das demonstriert die Weite seines geistigen Horizonts – verweist er in seinen komparatistischen Publikationen auf die Bedeutung der frühen asiatischen Kunst für die griechische Antike, der nahöstlichen Kultur für die christlich-abendländische Geistesgeschichte, der indischen und arabischen Kurzprosa für die europäische Novelle (*Zur Novellenliteratur Europas*, in: *Deutsches Museum*, 1860).

Diese literarästhetischen Kontexte sind insofern relevant, als sie Grundlage und Voraussetzung einer theoretisch anspruchsvollen Rezeption russischer Literatur geworden sind, die im Schaffen namhafter deutschsprachiger Autoren, z.B. Fontanes, nachhaltige Wirkungen hinterlassen hat. Indem Wolfsohn russische Literatur aus einer der deutschen Klassik und der deutschen idealistischen Ästhetik verpflichteten Perspektive vorstellt und interpretiert, hat er ihre Rezeption gerade bei mit diesen ästhetischen Positionen vertrauten Schriftstellern erleichtert.

Wolfsohn hat fast alle bedeutenden zeitgenössischen russischen Dichter übersetzt: Gedichte von Lermontov, Tjutčev, Baratynskij, Nikolaj Nekrasov und Majkov, Prosa von Puškin, Gogol', Turgenev, Dostoevskij, Lev und Aleksej Konstantinovič Tolstoj sowie Gercen (Herzen), darüber hinaus Volksdichtung, das *Igorlied*, Werke von Lomonosov, Deržavin sowie von heute weitgehend vergessenen Autoren wie Helena Hahn und Nikolaj Pavlov. Er gehört zu den ersten, die um die Mitte des 19. Jahrhunderts deutsche Leser mit Dostoevskij und Tolstoj bekannt zu machen versuchten. Abgesehen von wenigen Ausnahmen zeichnen sich diese Übersetzungen durch eine gelungene Balance zwischen Originaltreue und einer Tendenz zur Einbürgerung in die Zielsprache aus. Wolfsohn ist bemüht, Syntax und Lexik des Originals so wortgetreu wie möglich wiederzugeben. Sprachliche Abweichungen sind meist der unterschiedlichen Sprachstruktur und Lexik geschuldet. Wörtlich nicht Übersetzbares erscheint in sprachlich äquivalenter Formulierung, vornehmlich hier demonstriert Wolfsohn seine exzellente zweisprachige Kompetenz. Letztere zeigt sich insbesondre bei der Wiedergabe von Gesprächssequenzen, z.B. in seiner Übersetzung der Erzählungen *Majskaja noč'* (Eine Mainacht) oder *Strašnaja mest'* (Eine schreckliche Rache), die Wolfsohn Gogol's Erzählband *Večera na chutore bliz Dikan'ki* (Abende auf dem Vorwerk bei Dikanka) entnommen und mit dem gemeinsamen Untertitel *Aus Gogol's kleinrussischen Volksgeschichten* in der Zeitschrift *Europa. Chronik der gebildeten Welt* (1848) publiziert hat. Die einbürgernde Tendenz offenbart sich vor allem dort, wo Fremdes unverständlich werden könnte oder wo nach Ansicht des interpretierenden Übersetzers Wolfsohn bestimmte, für das Textverständnis erforderliche literarhistorische bzw. biographische Kontexte vermittelt werden müssten. So werden Namen oder Eigennamen ins Deutsche transferiert (z.B. Tolstojs Erzählung *Polikuška* in *Paul*; in: *Russische Revue*, 1863), Gedichttitel vereindeutigt, z.B. Lermontovs den Duelltod Puškins anklagendes Gedicht *Smert' poèta* (Der Tod des Dichters) in *Auf Puškins Tod* (ebd.). Der interpretierenden Verdeutlichung dienen auch lexikalische Veränderungen, wobei allerdings die in Gedichtübertragungen zu beobachtenden Verfahren wie Verdoppelungen (»zu Weh und Leide« für »v razpravu«, »Zur Ehr und Freude« für »na slavu«; *Eine schreckliche Rache*, in: *Europa*, 1848) oder die zusätzliche Verwendung von Epitheta auch Reim und Versmaß geschuldet sind.

Mit wenigen Ausnahmen (z.B. die pathetische, sprachlich gestelzt wirkende Tjutčev-Übertragung *Mein Vaterland*, in: *Russische Revue*, 1863) sind Wolfsohns

Übertragungen also genau, ohne sklavisch dem Original zu folgen. Genau sind sie freilich nicht nur in sprachlicher, sondern auch literarischer Hinsicht. Wolfsohn hat auch als Übersetzer immer den Text als Sprachkunstwerk, als ein organisches Ganzes im Blick. Beispielhaft demonstrieren dies seine Ausführungen zu Übersetzungen von Gogol's Drama *Revizor* durch August Viedert und Albert Junkelmann (*Culturbriefe XXXII*, in: *Leipziger Zeitung*, 15.8.1858), an denen er nicht nur sprachliche Unzulänglichkeiten, sondern auch durch Streichungen bedingte Entstellungen moniert und diese Kritik durch eigene Übersetzungsvorschläge konkretisiert.

Bedeutend als Vermittler russischer Literatur in Deutschland ist Wolfsohn auch in seiner Eigenschaft als Herausgeber und Mitherausgeber von Zeitschriften. So begründete er 1850 mit Robert Prutz das *Deutsche Museum*. Das Unternehmen verlief für Wolfsohn wenig erfolgreich, nach nur neun Monaten verzichtete er auf die redaktionelle Mitarbeit, blieb aber der Zeitschrift mit einzelnen Beiträgen verbunden. Folgenreich für die Vermittlung russischer Literatur war vor allem die 1863 erfolgte Gründung der *Russischen Revue* (später *Nordische Revue*). Das von der russischen Regierung finanziell unterstützte Organ erschien in Leipzig und St. Petersburg und sollte das deutschsprachige Publikum mit der zeitgenössischen russischen Literatur, darüber hinaus aber auch mit dem kulturellen und gesellschaftlichen Leben in Russland bekannt machen, sollte der »internationale[n] Vermittlung russischer Geistesinteressen« dienen (so Wolfsohn in der Einleitung zum 3. Band der *Russischen Revue*, 1864). Folglich enthalten die Bände der *Russischen Revue* nicht nur von Pavlova, Bodenstedt und Wolfsohn verantwortete vorzügliche Übersetzungen einzelner Werke von Lermontov, Turgenev, Aleksej Konstantinovič Tolstoj, Lev Tolstoj, Dostoevskij, Gogol' u.a., sondern auch Beiträge über russische Publizistik, über die Musikszene, über das Theater, über Pädagogik und Unterrichtswesen, über das Justizwesen etc. In der Vorrede zum ersten Band der *Revue* (1863) stellt sich Wolfsohn als liberaldemokratisch gesinnter, von den Humanitäts- und Bildungsideen der deutschen Klassik geprägter Vermittler vor, der aufklären, objektiv informieren, die Urteilsfähigkeit bilden und Vorurteile abbauen will. In dieser Eigenschaft agiert er als Herausgeber und als Autor, der neben Literatur und Kunst dem Bereich der Volksbildung ungewöhnlich breiten Raum gibt. Wolfsohn propagiert für Russland eine an Deutschland orientierte Schulreform, eine nationale Egoismen überwindende humanistische Allgemeinbildung, den Verzicht auf Prügelstrafe. In diesem Zusammenhang wird er einmal mehr zum Verfechter des Deutschen als erster Fremdsprache in Russland, weil seiner Ansicht nach die deutsche, nicht die französische Sprache zwischen möglichst vielen »Nationaleigenthümlichkeiten« zu vermitteln vermag (*Zur Reform des Unterrichtswesens*). Als Vermittler zwischen Russland und Deutschland agiert er auch insofern, als er hier immer wieder vergleichend verfährt, deutsche mit russischen Institutionen (ab dem 3. Band verstärkt auch mit anderen europäischen) in Beziehung setzt, Konzeption und Funktion literarischer Zeitschriften kontrastierend erörtert. Höchst informativ sind die Berichte über die Rezeption russischer Schriftsteller in Deutschland, die nicht nur bekannte wie Gogol', Puškin oder Lermontov, sondern auch weniger bekannte wie Michail Saltykov-Ščedrin, Nikolaj Pavlov u.a. betreffen. Darüber hinaus hat Wolfsohn die *Revue* als Diskussionsforum verstanden, in dessen Rahmen das im deutschsprachigen Raum über Russland Geschriebene und Gesagte kritisch hinterfragt wurde, z.B. Publikationen zur russischen Sprachgeschichte, zu russischen Institutionen, zu geographischen und ethnologischen Besonderheiten, zur orthodoxen Kirche u.a.m.

Nicht zuletzt aufgrund seines frühen Todes ist Wolfsohn relativ rasch in Vergessenheit geraten. Selbst der Jugendfreund Theodor Fontane widmet ihm in seiner 1898 erschienenen Autobiographie *Von Zwanzig bis Dreißig* nur wenige distanzierte Bemerkungen – eine menschlich etwas enttäuschende Haltung, wenn man die durch den Briefwechsel gut dokumentierten Verdienste Wolfsohns für Fontanes literarische Entwicklung vor Augen hat.

Friedrich Bodenstedt

Im Gegensatz dazu ist der weniger begabte, aber in der zweiten Hälfte des 19. Jahrhunderts ungemein populäre Friedrich Bodenstedt (1819–1892) ein beim Publikum sehr erfolgreicher Vermittler russischer Literatur gewesen, dessen Übertragungen auch heute noch gelesen werden. Der auch als Orientalist, Anglist und Schriftsteller hervorgetretene Bodenstedt ist, nach einem Studium der Linguistik und Literaturwissenschaft in Göttingen, München und Berlin, bereits mit 22 Jahren zum Erzieher des jungen Fürsten Gollitzin in Moskau bestellt worden und hat so Gelegenheit gehabt, vor Ort die russische und slavische Kultur und Literatur zu studieren. Ab 1843 hat er das russische Reich bereist, insbesondere Südrussland, die Krim und den Kaukasus (*Tausend und Ein Tag im Orient*, 1849/1850; *Die Völker des Kaukasus und ihre Freiheitskriege gegen die Russen. Ein Beitrag zur neuesten Geschichte des Orients*, 1848). In Tiflis, wo er einige Zeit als Gymnasiallehrer gearbeitet hat, lernte er den aserbaidschanischen Dichter Mirza Schaffy kennen, eine Bekanntschaft, die ihn zu einer ungemein wirkungsmächtigen Publikation anregte: zu der als Übersetzung getarnten, aber als eigene Dichtung zu sehenden Sammlung der *Lieder des Mirza-Schaffy* (1851), die zu den erfolgreichsten, in ganz Europa verbreiteten Gedichtbänden in der zweiten Hälfte des 19. Jahrhunderts gerechnet wird. Ab 1847 war der äußerst umtriebige Bodenstedt in Deutschland und zeitweise in den USA in sehr verschiedenen Funktionen tätig: als Redakteur der *Weserzeitung*, 1854 bis 1867 als Professor für ältere englische Literatur und für slavische Sprachen und Literatur in München, 1866 bis 1873 als Leiter des Meininger Hoftheaters u.a.

Bodenstedt war ein sehr vielseitiger Autor (Donat, 2012), er ist als erfolgreicher Lyriker und weniger erfolgreicher Autor von Prosa- und Dramenliteratur, als Verfasser von Reiseberichten und autobiographischen Schriften hervorgetreten, nachhaltig gewirkt hat er allerdings nur mit den erwähnten *Liedern des Mirza-Schaffy* und als Übersetzer. Letzteres gilt insbesondere für die Vermittlung russischer Literatur. Bodenstedt hat bereits in den vierziger Jahren Übersetzungsversuche einzelner Werke von Lermontov und Puškin (1843) sowie eine Sammlung ukrainischer Volkslieder (1845) veröffentlicht. Die frühen unreifen Lermontov- und Puškin-Übersetzungen stehen aber zu Recht im Schatten der späteren Arbeiten, mit denen er seit den fünfziger Jahren seinen Ruf als führender Übersetzer aus dem Russischen begründete. Seine zweibändige, 1852 erschienene Lermontov-Übertragung (*Michaïl Lermontoff's Poetischer Nachlaß*) gilt bis heute als eine der besten Übertragungen des russischen Romantikers; die Ausgabe vermittelt zudem einen kenntnisreichen repräsentativen Überblick über das literarische Werk Lermontovs, über die Gattungen (Natur- und Liebeslyrik, Epigrammatik, Elegien, Balladen, Poeme), über dominierende Verfahren u.a. Bodenstedts Ausführungen zu Leben und Werk Lermontovs gelten nicht zuletzt auch wegen der kompetenten Bezugnahmen auf Byron und Puškin als erste substanzielle literarhistorische Würdigung des russischen Romantikers in Deutschland. Nachhaltig gewirkt haben auch Bodenstedts Prosaübersetzungen, vor allem die einzelner Werke von Puškin und Turgenev. Kurz nach den Lermontov-Übersetzungen erschien die dreibändige Ausgabe der *Poetischen Werke* Puškins (1854/1855), ein Jahrzehnt später folgten Turgenevs *Erzählungen* (1864/1865). Anders als bei seinen Nachdichtungen der Shakespeare-Sonette arbeitet Bodenstedt als Übersetzer russischer Literatur – ähnlich wie Wolfsohn – meist textnah, passt die Texte bisweilen aber auch glättend bis banalisierend der Zielsprache an, das betrifft vor allem seine Puškin-Übertragungen. Auch Bodenstedt ist bemüht, die russischen Originale nicht nur der deutschen Sprache, sondern auch den zur Zeit der Übersetzungen im deutschsprachigen Raum dominierenden literarischen und ästhetischen Normen anzunähern. Gleichwohl zeichnen sich viele Übertragungen, insbesondre die der Lermontov-Gedichte, durch eine erstaunliche Adäquatheit von Original und deutscher Wiedergabe aus, das gilt für inhaltliche Aspekte ebenso wie für Rhythmus, Vers- und Reimtechnik. Darüber hinaus hat Bodenstedt auch versucht, Kenntnisse über die kulturellen und gesellschaftlichen Verhältnisse in Russland zu vermitteln, u.a. in der zweibändigen Ausgabe der *Russischen Fragmente. Beiträge zur Kenntniß des Staats- und Volkslebens in seiner historischen Entwickelung* (1862) sowie in dem Sammelband *Aus Ost und West* (1861); die literarhistorischen Ausführungen zu den von ihm übersetzten Autoren (z.B. *Alexander Puschkin. Ein Dichterbild*, 1866) sind im Vergleich zu denen Wolfsohns allerdings meist wenig originell.

Weitere Übersetzer

Die zunehmende Anzahl von Übersetzungen aus der russischen Literatur bewog den Literaturkritiker Erwin Bauer bereits 1887, von einer »Russomanie« in Deutschland zu sprechen. Aus der großen Zahl der Übersetzer sollen wenigstens kurz noch die erwähnt werden, die durch ihre Arbeiten partiell bei deutschen Schriftstellern das Interesse für russische Literatur geweckt und befördert haben.

Das betrifft vor allem August Viedert (1825–1888), der sich u.a. als Erstübersetzer (1854) von Gogol's *Revizor* und seit 1851 als von Turgenev geschätzter Übersetzer von dessen Erzählprosa verdient gemacht hat. Viedert ist in Russland geboren und aufgewachsen, versuchte sich ab Anfang der fünfziger Jahre in Deutschland eine Existenz aufzubauen, ist dann aber am Ende des gleichen Jahrzehnts nach Russland zurückgekehrt, wo er in Charkov als Lehrer gewirkt hat. Er war bekannt mit Wolfsohn, Karl August Varnhagen von Ense, Bettina von Arnim, Karl Gutzkow, dem Turgenev-Freund Ludwig Pietsch und hat vor allem Fontane und Storm auf wichtige Repräsentanten der damals modernen russischen Literatur aufmerksam gemacht.

Als weitere Übersetzer zu nennen sind: der vor allem als Karamzin-Übersetzer hervorgetretene Johann Gottfried Richter, der Griboedov-Übersetzer Karl von Knorring (1773–1841), die Dichterin Claire von Glümer (1825–1906), die vor allem Texte von Turgenev, aber auch von Puškin, Tolstoj und Aleksej Pisemskij übertragen hat, die Puškin-Übersetzer und Puškin-Herausgeber Christian Gottlob Tröbst (1811–1888), Stephan Sabinin (1789–1863) und Robert Lippert (1810–?) sowie der Tjutčev-Übersetzer Heinrich Noë (1835–1896).

3.2.4 Frühe Formen einer Auseinandersetzung in Dichtung und Literaturkritik

Innerhalb der für die deutsche Literaturentwicklung so bedeutsamen Epochen von Klassik und Romantik hat Herders Engagement für die slavische Kultur und Literatur wenig nachhaltige Resonanz gefunden. Im Gegensatz zu den meisten Autoren hat sich immerhin Goethe offen für diesen Bereich gezeigt (Lehmann 2000b, 2001). So berichtet Nikolaj Rožalin, der erste russische Übersetzer des *Werther*, seinen Eltern brieflich (4.6.1829) von dem großen Interesse Goethes »für alles, was Rußland betrifft«. Goethes Aufmerksamkeit galt allerdings anfangs vor allem der serbischen Volksepik, zu deren Verbreitung in Deutschland er in mehrfacher Weise aktiv beigetragen hat. Zunächst geschah dies durch die 1775 unter dem Einfluss Herders erfolgte Bearbeitung der serbischen Asanaginica, veröffentlicht unter dem Titel *Klaggesang von der edlen Frauen des Asan-Aga* von Herder 1778 im 1. Teil seiner *Volkslieder*; Spuren davon finden sich in den ersten zwei Strophen des Gedichts *Liebliches* im *West-östlichen Divan*. Spätestens seit 1814 hat sich Goethe erneut intensiv mit serbischer Volksdichtung auseinandergesetzt, u.a. im Rahmen einer regen brieflichen und mündlichen Kommunikation mit Vuk Karadžić, dem Begründer der modernen serbischen Schriftsprache, mit dem slowakischen Historiker Pavol Šafarik, mit dem slovenischen Philologen Jernej Kopitar und mit der Übersetzerin Therese von Jacob (Pseud. Talvj, 1797–1870), die zu den bedeutendsten Vermittlern slavischer Dichter im 19. Jahrhundert zählt. Insbesondre zwischen 1815 und 1825 erhält Goethe zahlreiche Briefe mit Zeugnissen slavischer Volksdichtung, die er nicht nur begeistert aufnimmt, sondern auch kommentierend und berichtend weitergibt und auch interpretiert, z.B. im Artikel *Serbische Lieder* (in: *Über Kunst und Alterthum*, 1825). Goethe hat sich nicht darauf beschränkt, sondern betont, dass »die Productionen anderer Slavischen Sprachen unserer Aufmerksamkeit gleichfalls höchst würdig sind«, wie es in der Anmerkung über *Böhmische Poesie* (in: *Über Kunst und Alterthum*, 1827) heißt. Das gilt auch für die neue russische Literatur, die er über Briefe und eine Vielzahl russischer Besucher kennengelernt hat; zu nennen sind u.a. der russische Diplomat und spätere Unterrichtsminister Uvarov, die Dichter Kjuchel'beker (Küchelbecker), Batjuškov, Ševyrev, Karamzin und Žukovskij. Die Verbreitung russischer Kultur und Literatur in Weimar wurde nicht zuletzt durch das Wirken der überaus kunstsinnigen, aus Russland stammenden Großherzogin Maria Pavlovna entscheidend gefördert. Anlässlich einer positiven Rezension der *Helena-Phantasmagorie* in *Faust II* durch den russischen Schellingianer Ševyrev bescheinigt Goethe in dem erwähnten Brief an Borchardt der russischen Literatur eine »hohe ästhetische Cultur« (Lehmann 2000b). Bei allem Interesse kann freilich von einer schöpferischen Rezeption keine Rede sein. Erwähnenswert ist der anlässlich von Maria Pavlovnas 24. Geburtstag am 16.2.1810 verfasste *Maskenzug russischer Nationen*; ebenso Goethes Beschäftigung mit der von ihm als dämonisch und genial charakterisierten Gestalt Peters I. und mit der von diesem gegründeten Stadt St. Petersburg im Kontext des 5. Aktes von *Faust II*. Die durch den machtvollen Willen eines einzigen Menschen bewirkte schnelle Landgewinnung, die damit verbundenen Opfer u.a. lassen Korrespondenzen zwischen Zar und Faustgestalt erkennen, weitergehenden Schlussfolgerungen sollte man jedoch mit Vorsicht begegnen, z.B. denen des sowjetischen Germanisten Boris Gejman, der davon ausgeht, dass Goethes durch die Flutkatastrophe vom 7.11.1824 ausgelöste Gespräche mit Eckermann über die ungünstige Lage von St. Petersburg die Arbeit am 5. Akt von *Faust II* initiiert haben.

Goethes auf vielfältige Weise geäußertes Interesse für die literarischen Zeugnisse der Slaven ist ein Beleg für das entstehende Interesse an der noch jungen modernen russischen Literatur auch bei prominenten Literaten. Galten die Berichte über Russland im 17. und 18. Jahrhundert vor allem den politischen, ethnographischen und religiösen Besonderheiten, so beginnt man sich seit Anfang des 19. Jahrhunderts mit dieser sich beeindruckend rasch entwickelnden Nationalliteratur zu beschäftigen. Wichtige Vermittlungsinstanzen sind – neben Karamzin und Žukovskij sowie anderen Deutschland bereisenden Russen – Personen, die wie Turgenev oder Gercen während langer Aufenthalte in Deutschland und Westeuropa die deutsche literarische Öffentlichkeit auf die entstehende neue Literatur in Russland aufmerksam machen und die wie der Spätromantiker und Schellingianer Tjutčev während eines zwanzigjährigen Aufenthaltes als Diplomat in München (1822–37, 1839–44) mit dem deutschen Geistesleben und seinen Repräsentanten eng verbunden sind. Zentren dieser Vermittlung waren Berlin und München, in geringerem Maße auch

Dresden und Baden-Baden. Berlin war während der zwanziger und dreißiger Jahre vor allem aufgrund seiner Universität attraktiv für junge russische Künstler und Intellektuelle (Mann 1983, S. 272 ff.). Bei Repräsentanten der Hegel-Schule wie Karl Werder, Eduard Gans u. a. sowie bei Historikern wie Leopold Ranke hörten u. a. Turgenev, Nikolaj Stankevič, Januarij Neverov, Nikolaj und Timofej Granovskij. Während der späten dreißiger Jahre waren sie häufig Gast in Salons wie denen von Henriette Solmar, Bettina von Arnim oder Elizaveta Frolova, wo Deutsche und Russen intellektuellen Austausch pflegten. In Wien war es die Residenz des russischen Botschafters Graf Razumovskij, in Baden-Baden während der fünfziger Jahre der Salon von Aleksandra Smirnova.

Ein für die Vermittlung russischer Literatur und Kultur in Deutschland wichtiger geographisch-politischer Raum ist das im 19. Jahrhundert zum russischen Reich gehörende Baltikum gewesen. Das betrifft dort erschienene Zeitungen und Zeitschriften wie die in Reval herausgegebene *Esthona* und die *Russische Bibliothek für Deutsche* oder die *Baltische Monatsschrift*, die *Dorpater Jahrbücher für Litteratur, Statistik und Kunst, besonders Rußlands* (Kahle 1950, S. 18 ff.) sowie aus dem Baltikum stammende Übersetzer, z. B. Carl Friedrich von der Borg (1794-1848) oder den zeitweilig im Berliner Literatenklub »Tunnel über der Spree« verkehrenden Roman von Budberg-Benninghausen (1816-1858). Bedeutsam für den kulturellen und wissenschaftlichen Transfer war vor allem die deutsche Universität Dorpat (Tartu).

Das Feuilleton

Vermittelt durch Übersetzungen, Briefe, mündliche Berichte u. a. erscheinen in der ersten Hälfte des 19. Jahrhunderts Autoren wie Puškin, Lermontov und Gogol' dann auch vermehrt in den Feuilletons deutscher und österreichischer Zeitschriften. Das beginnt bereits 1803 mit einer *Uebersicht der russischen Literatur während des letzten Jahrzehnts* eines anonymen Rezensenten im *Intelligenzblatt der Allgemeinen Literatur-Zeitung*, die, in fünf Folgen erschienen, zu den ersten zusammenhängenden Darstellungen der russischen Literatur im deutschsprachigen Raum gehört (Graßhoff 1973, Korn 1992). Russische Literatur fand Eingang in literaturgeschichtliche Überblicksdarstellungen, z. B. im zweiten Band von Ludwig Wachlers *Handbuch der allgemeinen Geschichte der literärischen Cultur* (1805); es gab erste Versuche einer bibliographischen Erfassung, u. a. durch Heinrich Storchs und Friedrich Adelungs 1810 erschienene *Systematische Übersicht der Literatur in Rußland während des fünfjährigen Zeitraums von 1801-1805* (Reißner 1970, S. 18). Ihre Fortsetzung erhielt diese Entwicklung zum einen durch die in der ersten Hälfte des 19. Jahrhunderts in zahlreichen Zeitschriften veröffentlichten Artikel und Rezensionen. Führend waren dabei Organe wie das *Morgenblatt für gebildete Stände*, das *Literaturblatt zum Morgenblatt*, das *Magazin für die Literatur des Auslandes*, in dem u. a. am 10.4.1847 eine der ersten deutschen Besprechungen von Dostoevskijs Roman *Bednye ljudi* (Arme Leute) erschienen ist, die *Zeitung für die elegante Welt*, die *Blätter für literarische*

Unterhaltung, die von August Lewald betreute *Europa*, der *Telegraph für Deutschland* und der von Theodor Mundt herausgegebene *Freihafen*. Zum anderen waren es bereits speziell auf Russland bezogene Zeitschriften wie das von Georg Adolf Erman (1806–1877) zwischen 1841 und 1867 herausgegebene *Archiv für wissenschaftliche Kunde von Rußland*, die *Russischen Miscellen* des Übersetzers Johann Gottfried Richter oder die *Jahrbücher für slawische Literatur, Kunst und Wissenschaft*. Zu nennen in diesem Zusammenhang sind auch die in Russland von 1728 bis 1914 erschienene deutschsprachige *St. Petersburger Zeitung*, der *St. Petersburger Herold*, die *Moskauer Deutsche Zeitung*, der *Russische Merkur* und die *Dorpater Jahrbücher für Litteratur, Statistik und Kunst, besonders Rußlands*. Sowohl in diesem Rahmen als auch in separaten Buchausgaben werden Werke der genannten, aber auch der weniger bekannten Dichter, z.B. Aleksandr Griboedovs Komödie *Gore ot uma* (*Verstand schafft Leiden*, 1831 in der Übersetzung von Karl von Knorring), zunächst publiziert und danach Gegenstand literaturkritischer Auseinandersetzungen und auf Literatur bezogener Gespräche. Letztere wurden bevorzugt in Salons und literarischen Gesellschaften wie dem erwähnten »Tunnel über der Spree« geführt, wo u.a. Theodor Fontane mit russischer Literatur bekannt wurde. Die Wertungen im deutschsprachigen Feuilleton sind uneinheitlich, nicht selten von weltanschaulichen und politischen Überzeugungen beeinflusst. Das gilt z.B. für den einflussreichen Literaturkritiker Wolfgang Menzel, der im Kontext seiner nationalistischen (»Menzel der Franzosenfresser«) und in Bezug auf die Literatur konservativen Weltanschauung auch die neuere russische Literatur wie viele zeitgenössische Rezensenten als epigonal charakterisierte und ausgehend davon überwiegend negativ bewertete. Ausgenommen von dieser Bewertung hat er bezeichnenderweise den erwähnten reaktionären, heute zu Recht vergessenen, im deutschsprachigen Raum damals aber u.a. durch eine ungewöhnlich umfangreiche Edition seiner Werke bekannten Bulgarin. Ins gleiche Horn stieß übrigens Heinrich Heines in russischen Diensten stehender Bruder Maximilian (1807–1879), der, als Militärarzt offenkundig nicht ausgelastet, sich während der dreißiger Jahre auch als Rezensent russischer Literatur versuchte (Reißner 1970, S. 137ff.).

Politische Ereignisse und Fakten wie z.B. Russlands Rolle als aggressiv-konservativer »Gendarm Europas« haben aber auch liberale Geister zu distanzierten Reaktionen bewogen, z.B. den Jungdeutschen Karl Gutzkow (1811–1878), der sich immer wieder negativ über Werke der neueren russischen Literatur geäußert hat. Insbesondre die Niederschlagung des polnischen Aufstandes von 1830 durch russische Truppen hat nicht nur in Frankreich, sondern auch bei jungdeutschen Autoren die Rezeption russischer Dichtung nachhaltig negativ beeinflusst. Das betraf u.a. den durch Übersetzungen von Gedichten und Versdramen spätestens seit 1821 im deutschsprachigen Raum präsenten Aleksandr Puškin. Dieser ist vor allem wegen seiner Verteidigung des Vorgehens der russischen Regierung im Gedicht *Klevetnikam Rossii* (1831; dt. *Den Verleumdern Russlands*) von liberalen Kritikern und Autoren scharf kritisiert worden. Unterstützt wurde die russlandkritische Haltung zudem durch das 1843 erschienene, in ganz Europa intensiv rezipierte Buch *La Russie en 1839* des Marquis Astolphe de Custine, der sich darin über Russland ausgesprochen unfreundlich geäußert hatte. Diese kritische Haltung ist erkennbar bis hin zu den im Kontext des Krimkrieges verbreiteten russlandfeindlichen Publikationen der fünfziger Jahre. Das zaristische Russland unter der Herrschaft Nikolaus I. galt zu Recht als Hort von Reaktion, intellektueller und künstlerischer Repression, und dieses von Autoren wie Hoffmann von Fallersleben, Adolf Glaßbrenner und dem jungen Fontane in Gedichten gestaltete negative Image wurde von vielen Kritikern und Rezensenten nicht selten naiv und undifferenziert auf die russische Literatur übertragen. Beispielhaft demonstrieren dies z.B. die geradezu russenfeindlichen, von primitiven Vorurteilen belasteten Wertungen Gutzkows, der 1839 und 1841 Puškin im Hamburger *Telegraph für Deutschland* radikal abwertete, ihn als »Russenmohren«, die russische Literatur als »Schwarzbrot« und als rein epigonal diffamierte. Wie umfassend eine solche von politischen Vorurteilen geleitete Einschätzung auch andere deutsche Rezensenten nach dem Polenaufstand beeinflusste, zeigen u.a. 1832 in den *Blättern für literarische Unterhaltung* veröffentlichte negative Rezensionen, die Puškin als bloßen Nachahmer Byrons charakterisierten, und zwar »in dem Verhältnisse einer Eidechse zum ›Krokodil‹« (Raab, S. 40/41), oder die abschätzige Beurteilung der russischen Literatur in der ersten Auflage (1848) der von Johannes Scherr herausgegebenen Anthologie *Bildersaal der Weltliteratur*. Ähnliche Konstellationen gab es übrigens auch auf russischer Seite, wo Deutsche von russischen Liberalen undifferenziert mit den in Russland tätigen, bei Russen aber nicht sehr beliebten Handwerkern, Verwaltungsbeamten und Militärs gleichgesetzt wurden; ein beklemmendes literarisches Zeugnis dieser undifferenzierten Gleichsetzung ist Aleksandr Gercens Artikel *Russkie nemcy i nemeckie russkie* (1859 in der Zeitschrift *Kolokol*; dt. Russische Deutsche und deutsche Russen).

Bereits während der dreißiger Jahre, insbesondere aber nach 1840, erscheinen aber auch zahlreiche informative und differenziert wertende Veröffentlichungen. So stellt 1833 der Rezensent der *Blätter für literarische Unterhaltung* Puškins 1831 erstmals vollständig übersetztes Drama *Boris Godunov* Goethes *Götz von Berlichingen* und *Egmont* an die Seite und unterstreicht diese Nobilitierung noch mit dem Hinweis, dass dieses historische Drama den in Deutschland zu dieser Zeit sehr beliebten Hohenstaufen-Dramen an Reichtum und Wahrheitsgehalt der Charaktere weit überlegen sei. Zugleich wird die russische Literatur zunehmend in literaturgeschichtlichen Überblicksdarstellungen berücksichtigt, u.a. in Oskar Ludwig Bernhard Wolffs 1832 erschienenen Vorlesungen über *Die schöne Litteratur Europa's in der neuesten Zeit* und in Friedrich Ottos *Lehrbuch der Russischen Literatur* (1837).

Karl August Varnhagen von Ense

Aus der nun zahlreicher werdenden Schar der die russische Literatur kompetent darstellenden Kritiker sind vor 1848 vor allem drei zu nennen: Nikolaj Mel'gunov und Heinrich König sowie Karl August Varnhagen von Ense (1785–1858). Letzterer, preußischer Diplomat und Beamter, Dichter, Literaturkritiker und erklärter Goethe-Verehrer, hat sich zeit seines Lebens für Russland und seine Literatur interessiert; er war bekannt mit einer Vielzahl bedeutender russischer Dichter und Intellektueller, u.a. mit Mel'gunov, Ogarev, Žukovskij, Tjutčev, Vjazemskij, Odoevskij, Viedert sowie mit wichtigen deutschen Kritikern und Übersetzern wie König, Wolfsohn und Bodenstedt. Varnhagen hat sich als früher Vermittler von Puškin große Verdienste erworben, insbesondere mit einem umfangreichen, im Oktober 1838 in den *Jahrbüchern für wissenschaftliche Kritik* veröffentlichten Artikel über Puškin, mit dem er die nicht nur in Deutschland verbreitete Einschätzung des russischen Dichters als Nachahmer und Epigonen westeuropäischer Literatur zu entkräften suchte. Im Gegensatz zu den meisten deutschen Literaturkritikern beherrschte er das Russische so weit, dass er die ihn interessierenden Texte im Original lesen konnte und nicht auf Übersetzungen zurückgreifen musste. Zudem war er durch seine Kontakte zu russischen Schriftstellern wie Neverov, durch Gespräche im Berliner Salon des Ehepaars Frolov, durch Briefkontakte, u.a. mit Žukovskij und dem literarisch sehr versierten Historiker Aleksandr Turgenev (Ziegengeist 1959, 1987) gut mit der damals modernen russischen Literatur vertraut. In seinen *Tageblättern* (19.6.1838) spricht er davon, dass ihn die russische Sprache besonders anzieht und dass sie eine »unermeßlich reiche Zukunft« hat. Ausgehend davon und gestützt durch solide, auch durch Mel'gunov und König vermittelte Informationen hat Varnhagen Puškins Verdienste um die Entwicklung einer neuen russischen Literatur kenntnisreich und differenziert darstellen und auch begründen können, warum er Puškin im Kreis der von ihm genannten zeitgenössischen russischen Dichter den ersten Rang zuerkennt. Puškin erscheint dabei nicht so sehr als Adept Byrons, sondern als russischer Nationaldichter, der in mannigfacher Weise der Kultur seines Volkes verpflichtet ist, zugleich aber, u.a. in der differenzierten Thematisierung von innerer Zerrissenheit, von Konflikten zwischen Individuum und Gesellschaft, von Melancholie, als würdiger Repräsentant der modernen europäischen Literatur zu gelten hat, vergleichbar nicht nur mit Byron, sondern auch mit dem ›Weltliteraten‹ Goethe, mit Shakespeare, Ariost, Wieland und Schiller. Mit dieser Nobilitierung lässt Varnhagen erkennen, dass er die in Deutschland bis dahin und auch später kaum beachtete komplexe Intertextualität der Puškinschen Dichtung erkannt hat, ihre Verwurzelung sowohl in der russischen Kultur als auch im europäischen Barock, in Aufklärung, Klassizismus und Romantik. Varnhagen ist zudem der erste deutsche Literaturkritiker, der auf die metrische und inhaltliche Vielfalt und Differenziertheit der Lyrik von Puškin aufmerksam gemacht hat. Varnhagens Aufsatz ist in Deutschland, aber auch in Russland, z.B. 1839 in den Zeitschiften *Syn otečestva* (Sohn des Vaterlandes) und *Otečestvennye zapiski* (Vaterländische Annalen) durch den Kritiker Vissarion Belinskij (1811–1848), sowie in westeuropäischen Ländern intensiv rezipiert worden (u.a durch Thomas Carlyle in England). Nicht nur im Puškin-Aufsatz hat Varnhagen dem deutschen Publikum engagiert das Entwicklungspotential, die Besonderheiten und den Reichtum der russischen Sprache nahe zu bringen versucht; vielmehr hat er sich auch bis in die vierziger Jahre immer wieder für die junge russische Literatur eingesetzt, z.B. in seinem, 1841 im *Archiv für wissenschaftliche Kunde von Russland* publizierten Artikel *Neueste russische Litteratur*, der die Affinität zwischen Deutschen und Russen in den Bereichen Literatur und Kunst herauszuarbeiten bemüht ist, u.a. im Hinweis darauf, dass beide Nationalliteraturen erst recht spät den ihnen zukommenden Platz im weltliterarischen Kontext eingenommen haben. Alle bis zum Beginn der vierziger Jahre entstandenen Artikel und Rezensionen dokumentieren eine ungewöhnlich umfassende Kenntnis der modernen russischen Dichtung und Literaturkritik und ein gutes Urteilsvermögen. Die Übersetzungen von Werken Lermontovs, Odoevskijs u.a. sind hingegen kaum erwähnenswert.

Heinrich König und Nikolaj Mel'gunov

Nikolaj Mel'gunov (1804–1867) gehörte in Russland dem Kreis der sog.»Ljubomudry« (Weisheitsfreunde) an, dessen Mitglieder (u.a. Ševyrev, Odoevskij, Venevitinov und Kireevskij) zu den wichtigsten russischen Vermittlern deutscher Philosophie (vor allem derjenigen Schellings) und Dichtung (Goethe) in der ersten Hälfte des 19. Jahrhunderts zählen. Mel'gunov hat sich längere Zeit in Deutschland aufgehalten und war mit einer Vielzahl von Dichtern, Kritikern und Philosophen bekannt, u.a. mit Alexander von Humboldt, Varnhagen von Ense und Schelling. Mit einer Artikelreihe unter dem Titel *Die russische Literatur und ihre gegenwärtigen Richtungen* in den *Blättern für literarische Unterhaltung* (1840) hat er sich vor allem für Puškin und Lermontov eingesetzt. Unterstützt wurde er dabei von dem Hanauer Verwaltungsjuristen Heinrich König (1790–1869), der in den dreißiger Jahren des 19. Jahrhunderts auch als den Jungdeutschen nahestehender Verfasser von historischer Erzählprosa bekannt geworden war. Während mehrfacher Aufenthalte in Hanau hat Mel'gunov König umfassend über die russische Literatur unterrichtet. In seinen 1837 bei Cotta in Stuttgart erschienenen *Literarischen Bildern aus Rußland* hat König Mel'gunovs Informationen publiziert. Dieses Gemeinschaftswerk von Mel'gunov und König darf als erste in Deutschland erschienene Geschichte der russischen Literatur gelten, die diese Gattungsbezeichnung wirklich verdient. Denn anders als z.B. das im gleichen Jahr erschienene *Lehrbuch der Russischen Literatur* von Friedrich Otto versucht diese Literaturgeschichte, beeinflusst von der Philosophie Schellings und darauf gründenden slavophilen Vorstellungen über die zukünftige Rolle Russlands in Europa, die dargestellten Autoren in politisch-gesellschaftliche Entwicklungen ihres Landes einzubinden und ihre Werke im Kontext der gesamteuropäischen Literaturentwicklung zu betrachten (Kahle 1950, S. 117ff.). Beginnend mit kurzen Hinweisen auf russische Volksdichtung und altrussische Texte wie das *Igorlied* berichten die Autoren über die russische Literaturentwicklung seit Peter I. bis zu Gogol' und Puškin informativ und gut lesbar. Neben ausführlichen Dichterbiographien finden sich Hinweise auf die schöpferische und eigenständige Auseinandersetzung der betreffenden Autoren mit der westeuropäischen Literaturtradition, geleitet von der Intention, den erwähnten Vorwurf der Epigonalität zu entkräften. Das Buch hat das Interesse an russischer Sprache und Literatur eminent verstärkt, hat z.B. die bis dahin im deutschsprachigen Raum kaum wahrgenommenen Dichter Lermontov und Gogol' einer breiteren Leserschaft bekannt gemacht. Varnhagen berichtete in einem Brief an König von begeisterten Frauen, die nun auch russisch lernen wollten (Raab 1964, S. 55). Breite öffentliche Aufmerksamkeit erregten die *Literarischen Bilder* auch durch die von König und Mel'gunov geäußerte Kritik an Bulgarin und Greč, die eine sowohl in Deutschland als auch in Russland intensiv und polemisch geführte Debatte über die russische Literatur auslöste. Hingegen blieben Mel'gunovs 1840 in den *Blättern für literarische Unterhaltung* publizierte literarhistorische Artikel über Russland weitgehend unbeachtet.

Auch aufgrund der genannten Kontroversen über die *Literarischen Bilder* wird die russische Literatur in dieser frühen Rezeptionsphase durch deutschsprachige Autoren vermehrt zur Kenntnis genommen, diskutiert und bewertet; deren literarische Produktion bestimmt sie freilich noch wenig. So verhindern bei Gutzkow, Heinrich Laube und anderen Jungdeutschen mangelnde Kenntnis sowie die erwähnten Vorurteile gegenüber der russischen Kultur und Literatur eine schöpferische Rezeption, Georg Herwegh ist zwar von Gercen mit russischer Literatur bekannt gemacht worden, übersetzte sogar dessen Autobiographie, zog es dann jedoch vor, sich näher mit dessen Ehefrau Nataša zu beschäftigen. So bestätigen Ausnahmen eher die Regel. Gutzkow verwendet Elemente aus Puškins 1836 erschienenem Roman *Kapitanskaja dočka* (Hauptmannstochter) als Vorlage für sein Trauerspiel *Pugatscheff* (1844), Karl Immermann gestaltet in der Trilogie *Alexis* (1832) den Konflikt zwischen Zar Peter I. und seinem Sohn, Justinus Kerner veröffentlicht nicht nur 1852 Žukovskijs *Skazka o Ivane-careviče i serom volke* (Das Märchen von Ivan Zarevič und dem grauen Wolf), sondern beschäftigt sich auch intensiv mit dessen Poem *Stranstvujuščij žid* (Der ewige Jude). Unter dem gemeinsamen Titel *Die Verbannten* setzt Adelbert von Chamisso im *Musenalamanach für das Jahr 1832* den in den Dekabristenaufstand von 1825 involvierten Dichtern Kondratij Ryleev (1795–1826) und Aleksandr Bestužev (Pseud. Marlinskij, 1797–1837) ein literarisches Doppeldenkmal: Mit Hilfe einer Rohübersetzung von Erman versucht der des Russischen nicht mächtige Chamisso Ryleevs Versepos *Vojnarovskij* nachdichtend ins Deutsche zu übertragen; diesem stellt er ein eigenes Versepos *Bestujeff* an die Seite. Vorzüglich ist Chamissos Nachdichtung des bei deutschen Dichtern

(Hoffmann von Fallersleben) und Übersetzern (Lippert, Bodenstedt) recht beliebten Puškin-Gedichtes *Voron k voronu letit* (Ein Rabe fliegt zum Raben) unter dem Titel *Ein russisches Lied von Puschkin* (im *Deutschen Musenalmanach für das Jahr 1839*), das seinerseits eine Adaption der schottischen Ballade *The twa cobies* darstellt (Raab 1964, S. 180 ff.).

3.3 Begegnungen auf Augenhöhe: Auseinandersetzung mit russischen Freunden und Lehrern in der Literatur des »Poetischen Realismus« und des deutschsprachigen Spätrealismus am Beispiel der Rezeption Turgenevs

Nach 1840 verstärkt sich die Beschäftigung mit russischer Dichtung in Literatur und Literaturkritik; insbesondre Gogol' und Turgenev werden gelesen und diskutiert. Die erwähnte vielseitige und immer umfangreichere Übersetzungstätigkeit seit Beginn der siebziger Jahre lässt auch die literarische Szene im deutschsprachigen Raum nicht unberührt. Vermehrt setzten sich renommierte Autoren und Kritiker engagiert mit ihren russischen Kollegen auseinander; im Zentrum steht dabei (vgl. Kap. 3.2.1) bis Anfang der achtziger Jahre Ivan Turgenev. So wurden die *Aufzeichnungen eines Jägers*, *Das Adelsnest* und andere Erzählprosa spätestens seit Beginn der sechziger Jahre in der gesamten deutschsprachigen Literaturkritik erörtert, der Roman *Neuland* sofort nach Erscheinen 1877 durch Theodor Fontane, Berthold Auerbach, Julian Schmidt und Paul Lindau rezensiert; noch zu Lebzeiten Turgenevs und kurz nach seinem Tod erschienen biographisch-literarhistorische Arbeiten über ihn, z. B. von Ferdinand Kürnberger (*Turgénjew und die slavische Welt*, in: *Literaturblatt der Presse* vom 7.6.1866), von Moritz Necheles (*Ivan Turgenjew. Eine Porträtstudie*, in: *Literaturblatt. Wochenschrift für das geistige Leben der Gegenwart*, 1879), Eugen Zabel (*Die Musik in Iwan Turgenjews Werken*, in: *Musik-Welt. Musikalische Wochenschrift für die Familie und den Musiker*, 1881, sowie *Iwan Turgenjew. Eine literarische Studie*, 1884), Ludwig Pietsch (*Iwan Turgénjew. Persönliche Erinnerungen*, in: *Nord und Süd. Eine deutsche Monatsschrift*, 1878), u. a. Ein wichtiger, mit Turgenev befreundeter Vermittler war Moritz Hartmann (1821–1872), der den russischen Dichter nicht nur über Artikel (u. a. in der Zeitschrift *Freya*) in Deutschland bekannt zu machen versuchte, sondern auch, z. T. mit Hilfe französischer Übersetzungen, Texte Turgenevs ins Deutsche übertragen hat – Übertragungen, die von diesem in den höchsten Tönen gelobt wurden.

Literarhistorisch ist diese frühe Turgenev-Rezeption bedeutsam, weil sie prominente deutsche Zeitgenossen angeregt hat, über das eigene Schreiben, darüber hinaus aber auch grundsätzlich über Bedingungen und Gesetzmäßigkeiten eines literarischen Realismus zu reflektieren. Diese Auseinandersetzung verläuft durchaus kontrovers, erkennbar u. a. an der positiven Würdigung der *Aufzeichnungen eines Jägers* durch Paul Heyse und der radikal ablehnenden Einschätzung des gleichen Werkes durch Theodor Fontane.

Eine dichterische Rezeption Turgenevs durch Autoren des »Poetischen Realismus« gibt es ansatzweise nur bei Fontane. Die Kontakte Turgenevs zu Berthold Auerbach oder Theodor Storm beschränken sich auf den Austausch von Briefen und einzelnen Werken. Storm hat Turgenev, Turgenev hat Storm gelesen, doch zu einer schöpferischen Auseinandersetzung ist es trotz einer persönlichen Begegnung im Jahre 1865 und eines bis in die siebziger Jahre geführten Briefwechsels zwischen ihnen nicht gekommen, dazu waren beide Autoren letztlich doch zu gegensätzliche Naturen. Ähnliches gilt für das Verhältnis zu Berthold Auerbach: Auch hier zeigt sich bei aller persönlichen Wertschätzung eine sehr verschiedene Auffassung von literarischem Realismus, beispielhaft demonstriert dies ein Vergleich zwischen Auerbachs *Schwarzwälder Dorfgeschichten* und Turgenevs *Aufzeichnungen eines Jägers*. Substanzieller ist die Auseinandersetzung Paul Heyses (1830–1914) mit Turgenevs Erzählprosa. Heyse unterhielt in München zahlreiche Kontakte zur russischen Szene und war gut bekannt mit den bedeutenden Übersetzern Wilhelm Henckel, Friedrich Fiedler und Claire von Glümer. Er hat sich zwischen 1854 und 1883 als Herausgeber russischer Dichtung (im *Novellenschatz des Auslandes*) und als Rezensent verdient gemacht; letzteres betrifft neben den Novellen Turgenevs Texte von Puškin, Sergej Aksakov, Tolstoj, Pisemskij, Dostoevskij u.a. (Demmer 2000, S. 554). Er gehört nach Wolfsohn zu den ersten deutschsprachigen Kritikern, die russische Texte nicht allein nach inhaltlichen, sondern auch nach stilistisch und strukturell relevanten Kriterien beurteilt haben.

Dichterisch intensiv rezipiert worden ist Turgenevs Novellistik hingegen von Vertretern des deutschsprachigen Spätrealismus, u.a. von Leopold von Sacher-Masoch, Ferdinand von Saar, Marie von Ebner-Eschenbach sowie von dem jungen Thomas Mann, von Hermann Hesse und von Stefan Zweig.

Theodor Fontane

Zu den wenigen namhaften schöpferischen Rezipienten russischer Literatur innerhalb der deutschsprachigen Literaturszene während der zweiten Hälfte des 19. Jahrhunderts gehört Theodor Fontane (1819–1898). Er ist einer den ersten Autoren in Deutschland, die einen russischen Dichter, nämlich Turgenev, als »Lehrmeister und Vorbild« benannt haben (im Brief an Ludwig Pietsch vom 23.12.1885), er hat sich, allerdings mit wechselnder Intensität, während seines ganzen Lebens mit Russland und russischer Literatur beschäftigt. Die betreffenden Äußerungen zu Politik, Kultur, bildender Kunst und Literatur sind nicht immer eindeutig, oft kritisch (Plett 2000, S. 572ff.), aber immer wieder auch, insbesondre in Bezug auf die Literatur, positiv wertend. Fontane war mit den damals wichtigsten Vermittlern und Übersetzern Mel'gunov, Wolfsohn, Viedert und Bodenstedt persönlich bekannt, mit Wolfsohn lange Zeit eng befreundet, mit anderen wie Eugen Zabel korrespondierte er.

Den ersten nachhaltigen Eindruck von russischer Literatur erhielt er durch die Vermittlung seines Mentors und Freundes Wilhelm Wolfsohn. Wolfsohn habe ihn, so Fontane in seiner 1898 erschienenen zweiten Autobiographie *Von Zwanzig bis Dreißig*, nicht nur zu einem allerdings ergebnislos verlaufenden Studium der russischen Sprache animiert, sondern ihn mit einer Vielzahl russischer Dichter bekannt gemacht, »vom alten Derschawin [...], über Karamsin und Schukowski« bis zu »Puschkin, Lermontow, Pawlow, Gogol«. Und davon sei ein nicht kleiner Teil bis ins hohe Alter bei ihm hängen geblieben. Diese Vermittlung russischer Literatur begann während des Leipziger Aufenthaltes 1841/1842 im dortigen Literaturverein, wo der Student Wolfsohn die damals noch junge russische Literatur engagiert propagierte. Fontane hat in diesen frühen vierziger Jahren u.a. Puškins *Pique Dame* und dessen *Povesti Bel'kina* (Erzählungen Belkins) sowie russische Lyrik (Žukovskij, Deržavin, Lermontov) gelesen. Anregungen kamen danach aus dem Berliner Literatenkreis »Tunnel über der Spree«, bei deren Sitzungen immer wieder Übersetzungen aus der russischen Literatur vorgetragen und diskutiert wurden, sowohl von Mitgliedern als auch von Gästen. Bereits vor Fontanes Mitgliedschaft hatte 1841 Roman Freiherr von Budberg-Benninghausen seine Lermontov-Übertragungen im »Tunnel« vorgestellt, Fontane hat Lesungen der Übersetzer Franz Broemel, Viedert, Wolfsohn und wohl auch Bodenstedt miterlebt (Schultze 1963a, 1963b, 1974), bei denen Texte von Puškin, Lermontov, Turgenev, Gogol' und Kol'cov zur Diskussion standen. Intensiviert wurde die Beschäftigung mit russischer Literatur vor allem durch die erwähnten Anregungen von Wilhelm Wolfsohn. Der Briefwechsel zwischen den beiden dokumentiert eindrucksvoll, dass dieser als wichtigster literarischer Mentor des jungen Fontane nicht nur dessen frühe literarische Tätigkeit, sondern auch sein ästhetisches Urteilsvermögen maßgeblich beeinflusst hat. Das gilt u.a. auch für Fontanes vieldiskutiertes Verklärungskonzept, dessen realidealistische Komponenten in Wolfsohns literaturtheoretischen und literaturkritischen Arbeiten vorgeprägt erscheinen, vor allem in denen der *Russischen Revue*. Darüber hinaus ist Fontane durch Wolfsohn auch mit wichtigen russischen Autoren und mit den für deren Tätigkeit relevanten, gesellschaftlichen, kulturellen und literarhistorischen Kontexten vertraut gemacht geworden. Wolfsohn hat den jungen Fontane angeregt, sich mit Puškin, Gogol', Pavlov u.a. schöpferisch auseinanderzusetzen; Beleg dafür sind die Pläne Fontanes zu einer Arbeit über Gogol' und die Absicht, russische Schriftsteller wie Pavlov, Lermontov, Gogol' und Žukovskij in Zeitschriften zu rezensieren. Noch in den sechziger Jahren beabsichtigte er, Essays über Gogol', Tolstoj und Turgenev unter dem Titel *Kritische Wanderungen in Ost und West* zu veröffentlichen.

Substanzieller ist die Beschäftigung mit den russischen Realisten während der achtziger und neunziger Jahre. Insbesondre Turgenev und Tolstoj werden Gegenstand sowohl bewundernder als auch kritischer Äußerungen in Briefen und Rezensionen zu Tolstojs Drama *Vlast' t'my* (Die Macht der Finsternis) sowie zu Turgenevs Roman *Neuland* und zum Drama *Natalie* (eigentlicher Titel: *Ein Monat auf dem Dorfe*) in der *Vossischen Zeitung* (Schultze 1963b, S. 346f.). Lehrmeister ist z.B. Turgenev aufgrund seiner Beobachtungsgabe, des »photographischen Apparats in Auge und Seele«, so im Brief an Emilie Fontane vom 24.6.1881, und aufgrund der daraus resultierenden kurzen, aber präzisen Zeichnung von Personen; insbesondre die meisterhafte Psychologisierung weiblicher Figuren hat Fontanes Bewunderung erregt. Nicht zufällig spielen sowohl in Turgenevs als auch in Fontanes Erzählprosa Frauen eine dominierende Rolle, die von beiden psychologisch überaus einfühlsam gestaltet werden, z.B. – im Kontext differenzierter Raum- und Naturdarstellungen – Effi Briest im gleichnamigen Roman von Fontane und Liza Kalitina in Turgenevs *Adelsnest*. Gelernt hat Fontane bei dem russischen Kollegen auch Handwerkliches, u.a. die erzähltechnische Motivierung von Handlungsabläufen oder die Kunst der Andeutung. Zumindest verwandt den Turgenevschen *Aufzeichnungen eines Jägers* erscheint die historisch und ethnographisch ausgerichtete Darstellung regionaler Besonderheiten, der Natur und sozialer Lebenswelt aus der Perspektive des von außen, aus einem anderen sozialen Milieu kommenden Beobachters in den *Wanderungen durch die Mark Brandenburg*, wobei letztere allerdings in viel stärkerem Maße die betreffende regionale Geschichte und Kultur berücksichtigen.

Die Lektüre der Turgenevschen Erzählprosa ist für Fontane auch immer wieder Bestätigung, »Befestigung künstlerischer Grundsätze«, wie es im genannten Brief an Emilie weiter heißt, zugleich reizt sie in ästhetischer Hinsicht aber auch zum Widerspruch, insbesondere dann, wenn es um die Profilierung des eigenen Realismusverständnisses geht. Beispielhaft demonstrieren dies die in Briefen an Emilie formulierten Äußerungen über Turgenevs *Aufzeichnungen eines Jägers* sowie die Rezensionen zu dessen Romanen *Rauch* und *Neuland*. Fontane lobt hier einmal mehr Turgenevs vorbildliche Beobachtungsgabe und erzähltechnische Kunstfertigkeit. Zugleich kritisiert er aber mit scharfen Worten die seiner Ansicht nach zu unvermittelte, das Negative der Wirklichkeit akzentuierende Gestaltung, geleitet von einer »Muse in Sack und Asche, Apollo mit Zahnweh« (Brief an Emilie vom 9.7.1881). Dieser Prosa mangele es an Poetizität, an Verklärung, wobei dieser Begriff bei Fontane nicht subjektives Idealisieren von Wirklichkeit, nicht ein Verschleiern von dessen negativen Aspekten meint, sondern ein Klären bzw. poetisches Erklären, das die Wirklichkeit auf die sie bestimmenden Gesetzmäßigkeiten hin durchsichtig macht. Solche abgrenzenden Bemerkungen, die übrigens auch bei Storm zu finden sind – Storm spricht im Brief vom 9.12.1866 an Turgenev von »erbarmungsloser Objektivität« –, gehören zu den wichtigsten dichtungstheoretischen Äußerungen Fontanes, und es ist nicht zufällig, dass sie gerade im Kontext einer schöpferischen Auseinandersetzung mit dem »Lehrmeister und Vorbild« Turgenev formuliert worden sind. Zugleich ist dies eine der frühesten Auseinandersetzungen eines Repräsentanten des deutschen »Poetischen Realismus« mit dem russischen Realismus, eine Auseinandersetzung, die im 20. Jahrhundert mehrfach aufgenommen und weitergeführt worden ist, in poetologischen Reflexionen Thomas Manns ebenso wie in den literarästhetischen Arbeiten von Georg Lukács. Es ist bezeichnend für Fontanes ambivalentes Verhältnis zu russischen Autoren, dass er diese scharfe Kritik später zurückgenommen bzw. relativiert hat. So mildert er seine ursprünglich vehementen Einwände gegenüber Turgenevs Roman *Neuland* in einer Rezension zu Ibsens *Wildente* (in der *Vossischen Zeitung* vom 22.10.1888) deutlich ab, wenn er Turgenevs Pessimismus in positiverem Licht sieht, die Art von dessen resignativer Darstellung gesellschaftlicher Wirklichkeit mit dem Prinzip der Verklärung für vereinbar erklärt (Hock 1965, S. 320). Dem korrespondiert, dass der alte Fontane auch zwei Werke von Turgenevs Antipoden Tolstoj sehr positiv beurteilt, die das Negative der Lebenswelt, den »Grinsezug«, wie es Fontane in seiner Turgenev-Kritik genannt hat (im bereits zitierten Brief an Emilie vom 9.7.1881), akzentuiert herausarbeiten. Es handelt sich um Tolstojs Erzählung *Der Tod des Ivan Il'ič* und um das Drama *Die Macht der Finsternis*. Insbesondre dieses Drama, dessen Handlung von Verrat, Ehebruch und Mord innerhalb einer als düster, durch den Verfall moralischer Werte gezeichneten bäuerlichen Lebenswelt bestimmt ist, hat der alte Fontane trotz einer stark naturalistischen Tendenz ausgesprochen positiv beurteilt. Hingegen dürfte Tolstojs Roman *Anna Karenina* trotz zahlreicher Übereinstimmungen (Ehebruch als strukturbildendes Motiv, Personenkonstellation u.a.) bei der Entstehung von *Effi Briest* keine Rolle gespielt haben.

Russische Literatur im Kontext des deutschsprachigen Spätrealismus

Neben Fontane sind es vor allem heute weniger bekannte Autoren aus Österreich, die sich trotz mannigfaltiger Vorbehalte gegenüber dem Nachbarn im Osten im letzten Drittel des 19. Jahrhunderts produktiv mit russischer Literatur beschäftigt haben. Unübersehbar ist die Auseinandersetzung mit Turgenevs Erzählprosa bei Marie von Ebner-Eschenbach (1830–1916), Ferdinand von Saar (1833–1906) und Leopold Ritter von Sacher-Masoch (1836–1895). Alle drei waren nach eigenem Bekunden überzeugte Turgenev-Verehrer und haben wiederholt darauf verwiesen, dass sie dessen Novellen und Erzählungen, insbesondre den *Aufzeichnungen eines Jägers*, künstlerisch viel verdanken, von Ebner-Eschenbach und Sacher-Masoch vornehmlich bei der Gestaltung ihrer ethnographischen Skizzen. Die Lektüre Turgenevscher Texte wird Bestandteil einzelner Werke, z.B. erscheint Turgenevs Novelle *Vešnye vody* (Frühlingsfluten) sowohl in von Saars Novelle *Ginevra* (im Wiener Jahrbuch *Dioskuren*, 1890) und seiner »Alt-Wiener Geschichte« *Sündenfall* (in der »internationalen Revue« *Cosmopolis*, 1898). Besonders erwähnenswert in diesem Zusammenhang ist Ebner-Eschenbachs Novelle *Ob spät, ob früh* (in der *Deutschen Rundschau*, 1908). Sie gehört zu den ersten anspruchsvollen Texten in der deutschsprachigen Literatur, die dominant, sowohl thematisch als auch strukturell, von der expliziten Auseinandersetzung mit einer russischen Vorlage, und zwar mit Turgenevs Novelle *Pervaja ljubov'* (Erste Liebe), geprägt ist. Die thematische Kontur von *Ob spät, ob früh* – die Entfaltung der ersten, unerwidert bleibenden Liebe eines sechzehnjährigen Jünglings – wird leitmotivisch begleitet von der Lektüre der thematisch verwandten Turgenevschen Novelle. Auf sie wird rahmend am Anfang und am Ende des Textes verwiesen, ihre Lektüre durch den Helden motiviert das Aufbrechen der frühen Leidenschaft.

Besonders nachdrücklich hat sich Sacher-Masoch immer wieder als Geistesverwandten Turgenevs vorgestellt, was diesem allerdings gar nicht gefallen hat. Sacher-Masoch galt in den sechziger und siebziger Jahren bei seinen österreichischen Kollegen als vorzüglicher Kenner der russischen Literatur; auf Affinitäten zu Turgenev wurde bereits von der zeitgenössischen Literaturkritik mehrfach verwiesen, auf das beiden Schriftstellern gemeinsame Interesse für Schopenhauers Philosophie (in der Vorrede zur Novelle *Mondnacht*, zuerst erschienen im *Salon für Literatur, Kunst und Gesellschaft*, 1868) ebenso wie auf thematische und motivische Korrespondenzen in der Erzählprosa (Polubojarinova 2006a, S. 404). Rezensenten zählen ihn zu »Turgenevs deutschen Jüngern« (Wilhelm Goldbaum) oder charakterisieren ihn gar als »Turgeniew's Nachahmer« (Otto Glagau). Vordergründig zum galizischen bzw. »kleinrussischen Turgeniew« (Rudolf von Gottschall) wurde Sacher-Masoch durch seine galizische Herkunft, die seine Erzählprosa maßgeblich bestimmt, durch die dabei erkennbaren Korrespondenzen zu Turgenevs *Aufzeichnungen eines Jägers* bei der Darstellung einer von Wald und Steppe, von bäuerlichen Lebensformen geprägten Region sowie durch eine von ihm selbst mehrfach betonte Affinität zum Slaventum, die sich literarisch in einer Vielzahl von russische Themen behandelnden Texten offenbart (z.B. in *Katharina II. Russische Hofgeschichten*, 1891; oder in der Novelle *Der Wanderer*, erschienen 1870 als »Prolog« zum Band *Das Vermächtniß Kains*). Darüber hinaus zeigt sein literarisches Werk eine umfängliche Auseinandersetzung mit Turgenevs gesamter Erzählprosa, das gilt nicht nur für die *Aufzeichnungen eines Jägers*, sondern auch für die späten Romane *Neuland* und *Rauch*. Ausgiebig hat sich Sacher-Masoch mit Turgenevs Erzählungen in den zwischen 1860 und 1870 entstandenen ersten zwei Teilen des Zyklus *Das Vermächtniß Kains* beschäftigt. Mosaikartig sind hier aus verschiedenen Novellen Turgenevs stammende Passagen in die eigenen Erzählungen integriert worden (Polubojarinova 2006a, S. 431 ff.). Eindeutig nachweisbar sind Übernahmen aus gleich mehreren Werken Turgenevs in Sacher-Masochs *Don Juan von Kolomea*, z.B. aus Turgenevs *Petr Petrovič Karataev*, *Pevcy* (Die Sänger), *Gamlet Ščigrovskogo uezda* (Der Hamlet des Schigrovsker Bezirks), *Das Adelsnest, Faust, Mumu* u.a.; in *Mondnacht* aus *Tri vstreči* (Drei Begegnungen), *Faust, Prizraki* (Gespenster), *Bežin lug* (Bežins Wiese) sowie zu den Romanen *Das Adelsnest, Väter und Söhne, Rauch*. Die Adaptionen betreffen Naturschilderungen (Wald, Steppe, Nachtlandschaften), Gestalten (z.B.

die des jagenden Adligen, seine Begegnungen mit bestimmten Volkscharakteren, die vernachlässigte Ehefrau), strukturbildende Motive (Jagd, sich gegenseitig besuchende Gutsbesitzer, erzwungener Aufenthalt unter fremdem Dach und daraus resultierende Gespräche), die Erzählerfigur als erzähltechnische Motivierung von Rahmenhandlungen. Weitere Übereinstimmungen mit Turgenev-Texten (*Aufzeichnungen eines Jägers*, *Erste Liebe*, u.a.) zeigen sich bei der Gestaltung sadomasochistischer Motive in Sacher-Masochs *Venus im Pelz* (die grausame Frau, die Sklaverei der Liebe, sadomasochistische Spiele, die Geliebte im Pelz etc.). Andere Texte Turgenevs wie *Perepiska* (Der Briefwechsel) waren nach eigenem Bekunden Sacher-Masochs besonders relevant für die der *Venus im Pelz* zugrunde liegende Konzeption eines sadomasochistischen Verhaltens. Sacher-Masoch verbleibt freilich nicht bei einfacher Nachahmung. Bei aller Nähe zu Turgenev entwickelt er sein eigenes erzählerisches Profil. Die Naturbeschreibungen sind auch dort, wo sie unübersehbar an den russischen Erzähler erinnern, weniger lyrisch, weniger stimmungsbezogen, weniger ausdifferenziert, Handlungen erscheinen vereinfacht, dafür aber dramatisch konturierter, Details, z.B. Tötungsszenen, plakativer, bei Turgenev lediglich Angedeutetes wird vom Erzähler explizit ausgesprochen. Erwähnenswert ist, dass sich Sacher-Masoch nicht nur mit Turgenev, sondern auch mit anderen russischen Autoren beschäftigt hat, erkennbar im Verweis auf Gogol' (im Vorwort zum zweiten Teil des Zyklus' *Das Vermächtniß Kains*), durch Zitate, Anspielungen und andere intertextuelle Bezüge auf Karamzin (in *Don Juan von Kolomea*), Puškin u.a.

4 Die Rezeption russischer Literatur zwischen 1885 und 1918

4.1 Historische und literaturgeschichtliche Kontexte

Während der letzten zwei Jahrzehnte des 19. Jahrhunderts wächst in Deutschland das öffentliche Interesse an den politischen, sozialen und kulturellen Verhältnissen in Russland. Vom deutschen Bürgertum gern gelesene Zeitschriften wie die *Deutsche Rundschau, Die Grenzboten, Westermanns Illustrierte Deutsche Monatshefte* und *Die Gartenlaube*, aber auch von der Arbeiterschaft gelesene Publikationsorgane wie *Der Sozialdemokrat, Vorwärts* oder die *Sächsische Arbeiterzeitung* veröffentlichen eine Fülle von Artikeln über Russland, die zum einen über das vielen Deutschen rätselhaft und fremd erscheinende Land informieren und zum anderen bemüht sind, dessen soziale, religiöse und kulturelle Besonderheiten zu erklären. Die dabei vermittelten Informationen sind nicht immer zuverlässig, nicht selten von Vorurteilen und überkommenen Russlandbildern geleitet. Darüber hinaus erscheinen zahlreiche historiographische Monographien, Reiseberichte und Erinnerungsbücher: Johannes Scherrs Essays zur russischen Geschichte, Julius von Eckardts gegenwartsbezogene Darstellung *Russland vor und nach dem Kriege* (1879, Fortführung der mehrfach aufgelegten Bde. *Aus der Petersburger Gesellschaft* und *Neue Bilder aus der Petersburger Gesellschaft*, 1873), Max Nordaus *Vom Kreml zur Alhambra* (1880), Hermann Bahrs *Russische Reise* (1891) u.a.

Verantwortlich für die Zunahme des Interesses waren die politischen Beziehungen zwischen beiden Ländern, die sich insbesondre nach der deutschen Reichsgründung 1871 durchaus ambivalent, wechselhaft und schwierig gestalteten und kontrovers diskutiert wurden, literarisch dokumentiert z.B. in Theodor Fontanes letztem Roman *Der Stechlin* (1897). Gute dynastische Beziehungen konnten die durch einen wachsenden Nationalismus auf beiden Seiten immer wieder aufbrechenden Spannungen nicht ausgleichen, das gilt vor allem für die Zeit nach dem Regierungsantritt Alexanders III. (1881) und der Entmachtung Bismarcks nach der Thronbesteigung durch Wilhelm II. (1888). Außenpolitisch hatte der für Russland erfolgreiche Russisch-Osmanische Krieg (1877) Aufmerksamkeit geweckt und der diesen Krieg diplomatisch beendende Berliner Kongress (1878) innenpolitische Zustimmung in Deutschland gefunden. Die für Russland enttäuschenden Ergebnisse der unter deutscher Leitung geführten Verhandlungen hatten im Zarenreich jedoch großen Unwillen erregt und sorgten in der Folgezeit für eine deutliche, weite Schichten der russischen Bevölkerung erfassende Verschlechterung des deutsch-russischen Verhältnisses, trotz der um gute Beziehungen bemühten Ostpolitik Bismarcks, der ja vor seiner Ernennung zum deutschen Reichskanzler 1859 bis 1862 als preußischer Gesandter in St. Petersburg agiert hatte und seit dieser Zeit auch des Russischen mächtig war. Das von ihm 1873 initiierte Dreikaiserabkommen zwischen Deutschland, Österreich und Russland (1881 durch den Dreikaiserbund erneuert) wurde von russischer Seite 1887 nicht verlängert, Gleiches geschah 1890 von deutscher Seite mit dem zwischen beiden Staaten bestehenden Rückversicherungsvertrag von 1887. Vornehmlich diese Entscheidung der nach Bismarcks Entlassung amtierenden Regierung Caprivi markiert das Ende einer mehr als ein Jahrhundert währenden engen politischen Zusammenarbeit zwischen Deutschland und Russland. So verschlechterten sich nach dem Regierungsantritt des reaktionären Zaren Alexander III. (1881–1894) die Beziehungen zwischen dem Deutschen Reich und Russland mehr und mehr, wozu die von Alexander III. und auch seinem Nachfolger Nikolaus II. aggressiv betriebene Russifizierung der baltischen Regionen nicht wenig beitrug, die von slavophil und extrem nationalistisch argumentierenden Publizisten wie Jurij Samarin und vor allem Michail Katkov publizistisch wirkungsvoll unterstützt wurde. Auf deutscher Seite waren es u. a. deutsche Historiker wie Heinrich Rückert, Friedrich Meinecke und Theodor Schiemann sowie Kulturanthropologen wie Alfred Weber und Oswald Spengler, die in ihren Russland abwertenden historiographischen Analysen und geschichtsphilosophischen Entwürfen die zunehmende politische Konfrontation zwischen Russland und Deutschland ideologisch vorbereiteten. Im deutschsprachigen Raum gab dies zunehmend Anlass zu Reflexionen und Spekulationen über die Stellung Russlands zwischen Asien und Europa sowie über das Bedrohungspotential des östlichen Nachbarn. Ihre Formulierung erfuhren solche Überlegungen nicht selten im Kontext rassistischer Vorstellungen, in deren Rahmen das Asiatisch-Barbarische der Russen akzentuiert wird, z. B. in den einflussreichen Schriften des erwähnten Johannes Scherr oder Paul de Lagardes (Kopelev 2000, S. 11–107). Der Begriff des »asiatischen Russen« wird diese Diskussion bis weit ins 20. Jahrhundert bestimmen, auch die Auseinandersetzung deutscher Schriftsteller mit der russischen Literatur, erkennbar u. a. in den Dostoevskij-Artikeln von Hermann Hesse und dem Essay *Goethe und Tolstoi* von Thomas Mann. Zunehmende Spannungen und Missverständnisse ergaben sich seit 1887, verstärkt dann zu Beginn des 20. Jahrhunderts nach der diplomatisch und militärisch forcierten Annäherung Russlands an England und Frankreich, die von deutscher Seite als Versuch einer Einkreisungspolitik interpretiert wurde. Dazu kamen die sich seit den siebziger Jahren verstärkenden Interessenkonflikte auf dem Balkan, die ja letztlich auch einer der Auslöser des Ersten Weltkriegs waren. Nicht zu unterschätzen in diesem Zusammenhang ist der publizistische und politische Einfluss der Panslavisten bzw. der um die Jahrhundertwende in Osteuropa sehr aktiven Neoslavisten, die den als Schutz der slavischen Völker deklarierten machtpolitischen Ansprüchen Russlands im Bereich Österreich-Ungarns nachdrücklich Gehör verschafften. Auch wenn die sich daraus entwickelnden Konflikte das Verhältnis zwischen Berlin und St. Petersburg nicht unmittelbar betrafen, führte dies aufgrund der deutschen Bündnisverpflichtungen gegenüber Österreich immer wieder zu Belastungen der deutsch-russischen Beziehungen. Negativer Höhepunkt dieser problematischen Entwicklung ist dann der Ausbruch des Ersten Weltkrieges, als das gegenseitige Töten sowohl auf russischer als auf deutscher Seite von bis ins Groteske übersteigerten Feindbildern vorbereitet und begleitet wurde (WÖS NF Bd. 2). Positiver entwickelten sich allerdings die wirtschaftlichen Beziehungen. Deutschland war trotz Zollstreitigkeiten und anderer Transferprobleme im Handel einer der wichtigsten Abnehmer russischer Agrarexporte, und auch die zunehmende Industrialisierung während der »russischen Gründerzeit« führte spätestens seit Beginn der neunziger Jahre zur Belebung der wirtschaftlichen Kontakte.

Zunächst befremdet und verunsichert begegnete man im deutschsprachigen Raum den komplizierten innenpolitischen und sozialen Verhältnissen in Russland. Insbesondre deren Veränderungen im Gefolge von Industrialisierung und Kolonisierung sowie nach der Aufhebung der Leibeigenschaft im Jahre 1861 und anderen von Zar Alexander II. angestoßenen Reformen, z.B. im Justiz- und Bildungsbereich, riefen großes Interesse hervor. Die Ermordung dieses Zaren durch russische Nihilisten am 1.3.1881 lenkte den Blick der Deutschen aber auch auf die spektakulären Aktivitäten sozialrevolutionärer Bewegungen wie »Zemlja i volja« (Land und Freiheit) oder deren radikale Abspaltung »Narodnaja volja« (Volkswille bzw. Freiheit des Volkes). Die betreffenden Darstellungen labiler innenpolitischer Verhältnisse in der deutschen Publizistik sind nicht selten von Ressentiments und Vorurteilen geleitet; Mangel an Zivilisation, Despotie, soziale und ökonomische Rückständigkeit bestimmen nach Meinung vieler Autoren auch noch das Russland nach den Reformen Alexanders II. und sind Ursache für das Aufkommen von nihilistischen und sozialrevolutionären Bewegungen.

Zugleich schaut man aber auch fasziniert und neugierig auf dieses Land, das trotz ökonomischer und sozialer Veränderungen im Gefolge von Industrialisierung immer noch so ganz anders erscheint. Vorbereitet seit den fünfziger Jahren durch Kulturhistoriker wie August von Haxthausen, Wilhelm Riehl u.a. (Thiergen, 2000) und intensiviert durch restaurativ-zivilisationskritische Strömungen wie die »Heimatkunstbewegung« werden gegen Ende des Jahrhunderts solche Stimmen vernehmbar, die – kulturkritisch und geschichtsphilosophisch argumentierend – dem von Dekadenz und Verfall bedrohten Westeuropa ein als ursprünglich, naiv und vital gezeichnetes Russland als Verheißung einer neuen Kultur, als Garant einer geistigen, seelischen und künstlerischen Erneuerung gegenüberstellen. Eine solche auch die Sicht auf die russische Literatur beeinflussende Einschätzung prägt auch eine u.a. von Philosophen, Intellektuellen und Künstlern wie Friedrich Nietzsche, Lou Andreas-Salomé und Rainer Maria Rilke vertretene Bewertung, in deren Rahmen Russland als »verheißenes Land«, seine Bewohner als Inkarnationen einer mit Begriffen wie »geistliche Tiefe«, »Unmittelbarkeit der Welterfahrung«, »innere Widersprüchlichkeit«, »Demut«, »Passivität«, »Leidensfähigkeit« etc. umkreisten, aber letztlich rational nicht bestimmbaren »russischen Seele« gesehen werden. So erhoffte man sich von der russischen Dichtung nicht nur die Lösung geistiger und religiöser Probleme, sondern auch Antworten auf die deutsche Gesellschaft bedrängende soziale Fragen, z.B. nach dem Verhältnis der Geschlechter, die Emanzipation der Frauen u.a. Nichts demonstriert eine solche Erwartungshaltung besser als die fast hysterische, überaus kontroverse Rezeption von Tolstojs Erzählung *Krejcerova sonata* (Kreutzersonate), die das um diese Zeit virulente, z.B. auch von Ibsen und Strindberg behandelte Thema Zerfall der Familie am Beispiel des Verhältnisses von Ehemoral und Sexualität literarisch gestaltet.

Die skizzierten unterschiedlichen Wahrnehmungen und Bewertungen der politischen und gesellschaftlichen Verhältnisse in Russland zeigen sich auch in Art und Weise der Aufnahme der russischen Kultur und Literatur in dieser Zeit. Ihre Einschätzung ist durchaus unterschiedlich, es überwiegt aber die Erwartung, inmitten einer in Epigonalität erstarrten Kulturszene neue, befruchtende Anregungen zu erhalten. Trotz der erwähnten politischen Spannungen wird der künstlerische Austausch folglich umfänglicher, intensiver und differenzierter. Es kommt zu zahlreichen Begegnungen zwischen deutschen und russischen Intellektuellen und Künstlern, nicht selten angestoßen und gefördert von russischen Unternehmern wie Ivan Morozov oder Sergej Ščukin, die sich vor allem im Bereich der zeitgenössischen bildenden Kunst als Mäzene profilierten. Spätestens seit Beginn der neunziger Jahre wurde russische Kunst einem sehr interessierten Publikum nahegebracht (Raev 2000). So veranstaltete der berühmte Ballettimpresario (Ballets russes) Sergej Djagilev russische Kunstausstellungen in München (1898) und in Berlin (1906), die große Aufmerksamkeit erregten. Russische und deutsche Maler machten München zu einem europäischen Zentrum moderner Kunst; in der expressionistischen Gruppierung »Der blaue Reiter« kam es zur schöpferischen Begegnung von Franz Marc, August Macke, Paul Klee u.a. mit Vasilij Kandinskij, Marianne von Werefkin und Aleksej Javlenskij. Eines der wichtigsten Zentren solcher Begegnungen war um die Jahrhundertwende neben Berlin und München die Universitätsstadt Heidelberg, insbesondre die dortige Pirogov-Lesehalle, in der sich russische Intellektuelle und Künstler verschiedenster politischer und ideologischer Couleur die Köpfe heiß redeten. In Heidelberg hat sich zu dieser Zeit der junge Georg Lukács mit Dostoevskij auseinandergesetzt, hat Max Weber seine Russland-Studien verfasst (u.a. *Zur Lage der bürgerlichen Demokratie in Rußland*, im *Archiv für Sozialwissenschaft und Sozialpolitik*, 1906).

Intensiviert wird insbesondre der literarische Dialog. So ist der russische Symbolismus ohne die Auseinandersetzung mit Goethe, der deutschen Romantik sowie mit der Philosophie des Deutschen Idealismus und zeitgenössischen Philosophen wie Nietzsche und Rudolf Steiner nicht denkbar. In Deutschland profilieren sich Spätrealismus und Naturalismus gerade auch in der Auseinandersetzung mit dem russischen Realismus in Gestalt von Turgenev, Dostoevskij und Tolstoj. Dem korrespondiert auch das Leserverhalten. Zu Beginn der achtziger Jahre kommt es zu einer zuvor nicht gekannten Intensivierung der Beschäftigung mit russischen Autoren im deutschsprachigen Raum, sowohl in quantitativer als auch in qualitativer Hinsicht. Bereits 1890 konstatieren Erwin Bauer und andere Kritiker ein Überschwemmen des deutschen Büchermarktes mit russischen Titeln.

4.2 Vermittlergestalten und Vermittlungsinstanzen

Übersetzer und Herausgeber

Eine wichtige Rolle spielen bei dieser »Russomanie« einmal mehr Übersetzer und Verleger. Spätestens mit Beginn der sechziger Jahre wird vermehrt übersetzt, in Quantität und Qualität den russischen Originalen allerdings nicht immer angemessen. Größere Texte wie Tolstojs *Krieg und Frieden* erscheinen zunächst nur auszugsweise in Zeitschriften, nicht selten werden Autoren wie Turgenev, Tolstoj und Dostoevskij mit Hilfe französischer Übertragungen rezipiert; Richard Wagner und Friedrich Nietzsche werden auf diesem Wege mit Werken Tolstojs und Dostoevskijs bekannt. Das ändert sich dann mit Beginn der achtziger Jahre, als zunehmend hochqualifizierte, des Russischen mächtige und mit Russland und seiner Literatur vertraute Personen als Übersetzer und Vermittler auftreten.

Eine enge und für die Rezeption russischer Literatur in Deutschland höchst bedeutsame Verbindung beider Tätigkeitsbereiche zeichnet Wilhelm Henckel (1825–1910) aus. Er gehörte Ende des 19. Jahrhunderts zu den kompetentesten Vermittlern russischer Literatur in Deutschland (Loew 1995). Henckel war zunächst lange Zeit vor allem als Erstübersetzer von Dostoevskijs *Prestuplenie i nakazanie* (Verbrechen und Strafe) in Deutschland bekannt, hat aber in seiner Eigenschaft als Übersetzer, Journalist und Buchhändler darüber hinaus ungemein viel für die Verbreitung russischer Kultur und Literatur in Deutschland getan; neben Texten Dostoevskijs sind es Werke von Turgenev, Gončarov, Leskov, Tolstoj, Saltykov-Ščedrin, Polonskij, Gor'kij und Garšin (Loew 1995), um deren Verbreitung er sich verdient gemacht hat. Henckel war bereits als Neunjähriger von seinen Eltern zu Verwandten nach St. Petersburg geschickt worden, hat bis 1878 in Russland gelebt und gearbeitet, als Verleger, Buchhändler, Literaturkritiker und Übersetzer. Bedeutsam war vor allem die Zusammenarbeit mit Aleksandr Aleksandrovič Smirdin, dessen Vater Aleksandr Filippovič als Begründer des modernen russischen Buchhandels- und Verlagswesens gilt und in dessen Verlag wichtige Repräsentanten der russischen Literatur ihre Werke veröffentlichten, u.a. Puškin. Der von Henckel und Smirdin jun. ab 1854 gemeinsam betriebene Verlag machte die russischen Leser mit einer Vielzahl der damals modernen russischen Autoren bekannt, aber auch mit ausländischen Autoren, angezeigt in der wöchentlich erscheinenden *Russkaja bibliografija*. Nach der Trennung von Smirdin jun. 1861 gründete Henckel einen eigenen Verlag, profilierte sich u.a. auch durch seine Auseinandersetzungen mit der russischen Zensur 1868 bis 1872 als Verleger der renommierten Zeitung *Nedelja* (Die Woche), übersiedelte dann aber 1878 nach Deutschland. Bestens vorbereitet durch seine langjährigen und vielfältigen Tätigkeiten und Kontakte in Russland hat Henckel mehr als fünfhundert Übersetzungen, Aufsätze, Rezensionen und Vorworte über Literatur und bildende Kunst (u.a. über Vasilij Vereščagin), Wissenschaft, Buchwesen und Presse verfasst, geleitet von dem erklärten Bemühen, den deutschen Lesern von Übertragungen russischer Dichtung die zu deren Verständnis notwendigen historischen, gesellschaftlichen und kulturellen Kontexte zu vermitteln. Beispielhaft demonstrieren dies seine Bemühungen, Dostoevskij in Deutschland bekannt zu machen. Henckels Übersetzung des Romans *Prestuplenie i nakazanie* unter dem Titel *Raskolnikow* (1882) leitete die erste intensive, bis in die zwanziger Jahre des 20. Jahrhunderts andauernde Dostoevskij-Rezeption ein, Dostoevskij-Verehrer wie Alfred Döblin sind über diese Ausgabe zu begeisterten Lesern ihres russischen Idols geworden; sie galt zu Recht lange Zeit als die genaueste und kompetenteste. Der Roman ist danach mehr als zwanzigmal ins Deutsche übersetzt worden, ab 1887 (in der unzuverlässigen, aber bis in die fünfziger Jahre u.a. vom Goldmann-Verlag verwendeten Übertragung von Hans Moser) immer wieder (Hermann Röhl 1912, Werner Bergengruen 1928) unter dem Titel *Schuld und Sühne*. Gleichzeitig mit der Übersetzung hat Henckel mit einem kenntnisreichen Artikel (*Feodor Michailowitsch Dostojewski*, im *Magazin für die Literatur des In- und Auslandes*, 1882) versucht, die biographisch, psychologisch und gesellschaftlich relevanten Voraussetzungen für Dostoevskijs Entwicklung zum Schriftsteller darzustellen. Henckel verweist auf dessen Haft und Verbannung, auf eine daraus resultierende enge Verbindung zum Volk und auf seine tiefe Religiosität. Er gehört zu den ersten, die Dostoevskij als großen Psychologen charakterisiert haben, der eine Fülle von bislang kaum beachteten Gemütsbewegungen literarisch ungemein differenziert gestaltet hat; und er hat, neben Eugen Zabel, bereits früh Dostoevskij nicht nur als spezifisch russischen Autor, sondern als bedeutenden Repräsentanten der Weltliteratur gewürdigt. Neben seinem Engagement für Dostoevskij hat Henckel der deutschen Leserschaft in Anthologien immer wieder Umfang und Qualität der modernen russischen Literatur nahezubringen versucht, z.B in *Geschichten und Satiren aus der neueren russischen Literatur* (1899). Darüber hinaus war er jahrzehntelang in vielfältiger Weise als Vermittler des russischen Geisteslebens tätig, u.a. als Berichterstatter des *Börsenblatts für den Deutschen Buchhandel*. Um die Jahrhundertwende erwarb sich

Henckel außerdem Verdienste bei der Einführung der damals jungen Autoren Maksim Gor'kij, Jakov Polonskij, Anton Čechov und Vladimir Korolenko in Deutschland, u.a. mit dem vierbändigen Sammelband *Sbornik. Russische Geschichten und Satiren* (1899/1902).

Als weiterer wichtiger Vermittler, insbesondre der Werke Tolstojs, ist der Übersetzer und Slavist Raphael Löwenfeld (1854–1910) zu nennen. Löwenfeld, auch Begründer des Berliner Schiller-Theaters, war seit Ende der achtziger Jahre begeisterter Leser Tolstojs, den er 1890 persönlich kennenlernte. 1892 erschien der erste Teil seiner unvollendet gebliebenen Tolstoj-Biographie (*Leo N. Tolstoj. Sein Leben, seine Werke, seine Weltanschauung*), der eine Fülle von weiteren, überaus kenntnisreichen biographischen und literarhistorischen Schriften zu Tolstoj folgte. Löwenfeld war als Herausgeber und Übersetzer verantwortlich für die erste, auf 33 Bände angelegte Gesamtausgabe der Werke Tolstojs, die ab 1901 im Jenaer Diederichs-Verlag erschien. Weitere qualitätvolle Tolstoj-Übertragungen lieferten um die Jahrhundertwende August Scholz, Frida Rubiner und Alexander Stein.

Ein verdienstvoller Übersetzer und Interpret russischer Lyrik war im späten 19. Jahrhundert Friedrich Fiedler (1859–1917). Fiedler ist in St. Petersburg geboren und hat die meiste Zeit seines Lebens in der russischen Hauptstadt verbracht, als Lehrer, Schriftsteller, Essayist und Übersetzer. Aufgrund seiner vielfältigen literarischen Aktivitäten war er bekannt bzw. befreundet mit zahlreichen prominenten Autoren (Garšin, Polonskij, Semen Nadson, Aleksej Pleščeev, Gor'kij, Rilke u.a.) sowie mit Übersetzern wie Viedert und Henckel. Dokumentiert sind diese und andere Begegnungen in den zwischen 1888 und 1917 geführten Tagebüchern mit dem Titel *Aus der Literaturwelt. Charakterzüge und Urteile* (Pohrt 1970, S. 702 ff.). Der philologisch hervorragend ausgebildete Fiedler hat ein umfangreiches Übersetzungswerk hinterlassen, war vor allem ein Meister der Versübertragungen, der, versiert in Herkunfts- und Zielsprache, die Balance zwischen einbürgernder und verfremdender Übersetzung souverän zu wahren wusste. Durch ihn sind auch heute noch weniger bekannte russische Lyriker wie Afanasij Fet, Semen Nadson, Aleksej Kol'cov oder Ivan Nikitin im deutschsprachigen Raum publiziert worden. Erwähnenswert sind insbesondere die Lermontov-Übertragungen, welche die musikalisch-klanglichen Besonderheiten der Lermontovschen Lyrik vorzüglich wiedergeben (*M. Ju. Lermontow. Im Versmaß des Originals von F. Fiedler*, 1893). Bedeutsam für die Rezeption russischer Lyrik in Deutschland wurde die 1889 erstmals erschienene Anthologie *Der russische Parnaß*, die einen repräsentativen Überblick vor allem über die russische Versdichtung des 19. Jahrhunderts vermittelt.

Essayisten und Literaturkritiker

Ungemein bedeutsam für die schöpferische Rezeption russischer Autoren werden gegen Ende des 19. und am Anfang des 20. Jahrhunderts einige Essayisten und Literaturkritiker, insbesondre Dmitrij Merežkovskij, Akim Volynskij, Georg Brandes und Eugène-Melchior de Vogüé.

Der dem russischen Symbolismus nahestehende Dmitrij Merežkovskij (1865–1941) war um die Jahrhundertwende einer der wichtigsten Vermittler russischer Literatur und Geistesgeschichte im deutschsprachigen Raum. Seine Frau Zinaida Gippius gehörte zum Kern der russischen Symbolisten, beide propagierten in ihrer Dichtung eine hier im Einzelnen nicht darstellbare, von Theosophie und Ästhetizismus geprägte Zivilisationskritik, in deren Rahmen der Dichtung eine bevorzugte Funktion bei der Erkenntnis der Welt und ihrer Umgestaltung zugesprochen wurde. Merežkovskij formuliert seine an Goethe, der Philosophie des Deutschen Idealismus und Nietzsche geschulten Reflexionen in der Romantrilogie *Christos i Antichrist* (Christus und Antichrist), bestehend aus *Smert' bogov. Julian Otstupnik* (zuerst u.d.T. *Otveržennyj* in *Severnij vestnik*, 1895; dt. Der Tod der Götter. Julianus Apostata), *Voskresšie bogi. Leonardo da Vinci* (zuerst in *Mir božij*, 1900; dt. Die auferstandenen Götter. Leonardo da Vinci), *Antichrist. Petr i Aleksej* (zuerst in *Novyj put'*, 1904) sowie in zahlreichen Essays wie *O pričinach upadka i o novych tečenijach sovremennoj russkoj literature* (1893; dt. Über die Ursachen für den Verfall und die neuen Tendenzen der modernen russischen Literatur). Der in Russland stets umstrittene Merežkovskij war spätestens seit Ende des 19. Jahrhunderts eine europäische Autorität in Sachen russische Literatur und Geistesgeschichte. Sein starker Einfluss auf Literaten wie Hugo von Hofmannsthal, Thomas Mann, Gottfried Benn und Hermann Hesse verdankt sich vor allem ästhetischen und literarhistorischen Schriften wie *Gogol i čert* (1906; dt. Gogol und der Teufel) und der besonders wirksamen Studie *Tolstoj i Dostoevskij* (2 Bde., 1901/1903). Für Benn war Merežkovskij einer der »großen russischen Essayisten«, für Maximilian Harden das »kräftigste dichterisch konstruktive Talent [...] in dem Rußland von heute« (in: *Die Aktion*, 1915) und für Thomas Mann der »genialste Kritiker und Weltpsycholog seit Nietzsche« (*Russische Anthologie*, zuerst als Geleitwort zur Februarausgabe der *Süddeutschen Monatshefte*, 1921). Wirksam war Merežkovskij u.a. aufgrund seiner Autor und Werk verschmelzenden, sprachkünstlerische Aspekte aber eher vernachlässigenden Interpretationen; sie werden u.a. Thomas Manns Bewertungen russischer Dichter (z.B. in *Goethe und Tolstoi*) in nicht immer erfreulicher Weise prägen. Spätestens mit Merežkovskij beginnt eine Aneignung russischer Literatur, die nicht so sehr den literarischen Werken, sondern vor allem der Persönlichkeit ihrer Autoren gilt: Das betrifft Essays von Thomas Mann, Stefan Zweig, Hermann Hesse bis hin zu Elias Canettis Studie *Tolstoi, der letzte Ahne* (1971), in dieser bekennt, dass ihn nicht so sehr das Werk, sondern die Person Tolstojs intensiv beschäftigt hat. Merežkovskij war Mitherausgeber der berühmten Dostoevskij-Ausgabe des Piper-Verlags. Höchst problematisch ist seine spätere Nähe zur politischen Rechten bis hin zum NS-Ideologen Alfred Rosenberg, dem er als Lehrer diente, und dessen Pamphlet *Der Mythus des 20. Jahrhunderts*

(1930) in seinen Ausführungen über das ›asiatische Rußland‹ auch Gedanken Merežkovskijs verpflichtet ist.

Bedeutsam für die Vermittlung russischer Literatur in Deutschland war auch der Literatur-, Musik- und Kunstkritiker Akim Volynskij (Pseud. f. Chaim Lejbovič Flekser, 1863–1926), z.B. mit seinen ins Deutsche übersetzten Arbeiten *Kniga velikogo gneva* (1904; dt. Buch des großen Zorns) und *Carstvo Karamazovych* (1901; dt. Das Zarentum der Karamazovs). Der philologisch und kulturgeschichtlich versierte Volynskij hat Rilke, Lou Andreas-Salomé, Thomas Mann u.a. mit russischer Geistesgeschichte und Literatur bekannt gemacht. Er war einer der ersten, die Dostoevskij zu Beginn des 20. Jahrhunderts nicht allein auf den weltanschaulich relevanten, die Katastrophen dieses Jahrhunderts ankündigenden »Propheten des Zorns« reduziert haben. Vielmehr betont der in der Tradition einer von Apollon Grigor'ev bis zum russischen Symbolismus reichenden idealistischen Literaturkritik stehende Volynskij die Verbindung von weltanschaulichem Inhalt und sprachkünstlerischer Gestaltung, verweist auf den fiktionalen Status des Dargestellten, innerhalb dessen das einzelne Faktum immer auch als symbolischer Verweis auf ein übergeordnetes Ganzes zu lesen ist. Deutsche Nachfolger dieses Dostoevskij sowohl unter geistesgeschichtlichen als auch literarästhetischen Aspekten würdigenden Interpretationsansatzes werden Mitte der zwanziger Jahre Karl Nötzel und der Kunsthistoriker Julius Meier-Graefe sein.

Einflussreich als Vermittler russischer Literatur nicht nur in Deutschland, sondern in ganz Europa sind der dänische Literaturkritiker, Schriftsteller und Philosoph Georg Brandes (1842–1927) sowie der französische Diplomat und Literaturkritiker Eugène-Melchior de Vogüé (1848–1910). Der erklärte Nietzscheaner Brandes machte im späten 19. Jahrhundert seine Zeitgenossen in zahlreichen Vorträgen und Publikationen mit der damals modernen russischen Erzählprosa bekannt. Er gehört zu den ersten, die sich intensiv mit Tolstoj und Dostoevskij beschäftigten (*F. M. Dostojewski. Ein Essay*, in den *Deutschen Literarischen Volksheften*, 1889), u.a. mit dem Verhältnis Nietzsche – Dostoevskij. Einflussreich als Literaturvermittler wurde er vor allem durch seine sechsbändige, seit 1882 in mehreren Auflagen erscheinende Geschichte der europäischen Literatur (*Die Litteratur des 19. Jahrhunderts in ihren Hauptströmungen dargestellt*). Der auch als Übersetzer russischer Literatur hervorgetretene Vogüé hat die literaturinteressierte Öffentlichkeit in Europa mit seiner 1886 erschienenen Schrift *Le roman russe* vor allem auf Tolstoj und Dostoevskij aufmerksam gemacht und dabei auch auf die philosophischen und religiösen Dimensionen dieser Erzählprosa verwiesen.

Erwähnenswert schließlich ist der überaus fleißige und vielseitige Reiseschriftsteller, Romancier und Literaturkritiker Eugen Zabel (1851–1924). Zabel hat bereits kurz nach der Eröffnung der neuerbauten Transsibirischen Eisenbahn über diesen Reiseweg nach Osten berichtet (*Auf der sibirischen Bahn nach China*, 1904), war als Verfasser historischer Romane und zahlreicher anderer Schriften über

Russland im deutschsprachigen Raum bekannt. Von literarhistorischem Interesse sind seine Einführungen in die damals moderne russische Literatur, vor allem die *Literarischen Streifzüge durch Rußland* (1885), die *Russischen Literaturbilder* (1885) und die Studien über Tolstoj (*L. N. Tolstoi*, 1901) und Dostoevskij. Letzterem hat er 1890 mit einer literarisch bedenklichen Dramatisierung (gemeinsam mit Ernst Koppel) von *Verbrechen und Strafe* unter dem Titel *Raskolnikow* zu wachsender Popularität verholfen. Zabels literaturkritische Arbeiten über russische Schriftsteller sind in Teilen auch ins Russische übersetzt worden.

Institutionelle Vermittlung:
Zeitschriften, Verlage, Literaturgeschichten

Auch wenn einige konservative Rezensenten wie Johann Jakob Honegger (*Russische Literatur und Cultur*, 1880) gegen Ende 19. Jahrhunderts die russische Literatur immer noch als nachahmend diskreditieren, gehören deren wichtigste Repräsentanten ab 1880 zum Literaturkanon. So erachtet die Zeitschrift *Der Kunstwart* in der Dezembernummer 1900 als unbedingt lesenswert (die Titel entsprechend der dortigen Schreibweise): Puškins *Eugen Onegin*, Lermontovs *Ein Held unserer Zeit*, Gogol's *Revisor* und *Tote Seelen*, Turgenevs *Väter und Söhne, Neuland* und die Novellen, Dostoevskijs *Im toten Hause* und *Raskolnikow* sowie Tolstojs *Krieg und Frieden, Anna Karenina* und *Auferstehung*. In Fortsetzungen gedruckte russische Romane bestimmten monatelang die Feuilletons deutschsprachiger Zeitungen und Zeitschriften. Kaum ein deutscher Verlag konnte es sich leisten, die Russen nicht zu publizieren, in Einzelausgaben ebenso wie in mehrbändigen Editionen (z.B. die von Lermontov, Puškin und Turgenev). Gogol' wird gleichsam wiederentdeckt, spätestens ab 1885 wird man vermehrt auf Dostoevskij, insbesondere aber auf Tolstoj aufmerksam, u.a. aufgrund der ersten deutschsprachigen Ausgaben von *Krieg und Frieden* und *Anna Karenina*.

Geleitet ist dieses Interesse nicht so sehr von ästhetischen und sprachkünstlerisch relevanten, sondern von inhaltlichen Fragestellungen. Vornehmlich im Kontext eines sich in Berlin und München formierenden Naturalismus waren die deutschen Leser fasziniert von der differenzierten Psychologisierung der Personen, von der präzisen Natur- und Milieudarstellung, von der umfassenden und gesellschaftskritischen Gestaltung sozialer Probleme. Dementsprechend konzentrierten sich die Verlage auf die Erzählprosa. Von den Dramen erweckte nur Tolstojs Bauerndrama *Die Macht der Finsternis* besonderes Interesse. Nach seiner deutschen Erstübersetzung 1887 und nach Theateraufführungen, insbesondere nach derjenigen durch die Berliner »Freie Bühne« am 26.1.1890 wurde es im deutschen Feuilleton intensiv diskutiert; zu den bekanntesten dieser Reaktionen gehört Theodor Fontanes Rezension vom 27.1.1890 in der *Vossischen Zeitung*, in der er davon spricht, dass es in der modernen realistischen Kunst nicht Besseres und Leuchtenderes gebe als dieses Stück. Ein wichtiger Grund für die Dominanz der Erzählprosa der russischen Realisten ist darin zu suchen, dass die betreffenden Texte von vielen Lesern als Informationsmaterial über ein benachbartes, aber immer noch recht unbekanntes Land verstanden wurden und so reißenden Absatz fanden. Das gilt insbesondre für die moderne Themen wie Nihilismus und Frauenemanzipation behandelnden Zeitromane, also Turgenevs *Väter und Söhne* (1862), *Rauch* (1867) und *Neuland* (1877) sowie Tolstojs *Anna Karenina* (1878). *Neuland* wurde im Erscheinungsjahr 1877 vier Mal ins Deutsche übertragen; die Billigausgabe des Berliner Janke-Verlags erschien zwischen 1877 und 1886 in vier Auflagen. Ähnliches geschah wenig später mit Werken von Dostoevskij wie *Verbrechen und Strafe* (unter dem Titel *Raskolnikow*) sowie mit Tolstojs *Kreutzersonate*. Die 1890 erstmals übersetzte Novelle erlebte im gleichen Jahr sechs Auflagen, erschien in zehn verschiedenen Verlagen und wurde im Kontext von auf Ehe und Familie bezogenen religiösen und gesellschaftspolitischen Auseinandersetzungen intensiv und kontrovers erörtert. Bestimmend für diese erste bedeutende Phase der Rezeption ist also das Interesse an Stoffen und Themen.

Vornehmlich dies bewirkt aber auch verstärkte Aktivitäten der Literaturkritik, die vermehrt danach fragt, warum bestimmte, die deutsche Gesellschaft bewegende sozialpolitische Themen gerade von der russischen Literatur so beeindruckend gestaltet und formuliert werden. Folglich wird immer ausführlicher über die Literatur und Kultur des großen Nachbarn im Osten berichtet. Nun tritt die russische Literatur auch als ein Ganzes verstärkt in das kulturelle Bewusstsein der Deutschen. Man hat nicht nur einzelne Autoren im Blick, sondern ist bemüht, Grundprobleme, Voraussetzungen und Besonderheiten sowie die Geschichte dieser Nationalliteratur wahrzunehmen und zu verstehen. Bereits Ende der achtziger Jahre konstatieren Literaturhistoriker und Kulturkritiker ein »ungemein reges literarhistorisches Interesse für Russland«, kritisieren aber auch das erwähnte Überschwemmen des deutschen Büchermarktes mit Übersetzungen russischer Dichtung, so Erwin Bauer 1890 in *Naturalismus, Nihilismus, Idealismus in der russischen Dichtung*, der in diesem Zusammenhang polemisch die gesamte russische Dichtung als nihilistisch charakterisiert, oder Friedrich W. Dietert, der seinen Aufsatz in den *Monatsblättern für deutsche Literatur* (1902/1903) mit *Der Russenkultus in der deutschen Literatur* überschreibt. In relativ rascher Reihenfolge werden größere Überblicksdarstellungen der russischen Literatur und ihrer Geschichte veröffentlicht, z. B. die 1880–1884 ins Deutsche übersetzte *Geschichte der slavischen Literaturen* von Aleksandr Pypin und Vladimir Spasovič, Alexander von Reinholdts informative, von den Zeitgenossen hoch geschätzte dreibändige *Geschichte der russischen Literatur von ihren Anfängen bis auf die neueste Zeit* (1885/1886), Zabels *Literarische Streifzüge durch Rußland* (1885), *Russische Literaturbilder* (1899) und *Russische Kulturbilder* (1907), Karl Hallers *Geschichte der russischen Literatur* (1882), Georg Polonskijs sozialgeschichtlich ausgerichtete *Geschichte der russischen Literatur* (1902), Solomon Mandelkerns *Historische Chrestomathie der russischen Literatur von ihren Anfängen bis auf die neueste Zeit* (1891). Einige der genannten Literarhistoriker waren auch als Literaturkritiker aktiv; so hat der Deutsch-Russe Alexander von Reinholdt zahlreiche Zeitschriftenartikel über Gogol', Gončarov, Turgenev, Tolstoj und Dostoevskij veröffentlicht. Spätestens seit Ende der achtziger Jahre profilieren sich auch der Sozialdemokratie nahestehende Presseorgane wie *Vorwärts, Sozialistische Monatshefte, Die neue Zeit* mit Nachdrucken und Rezensionen als Vermittler russischer Literatur.

Zu erwähnen in diesem Kontext ist außerdem ein bedeutsames deutsch-russisches Buch-Projekt: der zwischen 1890 und 1907 entstandene *Brockhaus/Efron*, eine bis heute höchst informative russische Adaption des Brockhaus-Lexikons.

4.3 Die deutschsprachige Rezeption Tolstojs und Dostoevskijs

Im Vordergrund des Interesses an russischer Literatur stehen ab Mitte der achtziger Jahre Dostoevskij und Tolstoj; sie werden im 20. Jahrhundert die deutschsprachige Auseinandersetzung mit russischer Dichtung dominieren, insbesondre im Kontext der Frage nach dem Verhältnis von Ästhetik und Ethik im Zeitalter einer »transzendentalen Obdachlosigkeit« (Lukács) und in einer daraus resultierenden, insbesondre auf diese zwei russischen Autoren bezogenen literarischen Sinnsuche. Turgenev hatte nach seinem Tod 1883 noch einmal Aufmerksamkeit erregt, trat aber danach in den Hintergrund. Seinen Platz übernahmen zwei Autoren, die, weniger westlich als Turgenev orientiert, für einen großen Teil der deutschen Leserschaft das Russische in seiner sowohl bedrohlichen als auch faszinierenden Andersartigkeit verkörperten. Beide artikulierten in sprachkünstlerisch ungemein anspruchsvoller und innovativer Weise noch stärker als Turgenev bestimmte, auch im deutschsprachigen Raum diskutierte sozialpolitische Probleme wie allgemeiner Werteverlust, das Verhältnis von Religion und Naturwissenschaft, Psychologie, Frauenemanzipation, Klassengegensätze etc. Beide faszinierten durch von christlichen Grundwerten geprägte soziale Utopieentwürfe, in deren Rahmen gesellschaftliche, religiöse und nationale Gegensätze aufgehoben erscheinen, in Tolstojs Soziallehre ebenso wie im Sinne eines in Dostoevskijs berühmter Puškin-Rede (gehalten am 8.6.1880, abgedruckt u.a. im *Tagebuch eines Schriftstellers*) propagierten »Allmenschentums«. Bereits in dieser Phase der Rezeption beginnt die spezifisch deutsche, ungewöhnlich starke Inanspruchnahme beider Autoren bei der Formulierung psychologischer, weltanschaulicher und geschichtsphilosophischer Reflexionen, in deren Verlauf bis in die Gegenwart sehr unterschiedliche Werkinterpretationen und Autorenbilder entstehen. Bereits hier beginnt auch die immer wieder beobachtbare zwiespältige Bewertung beider Autoren, in deren Rahmen die Ideologen Tolstoj und Dostoevskij anders, meist negativ, bewertet werden als die Sprachkünstler. Beider Werke faszinieren insbesondre die junge Generation, weil sie offenkundig geistige Leerstellen im deutschsprachigen Raum besetzen, weil sie einer weltanschaulicher Indifferenz und künstlerischen Epigonentums überdrüssigen Jugend Antworten auf sie bedrängende existenzielle, soziale und künstlerische Fragen vermitteln, welche die deutschsprachige Literatur des Spätrealismus, des Naturalismus und des Impressionismus ignoriert oder bestenfalls in Ansätzen erörtert. Das gilt für die scharfsinnigen und polemischen Analysen der von außenpolitischen Spannungen, politischer Instabilität und geistig-ideologischen Brüchen und Katastrophen bedrohten Lebenswelt in Europa um 1900; es gilt für Problematisierung überkommener Familienstrukturen mit Hilfe des Vater-Sohn-Motivs, z.B: in Dostoevskijs *Podrostok* (Der Jüngling) und *Brat'ja Karamazovy* (Die Brüder Karamazov); es gilt für die Darstellung der zahlreichen innerlich zerrissenen, auf permanenter Sinnsuche befindlichen Romangestalten (z.B. Levin in Tolstojs *Anna Karenina*, die drei Brüder Karamazov in Dostoevskijs gleichnamigen Roman); und es gilt für die literarische Schöpfung von als Inkarnation eines vorbildlichen Menschenbildes verstandenen Romanfiguren (so Georg Lukács in seiner Solov'ev-Rezension von 1916 in Bezug auf Tolstojs Bauer Platon Karataev in *Krieg und Frieden* und Dostoevskijs Fürst Myškin im Roman *Idiot*). Vornehmlich die Verbindung von Sozialkritik, schonungsloser Selbstbefragung, weltanschaulicher Sinnsuche und außerordentlicher künstlerischer Begabung hat Dostoevskij und Tolstoj für Jahrzehnte zu den am intensivsten rezipierten russischen Autoren im deutschsprachigen literarischen Raum gemacht. Es gibt im späten 19. und im 20. Jahrhundert nur wenige deutschsprachige Schriftsteller, die sich nicht mit diesen beiden großen Repräsentanten der russischen Dichtung auseinandergesetzt haben. Autobiographische Zeugnisse von so unterschiedlichen Autoren wie Hermann Hesse, Stefan Zweig, Robert Musil, Anna Seghers, Alfred Döblin bis hin zu Heinrich Böll, Ingeborg Bachmann, Horst Bienek oder Christa Wolf bezeugen eine geradezu leidenschaftliche, identifikatorische Rezeption gerade auch junger Künstler und Intellektueller. Im Gegensatz zu den zahlreichen Beiträgen aus Philosophie, Theologie, Psychologie und Soziologie interessieren sie sich nicht nur für die Personen Tolstoj und Dostoevskij, sondern auch für deren literarische Werke. Diese waren um 1900 gerade für junge Autoren nicht allein durch die genannten Themenkomplexe interessant, vielmehr sind es auch moderne Erzählverfahren wie das der Verfremdung in Tolstojs *Krieg und Frieden* und in *Cholstomer* (Der Leinwandmesser), das in Dostoevskijs *Die Brüder Karamazov* erkennbare Einmontieren von Faktenmaterial, das der Kriminalliteratur verwandte analytische Erzählen sowie polyphone Romanstrukturen und innovative Techniken der erlebten Rede und des stream of consciousness (z.B. in Dostoevskijs Erzählung *Die Sanfte*), welche diese neue Schriftstellergeneration faszinieren. Mit diesen Verfahren verlassen Tolstoj und Dostoevskij den literarischen Realismus des 19. Jahrhunderts und werden zu bedeutenden Vermittlern zwischen Realismus und Klassischer Moderne. Solcherart geistige und künstlerische Antworten auf immer drängender werdende gesellschaftlich, ideologisch und ästhetisch relevante Fragestellungen hatte die deutschsprachige Literatur gegen Ende 19. Jahrhunderts offenkundig nicht zu bieten Dem korrespondiert indirekt das Desinteresse der beiden russischen Autoren an der zeitgenössischen deutschen Literatur. Während Turgenev, wenn auch bisweilen distanziert (z. B. in Bezug auf Storm), noch den Kontakt zu deutschen Kollegen pflegte, haben Dostoevskij und Tolstoj dies während ihrer Deutschlandreisen vermieden, für Tolstoj war lediglich Berthold Auerbach als Volksschriftsteller und Volkserzieher wichtig. Beider Verhalten demonstriert das gewachsene Selbstbewusstsein russischer Schriftsteller, denen die zeitgenössische deutsche Literatur am Ende des 19. Jahrhunderts offenkundig nicht mehr viel zu sagen hatte.

Dostoevskij

Dostoevskij war bereits ab 1846 ins Deutsche übersetzt worden; die betreffenden Texte, z. B. Teile des frühen Romans *Arme Leute* und *Zapiski iz mertvogo doma* (Aufzeichnungen aus einem Totenhaus), fanden zunächst allerdings wenig Interesse; von der ersten deutschsprachigen Dostoevskij-Edition (*Aus dem Todten Hause*, 1864) wurden nur 150 Exemplare verkauft. Zu den ersten Übersetzern und Kritikern dieser Texte gehörte übrigens der erwähnte Wilhelm Wolfsohn. Diese Zurückhaltung des deutschen Publikums währte bis Anfang der achtziger Jahre; selbst die erwähnte bahnbrechende Übertragung von *Verbrechen und Strafe* durch Wilhelm Henckel hatte zunächst große Probleme, sich auf dem deutschen Büchermarkt durchzusetzen. Bedingt u.a. durch das große Medienecho auf Dostoevskijs Tod im Jahre 1881 und auf die beeindruckende, von ca. 40000 Menschen besuchte Trauerfeier werden Dostoevksij und sein Werk seit Beginn der achtziger Jahre Gegenstand lebhaften öffentlichen Interesses im deutschsprachigen Raum, bei Philosophen wie Nietzsche (Dudkin/Asadovskij 1973, S. 678ff.; Meyer 2000) ebenso wie bei zahlreichen Schriftstellern, insbesondre bei Repräsentanten des sich um diese Zeit konstituierenden deutschen Naturalismus. Zwischen 1882 und 1890 werden fast alle seine Werke in deutschen Übertragungen ediert, nicht selten mit unterschiedlichen Titeln, z.B. der Roman *Podrostok* (Der Jüngling) als *Junger Nachwuchs* 1886, als *Ein Werdender* 1905, als *Ein Halbwüchsling* 1909, bisweilen in Auszügen unter neuem Titel (z. B. *Aufzeichnungen eines Schwindsüchtigen*, 1891 – eine Edition der Kapitel 34 und 35 des *Idiot*). Der Schwerpunkt dieser überaus umfassenden und vielgestaltigen Rezeption liegt bei den drei großen Romanen *Verbrechen und Strafe*, *Der Idiot* und *Die Brüder Karamazov*; der häufig als ideologischer Gegenentwurf zum *Idiot* interpretierte Roman *Besy* (Die Dämonen) ist weniger beachtet worden, sicher nicht zuletzt aufgrund seiner überaus polemischen, stark auf spezifisch russische Gesellschaftsprobleme bezogenen Darstellung.

Im Mittelpunkt des Interesses steht der von Wilhelm Henckel 1882 unter dem Titel *Raskolnikow* übersetzte Roman *Verbrechen und Strafe*; er ist zwischen 1882 und 1894 in sieben Editionen erschien. Die Henckelsche Übertragung und die banale, seit 1890 auf deutschen Bühnen gleichwohl sehr erfolgreiche Dramatisierung des Romans durch Zabel und Koppel (Dudkin 1978, S. 183 f.) haben spätestens seit Beginn des 20. Jahrhunderts Dostoevskijs Ruhm und eine bis zur Gegenwart währende vielstimmige Aufnahme seines Werkes im deutschsprachigen Raum mitbegründet.

Dostoevskij ist der am intensivsten rezipierte russische Schriftsteller im deutschsprachigen Raum. Generationen von Dichtern, so Horst Bienek in der Einleitung zu der von ihm herausgegebenen Anthologie *Dostojewski für alle* (1981), sind sowohl von den Gestalten als auch von der »wilden und barbarischen Prosa« (de Vogüé) des Russen beeindruckt, verwirrt und beunruhigt worden; Georg Brandes verwendet in diesem Zusammenhang einmal mehr das Adjektiv »skythisch«, das hier im Gegensatz zu früheren imagologischen Argumentationen nicht der Profilierung eines stereotypen Russlandbildes, sondern der Charakterisierung eines literarischen Schreibens dient. Die Werke dieses russischen Schriftstellers vermittelten insbesondere der jungen Generation eine bis dahin nicht gekannte Alteritätserfahrung. Nicht nur das Andere der russischen Kultur und Literatur faszinierte, sondern die von Dostoevskij vorgenommene radikale, von konservativen Kritikern bisweilen als unästhetisch, rücksichtslos und brutal empfundene Infragestellung des selbstmächtigen Subjekts, erkennbar an der inneren Zerrissenheit der Romanfiguren, an der reflektierten Auflösung der auktorialen Erzählerinstanz, an der überaus differenzierten Analyse von Vorgängen im menschlichen Bewusstsein und deren innovativer Darstellung mit Hilfe von innerem Monolog, erlebter Rede und Techniken des stream of consciousness. Dazu gehört auch der von Dostoevskij eröffnete Blick auf das Andere des Ich, auf dessen Vielschichtigkeit, Unergründlichkeit, auf ein von der ratio nicht kontrollierbares Nebeneinander unterschiedlichster Triebe und Gedanken, auf die bedrohliche Gleichzeitigkeit von Gut und Böse im Inneren des Menschen, von Liebe und Hass, auf die Dämonie des Schönen, auf die Frage nach der Rechtfertigung, Realisierung und Ertragbarkeit des extrem Amoralischen (Raskol'nikov in *Verbrechen und Strafe*). Die nur wenige Jahre später von Philosophen wie Ernst Mach (*Beiträge zur Analyse der Empfindungen*, 1886) und von Psychoanalytikern wie Sigmund Freud konstatierte, von Repräsentanten der Wiener Moderne wie Hermann Bahr (*Das unrettbare Ich*, 1904) und Arthur Schnitzler literarisch gestaltete, auch die Erzählergestalt einschließende Dissoziierung des Ich erscheint hier vorgeprägt. Im Kontext dieser Sichtweise bildet sich eine lange Zeit einflussreiche Rezeptionslinie heraus, in deren Rahmen das Werk Dostoevskijs und darüber hinaus die russische Literatur als Demonstration einer geschichtlich logischen Entmächtigung des Subjekts, seines notwendigen Aufgehens im Sein, im Volk etc., darüber hinaus als radikale Ablehnung eines logozentrischen Weltbildes interpretiert wird. Fasziniert ist man auch davon, wie diese Thematik mit Hilfe der später von Michail Bachtin analysierten dialogischen und polyphonen Stil- und Strukturelemente sprachkünstlerisch gestaltet wird. Und so hat auch diese Sprachkunst Dostoevskijs eine hochgradig affektive, bis zur Identifikation mit Autor und Romanfiguren gehende Rezeption deutscher Schriftsteller maßgeblich mitbestimmt: Das gilt sowohl für ihre spezifische Dialogizität als auch in Bezug auf das analytische und zugleich unbestimmt, chaotisch bzw. verschlüsselt wirkende, Zeit und Raum ungemein komprimierende Erzählen von durch Skandale, Provokationen, Verbrechen und krankhafte Verhaltensweisen geprägten Romanhandlungen. Und so haben sich, neben den bereits erwähnten, um 1900 zahlreiche andere deutschsprachige Autoren wie der junge Thomas Mann, Georg Trakl, Christian Morgenstern (im Widmungsgedicht *An Dostojewski*) und Hugo von Hofmannsthal mit dem künstlerische und thematische Normierungen sprengenden Werk Dostoevskijs auseinandergesetzt, insbesondere mit dem mörderischen Handeln des Rodion Raskol'nikov und dessen ideologischer Legitimierung, fasziniert von den im Titelwort »prestuplenie« (Übertretung) eröffneten Dimensionen der Thematik »Überschreitung«. Jahrzehnte später wird Heinrich Mann in seiner Autobiographie *Ein Zeitalter wird besichtigt* (1946) resümierend feststellen, dass bei Dostoevskij (und Tolstoj) ein ganzes Volk gelernt hat – Indiz für die beeindruckende Modernität dieses Autors, für das Innovative seiner Themen und seiner Erzählverfahren.

Verantwortlich für die Verbreitung von Dostoevskijs Schriften ab Ende der achtziger Jahre waren zunächst sozialpsychologisch orientierte Interpretationen der Romane und ihres Autors durch Schriftsteller und Publizisten im Kontext des deutschen Naturalismus. Danach gewinnen neben den literaturkritischen auch kultur- und geschichtsphilosophische, psychologische und theologische Beiträge an Boden, weil man merkt, dass diese Prosa nicht nur als naturalistische Schilderung prekärer sozialer Verhältnisse, sondern als scharfsinnige und polemische Bestandsaufnahme einer gesellschaftlich und weltanschaulich hoch bedeutsamen Schwellensituation zu lesen ist. Ihren Höhepunkt erreichte diese spezifisch deutsche Dostoevskij-Aneignung im ersten Drittel des 20. Jahrhunderts, insbesondere zwischen 1919 und 1925, als der deutsche Buchmarkt mit zahlreichen Übersetzungen und Publikationen über Dostoevskij geradezu überschwemmt wurde (Gerigk 2000). Kaum ein deutschsprachiger Verlag konnte es sich leisten, dieses überwältigende Interesse zu ignorieren. Wie im Folgenden noch zu zeigen sein wird, gibt es in der ersten Hälfte des 20. Jahrhunderts fast keinen renommierten deutschsprachigen Autor, der auf eine Auseinandersetzung mit Dostoevskij verzichtet hätte. Sowohl der Autor als auch die von ihm entworfenen Gestalten werden dabei Gegenstand künstlerischer Darstellungen und Inszenierungen, übrigens auch in Musik, Film und bildender Kunst (z.B. Max Beckmanns Radierung *Bildnis Dostojewskis*, 1921). Darüber hinaus bewirkten die ideologischen, die Bereiche Religion, Ethik und Ästhetik verschränkenden Auseinandersetzungen in den großen Romanen literaturfremde Deutungen, in deren Rahmen Dostoevskij als ideologische Leitfigur einer restaurativen Erneuerung Deutschlands, als »Mystiker«, als »Märtyrer«, als »Prophet« gefeiert oder als »slavophiler Nationalist« und »Antisemit« geschmäht wurde. Beispielhaft demonstriert dies die von Maike Schult vorbildlich dokumentierte Dostoevskij-Rezeption deutschsprachiger Theologen (Schult 2012).

Die hohe Wertschätzung Dostoevskijs vermitteln auch die ersten literaturwissenschaftlichen Studien über ihn. Das betrifft vor allem Nina Hoffmanns umfangreiche, 1899 erschienene Arbeit *Th. M. Dostojewsky. Eine biographische Studie*, die u.a. für Kafkas Auseinandersetzung mit Dostoevskij bedeutsam war. Mit dieser Monographie begann eine unübersehbare Flut von Dostoevskij-Analysen und -Interpretationen verschiedenster Provenienz, die bis in die Gegenwart angehalten hat. Kein russischer Autor hat die deutschsprachige Auseinandersetzung mit russischer Dichtung in Literatur, Kritik und Geistesgeschichte so geprägt wie Fedor Michailovič Dostoevskij.

Tolstoj

Was Tolstoj betrifft, so ist dieser wie Dostoevskij bereits von Wilhelm Wolfsohn im deutschsprachigen Raum eingeführt worden, und zwar durch die bereits erwähnte, unter dem Titel *Paul* übersetzte Erzählung *Polikuška*. Mit Beginn der siebziger Jahre erscheinen dann vermehrt Erzählungen und Teile von *Krieg und Frieden* in deutschsprachigen Zeitschriften und werden auch zunehmend Gegenstand literaturkritischer Beiträge; besonders intensiv ist die Zunahme im letzten Jahrzehnt des 19. Jahrhunderts. Befördert durch qualitativ hochwertige Übersetzungen der genannten Löwenfeld, Scholz u.a., durch die Verbreitung von Einzeltexten über Billigausgaben (z.B. durch die »Collection Janke« des gleichnamigen Verlags) und durch die ersten, leider nicht zuverlässigen Buchpublikationen der großen Romane *Anna Karenina* und *Krieg und Frieden* kommt es dann vor allem nach 1885 zur intensiven Rezeption von Tolstojs literarischen Werken, wobei die wenig freundliche Darstellung der Deutschen in *Krieg und Frieden* durchaus zu negativen Reaktionen führte. Im engeren Sinn literarhistorische Bedeutung gewinnt Tolstoj im deutschen Sprachraum erst mit seiner dichterischen und literaturkritischen Rezeption durch den Naturalismus. Das Jahr 1890 markiert mit der in Literaturkritik und Publikum heftig umstrittenen Erstaufführung von *Die Macht der Finsternis* durch die »Freie Bühne« sowie mit dem Erscheinen der *Kreutzersonate* und der erwähnten Diskussion darüber einen weiteren Höhepunkt der frühen Tolstoj-Rezeption in Deutschland. Vergleichbar intensives literarisches Interesse an Tolstoj ist um 1900 nach dem Erscheinen des Romans *Auferstehung* erkennbar sowie 1910, nach dem spektakulären Tod des Dichters in der Bahnstation von Astapovo. Es gilt nicht nur seinen Werken, sondern vermehrt auch seiner Person und dem Zerwürfnis mit seiner Frau; zu den wichtigsten literarischen Beispielen solcherart Rezeption gehört Stefan Zweigs Kurzdrama *Die Flucht zu Gott. Ende Oktober 1910. Ein Epilog zu Leo Tolstois unvollendetem Drama »Das Licht scheinet in der Finsternis«* (in: *Sternstunden der Menschheit*, 1943). Begleitet wird die verstärkte Publikation der literarischen Werke durch eine Fülle von Sekundärliteratur in Gestalt von Artikeln und Monographien, deren bedeutendste sicher die des mehrfach genannten Raphael Löwenfeld ist. Ursache der verstärkten Aufmerksamkeit seit Beginn der achtziger Jahre waren auch die staatlichen und kirchlichen Restriktionen, denen Tolstojs Schriften nach seiner ideologischen Wende zum Sozial- und Religionskritiker in Russland ausgesetzt war; abgesehen von kleineren literarischen Texten wurde Tolstojs Arbeiten ab 1881 die Druckerlaubnis von den Zensurbehörden fast vollständig verweigert. Infolgedessen erschienen sie im Ausland, insbesondre im deutschsprachigen Bereich, sowohl russisch als auch deutsch (Hanke 1993, S. 36f.). Das betrifft vor allem das sozial- und religionskritische Werk, das, was die deutsche Rezeption angeht, von sehr verschiedenen Institutionen publiziert wurde, oft verstümmelt und schlecht übersetzt. Gleichwohl gewinnt Tolstoj im Rahmen dieser Rezeption seinen hohen Rang als ideologische Leitfigur. Spätestens ab 1890 wird er im Kontext ethisch und religiös begründeter Kritik am ökonomischen, sozialen und geistigen Zustand des Wilhelminischen Reiches als Autorität aufgerufen und für die Legitimierung eigener kulturkritischer Positionen von Philosophen, Theologen und Soziologen in Anspruch genommen, von konservativen Sozialreformern wie Ferdinand Avenarius ebenso wie von Anarchisten wie Gustav Landauer. Hervorzuheben in diesem Zusammenhang sind die umfänglichen Tolstoj-Studien des Soziologen Max Weber, der sich in seinen der Ethik und der Religionssoziologie gewidmeten Schriften, vor allem in seinem berühmten Aufsatz *Wissenschaft als Beruf* (1917/1919), immer wieder – auch kritisch – auf Tolstoj bezieht. Der des Russischen mächtige Weber hatte vor, größere Arbeiten über Tolstoj zu publizieren, u. a. zu dessen Ethik; entsprechende Pläne wurden aber nicht realisiert (Hanke S. 168ff.). Gleichwohl sind ohne die Auseinandersetzung mit Tolstoj wichtige Aspekte der Weberschen Soziologie nicht denkbar; das betrifft u. a. die Ausführungen zum Verhältnis von Gesinnungs- und Verantwortungsethik. Tolstojs nichtliterarische Arbeiten sind auch in den Jahren danach von Soziologen wie Karl Stählin und Kulturphilosophen wie Oswald Spengler zur Erklärung zeitgeschichtlich und gesellschaftlich bedeutender Ereignisse wie der russischen Oktoberrevolution herangezogen worden. Von deutschsprachigen Dichterkollegen wie Hofmannsthal und Rilke ist dieser Bereich seines Schaffens allerdings vorwiegend kritisch beurteilt worden; für sie war der große Erzähler, nicht der Ideologe Tolstoj von Bedeutung. Auch wenn seit Beginn des 20. Jahrhunderts das Interesse des deutschen Publikums mehr und mehr auf Dostoevskij gerichtet ist, bleibt auch Tolstoj ein viel gelesener und nicht selten kontrovers diskutierter Autor. Neben einer Gesamtausgabe im Diederichs-Verlag erschienen während der ersten drei Jahrzehnte des 20. Jahrhunderts mehrere größere Ausgaben und eine Vielzahl von Einzelveröffentlichungen.

Editorische Großprojekte

Indikatoren dieses besonderen Interesses für Dostoevskij und Tolstoj sind zwei um die Jahrhundertwende begonnene editorische Großprojekte, mit denen zwei russische Autoren in einem bis dahin nicht gekannten Umfang dem deutschen Lesepublikum nahegebracht werden sollten: die Dostoevskij-Ausgabe im Münchener Piper-Verlag sowie die bereits erwähnte Tolstoj-Edition im Jenaer Diederichs-Verlag. Letztere (*Sämtliche Werke*) erschien zwischen 1901 und 1911 in 33 Bänden, 1910 bis 1912 folgten die *Gesammelten Werke* in 35 Bänden. Es war der erste Versuch, nicht nur Tolstojs literarische Werke, sondern auch dessen kulturkritische, sozialreformerische und religiöse Schriften, also das Werk als ein Ganzes, in Deutschland bekannt zu machen. Das Vorhaben brachte dem Verlag und dem Herausgeber 1902 ein Gerichtsverfahren wegen Gotteslästerung ein, das aber mit einem Freispruch endete (Hanke 1993, S. 41). Die Diederichs-Ausgabe ist ein bedeutender Meilenstein in der Geschichte der deutschsprachigen Tolstoj-Rezeption, wertvoll sowohl durch die meist vorzüglichen Übertragungen als auch durch die kenntnisreichen Einführungen von Löwenfeld.

Noch wirkungsmächtiger war die große, 1904 begonnene Dostoevskij-Ausgabe des Piper-Verlages; sie hat die deutsche Rezeption der Werke Dostoevskijs jahrzehntelang maßgeblich geprägt, bis hin zu der 1980/1981 entstandenen Dramen- und Hörspieladaption der *Aufzeichnungen aus dem Untergrund* durch Horst Bienek. Die 22 Bände umfassende Edition ist zwischen 1906 und 1919 erschienen, herausgegeben von dem nationalkonservativen Schriftsteller Arthur Moeller van den Bruck und in Teilen (1906–1908) von Merežkovskij. Die letzten drei der geplanten 25 Bände sind nicht erschienen. Was den des Russischen nicht mächtigen van den Bruck betrifft, so gründete sein Engagement ähnlich wie in seinem Tolstoj-Artikel primär nicht auf literarischen, sondern auf kulturkritischen Interessen (Garstka 2006, S. 756ff.), geleitet von der Intention, der als steril, epigonal und eklektisch empfundenen Kultur des Wilhelminischen Reiches eine neue, von unverbrauchten, jungen, starken Persönlichkeiten und Völkern getragene Kultur gegenüberzustellen. Ausgehend davon charakterisiert er in seinen frühen, auch biologisch-rassistisch argumentierenden Schriften Dostoevskij als konservativen Revolutionär, als philosophischen Repräsentanten eines ›jungen barbarischen‹, nach geistiger Vorherrschaft strebenden Volkes, als Synthese von ›russischer Mystik und Moderne‹. In den späteren, während und nach dem Ersten Weltkrieg entstandenen Einführungen zu einzelnen Bänden der Ausgabe konstatiert er, vergleichbar Thomas Manns Ausführungen in den *Betrachtungen eines Unpolitischen* (1918), eine vor allem in der Abwehr des Westens gegründete »Schicksalsgemeinschaft«, gerät aber dann im Gegensatz zu Mann mehr und mehr in ein chauvinistisch-reaktionäres Fahrwasser, verortet u.a. Russland und seine Kultur im byzantinischen Osten und spricht ihm jegliche Zugehörigkeit zu Europa ab. Damit und mit weiteren Werken wie *Das dritte Reich* (1923) wurde er trotz seines frühen Todes (1925) zu einem wichtigen Repräsentanten der sog. »Konservativen Revolution« und zu einem ideologischen Wegbereiter des Nationalsozialismus (Kemper 2014). Allein verantwortlich für die Übersetzung waren die aus dem Baltikum stammenden, unter dem Pseud. E. K. Rahsin publizierenden Schwestern Lucy (1877–1965) und vor allem Elisabeth (Less, 1886–1966) Kaerrick. Im Gegensatz zu van den Bruck war insbesondre letztere eine hervorragende Kennerin der russischen Sprache, Literatur und Kultur; ausgehend davon hat sie sich ein Leben lang mit diesen Bereichen, speziell mit Dostoevskij und den deutsch-russischen literarischen Beziehungen beschäftigt. Die Übertragung wird der Sprache Dostoevskijs nicht immer gerecht, ihre mehrfach kritisierte Glätte ignoriert zu stark die Polyphonie, das Gebrochene der russischen Texte, ihre stilistische Differenziertheit, die z.b. bei der Charakterisierung von Romanpersonen eine wichtige Rolle spielt. Gleichwohl ist dies eine herausragende, ungemein einflussreiche, für die schöpferische Rezeption russischer Literatur durch deutschsprachige Dichter nicht hoch genug einzuschätzende übersetzerische Leistung, die eine Fülle von Neuauflagen erlebt hat. Begleitet wurde die Edition durch literarhistorische Essays, z.B. durch die 1914 vom Piper-Verlag veröffentlichte Sammlung *Dostojewski. Drei Essays von Hermann Bahr, Dmitri Mereschkowski, Otto Julius Bierbaum* sowie durch den Beitrag *Das Reich der Karamasoff* (1920) von Volynskij. Anzumerken ist, dass bei späteren Neuauflagen (z.B. in der Ausgabe von 1999) die von geringer Textkenntnis zeugenden und stark spekulativ geprägten einführenden Interpretationen van den Brucks durch Nachworte kompetenter Slavisten ersetzt worden sind. Ab 1925 erschienen ergänzend im gleichen Verlag acht Bände aus dem *Dostojewski-Nachlaß* (hg. v. René Fülöp-Miller u. Friedrich Eckstein, übers. v. Vera Mitrofanoff-Demelič); diese enthalten neben einer Zusammenstellung von Materialien zu Romanen und zu Dostoevskijs Spielleidenschaft (*Dostojewski am Roulette*) auch Briefe an Dostoevskij (*Die Beichte eines Juden*) sowie *Das Tagebuch der Gattin Dostojewskis* und *Die Lebenserinnerungen der Gattin Dostojewskis*.

Kontrastierende Vergleiche

Spätestens Ende der neunziger Jahre wird es Mode, Tolstoj und Dostoevskij kontrastierend zu vergleichen. Das beginnt bereits mit Essays einiger Naturalisten und Robert Saitschiks *Die Weltanschauung Dostojewski's und Tolstoi's* (1893), setzt sich fort in dem für die Verbreitung der Piper-Dostoevskij-Edition wichtigen Artikel von Otto Julius Bierbaum (*Dostojewski*, 1910; wieder in: *Dostojewski. Drei Essays*), in Volynskijs *Die russische Literatur der Gegenwart* (1902), in Spenglers *Der Untergang des Abendlandes* (1918/1922), in Thomas Manns Essay *Goethe und Tolstoi* (1921/1923) bis hin zu George Steiners 1959 veröffentlichten Überlegungen zur Frage *Tolstoy or Dostoevsky?*, Fedor Stepuns *Dostojewskij und Tolstoi. Christentum und soziale Revolution* (1961) sowie der Studie *Tolstoj und Dostojewskij. Zwei christliche Utopien* (1969) des Theologen Martin Doerne. Die umfangreichste und wirkungsmächtigste Arbeit dieser Art ist die von Merežkovskij. In *Tolstoj und Dostojewski als Menschen und als Künstler* (1903) profiliert er beide Autoren im Hinblick auf Biographie und Künstlertum als gegensätzliche Typen: Tolstoj erscheint als Repräsentant des Fleisches, der Vitalität und Gesundheit, als ein das Körperliche akzentuierender, aber auch dessen Abgründe qualvoll erfahrender »Hellseher des Fleisches«, als von heidnischer Religiosität, aber dominant diesseitig geprüfter, naturhafter Künstler – Dostoevskij als von Krankheit und Leiden bestimmter »Hellseher des Geistes«, als ein das Innere des Menschen, seine geistigen Abgründe erkundender, von christlicher Religiosität geleiteter, auf das Jenseits ausgerichteter Künstler. Diese Typologie ist trotz – oder gerade wegen – ihres von deutscher Philosophie und Schillerscher Ästhetik (*Über naive und sentimentalische Dichtung*) beeinflussten Schematismus ungemein wirkungsvoll gewesen; so verschiedene Autoren wie Hofmannsthal, Bahr oder Mann sind unübersehbar davon beeinflusst, letzterer vor allem in seinem Essay *Goethe und Tolstoi*.

Vergleichungen dieser Art korrespondieren dem bereits erwähnten, spätestens seit Beginn der neunziger Jahre des 19. Jahrhunderts beobachtbaren Bemühen, russische Autoren, insbesondre Tolstoj und Dostoevskij, nicht von ihrer künstlerischen Dignität her zu beurteilen, sondern sie im Rahmen weltanschaulicher und kulturkritischer Reflexionen zu instrumentalisieren. Die betreffenden Arbeiten markieren gerade im Rahmen dieser Gegenüberstellung in besonders eindrucksvoller Weise die bereits angesprochene Tendenz, russische literarische Texte nicht als Sprachkunstwerke, sondern als weltanschauliche Entwürfe und literarische Gestalten als Ideenträger im Rahmen usurpatorischer Aneignung zu interpretieren. So gerät z.B. die Gestalt des Raskol'nikov aus *Verbrechen und Strafe* zur Inkarnation eines pervertierten Individualismus, wird, nicht selten in Verbindung mit Napoleon, im Kontext von Nietzsche zum Ausgangspunkt grundlegender, von Hofmannsthal bis Anna Seghers reichender Erörterungen über das Verhältnis von Übermensch und Unmensch. Mehr als andere Autoren werden dabei Tolstoj und Dostoevskij nicht so sehr als Künstler, sondern als verehrte und bekämpfte Repräsentanten unterschiedlicher Ideologien wahrgenommen; beispielhaft demonstriert dies der Essay *Goethe und Tolstoi* von Thomas Mann.

Bezug auf russische Interpretationsdiskurse

Solche Beschäftigung mit russischer Literatur indiziert ein weiteres, hier lediglich skizzierbares Rezeptionsphänomen, nämlich die Übernahme von politisch, gesellschaftlich und religiös bedingten spezifisch russischen Interpretationsdiskursen. In ihrem Rahmen wird Literatur nicht allein als reine Sprachkunst gesehen, vielmehr wird ihr in Bezug auf Ideologie und Gesellschaft legitimatorische, kulturstiftende, wert- und identitätsbildende Kraft zugesprochen. Spätestens seit Mitte des 19. Jahrhunderts ist Dichtung in Russland als eminent wichtiges Diskussionsforum philosophischer, theologischer und gesellschaftlicher Probleme verstanden worden. Das gilt für eine seit Vissarion Belinskij, Nikolaj Dobroljubov, Nikolaj Černyševskij u.a. geprägte gesellschaftskritische Literaturbetrachtung sog. »fortschrittlicher Demokraten« ebenso wie für eine konservative, religionsphilosophisch und mythopoetisch orientierte Interpretationskultur in Gestalt von Solov'ev, Merežkovskij und Volynskij. Die damit verbundene Profilierung des Autors als privilegierten Vermittler von Wahrheit und Erkenntnis, die Konzentration des Interesses auf seine Person wird geistesgeschichtlich orientierte Deutungen russischer Literatur durch deutschsprachige Schriftsteller im ersten Drittel der 20. Jahrhunderts (Thomas Mann, Stefan Zweig, Hermann Hesse) beeinflussen, während der Diskurs der »fortschrittlichen Demokraten« sehr direkt, weil verordnet, die marxistisch geprägte Dichtung und Literaturkritik in der DDR maßgeblich bestimmen wird. Im Kontext solcher dominant inhaltsbezogener Ansätze werden Schriftsteller und ihre Werke Ausgangspunkt nicht ästhetischer, sondern religiöser, geschichtsphilosophischer und gesellschaftspolitischer Reflexionen, was die Rezeption russischer Literatur im 20. Jahrhundert in nicht immer sachgerechter Weise bestimmen wird.

4.4 Russische Literatur im deutschen Naturalismus

Die literaturkritische Diskussion in Zeitschriften und Essays

Die Intensivierung der Auseinandersetzung mit russischer Literatur während der achtziger Jahre fällt zusammen mit der Entstehung des deutschen Naturalismus. Dieser hat sich bekanntlich als Erneuerungsbewegung verstanden, als Beginn einer literarischen Moderne, die – orientiert an der zeitgenössischen Natur- und Sozialwissenschaft – den Schriftsteller als experimentierenden Wissenschaftler, die Dichtung als Form sozialen Handelns versteht, inhaltlich geprägt von durch Triebe, Vererbung und Milieu determinierten Menschen. Im Rahmen dieser innovatorischen Bemühungen kam der russischen Literatur – neben der französischen und skandinavischen – eine bedeutsame Rolle zu. Wichtig für die deutschen Naturlisten waren zunächst vor allen Tolstoj und Dostoevskij; später gesellten sich Gor'kij, Garšin, Korolenko und Čechov dazu. Dostoevskij und Tolstoj sind für die Naturalisten vor allem als Darsteller sozialer Verhältnisse und Milieus sowie als Analytiker psychischer Strukturen von Interesse, einflussreiche Texte waren dabei Tolstojs Drama *Die Macht der Finsternis* und die Erzählung *Kreutzersonate* sowie Dostoevskijs *Aufzeichnungen aus dem Totenhaus* und der in Deutschland zunächst unter dem Titel *Raskolnikow* publizierte Roman *Verbrechen und Strafe*. Bezüge zu letzterem zeigt z.B. Hermann Conradis Roman *Adam Mensch* (1889); eine direkte Beeinflussung erscheint aber eher unwahrscheinlich, da Conradi den *Raskolnikow* erst kurz vor der Publikation seines Textes gelesen hat. In seinem programmatischen Gedicht *Präludium* (erstmals erschienen in: *Die Kunst, ihr Wesen und ihre Gesetze*, 1891) feiert Arno Holz Tolstoj neben Zola und Ibsen als Repräsentanten einer neuen,»noch nicht verfault[en]« Welt, preist – neben der französischen – die moderne russische Literatur als »neue[s] Evangelium«. Im Jahre 1892 bezeichnet Leo Berg in seiner Arbeit *Der Naturalismus. Zur Psychologie der modernen Kunst* den Naturalismus der Russen als einen besonders kräftigen, wahrhaftigen, in seiner psychologisierenden Darstellung erschütternden Realismus, der den naturalistischen Dichtungen der Westeuropäer, Deutschen und Skandinavier weit überlegen sei. Darüber hinaus wird die russische Literatur Gegenstand intensiver Diskussionen und kontroverser Bewertungen in den verschiedenen Gruppierungen des deutschen Naturalismus, der Berliner ebenso wie der Münchener, formuliert durch eine Fülle von Beiträgen in Zeitschriften wie *Die Gesellschaft, Freie Bühne für modernes Leben, Neue Rundschau*. Die Darstellung prekärer sozialer Verhältnisse, von Krankheit, Wahn und Verbrechen bei Dostoevskij wird dabei auch als Legitimierung einer Ästhetik des Hässlichen verstanden, deren Besonderheit ihre Verschränkung mit der Sphäre des Religiösen ist. Bemerkenswerte literaturtheoretische Auseinandersetzungen finden sich bei den Brüdern Hart und bei Hermann Conradi. Letzterer hat in der 1911 erschienenen Vorrede (in: *Gesammelte Schriften*, Bd. 3) zu seiner Erzählsammlung *Brutalitäten* (1886) Dostoevskij als seinen »Meister« benannt, ihn als Ahnherrn eines von Conradi propagierten, auf das moderne Leben ausgerichteten »realistische[n] Kunstkönnen[s]« bezeichnet. Der Essay *F. M. Dostojewski* (erstmals in: *Die Gesellschaft*, 1889) betrachtet den russischen Autor im Kontext einer polemischen, argumentativ nicht immer nachvollziehbaren Auseinandersetzung mit der zeitgenössischen Dichtung und Kritik im deutschsprachigen Raum. Conradi charakterisiert Dostoevskij als vollendeten Epiker, der nicht subjektiv-tendenziös, sondern als Kenner der sozialen Realität »*wirkliche* Menschenkinder« darstellt. Er »rehabilitiert die Natur in den Menschen«, weil er diese zum einen als Produkt sozialer Verhältnisse, zum anderen aber auch als sich mit sich selbst auseinandersetzende Individuen gestaltet. Darüber hinaus bemüht sich Conradi um eine Charakterisierung der russischen Literatur seit Gogol', die aber trotz einer erstaunlich umfangreichen Namenliste in ihrer kruden Mischung aus sozialpsychologisch und rassentheoretisch gefärbter Argumentation wenig überzeugend ausfällt.

In seinem 1890 verfassten Essay *Am Ausgang des neunzehnten Jahrhunderts. Betrachtung über Entwickelung, Sonderung und Ziel moderner Weltanschauung* (in: *Gesammelte Werke*, Bd. 3, 1907) hat Heinrich Hart den Ideologen Tolstoj innerhalb der weltanschaulichen Bewegungen des 19. Jahrhunderts zu verorten versucht und sich mit Tolstojs Sozialethik, insbesondere mit dessen Vorstellungen über Nächstenliebe und Sexualität kritisch auseinandergesetzt. Weniger skeptisch beurteilt er den Künstler Tolstoj, den er – ähnlich wie sein Bruder Julius (*Leo Tolstoj*, 1904) – als eine den Gegensatz von Subjekt und Objekt überwindende Inkarnation der Natur charakterisiert, übrigens eine Einschätzung, die wenig später von Dmitrij Merežkovskij

(*Tolstoi und Dostojewski als Menschen und als Künstler*) und seinen Schülern Hugo von Hofmannsthal, Thomas Mann (*Goethe und Tolstoi*) u.a. modifizierend reformuliert werden wird.

Erwähnenswert von den naturalistischen Theorieäußerungen sind auch die Dostoevskij-Essays von Paul Ernst und von Michael Georg Conrad sowie Otto Brahms umfänglicher, offenkundig anlässlich von Turgenevs Tod 1883 entstandener Essay *Iwan Turgenjew* (in: *Westermanns Illustrierte Deutsche Monatshefte*, 1884/1885). Brahm, bekannt als Theaterkritiker und Leiter der für die Dramatik des deutschen Naturalismus ungemein wichtigen *Freien Bühne*, charakterisiert kenntnisreich und differenziert Turgenevs Lebenswerk. Er rühmt dessen präzise, aber immer von Melancholie begleitete Gestaltung von Naturszenen und ungewöhnlich oft tragisch endenden menschlichen Schicksalen, würdigt das dieses Künstlertum immer begleitende soziale Engagement, verweist auf die Subjektivierung des Erzählens, seine Ausdifferenzierung und Gebrochenheit mit Hilfe von Rahmenkonstruktionen und Tagebuch- und Herausgeberfiktionen, bemängelt aber auch Turgenevs Unvermögen, innerhalb seiner Romane strukturbildende und strukturprägende Handlungsstränge zu entwickeln. Bemerkenswert ist die erstmalig vorgenommene differenzierte Einschätzung des Spätwerkes, dessen phantastische Ausrichtung erst viel später angemessen gewürdigt worden ist. Brahm, und hier wird er zum Vorläufer von Essayisten im frühen 20. Jahrhundert wie Stefan Zweig, Thomas Mann oder Alfred Döblin, versteht Turgenev, bei aller ›Verwurzelung im russischen Sein‹, als würdigen Repräsentanten der europäischen Kultur und der modernen Weltliteratur. Er begründet diese Einschätzung u.a. mit den vielen intertextuellen Bezügen in dessen Erzählprosa sowie im Rahmen von Vergleichen mit zeitgenössischen Autoren wie Charles Dickens und Paul Heyse. Eingehend beschäftigt sich Brahm auch mit Dostoevskij, z.B. im 1890 in der *Freien Bühne* erschienenen Artikel *Poesie und Verbrechen*. Im Kontext dieser Thematik versucht er die komplexe, in sich widersprüchliche psychologische Physiognomie des Raskol'nikov zu analysieren und vergleicht diese Romanfigur mit anderen großen Verbrechern in der Literatur, wie Shakespeares Macbeth oder Schillers Karl Moor.

Gerhart Hauptmann

Innerhalb der Rezeption russischer Dichtung in dichterischen Texten deutscher Naturalisten verdient allein Gerhart Hauptmann (1862–1946) besondere Beachtung, zeigt doch insbesondre das Frühwerk deutliche Spuren einer Auseinandersetzung mit russischen Schriftstellern, vornehmlich mit Tolstoj und Dostoevskij. Hauptmann hat selbst mehrfach auf die Bedeutung von Turgenev und Tolstoj für seine schriftstellerische Entwicklung verwiesen; in der Autobiographie *Das Abenteuer meiner Jugend* (1937) spricht er von Dostoevskij als dem »größte[n] Erlebnis, das mich immerwährend durchwühlte«, und noch kurz vor seinem Tod hat er bekannt, dass seine literarischen Wurzeln auf Tolstoj zurückgehen. Den jungen Hauptmann faszinierten sowohl Tolstojs ideologie- und gesellschaftskritische Schriften als auch dessen literarisches Werk. Zu nennen ist dabei insbesondre Tolstojs Drama *Die Macht der Finsternis*, das Hauptmann 1888 in der Übersetzung von August Scholz gelesen hat und das nach eigener Einschätzung überaus wichtig für die Konzeption des Dramas *Vor Sonnenaufgang* (1889) gewesen ist. Entsprechende Korrespondenzen haben bereits zeitgenössische Kritiker vermerkt. Das betrifft die strukturbildenden Motive (Zerstörung sozialer Strukturen durch Reichtum, Ehebruch und Trunkenheit, der verderbliche Einfluss moderner Zivilisation), die präzise Zeichnung eines in Auflösung begriffenen, von Geldgier, Lüge, sozialer Kälte und Verbrechen geprägten bäuerlichen Milieus sowie Elemente der Personenkonstellation (Tolstojs Bauer Akim und Hauptmanns Protagonist Loth als dem kritisch gezeichneten Milieu gegenübergestellte Ideenträger, das feindselige Verhältnis zwischen Stiefmutter und Stieftochter, die ehebrecherischen Beziehungen). Andererseits unterscheiden sich beide Dramen in vielem sehr deutlich voneinander. Das gilt vor allem für die bei Tolstoj stark akzentuierten religiösen Kontexte. Die Repräsentanten einer den schuldhaften Helden Nikita zur positiven Umkehr bewegenden Ethik sind tief religiöse Menschen, insbesondre in der Gestalt des Bauern Akim verbinden sich tiefer Glaube und überkommene bäuerliche Moral. Er verkörpert ein von Tolstoj auch in anderen Werken positiv dargestelltes Bauerntum (z.B. die Gestalt des Platon Karataev in *Krieg und Frieden*) und ist in dieser Eigenschaft deutlich dem seine sozialreformerischen Ideen fanatisch und egoistisch verfolgenden Ideologen Loth in Hauptmanns Drama überlegen. Deutliche Unterschiede zeigen sich auch in der dramaturgischen Gestaltung der genannten Themen und Motive, z.B. in der ausgeprägten Kontrastierung von Personen, sozialen Räumen (Stadt – Land) und Szenen.

Korrespondenzen hinsichtlich Thematik und Personengestaltung lassen Dostoevskijs *Idiot* und Hauptmanns *Der Narr in Christo Emanuel Quint* (1910) erkennen, wobei freilich auch andere, in der Tradition des jurodstvo, des Christusnarrentums, stehende Quellen eine Rolle spielen können. Beide Romane sind geprägt vom Motiv des wiederkehrenden Christus, das ja auch Dostoevskijs Legende *Der Großinquisitor* in *Die Brüder Karamazov* prägt. Im *Idiot* und im genannten Roman von Hauptmann verbindet sich das Motiv der Wiederkehr mit dem der Nachfolge Christi, gestaltet in den jeweiligen Hauptfiguren Myškin (*Der Idiot*) und Quint als Antwort auf gesellschaftliche Fehlentwicklungen in der zweiten Hälfte des 19. Jahrhunderts. Beide Hauptfiguren werden als psychisch labile, naive, lebensfremde und deshalb notwendig scheiternde Figuren gestaltet. Schwerer als diese Korrespondenzen wiegen jedoch die Unterschiede. Hauptmann charakterisiert Quint als einen in der Tradition des Wiedertäufertums stehenden Sektierer, der, sich als Nachfolger Christi verstehend, predigend und Jünger um sich scharend durch die Lande zieht und schließlich, befangen in religiösen Wahnvorstellungen, einsam als Bettler stirbt. Demgegenüber ist Myškin, nach Aussagen Dostoevskijs eine Mischung aus

Christus und Don Quijote, Inkarnation einer innere Schönheit, selbstlose Liebe und Sittlichkeit verbindenden Existenzform, Repräsentant einer Frieden und Harmonie verheißenden religiösen Utopie. Hinsichtlich der ein Jahrzehnt später u.a. von Hermann Hesse eingehend gewürdigten geistigen Tiefe und Differenziertheit ist die Gestaltung des Myškin derjenigen des Quint weit überlegen. Völlig unterschiedlich ist außerdem die Handlungsführung sowie die Milieu- und Personengestaltung. Andere Bezugnahmen Hauptmanns auf Werke russischer Autoren finden sich im Drama *Einsame Menschen* (1891). Ausgehend von Garšins Novelle *Chudožniki* (1879; dt. Die Künstler), in der ein Maler angesichts sozialer Probleme sein Künstlertum zugunsten einer Tätigkeit als Pädagoge aufgibt, wird hier u.a. das Verhältnis von Künstlertum und sozialer Verantwortung diskutiert.

4.5 Russische Literatur im Impressionismus und in der Wiener Moderne

Konzentriert auf Tolstoj und Dostoevskij ist auch das Interesse von Autoren des Jungen Wien, wenn es um die Rezeption russischer Literatur geht. Dostoevskijs Romane wurden bereits während der achtziger Jahre in Wien mit großem Interesse gelesen und in literarischen Kreisen wie dem um Siegfried Lipiner, Viktor Adler und Engelbert Pernerstorfer ebenso intensiv diskutiert wie in philosophischen und wissenschaftlichen; eines der bedeutendsten Ergebnisse ist Sigmund Freuds spätere Studie *Dostojewski und die Vatertötung* (in Fülöp-Miller u. Eckstein (Hg.): *Die Urgestalt der Brüder Karamasoff*, 1928). Literarisch fruchtbar gemacht wird die Auseinandersetzung mit Dostoevskij und Tolstoj um die Jahrhundertwende insbesondre von Autoren wie Hermann Bahr (1863–1934) und Arthur Schnitzler (1862–1931). Angeregt u.a. einmal mehr durch Schriften Merežkovskijs gehen Bahrs Essays über Tolstoj und Dostoevskij der Frage nach den Gründen für die Wirkung beider in Westeuropa nach. Der kurze Essay *Tolstoi* (in der Zeitschrift *Der Sozialist*, 1910) erklärt diese Wirkung mit dessen Verzicht auf ein vom Leben getrenntes Künstlertum. Er habe das aus der Trennung von Kunst und Leben resultierende Epigonale und Sterile in der Literatur des späten 19. Jahrhunderts erkannt, für sich daraus entsprechende radikale Konsequenzen gezogen und sei so zum Vorbild geworden. Während Tolstojs spezifische, sozialutopische Auffassung vom Christentum in diesem Beitrag merkwürdigerweise keine Erwähnung findet, spielt dieser Aspekt in dem unter dem Titel *Der russische Christ* erstmals 1921 in der Zeitschrift *Hochland* erschienenen Essay über Dostoevskij (wieder in: *Sendung des Künstlers*, 1923) eine bestimmende Rolle. Bahr erklärt Dostoevskijs ungeheure Wirkung in Deutschland und Westeuropa mit dessen unbedingtem Christentum, mit dessen von allen seinen Romanfiguren repräsentierter tiefer Überzeugung, dass alle Existenz, alle Wirklichkeit »Gott nicht entgehen kann«. Das Faszinierende daran sei, dass sich selbst die in diesem Romanwerk häufig auftretenden Gottesleugner von diesem religiösen Grund nicht lösen können, weil sie im tiefsten Grund ihres Herzens wissen, dass alle, auch die aufrührerischsten Fragen nur im Rahmen dieser Überzeugung beantwortet werden können. Eine solche kompromisslos religiöse Haltung, in deren Rahmen ethische Orientierung vermittelt, das Gute noch als gut und das Böse noch als böse gewertet wird, stellt laut Bahr nicht nur kritische Fragen an die Gesellschaft, sondern beantwortet sie auch, und aus diesem Grund sei die gegenwärtige Jugend von Dostoevskij so beeindruckt. Bahrs Einschätzung Dostoevskijs als Fundamentalchristen erhält dadurch eine besondere Note, dass er sie mit Dostoevskijs bis zum Chauvinismus gehenden Nationalismus verknüpft. Russisch sei dieser unbedingte Christ, weil Dostoevskij allein dem russischen Volk ein solch unbedingtes Christentum zubillige – ein Alleinvertretungsanspruch, der den russischen Dichter nach Ansicht Bahrs in die Nähe des von ihm so bekämpften Katholizismus römischer Provenienz rückt. Erwähnenswert ist auch Bahrs Beitrag zu dem bereits genannten Bändchen *Dostojewski. Drei Essays* (1914; Bahrs Aufsatz war bereits im Jahr zuvor erschienen in der Zeitschrift *Die Zeit im Bild*). In diesem charakterisiert Bahr den russischen Schriftsteller als einen die geistigen und seelischen Defizite der Gegenwart aufzeigenden Zeitgenossen und verweist in diesem Zusammenhang auf die polyphone Schreibweise Dostoevskijs, allerdings nicht wie zwei Jahrzehnte später Michail Bachtin als Stil- und Strukturphänomen, sondern als Charakteristikum einer differenzierten Personendarstellung und Personenkonstellation.

Umfassender und schöpferischer ist die Rezeption russischer Literatur durch Arthur Schnitzler. Dieser ist spätestens seit 1896 intensiv in Russland rezipiert worden, wo man bereits früh auf Korrespondenzen zum Werk von Čechov verwiesen hat. Seine Dramen gehörten seit Ende des 19. Jahrhunderts zum Repertoire zahlreicher russischer Theater und wurden Gegenstand der innovativen Dramaturgie so berühmter Regisseure wie Vsevolod Mejerchol'd und Aleksandr Tairov. Über das Theater gewann Schnitzler Kontakte zu russischen Übersetzern, Kritikern und Regisseuren wie Osip Dymov, Zinaida Vengerova und Vera Kommissarževskaja (Heresch 1982, S. 4). Schnitzlers Tagebücher und Briefe dokumentieren ein permanentes Interesse nicht nur an Dostoevskij und Tolstoj, sondern auch an Altersgenossen wie Čechov. Was die dichterische Auseinandersetzung angeht, so dokumentieren vor allem zwei Novellen die Affinität zur russischen Literatur: *Sterben* (1892 entstanden; erschienen in der *Neuen Deutschen Rundschau*, 1894) und *Lieutenant Gustl* (in der *Neuen Freien Presse*, 1900). Letztere korrespondiert partiell sowohl inhaltlich als auch strukturell mit Dostoevskijs Erzählung *Die Sanfte*. Inhaltlich gibt es motivische Übereinstimmungen bei der Gestaltung der männlichen Hauptfigur (das verweigerte Duell, soziale Isolierung), strukturell ist es vor allem die konsequente Verwendung des inneren Monologs, mit dessen Hilfe die innere Leere, die seelische Substanzlosigkeit der männlichen Protagonisten differenziert und eindrucksvoll demonstriert wird. *Sterben* ist bereits von den frühesten Lesern in Beziehung zu Tolstoj gesetzt worden (Schnitzler im Brief an Olga Waissnix vom 7.4.1893). Die Novelle erinnert in der präzisen Analyse eines Sterbeprozesses an Tolstojs *Der Tod des Ivan Il'ič* (1886). In beiden Erzählungen werden Männer in den besten Jahren mit ihrem unausweichlichen Tod konfrontiert, werden wechselnde Seelenzustände, die Stadien von Verzweiflung und Todesangst, von zunehmender innerer Vereinsamung einfühlsam und psychologisch versiert dokumentiert, wird ein nicht aufzuhaltender physischer Verfall als ein Vorgang gestaltet, der die seelische Existenz der Protagonisten grundlegend verändert. Während bei Tolstoj der ethische (Annahme des Todes in der Sterbestunde) und sozialkritische (negative Zeichnung des familiären und beruflichen Umfeldes) Aspekt dominiert, akzentuiert Schnitzler die psychoanalytisch relevanten Begleiterscheinungen des Sterbeprozesses, die seelischen Veränderungen sowohl des Sterbenden als auch seiner Geliebten, die bis zur völligen Verzweiflung, bis zu ungezügeltem Egoismus, ja bis zum versuchten Mord gehende Entfremdung zwischen beiden.

Schnitzler gehört zu den wenigen renommierten deutschsprachigen Schriftstellern um 1900, die ihrem Zeitgenossen Anton Čechov mit erklärtem Interesse begegneten. Anlässlich einer Begegnung mit einer russischen Übersetzerin hat er 1902 seine Freude darüber geäußert, dass er in Russland als ein Čechov verwandter Dichter geschätzt wird.

Hugo von Hofmannsthals (1874–1929) schöpferische Rezeption russischer Literatur ist gemessen an seinem Gesamtwerk eher marginal, auch wenn ihm viele Werke von Tolstoj, Turgenev, Dostoevskij, Čechov u.a. vertraut waren und er Dostoevskij in seinem *Blick auf den geistigen Zustand Europas* (1922) als »geistigen Beherrscher« der Epoche (*Gesammelte Werke in Einzelausgaben*, Reden und Aufsätze II, 1979) gerühmt hat. Hofmannsthal war ein eifriger Leser russischer Literatur, die in seiner Bibliothek zahlreich vertreten war; die betreffenden Exemplare enthalten viele Anstreichungen und Anmerkungen, nicht selten im Zusammenhang von Vorarbeiten zu Werken wie *Die Frau ohne Schatten* oder *Der Unbestechliche* (Nodia 1999, S. 187 ff., 141 ff.). Das gilt insbesondre für Werke von Tolstoj und Dostoevskij. Seine Sicht der beiden russischen Größen ist wie so oft um die Jahrhundertwende von den genannten Vermittlern Volynskij und Merežkovskij beeinflusst. Das zeigen u.a. typisierende Charakteristiken von Tolstoj und Dostoevskij, die später erneut in Schriften Thomas Manns auftauchen werden. Bei Tolstoj ist Hofmannsthal – wie viele seiner Zeitgenossen – bemüht, den »wundervoll naturhafte[n] Künstler« vom »bis zur Geschwätzigkeit beredsame[n] christliche[n] Reformator« zu trennen; er attestiert seinem Werk ein »mystische[s] Heidentum« und apostrophiert den Dichter als »geheimnisvolle Erdgstalt« (alle Zitate aus Hofmannsthals Beitrag *Zu Tolstois achtzigstem Geburtsfeste* in der *Neuen Freien Presse* vom 8.9.1908), vergleicht ihn mit Rousseau und (so in seinem kurzen Nachruf *Tolstois Künstlerschaft* für dieselbe Zeitung vom 22.11.1910) mit Homer. Bei Tolstoj wie Dostoevskij fasziniert Hofmannsthal die Auseinandersetzung mit dem Verhältnis Russland und Westeuropa,

Orient und Okzident, erkennbar auch im Essay *Napoleon*, wo Hofmannsthal davon spricht, dass die Gestalt des französischen Kaisers sowohl für Tolstoj als auch für Dostoevskij ein »mythische[r] Träger all dessen [ist], was ihnen feindlich erscheint: des europäischen Okzidents« (u.a. in der *Neuen Freien Presse* vom 5.5.1921). Die Beschäftigung mit Dostoevskij hat insbesondre bei der Entstehung der Komödie *Der Unbestechliche* (1923) eine nicht unwesentliche Rolle gespielt. Vornehmlich bei der Figurengestaltung ist Hofmannsthals Text Dostoevskijs Roman *Selo Stepančikovo i ego obitateli* (Das Dorf Stepančikovo und seine Bewohner) verpflichtet. Davon zeugen zahlreiche Belege in den vorbereitenden Arbeiten sowie eine gegenüber Franz Werfel nach der Uraufführung gemachte Bemerkung. Korrespondenzen ergeben sich zwischen den Figuren des hilflosen Herrn, also der des Generals bei Hofmannsthal und der des Obersten Rostanev bei Dostoevskij. Unübersehbar sind sie vor allem bei der psychologisch differenzierten Gestaltung des diese Herren dominierenden Dieners, der raffiniert und machtbewusst das Vertrauen und die Gunst schwacher und naiver Herrschaften zu gewinnen weiß und sich zum heimlichen Herrscher des Hauses aufschwingt. Der Theodor im *Unbestechlichen* besitzt allerdings nicht die anmaßende Mischung aus Heuchelei, Bigotterie, falschem Moralistentum und Eitelkeit wie sein Pendant Foma Opiskin in Dostoevskijs Roman; er ist feiner gezeichnet, verfolgt seine Interessen subtiler und erscheint am Schluss sogar in der Rolle eines die alte gesellschaftliche Ordnung bewahrenden Intriganten. Darüber hinaus ergeben sich Korrespondenzen hinsichtlich der Dramenstruktur, denn Dostoevskijs Text ist nach den Prinzipien der klassischen Komödie aufgebaut, was Hofmannsthal zusätzlich interessiert haben könnte. Tagebuch und literarische Werke verraten auch eine intensive Lektüre von Werken Turgenevs. Das gilt u.a. für die um 1893 entstandenen Prosagedichte, die nicht nur dem Namen nach an Turgenevs *Stichotvorenija v proze* (Gedichte in Prosa) erinnern. Hofmannsthal hat diese Miniaturen hoch geschätzt; im Tagebuch (5.7.1890) rühmt er die ihn an Romantiker wie Eichendorff erinnernde Verschränkung von präziser Naturdarstellung und subjektiver Perspektive. Bei aller Affinität sind jedoch die Unterschiede unübersehbar. Turgenevs viel umfänglicherer Zyklus ist geprägt von kunstvollem Erzählen, aus dem dann organisch Reflexionen über die Kunst, die russische Sprache, über die menschliche Existenz, über die Vergänglichkeit erwachsen. Hofmannsthals Prosagedichte hingegen präsentieren sich als eine Sammlung von in Form und Inhalt sehr unterschiedlichen Texten, die Themen wie Zeit und Geschichte, Kunst u.a. tagebuchartig skizzierend, erzählend, assoziativ träumend, epigrammatisch reflektierend behandelnd. Erwähnenswert ist noch eine 1927 im Briefwechsel (6.–17.7.) mit Richard Strauss erwogene Dramatisierung von Turgenevs Roman *Der Rauch*.

4.6 Russische Literatur in der Wahrnehmung der Expressionisten

Georg Trakls (1887–1914) Rezeption russischer Literatur beschränkt sich weitgehend auf Dostoevskij. Er hat dessen Werke bereits als Schüler gelesen; in seiner Bibliothek befand sich die genannte Piper-Ausgabe. Die schöpferische Auseinandersetzung vollzieht sich ab 1913 insbesondre im Kontext der Dostoevskij-Diskussionen im Brenner-Kreis. Gestützt auf *Verbrechen und Strafe* konzentriert diese sich auf die Themen Schuld und Sühne, sprachkünstlerisch artikuliert 1913 in den sog. Sonja-Gedichten, also *Verwandlung des Bösen, Die Verfluchten* und *Sonja* (Klessinger 2006, S. 59ff). »Sonja« bezieht sich auf Raskol'nikovs Gefährtin Sonja Marmeladova, die aus sozialer Verantwortung für ihre Familie zur Prostituierten geworden ist, die durch Liebe und durch ihre tiefe Frömmigkeit den Verbrecher auf den Weg der Sühne und Läuterung führt. Das kryptische Prosagedicht *Verwandlung des Bösen* behandelt die Dimension des Bösen unter den Aspekten Gewalt, Sexualität, individuelle und kollektive Schuld (Erbsünde), Passion und Erlösung. Im Rahmen dieser thematischen Linie erscheint in der Mitte des Textes, situiert zwischen Gewalt und Anbetung, Leid und Trauer (in der Gestik der Pietà) die Gestalt der Sonja als Vorschein einer Erlösung von Angst und Schuld. Es ist freilich eine Gestalt ohne Kontur, ohne Antlitz, was die Frage aufwirft, inwieweit Trakl mit dieser Art Evokation der Figur Dostoevskijs Liebesutopie, also die Überwindung von Sündhaftigkeit im Geist selbstloser christlicher Liebe, in Frage stellen oder gar dementieren möchte (Klessinger 2006, S. 105). Die beiden anderen Gedichte, also *Die Verfluchten* und *Sonja*, thematisieren das Verhältnis der Geschlechter, die es bestimmende Spannung von Anziehung und Gewalt, von Begehren und Distanz, von Verworfenheit und Heiligkeit. Als Inkarnation einer utopischen, eine rein sexuell orientierte Liebesauffassung transzendierenden Vermittlung dieser Gegensätze erscheint auch hier eine Hurenexistenz und Heiligkeit verbindende Sonja, die, z.B. am Schluss von *Die Verfluchten* (»Sonja lächelt sanft und schön.«), allerdings nicht nur an Sonja Marmeladov aus *Verbrechen und Strafe*, sondern auch an die Sanfte aus der gleichnamigen Novelle Dostoevskijs erinnert.

Russische Literatur und Philosophie hat auch andere führende Repräsentanten des deutschen Expressionismus von Beginn an fasziniert und sowohl ihre ideologische Programmatik als auch ihr literarisches Schaffen nicht unbeeinflusst gelassen. Beispielhaft belegen dies die zahlreichen Artikel und Rezensionen in Zeitschriften wie in der von Franz Pfemfert herausgegeben *Aktion* und den von René Schickele in Zürich edierten *Weißen Blättern* (Belentschikow 1993). Die *Aktion* veröffentlichte zwischen 1911 und 1924 zahlreiche Texte zeitgenössischer Schriftsteller wie Anton Čechov, Maksim Gor'kij, Aleksandr Blok, Konstantin Bal'mont, Valerij Brjusov, Sergej Gorodeckij, Vladimir Majakovskij und Michail Kuzmin. Doch auch die Expressionisten konzentrierten ihr Interesse auf Tolstoj und Dostoevskij (René Schickele:

Was ist mit Dostojewski? in der Zeitschrift *Genius*, 1921), insbesondre was dessen Rolle als Propheten eines »neuen Menschen« betraf. Erkennbar ist dies in Gedichten von Alfred Wolfenstein, Johannes R. Becher u.a. (Belentschikow 1994, S. 210ff.) sowie wenig später in den Russland-Berichten des dem Expressionismus nahestehenden Franz Jung über den »Neuen Menschen« in der Sowjetunion.

Interessant für viele Expressionisten waren neben der Thematik des leidenden Menschen der Sprachgestus des Bekennens und der Aspekt der Wandlung, der geistigen und seelischen Läuterung des Individuums, dessen Gestaltung man in Romanen wie Tolstojs *Auferstehung* oder Dostoevskij *Verbrechen und Strafe* begegnete sowie das in *Die Brüder Karamazov* gestaltete Motiv des Vater-Sohn-Konflikts. Dostoevskij selbst erschien einigen Expressionisten als Inkarnation eines gewandelten Menschen (so in Alfred Wolfensteins Gedicht *Dostojewski* aus dem Band *Die gottlosen Jahre*, 1914), als Dichter eines visionären Christentums (z. B. bei Franz Werfel), als differenzierter Gestalter des Verhältnisses von Leiden und Bewusstsein (bei Gottfried Benn), bis hin zum Vergleich Dostoevskijs mit der Gestalt Jesu durch Wolfenstein. Tolstoj beeindruckte, dem erwähnten Wandlungsmotiv korrespondierend, zudem durch seine Konversion vom Künstler zum Sozialrevolutionär, in dem, so Walter Hasenclever, Jesus und Buddha als Dichter wiedergeboren worden seien.

Zu den kompetentesten Rezipienten russischer Literatur unter den Expressionisten gehörte sicher Ludwig Rubiner (1881–1920). Rubiner, der gemeinsam mit seiner Frau auch als vorzüglicher Übersetzer russischer Autoren hervorgetreten ist, hat allerdings wie viele seiner Zeitgenossen die Werke Tolstojs und Dostoevskijs, aber auch die weniger bekannter Autoren wie Fedor Sologub, vor allem als Ideenlieferanten für seine sozialrevolutionären und geschichtsphilosophischen Entwürfe verstanden. Beispielhaft demonstriert dies sein Artikel *Der Dichter greift in die Politik* (in: *Die Aktion*, 1912), in dem Autoren wie Tolstoj und Dostoevskij vor allem als »Propheten« und »Volksführer« charakterisiert werden (Belentschikow 2000, S. 990f.). Er gehörte außerdem zu den frühesten Vermittlern der sowjetischen Literatur in Deutschland, erkennbar u.a. in seiner Rezension zu Fedor Gladkovs Roman *Cement*.

Auch wenn von einer dichterischen Rezeption nach dem Ersten Weltkrieg nicht mehr die Rede sein kann, blieb das Interesse für russische, speziell auch die moderne sowjetrussische Literatur und Kultur bei führenden Expressionisten erhalten. Das belegen u.a. Essays von Walter Hasenclever (*Das Theater der Russen*, 1922) und Albert Ehrenstein (*Der blaue Vogel* und *Französisch-Deutsch-Russisches Theater*, beide 1923) sowie die von Yvan Goll 1921 und 1922 verantworteten Publikationen moderner russischer und sowjetischer Dichter. Goll hat als erster deutscher Dichter Sergej Esenin nachgedichtet (Fragmente aus *Inonien*) und diese Texte mit anderen Nachdichtungen aus Aleksandr Blok, Andrej Belyj, Vladimir Majakovskij und Anatol Mariengof im Juliheft 1921 der von Walter Hasenclever und Heinar Schilling herausgegebenen Zeitschrift *Menschen* veröffentlicht. Im Vorwort zu dieser ersten deutschsprachigen Anthologie russischer Revolutionslyrik beschreibt Goll diese »Urdichtung« als »Schrei aus blutiger Erdentiefe«, rühmt sie, »über dem Scheiterhaufen verwesenden Jahrhunderts Signal aufwärtsschreitender Menschheit« zu sein (Mierau 1968, S. 342). Erwähnenswert in diesem Zusammenhang ist die literarische Auseinandersetzung mit der Oktoberrevolution im Spätexpressionismus, z.B. bei Johannes R. Becher, in Dramen von Ernst Toller, Ludwig Rubiner und Friedrich Wolf.

Enge Verbindungen gab es im Bereich der bildenden Kunst. Das gilt für die Ernst Barlachs künstlerische Entwicklung nicht unwesentlich prägende Russlandreise 1906, für die Zusammenarbeit russischer und deutscher Künstler im »Blauen Reiter« sowie für die Aktivitäten von Herwarth Walden als Herausgeber der Zeitschrift *Der Sturm* und Leiter der gleichnamigen Galerie, in der u.a. im Mai 1922 Kurt Schwitters und Ilja Ėrenburgs zweite Frau Ljubov Kozinceva ihre Werke präsentierten (Fresinskij 2006, S. 301). 1913 erschien im Piper-Verlag lyrische Prosa von Vasilij Kandinskij unter dem Titel *Klänge*.

Von der zeitgenössischen russischen Literatur sind vor allem einige Symbolisten rezipiert worden. Ein wichtiges Vermittlungsorgan war dabei die erwähnte Zeitschrift *Die Aktion*, in der Texte von Solov'ev, Bal'mont, Belyj, Brjusov und Blok, darüber hinaus auch die erwähnten Artikel von Rubiner über Tolstoj und Dostoevskij veröffentlicht wurden (Belentschikow 1987).

4.7 »Zaum« und »Dada«. Korrespondenzen zwischen avantgardistischer Lautdichtung in russischem Futurismus und deutschsprachigem Dadaismus

Was die ebenfalls zu Beginn des 20. Jahrhunderts entstandenen avantgardistischen Strömungen in Gestalt von Futurismus und Dadaismus betrifft, so hat es trotz zahlreicher Korrespondenzen offenkundig keinerlei schöpferische Auseinandersetzungen zwischen ihren russischen und deutschen Protagonisten gegeben. Vertreten vor allem durch den Kreis »Gileja« (Hyläa) entstand in Russland um 1911 als frühe Form des Futurismus der sog. Kubofuturismus, zu dessen wichtigsten Mitgliedern Aleksej Kručenych (1886–1968), Vladimir Majakovskij (1893–1930) und Velemir Chlebnikov (1885–1922) gehörten. Was sie bei allen Unterschieden verband, war der radikale, von Verfremdung und Subversion begleitete, öffentlichkeitswirksam inszenierte Bruch mit bislang geltenden kulturellen und literarischen Normen und Traditionen sowie die damit verbundene Lust am Experimentieren, das Propagieren einer transmentalen (zaum-) Kunst, also die Abkehr von einer mimetisch orientierten, Bedeutungen vermittelnden Kunst zugunsten der Abstraktion. Die genannten Kubofuturisten betonten in ihren Manifesten, z.B. *Slovo kak takovoe* (1913; dt. Das Wort als solches), und in ihrer Dichtung die Eigengesetzlichkeit und die Materialität der Sprache und der Wortkunst in Form einer vielgestaltigen Lautpoesie und bemühten sich vornehmlich in diesem Kontext um eine Erneuerung der Sprache.

All dem korrespondieren in Vielem Werke und Programmatik des 1916 entstandenen Dadaismus, im deutschsprachigen Bereich vertreten vor allem durch Hugo Ball, Hans Arp, Kurt Schwitters und Raoul Hausmann. Das gilt insbesondre für die Lautpoesie, für Formen phonetischer Dichtung, für in diesem Zusammenhang unternommene Versuche, die Sprache im Rückgriff auf transmentales Sprechen bei Kindern und Geistesgestörten sowie in Orientierung an Zaubersprüchen etc. zu erneuern (Keith 2005, S. 216ff.).

Parallelen zwischen beiden Gruppierungen sind bereits von Zeitgenossen festgestellt worden. Direkte Kontakte hat es jedoch, abgesehen von Hans Arp (Grübel 1986), während der kurzen Existenz beider Kunstrichtungen offenkundig nicht gegeben; Balls Beschäftigung mit Texten von Kručenych ist umstritten, von dialogischer Begegnung kann jedenfalls nicht gesprochen werden. Grundsätzlich ist zu sagen, dass die russische Avantgarde, und das betrifft nicht nur die Kubofuturisten, in ihrer Ablehnung des bislang in Kunst und Literatur Geltenden viel radikaler und provozierender agierten als ihre deutschen Kollegen, in ihren Werken und ihrer Programmatik ebenso wie in ihrem öffentlichen Auftreten.

Bedeutsam für die deutschsprachige Literatur werden die russischen Kubofuturisten ein halbes Jahrhundert später. Das gilt vor allem für Majakovskij und Chlebnikov, die nicht nur während der sechziger und siebziger Jahre durch eine neue Generation von DDR-Autoren (Inge Müller, Sarah Kirsch, Günter Kunert u.a.), sondern bis in die Gegenwart intensiv rezipiert worden sind (Richard Pietraß, Alexander Nitzberg u.a.). Bislang wenig bekannt ist die Beziehung von Repräsentanten der in den fünfziger Jahren des vorigen Jahrhunderts entstandenen Konkreten Poesie (Eugen Gomringer, Gerhard Rühm, H. C. Artmann) zum russischen Futurismus. Ausführlich belegt ist die schöpferische Rezeption von Werken Velemir Chlebnikovs durch Oskar Pastior.

4.8 Legitimierung zivilisationskritischer und restaurativer Geschichtsphilosophie im Kontext russischer Lektüren

Nur erwähnt werden kann im Rahmen dieses Buches die bereits angesprochene Rezeption russischer Literatur durch Ende des 19. und zu Beginn des 20. Jahrhunderts formulierte restaurative kultur- bzw. zivilisationskritische und geschichtsphilosophische Entwürfe. Weltanschaulich desorientiert, enttäuscht von geistiger Stagnation und künstlerischem Epigonentum, beunruhigt durch den Zerfall bislang geltender sozialer Strukturen und Normen, sucht man in Philosophie, Theologie, Ästhetik und in den sich gerade herausbildenden Sozialwissenschaften nach Vorbildern für eine geistige Erneuerung. Dies geschieht nicht selten im Rückgriff auf weltanschaulich als verlässlich geltende, traditionell verbürgte Gedankengebäude sowie in Orientierung an archaischen, von der kapitalistischen Moderne noch nicht zersetzten Sozialstrukturen. Ausdruck einer solchen Suche ist im deutschsprachigen Raum u.a. die »Heimatkunstbewegung« sowie die erwähnte »Konservative Revolution«. Letztere erscheint als konzeptionell disparate Gruppierung von gegen Aufklärung, Liberalisierung und gesellschaftliche und kulturelle Ausdifferenzierung opponierenden Publizisten und Kulturphilosophen (Breuer 1995, S. 15), von denen einige, wie Oswald Spengler oder der Dostoevskij-Herausgeber Moeller van den Bruck, Dostoevskij als Gewährsmann bemühen. Russland betrachten die Protagonisten einer restaurativen Zivilisationskritik als ›Gelobtes Land‹, weil man es als Kultur in einem vorbewussten Zustand definiert, seine Bewohner, insbesondre die Bauern, als noch unmittelbar mit der Natur verbundene, mental von der Weite der russischen Ebenen gezeichnete, von tiefer Religiosität geprägte Menschen wahrnimmt. Ausgehend davon und in Übereinstimmung mit ideologischen und geschichtsphilosophischen Positionen eines konservativen Slavophilentums in Russland übertrug man dem rechtgläubigen Russland die Mission, das krisengeschüttelte übrige Europa geistig zu erneuern, häufig unter Berufung auf russische Dichter wie Tolstoj und Dostoevskij; die eschatologischen Entwürfe und die Mythopoetik des um 1900 die literarische Szene dominierenden russischen Symbolismus haben dabei, sicher aufgrund fehlender Übersetzungen, bestenfalls ansatzweise eine Rolle gespielt, vermittelt durch den sowohl Dostoevskij als auch dem russischen Symbolismus nahestehenden Philosophen Vladimir Solov'ev und durch den dieser geistesgeschichtlich und literarisch bedeutsamen Gruppierung geistig verpflichteten Dmitrij Merežkovskij. Insbesondere die von Dostoevskij in seiner berühmten Puškin-Rede formulierte Prophetie, gemäß der Russland das zu universeller Harmonie und Brüderlichkeit führende »Neue Wort« sprechen, den neuen »Allmenschen« im Geiste Christi hervorbringen werde, hat bei Künstlern und Intellektuellen im deutschsprachigen Raum großen Widerhall ausgelöst. Solcherart kulturkritische und utopische Gedanken finden sich z.B. in Schriften von Lou Andreas-Salomé, beim jungen Rilke und dem frühen Thomas Mann, bei Kulturphilosophen wie Oswald Spengler (*Der Untergang des Abendlandes*) und Paul Natorp (*Fjedor Dostojewskis Bedeutung für die gegenwärtige Kulturkrisis*, 1923), bei Repräsentanten des Expressionismus u.a. Ihre Wurzeln haben solche zivilisationskritischen Überlegungen in einer höchst interessanten Symbiose von deutschem und russischem geschichtsphilosophischem Denken, auf die hier nur verwiesen werden kann. Auf russischer Seite sind dies um die Mitte des 19. Jahrhunderts von deutscher idealistischer Philosophie, insbesondere vom späten Schelling, beeinflusste Repräsentanten des Slavophilentums wie Ivan Kireevskij, die Brüder Aksakov und der für Dostoevskijs weltanschauliche Entwicklung wichtige Literaturkritiker Apollon Grigor'ev, die eine geistige Neuorientierung Russlands mit Hilfe einer Rückbesinnung auf genuin russische Werte in Gesellschaft, Religion und Kultur gefordert haben. Auf deutscher Seite relevant sind Positionen der konservativen Spätromantik, formuliert u.a. in den geschichtsphilosophischen Thesen des Schelling-Schülers Franz von Baader, sowie die erwähnten ungemein einflussreichen soziologischen Berichte des westfälischen Barons von Haxthausen, der bereits Mitte des 19. Jahrhunderts in seinen *Studien über die inneren Zustände, das Volksleben und insbesondere die ländlichen Einrichtungen Rußlands* das altrussische System der Dorfgemeinschaft (mir) als vorbildlich gewürdigt und einem breiteren Publikum im deutschsprachigen Raum bekannt gemacht hatte. Nachklänge dieser Würdigung finden sich u.a. in sozialpsychologischen Schriften des späten 19. Jahrhunderts, z.B. in Ferdinand Tönnies' *Gemeinschaft und Gesellschaft* (1887). Die in diesem Kontext formulierten Aussagen über die geistigen und sozialen Potentiale eines trotz der Petrinischen Reformen zivilisatorisch unerschlossenen Landes sind in Deutschland bis in die dreißiger Jahre des 20. Jahrhunderts intensiv diskutiert worden. So spricht der u.a. durch seine Übersetzungen (Gogol', Dostoevskij, Tolstoj, Leskov, Solov'ev) sowie durch seine Dostoevskij-Monographie bekannt gewordene Sozialphilosoph Karl Nötzel 1917 in seinen *Grundlagen des geistigen Rußlands* von diesem Volk als verführerischer Kraft, als Gefahr und Chance für die geistige Erneuerung Westeuropas. Das Land erscheint dabei aufgrund seiner eigenständigen religiösen und gesellschaftlichen Entwicklung als Repräsentant eines unverbrauchten, jungen, vitalen, durchaus nicht nur negativen Barbarentums, das in naher Zeit eine dominante Rolle in der Geschichte übernehmen wird. In diesem Kontext spielt der bereits erwähnte, auch die Rezeption russischer Literatur mitbestimmende Topos von der »russischen Seele« bis weit ins 20. Jahrhundert eine wichtige Rolle, mit dessen Hilfe alles Russische mit Begriffen wie Demut, Passivität, tiefe Religiosität, Unergründlichkeit, innere Widersprüchlichkeit (vgl. Nina Hoffmanns Formulierung »zwischen Kreuz und Beil«, 1899), Abwehr von Ordnung und Form, Unverständnis einer Logik des staatlich verordneten Rechts (Wladimir Weidlé: *Die russische Seele*, im *Merkur*, 1956) charakterisiert wird. Nötzels Ausführungen lassen freilich erkennen, dass diese Einschätzung Russlands sehr unterschiedlich interpretiert worden ist. War Russland im Verständnis von Ursprünglichkeit und Unberührtheit für Literaten wie Rilke ein Land der Erwartung, ein Hoffnung auf geistige Erneuerung versprechender Raum, so war es andererseits gerade aufgrund dieser Eigenschaften für konservative Historiker und Soziologen ein gleichsam »jungfräulicher« Raum, den man geistig und materiell nach eigenen Vorstellungen zu formen und letztlich zu besitzen hoffte; die im Rassenwahn der Nationalsozialisten gipfelnden Vorstellungen einer germanischen Osterweiterung haben u.a. hier ihre Wurzeln. Für die dafür benötigten negativen russischen Images musste nicht selten falsch interpretierte russische Literatur als Legitimationsinstanz herhalten: Gončarovs Roman *Oblomov* (1859) als Beispiel russischer Trägheit und Passivität, Dostoevskijs Romane *Die Dämonen* und *Die Brüder Karamazov* als Beleg für die unberechenbare, bedrohliche

»russische Seele« u.a. In diesem Zusammenhang kommt es dann auch zu kruden Vereinnahmungen durch NS-Ideologen wie Joseph Goebbels und Alfred Rosenberg. Letzterer bemühte in seinem bereits erwähnten Pamphlet *Der Mythus des 20. Jahrhunderts* Romanfiguren Dostoevskijs als Beleg für die rassistischen Abwertungen alles Nichtgermanischen (Gerigk 2000, S. 20/21). Erstaunlich eingehend und um 1920 noch überaus begeistert hat sich Goebbels mit russischer Literatur und Geschichte beschäftigt. Werke von Tolstoj (z.B. *Die Macht der Finsternis*) und Dostoevskij (*Verbrechen und Strafe*) sind u.a. Ausgangspunkt religiös und sozial ausgerichteter Reflexionen, Ausdruck der zu dieser Zeit häufig begegnenden Suche nach geistiger Orientierung. Zugleich waren sie für den jungen Goebbels Ansporn und künstlerisches Vorbild, strebte er doch in dieser Phase seiner Entwicklung danach, als Dichter und Literaturkritiker Ruhm zu erlangen. Spuren einer dichterischen Dostoevskij-Rezeption lassen der Roman *Michael. Ein deutsches Schicksal in Tagebuchblättern* (1929), vor allem aber das 1919 geschriebene, *Verbrechen und Strafe* verpflichtete frühe Drama *Heinrich Kämpfert* (Allenov 2012, S. 63 f.) erkennen. Der Titelheld Heinrich Kämpfert erinnert in Bezug auf Themen wie Übermensch und intellektueller Überdruss sowie in der Zeichnung des diesen Überdruss bedingenden Sozialmilieus unübersehbar an die Gestalt des Raskol'nikov.

4.9 Rainer Maria Rilke: Russische Kultur und Literatur als Inspiration und Orientierung

Biographische Kontexte, Übersetzungsversuche, Kunst- und Literaturkritik

Rainer Maria Rilke (1875–1926) gehört zu den ersten Dichtern im deutschsprachigen Raum, in deren Werk die Beschäftigung mit russischer Geschichte, Literatur und bildender Kunst nachhaltige Spuren hinterlassen hat. Noch in einem späten, ein Dreivierteljahr vor seinem Tod geschriebenen Brief an den Maler Leonid Pasternak, den Vater des Rilke besonders verbundenen Boris Pasternak, spricht er davon, dass »alles, was das alte Rußland betrifft [...], mir nah, lieb und heilig geblieben ist, für immer eingelassen in die Grundmauern meines Lebens« (Brief vom 14.3.1926). Diese und andere Äußerungen über Russland als Heimat (u.a. in Briefen an Aleksandr Benua (Alexandre Benoîs), Elena Voronina, Hermann Pongs, Leopold von Schlözer, Marina Cvetaeva) belegen eine lebenslange Affinität zu den »russischen Dingen«, auch wenn die intensive Auseinandersetzung mit Russland auf die Zeit zwischen 1897 und 1902 beschränkt ist. Zugleich demonstriert der Brief an Pasternak aber auch, dass die Zuneigung dem »alte[n] Rußland« gilt bzw. einem Bild vom rechtgläubigen, friedlichen und leidenden alten Russland, das der junge Rilke in den neunziger Jahren des 19. Jahrhunderts entworfen hat. Das »wilde« und aufbegehrende, von sozialen Spannungen erfüllte Russland hat Rilke ignoriert.

Bekannt geworden mit slavischer Kultur und Literatur ist der in Prag geborene Rilke durch frühe Kontakte zu bedeutenden tschechischen Schriftstellern, z.B. zu Julius Zeyer, der ihn nicht nur auf tschechische, sondern auch auf russische Autoren wie Tolstoj oder Turgenev aufmerksam machte. Wichtige Mentoren werden im Gefolge der Übersiedlung nach München 1896 Akim Volynskij, vor allem aber Lou Andreas-Salomé (1861–1937), die Rilke 1897 bei Jakob Wassermann kennengelernt hat und die für ihn um die Jahrhundertwende Mutterersatz, Geliebte, Freundin und geistige Führerin gewesen ist. Gemeinsam mit beiden hat Rilke insbesondre im Juni und Juli 1897 Zeugnisse russischer Kultur und Literatur studiert und dabei ein slavophil geprägtes Russland-Bild entwickelt, das seine Rezeption russischer Literatur maßgeblich bestimmt, beeinflusst durch Gedanken, die Volynskijs bereits genannte Schriften sowie das einflussreiche Werk *Russkie Kritiki* (1896; dt. Russische Kritiker) prägen und die Andreas-Salomé in Artikeln wie *Russische Literatur und Kultur* (in: *Cosmopolis*, 1897) sowie in ihrem Leskov-Essay (*Das russische Heiligenbild und sein Dichter*, in der *Vossischen Zeitung*, 1898) schriftlich formuliert hat.

Nachhaltig beeindruckt haben Rilke insbesondere die mit Lou unternommenen zwei Russlandreisen. Auf der vom 25.4. bis 18.6.1899 währenden ersten Reise nach Moskau und Petersburg wurden Kirchen und Museen besucht, wobei vor allem die orthodoxen Osterfeierlichkeiten Rilke tief bewegt haben; Spuren davon finden sich insbesondere im ersten Teil des *Stundenbuches* (1905). Darüber hinaus kam es zu Begegnungen mit Tolstoj und Vladimir Korolenko, mit dem Übersetzer Friedrich Fiedler und mit in der russischen Kunstszene führenden Malern und Bildhauern, wie Leonid Pasternak, Ilja Repin, Pavel Trubeckoj und Apollinarij Vasnecov.

Die ein Jahr später (7.5.–25.8.1900) unternommene zweite Russlandfahrt führte zu einer wesentlichen Erweiterung und Intensivierung der Auseinandersetzung mit der Geschichte und der Kultur des Landes. Diesmal galt der Besuch nicht nur großen Städten wie Moskau, St. Petersburg, Kiev, Charkov, Nižnij Novogorod und Jaroslavl, sondern auch der südrussischen und ukrainischen Provinz. Auf einer längeren Wolgafahrt erfährt Rilke die Weite und Größe der russischen Landschaft, und während eines mehrtägigen Aufenthaltes im Dorf Krety-Bogorodskoe bei Jaroslavl schließt er Bekanntschaft mit dem Alltag der russischen Bauern. Zu den ihn besonders beeindruckenden Erfahrungen gehört die Begegnung mit dem Bauerndichter Spiridon Drožžin (1848–1930) im Dorf Nizovka an der oberen Wolga. Rilke hatte bereits zuvor einige von dessen sich am russischen Volkslied orientierenden Gedichten übersetzt.

Zurückgekehrt nach Deutschland beschäftigt sich Rilke weiter intensiv mit russischer Literatur und Malerei und versucht diese in Deutschland bekannt zu machen, u.a. auch in der Künstlerkolonie Worpswede. Die 1902 geplante Übersiedlung mit der Familie nach Russland wird nicht realisiert. Spätestens mit der Übersiedlung nach Paris im Jahre 1902 treten die »russischen Dinge« in den Hintergrund, zwischen 1910 und 1920 finden sich nur wenige Belege für eine tiefgreifende Aneignung russischer Literatur, bildender Kunst und Geschichte. Dass sich Rilke gleichwohl bis zu seinem Tod dafür interessiert, zeigen die Tagebücher sowie die Korrespondenzen und Begegnungen mit Schriftstellern wie Maksim Gor'kij oder Ivan Bunin, mit dem Kunsthistoriker Aleksandr Benua, der Puppenspielerin Julia Sazonova, den Ehepaaren Golubev und Sacharov, vor allem aber der Briefdialog mit Marina Cvetaeva in den letzten Monaten seines Lebens.

Rilke hat im Verlauf seiner Auseinandersetzung mit Russland zeitweilig beachtliche, später allerdings wieder stark eingeschränkte Sprachkenntnisse erworben, die ihn zu einfacher mündlicher und schriftlicher Kommunikation befähigten. Schriftliche Zeugen hiervon sind acht 1900/1901 entstandene Gedichte in nicht immer korrekt verwendeter russischer Sprache sowie eine Reihe von Übersetzungen.

Zu Rilkes Russisch-Studien gehören von Anfang an Übersetzungsversuche, die Texte sehr verschiedener Autoren betreffen, denen seine Sprachkompetenz allerdings nicht immer gewachsen ist. Er übersetzt 1900 Čechovs Drama *Čajka* (Die Möwe; die Übertragung ist verschollen), Vasilij Jančeveckijs Erzählung *Prošenie* (Die Bittschrift), Gedichte wie Lermontovs *Vychožu odin ja na dorogu* (Einsam tret ich auf den Weg), Konstantin Fofanovs *Vesna i noč'* (Frühling und Nacht) und Drožžins *Sila pesni* (Die Macht des Liedes), *Molitva* (Gebet), *Primi menja, storonuška rodnaja* (So nimm mich auf, du gute Heimatgegend) sowie *V rodnoj derevne* (Im Heimatdorf). 1904 folgt die in ihrer Qualität umstrittene Prosaübersetzung des altrussischen *Igorliedes*. Eineinhalb Jahrzehnte später wagt sich Rilke nochmals an die Übersetzung russischer Gedichte von Nikolaj Berg, Aleksej Konstantinovič Tolstoj, Zinaida Gippius und Fedor Tjutčev. Einige Übersetzungen blieben unvollendet, so Dostoevskijs Roman *Arme Leute* oder Sologubs Erzählung *Červjak* (Der Wurm), andere sind nicht mehr auffindbar (Čechovs *Möwe*, Gedichte von Gippius); weitere Übersetzungsprojekte, u.a. von Čechovs *Djadja Vanja* (Onkel Vanja), Tolstojs *Živoj trup* (Der lebende Leichnam), erwiesen sich als nicht realisierbar, weil Rilke die russischen Originale nicht erhielt oder weil er keinen deutschen Verleger fand – so bei der beabsichtigten Übersetzung der *Istorija Živopisi v XIX. veka; Russkaja Živopis'* (Geschichte der Malerei im 19. Jahrhundert; Die Russische Malerei) seines Bekannten Aleksandr Benua.

Rilkes Übersetzungen aus dem Russischen liegt keine eindeutig erkennbare Strategie zugrunde. Die Auswahl der Autoren erscheint zufällig; initiiert sind die Übertragungen durch eigene Leseerfahrungen, durch Lektüreempfehlungen russischer Freunde, durch persönliche Bekanntschaft mit dem Autor (Jančeveckij), durch das eigene Russland-Bild (Drožžin). Manches ist als Sprachübung zu verstehen, anderes entspricht dem Bedürfnis, russische Literatur, bildende Kunst und Geschichte unbedingt in Deutschland bekannt zu machen. Was das Verhältnis von Original und Übersetzung betrifft, so erweist sich Rilke auch in seinen Übertragungen aus dem Russischen als ein Übersetzer, der recht frei mit seinen Vorlagen umgeht, das gilt besonders für das *Igorlied*.

Beeinflusst durch Lou Andreas-Salomé und geprägt durch Erfahrungen der beiden Russlandreisen, hat der junge Rilke ein slavophil ausgerichtetes Russlandbild entworfen, das auch seine dichterische Rezeption russischer Literatur bis zu den *Sonetten an Orpheus* maßgeblich bestimmen wird. Russland erscheint dabei als ein Land im ›vorbewussten Zustand‹, das gerade erst dabei ist, in die Geschichte einzutreten, als ein Land der Erwartung, in dem »der Tag Gottes, der Schöpfungstag« noch andauert (so Rilke in seinem Aufsatz *Russische Kunst* in der Wiener Zeitschrift *Die Zeit* vom 19.10.1901). Folglich ist es laut Rilke sowohl Gott als auch der Natur besonders nahe, erkennbar an der von zivilisatorischen Eingriffen weitgehend verschonten weiten Landschaft, in der die Grundelemente Erde, Himmel, Wasser, Luft noch unmittelbar erfahrbar sind, erkennbar an einem im Volk tief verwurzelten orthodoxen Christentum. Inkarnation dieses Russland-Bildes ist nach Rilkes Auffassung der mužik, der russische Bauer, eine Wiederaufnahme der erwähnten Topik vom Slaven als friedfertigem Landmann, die Rilke erweitert und modifiziert. Die den mužik auszeichnenden Merkmale Einfalt, Demut, Naturnähe sowie eine mit dem Leben unmittelbar verbundene Frömmigkeit lassen ihn als Manifestation des Wärme und Geborgenheit vermittelnden, ›werdenden‹ Göttlichen erscheinen. Auch diese Vorstellung von einem sich im russischen Bauern verkörpernden, unmittelbar, nicht rational erfahrbaren Gott ist nicht neu, sie ist fester Bestandteil russischer slavophiler Theologie und Geschichtsphilosophie, formuliert u.a. im 19. Jahrhundert durch Ivan Kireevskij. Rilke hat dieses Kulturmodell ästhetisiert, indem er, u.a. im erwähnten Artikel *Russische Kunst*, den skizzierten naturhaften, naiven, ›vorbewussten‹ Zustand Russlands mit einem religiöse Erfahrung und künstlerische Fähigkeiten verbindenden Künstlertum in Beziehung setzt (»das russische Volk will Künstler werden«). Diese slavophil ausgerichtete Vorstellung vom russischen Menschen als Künstler überträgt Rilke auf die bildende Kunst und auf die Literatur. Repräsentativ für ein solches vorbewusstes, kollektives, religiös orientiertes Künstlertum ist nach Auffassung Rilkes die Ikonenmalerei. Das erklärt u.a. das Interesse des jungen Rilke an der russischen bildenden Kunst, die Ende des 19. Jahrhunderts im kulturellen Leben Russlands eine bestimmende Rolle gespielt hat. Ihr hat er zwei Aufsätze gewidmet, die auch für seine späteren Reflexionen über das Verhältnis von östlicher und westlicher Kultur und Kunst, von Malerei und Literatur von Bedeutung sind: neben dem genannten Aufsatz *Russische Kunst* jener über *Moderne russische Kunstbestrebungen* (in der *Zeit* vom 15.11.1902). Ausgehend von dem oben skizzierten Russland-Bild akzentuiert er in den genannten Veröffentlichungen den Gegensatz zwischen west-europäischer und russischer Malerei und charakterisiert letztere als autonom, ursprünglich, überindividuell – beispielhaft eben realisiert in der Ikonenmalerei eines »vorgiottesken Volke[s]«. Das Weiterleben dieser Tradition in der zeitgenössischen russischen Malerei demonstriert er am Beispiel des Malers Vaznecov, dem der zweite Teil des Artikels *Russische Kunst* gewidmet ist. Spuren altrussischer Kunst, insbesondre des Kunstgewerbes, in der Malerei des späten 19. Jahrhunderts, verfolgt Rilke im zweiten Essay *Moderne russische Kunstbestrebungen*. Der wenig originelle, kunstgeschichtlichen Arbeiten von Aleksandr Benua, Pavel Ettinger und Sergej Djagilev verpflichtete Essay versucht diese Spuren u.a. an Werken der Maler Vaznecov, Aleksandr Ivanov und Ivan Kramskoj nachzuweisen.

Die intensive Auseinandersetzung mit bildender Kunst in Verbindung mit dem skizzierten Russland-Image bildet den Rahmen für Rilkes Rezeption russischer Literatur und Kunst, bestimmt die Auswahl der Texte, die Bewertung von Autoren, präformiert die schöpferische Auseinandersetzung. Freunde und Briefpartnerinnen wie Sof'ja Šil' bezeugen, dass Rilke die russische Literatur nur selektiv wahrgenommen hat. Das gilt übrigens auch für die moderne russische Malerei zu Beginn des 20. Jahrhunderts, was insofern nicht verwundert, als Benua, sein Mentor in Fragen der bildenden Kunst, einer der profiliertesten Gegner der russischen, vor allem der futuristischen Avantgarde war. Von den bedeutenden russischen Autoren des 19. Jahrhunderts hat er einiges gelesen, von Puškin über Lermontov, Kol'cov, Tjutčev, Griboedov, Gogol' bis zu Tolstoj, Turgenev, Gončarov und Dostoevskij, wobei er nach eigenem Bekunden vor allem bei Turgenev, Puškin und Lermontov gelernt hat. Nachweise dafür zu erbringen ist allerdings kaum möglich. Entspricht diese Liste noch dem Erwartbaren, so verwundert die Auswahl zeitgenössischer Autoren. Zwar erscheinen auch hier bekannte Namen wie Čechov, der spätere Nobelpreisträger Ivan Bunin oder Garšin, doch erstaunt die Ignoranz, mit der er vielen um 1900 in Russland dominierenden Lyrikern begegnet ist. Das betrifft neben Autoren wie Innokentij Annenskij und Konstantin Bal'mont u.a. auch Werke der wichtigsten Repräsentanten des russischen Symbolismus, etwa Aleksandr Blok (*Ante lucem*, entst. 1898–1900), Valerij Brjusov (*Russkie simvolisty*, 3 Bde., 1894/1895), Vjačeslav Ivanov (*Kormčie zvezdy*, 1903; dt. Leitsterne) und Andrej Belyj (*Zoloto v lazuri*, 1904; dt. Gold im Azurblau); diese hatten die genannten ersten wichtigen Gedichtbände vor bzw. kurz nach den Russlandreisen Rilkes veröffentlicht. Wahrgenommen und z.T. übersetzt aus dem Umfeld des Symbolismus hat er lediglich Zinaida Gippius und Fedor Sologub. Auf eine schöpferische Auseinandersetzung mit all diesen Begründern des »silbernen Zeitalters« der russischen Literatur hat Rilke verzichtet.

Wenig kompetent zeigt sich der junge Rilke auch bei der Beurteilung russischer Schriftsteller. Die betreffenden Äußerungen sind selten originell, oft orientiert an Urteilen von Zeitgenossen, z.B. an Nietzsches oder an Brandes' Darstellung der russischen Dichter als Nachdenkende und Leidende, an Vogüés Ausführungen über den russischen Roman. Wenig Verständnis zeigt er für Čechov und Gor'kij. Letzterer ist ihm zunächst zu sehr »Westler« und Revolutionär, nicht russisch genug; erst viel später, in einem Brief an Rudolf Zimmer vom 17.4.1921, rühmt er Gor'kij als echten Russen und scharfsinnigen Kunstkritiker. Verständnislos zeigt er sich auch in Bezug auf Čechovs dramaturgische Innovationen. Zwar hat er dessen *Möwe* übersetzt, doch bemängelt er die Tendenz zum Epischen, das Fehlen einer zielgerichteten Handlung, charakterisiert das Stück als problematische Mischung von Komik und Drama.

Hingegen hat er, zumindest bis 1902, in Korrespondenz zu seinem archaischen Russland-Bild, der russischen Volksdichtung und den ihr seiner Ansicht nach nahestehenden Dichtern wie Tolstoj und Drožžin besondere Aufmerksamkeit geschenkt, verbunden mit der völligen Überschätzung des letzteren, erkennbar u.a. in der selbst Freunde wie Sof'ja Šil' erstaunenden Gleichsetzung beider Autoren als Inkarnation des wahren russischen Menschen. Was Tolstoj betrifft, so wird die Bewertung später viel differenzierter, in brieflichen Ausführungen über Gor'kijs *Erinnerungen an Tolstoi. Ein Brief* (1920), vor allem aber in den beiden verworfenen Schlussvarianten der *Aufzeichnungen des Malte Laurids Brigge* (1910). Hier wie auch in dem von Lou Andreas-Salomés Arbeiten über Tolstoj (z.B. *Leo Tolstoi, unser Zeitgenosse*, in: *Neue Deutsche Rundschau*, 1898) beeinflussten Artikel *Über Kunst* (in der Zeitschrift *Ver Sacrum* 1898/1899) wird die Beschäftigung mit Tolstoj, insbesondere mit dessen Schrift *Čto takoe iskusstvo?* (1897/1898; dt. Was ist Kunst?), zum Ausgangspunkt grundsätzlicher Reflexionen über die Bestimmung des Künstlers, über das Verhältnis von Kunst und »Lebensanschauung«, über das Kunstwerk, dessen Bestimmung nach Rilke nicht in der Wirkung, sondern in seinem eigenständigen Sein besteht. In den genannten Texten bewundert Rilke den Künstler Tolstoj, kritisiert aber wie viele seiner Zeitgenossen dessen Wandlung zum Religionskritiker und Sozialreformer als Verrat an der Kunst.

Die »russischen Dinge« in Rilkes Dichtung: Motive, Ikone und Wortbild, Spezifika der Erzählprosa

Bei aller Kritik an Rilkes Äußerungen über russische Maler und Literaten darf nicht übersehen werden, dass die diesen Äußerungen zugrunde liegende Rezeption russischer Geschichte, Kultur, bildender Kunst und Literatur sein Selbstverständnis als Künstler maßgeblich beeinflusst hat, dass sie ihn mit Ausdrucksmöglichkeiten begabt hat, nach denen er um 1900 sowohl im weltanschaulichen als auch im ästhetischen Bereich intensiv suchte, dass die »russischen Dinge« ihm die »besten Bilder und Namen gegeben haben« (Brief an Elena Voronina, 28.5.1899). Die Wahrnehmung Russlands befreit den jungen Rilke von einer automatisierten Welt-Anschauung, lässt ihn das Leben neu und unvermittelt erfahren. Folgenreich für seine gesamte Dichtung nach 1902 ist der so gewonnene unverstellte Blick auf die »Dinge«. Die aus der Begegnung mit dem demütigen, selbstlosen und frommen russischen Menschen gewonnene Bescheidenheit und Zurückhaltung ermöglicht dem Künstler Rilke die Erkenntnis vom Eigenwert der Dinge, zwingt ihn, das Verhältnis von Sprache und Gegenstand neu zu bedenken. Dies wiederum ist die Voraussetzung für eine Rilke permanent beschäftigende Sprachkritik, die dem Dichter die Aufgabe zuweist, an die Stelle eines automatisierten, abgenutzten, entfremdeten Sprechens

»Bilder und Namen« zu setzen, »mit [denen] ich [...] alles ansprechen werde, was in meiner Kunst nach Klang und Klarheit drängt« (so weiter im zitierten Brief an Voronina). Im Rahmen einer intellektuellen, vor allem aber schöpferischen Aneignung der »russischen Dinge« zeichnet er das Bild von einem Künstler, der zwar einsam und absichtslos, aber auch eng verbunden mit Volk und Religion, eigenwertige, ein eigenes Sein demonstrierende Kunstwerke schafft.

Ihre anschauliche, differenzierte und auch folgenreiche Ausformung hat diese Begegnung mit Russland in Rilkes dichterischem Werk gefunden, in der Verwendung von Themen, von strukturbildenden Motiven (z.B. der Ikone, des eigenen Todes, Steigen und Fallen) und Namen (z.B. Grischa Otrepjow im *Malte Laurids Brigge*), in der Bearbeitung russischer Volksdichtung (z.B. *Geschichten vom lieben Gott*, 1900/1904; im Gedichtzyklus *Die Zaren*, entstanden 1899 und 1906), in der künstlerischen Auseinandersetzung mit Werken und Autoren (z.B. mit Tolstoj in den erwähnten zwei Schlussvarianten des *Malte Laurids Brigge*).

Relevant für diese Rezeption sind gleichermaßen Literatur, bildende Kunst und Religion; mit ihrer Hilfe konzipiert Rilke im *Stundenbuch* ein weltanschaulichen, erkenntnistheoretischen und ästhetischen Fragestellungen gleichermaßen verpflichtetes Künstlertum. Vor allem der in den ersten zwei Büchern erscheinende, Ikonen malende Mönch repräsentiert eine nichtmimetische, das eigene, besondere Sein der Dinge respektierende Kunst. Der Künstler ist nach diesem Verständnis nicht schöpferisches Subjekt, sondern der Inaktive, der die Inspiration Erwartende, der demütig das Göttliche visuell und akustisch erfahrbar macht, der ›willig‹ versucht, einen organisch zusammenhängenden Himmel zu ›bauen‹, geleitet von einer langen, verpflichtenden Tradition (das gilt auch für den Ikonenmaler Peter Akimowitsch in den *Geschichten vom lieben Gott*). Diese Auffassung von Kunst als metaphysisch orientierte Tätigkeit wird im zweiten Teil des *Stundenbuches* (*Buch von der Pilgerschaft*) dadurch akzentuiert, dass der Künstler als Pilger auftritt. Pilgertum wird hier verstanden als Präsenz Gottes in der Gestalt des wandernden Pilgers. Rilke verbindet dabei, auch im *Lied von der Gerechtigkeit*, einer der *Geschichten vom lieben Gott*, Elemente religiöser Überlieferung mit russischer und ukrainischer Volksdichtung, z.B. wenn er den Pilger mit dem »Kobzar«, dem blinden Sänger der ukrainischen Volksdichtung, in Verbindung bringt.

Folgenreich für Rilkes weitere künstlerische Entwicklung ist die Beschäftigung mit am Beispiel des Ikonenmalers diskutierten und dichterisch gestalteten ästhetischen Fragestellungen, insbesondre mit denjenigen nach dem Verhältnis von Wort, Klang und Bild sowie dem Verhältnis von künstlerischer Rezeption und Produktion. Ausgangspunkt der Sprachbildproblematik sind sprachkritische Reflexionen über die Unzulänglichkeit der Worte, wie sie in Ansätzen in den 1898 entstandenen *Notizen zur Melodie der Dinge* formuliert worden sind. Das Hören und Sprechen des Russischen sowie das Anschauen russischer Ikonen verhilft dem jungen Rilke zu neuen künstlerischen Ausdrucksmöglichkeiten, in deren Kontext das Referentielle tendenziell zugunsten der Form, des Klanges und der Gebärde vernachlässigt werden wird. Die russische Sprache »ist mir nur Klang – aber ich muß mir keinen Sinn dazu erfinden; es gibt Stunden, wo der Klang selber Bedeutung wird und Bild und Ausdruck« – so Rilke im Brief an Elena Voronina vom 18.5.1899. Die in zahlreichen Briefen, Essays und Gedichten artikulierte Auseinandersetzung mit den Ikonen prägt auch die Reflexionen über das Verhältnis von rezeptiver und produktiver Kunsttätigkeit. Ausgangspunkt ist die als Paradigma nichtmimetischer Kunst verstandene Ikone, die als »Hohlform« durch schöpferische Rezeption, durch ein sich der eigenen Frömmigkeit verdankendes, inspiriertes Schauen bedeutungsbezogene Relevanz erhält. Wichtig in diesem Zusammenhang ist ein weiteres Merkmal, nämlich die Gebärde, die Gestik der Andeutung. Beides, Hohlform und andeutende Gebärde, verweist auf den besonderen Zeichencharakter dieser Kunst, auf den im *Stundenbuch* der als lyrisches Ich fungierende Ikonenmaler immer wieder aufmerksam macht, auf eine Kunst, die durch eine theo- und nicht anthropozentrische Perspektive, durch eine damit verbundene Polyzentrik und Proportionsverschiebung ausgezeichnet ist (Greber 1997, S. 164–169). Vorbild für diese Profilierung neuer kunsttheoretischer Positionen ist ein bestimmter Ikonen-Typus, und zwar die sogenannte Znamenskaja-Ikone, die Madonna des Zeichens (russ. znamenie = Zeichen). Deren Charakteristika sind die Beschränkung der Darstellung auf Kopf und Brust, auf die zum Gebet erhobenen Hände sowie der in einer Aureole vor ihrer Brust schwebende ungeborene Christus. Im Gegensatz zu anderen Verkündigungsdarstellungen wird die Verkündigung der Geburt Jesu hier nicht als Begegnung zwischen Engel und Maria gestaltet, sondern mit Hilfe der Aureole symbolisiert. Mit dieser Bildkonstruktion in Verbindung mit der Gebärde des Gebets verweist die Ikone auf die eigene Zeichenhaftigkeit und gewinnt so eine »semiotisch-selbstreflexive Struktur« (Greber 1997, S. 173). Rilke hat diese Ikonenform im Gedicht *Die Znamenskaja*, im *Lied von der Gerechtigkeit* und in den Schlussgedichten des Zyklus *Die Zaren* gestaltet, mit besonderer Betonung des Andeutungscharakters dieser Kunst. Ein weiterer, für Rilkes Suche nach einer neuen Konzeption des künstlerischen Bildes wichtiger Aspekt ist das aus byzantinischer Tradition kommende Verständnis der Ikone als Verschmelzung von Urbild und Abbild, ein Verständnis, das davon ausgeht, dass im religiösen Bild das Göttliche nicht dargestellt wird, sondern unmittelbar präsent ist.

Neben der Ikonenmalerei sind es Werke der zeitgenössischen russischen Kunst, die Eingang in das literarische Werk des jungen Rilke gefunden haben. Sie sind als Vorlage für die sprachkünstlerische Gestaltung russischer Themen oft wichtiger als literarische Texte. So erinnert die Darstellung des Schlachtfeldes in *Karl XII. reitet in der Ukraine* nicht so sehr an Puškins Versepos *Poltava*, sondern an das von Rilke im Essay *Russische Kunst* beschriebene Vaznecov-Gemälde *Nach der Schlacht* (1880). Ebenfalls einem Gemälde von Vaznecov (*Zar Ivan der Schreckliche*, 1897) verpflichtet ist die Darstellung des Zaren in *Die Zaren III*, die Christusgestalt im Gedicht *Der*

Ölbaum-Garten entspricht in Vielem (Betonung des einsamen Christus, Beschreibung der Haltung etc.) Ivan Kramskojs Bild *Christus in der Wüste* (1872).

Rilkes Beschäftigung mit russischer bildender Kunst war also besonders folgenreich für seine weitere sprachkünstlerische Entwicklung, z.B. für die Konzeption seiner Dinggedichte. Doch auch die Rezeption russischer Literatur hat wichtige Spuren hinterlassen, insbesondre was die Übernahme einiger auch für Rilkes spätere Dichtung zentraler strukturbildender Motive angeht. So ist bei der Gestaltung des Vater-Sohn-Motivs und des Motivs vom verlorenen Sohn in *Die Zaren* und am Schluss des *Malte Laurids Brigge* Dostoevkijs Roman *Die Brüder Karamazov* von Belang. Die Lektüre des Lermontov-Gedichtes *Demon* (Der Dämon) hat ihn nach eigenem Bekunden (Brief an Elena Voronina vom 27.7.1899) zu Reflexionen über das Verhältnis von »Fall und Flug«, von Steigen und Fallen angeregt, also zu einem Motivkomplex, der Rilkes gesamte Lyrik bis zu den *Sonetten an Orpheus* bestimmen wird; er verbindet z.B. das Gedicht *Fontan* (Fontäne) des russischen Romantikers Tjutčev mit Rilkes *Von den Fontänen*. Die meisten Spuren hat Tolstoj hinterlassen. Das betrifft zunächst auch hier Motiv-Korrespondenzen. So erinnert das im *Stundenbuch* und im *Malte Laurids Brigge* gestaltete Motiv des eigenen Todes in Vielem an Werke Tolstojs, in denen der besondere, der dem Sterbenden angemessene eigene Tod eine bestimmende Rolle spielt (*Drei Tode, Der Tod des Ivan Il'ič, Krieg und Frieden*). Rilkes Briefwechsel (Schreiben an Lotte Hepner von 8.11.1915) belegt, dass er sich intensiv mit Tolstojs Bearbeitungen des Todes-Motivs beschäftigt hat. Kritisch auseinandergesetzt mit Tolstoj hat sich Rilke in den *Geschichten vom lieben Gott* (dort geht es um Tolstojs lehrhafte Kurzprosa), vor allem aber in den bereits erwähnten zwei Schlussvarianten des *Malte Laurids Brigge*. In der ersten setzt sich Rilke kritisch mit Tolstojs Wandlung vom Literaten zum Sozialreformer auseinander, eine Wandlung, die er in Umkehrung der Legende von der Versuchung Christi auf dem Berg Tabor als Verführung des »große[n] Todesfürchtige[n]« zum Verrat an seinem Künstlertum interpretiert. Darüber hinaus ist der Text von Interesse, weil er eines der großen Themen des Romans – die großen Liebenden – mit der Familie Tolstoj in Beziehung setzt, und zwar mit Tolstojs demütig, uneigennützig, einsam liebender, auf eine Ehe mit Tolstojs Vater verzichtender Tante Tatjana Aleksandrovna Jergol'skaja. Das dazu alternative künstlerische Verhalten beschreibt die Zweitfassung des Romanschlusses: Ausgehend von einer Darstellung des Besuchs bei Tolstoj in Jasnaja Poljana 1900 demonstriert Rilke am Beispiel eines kanonisch-regelorientiert und realistisch gemalten ikonischen Porträts ein Künstlertum, das trotz aller von außen diktierten, das individuelle Schaffen einengenden Beschränkungen sich selbst nicht verleugnete, das »der Welt gewahr wurde, [...] sich zum ersten Mal mit allem Glück und aller Mühsal seines Wesens nachfühlend an ihr versuchte«. Im Gegensatz zum Maler dieses Bildes hat Tolstoj »seine innerste Aufgabe zu ersticken versucht« – vor allem aus Angst vor einem Tod, der die Fülle der eigenen Möglichkeiten negiert oder reduziert. Diese Angst führt dazu, dass

Gott nicht als zu erschaffender, sondern als bereits existierender, »verabredete[r] Gott« gesehen wird, eine Angst, vor der ihn auch die im gleichen Hause lebende »starke Verzichtende« und »große Liebende«, Tolstojs Tante, nicht befreien konnte. Die zwei Fassungen des Tolstoj-Schlusses sind somit eines der wenigen Beispiele dafür, dass Rilke in direktem Bezug auf eine zentrale Gestalt der russischen Literatur grundsätzliche Positionen seines Kunstverständnisses dichterisch artikuliert (Naumann 1993, S. 188–192).

Der Dialog mit Marina Cvetaeva

Wie bereits erwähnt, hat Rilkes Interesse für Russland spätestens ab 1902 spürbar nachgelassen, erloschen ist es allerdings nie. Einen späten, letzten Höhepunkt erlebt die Beschäftigung mit den »russischen Dingen« im Rahmen des durch Boris Pasternak vermittelten Briefdialogs mit der Dichterin Marina Cvetaeva (Cvetaeva-Efron, 1892–1941), einer der bedeutendsten russischen Dichterinnen des 20. Jahrhunderts. Die in Rilkes Todesjahr 1926 geführte Korrespondenz ist in ihrer beglückten, hochgestimmten Diktion eines der bewegendsten Zeugnisse geistigen und poetischen Austausches zwischen deutschsprachigen und russischen Dichtern. Cvetaevas Briefe offenbaren einen unbedingten Willen zur Annäherung (»Aber schreiben will ich Dir – ob Du willst oder nicht«, 9.5.1926) bis hin zur vollständigen Identifizierung und emphatischer Preisung (»Sie, die verkörperte Dichtung«, 9.5.1926). Rilke antwortet zu Beginn nicht weniger emphatisch (»Dichterin, fühlst Du, wie Du mich überwältigt hast«, 10.5.1926), nimmt sich aber im Verlauf der Korrespondenz etwas zurück. Er bestätigt der Briefpartnerin sein immer noch vorhandenes Interesse an russischer Sprache und Literatur, auch wenn er nach eigenem Bekunden mit der Lektüre von Cvetaevas komplizierten dichterischen Texten Probleme hat. Rilke erkennt in Marina Cvetaeva eine in Weltanschauung und Dichtungsverständnis gleichgesinnte, gleichempfindende, gleichsam notwendige Adressatin seines dichterischen Sprechens (»alle meine Worte wollen gleichzeitig zu Dir«, 10.5.1926), was in der großen, im Brief vom 8.6.1926 enthaltenen *Elegie an Marina Zwetajewa-Efron* eindrucksvoll demonstriert wird. Diese knüpft in Struktur und mit einigen Motiven an die *Duineser Elegien* (1923) an; ihr Beginn korrespondiert dem Schluss der *Zehnten Elegie*, das Motiv des Fallens wird hier zum Stürzen und intensiviert so, in Verbindung mit dem des Verzichtens, den Gestus der Klage. Zugleich betont das Gedicht den Aspekt der Verbindung des scheinbar Getrennten, auch der Geschlechter, durch den Dichter, z.B. im Bild der Rundung. Integriert in den Briefwechsel wird die Elegie auch durch die Selbstcharakteristik als »Zeichengeber« sowie durch die mit Hilfe der wiederholten Nennung des Namens »Marina« akzentuierte dialogische Struktur.

Der Briefwechsel zwischen Rilke und Cvetaeva ist intimes Bekenntnis, intellektueller Dialog und poetologisches Programm. Vor allem ist er ein einzigartiges Dokument eines grenzüberschreitenden Denkens und Dichtens. Dessen Gegenstände – Liebe und Dichtung – werden in ihrer Eigenschaft, Phänomene der (im Verständnis Rilkes) Übersteigung und der Übersetzung zu sein, auf poetisch und poetologisch neue und zugleich sehr persönliche Weise miteinander in Beziehung gesetzt. Überschreitung wird dabei zum einen als Selbstüberschreitung verstanden, die eigene Existenz wird so als Bezug definiert, zum anderen generell als Überschreitung alles Einzelnen, Bedingten, Vermittelten. Ermöglicht wird eine solche Existenzform vor allem mit Hilfe von Sprache und Literatur. Beispielhaft demonstriert dies der genannte literarische Dialog in Briefen zwischen beiden Dichtern. Er ist geprägt durch ein am Dialogpartner orientiertes Weltbild sowie durch eine ungemein differenzierte sprachkünstlerische Auseinandersetzung, in der eigene und fremde Rede, Rilkes und Cvetaevas Dichtung, fast nahtlos ineinander übergehen (Lehmann 1999). Beider Briefe, insbesondre die der Cvetaeva, sind hochgradig intertextuell strukturiert, sind durchsetzt mit Zitaten und Anspielungen aus dem *Stundenbuch*, dem *Buch der Bilder*, den *Duineser Elegien*, den *Sonetten an Orpheus* (1923). Es ist eine Begegnung innerhalb eines dichterischen Raumes, die auf körperliche Nähe und Präsenz verzichtet, die geistige und poetische dafür umso stärker gewichtet.

Rilke und Cvetaeva sind sich nie real begegnet; Rilkes Tod am 29.12.1926 hat dies verhindert. Briefe, Essays und vor allem Gedichte und Poeme Cvetaevas wie *Novogodnee* (Neujahr), *Popytka Komnaty* (Versuch eines Zimmers) und *Poéma vozducha* (Poem der Luft) lassen erkennen, wie stark der Dialog mit Rilke bei ihr nachgewirkt hat. Alle drei Poeme gestalten in einer Art Triptychon das Verhältnis von Außen- und Innenraum sowie die Verschränkung beider in einer im Gleichklang bestehenden sprachlichen Existenzform. Demonstriert wird diese vor allem in *Neujahr*, in Cvetaevas direkter künstlerischer Reaktion auf Rilkes Tod, geschrieben innerhalb von 40 Tagen, der nach orthodoxem Ritus geltenden Frist, innerhalb derer die Seele des Verstorbenen Abschied von der Erde nimmt. Der Text erscheint als fiktionale Fortsetzung des realen Briefwechsels, auch hier ist der bestimmende sprachliche Gestus der Dialog. Er ist als Epitaph zu verstehen, darüber hinaus aber auch als Versuch, sich der Präsenz Rilkes zu versichern. Das wird durch die Konstruktion eines Klangraumes erreicht, in dem die Grenze zwischen Leben und Tod aufgehoben ist, Sterben als Reise, als Über-Gehen verstanden wird. Erfüllt ist dieser Raum von Klangkorrespondenzen, mit deren Hilfe der Einklang von noch lebender Dichterin und verstorbenem Dichter hergestellt wird. Dies geschieht durch die Verwendung von die russische und die deutsche Sprache, Rilkes und Cvetaevas Werk klanglich verschränkenden Reimen und Homonymen. So korrespondiert das von Rilke im Briefwechsel verwendete, den geistigen Raum zwischen beiden bezeichnende Wort »Nest« in *Neujahr* dem russischen »mest« (Gen. Pl. von mesto = Ort), mit dem der Ort benannt wird, an dem der verstorbene Rilke vermutet wird, und dem Lexem »est'« (russ. Sein). Durch den Gleichklang von Nest – mest – est' wird das Allumfassende, Diesseits und Jenseits Verschmelzende des mit *Neujahr* imaginierten Raumes und sein Erfülltsein durch die zwei Dichter sprachlich realisiert. Weitere Profilierungen ergeben sich durch die Klangäquivalenz Rainer und »raj« (russ. Paradies): Name und Raum werden so identifiziert. Mit diesen die Aspekte Grenzüberschreitung und Einklang betonenden inhaltlichen und strukturellen Merkmalen erweist sich *Neujahr* als ein Nachruf, der dieses Genre zugleich in Frage stellt, weil er die mit der Epitaph-Dichtung artikulierte Verlusterfahrung dementiert. Der mit dieser Dichtung gestaltete Bezug zwischen Rilke und Cvetaeva erweist *Neujahr* als Inkarnation jenes einen, einzigen Dichters, von dem in Rilkes Briefen an seine russische Partnerin die Rede ist.

4.10 Kafka und seine slavischen »Blutsverwandten«: Die Dostoevskij-, Tolstoj- und Gogol'-Rezeption in Romanen und Erzählungen

Der wie Rilke in Prag geborene und dort aufgewachsene Franz Kafka hat bereits 1915 im Tagebuch (14.2.) von der »unendliche[n] Anziehungskraft Rußlands« gesprochen, eine Aussage, die variierend in anderen Texten zu finden ist, z.B. im Brief an Felice Bauer vom 2.9.1913, in dem Dostoevskij neben Heinrich von Kleist, Franz Grillparzer und Gustave Flaubert zum »eigentlichen Blutsverwandten« erklärt wird. Weitere Briefe und Tagebuch-Notizen belegen die Lektüre von Werken Tolstojs, Dostoevskijs und Gogols; dies betrifft deren autobiographische Schriften ebenso wie die Erzählprosa. Darüber hinaus hat Kafka auch gesellschaftspolitisch relevante Schriften von Gercen, Michail Bakunin und Petr Kropotkin gelesen.

Von den drei genannten russischen Dichtern hat Dostoevskij Kafka am stärksten beeindruckt. Es gibt zahlreiche Spuren einer intensiven Aneignung von Biographie und dichterischem Werk, auch wenn Art und Umfang einer schöpferischen Rezeption philologisch präzise nur in Einzelfällen nachweisbar ist und deshalb in der Forschung kontrovers diskutiert wird. Kafka schätzte den russischen Dichter als psychologisch versierten, den Grundfragen des Lebens und des Glaubens nachgehenden Wahrheitssucher ebenso wie als innovativen Erzähler. Kafka hat mehrfach explizit auf seine Beschäftigung mit diesem russischen Autor verwiesen, insbesondre auf diejenige im Rahmen der Lektüre von Romanen und autobiographischer Prosa; mehrfach hat er ihm nahestehenden Personen wie der Schwester Ottla aus diesen Texten vorgelesen. Briefe (z.B. an Felice vom 2.9.1913) und Tagebuchnotizen (14.12.1913, 20.12.1914) bezeugen dies. Romane wie *Verbrechen und Strafe* und *Die Brüder Karamazov* befanden sich in Kafkas Bibliothek; zudem ist die Lektüre von *Dvojnik* (Der Doppelgänger), *Der Idiot*, *Der Jüngling* sowie von Briefen und anderen autobiographischen Texten Dostoevskijs nachweisbar. Darüber hinaus waren Kafka die damals aktuellen wissenschaftlichen Arbeiten über Dostoevskij bekannt, möglicherweise Nina Hoffmanns erwähnte, 1899 erschienene Dostoevskij-Biographie sowie Otto Kaus' Studie *Dostojewski. Zur Kritik der Persönlichkeit. Ein Versuch* (1916) und dessen 1923 erschienene Arbeit *Dostojewski und sein Schicksal*.

Was Tolstoj betrifft, so haben den eifrigen Tagebuchschreiber Kafka vor allem dessen Tagebücher interessiert. Den ersten Band der bei Müller 1917 erschienenen Ausgabe (*Leo N. Tolstoi: Tagebuch. Erster Band 1895–1899*) hat er am 17.11.1917 Felice Bauer zum Geburtstag geschenkt, Oskar Baum hat er daraus vorgelesen. Wie wichtig ihm diese Texte gewesen sind, zeigt sich daran, dass er sich zweimal bei Max Brod nach den Unterschieden zwischen der genannten und einer fast zeitgleich entstandenen, von Rubiner herausgegebenen Ausgabe der Tolstoj-Tagebücher erkundigt hat. In Briefen an Oskar Baum und Robert Klopstock finden sich Anmerkungen zu Aussagen Tolstojs über Tod und Sterben sowie über die Funktion schriftstellerischer Tätigkeit. Von den Erzählungen hat Kafka nachweislich die *Kreutzersonate, Der Tod des Ivan Il'ič,* die Volkserzählungen, von den Romanen *Auferstehung* und *Utro pomeščika* (Der Morgen eines Gutsbesitzers) gekannt. Diese Lektüren sind nicht selten Ausgangspunkt grundsätzlicher Reflexionen So finden sich in den zwischen Herbst 1917 und Frühjahr 1918 entstandenen und in den sog. Züräuer Oktavheften schriftlich fixierten Aphorismen erkenntnistheoretische und religiöse Formulierungen, die in vielem mit Gedankengängen des alten Tolstojs übereinstimmen, die dieser in seinen Tagebüchern und im Roman *Auferstehung* formuliert hat (Schillemeit 2004, S. 167 ff.). Es sind Reflexionen über das Verhältnis von Mensch und Unsterblichkeit, von Zeit und Ewigkeit, von selbstbezogener und entsagender Liebe.

Die Beschäftigung mit Gogol' ist weniger gut dokumentiert, relevant ist hier u.a. die Lektüre von dessen Artikel *O malorossijskich pesnjach* (*Über die kleinrussischen Lieder*, wohl in: Sämmtliche Werke, Bd. 6, 1912) im Jahre 1915 sowie der in Postkarten an Max Brod (26.6.1922) und Felix Weltsch (Ende Juni 1922) vermerkte Besuch einer Theateraufführung des *Revizor*.

Direkte Spuren einer dichterischen Aneignung von Werken der genannten Schriftsteller sind nur in Ansätzen nachweisbar, gleichwohl hat sich die Kafka-Forschung immer wieder um entsprechende Nachweise bemüht. Deren Umfang und argumentative Stringenz sind abhängig vom jeweiligen Interpretationsansatz; nicht selten ersetzt die Spekulation den exakten philologischen Nachweis. Gleichwohl verrät eine Fülle von sprachlichen Wendungen, von Motiven und literarischen Verfahren eine langjährige Auseinandersetzung mit russischen Autoren, insbesondre mit Dostoevskij. Sie betrifft zwei Ebenen: zum einen die eigene, biographisch relevante Existenz und zum anderen die fiktionalen Schriften. Was das Biographische angeht, so verwendet Kafka erstaunlich oft Wendungen, Motive und Metaphern aus dem Bereich der russischen Literatur, um eigene psychische Zustände zu beschreiben, z.B. vergleicht er drohende, letztlich aber nicht ausgeführte körperliche Bestrafungen durch den Vater mit der Situation Dostoevskijs vor dessen in letzter Minute aufgehobener Hinrichtung (Binder 1976, S. 257). Darüber hinaus erinnern

Selbstreflexionen an Figuren aus Dostoevskijs Romanen. Ein Beispiel dafür sind die Charakterisierungen der eigenen Schriftstellerexistenz in Briefen an Felice Bauer. Er beschreibt dort die für ihn adäquate Existenz als ein Leben »im innersten Raume eines ausgedehnten, abgesperrten Kellers« (14./15.1.1913), das Leben eines Menschen, der »nutzlos lebt« und »nichts anderes leistet, als ein riesiges Loch zu umlaufen und zu bewachen« (21./22.2.1913). Solche Äußerungen erinnern unübersehbar an Dostoevskijs *Aufzeichnungen aus dem Untergrund* und die dort gestaltete nutzlose, sozial isolierte, im Kellerloch sitzende Intellektuellenfigur. Korrespondenzen in diesem thematischen Zusammenhang lässt auch die späte autobiographische Erzählung *Der Bau* (entstanden im Winter 1923/1924) erkennen.

Was den Bereich der fiktionalen Texte betrifft, so zeigen sich Affinitäten sowohl stilistischer als auch thematischer Art. Früh erkannt wurden thematische Übereinstimmungen mit Werken Dostoevskijs (Themen wie Schuld und Strafe, Anklage und Demütigung, Ausgeliefertsein und Leiden, Rechtfertigung und Selbstrechtfertigung vor anonymen Instanzen, Bewusstseinsspaltung und Identität) und Texten Tolstojs (Sterben und Tod). Strukturell und stilistisch ist es die Nähe der u.a. im *Proceß* (entstanden 1914/1915) verwendeten erlebten Rede zu Dostoevskijs Erzählprosa (*Verbrechen und Strafe, Die Sanfte*), also die diese Texte auszeichnende Verschmelzung von Erzähler- und Personenrede. An Gogol's Erzählungen erinnert die Neigung zur Groteske; das gilt besonders für die Verschränkung von einer dem Realismus des 19. Jahrhunderts verpflichteten Wirklichkeitsdarstellung mit Verfahren der Personengestaltung, wie sie in der phantastischen Kunst begegnen. Deutliche Übereinstimmungen mit Werken Gogol's (*Nos*/Die Nase) und Dostoevskijs (*Der Doppelgänger*) zeigen sich in der Verwendung des Doppelgänger-Motivs. Korrespondenzen sind übrigens auch dort erkennbar, wo die Lektüre eines verwandten Textes und die Kenntnis seines Autors nicht direkt nachweisbar ist, z.B. bei einem Vergleich von Čechovs schockierender Reportage *Ostrov Sachalin* (1893; dt. Die Insel Sachalin) über die russischen Straflager im Fernen Osten mit Kafkas Erzählung *In der Strafkolonie* (1914).

Lektürespuren offenbaren, neben Texten wie *Das Urteil* (1913) und *Der Bau*, vor allem zwei Werke Kafkas: *Der Proceß* und *Die Verwandlung* (1915). Der Roman *Der Proceß* lässt ungewöhnlich zahlreiche Affinitäten zu Romanen Dostoevskijs wie *Verbrechen und Strafe* sowie *Die Brüder Karamazov* erkennen (Binder 1976, S. 160–261). Das gilt für strukturbildende Themen wie Schuld und Rechtfertigung, für die Problematisierung und Anonymisierung von Gerichtsinstanzen, für die Internalisierung von Schuld, für die Figuren- und Raumgestaltung (z.B. die sowohl in *Verbrechen und Strafe* als auch im *Proceß* vorgenommene Etablierung der Polizei- bzw. Gerichtsinstanz in schäbigen Mietskasernen), für bestimmte Redewendungen. Spätestens mit Kafka beginnt eine immer wieder auf Dostoevskij bezogene, in der deutschen Literatur bis Siegfried Lenz' *Zeit der Schuldlosen* (1961) reichende Diskussion über die Frage nach der grundsätzlichen, in der menschlichen Existenz verankerten Schuldhaftigkeit. Übereinstimmungen bei der Personengestaltung betreffen u.a. Josef K. und Rodion Raskol'nikov, den Helden von Dostoevskijs Roman *Verbrechen und Strafe*; beide sind sozial isolierte Gestalten, deren instabile Psyche metaphorisch als Seekrankheit beschrieben wird, beide werden im Rahmen einer Befragung verhört, die stark von den gesetzlich vorgegebenen Formen abweicht, beide begegnen in einer für ihre weitere Entwicklung wichtigen Situation untergeordneten, über das Auftreten ihres Vorgesetzten verwunderten Kollegen u.a. Bei all diesen Korrespondenzen darf nicht übersehen werden, dass *Der Proceß* ein eigenständiges literarisches Kunstwerk ist. Es hat nicht die dem Kriminalroman verwandte analytische Spannungsstruktur des Dostoevskij-Romans, nichts von dessen sozialpsychologisch geprägter Erzählmotivierung und Personengestaltung, nichts von dessen ausführlichen und präzisen realistischen Darstellungen sozialer und topographischer Gegebenheiten.

Noch deutlicher erkennbar sind Übereinstimmungen mit den genannten drei russischen Dichtern bei der Gestaltung des Themas Bewusstseinsspaltung und Identitätsverlust. Neben dem *Urteil* ist vor allem *Die Verwandlung* zu nennen. Die hier vorgenommene Gestaltung der Thematik mit Hilfe des Doppelgänger-Motivs ist erkennbar geprägt von Dostoevskijs Roman *Der Doppelgänger* und Gogol's Novelle *Die Nase*. In letzterer wird das Andere des Ichs im Rahmen einer grotesken Darstellung als Gestalt gewordene Nase materialisiert; ähnlich wie in Kafkas Erzählung erfolgt die Bewusstseinsspaltung des Beamten Kovalev abrupt, ohne psychologische Motivierung. Während die intertextuelle Relation zu Gogol's Text eher schwach markiert ist, ist die zu Dostoevskijs *Doppelgänger* unübersehbar, Kafka hat den Roman 1912 gelesen. (Spielka 1959, Binder 1975, S. 161ff., Strelka 1994, S. 210ff.). In beiden Texten erlebt ein kleiner Beamter die Destruktion seiner Persönlichkeit, dargestellt bei Dostoevskij als Aufspaltung des Herrn Goljadkin in zwei Ich, bei Kafkas Gregor Samsa als Verwandlung in einen Käfer. Gemeinsam ist beiden Texten nicht nur die psycho-soziale Grundierung dieses Geschehens, sondern auch ihre literarische Gestaltung. So beginnen beide mit dem Erwachen der Helden aus verstörenden Träumen, sowohl Goljadkin als auch Gregor Samsa fühlen sich schwach und krank. Gemeinsam ist beiden Autoren die Verwendung von Tiermetaphern bei der Gestaltung des Anderen im Selbst. Samsa erfährt sich als Käfer, Goljadkins Doppelgänger hat ein »mit wahrhaft tierischen Zügen begabtes Gesicht« (so in der Übersetzung E.K. Rahsins, *Sämtliche Werke*, Bd. 14, 1910). Zu erwähnen ist weiterhin die Vermüllung des Zimmers als Symptom der zunehmenden sozialen Isolierung beider Protagonisten. Zugleich muss aber auch hier darauf verwiesen werden, dass es zwischen dem *Doppelgänger* und der *Verwandlung* deutliche Unterschiede gibt. So ist die mit der Verwendung des Doppelgänger-Motivs verbundene Gestaltung der Identitätsproblematik bei beiden Autoren grundverschieden. Dostoevskij schildert prozesshaft und konkret, sozialpsychologisch begründet die innere Zerrüttung und die sich daraus ergebende Aufspaltung des Protagonisten, die damit verbundene Auseinandersetzung des Ich mit seinem Gegenüber, eine Gestaltung, die Goljadkin am Schluss des Romans folgerichtig, rational nachvollziehbar, als Wahnsinnigen erscheinen lässt. Kafkas Gregor Samsa hingegen findet sich von einem Tag zum anderen in einen anderen Zustand versetzt, die Aufspaltung wird zudem im Kontext anderer Motivkomplexe entfaltet, das gilt z.B. für den Vater-Sohn-Konflikt.

Übereinstimmungen gibt es auch mit der von Kafka hochgeschätzten Erzählung *Der Tod des Ivan Il'ič* von Lev Tolstoj. Die von Tolstoj präzis beobachteten Veränderungen im psychischen und sozialen Verhalten eines im mittleren Alter sterbenden Beamten, die sein Sterben begleitende innere Vereinsamung und soziale Isolierung, auch innerhalb der Familie, finden im Verwandlungs- und Sterbeprozess des Gregor Samsa eine kongeniale Entsprechung. Sowohl Ivan Il'ič als auch Gregor Samsa erfahren im Verlauf des Sterbens eine andere, das bisherige Leben in Frage stellende Existenz. Es ist ein Leiden zum Tode, in dessen Verlauf der Leidende immer mehr auf die Betrachtung seines Inneren zurückgeworfen wird, dabei umso schärfer die sein bisheriges Leben prägenden Selbsttäuschungen durchschaut, die Brüchigkeit und das Hohle selbst engster sozialer Beziehungen konstatiert und von daher den Tod als Befreiung erfahren kann. Unübersehbar sind freilich auch hier die Unterschiede, die neben stilistischen und strukturellen auch inhaltliche Aspekte betreffen. Kafkas groteske Gestaltung einer zum Tode führenden Verwandlung wird mit einer Reihe von für Tolstoj nicht relevanten Motiven ausdifferenziert. Das betrifft u.a. den erwähnten Vater-Sohn-Konflikt sowie die die Regression akzentuierenden Motive des Schlafens und Hungerns.

4.11 Die Wahrnehmung zeitgenössischer russischer Schriftsteller um 1900: Gor'kij, Čechov, Garšin

Für das breite Interesse an russischer Literatur in den deutschsprachigen Ländern um die Wende vom 19. zum 20. Jahrhundert spricht auch die verstärkte Wahrnehmung von Vertretern der jüngeren Schriftstellergeneration, also die Kurzprosa des begabten, aber früh verstorbenen Vsevolod Garšin (1855–1888), die von Vladimir Korolenko (1853–1921), Maksim Gor'kij (1868–1936), Leonid Andreev (1871–1919) und Anton Čechov (1860–1904). Gor'kij ist bereits früh ins Deutsche übersetzt worden und es zeugt für seine rasch gewonnene Popularität, dass schon 1901/1902 gleich zwei mehrbändige Ausgaben seiner Werke in deutscher Sprache erschienen: die siebenbändige im Cassirer-Verlag (*Ausgewählte Erzählungen*. Deutsch von August Scholz) und die sechsbändige im Diederichs-Verlag (*Ausgewählte Erzählungen*. Autorisierte Übersetzung von Michael Feofanoff). Aufmerksamkeit erregten insbesondere Gor'kijs frühe Erzählungen, durch die neue soziale Schichten, in Westeuropa wenig bekannte Gestalten wie die Barfüßler, die Wanderarbeiter, die Vagabunden, Eingang in die russische Literatur fanden (besonders gewürdigt z. B. in Alexis von Engelhardts Überblick *Das junge Rußland* in der Zeitschrift *Das litterarische Echo* vom 15.6.1899). Ihr Autor galt vielen Rezensenten (u.a. Nina Hoffmann in der Zeitschrift *Die Zukunft*, 1899 und Arthur Eloesser in der *Vossischen Zeitung* vom 9.6.1901) als innovative, kämpferische Persönlichkeit, die dem Pessimismus und der geistigen Müdigkeit des Fin de siècle eine kraftvolle, unverbrauchte Lebenswelt gegenüberstellte. Große Zustimmung erfuhr 1903 die Berliner Inszenierung des Dramas *Na dne* (Nachtasyl); sie hat Gor'kijs hohes Ansehen im deutschsprachigen Literaturbetrieb endgültig befestigt. Nach 1905 hat dann das Interesse nachgelassen, u.a. weil Gor'kij mehr und mehr als Repräsentant revolutionärer Gruppierungen in Russland gesehen wurde.

Der Neorealist Leonid Andreev ist vor allem durch seine 1905 erstmals von August Scholz übersetzte Erzählung *Krasnyj smech* (Das rote Lachen) bekannt geworden, welche vor dem Hintergrund des Russisch-Japanischen Krieges die Brutalität und das Grauen moderner Kriegsführung thematisiert hat.

Bemerkenswert wenig ist zunächst Čechov von seinen deutschen Kollegen rezipiert worden – und das, obwohl seine Novellen und Kurzgeschichten bereits ab 1890 im deutschsprachigen Raum verlegt wurden (*Russische Leute. Geschichten aus dem Alltagsleben*, 1890; *In der Dämmerung. Skizzen und Erzählungen*, 1891). Čechov ist von der deutschen literarischen Öffentlichkeit zunächst als etwas seltsame Mischung von Humorist und Pessimist wahrgenommen worden, hat dann aber auch viel Anerkennung als unbestechlicher Beobachter und objektiver Gestalter russischer Lebenswelt erfahren. Zwar wurden durchaus auch die gesellschaftskritischen Aspekte gewürdigt, doch in Bezug darauf stand er immer wieder im Schatten Maksim Gor'kijs (erkennbar z.B. in Stefan Zweigs Autobiographie *Die Welt von gestern*, entstanden 1939–1941). Ihren ersten Höhepunkt erreichen die deutschen Čechov-Editionen während der Jahre 1897 bis 1905, als Čechov-Texte regelmäßig Bestandteil deutscher Zeitungen bzw. Zeitschriften werden (*Magazin für Literatur, Simplicissimus* u.a.) und renommierte Verlage z.T. mehrbändige Ausgaben herausbringen (*Gesammelte Werke*, 5 Bde., 1901–1904; *Ausgewählte Werke*, 2 Bde., 1901/1902). Neben den Erzählungen werden – vor allem ab 1902 – die Dramen *Die Möwe, Onkel Wanja, Tri sestry* (Drei Schwestern) bei Diederichs, Reclam u.a. verlegt. Im Gegensatz zur Erzählprosa erfahren letztere breitere Aufmerksamkeit und Zustimmung – allerdings erst nach den Gastspielen des Moskauer Künstlertheaters im Jahre 1906 in Berlin, Leipzig, Dresden, München, Stuttgart und Karlsruhe. Seitdem sind Čechovs Dramen zwar nicht kontinuierlich, aber doch immer wieder inszeniert worden, u.a. von renommierten Regisseuren wie Felix Hollaender (*Ivanov*, Berlin 1919), Heinz Hilpert (*Višnevyj sad*/Der Kirschgarten, Berlin 1938, Göttingen 1954) Gustav Gründgens (*Die Möwe*, Düsseldorf 1948). Größeres Interesse für das erzählerische Werk hat es dann nach dem Ersten und nach dem Zweiten Weltkrieg gegeben, erkennbar an Übersetzungen, Buchausgaben und an der Präsenz in Anthologien (Tippner

1997, S. 60–63, 217–231). Schöpferische Rezeptionen im Bereich des Dramas hat es mehrfach gegeben. Zu Beginn der zwanziger Jahre hat Lion Feuchtwanger seine Komödie *Der Amerikaner oder Die entzauberte Stadt* (1921) nach eigenen Angaben in Orientierung an Čechovs *Kirschgarten* geschrieben; das gilt sowohl für das Sujet als auch für die Personendarstellung (Dick 1960). Und in der Spätphase der DDR sind es Harald Gerlach (*Vergewaltigung. Ein Spiel*, 1984) und vor allem Volker Braun, der die *Drei Schwestern* zum Ausgangspunkt seines systemkritischen Dramas *Die Übergangsgesellschaft* (1987) gemacht hat. Eine der Turgenev-, Dostoevskij- oder Tolstoj-Rezeption vergleichbare schöpferische Auseinandersetzung deutschsprachiger Autoren mit Čechovs Werk hat in Deutschland allerdings bestenfalls in Ansätzen stattgefunden. Zeitgenossen wie Hauptmann oder Schnitzler haben insbesondre Čechovs Erzählprosa geschätzt, eine der angelsächsischen Rezeption (z.B. bei George Bernard Shaw, Katherine Mansfield oder Virginia Woolf, Ernest Hemingway u.a.) vergleichbare Beschäftigung im Kontext des Genres short story hat es weder in der ersten Hälfte des 20. Jahrhunderts noch während der Blüte der deutschen Kurzgeschichte in den späten fünfziger und frühen sechziger Jahren gegeben.

Garšin hat Aufmerksamkeit vor allem mit seiner Erzählung *Krasnyj cvetok* (1883; dt. Die rote Blume) erregt, in der ein Patient einer Irrenanstalt sein ganzes Denken und Handeln auf drei Mohnblumen konzentriert, die er als Inkarnation alles Bösen in der Welt versteht und die er unter Einsatz seines Lebens vernichtet. Motivstruktur und die Thematik einer bis zur Selbstauflösung des Subjekts gehenden gestörten Wirklichkeitswahrnehmung haben Autoren von Alfred Döblin (*Die Ermordung einer Butterblume*, 1910) bis Christa Wolf (*Nachdenken über Christa T.*, 1968) beschäftigt.

4.12 Thomas Mann

Thomas Manns russische Lektüren

Untrennbar verbunden mit der Rezeption russischer Literatur in Deutschland ist der Name der Familie Mann. Noch in den zwischen 1939 und 1946 verfassten autobiographischen Aufzeichnungen *Ein Zeitalter wird besichtigt* spricht Heinrich Mann über die von innerem Beben begleitete Dostoevskij- und Tolstoj-Lektüre, von der durch sie vermittelten »tiefe[n] Kenntnis des Menschen, seiner Schwäche, seiner Furchtbarkeit, seiner unerfüllten Berufung«, rühmt er die russischen Dichter von Puškin bis Gor'kij als Lehrer. Er selbst hat sich allerdings bekanntlich mehr dem westeuropäischen Kulturraum zugehörig gefühlt, im Gegensatz zu seinem Bruder Thomas, dessen dichterisches und essayistisches Werk geradezu beispielhaft Umfang und Intensität der Ende des 19. Jahrhunderts einsetzenden schöpferischen Aneignung russischer Literatur demonstriert. Kein bedeutender deutscher Schriftsteller hat so oft und so ausführlich von der Bruderschaft zwischen Russland und

Deutschland gesprochen, kein deutschsprachiger Dichter sich so lange und so vielfältig mit russischer Literatur und Geschichte befasst, niemand hat sich so intensiv in die von Puškin bis zur Gegenwart reichende Geschichte der russischen Literatur eingelesen, kein Oeuvre eines im literarischen Rang vergleichbaren deutschen Autors enthält so viele Spuren dieser Rezeption, in fiktionalen Texten, in Essays, in Tagebüchern, Briefen und anderen autobiographischen Zeugnissen. Noch 1948 spricht Thomas Mann in einem Brief an Hermann Lange (26.2.1948) über seine große Verehrung für Gogol', Dostoevskij und Turgenev; vor allem aber erscheint Tolstoj permanent in Briefen, Statements und Artikeln, als Vorbild und Lehrmeister ebenso wie als zu kritisierender Ideologe. All diese Texte demonstrieren die kaum zu überschätzende Bedeutung dieser Autoren für Thomas Manns künstlerische Entwicklung. »[M]ein Verhältnis zur russischen Literatur« – so Thomas Mann im Essay *Russische Anthologie* (1921) – war »eine lebenswichtige Angelegenheit«, und in *Russische Dichtergalerie* (zuerst in der *Prager Presse* vom 3.12.1922) werden die großen russischen Autoren als »Genien dieses gewaltig lebenswichtigen Schrifttums« gerühmt. Neben der Beschäftigung mit Nietzsche ist es das »Erlebnis [...] des russischen Wesens« (*Russische Anthologie*), das den jungen Autor vor Erstarrung und geistigem Sterben schützte und ihm Brücken in die Zukunft baute. Die enge Beziehung zu Russland und seiner Literatur blieb, bei wechselhafter Orientierung und unterschiedlicher Intensität, bis zum Lebensende erhalten. Noch in der späten Rede *Meine Zeit* (1950) spricht Thomas Mann dankbar von der Bereicherung seiner Bildung durch die russische Literatur.

Der Ausnahmestatus dieser Rezeption resultiert aus ihrem Umfang, ihrer Vielfalt und Differenziertheit, aber auch aus den bisweilen problematischen Einschätzungen und Wertungen. Sie betrifft künstlerisch-ästhetische Aspekte ebenso wie weltanschauliche, kulturphilosophische und existenzielle. Als frühe russische Vorbilder hat Thomas Mann vor allem Turgenev, Tolstoj und Dostoevskij benannt. Direkte Übernahmen sind schwer auszumachen, u.a. aufgrund der synkretistischen Arbeitsweise Thomas Manns, in deren Rahmen Lektüreerfahrungen verschiedenster Provenienz verarbeitet worden sind; so ist z.B. Manns Dostoevkij-Rezeption auch immer im Kontext seiner Schopenhauer- und Nietzsche-Studien zu betrachten. Beispielhaft demonstriert dies der Essay *Dostojewski – mit Maßen* (in der *Neuen Rundschau*, 1946). Trotz dieser notwendigen Differenzierungen sind Affinitäten zur russischen Literatur in Novellen und Romanen von Beginn an unübersehbar, z.B. zum Typus des in der russischen Erzählprosa des 19. Jahrhunderts vielfach gestalteten »überflüssigen Menschen«, in der Weiterentwicklung der u.a. von Tolstoj im Roman *Krieg und Frieden* verwendeten Leitmotivtechnik sowie in Verfahren der ironisierenden Verfremdung von Personen und Sachverhalten mit Hilfe von kontrastierender bzw. relativierender Erzähler- oder Figurenrede, die das Emphatische unvermittelt mit dem Banalen verschränkt. Darüber hinaus ist die Bezugnahme auf russische Autoren mehrfach argumentativer Bestandteil der Essays, z.B. wenn

Mann in *Theodor Storm* (zuerst als Einleitung zu Theodor Storm: *Sämtliche Werke in zwei Bänden*, 1930) oder *Goethe und Tolstoi* (1921/1932) die genannten deutschen Dichter mit Hilfe kontrastierender Verfahren zu charakterisieren versucht: Storm im Verhältnis zu Turgenev und Goethe im Verhältnis zu Tolstoj.

Thomas Mann selbst hat auf seine ungewöhnlich enge Beziehung zur russischen Literatur immer wieder verwiesen. Noch in einem seiner letzten, einmal mehr den östlichen Lehrmeistern gewidmeten Essay (*Versuch über Tschechow*, 1954 in *Sinn und Form*) spricht er rückblickend von sich als einem »junge[n] Mensch[en], der mit einigen Erzählungen und einem Roman, welcher der russischen Erzählungskunst des neunzehnten Jahrhunderts sehr viel verdankte, in die Literatur eingetreten war«. Ähnliche Äußerungen finden sich in anderen Artikeln (*Dostojewski – mit Maßen*) sowie in Briefen an den Übersetzer Alexander Eliasberg und im Tagebuch. Die mit ihnen formulierten Wertungen schwanken; die fast identifikatorische Zuneigung und Bewunderung während der ersten Lebensjahrzehnte weicht ab Mitte der zwanziger Jahre zunehmender Distanzierung (erkennbar in Briefen an Bedřich Fučík, Ivan Šmelev u. a., im Essay *Goethe und Tolstoi*), während der dreißiger Jahre sogar partieller Ablehnung. Erst in den späten Essays über Tolstoj, Dostoevskij und Čechov zeigt sich dann wieder der Bewunderer russischer Erzählkunst, wobei in Bezug auf Dostoevskij der Gestus der Distanzierung (*Dostojewski – mit Maßen*) weiterhin dominiert. Die Bezugnahmen sind so zahlreich und vielfältig, dass sie hier bestenfalls in Ansätzen vorgestellt werden können. Sie sind Bestandteil grundlegender weltanschaulicher und ästhetischer Reflexionen, aber auch Resultat von Auftragsarbeiten, was eine gewisse Redundanz erklärt, insbesondre in den Ausführungen zu Tolstoj, mit dem sich Thomas Mann besonders intensiv beschäftigt hat.

Grundlage dieser Rezeption ist eine u. a. durch die Tagebücher dokumentierte wiederholte und genaue Lektüre der übersetzten Werke. Darüber hinaus ist sie auch geprägt durch einige Vermittler, durch Äußerungen von Dichtern über Dichter (z. B. Gor'kijs 1920 auf dt. erschienene *Erinnerungen an Lew Nikolajewitsch Tolstoi*), durch Übersetzer wie Alexander Eliasberg und Arthur Luther, durch Essayisten und Literarhistoriker wie Brandes, Volynskij und Merežkovskij. Insbesondere letzterer hat Thomas Manns Wahrnehmung und Bewertung russischer Autoren maßgeblich beeinflusst, das betrifft u. a. die typologisierende Gegenüberstellung von Tolstoj und Dostoevskij in der *Russischen Anthologie* und in *Goethe und Tolstoi*, die Bewertung Puškins als »vor-modern« (*Russische Anthologie*), diejenige Gogol's als Schwellenautor im Essay *Anna Karenina* (1940). In der erwähnten Einleitung zur *Russischen Anthologie* (1921) bezeichnet er Merežkovskij als den »genialsten Kritiker und Weltpsycholog[en] seit Nietzsche«. Die in Thomas Manns Bibliothek befindlichen Werke von Merežkovskij bezeugen in der Fülle der Anstreichungen die Intensität dieser Auseinandersetzung (Heftrich 1995), insbesondere mit Schriften wie *Tolstoi und Dostojewski als Menschen und als Künstler, Ewige Gefährten* (1915) und *Gogol. Sein Werk, sein Leben und seine Religion* (1911). Der Einfluss Merežkovskijs dauerte bis Ende der dreißiger Jahre. So sind dessen *Geheimnisse des Ostens* (1924) auch für die Konzeption der *Josephs*-Romane von Belang gewesen.

Thomas Mann hat darüber hinaus immer wieder aufmerksam auch andere Publikationen über russische Literatur verfolgt, u.a die 1918 erschienene deutsche Version (*Rußlands politische Seele. Russische Bekenntnisse*, hg. v. Elias Hurwicz) des 1909 erschienen Bandes *Vechi* (Wegzeichen), der zu den wichtigsten intellektuellen Bestandsaufnahmen von Gesellschaft und Kultur im Russland des frühen 20. Jahrhunderts gehört, sowie *Dostojewski und Nietzsche: Philosophie der Tragödie*, ein 1924 auf deutsch erschienenes Buch des russischen Philosophen Lev Šestov. Nicht uninteressant in diesem Kontext ist eine verwandtschaftliche Beziehung: Käthe Rosenberg, eine Cousine von Katja Mann, hat während der zwanziger Jahre für den Fischer-Verlag Texte von Aleksej Remizov, Ivan Bunin und Ivan Šmelev ins Deutsche übersetzt.

Intertextuelle Bezüge zu russischen Autoren und Texten in der Erzählprosa: *Der Bajazzo, Tonio Kröger, Der Zauberberg, Doktor Faustus*

Spuren dichterischer Rezeption zeigen sich bereits in frühen Erzählungen, z.B. bei der psychologisch einfühlsamen Gestaltung von gesellschaftlichen Außenseitern in *Der kleine Herr Friedemann, Der Bajazzo* (beide in der *Neuen Deutschen Rundschau*, 1897) sowie *Die Hungernden* (in der Zeitschrift *Die Zukunft*, 1903). *Der Bajazzo* offenbart sowohl inhaltlich als auch strukturell eine erstaunliche Affinität zu Dostoevskijs *Aufzeichnungen aus dem Untergrund*. Im Zentrum beider Texte steht die schonungslose Beichte eines egozentrischen, am Leben gescheiterten, im Keller bzw. im Dunkel sitzenden Individualisten. Beide Figuren, sowohl der an seinen intellektuellen Ansprüchen verzweifelnde »Untergrund-Mensch« Dostoevskijs als auch der als Künstler gescheiterte bürgerliche Dilettant »Bajazzo« Thomas Manns werden als asoziale, handlungsunfähige, auch in der Liebe versagende, mit der Gesellschaft zerfallende, sich selbst verachtende Egozentriker charakterisiert. Ihr Bemühen, die Kluft zwischen Ich und Lebenswelt, ihre soziale Isoliertheit, mit Hilfe einer dialogischen Beichte zu überbrücken, ist zum Scheitern verurteilt. Trotz ihres aufklärerisch geschulten analytischen Denkens verbleibt ihre Rede im Status des selbstmitleidigen Räsonierens, verharren beide in der Rolle des dekadenten Lebenszuschauers, zeigen sie sich – um eine auf den »Untergrund-Menschen« bezogene Äußerung Thomas Manns zu verwenden – als nutzlose, Mitleid und Abscheu erregende Existenzen. Beide Texte zeigen frappierende Übereinstimmungen bei der Charakterisierung der Hauptfiguren und in der Motivstruktur, z.B. wenn sich der »Untergrund-Mensch« Dostoevskijs mit einer Maus, Thomas Manns Bajazzo sich mit einer Fledermaus vergleicht. Gleiches gilt auch für Stil und Struktur dieser »polemischen Beichten« (Lehmann 2000a). Die bekennende Rede beider »Helden«

ist geprägt durch die Gestik des Fragens sowie durch innere Dialogizität, m. a. W. beide äußern sich im Horizont einer anderen Sprache, die nicht explizit artikuliert wird, aber implizit präsent ist, reden permanent in Erwartung einer Gegenrede, erkennbar u. a. an Formulierungen wie »ich gebe zu«, »ich bestehe darauf«, »ich werde es Ihnen erklären«, wodurch die innere Zerrissenheit, die Labilität und die geistige Orientierungslosigkeit dieser Figuren sprachlich akzentuiert wird. Bei aller Nähe dürfen natürlich die Unterschiede nicht übersehen werden. Dostoevskijs »Held« entspricht in viel stärkerem Maße äußerlich und innerlich seiner Rolle als »Untergrundmensch«: Er ist hässlich, leberkrank, aggressiv, zynisch, moralisch verkommen, zugleich intellektuell begabter als der Bajazzo, ein kluger Analytiker der Gesellschaft und des eigenen Ich. In dieser Eigenschaft darf er auch als Protagonist im Kontext von Dostoevskijs ideologischer Auseinandersetzung mit Nikolaj Černyševskijs Roman *Čto delat'* (1863; dt. Was tun) gelten, einem der wichtigsten literarischen Repräsentanten des utopischen Sozialismus in der Mitte des 19. Jahrhunderts. Geistesgeschichtlich von Interesse ist Thomas Manns Text, weil hier im Rahmen der Rede des Bajazzo Dostoevskijs slavophil geprägte Nihilismus-Kritik des 19. Jahrhunderts mit einer auf den Aspekt Künstlertum fokussierten Dekadenz-Problematik um 1900 verschränkt wird.

Diese Thematik wird von Thomas Mann wenig später, wiederum im Kontext russischer Lektüren, mit der autobiographischen Novelle *Tonio Kröger* (in der *Neuen Deutschen Rundschau*, 1903) weitergeführt und intensiviert. In seinem Storm-Essay hat Thomas Mann andeutend darauf verwiesen, dass neben Storm auch Turgenev zu den geistigen Vätern des *Tonio Kröger* gehört, dass sein Bild vom Dichter Turgenev zusammen mit dem Theodor Storms die Vatergestalt wesentlich geprägt hat, vor allem deren mondäne gesellschaftsbezogene Seite. An literarische Werke Turgenevs wie *Rudin, Faust, Das Tagebuch eines überflüssigen Menschen* erinnert die Affinität des Décadent Tonio Kröger zur Gestalt des durch Distanz zum Leben, Unfähigkeit zum Handeln, geistige Müdigkeit charakterisierten »überflüssigen Menschen« (lišnij čelovek). Darüber hinaus wird in dieser Novelle die Orientierung verheißende Auseinandersetzung mit der russischen Literatur selbst zum Gegenstand der Darstellung. In deren Zentrum steht der Dialog des an einem inhaltsleeren, an einem von sozialer Isolierung begleiteten Ästhetizismus leidenden Schriftstellers Tonio Kröger mit der russischen Malerin Lisaweta. Sie erscheint als Repräsentantin der anspruchsvolles Künstlertum mit religiösem und sozialem Engagement verbindenden ›heiligen russischen Literatur‹, worauf bereits ihr Name verweist, den ungewöhnlich viele weibliche Hauptpersonen in russischen literarischen Texten tragen: in Karamzins den russischen Sentimentalismus mit begründender Erzählung *Bednaja Liza* (Die arme Liza), in Puškins *Pikovaja dama* (Pique dame), in Turgenevs Roman *Das Adelsnest*, in Gončarovs *Obyknovennaja istorija* (Eine gewöhnliche Geschichte), in Tolstojs *Krieg und Frieden*, in Dostoevskijs *Aufzeichnungen aus dem Untergrund* und in dessen Romanen *Der Idiot* und *Die Brüder Karamazov*. Im Verlauf des Gesprächs mit Lisaweta kommt es zur Selbstfindung des Künstlers Tonio Kröger im Leben; die gleichsam als Katalysator wirkende Begegnung mit der russischen Literatur führt ihn zu der Einsicht, dass Kunst und soziales Leben keine Gegensätze sind. Von Interesse in diesem Kontext ist, dass hier, wie auch ansatzweise bei Rilke, die russische Literatur weiblich konnotiert ist. Das akzentuiert den Aspekt des Bergenden, weist darüber hinaus aber auch voraus auf die Charakterisierung des Russischen als sinnlich, gefühlsbetont, unverbraucht und erdverbunden in späteren Texten wie dem *Zauberberg* oder *Goethe und Tolstoi*.

Als folgenreicher, anspielungsreicher und differenzierter erweist sich die Rezeption Dostoevskijs, Turgenevs und vor allem Tolstojs in Romanen wie *Buddenbrooks*, *Der Zauberberg* und *Doktor Faustus*. Was die *Buddenbrooks* (1901) betrifft, so hat einer Briefnotiz Thomas Manns zufolge vor allem die tägliche Lektüre Tolstojs den jungen Autor bestärkt, »das schwierige Romanwerk fortzusetzen«. Von den drei genannten russischen Autoren verdankt der Roman Turgenev und Dostoevskij die psychologisch differenzierte Darstellung einzelner Charaktere, Tolstojs Romanen *Krieg und Frieden* und *Anna Karenina* die dabei verwendete Leitmotivtechnik sowie die ironisierende Verfremdung von Äußerungen und Verhaltensformen mit Hilfe relativierender und kontrastierender Erzähler- und Figurenrede. Auf inhaltliche Korrespondenzen verweist u.a. die katalysatorische Wirkung der Schopenhauer-Lektüre sowohl bei Lewin in *Anna Karenina* als auch bei Thomas Buddenbrook. Korrespondenzen zu Tolstojs im Entstehungszeitraum der *Buddenbrooks* in Deutschland intensiv rezipierter *Kreutzersonate* ergeben sich aus der Einschätzung der Musik als dämonischer, sinnlich entgrenzender und letztlich zerstörerischer Kraft.

Umfassender und komplizierter verläuft die Rezeption im *Zauberberg* (1924), da hier sowohl ästhetische als auch weltanschauliche Aspekte eine wichtige Rolle spielen. Thomas Mann immer wieder bewegende Problemfelder wie das Verhältnis von Ost und West, von barbarischem, anarchischem »Asiatentum« und einem der Aufklärung und der Klassik verpflichteten Humanitätsideal werden im Rahmen einer langjährigen, Reden (*Von deutscher Republik*, 1922; *Im Warschauer PEN-Club*, 1927) und Essays wie *Goethe und Tolstoi* einschließenden Beschäftigung mit Russland dichterisch gestaltet (Koenen 1998, S. 354ff.). Während der Entstehung des *Zauberbergs* hat sich Mann besonders eingehend mit russischen Texten befasst. Die den Roman ideologisch prägende Auseinandersetzung zwischen Settembrini und Naphta korrespondiert strukturell, in der Kontrastierung, der im genannten Essay formulierten Gegenüberstellung von Tolstoj und Goethe. Die Zeichnung der genannten Figuren fällt allerdings unterschiedlich aus. Bei der Charakterisierung des Russischen verwendet Thomas Mann wie in *Goethe und Tolstoi* bestimmte, durch die Aspekte Passivität, Sinnlichkeit, ›Liederlichkeit und Menschlichkeit‹ gekennzeichnete Russland-Images, die durch Figuren (Madame Chauchat, Marusja, der Lehrer Popow) bzw. Figuren-Gruppen (das russische Ehepaar, der »gute« und der »schlechte Russentisch«) verkörpert werden.

An Dostoevskijs Romane erinnert im *Zauberberg* die thematische Vielstimmigkeit: die Verknüpfung von Themenfeldern wie Liebe, Sexualität, Krankheit, Leiden, Sinnsuche und gesellschaftlicher Bestandsaufnahme im Kontext philosophischer und religiöser Diskurse. Dem korrespondiert die Eigenschaft von Personen, als Ideenträger zu agieren, als vom Autor distanziert und ironisch gezeichnete Repräsentanten geistiger Entitäten: Settembrini Aufklärung, Maß, das Apollinische verkörpernd, Naphta als Inkarnation des Byzantinisch-Asiatischen, des Anarchischen, des Despotisch-Inhumanen, der zwischen ihnen stehende Hans Castorp als Inkarnation der Stellung Deutschlands zwischen West und Ost, seine Liebe zu Madame Chauchat als Ausdruck der deutschen emotionalen Affinität zu Russland. Dabei zeigt die Charakterisierung der überaus komplexen, aus vielen geistesgeschichtlichen Bezügen zusammengesetzten Gestalt des Naphta in Teilen unübersehbare Übereinstimmungen mit derjenigen Tolstojs in *Goethe und Tolstoi*. Das dort entworfene Dichterbild korrespondiert partiell der Romanfigur in Bezug auf die Aspekte Anarchismus, Ablehnung staatlicher Institutionen und westlicher Kunst, Askese, radikale Religiosität. Zugleich erinnert die Naphta-Gestalt in ihrer Gebrochenheit an Figuren aus Dostoevskijs *Dämonen*, z.B. an die durch eine Mischung von Atheismus und Gottessehnsucht gezeichneten Kirillov und Stavrogin, sowie – was Naphtas dogmatische Ausführungen über religiöse Weltherrschaft und totalitäre Macht betrifft – an die Reden des Großinquisitors in *Die Brüder Karamazov*. Sowohl letzterer als auch Naphta predigen den Primat der Kirche, rechtfertigen deren Herrschaft über Individuen und Staat, beide leugnen in diesem Zusammenhang das Recht des Einzelnen auf persönliche Freiheit, gehen sogar von deren freiwilligem Verzicht durch das Individuum aus. An Dostoevskijs große Romane erinnert aber auch die im *Zauberberg* erkennbare Tendenz, diese Ideenträger mit Hilfe einer wohlkalkulierten literarischen Inszenierung aufeinanderstoßen zu lassen, in deren Rahmen sie und ihre ideologischen Vorstellungen in z.T. grotesk-ironischer Weise in Frage gestellt werden; nicht zufällig steht ihnen ihr ›Schüler‹ Hans Castorp am Schluss distanziert gegenüber.

Die Kontinuität von Thomas Manns dichterischer Beschäftigung mit russischer Literatur demonstriert der über zwanzig Jahre nach dem *Zauberberg* geschriebene *Doktor Faustus* (1947). Der vorletzte vollendete Roman Thomas Manns wird begleitet von einem erneuten Studium der Werke Dostoevskijs. Im Voraussetzungen und Entstehung des Textes dokumentierenden Essay *Die Entstehung des Doktor Faustus* (1949) spricht Thomas Mann davon, dass die im Zeichen des »Faustus« stehende Lebensepoche ein entschiedenes Vorwiegen des Interesses an Dostoevskijs »apokalyptisch-grotesker Leidenswelt« gezeigt habe, noch vor der sonst tieferen Neigung zu Tolstojs homerischer Urkraft. Thomas Mann hat zu dieser Zeit u.a. folgende Werke Dostoevskijs gelesen bzw. wiedergelesen: *Igrok* (Der Spieler), *Djadjuškin son* (Onkelchens Traum), *Večnyj muž* (Der ewige Gatte), *Aufzeichnungen aus dem Totenhaus, Aufzeichnungen aus dem Untergrund, Das Dorf Stepančikovo und seine Bewoh-*

ner, *Die Dämonen, Der Idiot, Verbrechen und Strafe, Die Brüder Karamazov*. Dieses Interesse hängt eng zusammen mit zentralen Themen des Romans *Doktor Faustus*, also Krankheit und Künstlertum, Schuld und Verbrechen, Maß und Ordnung sprengendes, ›dämonisches‹ Denken und künstlerisches Handeln. Neben den hierbei dominierenden Nietzsche-Bezügen ist es Dostoevskij, der als Künstlergestalt sowie als Autor der *Dämonen* und der *Brüder Karamazov* im Roman unübersehbar präsent ist. Die an Adrian Leverkühn demonstrierte Verbindung von Krankheit und Schöpfertum korrespondiert Thomas Manns Charakterisierung Dostoevskijs als Autor, bei dem das Leiden die Voraussetzung eines unbedingten, dionysisch-geistigen Künstlertums gewesen ist. In seinem fast gleichzeitig mit dem *Doktor Faustus* entstandenen Essay *Dostojewski – mit Maßen* erscheint der russische Dichter als dämonischer Verwandter von Leverkühn-Nietzsche, als »Bruder im Geiste«. Leverkühns Streben nach schöpferischer Erleuchtung, nach mit unendlichem Entzücken verbundener Inspiration ist vergleichbar mit Dostoevskijs ›mystisch-ausschweifendem‹ Erleben der Epilepsie, der ›heiligen Krankheit‹, ohne die nach den Worten Manns Dostoevskijs Größe nicht verstehbar sei. Sie zeige sich als spezifische Form unkontrollierter Erkenntnis, die dazu befähigt, die innersten Beweggründe des Verbrechens aufzuspüren, Verbrechen dabei verstanden als ein alle Ordnung, alles Maß übersteigendes Denken und Handeln. Diese Form der Erkenntnis unterscheide allerdings Dostoevskij von Nietzsche, den eben nicht ›mystisch-triebhafte Geistigkeit‹, sondern ›geistige Kälte‹ auszeichne.

Die schöpferische Rezeption von Werken Dostoevskijs offenbart der *Doktor Faustus* in vielfältiger Weise: In inhaltlichen Korrespondenzen, bei der Charakterisierung von Personen, an stilistisch-strukturellen Besonderheiten. Was letzteres betrifft, so gestaltet Thomas Mann die ungemein komplexe Thematik des *Doktor Faustus* u.a. mit Hilfe des bereits am Beispiel des *Bajazzo* vorgestellten Verfahrens, nämlich der Dostoevskijs Erzählprosa auszeichnenden Polyphonie und inneren Dialogizität. Michail Bachtin, der Entdecker dieser stilistischen Besonderheit Dostoevskijs, hat in der zweiten, veränderten Auflage seines Buches *Probleme der Poetik Dostoevskijs* (dt. 1971) auf deutliche Korrespondenzen zwischen Dostoevskij und Mann verwiesen, hinsichtlich des polyphonen Sprechens der Hauptfiguren Zeitblom und Leverkühn ebenso wie hinsichtlich der Konstruktion karnevalistischer Szenerien. Bachtins nicht näher ausgeführte Bemerkungen lenken in der Tat den Blick auf Aspekte der inneren Dialogizität bei Zeitblom, auf sein Antizipieren fremder Rede, auf den Wechsel von monologisch-einstimmiger und dialogisch-zweistimmiger Erzählrede, auf die Überschneidung verschiedener Denkformen bzw. Ideologien im Bewusstsein des Erzählers, z.B. der eigenen humanistischen und der dieser radikal entgegengesetzten Position des Künstlers Leverkühn (Solovieva 2005, S. 476).

Unübersehbar sind Korrespondenzen bei der Gestaltung Leverkühns. Dessen Kälte und Unmenschlichkeit erinnert an den Nihilisten Stravrogin im Roman *Die*

Dämonen, den Thomas Mann in *Dostojewski – mit Maßen* als eine der »unheimlich anziehendsten Figur[en] der Weltliteratur« charakterisiert hat. Noch deutlicher sind die Gemeinsamkeiten mit Ivan Karamazov: die Intellektualität, die damit verbundene soziale Isolierung, die ständigen Kopfschmerzen, ihre durch venerische Krankheiten bedingte psychische Labilität, das Schwanken zwischen Euphorie und Verzweiflung.

Die schöpferische Rezeption der *Brüder Karamazov* offenbart sich jedoch vor allem in Leverkühns Teufelspakt, dessen sprachkünstlerische Gestaltung in manchem an das Gespräch des Ivan Karamazov mit dem Teufel im elften Buch der *Brüder Karamazov* erinnert. Auf entsprechende Korrespondenzen hat Thomas Mann selbst im Brief an Agnes E. Meyer (7.1.1945) verwiesen. In beiden Romanen ist die Teufelsgestalt zum einen im Kontext des Doppelgänger-Motivs als das Andere des Ich, zum anderen als Allegorie verstehbar: bei Dostoevskij als die einer in Geisteskrankheit mündenden haltlosen Intellektualität, bei Thomas Mann als die einer künstlerisches Schöpfertum und Inspiration ermöglichenden Krankheit. Sowohl Ivan Karamazov als auch Leverkühn bewegen sich auf der Schwelle zwischen Realität und Wahnsinn, in beiden Romanen changiert die Szene zwischen Dialog und einem durch die Verwendung des Doppelgänger-Motivs geprägten Selbstgespräch. Beide Figuren sind körperlich und vor allem seelisch Leidende, gezeichnet von Einsamkeit, fehlender Liebe und Hochmut, beide verabschieden sich mit einer Beichte, bevor sie im Wahnsinn enden. In beiden Romanen erscheint der Teufel zunächst als reale, auf dem Sofa sitzende zwielichtige Gestalt, als Zuhälter und als Gelehrter bei Thomas Mann, als in eleganter, aber abgetragener Kleidung auftretender Schmarotzer bei Dostoevskij. Sowohl Ivan Karamazov als auch Leverkühn scheinen den Teufel erwartet zu haben, beide versuchen sein Erscheinen – vergeblich – rational mit ihrer Krankheit zu erklären. In beiden Romanen artikulieren die Teufelsgestalten Gedanken Ivans bzw. Leverkühns, Ivans Reflexionen über die Existenz Gottes, Leverkühns Überlegungen zum Verhältnis von Krankheit und Kunst, Gedanken zur Frage, was moderne Kunst eigentlich sein kann. Übereinstimmungen zeigt auch der Gesprächsverlauf: Schmähung des Teufels durch Ivan bzw. durch Leverkühn, Phase der Annäherung, Zuhören, der Teufel als Gedanken der Protagonisten artikulierender Analytiker der Seele. Bei Dostoevskij kommt es allerdings nicht zum Pakt, auch sind die Rahmenbedingungen andere. Die Ivan Karamazov bedrängende Theodizee-Problematik und die Frage nach den Bedingungen und Grenzen menschlicher Freiheit spielen in Leverkühns Gespräch mit dem Teufel keine Rolle. Darüber hinaus ist die Teufelsgestalt bei Thomas Mann komplexer, eine zwischen Halbwelt und Intelligenzlertum befindliche ›fließende Erscheinung‹. Die Auseinandersetzung zwischen ihr und Leverkühn betrifft dominant Probleme des zwischen Dionysischem und Apollinischem, zwischen Rausch und Intellektualität schwankenden Künstlertums. Von Interesse ist dabei allerdings, dass diese Problematik unter Berücksichtigung des Verhältnisses von Krankheit und Inspiration reflektiert wird, und zwar im unübersehbaren Kontext des erwähnten Dostoevskij-Essays von Thomas Mann. Daneben gibt es auch stilistische und erzähltechnische Affinitäten zwischen dem *Doktor Faustus* und anderen Werken Dostoevskijs, auf die Mann selbst verwiesen hat. So hat er in einer Tagebuchnotiz vom 16.8.1952 deutliche Korrespondenzen zwischen dem umständlich-naiven Erzählen des Serenus Zeitblom und der zögerlichen, ungeschickten Sprachgestik des Erzählers in Dostoevskijs Roman *Der Jüngling* konstatiert (Gerigk 2000, S. 43 f.).

Die großen Essays: Das Dostoevskij-Kapitel in den *Betrachtungen eines Unpolitischen; Goethe und Tolstoi;* die späten Essays über Dostoevskij und Čechov

Umfang, Dauer und Intensität der Auseinandersetzung mit russischer Kultur und Literatur demonstrieren auch die zahlreichen Reden und Essays von Thomas Mann. Sie lassen erkennen, dass diese Rezeption immer wieder der Orientierung und Standortbestimmung dient, das betrifft den ästhetisch-künstlerischen Bereich ebenso wie weltanschauliche und gesellschaftspolitische Fragestellungen. Gerade hier zeigt sich auch der Gegensatz zum Bruder Heinrich, in dessen Werk die Auseinandersetzung mit russischer Literatur eher eine marginale Rolle spielt. Was die geistesgeschichtlich relevante Orientierung angeht, so verfährt Thomas Mann wie viele seiner Zeitgenossen, die russische Autoren und ihre Werke im Rahmen einer geradezu usurpatorischen Aneignung für die Demonstration und Erörterung nichtliterarischer Themenkomplexe instrumentalisiert haben. Mann erörtert in seinen Essays die ihn permanent bewegende Problematik des Verhältnisses von Ost und West, die Verbindung von Ästhetik und Ethik, von Kunst und Gesellschaft. In der Begegnung mit dem Anderen der russischen Kultur und Literatur, im Verlauf einer zunächst stark identifikatorischen (*Betrachtungen eines Unpolitischen*), ab Mitte der zwanziger Jahre vermehrt kontrastiv (*Goethe und Tolstoi*) verfahrenden Auseinandersetzung arbeitet er die eigene künstlerische und intellektuelle Position heraus, erörtert Probleme eines literarischen Realismus. Darüber hinaus dient die Charakterisierung russischer Schriftsteller mehrfach der Profilierung deutscher Autoren, so wenn kontrastierend Storm und Turgenev (*Theodor Storm*), Schiller und Dostoevskij sowie Goethe und Tolstoj (*Goethe und Tolstoi*) miteinander verglichen werden.

Eine umfängliche Berücksichtigung russischer Autoren begegnet bereits in Thomas Manns erstem großen Essay, in der zwischen 1915 und 1918 geschriebenen kulturpolitischen Streitschrift *Betrachtungen eines Unpolitischen*, mit der Thomas Mann anlässlich des Ersten Weltkrieges zum einen – geistesgeschichtlich argumentierend – den Standort Deutschlands zwischen Westen und Osten und zum anderen – kulturpolitisch und literarhistorisch denkend – die eigene Position als

Schriftsteller zwischen westeuropäischer »Zivilisation« und deutscher »Kultur« zu bestimmen versucht. Zivilisation identifiziert er dabei mit Reflexion, Technokratie, weltlicher, insbesondre französischer Dekadenz; die ihr verpflichteten »Zivilisationsliteraten«, zu denen er auch den Bruder Heinrich rechnet, repräsentieren eine konstruierte, nicht organische, sondern dem Feuilletonismus verpflichtete, kosmopolitisch orientierte Kunst. Hingegen strebe das durch »Kultur« geprägte deutsche Künstlertum nach höherer Ordnung, pflege eine politik- und gesellschaftsferne Innerlichkeit. Die umfangreiche, sehr komplexe, argumentativ durchaus problematische, in weiten Teilen einer konservativen politischen Romantik verpflichtete Schrift ist hier im Einzelnen nicht darstellbar. Relevant im Kontext der deutsch-russischen literarischen Beziehungen ist – neben vielfältigen Bezugnahmen auf Tolstoj, Turgenev, Gončarov u.a. – die ausführliche Inanspruchnahme kulturkritischer Gedankengänge aus Dostoevskijs *Tagebuch eines Schriftstellers*, die insbesondre im Kapitel »Der Protest« formuliert worden sind. Turgenev oder Tolstoj erscheinen eher in begleitender bzw. kontrastierender Funktion; das betrifft vor allem den Gegensatz zwischen dem laut Mann eher westlich orientierten, durch »Klarheit, Maß, Übersichtlichkeit« (Tagebuch vom 16.5.1919) ausgezeichneten Turgenev und den genuin russischen Dichtern Tolstoj und Dostoevskij. Die dabei erkennbare Instrumentalisierung des letzteren sowie die wiederholte Berufung auf ihn mit Hilfe weiterer Zitate in unterschiedlichen Kontexten in den folgenden Kapiteln lassen eine recht diffuse, uneinheitliche, von unterschiedlichen Argumentationen abhängige Rezeption Dostoevskijs erkennen, demonstrieren einmal mehr das synkretistische Denken und Argumentieren Thomas Manns.

Ausgehend von Passagen in Dostoevskijs *Tagebuch eines Schriftstellers* (*Die deutsche Weltfrage. Deutschland – das protestierende Land*, Februar 1877) erörtert Thomas Mann zunächst Gründe für die Nichtzugehörigkeit Deutschlands zu Westeuropa, für die »renitente Rolle des deutschen Wesens in der europäischen Geistesgeschichte«. Orientiert an Dostoevskij macht er dafür die Protesthaltung der Deutschen gegenüber Katholizismus, Kosmopolitismus und emanzipatorischem Intellektualismus verantwortlich und erklärt in diesem Zusammenhang, dass der Erste Weltkrieg im Wesentlichen ein neuer großartiger Ausbruch des uralten deutschen Kampfes gegen den Geist des Westens sei, eines Kampfes, dessen geistige Wurzeln im eingeborenen und historischen Protestantismus der Deutschen liege. Darüber hinaus bemüht Thomas Mann Dostoevskij, wenn es darum geht, den künstlerischen Standort Deutschlands zwischen Westen und Osten zu bestimmen. Laut Mann besteht dessen Besonderheit u.a. in der Abwehr einer westeuropäisch geprägten Zivilisationsliteratur, zugunsten einer dem organischen Leben verpflichteten Kunst, zu deren Quellen auch die russische Literatur in Gestalt Tolstojs gehört (im Kapitel »Vom Glauben«). Dem korrespondiert die Behauptung, dass »deutsche und russische Menschlichkeit einander näher sind als die russische und die französische, und unvergleichlich näher als die deutsche und lateinische«, dass deutsche und russische Humanität vereint sind im Leiden. Auch die bereits im Titel der Schrift angesprochene Behauptung einer grundsätzlich unpolitischen Einstellung der Deutschen stützt sich auf Dostoevskijs im *Tagebuch eines Schriftstellers* formulierte These vom protestierenden Deutschland, dessen Identität im Protest gegen die römisch-katholische sowie gegen eine der französischen Aufklärung verpflichtete Zivilisation besteht und das »sein eigenes neues Wort« erst noch sprechen wird. Als argumentativer Gewährsmann einer damit verbundenen Absage an ein Demokratie und sozialen Fortschritt beförderndes politisches Handeln erscheint am Schluss des Essays (Kap.»Vom Glauben«) einmal mehr Dostoevskij, dessen politische Schriften in identifikatorischer Weise als *Betrachtungen eines Unpolitischen* charakterisiert werden.

Die in den *Betrachtungen* betonte Nähe Deutschlands zu Russland, die Korrespondenz von russischer »Menschlichkeit« und deutscher »Innerlichkeit«, wird in anderen Beiträgen bis zum Beginn der zwanziger Jahre modifizierend wiederholt, z.B. in *Russische Dichtergalerie* (1922), wo beide Nationen einmal mehr als ›Brüder im Leiden‹ bzw. als ›Brüder im Schicksal‹ charakterisiert werden. Spätestens ab Mitte der zwanziger Jahre wird das Verhältnis zu Russland distanzierter, wird nicht mehr das Gemeinsame, sondern vermehrt das Unterscheidende herausgearbeitet. Das geschieht über umfassende Charakterisierungen von Autoren wie Tolstoj, Turgenev (im Storm-Essay), Dostoevskij und Čechov. Wie so Vieles in Thomas Manns Werk sind diese Arbeiten stark autobiographisch gefärbt, die mit ihnen entworfenen Dichterbilder sind nicht selten Spiegelungen des eigenen Selbst, Versuche der Selbstvergewisserung, erscheinen als Gestaltung eines Vor- oder Gegenbildes, als Projektion, mit deren Hilfe eigene künstlerische Probleme reflektiert, bedrängende Komponenten (z.B. die sinnlich-animalische) der eigenen Existenz bekämpft werden.

All das zeigt sich besonders an den vielfältigen Ausführungen über Tolstoj, der zunehmend ins Zentrum der Beschäftigung mit russischer Literatur rückt. Dabei wird der Künstler Tolstoj weiterhin hochgeschätzt; im erstmals 1940 veröffentlichten Vorwort zu einer amerikanischen Ausgabe der *Anna Karenina* rühmt Mann dieses Werk als »den größten Gesellschaftsroman der Weltliteratur«, seinen Autor als gewaltigen, ursprünglichen, naturhaften Schöpfer, spricht von unsterblichem Realismus. Andererseits arbeitet er vermehrt die problematischen Eigenschaften des Menschen und Ideologen Tolstoj heraus. Das geschieht – neben der erwähnten autobiographischen Ausrichtung – nachdrücklich im Kontext eigener weltanschaulicher und ästhetischer Standortbestimmungen, im Rahmen der Bemühungen um eine Rehumanisierung Europas nach dem Ersten Weltkrieg, vor dem Hintergrund einer durch Bolschewismus und Faschismus repräsentierten drohenden neuen Barbarei.

Beispielhaft demonstriert dies der große Essay *Goethe und Tolstoi*. Dessen lange Entstehungsgeschichte (1921–1932) zeigt anschaulich die erwähnte Veränderung in Manns Auseinandersetzung mit russischen Dichtern, belegt darüber hinaus, in welch starkem Maße die einzelnen Phasen dieser Rezeption die geistige Entwicklung dieses bedeutenden Schriftstellers vom konservativen Ideologen zum Anhänger einer parlamentarischen Demokratie widerspiegeln (Lehnert/Wessel 1991; Lehmann 2012). Während der am 4.9.1921 in Lübeck gehaltene Vortrag noch ganz im Sinne der *Betrachtungen* die Wesensverwandtschaft von Russen und Deutschen betont, akzentuiert die Buchfassung von 1932 mit Hilfe des Vergleichs zwischen Goethe und Tolstoj die Unterschiede, wobei im Verlauf der Argumentation interessanterweise auch Turgenev als Gewährsmann bemüht wird.

Goethe und Tolstoi gehört zu den umfangreichsten und kompliziertesten Essays von Thomas Mann. Er besteht aus achtzehn Kapiteln von verschiedener Länge. Der sprachliche Gestus ist geprägt von einer Mischung aus Erzählung, Zitierung, Porträtierung und Reflexion. Auffallend ist eine Tendenz zur Dialogizität. Diese besteht nicht nur in den vielen rhetorischen Fragen oder in der Anrede eines imaginären Gegenübers, sondern auch in einer (bereits bei der Erzählung *Der Bajazzo* vermerkten) inneren Dialogizität, also in einem ständigen Antizipieren von möglichen Einwänden eines Gegenübers, durch welche die eigene Argumentation motiviert und legitimiert werden soll. Ungewöhnlich oft bedient sich Thomas Mann fremder Rede, im Rahmen von Zitierungen sowie in vielfältigen Anspielungen, bezogen auf die Werke Goethes und Tolstojs ebenso wie auf die Sekundärliteratur, von der er in bedenklichem Ausmaß abhängig ist. Häufig stammen die Goethe- bzw. Tolstoj-Zitate nicht aus entsprechenden Werkausgaben, sondern aus Schriften von Merežkovskij, Albert Bielschowsky (*Goethe. Sein Leben und seine Werke*. 8. Auflage, 1905), Paul Birukof (Hg. von *Leo N. Tolstois Biographie und Memoiren*, 1906/1909) und Gor'kijs bereits genannten *Erinnerungen an Lew Nikolajewitsch Tolstoi*.

In der Fassung von 1932 trägt Thomas Manns Essay den Untertitel *Fragmente zum Problem der Humanität*. Sein Anliegen ist also nicht ein rein literarisches, vielmehr ist auch diese Schrift von der Thomas Mann zeitlebens beschäftigenden Frage nach dem Verhältnis von Leben und Geist, von Geist und Tat, von Narzissmus und gesellschaftlichem Handeln geprägt. Diese Polarisierung bestimmt nicht nur den Inhalt, sondern auch die Argumentation des Essays. Thomas Mann fragt nach Voraussetzungen, Möglichkeiten und Grenzen einer Vermittlung von Geist und Natur, von Kritik und Schöpfertum in der Biographie der betreffenden Autoren, und zwar nach einer von Mühen und Leid begleiteten Vermittlung, die für ihn Grundlage jeglicher Kultur und damit auch Humanität ist. Auch in diesem großen Essay spielt also einmal mehr das Motiv des Leidens eine wesentliche Rolle, das die deutschsprachige Rezeption russischer Literatur vom 19. Jahrhundert bis zur Gegenwart so nachhaltig bestimmt. Laut Mann ist es vor allem der Künstler, der nach einer solchen Vermittlung strebt bzw. streben soll; es ist der Künstler, an dessen Denken und Schaffen dies anschaubar gemacht werden kann. Ausgehend davon stehen in *Goethe und Tolstoi* große Künstler im Mittelpunkt, die in verschiedener Weise das genannte Verhältnis von Natur und Geist repräsentieren. Die Vermittlung von Geist und Natur geschieht in vielfältiger und verschiedener Weise, personifiziert durch unterschiedliche Künstlertypen. Thomas Mann erläutert diesen Sachverhalt ausführlich mit Hilfe einer zweifachen Vergleichung. Im Rahmen der ersten werden zwei Künstlertypen einander gegenübergestellt: die naturverbundenen, gesunden Plastiker Goethe und Tolstoj auf der einen und die geistorientierten, kranken, ›leibesgehässigen‹ Schiller und Dostoevskij auf der anderen Seite. In einer zweiten Vergleichung werden dann die »Antäus-Natur[en]« Goethe und Tolstoj untersucht. Die erste Vergleichung wird mit Hilfe eines Ensembles von Kategorien und argumentativen Verfahren formuliert, die Thomas Mann aus Texten von Schiller, Nietzsche und Goethe sowie aus Arbeiten Merežkovskijs bezieht und die er – ohne Rücksicht auf die unterschiedlichen philosophischen Kontexte – neu gruppiert. Von besonderer Relevanz sind dabei die Kategorienpaare naiv – sentimentalisch, klassisch – romantisch, objektiv – subjektiv, gesund – krank, erdverbunden – transzendenzbezogen. So demonstrieren Schiller und Dostoevskij mit ihrer Existenz und ihrem Werk die Dominanz des Geistigen, eine Dominanz, die in »groteske[r], fieberhafte[r] und diktatorische[r] Kühnheit« die Profilierung des Geistig-Seelischen, der Reflexion, bis an die Grenze des Krankhaften führt, paradigmatisch erkennbar an »Dostojewski's krankhaft verzückter Traum- und Seelenwelt«. Ihnen stehen die vitalen, gesunden Erdensöhne Tolstoj und Goethe gegenüber, die Epiker, die Plastiker, die mit der Natur unmittelbar verbundenen, im Schillerschen Verständnis naiven Künstler. Zugleich sind Goethe und Tolstoj in den Augen Thomas Manns allerdings auch durchaus problematische, leiderfahrene Naturen, weil das sie prägende Naturhafte von ihnen auch als bedrohlich, quälend und negativierend erfahren wird. Deshalb tendieren sie – bei aller Dominanz des Naturhaften – in gleichsam sentimentalischer Weise zur geistigen bzw. geistlichen Sphäre, erkennbar u.a. an der ihr beider Werk prägenden Präferenz für Erziehung und Bildung, für die Gattungen Autobiographie und Bildungsroman, ein Aspekt, den ein Jahrzehnt später auch Georg Lukács unter Berufung auf Manns Essay besonders akzentuieren wird (*Tolstoi und die westliche Literatur*, zuerst in: *Der russische Realismus in der Weltliteratur*, 1949). Vornehmlich deshalb, aufgrund der von ihnen betriebenen Vermittlung von Natur und Geist, erscheinen sie besonders geeignet, als Beispiel für Möglichkeiten und Grenzen der Humanisierung vorgestellt zu werden. Dieses Streben nach Vermittlung des Naturhaften und Geistigen in Gestalt der Kunst zeigt sich laut Mann bei beiden in der erwähnten Präferenz für Erziehung und Bildung, für Selbsterziehung und Selbstbildung. Die Argumentation bewegt sich folglich literarisch auch im Kontext von Goethes *Dichtung und Wahrheit* und dessen *Wilhelm Meister* sowie von Tolstojs autobiographischer Romantrilogie *Detstvo* (Kindheit), *Otročestvo* (Knabenzeit), *Junost* (Jugend) und von dessen Bekenntnisschrift *Ispoved'* (Beichte).

Bei der Realisierung der genannten Vermittlung von Geist und Natur, genauer der Vergeistigung des Naturhaften, gehen Goethe und Tolstoj nach Auffassung von Thomas Mann nun allerdings verschiedene Wege, eine Verschiedenheit, die im Verlauf des Essays immer stärker dadurch akzentuiert wird, dass Tolstoj vermehrt im Bereich eines ›asiatischen Russland‹, einer »gewaltige[n] Östlichkeit« verortet wird. Eine der wichtigsten Ursachen dafür sind die unterschiedlichen Arten der Verwurzelung in der Natur sowie die verschiedenen Wege zu deren Vergeistigung. In diesem Zusammenhang erscheint Tolstoj bestimmt durch einen ›russisch-kraftschwelgerischen Geschlechtstrieb‹, durch eine tierhafte, übermäßig starke, den Menschen Tolstoj immer wieder neu überwältigende Sinnlichkeit. Bedingt durch diese Animalität sowie durch die fehlende Bindung an die Antike, durch ein »unklassisches Heidentum« vermöge Tolstoj die für die Konstituierung einer wahren Humanität notwendige organische Verschmelzung von Natur und Geist nicht zu leisten, die betreffenden Versuche seien Selbsttäuschung, Maskerade, Kindlichkeit. Dem gegenüber profiliert Mann Goethe als Inkarnation gebildeter Natur, die das Sinnliche mit dem Geistigen, das Subjektive mit dem Sozialen zu verbinden wisse. Das geschehe im Verlauf eines durch Entsagung, Zucht und Selbstbeschränkung gezeichneten organischen Reifungsprozesses, an dessen Ende die von Thomas Mann erstrebte humane Gesinnung erworben sei. Mit diesen Eigenschaften wird Goethe im Gegensatz zu Tolstoj zum wahren Erzieher seines Volkes, sein Weg zu einer Natur und Geist, Nationalbewusstsein und Kosmopolitismus verbindenden Humanität, wird Bestandteil einer »nationalen [...], wesentlich sittigende[n] Sendung«.

Mit dieser antithetischen Argumentation leitet Thomas Mann zu seinem eigentlichen Anliegen über, der Diagnose der Gegenwart angesichts einer vor allem durch den europäischen Faschismus repräsentierten neuen Barbarei in Europa. Mit Hilfe der Gegenüberstellung von Goethe und Tolstoj geht er der Frage nach, inwieweit die Europa spätestens seit dem 18. Jahrhundert prägende klassisch-humanistische Kultur eine alle Epochen überdauernde Lebensform darstellt oder an die Entwicklung eines liberalen Bürgertums gebunden ist und letztlich gemeinsam mit diesem untergehen muss. In diesem Zusammenhang erscheint der ›Asiate‹ Tolstoj als Inkarnation des Protestes gegen die in seinen Augen naive Verwechslung europäischer, das heißt westeuropäischer Menschlichkeit, mit der Gesamtmenschlichkeit.

Der Essay gibt in vielerlei Hinsicht Anlass zu kritischen Bemerkungen. Das gilt insbesondre für die Art der ihn prägenden Vergleichung, in deren Rahmen und Verlauf zwei weltliterarisch bedeutende Autoren unter dem Gesichtspunkt der Versöhnung von Natur und Geist miteinander in Beziehung gesetzt werden. Problematisch erscheinen die erwähnte Kategorienbildung, die darauf gegründete antithetische Argumentation, die darauf aufbauende Konstruktion der zwei Dichterbilder sowie die damit verbundenen Wertungen. Der Vergleich dient der Konstruktion eines bereits im *Zauberberg* angelegten Gegensatzes zwischen Humanität und Barbarei, der von Thomas Mann im Verlauf des Essays zunehmend als Gegensatz zwischen Westeuropa und Russland profiliert wird. Als kulturtypologische Repräsentanten der einander gegenübergestellten Bereiche präsentiert der Essay Goethe und Tolstoj.

Das bedeutet, dass beide Autoren auf bestimmte Eigenschaften reduziert und die auf sie bezogene Darstellung von Beginn an mit weltanschaulich begründeten Wertungen überfrachtet wird. Das ist um diese Zeit nicht neu; ähnliche Strategien sind bei Vergleichen zwischen Goethe und Dostoevskij erkennbar, z.B. in Schriften von Stefan Zweig (*Drei Meister. Balzac – Dickens – Dostojewski*, 1920) und Alfred Döblin (*Goethe und Dostojewski*, zuerst in *Ganymed. Jahrbuch für die Kunst*, 1921; 1944). Eine wichtige Voraussetzung der angesprochenen Probleme ist zunächst die völlig unzureichende Berücksichtigung der Primärtexte sowie eine intensive, zugleich aber sehr selektive Verarbeitung von einschlägiger Sekundärliteratur. Wie bereits erwähnt, hat Thomas Mann vor allem die genannten Arbeiten von Bielschowsky zu Goethe sowie die von Birukof und Gor'kij zu Tolstoj als Informationsquellen benutzt. Geradezu verhängnisvoll, trotz der um diese Zeit beginnenden Distanzierung, ist seine Abhängigkeit von Merežkovskij und dessen Gegenüberstellung von Tolstoj und Dostoevskij. Die mangelnde Beschäftigung mit den Quellen führt zu unsachgemäßen bzw. undifferenzierten Aussagen, sowohl in Bezug auf die beiden Autoren als auch hinsichtlich der durch sie repräsentierten Kulturen. Das beginnt mit unkorrekten Angaben über das Verhältnis Goethes zu Russland, setzt sich fort mit undifferenzierten Ausführungen zu Tolstoj, zeigt sich in inkompetenten Begriffsverwendungen (Slavophilentum) und endet mit z.T. völlig haltlosen Bezugnahmen und Zuschreibungen; das gilt namentlich für Tolstoj, der u.a. aufgrund seines christlichen Sozialanarchismus zum Vorläufer des Bolschewismus erklärt wird. Die Ausführungen zu beiden Dichtern sind also Konstruktion, geprägt durch Verfahren wie Reduktion, Selektion und Neukombination. Dabei zeigt sich nun insbesondre das Tolstoj-Bild als eine von früheren positiven Darstellungen abweichende Zeichnung, mit deren Hilfe am Beispiel eines weltliterarisch bedeutenden Autors und Kulturkritikers das Scheitern einer erstrebten Versöhnung von Natur und Geist demonstriert werden soll. Die Notwendigkeit dieses Scheiterns wird in Teilen biographisch-psychologisch, vor allem aber ethnisch und kulturkritisch, mit Tolstojs tiefer Verwurzelung im als anarchisch, unzivilisiert, asiatisch-wild charakterisierten Russen- bzw. Slaventum begründet, einmal mehr beeinflusst durch Gedankengänge Merežkovskijs. Thomas Mann argumentiert hier erstaunlich offen mit dem alten Image vom barbarischen bzw. skythischen Slaven und akzentuiert dabei sogar dessen negative Färbung, indem er Tolstojs Nähe zu anarchischen Gesellschaftsmodellen behauptet und im Kontext von Äußerungen wie ›Heimkehr in den asiatischen Osten‹ den russischen Dichter in einer nichteuropäischen Kultur verortet, dessen »Asiatentum« als eine Mischung aus »orientalischer Passivität, religiösem Quietismus und einer unleugbaren Neigung zu sarmatischer Wildheit« definiert und mit dieser Art der Argumentation in bedrohliche Nähe zu zeitgenössischen Formulierungen im rechtskonservativen Milieu gerät.

Die Problematik des den Essay dominierenden Vergleichs gründet also vor allem in der Konstruktion eines einseitig gezeichneten und deshalb unangemessenen

Tolstoj-Bildes sowie in der Art der argumentativen Inanspruchnahme dieses Bildes für eine politisch intendierte, kulturkritisch argumentierende Bestandsaufnahme der Gegenwart. Im Bemühen, Goethe als Garanten einer geistig-kulturellen Erneuerung Deutschlands zu profilieren, reduziert Thomas Mann trotz unverkennbarer Hochachtung vor dieser Inkarnation des Elementar-Naturhaften, trotz psychologisch einfühlsamer Darstellung Tolstoj mehr und mehr zu einem negativen Gegenbild, vor dem sich die Gestalt Goethes besonders positiv abhebt. Zwar betont er zu Beginn seines Essays, im Rahmen seines Vergleichs keine Werturteile abgeben zu wollen, doch genau dies tut er in dessen zweiten Teil in einer Weise, die Tolstoj geradezu zu einem Zerrbild werden lässt, übrigens auch mit Hilfe bewusster Veränderungen von Tolstoj-Zitaten. Dessen soziales Engagement wird als Maskerade und Selbsttäuschung desavouiert, die pädagogische Tätigkeit als anarchisch, asiatisch, antiwestlich herabgewürdigt, wobei nicht klar ist, inwieweit Thomas Mann bewusst war, dass »asiatisch« seit Beginn der deutsch-russischen Beziehungen vornehmlich als ab- bzw. ausgrenzende Kategorie verwendet worden ist. Geradezu Betroffenheit erregend ist das selbstgerecht anmutende Urteil über das Tolstoj sein ganzes Leben lang bestimmende selbstquälerische Befragen des eigenen Ich, das von Mann als ein »im Halbwilden und Absurden steckengebliebenes Vergeistigungswerk« diskreditiert wird. Hätte er sich mit den sprachkünstlerischen Transformationen dieser Selbstbefragung, mit den dichterischen und autobiographischen Sublimierungen von Trieb, Angst und Verzweiflung eingehender beschäftigt, z.B. mit Tolstojs mehrfach erwähnter, aber offenkundig nicht gelesener Autobiographie *Beichte*, dann wäre ihm vielleicht aufgegangen, wie der russische Dichter in seinen Sprachkunstwerken die im vorliegenden Essay geforderte Verbindung von Natur und Geist, Sinnlichkeit und Reflexion in Gestalt von Kunstwerken beispielhaft realisiert hat. Und es hätte ihn vielleicht daran erinnert, dass ein großer Teil von Tolstojs Lebenswerk dem Bestreben gewidmet ist, mittels der Tätigkeit als Sprachkünstler human zu wirken – in der die ganze Existenz beanspruchenden Gestaltung des Animalisch-Sinnlichen zur es bändigenden Kunstform ebenso wie in der Intention, mit Hilfe dieser Kunstform gesellschaftlich zu handeln. Gerade dies – die Sublimierung des mit Angst und Selbstzweifel verbundenen Animalischen im Kunstwerk – hat zur gleichen Zeit Manns Kollege Stefan Zweig in seinem Essay *Drei Dichter ihres Lebens. Casanova – Stendhal – Tolstoi* (1928) angemessen gewürdigt. Darüber hinaus akzentuiert die Vergleichung – und das macht sie besonders problematisch – einen zuvor bereits überwunden geglaubten Gegensatz zwischen Russland und Europa, womit eigentlich ein Hauptanliegen dieses Essays konterkariert wird, nämlich die Beförderung einer als schöpferische Verschmelzung von Gegensätzen verstandenen Humanität.

Thomas Mann hat sich auch in den folgenden Jahren mit Tolstoj beschäftigt, z.B. anlässlich von dessen einhundertstem Geburtstag im Jahre 1928. Sein Essay über *Anna Karenina* vermittelt ein differenziertes und deshalb auch freundlicheres Bild von Tolstoj. Immer noch beeinflusst von Merežkovskij charakterisiert er Tolstoj zwar einmal mehr als naturhaften, naiven Epiker, versucht aber zugleich aufzuzeigen, dass dieses Künstlertum von Beginn an sentimentalisch, durch einen hohen Grad an Reflexivität, Selbstzweifel, »Gewissensverfeinerung und Gottesangst« in Frage gestellt wird. Thomas Mann entwirft dieses differenziertere Tolstoj-Bild im Rahmen einer Identifizierung der Romangestalt Levin mit ihrem Autor. In Levin wird – so Thomas Mann – der radikale Gesellschaftskritiker Tolstoj erkennbar, die Romanfigur verweist auf dessen »renitentes« Verhältnis zu staatlichen und kirchlichen Institutionen, zu einem von oben dekretierten Patriotismus sowie auf seine Distanz gegenüber dem naturalistischen Materialismus des späten 19. Jahrhunderts. Im Kontext dieser Konzentration auf die Levin-Gestalt charakterisiert Thomas Mann »den größten Gesellschaftsroman der Weltliteratur« als einen »Roman gegen die Gesellschaft«, der im »Rousseauist[en]« Levin der entlarvende Spiegel vorgehalten wird. Zugleich betont der Artikel aber nachdrücklich die erzählerische Frische und bildnerische Kraft dieser Epik; sie zu lesen »heißt heimfinden aus jeder Gefahr der Verkünstelung und kränklichen Spielerei zur Ursprünglichkeit und Gesundheit«.

Noch einmal intensiv mit russischer Literatur hat sich Thomas Mann während seines letzten Lebensjahrzehntes beschäftigt, dokumentiert vor allem durch die Essays über Dostoevskij und Čechov. Letzteren würdigt er 1954 im *Versuch über Tschechow* als Meister der Form und scharfsinnigen Beobachter sozialer Probleme, beklagt, auch selbstkritisch, dessen »langjährige Unterschätztheit in Westeuropa«. Die einfühlsamen Ausführungen zu Čechovs literarischem Werk und dessen biographischen Voraussetzungen zeugen von tiefer Sympathie für den frühverstorbenen russischen Erzähler; Čechov als Dramatiker kommt kaum in den Blick. Angekündigt durch den Titel (»Versuch«) ist der Essay als Annäherung zu verstehen und zwar nicht nur an den Schriftsteller Čechov, sondern einmal mehr an grundlegende Fragen menschlicher Existenz wie die nach dem Verhältnis von Ethik und Ästhetik oder nach der Verantwortung des Künstlers vor der Gesellschaft.

Wichtiger für die schriftstellerische Entwicklung des späten Thomas Mann ist sicher der Essay *Dostojewski – mit Maßen*, mit dem er Dostoevskijs literarisches Schaffen und dessen biographische Hintergründe zu charakterisieren versucht. Der Text dokumentiert einmal mehr die enge Verbindung von Essay und Roman im Werk Thomas Manns, denn er ist wie bereits erwähnt im unmittelbaren Zusammenhang mit dem *Doktor Faustus* entstanden. In beiden Texten geht es um die Problematik eines ›geistig-dämonischen‹ Künstlertums, im Kontext der umfassenden Frage nach dem Verhältnis von Genie und Krankheit, von Schöpfertum und Besessenheit. Thomas Mann knüpft mit seinen Ausführungen zunächst an frühe Reflexionen über Dostoevskij an, in deren Rahmen der dämonische, bedrohliche Dostoevskij erscheint, als »extraordinäres, wildes, monströses und ungeheueres Ereignis außerhalb aller epischen Überlieferung«, als »schreckhaft und erschütternd Großes«, mehr als »große[r] Sünder« denn als »große[r] Künstler« charakterisiert wird, so im Brief an Stefan Zweig vom 28.7.1920. Dieses Dichterbild wird zu Beginn des Essays wieder aufgenommen, und zwar in zweifacher Funktion: Zum einen erklärt es die bislang gehegte Scheu, über Dostoevskij zu schreiben, ein Faktum, das übrigens auch die Auseinandersetzung mit Nietzsche betrifft; zum anderen legitimiert es den Titel *Dostojewski – mit Maßen*, zeigt es doch eine Rezeption an, die nicht wie in der Jugend identifikatorisch, sondern distanziert, ein- und begrenzend auf ein Künstlertum reagiert, das im Kontext der Beschäftigung mit dem *Doktor Faustus* in besonderem Maße als un-ordentlich, dionysisch-bedrohlich, dämonisch empfunden werden musste. Das im Essay *Die Entstehung des Doktor Faustus* bekundete, im Zeichen des ›Faustus‹ stehende dominierende Interesse an Dostoevskijs »apokalyptisch-grotesker Leidenswelt« gilt der in dieser Dichtergestalt verkörperten Verbindung von Genie, Heiligem, Verbrecher und Krankem. Die zunächst seltsam erscheinende Charakterisierung des tief religiösen, Epilepsie-kranken Dichters Dostoevskij als Verbrecher und Genie ergibt sich nach Thomas Mann aus mehreren Gründen: biographisch aus Dostoevskijs Status als von 1849 bis 1853 im Straflager lebender verurteilter Verbrecher, erkenntnistheoretisch aus der alles Maß, alle Ordnung übersteigenden »verbrecherische[n] Neugier seiner Erkenntnis‹« (so Mann, wörtlich Merežkovskij zitierend), die ihn zur »schonungslose[n] Enthüllung der eigenen verbrecherischen Gewissenstiefen« befähigte, psychologisch aus einer mit der Epilepsie in Verbindung stehenden gefühlten, aber nicht bestimmbaren Schuld und schließlich aus einem auf diesen Gründen beruhenden außergewöhnlichen künstlerischen Vermögen, bestimmte, alle Grenzen von Moral und Vernunft sprengende Romangestalten wie Svidrigailov (in *Verbrechen und Strafe*) und Stavrogin (in *Die Dämonen*) zu erschaffen. Insbesondre im Kontext der maßlosen ›Neugier der Erkenntnis‹ erweise sich Dostoevskij als ›dämonischer Bruder‹ von Nietzsche und Leverkühn. Nicht mehr Schiller, wie in *Goethe und Tolstoi*, sondern der ebenfalls von einer Krankheit in entsetzliche und verbrecherische Grade des Wissens getriebene Nietzsche wird zur deutschen Parallelfigur, verstärkt durch Hinweise auf weitere Übereinstimmungen; das betrifft z.B. die Lehre von der ewigen Wiederkehr des Gleichen und das Motiv des Übermenschen, das Mann offensichtlich fälschlicherweise mit der Gestalt des »Allmenschen« in Dostoevskijs Puškin-Rede identifiziert. Ausgehend von dieser Darstellung Dostoevskijs und Nietzsches, die übrigens Unterschiede, z.B. in Bezug auf das Religiöse, durchaus nicht verschweigt, betont der Essay grundsätzlich die Affinität von Krankheit und geistigem bzw. künstlerischem Schöpfertum. Mann vergisst dabei auch nicht, andere, weniger bekannte Aspekte des erzählerischen Werkes von Dostoevskij zu benennen, z.B. das Humoristische sowie, am Beispiel *der Aufzeichnungen aus dem Untergrund*, das Bekenntnishafte dieses Schreibens.

5 Russische Literatur im deutschsprachigen Raum zwischen den Weltkriegen

5.1 Historische Kontexte

Die während der letzten zwei Jahrzehnte des 19. Jahrhunderts wechselhaften politischen Beziehungen zwischen Russland und dem Deutschen Reich erreichten ihren Tiefpunkt mit Beginn des Ersten Weltkriegs. Vorbereitet war dies auf beiden Seiten durch einen sich immer aggressiver gebärdenden Nationalismus und Kulturimperialismus, der publizistisch schreckliche bis groteske Auswüchse zeigte, sich aber im Bereich der deutschen Literatur in Grenzen hielt. So sind polemische und chauvinistisch gefärbte Beiträge wie der 1915 für die Zeitschrift *Der Merker* geschriebene Essay *Der Politiker Dostojewski* des Expressionisten Albert Ehrenstein eher die Ausnahme. In Rahmen einer Auseinandersetzung mit Dostoevskijs *Tagebuch eines Schriftstellers* erkennt Ehrenstein Dostoevskijs Größe als Psychologe und Epiker an, charakterisiert aber ansonsten den russischen Kollegen als »Vollblutasiate[n]«, als antisemitischen Slavophilen mit chauvinistischer Geistigkeit, dessen Christentum als ›russisches Spezialgötzentum‹, als einen Autor, dessen besondere Aufgabe in der Unterstützung russischer Expansionspläne besteht. Ehrensteins Artikel ist ein betrübliches Zeugnis dessen, was er in der Gestalt Dostoevskijs bekämpfen will: Zeugnis einer verfälschenden und beleidigenden Charakterisierung einer anderen Kultur im Kontext eines übersteigerten Nationalismus, die in diesem Fall nicht davor zurückschreckt, die gesamte russische Literatur des 19. Jahrhunderts als »Akklimatisierungen, Einfügungen des Phänomens ›Byron‹ in ein nordisch wüstes Milieu« darzustellen.

Solche Entgleisungen bleiben unter den bekannten deutschsprachigen Literaten glücklicherweise die Ausnahme. Es gab vielmehr publizistische Organe, die im Widerspruch zur nationalistischen Kriegspropaganda geradezu programmatisch auf die Veröffentlichung russischer Werke nicht verzichten wollten, ein Beispiel dafür ist die von Franz Pfemfert herausgegebene Zeitschrift *Die Aktion*. Erwähnenswert aus der Zahl der besonnenen Stimmen ist vor allem diejenige von Hermann Hesse. In seinem Artikel *Über Tolstoi und Rußland* (in der Wiener *Zeit* vom 19.9.1915) plädiert er mitten im Ersten Weltkrieg für ein geeintes Europa, in dem auch Russland seinen Platz haben müsse, dank der Kraft seiner »altchristliche[n]

Liebe«, seiner »Seelenhaftigkeit«, seiner Ursprünglichkeit und Unmittelbarkeit. Laut Hesse besitzt Russland bei all seinen unübersehbaren und auch gefährlichen Schwächen besondere Begabungen, die der Westen verloren habe, z.B. die christlichen Tugenden der Geduld, der Leidensfähigkeit, des Mitleids und der Liebe. Sie würden Deutschland und Westeuropa bei den von Hesse prophetisch vorausgesagten »Volksnöte[n]« nach dem Krieg vonnöten sein.

Auch wenn die kriegerischen Auseinandersetzungen und die Oktoberrevolution 1917 im politisch-gesellschaftlichen Bereich zwischen 1914 und 1918 zu Irritationen, Entfremdung und Konfrontation führten, blieb die russische Literatur also auch während des Ersten Weltkriegs Gegenstand fruchtbarer und durchaus kontroverser Rezeption in Philosophie, Geschichtswissenschaft, Literatur und Literaturkritik. Angesichts des sich abzeichnenden Zusammenbruchs der deutschen und österreich-ungarischen Monarchien und der sie weltanschaulich legitimierenden geistigen und kulturellen Systeme beschäftigten sich Philosophen, Dichter und Literaturkritiker ausgiebig mit russischen Autoren, insbesondre mit Tolstoj und Dostoevskij, geleitet von der Suche nach neuer, sowohl existenziell als auch geschichtsphilosophisch relevanter Orientierung. Beispiele dafür sind Thomas Manns erwähnte *Betrachtungen eines Unpolitischen* oder Oswald Spenglers *Untergang des Abendlandes*.

Dieses Interesse verstärkt sich nach dem Ende des Ersten Weltkriegs. Nach 1885 erreicht die Beschäftigung mit russischer Literatur und Kultur zwischen 1918 und 1933 ihren zweiten Höhepunkt; niemals ist der geistige und kulturelle Austausch zwischen beiden Nationen intensiver gewesen. Das geschieht allerdings unter anderen politischen und gesellschaftlichen Vorzeichen. Trotz des für Russland demütigenden Friedens von Brest-Litovsk rücken angesichts zunehmender außenpolitischer Isolierung im Gefolge von Oktoberrevolution und Versailler Friedensvertrag die junge Sowjetrepublik und die junge Republik von Weimar seit Beginn der zwanziger Jahre politisch, wirtschaftlich und kulturell näher zusammen. Russland ist nicht mehr ein Land, das vornehmlich wegen seiner Fremdheit bzw. Andersartigkeit Neugier erweckt; vielmehr wird es aufgrund des verlorenen Krieges und der daraus resultierenden sozialen, wirtschaftlichen und politischen Umwälzungen als ein Schicksalsverwandter gesehen, bei dem man in Geschichte und Politik viel Gemeinsames entdeckt bzw. zu entdecken glaubt, außenpolitisch in Bezug auf das problematische Verhältnis zu Westeuropa, innenpolitisch hinsichtlich der politischen, ökonomischen und gesellschaftlichen Instabilität nach dem Ersten Weltkrieg. So heißt es Anfang der zwanziger Jahre in der Ankündigung des Drei Masken Verlags, eine *Russische Bibliothek* herauszugeben, dass in einer anders gewordenen Welt Deutschland »nur noch einen ihm wohlgesinnten Nachbar hat: Rußland!«. Und vier Jahre nach Kriegsende charakterisiert Thomas Mann im Vorwort zur *Russischen Dichtergalerie* die deutsch-russischen Beziehungen als »Kameradschaft zweier großer, leidender und zukunftsvoller Völker«, deren Verhältnis »sehr viel intimer und brüderlicher geworden [ist] seit kurzem, durch unser eigenes Erleben und Schicksal«. Beide Staaten, sowohl die junge Sowjetunion als auch die Weimarer Republik, befinden sich während der zwanziger und der frühen dreißiger Jahre in einer Phase zwischen Monarchie und Diktatur, beide haben mit den damit zusammenhängenden Problemen zu kämpfen. Es ist in beiden Ländern eine Zeit auch der geistigen und kulturellen Orientierungssuche, der damit zusammenhängenden erbitterten ideologischen Auseinandersetzungen, zugleich aber auch eine Zeit der fruchtbaren Unruhe, des Aufbruchs, einer nicht selten mit wagemutigen und provozierenden Experimenten verbundenen Suche nach neuen Ausdrucksmöglichkeiten in Literatur, Musik und bildender Kunst. Die im Gefolge von Oktoberrevolution und verlorenem Krieg entstandenen Umwälzungen führen zu einer bis dahin nicht gekannten Wanderung zwischen beiden Ländern: die der russischen Emigranten ins »russische Berlin« und in andere deutsche Städte, die zahlreicher deutscher Intellektueller und Künstler nach Moskau, Leningrad und andere Orte in Russland. Deren Reisen gen Osten sind geleitet von dem Wunsch, Näheres über die nach der Oktoberrevolution erfolgte Konstituierung einer neuen antibürgerlichen Gesellschaftsordnung zu erfahren, deren Probleme und Phasen nicht nur im linken Lager mit großer Aufmerksamkeit verfolgt wurden und die ja bis 1933 über die KPD die deutsche Innenpolitik nicht unwesentlich beeinflussten. Das erklärt, warum die auf Russland bezogene literarische Reiseliteratur während dieser Zeit eine zuvor nicht gekannte und danach nicht wieder erreichte Quantität und Qualität gewann.

Intensiviert werden die politischen, wirtschaftlichen und kulturellen Kontakte nach den Verträgen von Rapallo (16.4.1922) und Berlin (24.4.1926) sowie nach dem bereits 1921 abgeschlossenen Handelsabkommen. Es waren Verträge, mit denen beide Länder enger aneinander rückten und mit deren Hilfe Deutschland nach den Plänen Walther Rathenaus aber auch seine Mittlerrolle zwischen Ost- und Westeuropa wiedererlangen sollte. Bestimmend bei diesem immer wieder von Irritationen und Krisen begleiteten Prozess der Annäherung waren vor allem zwei Personen: auf deutscher Seite Ulrich Karl Christian Graf Brockdorff-Rantzau (1869–1928), auf sowjetischer Seite Georgij Čičerin (1872–1936), von 1918 bis 1930 Leiter des sowjetischen Außenministeriums. Čičerin entstammte einer russisch-deutschen Adelsfamilie, hatte sich aber bereits 1905 für die revolutionäre Bewegung in Russland entschieden. Aufgrund dieses familiären Hintergrundes sowie eines Deutschlandaufenthaltes während seiner Emigration vor der Oktoberrevolution war er bestens mit Deutschland, seiner Geschichte und Kultur vertraut. Ulrich von Brockdorff-Rantzau, 1922 bis 1928 der erste Botschafter der Weimarer Republik in der Sowjetunion, war Čičerin bereits vor 1892 begegnet und blieb ihm bis zu seinem Tod im Jahre 1928 freundschaftlich verbunden. Auch um den deutschen Einfluss in der Sowjetunion zu stärken, plädierte von Brockdorff-Rantzau von Beginn an für einen starken Ausbau der gegenseitigen Beziehungen, sowohl auf wirtschaftlichem und militärisch-technischem Gebiet als auch in den Bereichen Bildung, Wissenschaft und Kunst. Der von beiden Politikern initiierte Annäherungsprozess verlangsamte sich ab Mitte der zwanziger Jahre im Gefolge der vom deutschen Außenminister Stresemann verfolgten Aussöhnung mit den ehemaligen Kriegsgegnern im Westen und aufgrund der gegen Ende des gleichen Jahrzehnts von der sowjetischen Außenpolitik unter Litvinov intensivierten Bemühungen, die außenpolitische Isolierung des Sowjetstaates mit Hilfe zahlreicher Verträge mit Polen, Frankreich, Finnland u.a. aufzubrechen. Enttäuscht war man in der Sowjetunion zudem darüber, dass die erhoffte Revolution der proletarischen Massen in Deutschland ausblieb.

Von höchster innenpolitischer Relevanz waren natürlich die vielfältigen Beziehungen zwischen der Sowjetregierung und der deutschen KPD. Letztere wurde spätestens nach der Machtübernahme durch Stalin mehr und mehr zum Befehlsempfänger, was u.a. zwischen 1930 und 1933 dazu führte, dass sie weniger Hitlers NSDAP als vielmehr die deutsche Sozialdemokratie bekämpfte. Es gab zahlreiche, im Einzelnen hier nicht darstellbare Aktivitäten im Rahmen der Komintern, im kulturellen Bereich u.a. über das »Internationale Büro für Revolutionäre Literatur«, über die Kontakte zwischen dem »Bund proletarisch-revolutionärer Schriftsteller in Deutschland« und der »Russischen Assoziation proletarischer Schriftsteller« (RAPP). Die der KPD nahestehenden deutschen Autoren und ihre Organisationen erfuhren dabei mannigfaltige materielle und ideelle Unterstützung durch ihre sowjetischen Kollegen, bei der Organisation und Durchführung kultureller Aktionen und bei der Drucklegung eigener Werke ebenso wie bei der Formulierung ideologischer, ästhetischer und literaturtheoretischer Leitlinien.

5.2 Vermittlungsinstanzen, Vermittlungswege, Vermittlungspersonen

Fast gleichzeitig mit den Annäherungen in Politik und Wirtschaft bildeten sich zahlreiche Organisationen und Initiativen, z.B. während der über fünf Millionen Tote fordernden Hungerkatastrophen in der Sowjetunion anfangs der zwanziger Jahre. Im Herbst 1920 war der russische Bürgerkrieg zwischen »Weißen« und »Roten« mit dem Sieg der letzteren endlich beendet worden, allerdings mit katastrophalen wirtschaftlichen Folgen. Die Ressourcen waren restlos aufgebraucht; die Folge war eine zwei Jahre andauernde Hungerkatastrophe in bislang nie dagewesenem Ausmaß, die erneut das gesamte soziale Gefüge des Sowjetstaates ins Wanken brachte. Als Reaktion darauf wurden 1921 zahlreiche »Hungerhilfen« gegründet, u.a. die »Internationale Arbeiterhilfe« und die von Erwin Piscator initiierte »Künstlerhilfe für die Hungernden in Rußland«. In diesem Kontext entstanden Organisationen zur Koordinierung der entsprechenden Aktivitäten, die aber auch in späteren Jahren eine wichtige Vermittlungsfunktion besaßen. In Deutschland war dies z.B. die 1923 gegründete »Gesellschaft der Freunde des neuen Rußland«, in der Sowjetunion wurde 1925 die »Allunionsgesellschaft für kulturelle Verbindungen mit dem Ausland« gebildet, die sich auch um kulturelle Kontakte mit Deutschland bemühte, Besichtigungs- und Vortragsreisen organisierte und gleichermaßen als Dolmetscher wie als Aufpasser fungierende Begleiter zur Verfügung stellte.

Annäherungen in Wissenschaft, bildender Kunst, Film, Drama und Theater

Im Kontext der skizzierten politischen und gesellschaftlichen Wiederannäherung kommt es seit Beginn der zwanziger Jahre zu zahlreichen, von beiden Seiten offiziell geförderten wissenschaftlichen und künstlerischen Austauschprogrammen. So war 1925 anlässlich der 200-Jahr-Feier der Russischen Akademie der Wissenschaften eine u.a. von Max Planck und dem renommierten Slavisten Reinhold Trautmann (*Wesen und Aufgaben der deutschen Slavistik*, 1927) repräsentierte Delegation deutscher Wissenschaftler zu Gast in der Sowjetunion. Ab 1922 gastierten regelmäßig, im Rahmen von z.T. mehrwöchigen Aufenthalten, russische Theaterensembles in Deutschland, welche die deutsche Theaterlandschaft eminent bereicherten und veränderten. Bertolt Brecht und vor allem Erwin Piscator setzten sich intensiv mit den avantgardistischen Theaterkonzeptionen von Aleksandr Tairov (1885–1950), Vsevolod Mejerchol'd (1874–1940), Sergej Tret'jakov (1892–1937) und Konstantin Stanislavskij (1863–1938) auseinander, brachten mit innovativen Inszenierungen Dramen wie Gor'kijs *Nachtasyl* und andere russische Vorlagen auf die Bühne, z.B. die Szenenfolge *Rasputin, die Romanows, der Krieg und das Volk, das gegen sie aufstand*, eine sehr freie Bearbeitung des russischen Dramas *Zagovor Imperatricy* (in der dt. Buchausgabe von 1926: *Rasputin oder die Verschwörung der Zarin*) von Aleksej Nikolaevič Tolstoj und Pavel Ščegolev. Großes Interesse auch bei renommierten Autoren wie Heinrich Mann, Brecht oder Feuchtwanger fand der junge sowjetische Film (Vsevolod Pudovkins *Sturm über Asien*, 1928; *Die letzten Tage von St. Petersburg*, 1927; seine Verfilmung von Gor'kijs *Die Mutter*, 1926; Ejzenštejns *Panzerkreuzer Potemkin*, 1925 u.a.); insbesondre Ejzenštejns Film wurde Gegenstand intensiver kunsttheoretischer Erörterungen und literarischer Darstellungen; so ist ihm ein ganzes Kapitel in Feuchtwangers Roman *Erfolg* (1930) gewidmet. Sowohl im Bereich der Spiel- als auch der Dokumentarfilme ist der avantgardistische sowjetische Film in vielen Bereichen stilprägend gewesen (z.B. in Bezug auf Photographie-, Kamera- und Montagetechniken). Diesem Interesse korrespondieren die zahlreichen deutschen Verfilmungen russischer Literatur, wobei auch hier vorzugsweise Texte von Tolstoj und Dostoevskij berücksichtigt wurden. Kontakte zwischen bildenden Künstlern sowie zwischen Dichtern und bildenden Künstlern (Vladimir Majakovskij, George Grosz und John Heartfield) ergaben sich im Rahmen von Kunstausstellungen (»Erste Russische Kunstausstellung«, 1922) und Institutionen wie dem Bauhaus in Weimar, deren erste Direktoren Walter Gropius und Hannes

Meyer die Entwicklung der russischen avantgardistischen Kunst (Vasilij Kandinskij, Kazimir Malevič u.a.) mit großem Interesse verfolgten (Dmitrieva-Einhorn 1998, S. 739ff.).

Eine besonders wichtige Form der Vermittlung ist der während der zwanziger und frühen dreißiger Jahre beobachtbare Austausch in den Bereichen Drama und Theater, dessen Umfang und Intensität in der Geschichte der deutsch-russischen literarischen Beziehungen seinesgleichen sucht. Kontakte und Begegnungen hatte es natürlich auch davor gegeben; so existierte in St. Petersburg bis 1914 ein Deutsches Theater; die russische Theater- und Opernwelt hat seit dem 18. Jahrhundert wesentliche Anregungen durch deutsche Künstler erfahren. Die Entstehung der Stanislavskij-Schule im Bereich der Dramaturgie ist ohne die Orientierung an der Meininger Schule nicht denkbar; letztere hat zweimal, 1885 und 1890, mit großem Erfolg in St. Petersburg, Moskau, Kiev und Odessa gastiert. Andere bedeutende Theater mit berühmten Regisseuren gastierten vor dem Ersten Weltkrieg in beiden Ländern, z.B. 1906 das Moskauer Künstlertheater in Deutschland, das den Dramen Čechovs in Deutschland zum Durchbruch verhalf, Max Reinhardt, der bereits 1903 Gor'kijs *Nachtasyl* in Berlin inszeniert hatte, 1912 mit Sophokles' *König Ödipus* in Russland. Großen Eindruck hinterließen bereits vor dem Ersten Weltkrieg Gastspiele des russischen Balletts in Berlin, z.B. Djagilevs der Idee des Gesamtkunstwerkes verpflichtete, Bühnenbild, Kostüme und Choreographie verschmelzende *Ballets russes* 1901/1902. Nach der Oktoberrevolution und nach dem Ersten Weltkrieg erreichten diese Kontakte jedoch ganz andere Dimensionen. So etablierten sich im Rahmen der Emigrantenszene auch zahlreiche russische Theatergruppen in Deutschland, die in verschiedener Größe, Ausrichtung und Qualität dem deutschen Publikum ein facettenreiches Bild russischen Theaterlebens vor der Revolution vermittelten.

Literarisch folgenreich waren die zahlreichen Gastspiele sowjetischer Theater, insbesondre zwischen 1921 und 1923 (Böhmig 1990). Es gastierten das Moskauer Künstlertheater unter der Leitung von Stanislavskij im Herbst 1922, 1923 und 1925 Tairovs Moskauer Kammertheater, 1927 das Moskauer Agitprop-Theater »Blaue Bluse«, im April 1930 das Staatliche Mejerchol'd-Theater, 1926 und 1929 das jüdisch-russische Habima-Theater u.a. Spätestens seit 1922 und bis Anfang der dreißiger Jahre machten diese Gastspiele die literarische Welt im deutschsprachigen Raum mit der Vielfalt und Dynamik der russischen Theater-Avantgarde bekannt, präformierten nachhaltig die Entwicklung eines operationalen Theaters in Deutschland. Man erlebte neue Stücke, innovative Inszenierungen, diskutierte dramaturgische Konzepte, die dem Theater, gleichsam als Vorstufe zum heutigen Regietheater, eine spezifische, eigenständige Position gegenüber der literarischen Vorlage zuweisen wollten, wie z.B. Tairovs *Zapiski režissera* (Aufzeichnungen eines Regisseurs), die bereits 1923 unter dem Titel *Das entfesselte Theater* in Deutschland erschienen sind. Das spätexpressionistische deutsche Theater hat gerade von

Tairov wesentliche Anregungen erfahren (Leopold Jessner, Karl Heinz Martin); ein Beleg für entsprechende Korrespondenzen ist u.a. Tairovs Inszenierung von Walter Hasenclevers *Antigone* in der russischen Nachdichtung von Sergej Gorodeckij.

Für deutsche Dramatiker und Dramaturgen war Russland seit Beginn der zwanziger Jahre in zweifacher Weise von Interesse. Zum einen thematisch durch die Ereignisse der Oktoberrevolution und zum anderen formal durch die Experimente der russischen Avantgarde (Mejerchol'd, Tairov, Tret'jakov). Erwin Piscator inszenierte vermehrt russische Vorlagen, proklamierte in *Das politische Theater* (1929) »Rußland unser Ideal« und forderte in Bezug auf das von ihm und Hermann Schüller 1920 gegründete »Proletarische Theater« eine dominante Ausrichtung auf Sowjetrussland (Reus 1978, S. 31 ff.). Die Oktoberrevolution wird Gegenstand zahlloser Stücke wie des 1920 von Piscator inszenierten Einakters *Rußlands Tag* von Lajos Barta, Alfons Paquets *Sturmflut* (UA durch Piscator 1926) oder das erwähnte, ebenfalls von Piscator 1927 inszenierte Stück *Rasputin, die Romanows, der Krieg und das Volk, das gegen sie aufstand*. Besonders wichtig in Bezug auf formale Experimente wurden die Begegnungen bedeutender Dramaturgen und Regisseure: Brecht, Piscator, Reinhardt u.a. auf deutscher, Tairov, Mejerchol'd, Tret'jakov u.a. auf russischer Seite. Das Ausmaß des gegenseitigen Interesses war so groß, dass es selbst so gegensätzliche Repräsentanten des damals modernen Theaters wie Max Reinhardt, Vladimir Majakovskij und Vsevolod Mejerchol'd zusammenführte.

Wenig bekannt sind die Erfahrungsberichte deutscher Agitprop-Theatergruppen. So entwickelte die Truppe »Rotes Sprachrohr« 1930 im Gefolge ihrer Sowjetunion-Tournee unter dem Titel *Für die Sowjetmacht* ein szenisches Programm, in dem die heroische Arbeit der Sowjetbürger für den Aufbau des Sozialismus dargestellt und gewürdigt werden sollte (Reus 1978, S. 122 ff.). Die bis 1933 überaus erfolgreiche Szenenfolge vermittelte in stark kontrastierender Diktion die sozialen und politischen Innovationen innerhalb der Sowjetunion inhaltlich plakativ, dramaturgisch aber sehr variantenreich in seiner Abfolge und Überschneidung von Sprache, Gestik, Akrobatik, Musik (u.a. von Hanns Eisler) und bildmächtigen Requisiten. Vorbild dieser und anderer Agitprop-Aktivitäten proletarischer Theaterarbeit war auch die erwähnte »Blaue Bluse«, eine in Moskau gegründete und dann in der Sowjetunion der zwanziger Jahre weit verbreitete Bewegung von Laiengruppen (später »Theater der Arbeiterjugend«), die sich zum Ziel gesetzt hatten, die junge Sowjetmacht mit Aufklärung, Satire und Information ideologisch zu stabilisieren. Für die Entwicklung eines deutschen Arbeitertheaters während der späten zwanziger und frühen dreißiger Jahre ist die »Blaue Bluse« von großer Bedeutung gewesen. Umgekehrt bereisten deutsche proletarische Theaterkollektive mit Gastspielen die Sowjetunion, knüpften dort vielfältige Kontakte, die ihre Konzeptionen von Agitprop methodisch und inhaltlich bereicherten.

Begegnungen im Rahmen des Exils: Das »russische Berlin«

Einen Höhepunkt erfuhren die kulturellen Kontakte zwischen Deutschen und Russen zu Beginn der zwanziger Jahre, als sich eine Vielzahl russischer Emigranten vor allem zwischen 1918 und 1923 in Berlin niederließ (Mierau 1988a, Schlögel 1995). Die deutsche Hauptstadt war während dieser Zeit für sie in mehrfacher Weise interessant: Sie gehörte zu den kulturellen Zentren Europas, war geographisch nicht so weit von Russland entfernt wie Paris oder London und sie war aufgrund der Inflation konkurrenzlos billig. Zwischen 1918 und 1924 lebten ca. 500 000 Russen in Berlin, ihren Höhepunkt erreichte diese »Invasion« in den Jahren 1921–1923; ganze Bezirke, wie z. B. Wilmersdorf, Charlottenburg, die Gegend um den Nollendorfplatz, waren so russisch geprägt, dass Ladenbesitzer in diesem »Charlottengrad« potentielle Kunden mit Schildern lockten: »Hier wird auch deutsch gesprochen« und Kabaretts die russische Dominanz mit boshaften Couplets wie dem folgenden ironisierten: »Rußki ist die große Mode,/ Rußki oben schwimmt wie Kork,/ Rußki macht es mit Methode,/ Russisch ist schon ganz New York./ Rußki lieben Festestrubel,/ [...]/ Rußki haben Zarenrubel,/ [...]/ Frauen kaufen Lippenschminke,/ Perlenschnur und Reiherhut,/ Denn mit etwas Pinkepinke/ Lebt man auch im Ausland gut!« (Koljazin 1998, S. 25). Nicht ganz so gehässig, aber unübersehbar distanziert hat sich auch Alfred Döblin zu diesem Phänomen geäußert. In seiner Rezension zum positiv bewerteten Auftreten des Moskauer Künstler-Theaters (*Russisches Theater und Reinhardt* im *Prager Tagblatt* vom 20.12.1921) mokiert er sich über die reichen Exilrussen, die im Gegensatz zu den meisten Deutschen die sündhaft teuren Theaterbillets problemlos bezahlen könnten. Als Ende 1923 die Inflation durch die Einführung der Rentenmark gestoppt wurde, verließen viele Emigranten die Stadt und übersiedelten nach Paris und Prag.

Neben den politisch Verfolgten zog es aber auch viele andere nicht bzw. zunächst nicht gefährdete russische Intellektuelle und Künstler nach Berlin, die sich von dieser pulsierenden Metropole schöpferische Anregung und berufliche Förderung versprachen, u.a. Maksim Gor'kij, Isaak Babel', Aleksej Nikolaevič Tolstoj, Vladimir Majakovskij, Boris Pasternak, Sergej Esenin, Ilja Ėrenburg, Andrej Belyj, Marina Cvetaeva, der Linguist Roman Jakobson, der Literaturtheoretiker Viktor Šklovskij, bildende Künstler wie Vasilij Kandinskij, Aleksandr Archipenko, Marc Chagall, Kazimir Malevič; literarisch verewigt ist diese Ansammlung u.a. in Ėrenburgs Autobiographie *Ljudi, gody, žizn'* (zuerst in der Zeitschrift *Novy Mir*, 1960–1965; dt. Menschen, Jahre, Leben). Viele der Genannten lebten allerdings nur kurzzeitig in der deutschen Hauptstadt; doch vor allem von ihnen gingen innovative geistige und künstlerische Anregungen aus; der größere Teil der vor den Sowjets geflohenen russischen Emigranten war allerdings künstlerisch eher konservativ eingestellt. Berlin wurde aufgrund dieser Zuwanderung ein Ort im Zentrum Europas, wo sich – aus Russland kommend – auf kleinstem Raum sehr verschiedene Künstler, Repräsentanten unterschiedlicher Weltanschauungen und sozialer Schichten versammelten und – zumindest bis 1923 – miteinander kommunizierten, vereint im Bemühen, angesichts der chaotischen politischen und gesellschaftlichen Verhältnisse in der Sowjetunion um 1920 die russische Kultur und Literatur zu bewahren.

Dieses »russische Berlin« war geprägt durch vielgestaltige kulturelle Aktivitäten und durch die sie tragenden Institutionen. Es gab zahlreiche russische Zeitschriften wie *Russkaja kniga* (Das russische Buch) bzw. *Novaja russkaja kniga* (Das neue russische Buch), die von Gor'kij gegründete *Beseda* (Das Gespräch), einige noch dem Symbolismus nahestehende wie *Car ptica* (Der Feuervogel), die von Ėrenburg und Lazar Lisickij herausgegebene, die Begegnung russischer und deutscher avantgardistischer Künstler besonders befördernde Zeitschrift für moderne Kunst *Vešč'* (Der Gegenstand), konservative Organe wie *Rul'* (Das Steuer), *Golos Rossii* (Die Stimme Russlands), *Novoe slovo* (Das neue Wort) ebenso wie sowjetfreundliche, z.B. *Novyj mir* (Die neue Welt) und *Novaja Rossija* (Das neue Russland). Dazu kam eine Vielzahl von auch auf den sowjetischen Markt ausgerichteten, in Berlin aber aus Zensur- oder Kostengründen produzierenden, oft nur kurze Zeit existierenden russischen Verlagen wie Helikon, Efron, Newa, Skythen u.a.; zwischen 1918 und 1928 wurden ca. 80 Emigrantenverlage gegründet. Kleine und kleinste deutsche Verlage edierten bereits während der zwanziger Jahre ungefähr einhundert sowjetische Autoren (Schwarz 1965, S. 16). Es gab Buchhandlungen und Buchhandlungsketten (»Moskva«) sowie Institutionen wie das von Ilja Ėrenburg (1891–1967) als »literarische Arche Noah« verewigte Berliner »Haus der Künste«, die wichtigste Begegnungsstätte zwischen deutschen und russischen Literaten während der zwanziger Jahre mit recht guten Kontakten zum Petrograder »Dom Literatorov« (Haus der Literaten). Bedeutende russische Autoren haben ihre nicht immer positiven Berlin-Erfahrungen in Dichtungen und Reportagen schriftlich festgehalten, z.B. Majakovskij im Gedicht *Germanija* (1922; dt. Deutschland) und in der Reportage *Segodnjašnij Berlin* (1923; dt. Das heutige Berlin), Ėrenburg in *Viza vremeni* (1929; dt. Visum der Zeit), in Briefen und Memoiren, Viktor Šklovskij im Briefroman *ZOO ili pis'ma ne o ljubvi* (1923; dt. ZOO oder Briefe nicht über die Liebe), Vladimir Nabokov in zahlreichen, die Deutschen nicht immer freundlich zeichnenden Erzählungen und Romanen wie *Dar* (1937/1938; dt. Die Gabe), in Teilen seiner Autobiographie *Drugie berega* (1954; dt. Andere Ufer) oder in seinem *Putevoditel' po Berlinu* (1925; dt. Stadtführer zu Berlin); präsent ist das Berlin der frühen zwanziger Jahre auch in Gedichten von Belyj, Pasternak, Chodasevič u.a. Die kulturelle Infrastruktur der Berliner Russen wurde bereichert durch eine Vielzahl von Klubs (»Klub der Dichter«, »Klub der Schriftsteller«), von Verbänden (»Verband russischer Journalisten und Schriftsteller«), von Literaturkreisen (»Obezvelvolpal«, Akronym für »Große und freie Affenkammer«; »Vereteno«/»Die Spindel«), von Hilfskomitees u.a. Ihre Aufgaben waren vielfältiger Art: Pflege des literarischen Erbes, insbesondere von Werken der durch die sowjetische Kulturpolitik vernachlässigten oder tabuisierten Autoren des russischen Symbolismus, Akmeismus und Futurismus, Gründung bzw. Neugründung von literarischen Projekten, Diskussionsforum literarischer und weltanschaulicher Auseinandersetzungen, Organisation von sozialen Hilfen u.a. Erwähnenswert sind außerdem russische Kleinkunstbühnen wie das Kabarett »Der blaue Vogel« (Sinjaja ptica), das auch von deutschen Schriftstellern gern besucht wurde, z.B. von Kurt Tucholsky, Alfred Polgar, Herwarth Walden und Else Lasker-Schüler. Heimisch geworden sind allerdings nur wenige Russen in dieser »Stiefmutter der russischen Städte« wie der Dichter und Literaturkritiker Vladislav Chodasevič im Gedicht *Vse kamennoe* (1923; dt. Alles aus Stein) die deutsche Hauptstadt genannt hat. Das »russische Berlin« der Emigranten war ein eigener Mikrokosmos in der Weltstadt Berlin, mit eigenen Betrieben, Restaurants, Geschäften, Dienstleistungsunternehmen, kulturellen Institutionen wie Zeitungen, Verlagen, Klubs etc. Das bewirkte in Teilen eine starke, sich Ende der zwanziger Jahre noch verstärkende Isolierung, in vielen Bereichen blieben die russischen Emigranten, oft wegen mangelnder Sprachkenntnisse, unter sich. Schon seit dem Vertrag von Rapallo dominierten sie nicht mehr die kulturelle Szene des »Russischen Berlin«; die Sowjetregierung unter ihrem Kulturminister Anatolij Lunačarskij (1875–1933) nahm zunehmend Einfluss auf den kulturellen Transfer zwischen Deutschland und der Sowjetunion. Zahlreiche Autoren kehrten nach 1923 wieder in die Sowjetunion zurück, z.B. Pasternak, Belyj, Šklovskij und Aleksej Nikolaevič Tolstoj. Spätestens mit Beginn der dreißiger Jahre wurden Paris und Prag kulturelle Zentren der russischen Emigration.

So entwickelten sich auch persönliche Beziehungen zwischen deutschen und russischen Schriftstellern zunächst nur zögerlich. Unter den bekannteren Autoren hatten vor allem Ėrenburg und Majakovskij Kontakte zu deutschen Schriftstellern und Künstlern, u.a. zu den Brüdern Helmut Herzfeld (John Heartfield) und Wieland Herzfelde, zu Ernst Toller, Leonhard Frank, Joseph Roth, Herwarth Walden und George Grosz. Begegnungsstätten zwischen deutschen und russischen Künstlern waren das erwähnte »Haus der Künste«, Ateliers wie das des Ehepaares Puni in der Kleiststraße, das der Maler A. Gumič und Nikolaj Careckij oder die Galerie »Sturm« von Herwarth Walden, Cafes wie das »Landgraf«, das »Leon« oder das berühmte »Romanische Cafe«. Kontakte ermöglichten auch die zahlreichen kulturellen Veranstaltungen der sowjetischen Botschaft in Berlin, der Berliner Sektion des Allrussischen Journalistenverbandes u.a.

Institutionen, Verlage, Zeitschriften

Spezielle institutionelle Verbindungen zwischen deutschen und russischen Schriftstellern innerhalb Deutschlands gab es während der Weimarer Republik bestenfalls in Ansätzen; das gilt z.B. für die 1922 in Berlin gegründete »Vereinigung deutscher und russischer Künstler und Schriftsteller«. Wichtige Funktionen in diesem Kontext übernahmen politisch-gesellschaftliche Institutionen, von denen neben dem

»Bund der Freunde der Sowjetunion« vor allem zwei zu nennen sind: Das ist zunächst die von 1919 bis 1933 existierende »Deutsche Gesellschaft zum Studium Osteuropas«, die von Wissenschaftlern, Journalisten und Repräsentanten der deutschen Wirtschaft sowie vom Auswärtigen Amt getragen und gefördert wurde. Die Gesellschaft organisierte Ausstellungen (z.B. über byzantinisch-russische Malerei 1926, über Ikonen 1929, über georgische Kunst 1930) und Vorträge, vermittelte und koordinierte wissenschaftliche Kontakte. Mit ihren Publikationsorganen *Osteuropa* (ab 1925) und *Osteuropäische Forschungen* (ab 1927) war sie bemüht, umfassend und anspruchsvoll über die Sowjetunion zu informieren. Große Verdienste hat sich die »Gesellschaft zum Studium Osteuropas« um die Eingliederung derjenigen russischen Intellektuellen und Wissenschaftler erworben, die im Jahre 1922 von der Sowjetunion in einer spektakulären Aktion aus Russland herausgeworfen worden waren. Den ca. 200 Personen verschaffte die »Gesellschaft« Möglichkeiten zur Forschung und Lehre, u.a. durch die 1923 erfolgte Gründung des »Russischen Wissenschaftlichen Instituts« in Berlin.

Gesellschaftlich breiter verankert, zumindest anfangs, war die 1923 aus dem Verein »Internationale Arbeiterhilfe« hervorgegangene »Gesellschaft der Freunde des neuen Rußland«, die ebenfalls Kenntnisse über die Sowjetunion verbreiten und Sympathiewerbung für den neuen russischen Staat betreiben sollte. In den ersten Jahren ihres Bestehens war die Gesellschaft ein wichtiger Begegnungsort deutscher und russischer Künstler und Intellektueller, war Initiator von Ausstellungen, Konzerten, Diskussions- und Vortragsveranstaltungen, an denen von russischer Seite nicht selten politische und kulturelle Prominenz aus der Sowjetunion agierte, z.B. der sowjetische Kultusminister Anatolij Lunačarskij, Leo Trockij, die Regisseure Konstantin Stanislavskij und Sergej Ejzenštejn. Prominente Unterstützer und Sympathisanten waren auf deutscher Seite u.a. Thomas und Heinrich Mann, Bernhard Kellermann, Albert Einstein, Max Osborn, Käthe Kollwitz, die Verleger Samuel Fischer und Ernst Rowohlt sowie der Reichstagspräsident Paul Löbe. Spätestens ab 1927 geriet der Verein mehr und mehr in kommunistisches Fahrwasser, verteidigte u.a. in seinem Publikationsorgan *Das Neue Rußland*, das anfänglich noch Texte von Valerij Brjusov und Isaak Babel' veröffentlicht hatte, die sich gegen Ende der zwanziger Jahre verstärkenden politischen Repressionen in der Sowjetunion, den Leninkult etc.

Die »Gesellschaft der Freunde des neuen Rußland« rückte damit in die Nähe derjenigen politischen Gruppierungen, die sich zwischen 1918 und 1933 besonders intensiv um einen kulturellen Austausch zwischen Deutschland und der Sowjetunion bemüht haben – der KPD und der ihnen nahestehenden Institutionen. Das betraf die »Rote Kulturfront«, den 1928 gegründeten und von Johannes R. Becher geleiteten »Bund proletarisch-revolutionärer Schriftsteller« (BPRS), den Filmverleih »Prometheus-Film«. Wichtig für die Rezeption der jungen sowjetrussischen Literatur im Deutschland der zwanziger und frühen dreißiger Jahre waren die zahlreichen kommunistischen Tageszeitungen wie die *Rote Fahne*, die aufgrund ihres hervorragenden Bildmaterials und ihrer hohen Auflage (500000) besonders wirksame *Arbeiter-Illustrierte-Zeitung*, die *Internationale Pressekorrespondenz*, das *Thüringer Volksblatt* sowie die *Universum Bücherei für Alle*. Repräsentative Texte der sowjetischen Aufbauliteratur wie Konstantin Fedins *Goroda i gody* (1924; dt. Städte und Jahre), Aleksandr Serafimovičs *Železnyj potok* (1924; dt. Der eiserne Strom) oder Fedor Gladkovs *Cement* (1925; dt. Zement) wurden durch sie recht früh einer breiteren deutschsprachigen Leserschaft vermittelt. Geistig begründet wurde dieses Engagement seit den neunziger Jahren des 19. Jahrhunderts durch literaturkritische Arbeiten führender Sozialdemokraten. So hat Rosa Luxemburg, eine vorzügliche Kennerin der polnischen und russischen Literatur, 1918 während ihrer Festungshaft die ersten zwei Bände von Korolenkos *Istorija moego sovremennika* (1905–1921; dt. Geschichte meines Zeitgenossen) übersetzt. Ihr einleitender Essay (u.d.T. *Die Seele der russischen Literatur* auch in der Zeitschrift *Die weißen Blätter*, 1919) gilt als eine der bedeutendsten frühen marxistischen Arbeiten über die russische Literatur.

Erwähnenswert als Ort geistiger und literarischer Begegnung waren neben den bereits genannten Zeitungen weitere publizistische Organe wie z.B. die Literaturbeilage von *Nakanune* (Am Vorabend), in der Beiträge russischer und deutscher Autoren erschienen, u.a. von Thomas und Heinrich Mann, Alfred Kerr, Alfred Döblin, die *Russische Rundschau* sowie die kurzlebige (April bis Juni 1922), russische und deutsche Beiträge aus Literatur und bildender Kunst vorstellende Zeitschrift *Vešč'* (Der Gegenstand).

Neben Zeitungen und Zeitschriften waren natürlich eine Reihe deutscher Verlage wichtige Institutionen des literarischen Transfers von Russland nach Deutschland und Österreich. Russland war insbesondere nach der Oktoberrevolution Gegenstand hohen Interesses, entsprechend lukrativ erschien die Publikation von russischer Literatur und von Schriften verschiedenster Art über Russland (Koenen 1998, S. 827–934; Hübner 2012, S. 53–149).

Vornehmlich im Verlagswesen ist erkennbar, dass nicht nur Berlin, sondern eine Vielzahl anderer Städte für die Vermittlung literarischer Texte von Russland nach Deutschland während der zwanziger Jahre eine bedeutsame Rolle gespielt hat. In Berlin waren u.a. die Verlage Fischer, Propyläen und Ladyschnikow aktiv, in München befanden sich bereits seit Beginn des Jahrhunderts viele an russischer Literatur interessierte Verlage wie Piper, C.H. Beck, Albert Langen und Georg Müller; dazu gesellten sich die Verlage Kurt Wolff, Drei Masken, Orchis und Musarion. In Leipzig gab es Reclam, Wilhelm Friedrich und den Insel-Verlag, der 1921 eine weitere große Dostoevskij-Ausgabe herausbrachte, in Jena Diederichs, in Potsdam Kiepenheuer und Cassirer. Was die Rezeption russischer Literatur des 19. Jahrhunderts betrifft, so setzten bereits etablierte Verlage wie Beck, Fischer, Insel oder Reclam ihre Editionen russischer Klassiker fort, Georg Müller edierte zwischen 1910 und 1932 eine zweite große Turgenev-Werkausgabe in zwölf Bänden (übersetzt u.a. von August Scholz, Ludwig Rubiner, Fega Frisch, Fred M. Balte), Piper die erwähnte, finanziell zunächst allerdings wenig ertragreiche Dostoevskij-Ausgabe, Beck 1924/1925 eine Puškin-Ausgabe, der Münchener Verlag Buchenau & Reichert veröffentlichte 1925 *Aufsätze und Tagebuchblätter* des gleichen Dichters. Während der zwanziger Jahre erscheinen erstmals auch größere Werkausgaben von in Deutschland weniger bekannten russischen Autoren, z.B. 1924 bis 1927 bei Beck eine neunbändige Leskov-Ausgabe (in der Übersetzung von Johannes von Guenther, Erich Müller, Henry von Heiseler, Arthur Luther) sowie 1922 bis 24 bei Bruno Cassirer eine vierbändige Gončarov-Ausgabe (übersetzt von Clara Brauner). 1924 brachte Beck eine durch Johannes von Guenther und Alexander Eliasberg betreute dreibändige Anthologie *Rußland in dichterischen Dokumenten* heraus. Darüber hinaus publizierte dieser Verlag im Rahmen der Reihe *Bücher zur Einführung in das russische Wesen* Beiträge zur Philosophie, Psychologie, Theologie u.a. sowie die für die Rezeption russischer Literatur durch deutschsprachige Autoren wichtige *Russische Literaturgeschichte in Einzelporträts* (1922, ²1925) von Alexander Eliasberg. Russische Literatur des 19. Jahrhunderts in guten Übersetzungen editierten auch die Verlage Diederichs (neben der großen Tolstoj-Ausgabe u.a. Čechov und Gor'kij), Georg Müller mit seiner Reihe *Russische Klassiker* (Puškin, Gogol', Turgenev), Kiepenheuer im Rahmen der Reihe *Das neue Buch* (Gogol', Dostoevskij, Tolstoj, Turgenev), Albert Langen mit Ausgaben von Čechov, Gor'kij, Tolstoj, Dostoevskij, Gogol' u.a., der Drei Masken Verlag mit der *Russischen Bibliothek* (1922–1924), die mit durch Eliasberg und von Guenther übertragenen Werken von Lermontov über Odoevskij, Gogol', Dostoevskij, Tolstoj bis Čechov und Aleksej Remizov einen repräsentativen Überblick über die Entwicklung der russischen Literatur vermitteln sollte. Zu erwähnen in diesem Kontext sind außerdem die Verlage Newa, Musarion, Orchis, Petropolis. Sie alle ignorierten die russische Literatur der Moderne nicht, näherten sich ihr aber vorsichtig, z.B. durch die Berücksichtigung in Anthologien, u.a. Valerij Brjusov, Fedor Sologub und Aleksej Remizov in der erwähnten *Russischen Bibliothek* des Drei Masken Verlags, Ėrenburg bei Petropolis. Die Vermittlung anspruchsvoller Texte der Moderne übernahmen nicht selten die vielen kleineren Verlage wie der erwähnte Skythen-Verlag mit der Edition von Aleksandr Bloks Revolutionspoem *Dvenadcat'* (Die Zwölf) in der Übersetzung durch Wolfgang E. Groeger. Was die deutsche Veröffentlichung sowjetrussischer Autoren betrifft, so sind der Wiener Verlag Paul Zsolnay, die ca. 80, in Teilen der KPD nahestehenden oder von der Sowjetregierung unterstützten Verlage (Schwarz 1965, S. 16), der Verlag für Literatur und Politik, der Verlag der Jugendinternationale, der Neue Deutsche Verlag und der Verlag Carl Hoym Nachf. Louis Cahnbley, vor allem aber der linksorientierte Malik-Verlag zu nennen, gegründet 1917 von George Grosz und den Brüdern Wieland und Helmut Herzfeld (bekannt als Graphiker unter dem Namen John Heartfield), nach 1933 in Prag und London ansässig. Hier erschienen deutsche und zahlreiche fremdsprachige Texte, solche des Spätrealismus und der Klassischen Moderne ebenso wie des Expressionismus und Dadaismus. Ein Schwerpunkt war die Vermittlung der jungen sowjetischen Literatur, von Texten Majakovskijs, Ėrenburgs, Babel's, Fedins und vor allem von Gor'kij, dessen Werke 1926 bis 1930 in 17 Bänden erschienen sind. Auch in der Sowjetunion nicht gedruckte Schriften wurden im Malik-Verlag ediert.

Übersetzerinnen und Übersetzer

Ein Glücksfall für die Verlage waren die vorzüglichen Übersetzer. Ihre Bedeutung ist kaum hoch genug einzuschätzen, war doch ihre Tätigkeit in den meisten Fällen die Grundlage für die mit dem frühen 20. Jahrhundert besonders intensiv einsetzende Aneignung russischer Texte. Ohne sie sind die für die deutschsprachige Literatur des 20. Jahrhunderts so folgenreichen russischen Lektüren von Thomas Mann, Hermann Hesse, Stefan Zweig, Alfred Döblin, Thomas Bernhard u.a. nicht denkbar. Zu nennen sind dabei neben August Scholz, Henry von Heiseler, Wolfgang E. Groeger, Olga Halpern, Adolf Hess, Hans Ruoff, Rudolf Selke, Dmitrij Umanskij, Karl Nötzel und Reinhold von Walter vor allem Alexander Eliasberg, Johannes von Guenther und Arthur Luther.

Der Lebensweg von Alexander Eliasberg erinnert in manchem an den von Wilhelm Wolfsohn. Wie dieser aus bürgerlicher jüdisch-russischer Familie stammend, hat sich der 1878 in Minsk geborene Eliasberg in umfassendem Sinn als Vermittler russischer Kultur und Literatur in Deutschland verstanden, als Übersetzer, als Literarhistoriker, als Essayist. Eliasberg lebte seit 1906 in München, wo er bald zum wichtigsten Übersetzer russischer Literatur im Piper-Verlag wurde. In München machte er u.a. Bekanntschaft mit Thomas Mann, er war neben Merežkovskij dessen einflussreichster Ratgeber in Sachen russische Dichtung. Thomas Mann hat an Vorworten der von Eliasberg verantworteten Editionen mitgewirkt, z.B. an der *Bildergalerie zur russischen Literatur* (1922) und *Meisterwerke der russischen Erzählkunst* (1921). Wie Wolfsohn ist auch dem »Ostjuden« Eliasberg in seiner zweiten Heimat Deutschland nicht nur Anerkennung und Zuwendung zuteil geworden, auch wenn er von bedeutenden Schriftstellern wie Thomas Mann und Stefan Zweig, von anerkannten Kollegen wie Arthur Luther und Johannes von Guenther hoch geschätzt wurde. Wegen einer deutschfeindlichen Äußerung seiner Frau ist die Familie 1923 aus Bayern vertrieben worden, ein für diesen mit Deutschland so eng verbundenen Menschen zutiefst verstörendes Ereignis. Er starb als »Staatenloser« 1924 im Alter von nur 46 Jahren verbittert in Berlin. Eliasberg war wie Wolfsohn um eine umfassende und zugleich differenzierte Vermittlung russischer Kultur und Literatur bemüht. Seine u.a in den Verlagen Beck. Piper, Drei Masken, Orchis, Kiepenheuer, Georg Müller und Insel publizierten Übersetzungen repräsentieren die Geschichte der russischen Literatur vom frühen 19. bis zum frühen 20. Jahrhundert (u.a. Puškin, Gogol', Turgenev, Dostoevskij, Tolstoj, Leskov, Čechov, Merežkovskij,

Bal'mont, Brjusov, Sologub, Bunin, Remizov, Ėrenburg, sowie Aleksej Konstantinovič Tolstoj und Michail Prišvin). Die russische Gegenwartsdichtung (Repräsentanten des russischen Symbolismus wie Bal'mont, Gippius und Brjusov) hatte Eliasberg bereits zu Beginn seines Münchener Aufenthaltes in der Anthologie *Russische Lyrik der Gegenwart* vorgestellt (Piper, 1907). Im Zentrum seiner übersetzerischen Tätigkeit standen aber Prosatexte, veröffentlicht sowohl in Einzelausgaben als auch in Anthologien, z.B. *Die großen Russen* (1910), *Russische Liebesnovellen* (1919), *Neue russische Erzähler* (1920), *Der russische Christ* (1922), *Der russische Parnaß* (1922; gemeinsam mit dem Bruder David). Wichtig für ihn war dabei nicht nur die Übertragung, sondern auch die Vermittlung von literarhistorischen Zusammenhängen und geistesgeschichtlichen Kontexten, u.a. in der umfänglichen Einführung zu der o.g. Lyrik-Anthologie, in der erwähnten einflussreichen *Russischen Literaturgeschichte in Einzelporträts*, als Autor des Bandes *Russische Kunst. Ein Beitrag zur Charakteristik des Russentums* (1915). Außerdem sind zahlreiche Werke des erwähnten Dmitrij Merežkovskij von Eliasberg ins Deutsche übertragen worden.

Eliasberg hat mehrfach mit dem als Übersetzer noch wirksameren Johannes von Guenther (1886–1973) zusammengearbeitet (u.a. als Mitherausgeber der erwähnten Buchreihe *Russische Bibliothek* und bei der Edition der ebenfalls bereits genannten Anthologie *Rußland in dichterischen Dokumenten*). Auch von Guenther hat sich mit Übersetzungen und Essays als vorzüglicher Kenner der gesamten russischen Literaturentwicklung profiliert. Als junger Mann pflegte er vielfältige Kontakte zu Autoren der russischen Moderne, insbesondre im Rahmen seiner Tätigkeit als Redakteur der Zeitschrift *Apollon* in den Jahren 1909 bis 1913. Letztere war als Sprachrohr der modernen russischen Dichtung und bildenden Kunst zentrales Diskussions-Forum für Repräsentanten des russischen Symbolismus und Akmeismus (Blok, Brjusov, Belyj, Gumilev, Mandel'štam, Achmatova u.a.). Aufgrund dieser Erfahrungen galt von Guenther während der zwanziger Jahre als einer der besten Kenner des vor allem durch Symbolismus und Akmeismus repräsentierten »Silbernen Zeitalters« der russischen Literatur. Einer seiner wichtigsten Mentoren war der Symbolist Vjačeslav Ivanov (1866–1949). Gegenstand seines Übersetzens waren aber auch Autoren des 19. Jahrhunderts (Lermontov, Gogol', Tolstoj, Čechov u.a.), die er u.a. in Anthologien veröffentlicht hat, um dem deutschen Publikum zum einen die Breite und Vielfalt des russischen literarischen Lebens nahezubringen (*Russische Verbrecher-Geschichten, Russische Gespenster-Geschichten, Russische Liebes-Geschichten, Neuer russischer Parnass* u.a.) und zum anderen diese Literatur als ein Ganzes, als eine mit besonderen Eigenschaften begabte Nationalliteratur vorzustellen. Eine ähnliche Intention verfolgten Eliasberg und von Guenther übrigens mit der Sammlung *Rußland in dichterischen Dokumenten*, die russlandspezifischen Themenkomplexe (Nevskij-Prospekt, Russen im Ausland, das Totenmahl etc.) mit Hilfe literarischer Texte von Gogol', Dostoevskij, Tolstoj, Turgenev, Čechov, Kuz'ma Gorbunov u.a. vorstellen sollte. Auch von Guenther hat sich nicht nur als Übersetzer verstanden; seine editorischen und literarhistorischen Aktivitäten zeigen eine profunde Kenntnis des Gegenstandes, sind geprägt von einem während dieser Zeit nicht selbstverständlichen Bemühen des George-Verehrers, auf die sprachkünstlerische Qualität russischer Texte aufmerksam zu machen. Ein berührendes Dokument dieser jahrzehntelangen Vermittlertätigkeit ist von Guenthers 1969 erschienene Autobiographie *Ein Leben im Ostwind. Zwischen Petersburg und München*.

Eine noch engere Verbindung von Übersetzer und Literaturwissenschaftler repräsentiert der Deutsch-Russe Arthur Luther (1876–1955), der von 1903 bis 1914 in Moskau als Dozent für Allgemeine Literaturgeschichte, nach Ausbruch des Ersten Weltkrieges bis 1944 in Leipzig als Bibliotheksrat und 1946 bis 1951 als Lehrbeauftragter für Neuere Russische Literatur- und Kunstgeschichte an der Universität Marburg gearbeitet hat. Neben seinen die gesamte Entwicklung der neueren russischen Literatur betreffenden Übertragungen verdanken wir Luther eine Reihe kenntnisreicher, auch die damals zeitgenössische russische Literatur berücksichtigender literarhistorischer Schriften. Zu nennen in diesem Zusammenhang sind neben kleineren Schriften wie dem differenziert argumentierenden Majakovskij-Nekrolog von 1930 vor allem die Abhandlung *Russische Literatur in Deutschland* (in: *Das deutsche Buch. Sonderheft Russland*, 1923), in der u.a. auch erstmals ein bibliographischer Überblick über die zwischen 1919 und 1923 im deutschsprachigen Raum erschienenen Werke russischer Schriftsteller enthalten ist, die *Geschichte der russischen Literatur* (1924), zwei Aufsätze anlässlich von Puškins 100. Todesjahr (*Puškin und die deutsche Sprache und Dichtung* sowie *Puškin in Deutschland*, beide in der Puškin-Sondernummer der *Revue de Littérature comparée*, 1937), die *Kleine russische Literaturgeschichte. Ein Überblick von den Anfängen bis 1917* (1949), die 1941 erschienene Studie *Das Moskauer Künstlertheater* u.a.

August Scholz (Pseud. Thomas Schäfer, 1857–1923) ist vor allem als Übersetzer Gor'kijs bekannt geworden, hat sich aber auch als publizistischer Vermittler russischer Literatur einen Namen gemacht. Er war der Einzige, dessen Übertragungen Gor'kij sanktioniert hat, bekannt auch mit zahlreichen anderen russischen Autoren wie Leonid Andreev. Scholz hat sich außerdem mit Übersetzungen von Ryleev, Gogol', Dostoevskij, Tolstoj, Gončarov, Kol'cov, Čechov und Andreev hohes Ansehen erworben.

Zu erwähnen in diesem Zusammenhang ist weiterhin Henry von Heiseler (1875–1928), ein sowohl in der russischen als auch in der deutschen Kultur tief verwurzelter Dichter und auch bei seinen Kollegen hoch angesehener Übersetzer. Heiseler lebte seit 1898 in München, war zeitweise Mitglied des George-Kreises. Vom Beginn des Ersten Weltkrieges in Russland überrascht, verbrachte er dort und in der Sowjetunion zwangsweise die Jahre 1914 bis 1922, ehe er wieder nach Deutschland zurückkehren konnte. Heiseler hat aus dem Englischen, Französischen, vor allem aber aus dem Russischen übersetzt (Puškin, Dostoevskij, Turgenev, Leskov,

Sologub, Ivanov). In seiner Dichtung verwendet er oft Stoffe und Motive aus der russischen Geschichte (z.B. Boris Godunov).

Ein weiterer wichtiger Vermittler, und zwar nicht nur als Übersetzer, war der in Moskau geborene Karl Nötzel (1870–1945). Nötzel hat nicht nur Gogol' (die Novellensammlung *Mirgorod*) und Dostoevskij (*Die Brüder Karamasow*) übertragen, sondern mit u.a. von Hermann Hesse positiv rezensierten und einflussreichen, in der Bewertung der »russischen Seele« jedoch nicht unproblematischen Monographien zur russischen Geistesgeschichte und Literatur ein großes Publikum erreicht (*Das heutige Rußland. Eine Einführung an der Hand von Tolstois Leben und Werken*, 2 Bde., 1915–1918; *Die Grundlagen des geistigen Rußlands. Versuch einer Psychologie des russischen Geisteslebens*, 1917; *Einführung in den russischen Roman. Versuch einer Deutung der russischen Geistigkeit und der russischen Formgebung*, 1920; *Dostojewski und wir. Ein Deutungsversuch des voraussetzungslosen Menschen*, 1920; *Das Leben Dostojewskis*, 1925).

Der aus Riga stammende, in Moskau aufgewachsene Wolfgang E. Groeger (1882–1950) ist als Übersetzer u.a. von Puškin, Dostoevskij, Blok, Brjusov, Bal'mont, Michail Bulgakov, Iosif Kallinikov u.a. bekannt geworden.

Zu erwähnen in diesem Zusammenhang ist auch der aus St. Petersburg stammende Dichter und Kunsthistoriker Reinhold von Walter (1882–1965), der auch als Übersetzer und Herausgeber russischer Werke aus den Bereichen Literatur (u.a. Puškin, Gogol', Gončarov, Tolstoj, Dostoevskij, Turgenev, Čechov, Blok, Brjusov, Pasternak und Majakovskij), Geschichte (u.a. die auf deutsch 1924/1925 erschienene vierbändige *Geschichte Rußlands* von Vasilij Ključevskij) und Philosophie (Lev Šestov) tätig war.

Vorzügliche Übertragungen aus dem Russischen von Puškin bis Esenin verdanken wir auch Dora Hiller von Gaertringen, Olga Halpern, Korfiz Holm, Dmitrij Umanskij u.a.

Als Übersetzer der damals modernen sowjetischen Literatur profilierten sich auch einige der KPD nahestehende Schriftsteller. Ihre Arbeiten sind insofern von Bedeutung, als u.a. mit ihnen nach 1945 der Grundstein für die in der Sowjetischen Besatzungszone und der DDR erfolgte umfängliche und intensive Rezeption russischer Literatur gelegt wurde. Johannes R. Becher (1891–1958), expressionistischer Dichter, Kulturfunktionär und späterer DDR-Kulturminister, hat Texte von Majakovskij und von Demjan Bednyj übersetzt; die Übertragungen sind jedoch, nicht zuletzt wegen der marginalen Russischkenntnisse Bechers, eher als Nachdichtungen zu werten. Der Österreicher Hugo Huppert (1902–1982) war seit 1928 Mitarbeiter an der großen Marx-Engels-Ausgabe und hat als Exilant in verschiedenen Funktionen in der Sowjetunion gearbeitet. Nicht unumstritten bei seinen Kollegen, u.a. wegen seiner Rolle in Stalins Großem Terror, hat er sich vor allem mit seinen Majakovskij-Übertragungen einen Namen gemacht. Als Übersetzer im sowjetischen Exil betätigt haben sich außerdem Friedrich Wolf (Vsevolod Višnevskij), Erich Weinert (Lermontov, Nikolaj Nekrasov), Alfred Kurella (Aleksandr Tvardovskij) u.a.

Als weitere immer wichtiger werdende Vermittlungsinstanz sind die Literaturgeschichten zu nennen. Neben Eliasbergs erwähnter *Russischer Literaturgeschichte in Einzelporträts* und Arthur Luthers genannten Arbeiten sind es z.b. die zweibändige *Russische Literaturgeschichte* (1919) des bedeutenden Slavisten Alexander Brückner und die *Russische Literaturgeschichte* von Ernst Friedrichs (1921).

Aufgrund dieser vielfältigen Vermittlungen gewinnt die Rezeption russischer Literatur während der zwanziger Jahre eine bis dahin nicht gekannte Intensität und Qualität. Weil Herausgeber und Übersetzer in vielen Fällen intime Kenner der russischen Literaturszene sind, wird vermehrt auf sprachkünstlerische Dignität geachtet, sowohl bei der Auswahl der Autoren als auch bei der Übertragung ihrer Werke ins Deutsche. Das führt dazu, dass bei der Bewertung dieser Texte nicht mehr allein ihr exotischer Reiz, die Neugier auf etwas Fremdes oder weltanschaulich relevante Kontexte, sondern auch ästhetische Aspekte mehr und mehr Beachtung finden.

5.3 Reiseberichte

Eine überaus wichtige Rolle im deutsch-russischen Kulturtransfer der zwanziger und dreißiger Jahre spielte das Reisen, das der Russen nach Deutschland ebenso wie das der Deutschen in die Sowjetunion. Solche Reisen und die darauf bezogenen Berichte hat es, wie mehrfach erwähnt, seit dem Mittelalter in großer Zahl gegeben, doch nie ist diese Form von Fremderfahrung und der damit verbundene Kulturtransfer so umfangreich und vielgestaltig gewesen wie im genannten Zeitraum, niemals waren so viele und unterschiedliche Schriftsteller unterwegs, niemals waren die diese Reisen auslösenden Intentionen so vielfältig und niemals sind innerhalb eines so kurzen Zeitraumes so viele qualitätvolle Reiseberichte erschienen.

Bedeutsam für die deutsche Kunst- und Literaturentwicklung waren die zahlreichen Reisen sowjetischer Künstler und Literaten nach Deutschland während der zwanziger und frühen dreißiger Jahre vor allem für die Vermittlung der russisch-sowjetischen Avantgarde. So hat z.B. Majakovskij Deutschland zwischen 1922 und 1929 viermal besucht, sein Werk u.a. über Lesungen dem deutschen Publikum vermittelt und Gespräche über deutschsprachige Aufführungen seiner Stücke, z.B. *Misterija-buff* (1918; dt. Mysterium buffo) und *Klop* (1929; dt. Die Wanze) geführt. Andere Autoren wie Ėrenburg, Pasternak, Gor'kij u.a. bemühten sich in ähnlicher Weise um die Vermittlung der modernen russischen Literatur, Filmregisseure wie Pudovkin und Ejzenštejn überraschten mit den erwähnten medialen Innovationen, Literaturtheoretiker wie Šklovskij machten auf neue Theoriekonzeptionen wie den Formalismus aufmerksam.

Den teils erzwungenen, teils freiwilligen Reisen russischer Künstler und Intellektueller korrespondierte eine ungewöhnlich starke Reisewelle in umgekehrter Richtung. Künstlerische Neugierde, noch mehr aber weltanschaulich geprägte Erwartungen und gesellschaftspolitisch relevante Hoffnungen bewogen viele deutsche Zeitgenossen, das »bolschewistische Experiment« im »faszinierendste[n] Land des Nachkrieges« auf seine Utopietauglichkeit in Augenschein zu nehmen, so Stefan Zweig in seiner Autobiographie *Die Welt von gestern. Erinnerungen eines Europäers.* Während des genannten Zeitraumes reisten Hunderte von ihnen in die Sowjetunion, die diese Aktivitäten gezielt förderte, u.a. mit Hilfe der dafür eigens gegründeten »Allunionsgesellschaft für kulturelle Verbindungen mit dem Ausland«. Nach der Oktoberrevolution war Russland plötzlich nicht mehr ein exotisches, halbasiatisches Land im fremden Osten, sondern Schauplatz einer zuvor nie gesehenen politisch-gesellschaftlichen Umwälzung. Die darüber verfassten Reisebeschreibungen und Reportagen vermitteln ein beeindruckendes und, da oft aus unterschiedlicher ideologischer Perspektive geschrieben, durchaus kontroverses Bild von der Vielfalt der diese Reisen auslösenden und sie begleitenden Interessen. Darüber hinaus demonstrieren sie geradezu paradigmatisch die semantischen und strukturellen Dimensionen der Kategorie Alterität: in Bezug auf das erlebende und schreibende Subjekt bei der überraschenden, neuen Erfahrung des eigenen Ich im dialogischen Bezug auf ein Gegenüber, in der Begegnung mit dem Anderen einer fremden Kultur, in Bezug auf die daraus entstandenen Texte bei der Gestaltung von Fremderfahrung, z.B. im Aufrufen und Verwenden von kontrastierenden Relationen wie das Eigene und das Andere, vertraut und fremd, hier und dort etc.

Die Darstellungen und Einschätzungen sind wie erwähnt unterschiedlich, wohlwollend-kritisch ebenso wie vorbehaltlos zustimmend; beide Positionen sollen am Beispiel der Reiseberichte von Heinrich Vogeler, Lion Feuchtwanger, Egon Erwin Kisch, Armin T. Wegner und Joseph Roth skizziert werden.

Einen großen Raum innerhalb der zustimmenden Reiseliteratur beanspruchen die Texte linksorientierter Intellektueller und Künstler wie Walter Benjamin, Alfons Paquet, Lion Feuchtwanger, Ernst Toller, Oskar Maria Graf, Franz Jung, insbesondre solche von der KPD und SPD nahestehenden Sympathisanten des jungen Sowjetstaates. Das betrifft z.B. Mitglieder des »Bundes proletarisch-revolutionärer Schriftsteller Deutschlands« wie Hans Marchwitza, Johannes R. Becher, Ludwig Renn u.a. Spätestens seit 1927 waren deutsche Dichter Gäste bei Kongressen ihrer sowjetischen Kollegen (Moskau 1927, Charkov 1930, 1. Allunionskongress 1934) und berichteten darüber (z.B. Oskar Maria Graf). Die Mehrzahl der lesenswerten Berichte über die junge Sowjetunion verdankt sich aber Individualaufenthalten sehr verschiedener Personen. Zu nennen ist zunächst die sechsteilige Darstellung der russischen Reisen des dem Expressionismus und später dem Dadaismus nahestehenden Kommunisten Franz Jung (*Reise in Rußland*, 1920; *An die Arbeitsfront nach Sowjetrußland. Zum Produktionskampf der Klassen*, 1922; *Hunger an der Wolga*, 1922; *Die Geschichte einer Fabrik*, 1924; *Der neue Mensch im neuen Rußland. Rückblick über die erste Etappe proletarischer Erzählungskunst*, 1924; *Das geistige Rußland von heute*, 1924).

Jungs engagierte autobiographische Berichte versuchen zum einen, emphatisch das Bild eines durch Dynamik und Verantwortungsbewusstsein ausgezeichneten neuen (Sowjet-) Menschen zu zeichnen und dokumentieren zum anderen eigene administrative Tätigkeiten in der Sowjetunion, die er u.a. im Rahmen der Hungerhilfe und beim Wiederaufbau einer Zündholzfabrik ausgeübt hat (Mierau 1988b, Fähnders 1998). Seine im Einzelnen hier nicht darstellbaren Texte verraten auch eine intensive Auseinandersetzung mit zeitgenössischer sowjetischer Literaturtheorie und den ihr gewidmeten Diskussionen; so darf *Die Geschichte einer Fabrik* als eine der ersten deutschsprachigen Umsetzungen der von Boris Arvatov und Sergej Tret'jakov propagierten literarischen Faktographie (»literatura fakta«) gelten. Weitere wichtige Reiseberichte sind Arthur Holitschers *Drei Monate in Sowjet-Rußland* (1921), Ludwig Renns *Rußlandfahrten* (1932), Walter Benjamins im Winter 1926/1927 geführtes *Moskauer Tagebuch* (erstmals erschienen 1980). Es sind Texte, die unter sehr unterschiedlicher Perspektive die neue Gesellschaftsordnung vorstellen, häufig kontrastierend zur negativ gezeichneten Welt des westlichen Kapitalismus, geleitet von dem Wunsch, soziale Utopien als Realität zu erfahren. Sie reihen sich ein in die mehrfach erwähnte Kette deutschsprachiger Texte, die, häufig von überaus verschiedenen ideologischen Positionen her argumentierend, vom östlichen Nachbarn geistige Erneuerung und existenzielle Orientierung erwarten. In der dabei mehrfach (z.B. bei Franz Jung und Heinrich Vogeler) beschworenen Vorstellung von der Geburt eines ›neuen Menschen‹ verschmelzen sozialrevolutionäres und kommunistisches Gedankengut mit den u.a. bei Rilke, Andreas-Salomé, Thomas Mann erwähnten zivilisationskritischen Reflexionen und mit expressionistischem Menschheitspathos. Die betreffenden Personen bereisten die Sowjetunion in der Erwartung des »gelobten Landes«, einer Erwartung, die in zweifacher Weise ihre Reisebeschreibungen präformierten: zum einen die Wahrnehmungen während der Reise und zum anderen die Gestaltung der darauf bezogenen Texte, die sie bestimmenden Prinzipien von Selektion, Konstruktion und Wertung. Dabei kommt es nicht selten zu ausgesprochen subjektiven, allein von persönlichen Erwartungen und Lebensumständen geprägten Darstellungen des jungen Sowjetstaates.

Heinrich Vogeler

Beispielhaft demonstriert dies die *Reise durch Rußland* des Worpsweder Malers Heinrich Vogeler (1872–1942). Dieser hat 1923 und 1924 die Sowjetunion bereist und in seinem von 31 Zeichnungen begleiteten, 1925 erschienenen Bericht ausführlich die sozialen Veränderungen beschrieben, insbesondre die im Bereich des Erziehungswesens, wo er das Entstehen eines neuen Menschentyps in besonders eindrücklicher Weise wahrzunehmen glaubte. Der Reisebericht ist tendenziös, naiv-bewundernd; alles Gesehene und Erfahrene wird uneingeschränkt zustimmend bewertet, selbst die Ausgrenzungs- und Ausleseverfahren gegenüber Andersdenkenden, wobei Vogeler sich nicht scheut, den Begriff der Säuberung positiv zu verwenden. Vogelers Diktion ist die eines sich Identifizierenden, eines Geborgenheit Suchenden. Wie ein großer Teil der genannten Reiseliteratur arbeitet er dabei mit Kontrastierungen, die hier vor allem gesellschaftliche Entwicklungen und soziale Räume betreffen: einst und jetzt, hier und dort. Der Herkunftsraum, also Deutschland und Westeuropa, wird abgewertet, um dem von ihm mit Hilfe dieser Beschreibung konstruierten gesellschaftlichen Bereich Sowjetunion Profil und Legitimität zu verleihen. Art und Umfang dieser Abwertung des ursprünglich Eigenen machen diese *Reise durch Rußland* zu einem Ausgangs-Text, antizipieren gleichsam die spätere Übersiedlung Vogelers in die Sowjetunion. In Vogelers *Reise durch Rußland* vermischt sich, wie übrigens auch in anderen Reisebeschreibungen dieser Zeit, spätexpressionistisches mit christlich-religiösem Denken und Sprechen, so wenn er, wie es der Untertitel ankündigt, mit seinem Bericht die »Geburt des neuen Menschen« feiern will. Von daher ist das Buch also vor allem ideologischer Gesellschaftsentwurf und nur ansatzweise Reisebericht. Es gehört zu den tragischen Kapiteln deutsch-russischer Begegnungen, dass gerade dieser später in die Sowjetunion übergesiedelte Mann in seinem »gelobten Land« Deportation und Verfolgung erfahren musste; er ist 1942, völlig verarmt, in Kasachstan verhungert.

Lion Feuchtwanger

Bedingt durch die politischen Entwicklungen nach 1933 sind die Reiseberichte deutscher Exilanten noch stärker geprägt von einem solchen positiven Erwartungshorizont. Entsprechend erschreckend unkritisch ist ein während der späten dreißiger Jahre entstandener, aus der Feder eines prominenten Autors stammender Reisebericht: Lion Feuchtwangers *Moskau 1937. Ein Reisebericht für meine Freunde* (1937). Erschreckend ist diese Schrift vor allem deshalb, weil hier ein literarisch begabter und u.a durch seine historischen Romane (*Die häßliche Herzogin*, 1923; *Jud Süß*, 1925) renommierter Autor seine sprachkünstlerischen und rhetorischen Mittel einsetzt, um ein geschöntes Bild der finstersten Jahre stalinistischer Herrschaft zu zeichnen. Feuchtwanger (1884–1958) hatte gemeinsam mit Herbert Marcuse, dessen Frau und der Schriftstellerin Lilo Dammert die Sowjetunion von November 1936 bis Februar 1937 auf Einladung des sowjetischen Schriftstellerverbandes besucht, u.a. um dort über eine Verfilmung der Romane *Erfolg* (enthält die erwähnte Hommage an den berühmten Sergej Ejzenštejn) und *Die Geschwister Oppermann* (1935; zuerst 1933 u.d.T. *Die Geschwister Oppenheim*) zu verhandeln. Außerdem gedachte er Gespräche über *Das Wort*, eine in der Sowjetunion erscheinende deutschsprachige Exil-Zeitschrift, zu führen. Feuchtwanger wurde äußerst zuvorkommend behandelt, gipfelnd in einer mehrstündigen Privataudienz bei Stalin.

Moskau 1937 ist ein literarisch professionell gestaltetes ideologisches Konstrukt. Feuchtwanger bekennt bereits im Vorwort, als vorbehaltloser Sympathisant zu berichten, Zeugnis ablegen zu wollen für ein Reich der Vernunft, angesichts der in weiten Teilen Europas herrschenden faschistischen Barbarei. Entsprechend einseitig ist von Beginn an die Darstellung. Feuchtwanger erzählt von zufriedenen Sowjetbürgern, vom Segen der Planwirtschaft, vom vorbildlichen Erziehungswesen, vom ideenreichen, volkstümlichen und bescheidenen Iosif Stalin. Parteilich urteilt er auch, wenn er letzteren gegenüber Lev Trockij in den Himmel hebt, wobei er Trockij bestenfalls schriftstellerische, aber keine politischen Begabungen zuerkennen will. Fast zynisch sind die Elogen auf das ›glückliche Heute‹ der Bauern angesichts der nur wenige Jahre zuvor von Stalin verfügten Vernichtung von ca. 500000 Bauern (Kulaken) im Verlauf der Zwangskollektivierung. Einäugig verfährt Feuchtwanger auch bei der Betrachtung der ihn direkt tangierenden Bereiche Kunst und Literatur. Zwar bemängelt er verdeckt Aspekte des Sozialistischen Realismus (z.B. das Optimismus-Prinzip) und staatliche Gängelung von Künstlern, doch den repressiven Charakter sowjetischer Kulturpolitik, die Ausgrenzung und Verbannung von Kollegen ignoriert er nicht nur, sondern preist die Toleranz des Systems. Negativer Höhepunkt dieses Russland-Berichts ist die parteiische Darstellung des zweiten Trotzkisten-Prozesses, an dem Feuchtwanger als Beobachter anwesend war, beschämend die Einschätzung dieses Schauprozesses als ein durch das neue gesellschaftliche System gerechtfertigtes »Parteigericht«.

Feuchtwangers Text ist kein Reisebericht im herkömmlichen Sinn. Auffallend ist von Beginn an das Fehlen echter Neugierde, des Gespanntseins auf die Erfahrung des Unbekannten – grundlegendes Prinzip einer echten Reisebeschreibung. Das Andere erscheint nicht als das Fremde, Geheimnisvolle, denn es ist ja bestimmt durch das alle Menschen bestimmende und sie so verbindende Prinzip der Vernunft. Geprägt von dieser Haltung präsentiert sich der Text von Beginn an als ein politisches Traktat, als Bestandteil gesellschaftlichen Handelns. Die agitatorische Intention artikuliert bekenntnishaft bereits das Vorwort (»Ich lege also Zeugnis ab«), in dem der Besuch in Moskau als Überprüfung und Bestätigung eines gesellschaftlichen Experiments deklariert wird, in dessen Rahmen und Verlauf erstmals in der Weltgeschichte Urteil und Vernunft die bestimmenden Kategorien gesellschaftlichen Denkens und Handelns sein sollen.

Bei der Formulierung dieses Bekenntnisses verfährt Feuchtwanger rhetorisch und literarisch versiert. Zentral ist das Verfahren der Kontrastierung. Dies dient als erstes der Beglaubigung der eigenen Sprecherrolle. Feuchtwanger stellt sich zu Beginn selbst in Frage, pflegt den Gestus der reflektierenden Selbstkontrolle, spricht von der »lieben Not, meine Anschauungen immerfort zu kontrollieren und sie bald nach der einen, bald nach der anderen Seite zu berichten«, profiliert sich so zum von Zweifeln nicht freier Beobachter (»Ich habe mich […] oft gefragt«). Diese antizipierte Negation der anfangs erklärten eigenen Position als »Sympathisant« wird dann im Verlauf der Darstellung ihrerseits wieder negiert, von der Welle positiver Eindrücke als haltlos entlarvt, wodurch der positive Gesamteindruck der

Sowjetunion nachhaltig verstärkt wird. Zu dieser Art Rhetorik gehört auch, dass Feuchtwanger auf »Miseren« wie Wohnungsnot, Mangelwirtschaft und Bürokratie aufmerksam macht, ihre Relevanz aber herunterspielt und das klaglose Ertragen dieser Mängel durch die Sowjetbürger als Beleg für das Gelingen der gesellschaftlichen Umwälzungen in Russland wertet. Das, was dem westlichen Besucher als Mangel erscheint, wird so in Feuchtwangers Interpretation zur Vorstufe eines in naher Zukunft perfekt funktionierenden gesellschaftlichen Systems. Solcherart Argumentation und eine Vielzahl antizipierender Projektionen dessen, was noch kommen wird, dokumentieren besonders eindrücklich den Charakter dieser Reisebeschreibung als gesellschaftlicher Entwurf. Kontrastierend verfährt er auch bei der Darstellung und Bewertung der politischen Verhältnisse, sowohl historisch (früher – jetzt) als räumlich (Westen – Osten), Letzteres wenn er immer wieder sowjetische Lebensverhältnisse mit entsprechenden Bereichen in Deutschland und Westeuropa vergleicht, insbesondre bei der Gegenüberstellung von faschistischer Diktatur und der Sowjetunion unter Stalin. Diese ist laut Feuchtwanger geprägt von Offenheit, Zufriedenheit, Einverständnis und Glück, jene von Kritik, Verboten, Klagen, Unzufriedenheit. Kontrastierung bestimmt auch die vergleichende Charakteristik von Stalin und Trockij. Ein weiterer Stilzug ist die Verwendung der von Michail Bachtin beschriebenen »inneren Dialogizität«. Feuchtwanger antizipiert Einwände und Vorurteile fiktiver Gesprächspartner, um sie wortreich widerlegen zu können, z.B. in Wendungen wie »Vielleicht fragt man sich, wieso ich mir so entschiedene Urteile erlauben kann [...]« u.a. Dieser inneren korrespondiert eine inszenierte äußere Dialogizität. Feuchtwanger imaginiert Dialogszenen mit Personen, die aber nicht genannt, sondern nebulös als »sie« oder als »man« vorgestellt werden. Mit Hilfe solcherart Dialogizität überspielt Feuchtwanger auch die unübersehbare Tatsache, dass er von der sowjetischen Lebenswelt offenkundig wenig mitbekommen hat. Das unterscheidet ihn sogar von Russlandbeschreibungen anderer Parteigänger der Sowjetunion, die wie z.B. Alfed Kurellas *Ich lebe in Moskau* (1947) bei aller Schönfärberei zumindest in Teilen Wissenswertes über das sowjetische Alltagsleben vermitteln (Kindererziehung, Verlagswesen, Wohnverhältnisse). Im Gegensatz zu vielen anderen Russlandreisenden vermag er relativ wenig Selbsterlebtes zu vermitteln, beruft sich immer wieder auf nicht genannte Gewährsleute (»glaubwürdige Leute hatten mir gesagt«), referiert detailliert Zahlen- und Datenmaterial, wodurch er dann wieder als allwissender Erzähler erscheint. Trotz der genannten stilistischen Verrenkungen wirkt der Text deshalb letztlich recht einförmig, streckenweise dozierend. Das betrifft auch die Ausführungen über das literarische Leben, obwohl hier wenigstens ansatzweise am verordneten Sozialistischen Realismus Kritik geübt wird. Korrespondierend mit der erwähnten Intention, parteiisch Zeugnis ablegen zu wollen, ist die Diktion nicht selten apologetisch, wobei Feuchtwanger auch Texte und Reden Lenins in beglaubigender Funktion verwendet.

Feuchtwangers *Moskau 1937* ist ein deprimierendes Dokument eines durch Rassismus und Repression erzwungenen parteiischen Denkens, Demonstration dessen, dass ein diktatorisches System auch künstlerisches Denken und Handeln so deformieren kann, dass es die negativen Begleiterscheinungen eines anderen diktatorischen Systems nicht erkennen kann bzw. nicht zur Erkenntnis von dessen wahrem Charakter bereit ist.

Der apologetische Duktus des Textes lässt auch erkennen, dass Feuchtwanger mit ihm in den Kampf um die Deutungshoheit bezüglich der Sowjetunion eingreifen wollte. Er hatte seinen Reisebericht auch als Gegenrede zu André Gide geschrieben, einem der Wortführer der »kritischen Fraktion«. Gide hatte sich in seinem Reisetagebuch *Retour de l'URSS* (1936; dt. u.d.T. *Zurück aus Sowjet-Russland*, 1937) recht kritisch über die Zustände in Stalins Reich geäußert und war dafür von zahlreichen Linksintellektuellen, auch von Feuchtwanger, in der genannten Exilzeitschrift *Das Wort* massiv kritisiert worden (im Artikel *Der Ästhet in der Sowjetunion*, erschienen im Februar 1937). Dies wiederum führte zu einer heftigen, u.a. in der Zeitschrift *Die Neue Weltbühne* geführten, kontroversen Diskussion in der deutschsprachigen Emigrantenliteratur, an der sich auch Klaus Mann mit einer Stellungnahme (*Der Streit um Andre Gide*, erschienen am 11.2.1937) zugunsten von Gide beteiligte.

Klaus Mann übrigens hat in seinen sowohl von Ergriffenheit als auch von Skepsis zeugenden *Notizen in Moskau* (in der von ihm herausgegebenen Exilzeitschrift *Die Sammlung*, 1934) überzeugend demonstriert, dass auch ein Exilant nach 1933 differenziert über die Sowjetunion berichten konnte. Mann hatte sich als Teilnehmer des Ersten Sowjetischen Schriftstellerkongresses 1934 in Moskau und Leningrad aufgehalten. In seinem kurzen Text zeigt er sich beeindruckt von der Anteilnahme der Bevölkerung am öffentlichen Leben, vom breiten Interesse an gegenwärtiger und vergangener Literatur und konstatiert eine nie erlebte Einheit von Autor und Leser. Zugleich bleibt er aber distanziert gegenüber dem zur Schau getragenen optimistischen Materialismus seiner sowjetischen und deutschen kommunistischen Kollegen, gegenüber der Dominanz des Kollektivs, vermisst die Sensibilität für das Nichtrationale, Geheimnisvolle und Transzendente – eine Kritik, die er 1942 in seiner Autobiographie *The Turning Point* (die stark überarbeitete dt. Fassung *Der Wendepunkt* erschien posthum 1952) noch prononcierter artikuliert hat.

Kritische Anmerkungen hatte es zuvor auch im deutschsprachigen Raum gegeben, z.B. in den Darstellungen von Autoren wie Joseph Roth, Armin T. Wegner und Egon Erwin Kisch oder im bereits 1919 erschienenen Bericht *Im kommunistischen Rußland. Briefe aus Moskau* des linksbürgerlichen Journalisten Alfons Paquet, einem der wichtigsten Vermittler der politischen, gesellschaftlichen und kulturellen Veränderungen in Russland nach 1917. Diese Autoren hatten klarer als Feuchtwanger erkannt, dass das von diesem zu Beginn seiner Reisebeschreibung gefeierte, nur den Prinzipien der Vernunft verpflichtete Gesellschaftssystem der Kreativität und der Würde des Individuums nicht gerecht wird, die utopische Vorstellung von einem »Neuen Menschen« nicht realisiert, sondern dementiert wird.

Egon Erwin Kisch

Der als »rasender Reporter«, aber auch als Rezensent moderner sowjetischer Prosa (u.a. von Gladkovs *Zement*) bekannte Egon Erwin Kisch (1885–1948) ist 1925 erstmals nach Moskau, dann 1930 zum Schriftstellerkongress nach Charkow gereist (weitere Teilnehmer waren u.a. Anna Seghers, Johannes R. Becher, Hans Marchwitza) und hat sich nochmals 1932 in der Sowjetunion aufgehalten, worüber er in der Reportage *Asien gründlich verändert* berichtet hat.

In den 30 Kapiteln seiner 1927 veröffentlichten Reportage *Zaren, Popen, Bolschewiken* entwirft Kisch im Gegensatz zu Vogeler oder Feuchtwanger ein fesselndes, vielfältiges und differenziertes Bild vom neuen Russland, vom Verkehr in Moskau, von eleganten Frauen auf dem Nevskij-Prospekt in Leningrad, reflektiert über die Unterschiede zwischen beiden Städten, berichtet über problematische Arbeitsbedingungen im Donez-Becken, über die Republiken am Südrand der Sowjetunion, über Schwaben im Kaukasus, über Gespräche mit den Patriarchen der armenischen Kirche, über das unmäßige Teetrinken u.a. Kischs Reportagen sind ungemein lebendig und anschaulich geschrieben, witzig, anspielungsreich, mit historischem Tiefgang. Er verhehlt nicht seine Sympathien für den jungen Sowjetstaat, verschließt aber im Gegensatz zu Vogeler oder Feuchtwanger nicht die Augen vor wirtschaftlichen und sozialen Mängeln, berichtet über das Bettler-Unwesen in Moskau, über Versorgungsmängel und Wohnungsnot.

Joseph Roth

Ähnlich wie Kischs Russlandbericht steht Joseph Roths (1894–1939) *Reise in Rußland* (in der *Frankfurter Zeitung*, 14.9.1926–19.1.1927) paradigmatisch für die zahlreichen Zeitungsreportagen über die Sowjetunion, innerhalb derer sie aber aufgrund ihrer sprachkünstlerischen Qualität sowie der Vielfalt der behandelten Themen einen besonderen Platz beanspruchen darf. Roths Reise als Korrespondent der *Frankfurter Zeitung* begann im August 1926, zu einer Zeit großer ökonomischer und gesellschaftspolitischer Umwälzungen in der Sowjetunion (Kontroversen über die Neue Ökonomische Politik, Diskussion über eine sozialistische Ehe und Familie, repressive Tendenzen in der Kulturpolitik u.a.). Er kam als willkommener und nicht unbekannter Besucher, gut vorbereitet durch Gespräche und Lektüre. Entsprechend kenntnisreich, differenziert und informativ sind diese auch von sowjetischen Kollegen wie Isaak Babel' als einfühlsam und stilistisch brillant gerühmten Texte über Moskau, das Wolgagebiet, den Kaukasus, über die Situation der Juden, über Religions- und Kulturpolitik. Roths Diktion fesselt durch eine gelungene Kombination von präziser Beschreibung und metaphernreicher, bildlicher Ausgestaltung, wodurch Militärparaden als dramaturgische Handlung und Lautsprecher als schwarze Münder, Uhren als menschliche Wesen erscheinen. Die Reportagen verraten Sympathien für den Sowjetstaat, ihr Autor ist sich des hier vollziehenden geschichtlichen Umbruchs bewusst. Doch zugleich konstatiert er eine »Weltgeschichte mit verschleiertem Gesicht« und vermerkt scharfsichtig die Defizite: die alltäglichen Mühsale und Entbehrungen, kleinbürgerliches Denken und Handeln, ideologisch legitimiertes geistiges und künstlerisches Mittelmaß. Darüber hinaus kritisiert er im Kapitel »Rußland geht nach Amerika« die vom Sowjetalltag unendlich weit entfernten Illusionen und Projektionen westlicher Intellektueller. Im Gegensatz zu ihnen – das zeigt diese auch heute noch lesenswerte Schrift überaus deutlich – hat Roth spätestens nach seiner Reise vom Sowjetstaat keine weltanschauliche Neuorientierung erwartet, er ist – so Roth brieflich an Walter Benjamin – als überzeugter Sozialist in die Sowjetunion gefahren und als Royalist zurückgekehrt.

Armin T. Wegner

Aus der großen Zahl der Russlandberichte ragen einige sprachkünstlerisch besonders anspruchsvolle, heute leider fast vergessene Texte heraus, z.B. der von Armin T. Wegner (1886–1978), bekannt als Expressionist, bekennender Pazifist und als Schriftsteller, der als erster umfassend den türkischen Genozid an den Armeniern dokumentiert hatte. Wegner veröffentlichte seinen Reisebericht *Fünf Finger über Dir. Bekenntnis eines Menschen in dieser Zeit* in Buchform im Jahre 1930 (zuvor bereits in fünf Folgen in der Zeitschrift *Die Tat*, 1928). In seiner Offenheit, Differenziertheit, im Reichtum an Kenntnissen und in der Kraft seiner künstlerischen Gestaltung gehört er zu den beeindruckendsten Reiseberichten über die Sowjetunion der zwanziger Jahre. Zugleich demonstriert er auf besonders eindringliche Weise die Verschränkung von Faszination und Fremdheitserfahrung, welche die deutschsprachige Auseinandersetzung mit Russland von Beginn an immer wieder geprägt hat. Das Buch vermittelt Erfahrungen und Eindrücke einer 1927 unternommenen fünfmonatigen Reise, die seinen Autor durch große Teile der Sowjetunion geführt hat, nach Moskau, Leningrad, auf die Krim, in den Kaukasus, bis nach Persien. Entsprechend vielfältig sind die Informationen, die auch deshalb ein breites und positives Echo fanden, weil sie in einer bilderreichen und engagierten Diktion vermittelt werden. Anders als Feuchtwanger versteht Wegner das Reisen als Auseinandersetzung mit dem Fremden, definiert es gleich zu Beginn seiner Aufzeichnungen als leidenschaftliches Sichausliefern an das Unbekannte, als Infragestellung des eigenen Ichs, als »Leidenschaft für das Grenzenlose«, als Befreiung aus mentaler Gefangenschaft. Geradezu leitmotivisch akzentuiert Wegner das Geheimnisvolle der sowjetischen Lebenswelt, das betrifft sogar den abgekürzten Namen des neuen Staates (»Die Buchstaben S.S.S.R. wirken, in ihrer magischen Abkürzung überall wiederkehrend, fast so geheimnisvoll wie die Buchstaben am Kreuze Christi«). Bereits in solchen Formulierungen wird erkennbar, dass Wegner diesen neuen Staat nicht wie Feuchtwanger als Inkarnation gesellschaftlicher Vernunft, sondern als Repräsentanten einer Art Ersatzreligion gesehen hat. Dem entsprechend verhehlt er nicht seine Sympathien für die Sowjetunion, hatte er doch von dieser Reise wie viele andere weltanschauliche Orientierung erhofft; der Untertitel »Bekenntnis« verweist bereits auf diese Intention. Im Gegensatz zu Feuchtwanger verschließt aber auch er nicht die Augen vor den die Diktatur Stalins ankündigenden Fakten und Ereignissen, vor Staatskapitalismus, Puritanismus, Zensur, Verfolgung Andersdenkender, Antisemitismus. Bewunderung mischt sich mit Distanz, hochgesteckte Erwartung mit Enttäuschung. Darüber hinaus ist seine Reise aber auch eine Annäherung an die russische Literatur, an »die Erde Tolstois, Gogols und Dostojewskijs«, von denen er nach eigenem Bekunden die tiefsten Eindrücke der Literatur empfing.

Diese Differenziertheit in Darstellung und Wertung zeigt sich auch in der sprachlichen Gestaltung. *Fünf Finger über Dir* verschränkt in geradezu exemplarischer Weise die für die literarische Reisebeschreibung konstitutiven Bereiche Poesie und Publizistik. Der Text besteht aus Kurzberichten, Tagebuchaufzeichnungen und Briefen (u.a. an Gor'kij und Ernst Toller), ist also von großer stilistischer Vielfalt. Insbesondere die Tagebuch- und Briefpassagen akzentuieren die Unmittelbarkeit des Erlebten, das nicht, wie in den meisten anderen Berichten, narrativ strukturiert, sondern nur ansatzweise in die Ordnung einer Geschichte gebracht wird. Begeisterung weicht unmittelbar tiefer Skepsis, nüchterne Beschreibung der Artikulation des Geheimnisvollen und Bedrohlichen. Syntax, Lexik, verwendete Metaphern und Symbole dokumentieren die Nähe des Autors zum Expressionismus. Die Parade gerät zum orgiastischen Tanz, (»Neben uns brüllte die Menge. [...] immer schneller wurde der Galopp der Masse, die in stürmischen Wirbeln über den [...] Platz jagte.«), unübersehbar ist eine fast aufdringliche Verwendung von Farbsymbolen; so durchzieht die Revolution und Tod verschränkende Farbe rot leitmotivisch den gesamten Text, bestimmt z.B. die Darstellung der nächtlichen Beleuchtung Moskaus anlässlich des zehnjährigen Revolutionsjubiläums (»Als es dunkelte, begannen in allen Läden rote Lichter, Kerzen und Ampeln zu leuchten. [...] Still und andachtsvoll bewegte das Volk sich an diesen Läden wie an roten Kapellen vorüber [...]. Immer tiefer entzündete sich der purpurne Glanz mit dem Wachsen der Nacht. Die großen elektrischen Lampen an den Plätzen, mit roter Gaze umhüllt, warfen einen düsteren brandroten Schein auf das Pflaster. Ganze Häuserblocks leuchteten auf wie riesenhafte Schafotte [...]. Alle Fenster bluten.«). Wegners Reisebeschreibung ist von hoher Literarizität, hochgradig intertextuell strukturiert. Dem eigenen sprachlichen Pathos korrespondierend zitiert Wegner aus dem Poem *150000000* (1921) von Majakovskij, den er nach einer Begegnung im Zug in Richtung Kaukasus als »fäustetrommelnde[n] Gorilla mit einer lyrischen Tonpfeife im Mund« charakterisiert, bezieht sich auf Shakespeares *Macbeth*, auf Dostoevskij, Gor'kij und andere

Dichter. Die Literarizität zeigt sich auch darin, dass das Erfahrene mit ästhetischen und literarischen Kategorien beschrieben und interpretiert wird. So erscheint die russische Revolution als Schöpferin eines neuen Mythos, der durch sie geschaffene Staat als »neue Bühne«, die ihn prägende Lebenswelt als ein »soziales Drama«, Gebäudekomplexe ragen auf wie ein Roman von Dostoevskij. Wie Feuchtwanger deklariert er seine Reisebeschreibung als »Bekenntnis eines Menschen in dieser Zeit«, doch anders als jener akzentuiert Wegner die für das Genre »Bekenntnis« charakteristische Subjektivität auch im Schreiben. Berichtende Darstellung mischt sich mit Reflexionen, unterschiedlichen Fragen und Selbstbefragungen, emphatischen Stellungnahmen, Darlegungen seelischer Befindlichkeiten. Der Reisebericht vermittelt so nicht nur Informationen, sondern – und das unterscheidet ihn von der großen Zahl der anderen Russlandbücher – er erscheint als beispielhaftes Dokument der inneren Widersprüchlichkeit und Gebrochenheit linksbürgerlicher Intellektueller. Wegner weiß, dass diese neue Gesellschaftsordnung angesichts der Entwicklungen in der Weimarer Republik trotz aller Defizite die richtige ist, doch sein Resümee lautet: »Ich weiß es – und bin doch nicht glücklich.« Er und viele dieser Intellektuellen und Künstler hatten vom neuen Russland die Verwirklichung gesellschaftlicher Utopien erhofft, erkennbar hier in Wegners mit messianischem Vokabular geradezu gesättigter Diktion, in der Rede von Lenin »als de[m] tote[n] Christus der Revolution«, der Bezeichnung Moskaus als rotes Jerusalem, der Jubiläumsparade auf dem Roten Platz als eines »Festes der roten Pilger«, gipfelnd im Zitat aus Majakovskijs Poem *150000000*: »Marschiert! Marschiert!/ heute noch werdet ihr das Paradies erschauen,/ ihr Völker Rußlands!« Zugleich aber dokumentiert Wegners Text, dass diese Intellektuellen spätestens Ende der zwanziger Jahre den illusionären Charakter solcher Vorstellungen erkennen mussten. Beispielhaft demonstriert dies Wegners, wohlgemerkt bereits 1927, formulierte Charakterisierung Stalins als » schnurrbärtigen Bojaren mit einem Zug von asiatischer Grausamkeit«, dessen »fast gutmütige[s] Lächeln« zugleich Vernichtung und Tod ankündigt.

So wird auch bei Wegner deutlich, dass im Verlauf seiner Reise Erwartungen mehr und mehr von Verlusterfahrungen begleitet bzw. abgelöst werden. Und so heißt es im beim Verlassen des russischen Territoriums geschriebenen Brief »An eine Komsomolzin«: »[T]rotz aller Hingerissenheit bin ich voll von Zweifeln und angstvollen Fragen.«

Fünf Finger über Dir befragen das Verhältnis von Individuum und Masse am Beispiel der eigenen Biographie radikal und kritisch – ebenso wie grundlegende Positionen des Historischen Materialismus, insbesondre der Glaube an einen von Vernunft und Fortschritt geprägten, progressiven, gewaltfreien Ablauf historischer Ereignisse. Und so bilanziert der in Wegners großartigem Reisebericht enthaltene Brief an Ernst Toller die eigene Gebrochenheit und innere Widersprüchlichkeit dieses Dichters und Intellektuellen, formuliert die Erkenntnis, »daß es uns scheinbar vom Schicksal bestimmt scheint, nicht hinter, sondern zwischen den Barrikaden zu fallen, [...] weil wir vielleicht wirklich ›Zwischenglieder‹ eines Überganges sind«.

Für die Entwicklung der deutsch-russischen Literatur- und Kulturbeziehungen sind diese Reisen und die auf sie bezogenen Texte in mehrfacher Weise relevant: zum einen mit Blick auf die Vermittlung innovativer Themen und Verfahren in Literatur und Kunst; zum anderen hinsichtlich der Begegnung mit der sich um diese Zeit konstituierenden Kulturdoktrin des Sozialistischen Realismus, die das literarische Schaffen einiger der KPD nahestehender Autoren wie Anna Seghers, Johannes R. Becher, Franz Carl Weiskopf oder Hans Marchwitza beeinflussen wird. Diese und andere reisen während der zwanziger und frühen dreißiger Jahre mehrfach als Vertreter des »Bundes proletarisch-revolutionärer Schriftsteller Deutschlands« in die Sowjetunion, als Gäste und Teilnehmer an Sitzungen des RAPP, der »Russischen Assoziation proletarischer Schriftsteller«, u.a. Darüber hinaus sind die Reisen partieller Ausgangspunkt und Bestandteil einer überaus kontroversen Überprüfung marxistischer Positionen in den Bereichen Ästhetik und Geschichtsphilosophie. Literarhistorisch folgenreich schließlich sind die zahlreichen Berichte theaterinteressierter Reisender wie Arthur Holitscher (*Drei Monate in Sowjet-Rußland*, 1921), Kurt Kersten (*Moskau Leningrad. Eine Winterfahrt*, 1924) u.a., in denen Probleme und Neuerungen des modernen sowjetischen Theaters (z.B. bei Tairov, Vachtangov und Mejerchol'd) bewundernd, aber auch kontrovers erörtert werden (Koljazin 1998, S. 15ff.). Anzumerken ist abschließend, dass im Kontext verstärkter Zusammenarbeit in den Bereichen Wirtschaft (z.B. nach Abschluss des deutsch-russischen Handelsabkommens vom 6.5.1921) und Militärtechnologie sowie durch touristische Aktivitäten (vor allem nach der Gründung des staatlichen Monopol-Reisebüros »Intourist« 1929) die Zahl der Besuche und entsprechender Berichte bis Mitte der dreißiger Jahre geradezu lawinenartig anstieg; für den Zeitraum zwischen 1921 und 1941 sind mehr als 900 Texte nachweisbar (Metzger 1991).

5.4 Die weltliterarische Nobilitierung russischer Dichter in der deutschsprachigen Essayistik

Der vielfältige geistige und künstlerische Austausch seit Beginn des 20. Jahrhunderts hat eine Vielzahl von Schriftstellern und Kritikern zu Essays über die russische Literatur und ihre Repräsentanten angeregt. Das betrifft eher unbekannte Autoren wie Herbert Eulenburg mit seinen Porträtskizzen über Gogol' und Tolstoj (*Letzte Bilder*, 1915) ebenso wie die bereits genannten, also Brahm, Bahr, Wolfenstein u.a.

Die großen Essays über russische Dichter erscheinen jedoch während der zwanziger und dreißiger Jahre. Korrespondierend mit den während dieser Zeit beobachtbaren vielfältigen Vermittlungen intensiviert sich die schöpferische Auseinandersetzung sowohl in der Dichtung als auch in der Essayistik, Beleg dafür, dass deutschsprachige Schriftsteller zum einen verstärkt in der Auseinandersetzung mit ihren russischen Kollegen einen eigenen weltanschaulichen und künstlerischen Standpunkt zu gewinnen suchen. Die Spezifik dieser Essays besteht darin, dass ihre offene, subjektiv argumentierende Diktion die Aspekte der Annäherung und der Aneignung, bis hin zur Identifizierung, eigens thematisiert und akzentuiert. Das betrifft Stefan Zweig, Hermann Hesse und Thomas Mann ebenso wie Alfred Döblin, Walter Benjamin und Georg Lukács. Weiterhin stehen Dostoevskij und Tolstoj im Mittelpunkt des Interesses, zunehmend werden aber auch Autoren wie Leskov oder Gor'kij sowie zeitgenössische sowjetische Schriftsteller Gegenstand ausführlicher Beiträge. Erkennbar ist zum anderen das Bemühen, russische Dichter in größeren geistesgeschichtlichen und weltliterarischen Zusammenhängen zu sehen, sie in eine Reihe mit nichtrussischen Größen der Kunst und Literatur zu stellen, ein Bemühen, das Ende des 19. Jahrhunderts ansatzweise in den Schriften von Karl Henckell, Eugen Zabel und Otto Brahm erkennbar ist, nun aber im Rahmen umfänglicher und differenziert argumentierender Essays intensiviert wird.

Stefan Zweig

Zu den beeindruckendsten Repräsentanten dieses Genres in den zwanziger und dreißiger Jahren des 20. Jahrhunderts gehören sicher die Essays *Drei Meister. Balzac – Dickens – Dostojewski* (1920), *Drei Dichter ihres Lebens. Casanova – Stendhal – Tolstoi* (1928) sowie *Tolstoi als religiöser und sozialer Denker* (1937, posthum erschienen in *Zeit und Welt*, 1943) von Stefan Zweig (1881–1942). Dessen Werk offenbart eine Fülle von Bezugnahmen auf die russische Literatur. Seine 1928 anlässlich der Feierlichkeiten zu Tolstojs 100. Geburtstag unternommene Reise in die Sowjetunion hat er wie viele seiner Kollegen im Bericht *Reise nach Rußland* literarisch dokumentiert (in der *Neuen Freien Presse*, Oktober/November 1928). Dieser beschreibt wohlwollend und zugleich distanziert das sowjetische Russland der späten zwanziger Jahre, erzählt von Begegnungen mit Dichtern wie Maksim Gor'kij, Boris Pilnjak und Vsevolod Ivanov, von Besuchen in Theatern und Museen, von den Feierlichkeiten zu Tolstojs 100. Geburtstag. Im Briefwechsel mit Gor'kij zeigt Zweig sich als dessen großer Bewunderer (Brief vom 29.3.1913) sowie als engagierter Verteidiger der jungen Sowjetrepublik. Etwas kritischere Töne finden sich in *Die Welt von gestern*. Zweig hat die russische Literatur zeit seines Lebens als bedeutsam für seine literarische Entwicklung betrachtet, von der Gor'kij-, Tolstoj- und Dostoevskij-Lektüre in der Jugend bis zu seinem Tod im Exil, wo ihm, nach eigenem Bekunden in einem seiner letzten Briefe, Tolstoj, neben Goethe und Honoré de Balzac, immer wieder seelischen und künstlerischen Halt gegeben hat. Zweig war zudem bekannt mit dem Lyriker Konstantin Bal'mont; Namen wie Ivan Gončarov, Ivan Bunin, Ilja Ėrenburg, Ivan Šmelev, Isaak Babel', Valerij Brjusov, Konstantin Fedin begegnen im Tagebuch, in Briefen, in den Essays.

Zweigs lebensphilosophisch gefärbte Darstellung sieht die russische Literatur dadurch ausgezeichnet, dass ihre herausragenden Repräsentanten sowohl große Künstler als auch große Ideologen waren; auch in seinen Interpretationen gerät der philologische Aspekt zugunsten des geistesgeschichtlichen in den Hintergrund. Korrespondierend damit stehen die Person des Autors und die Zentralgestalten ihrer Romane als Inkarnation bestimmter Typen bzw. Ideen im Vordergrund; die spezifischen, das Schaffen der Autoren bedingenden historischen und literaturgeschichtlichen Kontexte kommen nur ansatzweise in den Blick. Laut Zweig entwickelte sich Dostoevskij zum Propheten einer neuen religiösen Humanität, Gor'kij zum Apostel der Revolution, zum Sprecher und Bildner einer ganzen tragischen Generation von Enterbten und Unterdrückten, Gogol' und Tolstoj zu Ideologen; letztere haben sogar ihr Künstlertum zugunsten eines religiösen Mystizismus bzw. zugunsten einer neuen christlichen Soziallehre verleugnet. Ihr weltliterarischer Rang besteht nach Auffassung Zweigs zum einen darin, dass sie die Welt mit der besonderen seelischen und geistigen Physiognomie Russlands vertraut gemacht haben, und zum anderen in dem Nachweis, dass dies mit einer Erweiterung des Wissens über den Menschen verbunden ist. Zweigs mit Superlativen gespickte Äußerungen über Russland und über die Repräsentanten der russischen Literatur sind geprägt durch eine Mischung von zuweilen begeisterter Faszination und tiefer Befremdung, Moskau erscheint als »die vielleicht wunderlichste und eigenartigste Stadt der Welt« (*Reise nach Rußland*, 1928), russische Dichter werden als beeindruckendste Inkarnationen menschlichen Geistes gesehen.

Im Zentrum der Beschäftigung mit russischer Literatur und ihrer in Teilen geradezu emphatischen Würdigung stehen auch bei Zweig Dostoevskij und Tolstoj. Beide – von Zweig als die »beiden mächtigsten Menschen ihres Vaterlandes« (*Drei Dichter ihres Lebens*) charakterisiert – werden zum einen als tief im russischen Christentum wurzelnde Visionäre, Retter und Erlöser einer sinkenden Welt gefeiert, zum anderen aber auch als herausragende Repräsentanten der Weltliteratur. Dies geschieht in zwei großen Essays, die zum Bedeutendsten gehören, was die deutschsprachige Essayistik im 20. Jahrhundert hervorgebracht hat: das Tolstoj-Kapitel in *Drei Dichter ihres Lebens. Casanova – Stendhal – Tolstoi* und das Dostoevskij-Kapitel in *Drei Meister. Balzac – Dickens – Dostojewski*. In beiden Essays werden Tolstoj und Dostoevskij typologisch in die Weltgeschichte des Geistes eingeordnet, wie oft zu Beginn des 20. Jahrhunderts mit Hilfe einer eingehenden Kontrastierung. Tolstojs Leben und Werk erscheinen geprägt von engster Naturverhaftetheit, von Vitalität, von Gesundheit, von anarchischen Tendenzen, Zar, Staat und orthodoxe Kirche negierend, er selbst als ein Dichter des Blicks, der Plastizität – Dostoevskijs Leben und Werk als geprägt von Krankheit und Leiden, er selbst als ein Analyst der Seele, als reaktionärer und nationalistischer Verteidiger der Autokratie, als Dichter des Wortes. Was sie verbindet, ist die Erkenntnis einer nahenden Katastrophe sowie die daraus erwachsende, vom Christentum inspirierte Vision einer neuen Weltordnung.

Die genannten Essays sind Bestandteil eines Projekts mit dem Titel *Die Baumeister der Welt*, mit dem Zweig – so in der Einleitung zum großen, mehr als 300 Seiten umfassenden Essay *Drei Dichter ihres Lebens* – den schöpferischen Geist in der Menschheitsgeschichte in Typen auszudifferenzieren versucht. Repräsentanten dieser ›Typologie des Geistes‹ sind drei Gruppen von Typen: Neben den genannten Autoren (als Typus des subjektivistischen, das eigene Ich ins Zentrum des literarischen Werkes stellenden Künstlers), sind es Hölderlin, Kleist und Nietzsche (als von Dämonie getriebene ›tragödische Naturen‹) sowie Balzac, Dickens und Dostoevskij (als ›Typen epischer Weltgestaltung‹). Die Dreizahl ist also bewusst gewählt: die drei Typen werden jeweils in dreifacher Weise ausdifferenziert, z.B. markieren die drei Dichterbiographien in *Drei Dichter ihres Lebens* eine bestimmte Entwicklung des von ihnen repräsentierten Typus. Diese Systematik prägt Zweigs Perspektive, seine den russischen Autoren und ihren Werken nicht immer gerecht werdende Einschätzungen. Sein Interesse ist dominant geistesgeschichtlich-psychologisch orientiert. Das psychologische Profil und dessen geistesgeschichtlich bedingte Entwicklung, nicht die Werke der betreffenden Dichter, stehen im Mittelpunkt der Essays; nicht zufällig sind zentrale Momente im Leben Dostoevskijs (die im letzten Augenblick aufgehobene Hinrichtung) und Tolstojs (die mit dem Tod endende Flucht aus Jasnaja Poljana) Thema von zwei Kapiteln des Bandes *Sternstunden der Menschheit*. Im Rahmen dieser Typologie betrachtet der große Europäer Zweig die russischen Autoren und ihr Werk nicht nur als herausragende Repräsentanten der russischen Kultur, sondern auch als integrale Bestandteile der europäischen Geistesgeschichte.

Der erste große Essay, der der russischen Literatur gewidmet ist, gilt Fedor Dostoevskij. Zweig, der als passionierter Autographensammler sogar die Urschrift von Kapiteln des Romans *Uniźennye i oskorblennye* (1861; dt. Die Erniedrigten und Beleidigten) und von zwei Kapiteln der *Kreutzersonate* Tolstojs besaß, hat sich immer wieder mit Romanen Dostoevskijs beschäftigt; im Tagebuch (22.4.1915) vergleicht er eigene Lebenssituationen mit einer zentralen Szene aus dem Roman *Der Idiot*. Innerhalb des Essay-Bandes *Drei Meister* beansprucht das Dostoevskij-Kapitel mehr als die Hälfte des Umfangs. Hermann Hesse hat diesen Teil trotz kritischer Anmerkungen zum rhetorischen Stil der Ausführungen als »große schöpferische Tat« charakterisiert, und tatsächlich sind sie nicht nur als literaturkritische, sondern auch als bedeutende literarische Auseinandersetzung mit russischer Literatur zu werten. Die gut einhundert Seiten lange, auch von anderen Kollegen Zweigs hochgeschätzte Abhandlung charakterisiert Dostoevskij als Inkarnation des russischen Volkes in seiner Eigenschaft als Gottesträger, darin vergleichbar mit den erwähnten Ausführungen bei Rilke und Lou Andreas-Salomé. Darüber hinaus erscheint der russische Romancier als dämonisch-unergründbare Natur, wird er gleich zu Beginn im Rahmen einer in Teilen emphatisch-exaltierten Raummetaphorik als ein »Grenzenloses«, ein »Kosmos«, als »[m]ystische Dämmerung« und »süßes Grauen« verströmende, zugleich aber göttliche Güte verheißende »russische Landschaft«

vorgestellt. Selten ist der die deutsche Rezeptionsgeschichte maßgeblich prägende Aspekt des Faszinierend-Bedrohlichen der russischen Literatur so bildmächtig, bis an die Grenzen des Erträglichen, artikuliert worden, wie zu Beginn dieses Textes. Diese Art der Darstellung ist Ausdruck des Bemühens, das nicht fassbare Fremde dieser Person und ihrer Schöpfung anschaubar zu machen. Unfassbar ist dieser Autor nach Zweig deshalb, weil sowohl sein Leben als auch die in seiner Dichtung gestalteten Personen und Ereignisse Inkarnationen von unlösbaren ethischen, weltanschaulichen und künstlerischen Problemen der gesamten Menschheit sind.

Zentrale Kategorie dieser Charakterisierung von Person, Leben und Werk ist die des Dualismus. Dostoevskij – so Zweig – ist der größte Dualist der Kunst und der Menschheit. Kontraste wie Verderbtheit und Unschuld, Ekstase und Zernichtung, Erfolg und Absturz, Fluch und Segen, Leiden und höchste Momente des Glücks bestimmen Dostoevskijs Lebensweg, sind aber auch genuine Bestandteile von dessen Psyche. Diese sei dadurch ausgezeichnet, dass sie solche extremen Gegensätze leidend erträgt, im Sinne eines amor fati, einer unendlichen Liebe zu einem außergewöhnlich schweren Schicksal, bis hin zur liebevollen Annahme der Epilepsie. Verbunden ist dies mit dem geradezu »dämonischen« Vermögen, diese Krankheit zu höchster künstlerischer Inspiration, zur Quelle einer sowohl höchst realistischen (bezüglich der psychologischen Analyse) als auch prophetischen Kunst zu machen, in deren Rahmen das Leiden in geistige Fülle, die zerstörerischen Leidenschaften in kunstvolle sprachliche Gebilde verwandelt werden.

Diese vom Aspekt Dualismus gekennzeichnete Charakterisierung des Autors Dostoevskij überträgt Zweig auf die von diesem gestalteten fiktiven Personen. Im Kontext der Topik des Russen als Leidendem erscheinen auch sie als zutiefst gespaltene, dualistische und deshalb orientierungslose Figuren, im Fühlen, Denken und Handeln ohne Grenzen. Wie ihr Autor sei ihre Existenz nicht auf eine äußere Realität, sondern auf das innere Unendliche des Menschen ausgerichtet. Damit korrespondierend konstatiert Zweig, dass sie Kontur erst durch die sie bestimmenden zerstörerischen Leidenschaften erhalten. Vergleichbar Bildern Rembrandts treten sie aus dem Dunkel des sie umgebenden topographischen und sozialen Raumes hervor, als von innen Glühende, weniger durch körperliche, als durch seelische Merkmale gezeichnet, als vom Unbewussten dominierte Visionäre. Das Widersprüchliche, Chaotische ihrer inneren Verfassung, die Mischung aus Gottesferne und Gottessehnsucht bei Ivan Karamazov, das Hin-und Hergerissensein der Nastasja Filipovna zwischen geistiger Liebe zum reinen Myškin und körperlicher Liebe zum Wüstling Rogožin im *Idiot* dokumentiert – so Zweig – in bisher nicht dagewesener Weise die Unergründlichkeit der menschlichen Seele, ja die des Seins. Hermann Hesse wird diesen Aspekt der Gleichzeitigkeit des eigentlich nicht Vereinbaren in seiner Analyse des *Idiot* in seinen Ausführungen über das Magisch-Dämonische bei Dostoevskij wieder aufnehmen. Nach Zweig sind die literarischen Gestalten Dostoevskijs Erniedrigte und Beleidigte, aber große Leidende, die zugleich immer die Wahrheit suchen. Deshalb spielen sich die Handlungen und Ereignisse von Romanen und Erzählungen als innere Dramen ab, deren Handlungen im schmerzhaften Entwickeln einer Idee bestehen, im grenzenlosen Sichausleben um der Selbsterkenntnis willen, in der Selbstzerstörung, um zu einem neuen Menschen zu gelangen, all dies letztlich als Ausdruck eines unendlichen Suchens und Fragens nach Gott.

Dostoevskij ist nach Auffassung Zweigs vor allem deshalb der große, von vielen gerühmte Psychologe, weil er diese inneren Mechanismen aufgedeckt und für den Leser erfahrbar gemacht hat. Vornehmlich diese Ausführungen lassen erkennen, wie stark Zweig die Konflikt- und Dualismusproblematik auf eine psychologische Argumentation verengt, die bei Dostoevskij so nicht erkennbar ist. Dieser bezieht die genannte Problematik sowohl auf die innere als auf die äußere Welt, verteilt die Konfliktpotentiale und Dualismen (Hybris und Demut, Gut und Böse, Verbrechen und Strafe, Atheismus und Glaube) gerade in den großen Romanen auf unterschiedliche Personen und Handlungsstränge.

In Übereinstimmung mit dem gesamten interpretatorischen und stilistischen Profil des Essays vergleicht Zweig diese Prozesse mit der griechischen Tragödie, beschreibt ihre Abläufe mit darauf bezogenen Kategorien wie Katharsis u.a. So wie er Dostoevskijs Leben als spannungsvolle Existenz zwischen Melodrama und Tragödie charakterisiert, interpretiert er dessen Erzählprosa zutreffend als dominant dramatisch strukturiert, durch Aufbau und blitzartiges Entladen von Spannungen, durch Konzentration der Handlungen auf begrenzte Zeiträume (z.B. wenige Tage in *Die Brüder Karamazov*, ca. eine Woche in *Verbrechen und Strafe*), vor allem aber durch die Dominanz des Dialogischen. Zu den interessantesten und innovativen Aussagen des Essays gehört der Hinweis auf die literarisch anspruchsvolle Verschränkung von psychologischer Analyse und sprachkünstlerischer Gestaltung, also die Charakterisierung Dostoevskijs als Dichter des Wortes. Wie kaum ein anderer vor ihm hat Zweig die differenzierte Charakterisierung von Personen und Ereignissen durch die Sprache als das wesentliche Kunstmittel Dostoevkijs erkannt. Wenn auch einmal mehr metaphorisch verbrämt, beschreibt er zutreffend das Hektische, Nervöse, Unharmonische von dessen Stil, die nicht-schöne Sprache der Protagonisten.

Zweigs Dostoevskij-Essay demonstriert beispielhaft die im ersten Drittel des 20. Jahrhunderts gepflegte Fiktionalisierung von Dichterbiographien, vergleichbar den Repräsentanten der Deutschen Klassik gewidmeten ideen- und geistesgeschichtlichen Arbeiten eines Hermann August Korff, Fritz Strich oder Georg Simmel. Sein Essay ist eine Mischung aus biographischer Darstellung, Interpretation und Erzählung, in deren Rahmen Leben und Werk des russischen Dichters zu einer untrennbaren Einheit stilisiert werden. Die stark psychologisierende, einfühlende Darstellung ist erkennbar um Verlebendigung und um Leserwirkung bemüht, in der Verwendung einer dramatisierenden Lexik, des historischen Präsens, von direkter Rede, von Kontrastierungen, vor allem aber in der Inanspruchnahme einer hyperbolischen und metaphernreichen Sprache. Im Betonen des Außergewöhnlichen dieser Existenz überschreitet Zweig dabei nicht selten die Grenzen zum Manierierten, z.B. wenn er den Augenblick der in letzter Minute gestoppten Hinrichtung Dostoevkijs als »unendliche Sekunde« beschreibt, »in der sich Tod und Leben die Lippen reichen zum brennenden Kuß«.

Noch stärker als der Dostoevskij-Essay stilisiert der fünf Jahre später erschienene Essay über Tolstoj in *Drei Dichter ihres Lebens* die Existenz des Dichters als Einheit von Leben und Werk. Das erwähnte, 1910 entstandene Kurzdrama über Tolstojs letzte Tage (*Die Flucht zu Gott*), Tagebuchaufzeichnungen (z.B. vom 2.1.1915), der liebevolle Bericht in *Die Reise nach Rußland* (1928) sowie kleinere Arbeiten wie *Tolstoi als religiöser und sozialer Denker* (1937) belegen das besondere Interesse Zweigs für diesen russischen Dichter.

Wie für Dostoevskij im Band *Drei Meister*, so gilt auch für Tolstoj in *Drei Dichter ihres Lebens*, dass die kenntnisreiche und einfühlsame Darstellung des russischen Dichters den weitaus größten Teil des Textes beansprucht. Im Rahmen von zwölf Kapiteln entwirft Zweig wiederum in einer kunstvollen, bilderreichen, von Metaphern, Vergleichen und zahlreichen Anspielungen gesättigten Erzählprosa ein facettenreiches Bild von Tolstoj als Mensch, als Künstler, als Sozial- und Religionsphilosoph. Orientiert am Generalthema »Drei Dichter ihres Lebens« ist dabei die Verschränkung von Leben und Werk noch stärker akzentuiert als im Dostoevskij-Essay. Wie in diesem arbeitet Zweig auffallend stark mit Kontrastierungen. Gleich zu Beginn wird Tolstoj als Hiob-Gestalt charakterisiert: zum einen ausgezeichnet durch urweltliche, naturhafte, göttliche Vitalität, berauscht von einer »beinahe wütigen Daseinslust«, reich begabt mit materiellen Gütern, zum anderen, insbesondre nach der Absage an das eigene Künstlertum, umgetrieben von einer lebenslangen Todesfurcht und einer damit verbundenen Suche nach einer diesen Bruch im eigenen Leben überwindenden Beziehung zu Gott. Wie später Thomas Mann (*Goethe und Tolstoi*) nennt Zweig Tolstoj eine Antäus-Gestalt und betont den autobiographischen Charakter seines Werkes. Dichter seines eigenen Lebens ist Tolstoj in zweifacher Weise: als Repräsentant eines selbstbewussten, nur sich selbst verpflichteten, sich von Normen, Gesetzen und Konventionen radikal emanzipierenden Ich und als ein Künstler, der seine inneren Brüche, insbesondre das ›tierische Entsetzen vor dem Tod‹, zum zentralen Gegenstand seines künstlerischen Schaffens macht, der Angst und permanenten Selbstzweifel in seinen Werken sublimiert. Deren Größe und Bedeutung besteht nach Zweig darin, dass die darin unter unsäglichen inneren Auseinandersetzungen sprachkünstlerisch entworfene Wirklichkeit als Natur erscheint. Dies verdanke sich Tolstojs dominierender Eigenschaft, ein der genauen Betrachtung der Wirklichkeit verpflichteter, ihr mit allen Sinnen zugewandter »Wachkünstler« zu sein. Er sei der »sehendste aller Künstler«, aber kein Visionär wie Dostoevskij und deshalb sei seine Erzählprosa nicht verklärend oder berauschend, sondern klar, sachlich und kalt.

Von diesem klarsichtigen, nicht verklärenden Künstlertum her begründet Zweig Tolstojs Konversion zur Ethik und Religion. Weil Kunst, so wie Tolstoj sie versteht, so eng mit der Realität verbunden ist, ohne direkten Bezug zur Transzendenz, muss ihr dieser Bezug durch andere Instanzen wie Pädagogik, Religion oder Ethik zugewiesen werden. Diese Funktionalisierung macht sich nach Zweig bereits im Roman *Anna Karenina* bemerkbar, in der Gegenüberstellung der Erzählstränge Anna/Wronski – Lewin/Kitty ebenso wie in der moralisierenden Abwertung des von sinnlicher Leidenschaft bestimmten Verhältnisses von Anna und Wronski durch den Erzähler. Höhepunkte dieses »sittlichen Despotismus« in Tolstojs Kunst sind nach Ansicht Zweigs die Novelle *Kreutzersonate* und der Roman *Auferstehung*.

Im Zentrum des Essays steht der im Titel angekündigte Aspekt der Selbstdarstellung. Nach Zweig sind alle sinnlichen und geistigen Aktivitäten Tolstojs untrennbar verbunden mit einem »Selbstbeobachtungszwang«, dokumentiert in Tagebüchern, Briefen und in anderen autobiographischen Schriften, künstlerisch gestaltet im gesamten Werk, von der frühen Prosa wie dem *Morgen eines Gutsbesitzers* über die Lewin-Gestalt in *Anna Karenina* bis hin zum letzten Roman *Auferstehung*. Diese permanente Selbstbefragung begründet letztlich auch das »Klimakterium des Künstlers«, wie Zweig die Wandlung Tolstojs vom Dichter zum Sozialreformer und Religionsphilosophen metaphorisch umschreibt. Die sprachliche Wendung ist freilich nicht nur schmückende Metapher, sondern Ausdruck einer zusätzlichen physiologischen Begründung dieser Entwicklung, als Hinweis auf eine »Umstellung im Psycho-Physischen« vom Sinnlichen ins Geistige. Die damit verbundene Konversion zum Christen und zum einfachen Bauern entlarvt Zweig als gewaltigen, selbstbezogenen Willensakt, der notwendig scheitern musste. Selbst die in Texten wie *Beichte* vorgenommene radikale Selbsterniedrigung habe nicht die erhoffte geistig-geistliche Errettung gebracht. Die Größe Tolstojs besteht laut Zweig darin, dass er den egoistischen Zug dieser Art Selbstbefragung erkannt und die Frage »Was wird aus mir?« in die Frage »Was wird aus uns?« verwandelt hat. Die daraus resultierenden Forderungen nach einer Ethik des Gewissens, nach einem Christentum der Nächstenliebe, nach einer von Gewaltlosigkeit und sozialem Ausgleich geprägten Sozialordnung haben Tolstoj laut Zweig zum wahren Weltverwandler gemacht. Tolstoj ist damit notwendig zur Führerfigur in einer von »Glaubenssehnsüchtigkeit« und »unendlich aufgestaute[r] Opferbereitschaft« geprägten Epoche geworden, eine allerdings jeder gewaltsamen Revolution abholde Führerfigur, was Zweig in dem 1937 geschriebenen Artikel *Tolstoi als religiöser und sozialer Denker* angesichts der Folgen der Oktoberrevolution noch einmal nachdrücklich betont hat. Wie stark dieses Tolstoj-Bild übrigens bereits das Denken des jungen Stefan Zweig bestimmt hat, belegt eine Tagebuch-Notiz vom 2.3.1915. Angesichts der Schrecknisse des Ersten Weltkrieges empfiehlt Zweig dort die Lektüre des Romans *Krieg und Frieden*, den er aufgrund der ungeschminkten Darstellung des Krieges als »Evangelium für unsere Zeit« proklamiert. Diese Einschätzung weicht allerdings im zehn Jahre später publizierten Essay der Einsicht, dass

Tolstoj diesen Erwartungen nicht gerecht werden konnte, dass der Mensch Tolstoj nicht imstande war, die vom Apostel Tolstoj proklamierten Forderungen im konkreten Handeln einzulösen. Dem korrespondiert, dass Stefan Zweig wie viele seiner Kollegen (Rilke, Hofmannsthal, Thomas Mann u.a.) den Denker Tolstoj zugunsten des Dichters radikal abwertet. Tolstojs Philosophieren ist nach Zweig eine »bedauerliche Selbsttäuschung«, geprägt von Gedanken, die »sich in ihrer Hast auf die Füße« treten, ein ›Dozieren mit verstopften Ohren‹; die daraus entstandenen »lehrhaften Traktate« gehören – so Zweig – »zu den unangenehmsten Zelotentraktaten der Weltliteratur«, sind ein »lärmende[r] Nonsens«, ein »bauernzornige[r] Kulturexorzismus«. Tolstojs Tragik bestehe darin, dass er sowohl dies als auch die Problematik seines weltweiten Wirkens als Prophet erkannt habe. Er, der als Armer, als Leidender, als Demütiger sein Leben beschließen wollte, sei zum Star geworden, sein agitatorisches Wirken zur Theaterpose verkommen. Seine Größe – so Zweig am Schluss des Essays – zeige sich darin, dass er auch dies gesehen und zu überwinden versucht habe, gipfelnd in der mit dem Tod endenden Flucht nach Astapovo.

Weniger kritisch ist das dichterische Zeugnis seiner Tolstoj-Verehrung, die dramatische Skizze *Die Flucht zu Gott*. Ausgehend von einer Interpretation des genannten Tolstoj-Dramas als Selbstbiographie des Autors gestaltet Zweigs Text die letzten Tage Tolstojs in Jasnaja Poljana und im Sterbeort Astapovo. Das aus drei Szenen bestehende Kurzdrama ist dergestalt strukturiert, dass die zwei ersten die Begründung für Tolstojs mit dem Tod auf der Eisenbahnstation Astapovo endende Flucht aus Jasnaja Poljana liefern; diesem Tod ist die dritte Szene gewidmet. Dramaturgisch motiviert wird die Flucht auf zweifache Weise. Zum einen durch die das Drama eröffnende Auseinandersetzung Tolstojs mit zwei revolutionären Studenten, die ihm vorwerfen, seine Ideale nicht handelnd verwirklicht und deshalb verraten zu haben. Tolstoj akzeptiert diesen Vorwurf, beharrt aber auf dem Prinzip der Gewaltlosigkeit und Liebe und markiert damit nochmals seine Gegenposition zu Revolution und Anarchie. Zum anderen ist es die durch die ausgesprochen negativ gezeichnete Ehefrau verkörperte Atmosphäre von Besitzbestreben, Eifersucht und Misstrauen, die ihn zur Flucht bewegen und ihm den Wunsch nach einem friedlichen Tod übermächtig werden lassen, ein Wunsch, der dann in Astapovo seine Erfüllung findet. Auch in diesem Drama steht weniger das Werk, sondern der Mensch Tolstoj im Mittelpunkt. Dabei arbeitet Zweig auch mit damals gängigen Klischees, das betrifft insbesondere die kontrastierende Darstellung der Eheleute: hier der große, selbstlose, sein Werk der ganzen Menschheit vermachende Künstler, dort die ihm kleinlich misstrauende, egoistische, in Konventionen gefangene Ehefrau.

Die Bewunderung für Tolstoj als Künstler ist sicher auch ein Grund für Zweigs enge Beziehung zu Maksim Gor'kij (»Ich liebe Ihr Werk unendlich«, Brief vom 29.8.1923). Dessen Tolstoj-Biographie hat er hoch geschätzt und Gor'kij selbst mehrfach positiv wertend mit Tolstoj verglichen, z.B. in der *Rede zu Ehren Maxim Gorkis. Zum sechzigsten Geburtstag des Dichters* (zuerst in der *Neuen Freien Presse* vom 25.3.1928) sowie in der Rezension seines historischen Romans *Delo Artamonovych* (1925; dt. u.d.T. *Das Werk der Artamonows*, 1927; die Rezension erschien zuerst in der *Neuen Freien Presse* vom 19.5.1927). Wie bei Tolstoj, so beeindrucke auch hier die Kraft der sinnlichen Anschauung, wie Tolstoj sei Gor'kij ein Augenmensch, dessen genaues Sehen jede verklärende Darstellung vermeide und so, in der Naturhaftigkeit, Plastizität und Präzision, »reinste und redlichste Wirklichkeit« (*Rede zu Ehren Maxim Gorkis*) vermittle, z.T. in noch größerer Unmittelbarkeit und Natürlichkeit. Überzeugender als Dostoevskij und Tolstoj habe Gor'kij als aus dem Volk kommender Dichter diesem eine Stimme gegeben und sei von daher der erste echte Repräsentant von dessen Glauben, von dessen Sehnsüchten und Leiden, von dessen Kraft und darüber hinaus »ein Glück und eine Gnade unserer geistigen Gegenwart«.

Georg Lukács

Zu den wirkungsmächtigsten ästhetischen und literaturtheoretischen Auseinandersetzungen mit russischer Literatur zählen die Schriften von Georg Lukács (1885–1971). Der ungarische, deutsch schreibende Philosoph hat sich sein ganzes Leben mit russischen Autoren beschäftigt, während seiner frühen neukantianischen Phase ebenso wie als wichtiger Repräsentant marxistischer Ästhetik. Die dieser Ästhetik verpflichteten Schriften haben insbesondre die Rezeption russischer und sowjetischer Literatur bei den der deutschen KPD nahestehenden Schriftstellern maßgeblich beeinflusst; in der frühen DDR gehörten sie zum literaturtheoretischen Kanon. Erstmals und einmalig im deutschsprachigen Bereich wird die russische Literatur zu einem integralen Bestandteil eines umfassenden philosophischen Systems, in dessen Rahmen sie noch viel nachdrücklicher als bei Stefan Zweig als wesentlicher Bestandteil der Weltliteratur gewürdigt wird.

Diese Rezeption beginnt 1911 und intensiviert sich erstmals während des Aufenthaltes von Lukács in Heidelberg ab 1912, vor allem im Rahmen der mit Max Weber u.a. am Beispiel der Romane Dostoevskijs geführten Diskussion zum Verhältnis von Ethik und Ästhetik. Dostoevskij war auch ein wichtiges Thema im zu Beginn des Ersten Weltkriegs existierenden Budapester »Sonntagskreis«. Ihm gehörte neben Lukács, dem Kunstsoziologen Arnold Hauser, dem Soziologen Karl Mannheim und dem Komponisten Béla Bartók auch László Radványi, der spätere Ehemann von Anna Seghers, an, was literarhistorisch insofern von Interesse ist, als diese Gespräche, in der Vermittlung durch Radványi, Seghers' intensive Auseinandersetzung mit Dostoevskij zumindest partiell beeinflusst haben dürften. Aus all dem entstand bei Lukács der Plan zu einem Buch über Dostoevskij, dessen Verwirklichung aber in Ansätzen stecken blieb. Das Dostoevskij-Buch sollte, gestützt auf eine Gegenüberstellung von Epos und Roman, ästhetische, ethische und geschichtsphilosophische Reflexionen miteinander verbinden, den russischen mit dem westeuropäischen Atheismus vergleichen und den Entwurf einer von Güte und christlichem Mitleid geleiteten Gesellschaft formulieren, die von einem neuen Menschen Dostoevskijscher Prägung dominiert werden sollte.

Aus diesem Projekt ist nach Lukács' eigenem Bekunden das erste große theoriegeschichtlich relevante Dokument seiner Rezeption russischer Literatur entstanden, die 1916 in der *Zeitschrift für Ästhetik und Allgemeine Kunstwissenschaft* veröffentlichte *Theorie des Romans*. Im Rahmen einer ästhetisches und geschichtsphilosophisches Denken verschränkenden Argumentation erscheint die Gattung Roman dort als »die Form der Epoche der vollendeten Sündhaftigkeit«, die durch Brüche und Orientierungslosigkeit, durch Einsamkeit und Heimatlosigkeit der Seele, durch den Verlust von Transzendenz bestimmt ist. Lukács verfolgt mit Hilfe einer romangeschichtlichen Skizze die mit dem modernen Roman artikulierten Aspekte einer solchen »transzendentalen Obdachlosigkeit«, konstatiert dabei die Entwicklung eines von der Kategorie der subjektdominierten Gesinnung geprägten Romanform zu einer neuen, sinnverheißende Totalität erahnenden Epopöe, die er bei Tolstoj angedeutet (z.B. in der Gestaltung des Sterbens), im Werk Dostoevskijs bereits verwirklicht sieht, und zwar in einer Romanform, die sich von der des 18. und 19. Jahrhunderts grundlegend unterscheidet. Dostoevskijs Werke lassen laut Lukács einen von Entfremdung und Isolierung des Einzelnen freien Weltzustand zumindest auf- bzw. vorscheinen, um einen Begriff seines damaligen Freundes Ernst Bloch zu verwenden. Deren sprachkünstlerische Spezifika werden von der *Theorie des Romans* allerdings nicht benannt, weil Lukács auf eine literaturwissenschaftliche Analyse verzichtet. Ein weiteres bedeutsames Dokument der frühen Auseinandersetzung mit russischer Literatur und Geistesgeschichte ist die ebenfalls 1916 unter dem Titel *Die Rechtfertigung des Guten* (im *Archiv für Sozialwissenschaft und Sozialpolitik*, 1916/1917) erschienene Rezension zu einer Werkausgabe des russischen Philosophen Vladimir Solov'ev (1853–1900), der in seiner Eigenschaft als Freund Dostoevskijs und philosophischer Mentor wichtiger Repräsentanten des russischen Symbolismus (z.B. Aleksandr Bloks) die literarische Szene Russlands gegen Ende des 19. Jahrhunderts maßgeblich geprägt hat.

Mit der bald darauf einsetzenden Hinwendung zum Marxismus ändert sich Lukács' Rezeption russischer Literatur grundlegend. In seinen überaus wirkungsmächtigen Schriften zu einer marxistischen Ästhetik stehen die sog. Kritischen Realisten Gogol', Gončarov, Saltykov-Ščedrin, Tolstoj u.a. im Zentrum und nicht Dostoevskij. Letzterer erscheint nun (z.B. in Essays wie *Wider den mißverstandenen Realismus*, 1958) als Exponent einer falschen, reaktionären Analyse der sozialen Wirklichkeit, als Ideologe der dem Untergang geweihten kleinbürgerlichen Intellektuellen. Immerhin gesteht auch der Marxist Lukács in seinem Buch *Der russische Realismus in der Weltliteratur* (1949) Dostoevskij weltliterarischen Rang zu, weil dieser zumindest die richtigen Fragen hinsichtlich der gesellschaftlichen Probleme seiner Epoche gestellt habe.

Solche differenzierten Urteile muss man stets im Blick haben, wenn Lukács als Marxist, als Repräsentant marxistischer Ästhetik oder gar als Propagandist der stalinistischen Theorie des Sozialistischen Realismus bezeichnet wird. Zwar hat Lukács, der seit Beginn der dreißiger Jahre im Moskauer Exil lebte, allein schon um des Überlebens willen der stalinistischen Orthodoxie seine Reverenz erwiesen, was er in der späten *Nachschrift 1957* (in: *Schriften zur Ideologie und Politik*, 1966) zu rechtfertigen versucht hat. Ein überzeugter Parteigänger Stalins und von dessen kulturpolitischen Wasserträgern wie Ždanov ist er nie gewesen. Das belegt nicht nur die ablehnende Reaktion orthodoxer Marxisten auf seine programmatische Schrift *Geschichte und Klassenbewußtsein* (1923), sondern vor allem die argumentativ vielschichtige, aus einer intensiven Beschäftigung mit deutscher idealistischer Philosophie erwachsene Erörterung der Widerspiegelungsproblematik sowie die differenzierte Beurteilung von Aleksandr Solženicyns GULAG-Novelle *Odin den' Ivana Denisoviča* (1962; dt. Ein Tag im Leben des Ivan Denisovič). Eine deutliche Abgrenzung auch von eigenen orthodoxen Positionen lassen zudem Mitte der fünfziger Jahre entstandene Artikel zum Verhältnis von Kritischem und Sozialistischem Realismus erkennen (z.B. *Der kritische Realismus in der sozialistischen Gesellschaft*, in: *Wider den mißverstandenen Realismus*).

Ausgehend von einer umfassenden Auseinandersetzung mit der Hegelschen Philosophie (z.B. in *Geschichte und Klassenbewußtsein*) entwickelt Lukács seine Ästhetik im Kontext einer historischen Ausdifferenzierung des Realismusbegriffs, vom Spontanen Realismus der deutschen Klassik über den Kritischen und Bürgerlichen Realismus insbesondre der französischen und russischen Realisten des 19. Jahrhunderts bis hin zum Sozialistischen Realismus sowjetischer Prägung. Grundlegende Kategorien wie das Naturschöne, der Typus oder die Besonderheit werden dabei häufig am Beispiel von russischen literarischen Texten erörtert. Der wichtigste auf Russland bezogene theoriegeschichtliche Beitrag in den *Beiträgen zur Geschichte der Ästhetik* (1954; wieder als *Probleme der Ästhetik*, 1969) ist die umfangreiche Studie über den russischen Materialisten und Literaturkritiker Nikolaj Černyševskij (1828–1889). Diese *Einführung in die Ästhetik Tschernyschewskijs* erörtert dessen kritische Auseinandersetzung mit Hegel und die daraus resultierende Formulierung einer materialistischen Ästhetik. Dabei versucht Lukács, im Rahmen einer Konfrontation Černyševskijs mit Ludwig Feuerbach den russischen Philosophen als eigentlichen Vorläufer einer marxistischen Ästhetik zu profilieren. Das gelte z.B. für das Systemdenken oder für die materialistische Bestimmung des Naturschönen. Verdienstvoll vor allem aber ist nach Lukács die auf Werke der Kritischen Realisten vorausweisende Erkenntnis Černyševskijs, dass nicht die subjektive Intention des Künstlers, sondern die der dargestellten Welt inhärenten objektiven Gesetzmäßigkeiten für die Schöpfung von Kunstwerken entscheidend sind, auch wenn Černyševskij noch nicht fähig gewesen sei, die diesen Vorgang bestimmende Dialektik von Form und Inhalt adäquat herauszuarbeiten.

Im Kontext dieser grundlegenden Arbeiten zu einer marxistischen Ästhetik stehen auch die wichtigsten Schriften zur russischen Literatur aus der marxistischen Periode von Lukács' Schaffen. Den Kritischen und den Sozialistischen Realismus beschreibt und definiert der ungarische Philosoph differenziert anhand von zahllosen Beispielen aus der russischen Literatur, u.a. in *Erzählen oder Beschreiben?* (zuerst in der Zeitschrift *Internationale Literatur*, 1936), *Die Eigenart des Ästhetischen* (1963), vor allem aber in der Aufsatzsammlung *Der russische Realismus in der Weltliteratur*. Die dritte Auflage dieses Buches (1953) enthält neben Artikeln über Puškin, Dostoevskij, Tolstoj und Gor'kij solche über Aleksandr Fadeev, Michail Šolochov, Anton Makarenko, Andrej Platonov, Aleksandr Bek sowie Beiträge über die im 19. Jahrhundert wirkenden, aber als Ahnherren des Sozialistischen Realismus gefeierten russischen Literaturkritiker Belinskij, Dobroljubov und Černyševskij. Mit seinen Analysen beansprucht Lukács einen methodischen und theoretischen Paradigmawechsel in Bezug auf die Interpretation und Wertung der russischen Literatur. Dieser besteht darin, dass erstmals systembezogen und umfänglich die ästhetischen und existenziellen Spezifika von Autoren und Werken, deren Gehalt und Form aus der Art ihrer gesellschaftlichen Grundlagen hergeleitet werden. Der marxistischen Ästhetik entsprechend erscheinen so die literarischen Werke als Überbau, als Widerspiegelung der objektiven gesellschaftlichen Wirklichkeit, so Lukács im Vorwort zur dritten Auflage. Geradezu beispielhaft dafür ist die russische Literatur nach Lukács deshalb, weil sie wie keine andere stets einen »öffentlichen Charakter« gehabt habe, eine Aussage, die insofern gerechtfertigt ist, als der literarische Diskurs in Russland aufgrund von Zensurbeschränkungen fast immer in hohem Maße Funktionen des philosophischen und theologischen Diskurses übernehmen musste.

Ausgehend von diesen theoretischen Prämissen akzentuiert Lukács in seinen Darstellungen der Kritischen Realisten die Aspekte gesellschaftlicher Kontext und Gesellschaftskritik, unter Berücksichtigung der genannten Kritiker Belinskij, Dobroljubov und Černyševskij, bei gleichzeitiger Verwendung des für den Sozialistischen Realismus charakteristischen Begriffsinventars (Typisierung, Volkstümlichkeit, Parteilichkeit). So referiert er in der *Gedenkrede zum hundertsten Todestag Gogols* dessen literarische Entwicklung im Horizont der Gogol'-Artikel von Belinskij, würdigt das »Volkstum« in Gogol's Frühwerk und dessen verdeckte Kapitalismuskritik in den *Petersburger Novellen*, betont die gesellschaftskritische Funktion des Gogol'schen Humors, den er als »Spiegelung [...] einer von sich aus verzerrten, objektiv grotesken Wirklichkeit« interpretiert, lobt Gogol's »Parteilichkeit«, die »klassische Einfachheit des Aufbaus« seiner Werke und die »gesellschaftliche Typik« der von Gogol' gestalteten Figuren. Zugleich kritisiert er aber auch die z.B. in der *Avtorskaja izpoved'* (Autorenbeichte) artikulierte Hinwendung des späten Gogol' zum Christentum als ideologisch motivierte »Flucht«, deutet die in den nicht vollendeten bzw. von Gogol' vernichteten Fortsetzungen von *Mertvye duši* (Die toten Seelen) formulierten Entwürfe eines positiven Helden als Ansätze zu einer Idealisierung des Kapitalismus.

Gogol' ist für Lukács ein frühes, aber überzeugendes Beispiel für einen die Kritischen Realisten des 19. Jahrhunderts prägenden Widerspruch zwischen Weltanschauung und künstlerischem Schaffen. Diese Diskrepanz arbeitet Lukács auch an der Erzählprosa von Turgenev, im Rahmen seiner Dostoevskij-Kritik, vor allem aber am Werk von Lev Tolstoj heraus. Beispielhaft demonstriert dies die 1936 verfasste Schrift *Tolstoj und die Probleme des Realismus*. Sie verdeutlicht zum einen am Beispiel von Tolstojs Epik grundlegende Positionen einer orthodox-marxistischen Literaturtheorie und ist zum anderen bemüht, Tolstojs Werk als integralen Bestandteil einer sich von Puškin bis Šolochov kontinuierlich entwickelnden sozialistischen Literatur zu interpretieren. Darüber hinaus versucht der Beitrag, Tolstojs Erzählprosa innerhalb des europäischen Realismus zu verorten. Lukács situiert diese Prosa in der Spätphase des Bürgerlichen Realismus, sieht sie aber deutlich unterschieden von derjenigen Raabes, Flauberts und der französischen Naturalisten. Im Einklang mit seinen Ausführungen in *Erzählen oder Beschreiben?* versteht er Letztere als außenstehende Beobachter, denen die innere Wahrheit der darzustellenden gesellschaftlichen Verhältnisse nicht zugänglich gewesen sei. Im Gegensatz zu ihnen sei Tolstoj aufgrund seiner engen Verbindung zur bäuerlichen Welt ein deren Wirklichkeit Miterlebender, genuiner Bestandteil der widergespiegelten Welt. Dies mache ihn zum echten, großen Epiker, zu einem der »echtgeborne[n] Söhne des alten Homer«; u.a. an dieser Bestimmung des Epikers wird deutlich, wie stark die ästhetische Argumentation des orthodoxen Marxisten Lukács der Hegelschen Ästhetik verpflichtet ist. Letzteres gilt auch für die Charakterisierung des Erzählens, bei der Lukács Hegelsche Kategorien verwendet, z.B. die der Totalität, allerdings in deutlicher Ausrichtung auf die Theorie des Sozialistischen Realismus. Nach Lukács gestaltet Tolstoj die Totalität gesellschaftlicher Verhältnisse in einer sich auflösenden Feudalgesellschaft im Übergang zum Kapitalismus. Als in dieser Sozialordnung Lebender, ihre inneren Widersprüchlichkeiten, ihre notwendig zum Untergang führenden Antagonismen Erkennender sei er im Gegensatz zu seinen westeuropäischen Kollegen in der Lage, die innere Wahrheit, die diese Lebenswelt bestimmenden Gesetzmäßigkeiten im Rahmen einer künstlerischen Totalität widerzuspiegeln, insbesondre in seiner Epik. Erreicht werde diese dadurch, dass die Figuren und die auf sie bezogenen Handlungen, aber auch die »Objekte« in ihrer »vollständigen und blühenden Fülle« typisierend wiedergegeben werden. Die zahllosen, die Vielfalt und den Reichtum der widergespiegelten Lebenswelt repräsentierenden Bälle, Jagden, Besuche, Schlachten, Begegnungen etc. sind laut Lukács niemals Beiwerk oder Kulisse, sondern sinnliche Vergegenwärtigung innerer Gesetzmäßigkeiten. Scheinbar nebensächliche Einzelheiten wie die plötzliche Wahrnehmung der abstehenden Ohren Karenins werden zu Objektivationen einer bedeutsamen Wendung im Leben der Anna Karenina erklärt, weil sie das Scheitern ihrer persönlichen Liebesbeziehung zur »reine[n] Erscheinungsform der gesellschaftlichen Widersprüche in der modernen bürgerlichen Liebe und Ehe« anschaubar, sinnlich erfahrbar macht. Darüber hinaus verdeutlicht laut Lukács gerade die Typisierung von Romanfiguren, z.B. in *Anna Karenina*, bestimmte historisch hoch bedeutsame Entwicklungen, u.a. den erwähnten Übergang von der Feudalgesellschaft zum Kapitalismus in Russland. Bei all dem demonstriere Tolstojs Erzählen in unübertroffener Weise, dass die Typisierung nicht mit Vereinfachung verwechselt werden dürfe, dass sich vielmehr die Kontur einer typischen Figur aus der Vielfalt der sie prägenden »Stimmungen« und Handlungen sowie aus dem Reichtum ihrer sozialen Beziehungen ergebe. Vornehmlich in diesem epischen Typisieren bestehe die an Tolstojs Werk erkennbare Dignität eines wahren realistischen Erzählens.

Im Kontext der skizzierten Charakterisierung wertet Lukács Tolstojs Epik als Weiterentwicklung eines durch u.a. von Fielding, Defoe, Stendhal, Balzac repräsentierten »alten Realismus« sowie als Markstein einer literarhistorischen Entwicklung zum Sozialistischen Realismus. In diesem Zusammenhang und in Übereinstimmung mit seiner Formalismus-Kritik bewertet Lukács auch die Absage des alten Tolstoj an die Kunst. Diese sei nicht als generelle Negation, sondern als Kritik an einer inhaltlich substanzlosen, ›deformierten‹ bürgerlichen Kunst zu verstehen, die den Bezug zu den großen Problemen des Lebens verloren habe. Tolstojs Kunstkritik sei zwar aufgrund ihrer religiösen Begründung reaktionär, benenne aber wichtige und richtige Aspekte einer in den Augen von Lukács fehlgeleiteten modernen Kunst. Tolstoj ist nach dieser Lesart ein herausragendes Beispiel dafür, dass eine falsche oder gar reaktionäre Weltanschauung eine objektive Widerspiegelung gesellschaftlicher Verhältnisse nicht verhindert. Sein Werk sei geprägt von großem Künstlertum und einem falschen Bewusstsein, eine nach Lukács historisch notwendige, aber auch überwindbare Konstellation. Tolstoj habe die richtigen Fragen gestellt, auch wenn er sie falsch beantwortet habe. Eine solche Frage sei z.B. die nach den Ursachen für die Aufspaltung einer Gesellschaft in Unterdrücker und Unterdrückte, konkret in Gutsbesitzer und Bauern. In dieser Eigenschaft sei er als Repräsentant eines »bäuerlich-plebejischen Humanismus« und so als »vorrevolutionärer Schriftsteller« zu würdigen. Im Vorwort zu seinem Beitrag *Balzac und der französische Realismus* (1952) akzentuiert Lukács die vom ihm behauptete Bindung der Kritischen Realisten an die objektiven Gesetzmäßigkeiten der darzustellenden Welt, ihr Ausgehen von den »größten aktuellen Problemen des Volkslebens«, mit der Behauptung, dass diese Autoren sogar mit bewusster »Grausamkeit« ihre persönlich-subjektive Sicht der Wirklichkeit »beiseite [...] schieben«, um den von ihnen geschaffenen literarischen Gestalten ihr objektives Sein zu garantieren. Ihre Größe bestehe in der Kühnheit und Kompromisslosigkeit, mit der sie dieses Prinzip befolgt haben. Implizit akzentuiert Lukács mit dieser Emanzipation des Kunstwerks von seinem Autor die Eigenständigkeit der Kunst, verweist darauf, dass sie keineswegs als ein reines Überbauphänomen im Sinne eines Vulgärmaterialismus zu verstehen ist.

Ausgehend von dieser Einschätzung wird Tolstoj zum Vorläufer eines den Kritischen und den Sozialistischen Realismus verbindenden Schriftstellers, und das ist Maksim Gor'kij. In den Artikeln *Der Befreier* (zuerst in *Internationale Literatur*, 1936) und »*Die menschliche Komödie« des vorrevolutionären Rußlands* (zuerst in *Internationale Literatur*, 1937) erklärt er Gor'kij zum schöpferischen Erben Tolstojs, dessen Verdienst darin bestehe, dass er den Gegenstand literarischer Widerspiegelung um die plebejische Lebenswelt erweitert habe. Auf diese Weise gewönnen die Kategorien »Volkstümlichkeit« und »Totalität« in der Literatur eine bis dahin nicht gekannte Relevanz, die zur Oktoberrevolution führenden gesellschaftlichen Konflikte würden von Gor'kij in Umfang und Differenziertheit besonders überzeugend herausgearbeitet. Im Gegensatz zu den Kritischen Realisten habe er dabei den ›dialektischen Zusammenhang zwischen Individuen und Klasse‹ erkennbar gemacht, insbesondre dadurch, dass er als erster z.B. im Roman *Mat'* (1906; dt. Die Mutter) aufgezeigt habe, ›wie der Mensch zum Menschen einer Klasse wird‹, wie er vom Opfer bedrückender sozialer Verhältnisse zum selbstbewusst Handelnden und so zum positiven Helden im Sinne des Sozialistischen Realismus reift. Deshalb charakterisiert Lukács Gor'kij als »Befreier«. Zugleich aber wird dessen Kunst so, ganz im Sinne der von Lukács definierten ästhetischen Theorie (*Die Eigenart des Ästhetischen*), zum Paradigma einer gesellschaftlichen Emanzipation mit Hilfe der ästhetischen Widerspiegelung. Die dabei verwendeten Techniken literarischer Typisierung verdankt Gor'kij nach Auffassung von Lukács nicht zuletzt den Kritischen Realisten, neben Tolstoj u.a. auch der Auseinandersetzung mit Ivan Gončarovs *Oblomov*. Auch hier wird Lukács' Bemühen erkennbar, literarhistorische Kontinuitäten zu konstruieren und den Theorieansatz des Sozialistischen Realismus durch die Kategorie des literarischen Erbes zu erweitern, eine Verbindung, die später auch die Literaturdiskussion in der DDR maßgeblich prägen wird. Was die Kategorie »Totalität« betrifft, so verwendet Lukács sie auch, um die inhaltliche Kohärenz von Gor'kijs Gesamtwerk zu würdigen. Zwar verhindere der Gegenstand von dessen Erzählprosa, die »Auflösung der alten Lebensformen« (»*Die menschliche Komödie« des vorrevolutionären Rußlands*), die breite epische Darstellung à la Tolstoj, doch in Umfang und Tiefe der Gestaltung einer großen, letztlich zur Oktoberrevolution führenden gesellschaftlichen Krise in Russland sei Gor'kijs Werk als »zusammenhängende[r] Zyklus«, in Anlehnung an Dante und Balzac als »menschliche Komödie« zu werten.

Tolstoj ist auch wichtiger Bezugspunkt einer Šolochov-Rezension, in der Lukács einmal mehr vergleichend verfährt, den Roman *Tichij Don* (Der stille Don) den bürgerlichen Bauernromanen, vor allem aber Tolstojs *Krieg und Frieden* gegenüberstellt, um auf diese Weise eine Verbindungslinie zwischen dem russischen Kritischen Realismus des 19. und dem Sozialistischen Realismus sowjetischer Prägung im 20. Jahrhundert aufzuzeigen (Lukács' Rezension des 2. Bandes von *Der stille Don* in der Übersetzung von Olga Halpern erschien zuerst in der *Moskauer Rundschau* vom 12.10.1930). Gegenüber Tolstoj bleibt Šolochov laut Lukács nicht einer Darstellung von trotz Krieg und Zerstörung weitgehend statischen Gesellschaftsform verhaftet. Vielmehr komme es in *Der stille Don* zur Gestaltung tiefgreifender sozialer und politischer Umwälzungen, die deshalb künstlerisch besonders überzeugend gerieten, weil der Autor dieses Romans ein Meister in der dialektischen, prozessualen Verschränkung des Allgemeinen mit dem Besonderen sei. Seine Romanfiguren könnten dadurch als Repräsentanten welthistorischer Veränderungen wie der Oktoberrevolution erscheinen, weil sie wie die tragisch endende Hauptfigur Grigorij in ihrer ganzen konfliktreichen Entwicklung dargestellt würden. Darüber hinaus zeige der Roman eine bereits bei Gor'kij erkennbare Korrespondenz von Form und Inhalt, denn hier sei die Auflösung der ursprünglich homogenen vorrevolutionären russischen Gesellschaft nicht episch breit wie bei Tolstoj dargestellt, sondern werde in kurzen Szenen und Episoden auch formal widergespiegelt, ohne dass die Kohärenz des Textes, die organische Einheit des Romans verloren gehe.

Die ungemein starke Orientierung an Tolstoj demonstrieren auch weitere Arbeiten zur zeitgenössischen sowjetischen Literatur wie der 1949 verfasste (und in der 2. Aufl. von *Der russische Realismus in der Weltliteratur*, 1952 abgedruckte) Beitrag *Beck: »Wolokolamsker Chaussee«*. Aleksandr Beks (1903-1972) 1944 erschienener Roman (*Volokolamskoe šosse*) behandelt den heldenhaften Widerstand der Roten Armee im Jahre 1941 vor Moskau; der Text ist 1985 von Heiner Müller dramaturgisch bearbeitet worden. Im Gegensatz zu Müllers kritischer Auseinandersetzung mit den Themen Krieg und Gewalt argumentiert Lukács hier ganz als Repräsentant des Sozialistischen Realismus und feiert den Roman als adäquate Widerspiegelung einer während der ersten drei Jahrzehnte der Sowjetunion gelungenen Erziehung des russischen zum sozialistischen Menschen, der aus eigenem Antrieb, selbstbewusst und verantwortungsvoll für die gesamte Gesellschaft handelt. Ausdruck dieser Entwicklung ist das von Bek in seinem Kriegsroman beschriebene, vor allem in der Überwindung von Angst und Panik bestehende Heldentum der einfachen Soldaten sowie deren im General Panfilov verkörperte zutiefst menschliche Führung durch die Offiziere. Auch hier verfährt Lukács vergleichend, indem er das von Bek beschriebene Heldentum mit dem von Tolstoj in *Krieg und Frieden* dargestellten vergleicht und den sowjetischen Sieg über einen vom Westen eindringenden Aggressor dem zum Sozialismus erzogenen und mental und moralisch überlegenen Sowjetmenschen zuerkennt.

Walter Benjamin

Walter Benjamin (1892-1940) hat die politischen und kulturellen Vorgänge in Russland und in der Sowjetunion bis zu seinem Tod mit Interesse und Anteilnahme verfolgt. Höhepunkt der Annäherung war seine Reise nach Moskau (6.12.1926-1.2.1927), über die er im (erst 1980 veröffentlichten) *Moskauer Tagebuch* und im darauf aufbauenden Essay *Moskau* (in der Zeitschrift *Die Kreatur*, 1927/1928) berichtet. Mit russischer und sowjetischer Literatur hat er sich bis Mitte der dreißiger Jahre beschäftigt. Eine der ersten substanziellen Veröffentlichungen zur russischen Literatur ist der 1917 entstandene, aber erst vier Jahre später veröffentlichte Essay »*Der Idiot« von Dostojewskij* (in der Zeitschrift *Die Argonauten*, 1921). Wie viele seiner Zeitgenossen zeigt sich auch der junge Benjamin fasziniert von dem russischen Dichter, in einer späteren Rezension über Ivan Šmelev spricht er davon, dass die Lektüre von Dostoevskijs Werken sein Bewusstsein radikal verändert habe, dass er noch der geringsten von dessen Figuren auf Gnade und Ungnade preisgegeben gewesen sei. Geleitet von der Frage nach der Adäquatheit der deutschen Dostoevskij-Rezeption kritisiert Benjamin im genannten Essay die Charakterisierung Dostoevskijs als großen Psychologen, die ja spätestens seit Nietzsches begeisterten Ausführungen über die *Aufzeichnungen aus dem Untergrund* (»Geniestreich der Psychologie«, Brief an Franz Overbeck vom 23.2.1887) im deutschsprachigen Raum dominierte. Benjamin konstatiert, dass die Beschreibungskategorien der Psychologie dem Roman *Der Idiot*, insbesondre der Titelgestalt Myškin, unangemessen sind und verlangt eine lebensphilosophisch orientierte Betrachtungsweise, sei doch gerade diese Figur in ihrer Eigenschaft als Gravitationszentrum eine Verkörperung der Unsterblichkeit und Ganzheitlichkeit des Lebens, ein in der Art seines Erscheinens und Verschwindens beeindruckendes »Symbol des Unvergeßlichen«. In diesem Zusammenhang spricht Benjamin bereits hier vom Auratischen, erklärt Spezifika des von Dostoevskij gestalteten Milieus durch Besonderheiten des russischen Volkes und seiner Geschichte, durch die »Aura des russischen Geistes«.

Animiert u.a. durch die erwähnte Moskaureise hat Benjamin als Literaturtheoretiker und Kritiker der russischen Literatur große Aufmerksamkeit geschenkt, hat, wie die vielen Äußerungen in Briefen und Rezensionen über Tret'jakov, Gladkov, Šmelev, Zoščenko, Bunin u.a. belegen, die Entwicklung der damals modernen russischen Literatur sowie die innovativen Ansätze in Drama und Theater genau verfolgt. Beispiele dafür sind die Berichte über Mejerchol'ds kontrovers diskutierte Gogol'- und Tret'jakov-Inszenierungen, über die Literaturszene in der Sowjetunion der zwanziger Jahre sowie die differenziert argumentierende und wegweisende Rezension zu dem Roman *Cement* (1. Fassung, 1925) von Fedor Gladkov (1883–1958), deren Nachklänge (z.B. die positive Bewertung der Dialoggestaltung) noch in Heiner Müllers Bearbeitung dieses Romans vernehmbar sind.

Sein bedeutendster Beitrag über russische Literatur ist allerdings ein Essay über einen Autor des 19. Jahrhunderts, über Nikolaj Leskov (1831–1895), erschienen 1936 in der Zeitschrift *Orient und Occident* unter dem Titel *Der Erzähler. Betrachtungen zum Werk Nikolai Lesskows*. Ausgehend von einer Kurzbiographie des russischen Dichters und Hinweisen auf deutschsprachige Ausgaben (im Musarion- und Georg-Müller-Verlag, die neunbändige Ausgabe im Beck-Verlag) rühmt Benjamin Leskovs Werk als beispielhaft für ein literarisches Erzählen, das in der Gegenwart verschwindet, ein Entferntes und Sich-Entfernendes ist. In diesem Zusammenhang konstatiert er den Tod des Erzählens aus Mangel an Lebenserfahrung, das Erzählen habe seine Funktion verloren, Vermittlerin von Wahrheit zu sein. Signifikant sei dabei der Verlust des mündlichen Erzählens in seinen zwei Grundtypen: der Vermittlung von Lebenserfahrungen durch den sesshaften Ackersmann und durch den in ferne Länder fahrenden, ständig unterwegsseienden Seemann. Der Roman habe so das kommunikative Erzählen und die Gattung Erzählung verdrängt. Leskov ist nach Auffassung Benjamins ein Meister des literarischen Erzählens, weil er beide der genannten Typen berücksichtigt. Sein Erzählen konzentriere sich auf die Wiedergabe von Sachverhalten, verzichte auf psychologisches Erklären, sei zugleich aber klar und reflektiert; exemplarisch belegten dies Texte wie *Obman* (Der Betrug) oder *Belyj orel* (Der weiße Adler), in denen auch das Außerordentliche präzis und distanziert wiedergegeben werde. Leskov verhalte sich wie der Typus des erzählenden Handwerkers, der eine Information nicht nur übermittelt, sondern darlegt, wie er sie erfahren hat und was er selbst durch sie erfahren hat. Im gleichzeitigen Verzicht auf ein psychologisierendes Reflektieren ähnle der Leskovsche Erzähler dem mittelalterlichen Chronisten, Benjamin interpretiert ihn als dessen säkularisierte Form, charakterisiert ihn als reflektiert-naiven Autor. Leskovs im Schillerschen Sinn zu verstehende Naivität erkläre die Nähe zu Gattungen wie Märchen, Legende, Mythos und Schwankliteratur. Seine Größe als Autor besteht nach Benjamin aber darin, dass er diese »naive« Erzähltradition mit einem auf ein tiefes Wissen um die Antinomien der menschlichen Kreatur gegründeten Nachdenken zu verbinden weiß. Ohne zu psychologisieren gerate sein Erzählen so zur intensiven und beeindruckenden Analyse menschlicher Existenzformen und Verhaltensweisen, die ihn, wenn auch auf von diesem sehr verschiedene Weise, zum würdigen Zeitgenossen von Dostoevskij macht.

Benjamins Essay ist einer der ersten bedeutenden literaturtheoretischen Beiträge im deutschsprachigen Raum, in denen ausschließlich an einem weniger bekannten russischen Autor grundlegende Theoriefragen dargestellt und erörtert werden. Er enthält eine Reihe bedenkenswerter Überlegungen zur Erzählkunst Leskovs, eine ihr angemessene detaillierte Würdigung stellen die Ausführungen freilich nicht dar. Das liegt u.a. daran, dass Benjamin aufgrund fehlender Russischkenntnisse den Aspekt des Leskovschen Erzählens nicht beachtet, der für sein Verständnis des Erzählers Leskov besonders relevant gewesen wäre, und das ist der skaz, also die stilisierte mündliche Rede. Anstelle dessen bestimmen in erster Linie Reflexionen über die Konstituenten des Erzählens die Darstellung, Reflexionen über das Verhältnis von Erzählung und Historiographie, von Erzählung und Roman. Vor allem ihrer Erklärung und Beglaubigung dienen die Passagen über Leskov, was ihren Wert für das Verständnis des russischen Autors freilich in keiner Weise mindert.

5.5 Schöpferische Aneignung russischer Dichtung in der Erzählprosa der zwanziger und dreißiger Jahre: Hesse, Döblin, Bergengruen

Bereits im Thomas-Mann-Kapitel war auf die zunehmende und vielfältige, Literaturkritik und Dichtung verschränkende Rezeption russischer Dichtung durch deutschsprachige Prosaautoren seit Beginn des 20. Jahrhunderts verwiesen worden. Das betrifft in besonderem Maße die schöpferische Auseinandersetzung mit Tolstoj und Dostoevskij seitens so bedeutender, aber heute fast vergessener Schriftsteller wie Jakob Wassermann, z.B. in dessen hinsichtlich der Themen Schuld und Bestrafung, geistige und religiöse Wandlung, Vater-Sohn-Konflikt u.a. vor allem Dostoevskij verpflichteten Romanen *Der Fall Maurizius* (1928) und *Christian Wahnschaffe* (1919). Darüber hinaus gilt es für Leonhard Franks Erzählprosa (*Die Ursache*, 1915; *Der Kellner*, 1916; beide zuerst in den *Weißen Blättern*), für Franz Werfels Vers-Trilogie *Spiegelmensch* (1920) und *Traum von einem alten Mann* (u.a. im Almanach *Die neue Dichtung*, 1918), für Bernhard Kellermanns den *Idiot* nachahmenden Roman *Der Tor* (1909) oder für das Romanwerk von Arnold Zweig, der mehrfach von sich als Schüler des russischen Kritischen Realismus gesprochen hat (Fridlender, S. 126ff., 141ff.). Vielfalt und Breite dieser schöpferischen Aneignung sind hier im Einzelnen nicht darstellbar und sollen deshalb an drei Autoren vorgestellt werden, in deren während der zwanziger und dreißiger Jahre entstandener Erzählprosa diese Rezeption besonders deutliche Spuren hinterlassen hat.

Hermann Hesse

Erstaunlich umfassend, differenziert und innovativ hat Hermann Hesse (1877–1962) die russische Literatur rezipiert. Er äußert sich nicht nur über Tolstoj und den besonders geschätzten Dostoevskij, sondern auch über Gogol', Turgenev, Gončarov, Leskov, Gor'kij, Sologub, Korolenko, Andreev, über den russischen Philosophen Vladimir Solov'ev sowie über eine Reihe heute weitgehend unbekannter Autoren wie Osip Dymov u.a.

Noch im hohen Alter bezeichnet er in der Antwort auf eine Anfrage der in New York erscheinenden russischen Exilzeitschrift *Experiments* vom 4.1.1954 den Einfluss der russischen Literatur auf die westliche als anregend, segensreich und befruchtend, die Bekanntschaft mit ihr als ein »großes Ereignis«. Frühe Briefe aus den neunziger Jahren berichten von eingehender Turgenev- und Korolenko-Lektüre. Zahlreiche Schriften bezeugen eine eingehende Beschäftigung mit russischen Autoren zu Beginn des neuen Jahrhunderts. »Denn was gäbe es in unserer geistigen Welt Schöneres, Lebendigeres, Mächtigeres als die russische Dichtung seit hundert Jahren!« heißt es in einer Rezension zur erwähnten *Russischen Literaturgeschichte in Einzelporträts* von Alexander Eliasberg (1922; die Rezension zuerst in der Zeitschrift *Wissen und Leben*, 1922). Eine 1919 vorgenommene »Bücherprobe«, bei der es darum ging, Entbehrliches aus der eigenen Bibliothek auszusondern, berichtet davon, dass »bei den Russen [...] fast alles stehen« blieb (*Eine Bücherprobe*, in der Zeitschrift *Der Bücherwurm*); in eine exklusive *Bibliothek der Weltliteratur* (1927) werden zwar nicht der ›unübersetzbare‹ Puškin, aber Gogol' (*Die toten Seelen* und kleine Erzählungen), Turgenev (*Väter und Söhne*), Gončarov (*Oblomov*), Tolstoj (*Krieg und Frieden, Anna Karenina*, Volkserzählungen) und Dostoevskij (*Die Brüder Karamazov, Verbrechen und Strafe, Der Idiot*) eingereiht. In einer Kurzrezension zum Werk des dänischen Erzählers Herman Bang konstatiert er 1920 (in der Zeitschrift *Vivos voco*) einen desolaten Zustand der europäischen Literatur während der vergangenen Jahrzehnte, »mit Ausnahme Rußlands«.

Hesse hat diese Literatur nicht nur aus der Perspektive des Dichters wahrgenommen, sondern seit seinen Jugendjahren mit ihr gelebt, die Auseinandersetzung mit ihr ist Bestandteil der langwierigen, oft quälenden Auseinandersetzung mit dem eigenen Ich. Bereits das seit 1904 gemeinsam mit seiner ersten Ehefrau Maria Bernoulli in Gaienhofen am Bodensee praktizierte, von Bedürfnislosigkeit und Streben nach Naturnähe geprägte einfache Leben ist eine u. a. an Tolstoj orientierte, bewusst gewählte Existenzform. Und die zehn Jahre später beginnende psychoanalytische Erforschung der eigenen Persönlichkeit geschieht im Kontext einer eingehenden Dostoevskij-Lektüre, die ihn sein Leben lang begleiten wird. Im sowohl von Sigmund Freud als auch von C. G. Jung positiv aufgenommenen Artikel *Künstler und Psychoanalyse* (in der *Frankfurter Zeitung* vom 16.7.1918) heißt es, dass von den Künstlern Dostoevskij der Seelenanalyse am nächsten stehe. Lange vor Freud sei er intuitiv nicht nur dessen Weg gegangen, sondern habe dessen Technik und Praxis in Ansätzen angewandt. Und der ein Jahr später erschienene Beitrag *Die jüngste deutsche Dichtung* (in der Zeitschrift *Wissen und Leben*) sieht den russischen Dichter neben Nietzsche als ›Vorläufer der neuen Psychologie‹.

In Hesses Werk finden sich zahlreiche und sprachlich unterschiedliche Reaktionen auf die russische Literatur: in Gestalt der erwähnten autobiographischen Äußerungen ebenso wie in Rezensionen, Artikeln, Essays und fiktionalen Texten.

Hesse war bekanntlich ein engagierter, vielseitiger, bei verschiedenen überregionalen Zeitungen und Zeitschriften tätiger Publizist. In diesem Zusammenhang hat er die Veröffentlichungen russischer Dichtung im deutschsprachigen Raum aufmerksam verfolgt und kenntnisreich bewertet. Das demonstrieren die zahlreichen Rezensionen zu Neuauflagen bekannter russischer Autoren wie Gogol', Čechov, Tolstoj und Dostoevskij der Verlage Piper, Ladyschnikow, Diederichs, Insel, Drei Masken u.a. ebenso wie zu Editionen jüngerer, in Deutschland wenig bekannter Dichter wie Michail Kuzmin und Leonid Andreev, zu Fedor Sologubs 1918 von Eliasberg u.d.T. *Der Kuß des Ungeborenen* herausgegebenen Novellen (»Diese schönen, scheuen, melancholischen Geschichten«, in *Der Bücherwurm*, 1919), zu vom gleichen Übersetzer und Herausgeber verantworteten Anthologien wie *Der russische Christ. Eine*

Auswahl aus russischen Erzählern (1922) und zur mehrfach erwähnten *Russischen Bibliothek* des Drei Masken Verlages. Dazu kommen z.T. kritische Rezensionen zur Sekundärliteratur wie zu der von Dostoevskijs Tochter Aimée verfassten, z.T. krude rassistisch argumentierenden Dostoevskij-Biographie (*Dostojewski. Geschildert von seiner Tochter*, 1920), zu den geistesgeschichtlichen und literarhistorischen Arbeiten über Russland von Karl Nötzel (z.B. zu dessen Buch *Das heutige Rußland*), zur Dostoevskij-Monographie des katholischen Religionsphilosophen Romano Guardini (*Der Mensch und der Glaube. Versuche über die religiöse Existenz in Dostojewskis großen Romanen*, 1932) oder zu dem von Hesse positiv bewerteten Dostoevskij-Buch (*Das Reich der Karamasoff*) des bereits erwähnten Literaturkritikers Akim Volynskij. Literarkritisch argumentiert der auf Übersetzungen angewiesene Hesse dabei vor allem in den Ausführungen über die psychologische Profilierung von Romanfiguren (»Vorbilder, Vorahnungen, Traumbilder einer Seelenzukunft«, *Zur Cuno-Amiet-Ausstellung*, Ausstellungskatalog 1919) und in Bezug auf Textstrukturen, z.B. in der 1915 geschriebenen Rezension zu Dostoevskijs Roman *Der Jüngling* (u.d.T. *Ein Roman von Dostojewski*, in *Der Bund/Sonntagsblatt*), die neben einer differenzierten Würdigung der Gestalt des alten Versilov durch ihre kenntnisreiche Charakterisierung der Struktur des Romans gefällt, der sich nach Hesse dadurch wohltuend von den anderen Romanen Dostoevskijs abhebt, dass er deren extreme Spannungen, Gegensätze, z.T. grelle Effekte, ›abenteuerliche‹ Handlungen nur in Ansätzen erkennen lässt.

Einige dieser Rezensionen haben das Ausmaß von Essays und besitzen von daher auch größere argumentative Substanz.

Wie viele seiner Zeitgenossen rezipiert auch Hesse russische literarische Texte zu Beginn des 20. Jahrhundert im Kontext anthropologischer, tiefenpsychologischer, zivilisationskritischer und geschichtsphilosophischer Überlegungen. Letztere betreffen das Verhältnis Russland – Europa und berücksichtigen dabei Schriften Solov'evs, Tolstojs und Dostoevskijs. Orientiert u.a. an Nötzels erwähnter einflussreicher Studie *Das heutige Rußland* erscheint dabei Tolstoj in Hesses frühen Artikeln wie *Vom Geist Rußlands* (in der Zeitschrift *März*, 1915) oder *Über Tolstoi und Rußland* (in der Wiener *Zeit* vom 19.9.1915) als Repräsentant eines zutiefst gespaltenen Landes, das von Intuition, geistigem Fanatismus, Ablehnung westlichen Denkens, aber auch von berührendem sozialen Mitleid geprägt ist. Dem korrespondierend wird Tolstoj als zutiefst widersprüchlicher Charakter gezeichnet, naiv-intuitiv, voller Liebe zu den Menschen einerseits, doktrinär, fanatisch, einseitig und wild andererseits.

In seiner 1919 in *Vivos voco* erschienenen Besprechung von *Die Brüder Karamasow. Von F. M. Dostojewski.* charakterisiert er dessen Werke und Romangestalten als Instanzen, die ein vom Krieg materiell und geistig zerstörtes Europa die Kultur des Leidens und des Erduldens lehren, sieht den russischen Dichter als potentiellen Vermittler zwischen Europa und Asien. Mit Dostoevskij endet für Hesse endgültig das Zeitalter einer von Aufklärung und Klassik dominierten Kultur, besinnt sich »[d]ie Idee des Christentums [...] auf ihre asiatische Herkunft«.

Bemerkenswert in Hesses Argumentation ist die Berücksichtigung des sprachkünstlerischen Aspekts, also die anspruchsvolle Gestaltung grundlegender existenzieller und ideologischer Themen mit Hilfe ihnen angemessener literarischer Verfahren; beispielhaft demonstrierten dies Dostoevskijs unschöner, ›wilder‹ Stil und die unharmonische Struktur bei der Darstellung des Chaotischen im Menschen. Wichtig für ihn ist freilich Dostoevskij als ein Dante und Shakespeare gleicher ›Dichterprophet‹, der laut Hesse das Schreiben als einen aus der Spannung zwischen tiefer Leidenserfahrung und religiöser Hoffnung resultierenden, existenziell bedeutsamen Akt verstanden hat (*Über Dostojewski*, zuerst in der *Vossischen Zeitung* vom 22.3.1925: »Wir müssen Dostojewski lesen, wenn wir elend sind, wenn wir bis zur Grenze unserer Leidensfähigkeit gelitten haben und das ganze Leben als eine einzige brennende, glühende Wunde empfinden [...]. Dann [...] sind wir offen für die Musik dieses schrecklichen und herrlichen Dichters.«). Nicht nur in diesem Zitat fällt die Akzentuierung des Akustischen auf. Mehrfach wird Dostoevskijs Erzählen mit Begriffen wie »Stimme« und »Musik« charakterisiert, die darauf bezogene Rezeption als ein »Hören«; sein von der Spannung zwischen Abgrund und Erlösung gezeichnetes Werk wird mit dem Beethovens verglichen. Hesse ist neben dem Religionsphilosophen Romano Guardini (in *Sprache – Dichtung – Deutung*, 1962) und dem Religionsgeschichtler Konrad Onasch (Schult 2012, S. 208, 306f.) einer der wenigen deutschsprachigen Interpreten, die bereits früh auf die Polyphonie in Dostoevskijs Romanen verwiesen haben. Im Gegensatz zu dem fast gleichzeitig in der Sowjetunion verfassten Dostoevskij-Buch Michail Bachtins verwendet Hesse diese Terminologie allerdings rein metaphorisch: Die »Stimmen« sind die Themen und die sie prägenden geistigen Haltungen. Von ihnen hebt Hesse besonders zwei heraus: Das ist zum einen die das Leiden an tierischer Rohheit und Gemeinheit sowie den Tod bejahende, die Hoffnung verneinende »Stimme« und zum anderen die ›Stimme des Gewissens‹, welche den Bezug zur Transzendenz garantiert und die Welt als sinnhaft erfahrbar macht. Das gleichzeitige Existieren solcher und anderer Gegensätze, des Realen und Erträumten, des Inneren und Äußeren, von Abgrund und Erlösung in den Romanen und einzelnen Romanfiguren Dostoevskijs deutet er als prophetische Gestaltung von wesentlichen Aspekten und Erkenntnissen der durch Sigmund Freud und C. G. Jung repräsentierten modernen Psychoanalyse.

Noch stärker demonstrieren diese Affinität zwei Artikel Hesses, *Die Brüder Karamasoff oder der Untergang Europas* (zuerst in der *Neuen Rundschau*, 1920) und *Gedanken zu Dostojewski's »Idiot«* (zuerst in *Vivos voco*, 1920), die beide, gemeinsam mit dem Essay *Gespräch über die Neutöner*, noch in demselben Jahr auch im Band *Blick ins Chaos. Drei Aufsätze* erschienen sind und sowohl in Deutschland als auch in Westeuropa und Amerika große Aufmerksamkeit erregt haben. Was die *Gedanken zu Dostojewski's »Idiot«* betrifft, so interpretiert Hesse die Gestalt des Myškin nicht als den von Dostoevskij intendierten guten, moralisch vollkommenen und deshalb schönen Menschen, versteht ihn nicht als Gegenpol zu Figuren wie Raskol'nikov oder Stavrogin. Vielmehr akzentuiert er hier mit Hilfe dieser Figur in einer interessanten Mischung aus psychoanalytischer und geschichtsphilosophischer Argumentation den Begriff des »Magischen«, der bald darauf auch in eigenen Romanen wie dem *Steppenwolf* eine wichtige Rolle spielen wird. Ausgehend von einer Erörterung des gängigen, von Hesse aber skeptisch beurteilten Vergleichs zwischen Jesus und Fürst Myškin im *Idiot* sieht er eine wichtige Gemeinsamkeit zwischen beiden, und das ist die aus einer ›magischen Beziehung zur Welt‹ resultierende Einsamkeit. Diese »Magik« besteht darin, dass der Betreffende eine unmittelbare, die Grenze zwischen Innen und Außen transzendierende Beziehung zum Unbewussten besitzt. Als »magische[r] Mensch«, als von einem »magische[n] Denken« geprägter Mensch, besitze Myškin die Fähigkeit, alles in der Welt, auch das Gegensätzlichste zu verstehen und zu akzeptieren, »alles mitfühlen, alles mitleiden [...] zu können, was in der Welt ist«. Besonders eindrucksvoll offenbart dies nach Hesse im *Idiot* die Szene in Pavlovsk, in der Myškin sowohl auf die konservative Schicht der Gesellschaft als auch auf die sie negierenden jungen Nihilisten trifft. Myškins nicht opportunistisches, sondern grundsätzliches Akzeptieren der beiden gegensätzlichen Positionen provoziert deren ablehnende Haltung ihm gegenüber und macht ihn einsam, und zwar deshalb, weil diese Haltung Ausdruck einer grundsätzlichen Ablehnung einer von Menschen erdachten und praktizierten Ordnung und der von ihr ermöglichten Kultur ist. Myškins jegliche Einteilung in Gut und Böse, Erlaubt und Verboten, Hell und Dunkel ignorierende »chaotische« Existenz interpretiert Hesse im Sinne der Psychoanalyse als »hysterische« Geisteshaltung, die übrigens in abgeschwächter Form auch Figuren wie Rogožin oder Nastasja Filipovna betrifft. Nach dieser Deutung des *Idiot* ist die Gestalt des Myškin nichts anderes als die Verkörperung des Unbewussten, führt der gesamte Roman *Der Idiot* »das Mutterrecht des Unbewussten« ein. Von Hesse wird allerdings nicht vermerkt, dass seine Beschreibung dieses »magischen« Zustands genau der von Myškin im Roman selbst beschriebenen inneren Erfahrung während seiner Epilepsie-Anfälle entspricht. Der Befund des »Magischen« wird von Hesse geschichtsphilosophisch und ästhetisch erweitert. Dostoevskij hat seiner Ansicht nach im Erschaffen solch ambivalenter Romangestalten wie Myškin auch den Zustand einer Epoche des Niedergangs und der Zersetzung charakterisiert, wobei die oft kritisierte »chaotische«, unharmonische, den Leser immer wieder verwirrende Schreibweise Dostoevskijs wesentlicher Bestandteil dieser Charakterisierung ist. Die intensive Rezeption Dostoevskijs vor allem durch die deutsche Jugend um 1900 erklärt Hesse aus dieser Mischung von psychologischer Analyse und prophetischer Gestaltung eines kommenden Chaos. Dostoevskijs Hysteriker markierten ein notwendiges Zwischenstadium zwischen dem Zerfall einer Gesellschaft und ihrer geistigen Neuorientierung. Die erstarrte, abgelebte Ordnung werde verlassen zugunsten einer im partiellen Chaos endenden

Auflösung, die aber den Weg frei mache, »um an den Wurzeln unseres Seins vergessene Triebe und Entwicklungsmöglichkeiten aufzufinden, um aufs neue Schöpfung, Wertung, Teilung der Welt vornehmen zu können«. Hesses psychoanalytische Deutung sieht diesen Prozess sowohl ontogenetisch als auch phylogenetisch, bezogen auf die Entwicklung des Individuums ebenso wie auf die der gesamten Gesellschaft.

Die Charakterisierung einzelner Romangestalten Dostoevskijs als Indikatoren einer umfassenden Krisis bestimmt auch Hesses Interpretation der *Brüder Karamazov* in *Die Brüder Karamasoff oder der Untergang Europas. Einfälle bei der Lektüre Dostojewskijs*. Der eklektisch wirkende, an Schriften Freuds und C. G. Jungs sowie an zivilisationskritische Gedankengänge von Oswald Spengler, Dmitrij Merežkovskij oder Thomas Mann erinnernde Artikel verbindet einmal mehr Psychoanalyse mit geschichtsphilosophischer und literaturkritischer Argumentation. Bereits der Titel erinnert an Spenglers *Untergang des Abendlandes*, wobei Hesses Beitrag das Zuendegehen einer Epoche allerdings nicht wie Spengler kulturmorphologisch, sondern psychoanalytisch zu deuten sucht. »Untergang« meint in diesem Zusammenhang das für eine Erneuerung notwendige Hinuntergehen in das kollektive Unbewusste, verbunden mit dem Erwachen des Tieres in uns, mit der Erfahrung des Chaos; nicht zufällig sind die in Buchform veröffentlichten Dostoevskij-Aufsätze Hesses mit dem Titel *Blick ins Chaos* versehen worden. Dostoevskij ist nach Hesse ein Prophet dieser Entwicklung. Die zu Recht konstatierte »wilde«, »chaotische« Struktur von dessen Romanen korrespondiere den als Chaoten und Hysterikern gezeichneten Protagonisten. Ebenso wie Myškin oder Rogožin im *Idiot* erscheinen der alte Karamazov und seine drei Söhne Dmitrij, Ivan und Aleša als Ausnahmegestalten, als entgleiste »Träger des Neuen, des Furchtbaren, [...] Vorboten eines vorgeahnten Chaos«. Alle vier Karamazovs ergeben in dieser Eigenschaft Hesse zufolge den »russischen Menschen« als Verkörperung eines »›asiatische[n]‹ Ideal[s]«, das darin besteht, dass festgelegte ethische und soziale Ordnungen zugunsten eines Allesverstehens und Allesgeltenlassens aufgelöst, die Grenzen zwischen Innen und Außen, Geist und Tier, Moral und und Unmoral, Gutem und Bösen für irrelevant erklärt werden; der »russische Mensch« markiert die Phase des Menschen, wo er dabei ist, »hinter das principium individuationis zurückzukehren«, »ungestaltetes Seelenmaterial« zu werden, um dann freilich zur Heiligkeit bzw. Erlösung zu gelangen. Eine solche Disposition prägt, wenn auch in unterschiedlicher Intensität, den alten Karamazov ebenso wie seine drei Söhne. Aleša wird in dieser Perspektive zum Geistesverwandten des Fürsten Myškin, die Gestalt des Dmitrij demonstriert, dass im Primitiven, Triebhaften und Hässlichen das Göttliche existiert. Als überzeugendster »Hysteriker« erscheint Ivan, in dem Gut und Böse, Innen und Außen, Gott und Satan nebeneinander präsent sind, beispielhaft gestaltet in seinem Gespräch mit dem Teufel, der gemäß Hesses psychoanalytischer Deutung literarische Objektivation des Verdrängten ist. In dieser Eigenschaft erscheint Ivan Karamazov als Inkarnation eines »ungestaltete[n] Seelenmaterial[s]«, aus dem der »neue Mensch« hervorgehen wird. Begriffe wie »russischer

Mensch« oder »Karamasoff« bezeichnen also ein Prinzip der furchtbaren, aber letztlich auch fruchtbaren Zerstörung, dessen Erwachen in der Dichtung Dostoevskijs die Müdigkeit, das Erschöpftsein einer Gesellschaft, aber auch Wege zu deren Erneuerung anzeigt. Auch Hesse verwendet in diesem Zusammenhang die Kategorie des »Asiatischen« als Inbegriff des Chaotischen, Wilden, Amoralischen, benutzt sie aber im Gegensatz zu Thomas Mann und anderen Zeitgenossen positiv zur Charakterisierung des Ursprünglichen, Unmittelbaren, Mütterlichen im »russischen Menschen«.

Von diesen Dostoevskij-Interpretationen führt vor allem über die Begriffe »Untergang« und »Magie« eine direkte Linie zu einigen der bedeutendsten fiktionalen Texten Hesses wie *Demian, Der Steppenwolf, Die Morgenlandfahrt* und zu den *Krisis*-Gedichten. Bezüge zu Dostoevskij ergeben sich zunächst daraus, dass viele Protagonisten, den von Hesse als Ideenträgern verstandenen Romanfiguren Dostoevskijs vergleichbar, im Rahmen literarischer Ausdifferenzierung psychischer Prozesse als Verkörperung bestimmter Prinzipien gestaltet worden sind. Im vom psychoanalytischen Konzept C. G. Jungs stark beeinflussten *Demian* (1917) steht der Gassenjunge Kromer für die »dunklen« Aspekte in der Psyche des Protagonisten Emil Sinclair, die Mutter Eva für das Prinzip der anima, Demian für das des »Führers«. Noch deutlichere Korrespondenzen mit den Dostoevskij-Essays ergeben sich in Bezug auf die literarische Gestaltung psychischer Prozesse in Hesses Romanen. Vergleicht man Hesses Ausführungen über die Hysteriker bei Dostoevskij mit dem *Steppenwolf* (1927), dann erscheinen Gestalten wie Myškin, Rogožin oder die Karamazovs gleichsam als Vorstufen zu Harry Haller, dem »Helden« von Hesses wohl erfolgreichstem Roman. Der überaus komplex strukturierte *Steppenwolf* erzählt die Geschichte Hallers, einer innerlich zerrissenen Person, schwankend zwischen der Neigung zum bürgerlichen Leben und zu geistiger und künstlerischer Beschäftigung einerseits und dem Ausleben eines animalischen, »wölfischen« Triebes zum Chaotischen, Unterweltlichen andererseits. Die ihm begegnenden Repräsentanten dieser »Unterwelt« verkörpern die verschiedenen, nicht erkannten Schichten seines Ich. Der von einem Trödler erworbene »Traktat vom Steppenwolf« eröffnet Haller eine magische Traumwelt des Humors, in der eigene innere Widersprüchlichkeiten als versteh- und akzeptierbar erscheinen, die Erfahrung vermittelt wird, «gleichzeitig den Heiligen und den Wüstling zu bejahen«. Im Schlussteil des Romans wird Haller im Besuch eines »magischen Theaters«, der »Schule des Humors«, diese Möglichkeit einer Bejahung des Gegensätzlichen eröffnet, deren Realisierung er aber schuldhaft verspielt. Das »magische Theater« präsentiert ihm im »Bildersaal seiner Seele« die unendlich vielen, sich gegenseitig nicht ausschließenden Facetten seines Ich, literarische Gestaltung der C. G. Jungschen Konzeption des kollektiven Unbewussten, die davon ausgeht, dass jeder Mensch die seelische Disposition der gesamten Menschheit in sich trägt. Vergleicht man den *Steppenwolf* mit den von Hesse analysierten Texten Dostoevskijs, so ist auch dieser der Roman einer inneren Katastrophe, offenbart die Gestalt des Harry Haller in ähnlicher Weise wie die Karamazovs das »Chaos einer verfinsterten Seelenwelt«, gestaltet deren notwendigen, eine feste Ich-Identität zerstörenden »Untergang« in die Tiefe und in die Mannigfaltigkeit des Unbewussten, analysiert die damit verbundene Aufspaltung einer psychischen Einheit in unterschiedliche, die gleichzeitige Präsenz des absolut Verschiedenen anzeigende Existenzmöglichkeiten. Im Gegensatz zu Dostoevskijs Werken fehlt hier wie auch in anderen Romanen Hesses die religiöse und sozialpsychologische Grundierung, letztlich ist der *Steppenwolf* doch vor allem eine Konstruktion im Geiste der Jungschen Psychoanalyse. Dostoevskijs Romanen strukturell verwandt ist das rätselhaft und undurchschaubar wirkende Nebeneinander unterschiedlichster Themen wie Ichverlust, Triebhaftigkeit, Krankheit, Sexualität und Verbrechen. An Dostoevskij erinnert darüber hinaus auch die Dialogizität des Erzählens, das auf den ersten Blick chaotisch erscheinende Nebeneinander verschiedener Erzählinstanzen, unterschiedlicher Textsorten wie Erzählung, Traktat, Gedicht, Gespräche etc.

Alfred Döblin

Zu den Autoren, die russische Literatur sowohl im Rahmen theoretischer Reflexion als auch dichterischer Produktion schöpferisch rezipiert haben, gehört auch Alfred Döblin (1878–1957). Noch am 6.5.1946 bekennt er in einem Brief an Paul Lüth, dass ihm der »›Osten‹ [...] sehr nahe« sei – wobei Döblin die Kategorien »Osten« und »Westen« als historisch obsolete Konstrukte (»alte trübe Nachklänge«) ausdrücklich in Frage stellt. Insbesondre Tolstoj und Dostoevskij haben ihn seit früher Jugend fasziniert; Dostoevskij ist nach eigenem Bekunden in der autobiographischen Skizze *Erlebnis zweier Kräfte* (in *Der Feuerreiter. Blätter für Dichtung und Kritik*, 1922) bereits in der Schulzeit ›auf ihn gefallen‹, die kursorische, ihn aber überwältigende Lektüre des *Raskolnikow* in der Übersetzung von Henckel war eine Art Gegengift zu den von der Schule verordneten deutschen Klassikern. Tolstoj hat er ab 1900 gelesen; als weitere Autoren sind Puškin, Turgenev, Gor'kij, Garšin, Fadeev und Šolochov zu nennen. Nachhaltigen Einfluss haben vor allem Dostoevskij und Tolstoj ausgeübt; sie hat er explizit als »Lehrmeister« (so im erwähnten Aufsatz *Goethe und Dostojewski*, 1921) bezeichnet. Beide Autoren stellen »ganze Klassizitäten anderer Völker in Schatten« heißt es im Essay *Es ist Zeit!* (in der *Neuen Rundschau*, 1917), wobei zunächst Tolstoj als Künstler und als Ideologe interessierte. Dann aber hat Dostoevskij als »gewaltiger Erzähler« (*Goethe und Dostojewski*), Schöpfer von animalischen leidenschaftlichen, nichtrationalen Gestalten, maßgeblichen Einfluss ausgeübt, erkennbar vor allem an Döblins Romanen *Der schwarze Vorhang* (entst. 1902/1903, ersch. in *Der Sturm*, 1912), *Die drei Sprünge des Wang-Lun* (1915), *Wallenstein* (1920) und *Berlin Alexanderplatz* (1929). Die Entstehung des *Wang-Lun* und des *Wallenstein* war – so Döblin in seiner Antwort auf eine Umfrage der *Vossischen Zeitung* (die gesammelten Antworten erschienen zu Dostoevskijs 100. Geburtstag am 11.11.1921 u.d.T. *Für und wider Dostojewsky*) – begleitet von einer intensiven

Dostoevskij-Lektüre, u.a. der des *Idiot*. Noch im Oktober 1946 spricht Döblin in einem Rundfunkbeitrag vom »guten alten ›Raskolnikow‹«, der »die Schriftsteller hier im Lande und anderswo gebildet« hat. Thematische Korrespondenzen zu Romanen Dostoevskijs verrät der Roman *Die drei Sprünge des Wang-Lun* in der Gestaltung der Erniedrigten und Beleidigten. Die Titelfigur erinnert in Teilen an Dostoevskijs Fürst Myškin im *Idiot*, insbesondere dort, wo Wang-Lun nicht als Aufrührer, sondern als sanfter duldender religiöser Außenseiter erscheint, als Repräsentant der Lehre des ›Nicht-Widerstrebens‹. Bemerkenswert ist Döblins stilistische und erzähltechnische Orientierung an Dostoevskij; erstmals zeigt sich bei einem bedeutenden deutschsprachigen Autor neben einer thematisch ausgerichteten (die Niederungen der Großstadt, deren das Verbrechen begünstigendes Milieu etc.) vor allem eine von der sprachlichen Diktion des russischen Autors geprägte schöpferische Rezeption, z.B. in *Berlin Alexanderplatz*. Lexikalisch und stilistisch ist es das grobe, ›unschöne‹, aber dynamische Sprechen, die Massierung von Worten und Namen bei partieller Auflösung der konventionellen Syntax sowie die Polyphonie von verschiedenen Soziolekten. Erzähltechnisch führt Döblin bereits hier die von Michail Bachtin bei Dostoevskij konstatierte Verschmelzung von Personen- und Erzählerrede weiter, und auch der von Kritik und Literaturwissenschaft lange Zeit als chaotisch monierte Aufbau des *Wallenstein* erinnert in vielem an Dostoevkijs Erzählprosa. Das betrifft u.a. die Selbstständigkeit von Romanteilen, auf die Döblin auch in seinen *Bemerkungen zum Roman* (in der *Neuen Rundschau*, 1917) insistiert. Darüber hinaus verrät auch die Personengestaltung in *Die drei Sprünge des Wang-Lun* und im *Wallenstein* eine gewisse Nähe zu Dostoevskij. Das betrifft u.a. Personen, an denen die Macht des Nichtrationalen, des alle Vernunft und alles Individuelle übersteigenden Animalischen demonstriert wird.

Zeugnis einer dichterischen Auseinandersetzung mit russischer Literatur ist möglicherweise auch die 1910 im *Sturm* erschienene Erzählung *Die Ermordung einer Butterblume*, die hinsichtlich der Thematik (Zerstörung einer das Unbegreifliche des Bösen symbolisierenden Blume im Gefolge sozialer Isolierung und gestörter Wirklichkeitswahrnehmung) an die 1883 erschienene Erzählung *Die rote Blume* von Garšin erinnert.

Die Auseinandersetzung mit den Russen, vor allem aber mit Dostoevskij, ist auch integraler Bestandteil literatur-, insbesondere romantheoretischer Reflexionen Döblins, hat Schriften wie die *Bemerkungen zum Roman* und *Der historische Roman und wir* (in der Moskauer Exilzeitschrift *Das Wort*, 1936) argumentativ geprägt. In deren Rahmen erscheint Dostoevskij neben Miguel de Cervantes und Gustave Flaubert mehrfach als Initiator und Garant einer neuen Epik, die durch Kategorien wie Echtheit, Dynamik, Animalität gekennzeichnet ist. Hier zeigt sich die bereits erwähnte, auch bei anderen Essayisten wie Hofmannsthal, Stefan Zweig, Lukács u.a. seit Beginn des 20. Jahrhunderts bemerkbare Tendenz, russische Schriftsteller im weltliterarischen Kontext zu betrachten und zu beurteilen. Dostoevskij und Tolstoj werden neben Pascal, Voltaire, Rousseau, Nietzsche und Proust als Repräsentanten einer großen europäischen Literatur vorgestellt, welche die Analyse der Seele und das Wissen von ihr ins Zentrum dichterischen Schaffens gestellt habe. Darüber hinaus ist die Beschäftigung mit russischer Literatur wie bei vielen Zeitgenossen Bestandteil kulturtypologischer Reflexionen über das Verhältnis Westeuropa – Russland. Beispielhaft demonstriert dies die 1921 erschienene erste Fassung des Artikels *Goethe und Dostojewski*, der beide Dichter in Bezug auf ihre Stellung zum Christentum miteinander vergleicht. Der einseitig und wenig überzeugend argumentierende Beitrag sieht Goethes Christentum als Inkarnation von Sittlichkeit, Milde, Welthaftigkeit und Kultur, im Gegensatz zum »barbarischen«, dem Westen feindlich gesonnenen Dostoevskij, der aufgrund seiner Epilepsie und seiner Leidenserfahrung in Leben und Werk ein stets sündenbewusstes, dynamisches, animalisch und ekstatisch zu Christus drängendes russisches Christentum verkörpere.

Werner Bergengruen

Sowohl räumlich als auch sprachlich näher zu Russland befand sich der heute fast vergessene, aber um die Mitte des vorigen Jahrhunderts sehr bekannte Werner Bergengruen (1892–1964). Der in Riga Geborene beherrschte die russische Sprache so gut, dass er als Übersetzer von Tolstojs *Kazaki* (*Die Kosaken. Ein Roman aus dem Kaukasus*, 1924), *Chadžij Murat* (*Chadschi-Murat. Ein Roman aus den Kaukasuskämpfen*, 1924), *Krieg und Frieden* (1953), von Dostoevskijs *Son smešnogo čeloveka* (*Der Traum eines lächerlichen Menschen*, 1947), *Schuld und Sühne* (1928), von Turgenevs *Väter und Söhne* (1925), aber auch von Texten unbekannterer Autoren (z.B. Semen Rozenfel'ds *Rußland vor dem Sturm*, 1933) hervorgetreten ist und darüber hinaus Dostoevskijs *Idiot* mit einem Nachwort versehen hat. Zur Übertragung von *Krieg und Frieden* hat übrigens Heinrich Böll ein unter dem Titel *Annäherungsversuch* veröffentlichtes umfangreiches Nachwort geschrieben (in der 1970 im List-Verlag erschienenen Ausgabe). An russische Kontexte erinnern einige Erzählungen Bergengruens (*Calibans Geliebte. Pelageja. Zwei Erzählungen aus Alaskas russischer Zeit*, 1960; *Vater Jewgenij*, 1961), eine schöpferische Auseinandersetzung verraten vor allem die Romane *Der goldene Griffel* und *Der Großtyrann und das Gericht*.

Der goldene Griffel (1931) korrespondiert in seiner Makrostruktur und mit seinem Zentralthema Dostoevskijs *Verbrechen und Strafe*. Im Mittelpunkt der während der Inflationszeit spielenden Handlung steht der sich als besonderer Mensch fühlende ehemalige Offizier Ledwerowski. Leidend an der geistigen Stumpfheit und dem Materialismus der ihn umgebenden Gesellschaft, plant er, seine Besonderheit mit Hilfe eines Verbrechens zu profilieren und so aus diesem sozialen Milieu auszubrechen. Er unterschlägt Geld, wobei ein anderer Mensch zu Tode kommt, wird aber seines Status als gesellschaftlicher Außenseiter nicht froh, weil er die Vorstellung nicht verdrängen kann, dass von einer höheren Instanz mit einem goldenen Griffel

Buch über sein Tun geführt wird. Gesellschaftlich isoliert und getrieben von ständiger Furcht, bereut er schließlich auf Drängen einer Frau seine Verfehlungen und überantwortet sich der göttlichen Gnade. Die Hauptfigur und das ihre Handlungen motivierende Zentralmotiv (der mit einem Tötungsdelikt verbundene Geldraub zur Profilierung der eigenen Person) sowie die Umstände der Wandlung erinnern natürlich an Dostoevskijs Figur des Raskol'nikov. Das gilt in Teilen auch für die Zeichnung des die Handlung stützenden sozialen Milieus, das in seiner Mischung aus Intellektualität, Armut, bedrückenden Wohnverhältnissen an Petersburger Szenerien aus der Feder Dostoevskijs erinnert. Dessen Differenziertheit bei der Darstellung sozialer Räume und die damit verbundene Gestaltung komplexer psychischer Strukturen erreicht der Roman aber ebenso wenig wie Dostoevskijs berührende, aus unendlichem Leiden und tiefem religiösen Erleben resultierende Darstellung einer existenziellen Wandlung.

Bergengruens bedeutendster Roman *Der Großtyrann und das Gericht* (1935) behandelt einen während der Renaissance in einem italienischen Stadtstaat geschehenen Kriminalfall. Der im Dienst des Herrschers, des Großtyrannen, stehende Mönch Fra Agostino ist ermordet worden; der Großtyrann fordert Aufklärung innerhalb von drei Tagen. Daraus entwickelt sich innerhalb der Bevölkerung ein kaum erträgliches Gespinst von Anschuldigungen und Selbstbezichtigungen, das der Herrscher schließlich mit dem Hinweis zerreißt, dass er den Mord selbst begangen hat, um die moralische Festigkeit und Integrität seiner Untertanen zu prüfen, das Verbrechen also zum Zweck einer Versuchung zu Lügen und Intrigen geschehen ist. Die Absicht, das Volk wegen seiner zu Tage getretenen moralischen Unvollkommenheit zu bestrafen, durchkreuzt der Priester Don Luca, der den Großtyrannen der Hybris, des ›Gottgleichseinwollens‹ bezichtigt und ihn letztlich bewegt, Reue zu zeigen und um Vergebung zu bitten. Im Zentrum des Romans stehen die Frage nach dem Verhältnis von göttlicher und menschlicher Gerechtigkeit sowie das Problem der grundsätzlichen Bedrohtheit des Menschen durch Versuchungen, die »Versuchungen der Mächtigen« und die »Leichtverführbarkeit der Unmächtigen und Bedrohten« wie es in der »Präambel« zum *Großtyrann* heißt. Mit dieser Thematik sowie mit der Gestalt des Großtyrannen erinnert Bergengruens Roman an Dostoevskijs Legende *Der Großinquisitor* aus dem Roman *Die Brüder Karamazov*, die Ivan Karamazov seinem Bruder Aleša erzählt: Während der spanischen Inquisition erscheint in Sevilla Christus, von allen erkannt, angebetet, Wunder wirkend. Erkannt auch durch den neunzigjährigen Großinquisitor wird er verhaftet und angeklagt, das ihm vom teuflischen Versucher in Gestalt von Brot, Wunder und Macht angebotene irdische, materielle Glück zugunsten der geistigen bzw. geistlichen Freiheit abgewiesen und über die Menschheit Leid und Unglück gebracht zu haben. Nach den Worten des Großinquisitors ist diese Freiheit aber für die Menschen zu anspruchsvoll. Schwach und verführbar, haben sie sich deshalb der an die Stelle Christi getretenen Kirche anvertraut und ergeben, als demütige, unmündige, aber zufriedene Kinder. Sowohl in Bergengruens als auch in Dostoevskijs Text geht es um das Verhältnis von Geist und Macht, von göttlicher und menschlicher Gerechtigkeit, um die in Hybris gipfelnde Versuchung der Mächtigen, Gewalt, auch spirituelle Gewalt über Menschen zu erlangen, um das ›Gottgleichseinwollen‹. Beider Protagonisten Versuch, Gericht zu halten, der Großtyrann über die von ihm zu falschen Schuldzuweisungen verführten Untertanen, der Großinquisitor über Christus und die in ihm verkörperte Transzendierung alles Materiellen, sind letztlich zum Scheitern verurteilt. Beide müssen erkennen, dass ihnen für die Rolle des ›Weltenrichters‹ weder die ethisch-moralische noch die geistig-geistliche Legitimation gegeben ist. Unterschiedlich ist allerdings die Akzentuierung des Verhältnisses von Geist und Macht. Während es in Bergengruens Roman am Beispiel der Beziehung von Macht und Recht, um die Relativierung des Glaubens an die menschliche Vollkommenheit geht, konzentriert sich Dostoevskij auf die Spannung zwischen Glaube und Machtausübung, wobei hier im Kontext des gesamten Romans, stärker als bei dem ja auch sehr religiösen Bergengruen, die Freiheit des glaubenden Menschen als Teil der göttlichen Offenbarung und als Garant seiner Unsterblichkeit betont wird.

5.6 Ab- und Ausgrenzung statt Aneignung: Sir Galahads *Idiotenführer durch die russische Literatur*

Nicht vergessen darf man bei dieser vielgestaltigen und die deutschsprachige Literatur während der ersten Hälfte des 20. Jahrhunderts ungemein befruchtenden Rezeption, dass es, insbesondere bei rechtskonservativen Blättern und Autoren, immer wieder ausgesprochen negative Einschätzungen russischer und vor allem sowjetrussischer Literatur gegeben hat, bereits zu Beginn des Jahrhunderts in Gestalt des *Anti-Tolstoi* von Hermann von Samson-Himmelstjerna (1902). Zu den deprimierendsten Zeugnissen einer solchen, von Dummheit, Ignoranz und Arroganz geprägten Haltung gehört der 1925 erschienene *Idiotenführer durch die russische Literatur* von Sir Galahad (d.i. Bertha Eckstein-Diener, 1874–1948). Das sowohl in seiner sprachlichen Diktion als auch in seinem Inhalt abstoßende Buch polemisiert im Rahmen einer eklektischen, biologistisch-rassistischen Argumentation zum einen gegen alles Russische, insbesondere gegen die russische Kultur und Literatur, und zum anderen gegen die zunehmend positive Rezeption dieser Literatur seit der Jahrhundertwende, explizit u.a. gegen die auf die russische Dichtung bezogenen Essays von Stefan Zweig.

Argumentativer Ausgangspunkt ist die im 18. Jahrhundert diskutierte, aber bereits im frühen 19. Jahrhundert als falsch erkannte Normannen-Theorie, gemäß der die Slaven und besonders die Russen bei den Normannen bzw. Warägern um zivilisatorische Hilfe gebeten haben sollen, z.B. bei der Gesetzgebung, bei der Einführung von Religion und Kultur. Dieses Hilfeersuchen korrespondiert nach Auffassung der Autorin einer rassischen Minderwertigkeit der Russen, die detailliert beschrieben wird: bezüglich der russischen Gesellschaft spricht sie von »der ununterbrochenen inneren Stagnation dieser essenzlosen russischen Masse«; nicht zufällig rühmt die Verfasserin Gončarovs *Oblomov* als bedeutendstes literarisches Werk der Russen. Im Gegensatz zu den kostbaren, den »Schöpferrassen« der Germanen, Romanen und Inder sei es ein »Volk ohne Visionen, unfähig zur Gestaltbildung«, »ohne jene starken Reservate des Blutes«, »ein überreifer Rassenfötus, längst in verpestende Fäulnis übergegangen, weil er zu träg war und zu feig von je« etc. Aufgrund dieser Eigenschaften besitze das russische Volk eine spezifische Affinität zum Judentum und dem aus diesem hervorgegangenen Christentum, also zu Religionen, welche die untersten Schichten einer Gesellschaft, »die ausgebrannten Schlacken einer Rasse ohne Qualität« privilegieren möchten. In diesem Kontext ist das Titelwort »Idiotenführer« zu verstehen. Konzentriert einmal mehr auf die Autoren Tolstoj und Dostoevskij, wird damit eine Literatur bezeichnet, die, erkennbar u.a. am Roman *Idiot*, laut Verfasserin die aggressive Herrschaft von Leiden und Demut, die Dominanz der Passiven und Schwachen propagiert, verbunden mit einer »Welthetze gegen den vornehmen Menschen und gegen die Vornehmheit der Qualität«, gipfelnd in den marxistisch-bolschewistischen Vorstellungen von einer neuen, von den schwachen, unteren Schichten dominierten Gesellschaft. Gestützt auf solcherart ideologischen Sumpf und entsprechend wenig überzeugend wird die russische Dichtung vorgestellt und bewertet. Da hat »Puschkins singendes Negerblut [...] nur Epigonenhaftes« produziert, ist »Gogol in allen seinen Phasen [...] geist- und körperfremd wie [die] laffige Satanie Lermontows«. Im Zentrum stehen jedoch Dostoevskij und Tolstoj. Letzterer erscheint vor allem durch seine Vorliebe für die laut Verfasserin schmutzigen, verlausten (Platon Karataev in *Krieg und Frieden*), Fäkalien schaufelnden (Akim in *Die Macht der Finsternis*) russischen Bauern als Exponent des erwähnten Idiotentums, Ausdruck eines Kreuzzuges gegen jede reinigende Kultur. Tolstojs Sinnlichkeit sei nichts anderes als ein seichter Exhibitionismus; der damit verbundene Mangel an Sublimierungsvermögen und an Gespür für den echten Eros lasse Werke wie *Anna Karenina* oder die *Kreutzersonate* steril und blass erscheinen. Tolstojs Absage an die Kunst ist nach Ansicht der Verfasserin eine für ihn charakteristische Reduktion des Geistig-Künstlerischen ins Materielle, begründet in der »Enge und Ungeübtheit des Geistes«. Noch aggressiver als Tolstoj, geradezu hasserfüllt, wird Dostoevskij als Repräsentant eines »sadistisch-messianistischen Slawentum[s]« abgewertet: »Ein Leben lang röchelt, knirscht, kreischt, rast, schnaubt, trampelt, kratzt, beißt, belfert er Allmenschentum gegen dieses verhaßte Ausland, in dem er verloren umherirrt, nichts sieht, nichts hört, nichts lernt als – die Roulette.« Sowohl er als auch seine Romanfiguren (»[v]age Bündel zerknitterten Unbehagens«, »[i]hre verjauchten Seelen« etc.) verkörpern laut Eckstein-Diener das genannte »Idiotentum« in Reinkultur. Die Verfasserin spricht Dostoevskij jegliche Fähigkeit zur Personengestaltung ab, geleitet offenkundig von der Intention, das gerade in Deutschland profilierte Bild des Psychologen Dostoevskij zu zerstören.

Der *Idiotenführer* ist nicht nur ein bedrückendes Dokument von Dummheit und Intoleranz. Vielmehr verweist er in seiner aggressiven rassistischen Argumentation voraus auf das nur acht Jahre nach seinem Erscheinen beginnende dunkelste Kapitel der deutsch-russischen Beziehungen, demonstriert am Beispiel einer sehr spezifischen, übrigens in einem renommierten Verlag (Albert Langen, München) veröffentlichten »Rezeption« russischer Literatur, dass eine nach 1933 Deutschland, Russland und ganz Europa in den Abgrund reißende Ideologie bereits während der zwanziger Jahre Bestandteil des öffentlichen literarischen Diskurses in Deutschland sein konnte.

Noch bedrückender ist allerdings, dass einer derjenigen, die von Repräsentanten dieser Ideologie in den tiefsten Abgrund – in den Tod – getrieben worden sind, das verderbliche Potential dieses Buches nicht erkannt hat: Carl von Ossietzky, der 1936 an den Folgen der KZ-Haft verstorbene Pazifist und Friedensnobelpreisträger, hat dieses Machwerk in der als linksliberal geltenden Zeitschrift *Das Tagebuch* vom 13.3.1926 als »eine glänzend gerittene Attacke gegen die russische Literatur von Puschkin bis Gorki, gegen russisches Wesen von Rurik bis Lenin, gegen die Vergottung Tolstois und Dostojewskis außerhalb Rußlands«, seine Verfasserin als »leidenschaftlich abendländische[n] Kopf mit Pathos und Witz« gerühmt.

6 Regression im Zeichen der NS-Diktatur 1933–1945

6.1 Diskriminierung im Kontext brauner Ideologie

Mit Beginn der dreißiger Jahre, spätestens aber nach 1933, kommt es, mit einer kurzen Pause während des Hitler-Stalin-Paktes, zu gravierenden Verschlechterungen in den politischen und kulturellen Beziehungen beider Völker. Zwar gibt es gewisse Parallelen: neben einem diktatorischen Sozialismus, der Nivellierung der Kultur und Ablehnung alles Avantgardistischen in Kunst und Literatur sind es die Hypostasierung des Führerkultes, der in Deutschland offene, in der Sowjetunion verschleierte Antisemitismus, die Gegnerschaft zum bürgerlichen Kapitalismus des Westens, eine darauf gründende Kontaktpflege im politischen Bereich, gipfelnd im Hitler-Stalin-Pakt. Parallelen zeigen sich auch in der ideologischen Legitimierung. Beide Systeme verstehen sich geschichtsphilosophisch gesehen als Erfüllung im weitesten Sinne sozialer Utopien: der NS-Staat in seinem Verständnis als »Tausendjähriges Reich«, der stalinistische Sowjetstaat als Vollender des Sozialismus. Die damit verbundene Vorstellung von einer durch Gleichheit und Ordnung bestimmten Gesellschaft impliziert ein von den Kategorien Vollendung, Harmonie und Abgrenzung geleitetes Kunstverständnis, das Abweichungen und Innovationen nicht zulassen kann. U.a. dies legitimiert die in beiden Systemen betriebene Verfolgung avantgardistischer Kunst und reflektierender, systemkritischer, kosmopolitisch orientierter Literatur.

Doch es überwiegen die Unterschiede: Im Gegensatz zum NS-Staat verstand sich der Sowjetstaat als Speerspitze gegen den Kapitalismus, erkennbar vor allem in der rigoros vorgenommenen Vergesellschaftung aller Produktionsmittel und der radikalen Reduzierung des Privateigentums. Doch gerade dies war nicht im Interesse der Nationalsozialisten, die ja bereits vor 1933 enge Beziehungen zur deutschen Industrie aufgebaut hatten, und auch die mit Hilfe der Blut- und-Boden-Ideologie begründete Privilegierung der deutschen Bauernschaft stand im diametralen Gegensatz zu der von Stalin brutal durchgesetzten Kollektivierung der Landwirtschaft in der Sowjetunion. Auf sowjetischer Seite hatten sich bereits Ende der zwanziger Jahre die Hoffnungen auf eine sozialistische Revolution in Deutschland zerschlagen; die gnadenlose Verfolgung der Kommunisten nach Hitlers Machtergreifung führte zu einer deutlichen Verschlechterung der Beziehungen. Ab 1934 schloss die Sowjetunion eine Reihe von Verträgen, um Deutschland außenpolitisch zu isolieren. Auf dem VII. Kongress der Komintern im Sommer 1935 wurde zudem beschlossen, dass die kommunistischen Parteien in Europa auch mit bürgerlichen Parteien im Kampf gegen den Faschismus zusammenarbeiten sollten. Der NS-Staat wurde Gegenstand zahlreicher antifaschistischer Kampagnen, die ihren Höhepunkt nach dem Überfall der Deutschen auf die Sowjetunion erreichten. Zu einer politischen Eiszeit kam es aber zunächst nicht, da beide Diktaturen partiell gemeinsame machtpolitische Interessen verfolgten, z.B. gegenüber den Westmächten und in Ostmitteleuropa, gipfelnd in der »vierten Teilung« Polens zu Beginn des Zweiten Weltkriegs.

Deutliche Abgrenzungen gegenüber der Sowjetunion gab es in Deutschland sofort nach Beginn der Machtübernahme durch die Nationalsozialisten auf ideologischer Ebene. Russische Literatur wird dabei in unterschiedlicher Funktion rezipiert: zum einen, um die rassische Minderwertigkeit ihrer Autoren zu demonstrieren, zum anderen wird sie immer wieder herangezogen, um eigene ideologische Positionen zu untermauern. Letzteres demonstrieren u.a. die erwähnten Schriften von Goebbels und Rosenberg. Nach 1933 wird russische Literatur zunehmend für die Pflege des Feindbildes Bolschewismus instrumentalisiert, einmal mehr charakterisiert mit dem ja bereits mehrfach angesprochenen, in den ersten Dezennien des 20. Jahrhunderts überaus unterschiedlich verwendeten Begriff des Asiatischen, profiliert bereits früh durch rassistische, die Minderwertigkeit der Slaven betonenden Ausfälle gegenüber dem slavischen Osten (z.B. in Hitlers *Mein Kampf*, 1925), begleitet von restriktiven Maßnahmen gegenüber slavischen Minderheiten wie dem 1937 verfügten »Wendenerlass«. Beides, wie auch die Identifizierung von Bolschewismus und Judentum, Bolschewismus und Russland ist Bestandteil der mit Beginn der Naziherrschaft einsetzenden antisowjetischen Propagandafeldzüge, für die in Goebbels' »Reichsministerium für Volksaufklärung und Propaganda« vor allem die Abteilung »Ost und Antibolschewismus« zuständig war (Rosenfeld 1995, S. 102). Veröffentlicht wurden entsprechende Schriften z.B. in den von Rosenberg herausgegebenen *Nationalsozialistischen Monatsheften*, wissenschaftlich institutionell abgesichert mit der Gründung entsprechender Forschungseinrichtungen wie der »Nord- und Ostdeutschen Forschungsgemeinschaft«. Bereits bestehende Institutionen und wissenschaftliche Einrichtungen wie die erwähnte »Deutsche Gesellschaft zum Studium Osteuropas« mussten sich gravierende ideologische Vorgaben bzw. Einschränkungen gefallen lassen. Radikal eingeschränkt wurde der wissenschaftliche und kulturelle Austausch; für Reisen von Kulturschaffenden bedurfte es einer gutachterlichen Stellungnahme der Reichskulturkammer, die meist negativ ausfiel.

All diese Restriktionen betrafen natürlich in besonderer Weise die literarischen Beziehungen. Russische, insbesondre sowjetische Literatur, stand unter dem Generalverdacht des der deutschen Kultur schadenden dekadenten Kulturbolschewismus. Korrespondierend der Argumentation im genannten *Idiotenführer durch die russische Literatur* wird dieser Generalverdacht z.B. in Rosenbergs Programmschriften *Der Mythus des 20. Jahrhunderts* und *Der Bolschewismus als Aktion einer fremden Rasse* (zuerst als »Rede, gehalten auf dem Reichsparteitags-Kongress am 12. September 1935 zu Nürnberg«) damit begründet, dass die russische Literatur eine Literatur der Kranken und Bettler sei, die alle abendländischen Vorstellungen von Kraft, Schönheit, Maß und Harmonie zersetze. Dort, wo man russische Literatur einer intellektuelleren Auseinandersetzung wert erachtete, wurde sie ideologisch instrumentalisiert; das betraf, wie erwähnt, z.B. den von Goebbels und Rosenberg als konservativen Antisemiten gesehenen und in dieser Eigenschaft deshalb durchaus geschätzten Dostoevskij. Beispielhaft demonstriert dies Richard Kappens Studie *Die Idee des Volkes bei Dostojewski* (1936), in welcher der russische Schriftsteller im Kontext der Blut-und-Boden-Ideologie als Vorläufer einer Besinnung auf das eigene, durch Blut und Rasse geprägte Volkstum vorgestellt wird, als Repräsentant eines Volkes, das einen Gott in sich trägt, der die Welt erobern will (Kappen 1936, S. 59 ff.). Tiefpunkt dieser Entwicklung war die 1941 verfügte Einstellung des Verkaufs russischer Bücher. Zu den in diesem Kontext erfreulichen Tatbeständen gehört es, dass die Elite der deutschen Slavisten in Gestalt von Max Vasmer, Margarete Woltner, Reinhold Trautmann u.a. solchen Tendenzen distanziert bis ablehnend gegenüberstand, sich sogar wie Vasmer aktiv für diskriminierte und verfolgte Kollegen eingesetzt hat. Was die in Deutschland ansässigen Gruppierungen russischer Emigranten betrifft, so wurden sie aufgelöst bzw. im von der Gestapo kontrollierten »Verband russischer Berufsvereine« und im »Verband Russischer kultureller und Wohltätigkeitsvereine« gleichgeschaltet; das betraf auch den »Verband der russischen Journalisten und Schriftsteller«. Das 1933 bis 1944 erschienene publizistische Organ der Verbände, *Novoe slovo* (Das neue Wort), antisowjetisch, nationalistisch russisch und antisemitisch ausgerichtet, hat keinen substanziellen Beitrag zur Rezeption russischer Dichtung in Deutschland geleistet, auch wenn merkwürdigerweise der erwähnte Übersetzer Arthur Luther bis 1939 als Rezensent mitgewirkt hat (Burchard 2008, S. 302 ff.). Seinem Kollegen Johannes von Guenther wurde übrigens ab 1941 das Übersetzen russischer Literatur untersagt. Unterbrochen wurde die restriktive Kulturpolitik auf beiden Seiten 1939 bis 1941 im Kontext des Hitler-Stalin-Paktes, als in Deutschland Opern von Čajkovskij und Glinka, Dramen von Aleksandr Ostrovskij und Čechov, in der Sowjetunion u.a. Richard Wagners *Walküre* aufgeführt werden konnten.

Die »Russland«-Romane Edwin Erich Dwingers

Zu erwähnen im Zusammenhang mit der nationalsozialistischen Konstruktion von antisowjetischen Feindbildern ist die dubiose Rolle des deutsch-russischen Schriftstellers Edwin Erich Dwinger (1898–1981), der seit Mitte der zwanziger Jahre für fast drei Jahrzehnte zu den erfolgreichsten deutschsprachigen Unterhaltungsschriftstellern gehörte. Dwinger hatte nach 1917 während des Bürgerkriegs in Russland an der Seite der antibolschewistischen Weißgardisten gekämpft, war in Gefangenschaft geraten und nach Deutschland geflohen. Dort lebte er seit Beginn der zwanziger Jahre, wo er sich während der Weimarer Republik als nationalkonservativer Autor und nach 1933 als literarischer Paladin des NS-Staates profilierte; diese Verstrickungen hat er dann nach 1945, sogar mit einem gewissen Erfolg, dementiert bzw. relativiert. Begründet durch seine Herkunft und die während des russischen Bürgerkriegs gewonnenen Erfahrungen, spielte Russland in der umfangreichen Erzählprosa Dwingers von Beginn an eine zentrale Rolle. Die entsprechenden Darstellungen von Lebensverhältnissen und Menschen in Russland sind geprägt durch eine bisweilen seltsam anmutende Mischung aus Faszination und Verachtung. Beispielhaft demonstrieren dies die drei Romane seiner *Sibirischen Trilogie* (*Armee hinter Stacheldraht*, 1929; *Zwischen Weiß und Rot*, 1930; *Wir rufen Deutschland*, 1932). Auch wenn in diesen und anderen, meist stark typisierenden Texten Russen, z.B. Frauen oder Bauern, bisweilen positiv charakterisiert werden, erscheint Russland im Rahmen einer durchgehend nationalistisch, vor allem aber antisowjetisch argumentierenden Darstellung als eine von Wildheit, Willkür, Grausamkeit und Primitivität dominierte Lebenswelt; das gilt insbesondere für die nach 1933 erschienenen Werke (*Wiedersehen mit Sowjetrußland. Tagebuchblätter vom Ostfeldzug*, 1942). Ein bedingungsloser Verfechter der die Slaven abwertenden nationalsozialistischen Rassenideologie ist Dwinger allerdings nicht gewesen. Trotz dieser nationalistischen und antikommunistischen Tendenzen und trotz ihrer schematisierten, auf Stereotypen und alten Images aufbauenden Erzählstruktur haben Dwingers Werke ein großes Lesepublikum gefunden. Mit einer schöpferischen Rezeption russischer Literatur hat diese Trivialliteratur jedoch nichts zu tun.

Übersetzungen und Editionen russischer Dichtung unter schwierigen Bedingungen: Sigismund von Radeckis Anthologie *Der Glockenturm* u.a.

Die geänderten politischen Verhältnisse nach 1933 haben sich natürlich auch auf die kulturellen Kontakte, auf Übersetzungstätigkeit und Publikationen ausgewirkt. Besuche russischer Künstler in Deutschland fanden immer seltener statt; die während der zwanziger Jahre intensiv gepflegte theatralische Zusammenarbeit in Form von Gastspielen kam fast zum Erliegen; das dreimonatige Gastspiel des Staatlichen Mejerchol'd-Theaters im Jahre 1930 war für längere Zeit die letzte bedeutende Vermittlung sowjetischer Theaterkunst in Deutschland. Reaktiviert wurde die Tradition der Gastspiele wie erwähnt lediglich während des Hitler-Stalin-Paktes. Die Übersetzung und Edition russischer und sowjetischer Literatur wurde deutlich reduziert, das gilt allerdings nicht für die Schweiz, wo bis Ende der dreißiger Jahre zahlreiche Übersetzungen russischer und sowjetischer Literatur erschienen. Als erwähnenswerte Ausnahmen in Deutschland zu nennen sind u.a. die 1934 von Dorothea Hiller von Gaertringen betreute Anthologie *Dort wo Schweigen ewig schlummert*, eine 1938 im Kiepenheuer-Verlag erschienene, von Leo Borchard verantwortete Čechov-Ausgabe (*Geschichten vom Alltag*), eine 1940 bei Paul Neff erschienene Ausgabe mit Grotesken von Arkadij Averčenko (u.d.T. *Ein Mädchen ohne Vorurteil*) sowie 1941 die Neuauflage von Puškins *Sämtlichen Dramen* in der Übersetzung Henry von Heiselers (zuerst 1935) bei Karl Rauch.

Unter den einschlägigen deutschsprachigen Publikationen im benachbarten Ausland zu erwähnen ist die 1938 bei Querido in Amsterdam erschienene, auch russische Texte enthaltende Anthologie *Stimmen der Völker*, zusammengestellt von dem bereits 1933 aus Deutschland emigrierten Alfred Wolfenstein. Besondere Beachtung aber verdient die von Sigismund von Radecki 1940 in Zürich herausgegebene Sammlung *Der Glockenturm. Russische Verse und Prosa*, die durch von Radecki übertragene russische Literatur aus dem 19. und 20. Jahrhundert enthält. Im Zentrum stehen Puškin und sein Werk, aus Anlass des einhundertsten Todestages im Jahre 1937. Ihm sind die emphatische, mit organologischem Vokabular Goethescher Provenienz gespickte Einleitung und die ihr folgende Sammlung von »Puschkin-Geschichten«, also Anekdoten aus Puškins Leben, gewidmet. In Puškin – so von Radecki in seiner Einführung – hat sich die russische Sprache erstmals selbst erkannt, vergleichbar den sprachschöpferischen Leistungen Luthers. In der Kraft seines die Gegensätze Natur und Geist, Tragik und Komik, Russland und Europa synthetisierenden dichterischen Vermögens, in der Vielfalt seiner Begabungen sei er einzigartig, als Künstler vergleichbar bestenfalls mit Mozart oder Goethe, in der Verschmelzung slavischer und westeuropäischer Kultur »der erste russische Europäer«. Übersetzt hat der in den zwanziger und dreißiger Jahren mit hervorragender Kurzprosa bekannt gewordene von Radecki 21 Gedichte, vier Prosastücke und Dramenszenen, u.a. *Kamennyj gost'* (Der steinerne Gast) und *Skupoj rycar'* (Der geizige Ritter) von Puškin. Darüber hinaus enthält die Anthologie noch kleine Erzählprosa von Gogol', Gončarov, Leskov, Čechov, Solov'ev, Bunin sowie von Anatolij Koni und Evgenij Petrov; ferner je ein Gedicht von Jazykov, Esenin und Majakovskij. Abgerundet wird der Band durch eine umfangreiche Zusammenstellung russischer Sprichwörter und Redensarten. Von Radeckis Übertragungen sind recht frei, viele Texte sind bearbeitet bzw. gekürzt, z.B. Puškins *Steinerner Gast*, Leskovs Erzählung *Otbornoe zerno* (Musterkorn), Čechovs Kurzgeschichte *Krasavica* (Die Schöne), Jazykovs Gedicht *Zemletrjasenie* (Das Erdbeben). Trotz dieser Eingriffe, trotz aller Emphase in der Darstellung und trotz in Teilen nicht unproblematischer Wertungen ist dieses Buch ein bemerkenswerter Versuch, dem deutschsprachigen Publikum in einer Phase bedrückendster Kulturlosigkeit und geistiger Intoleranz die Größe und den künstlerischen Wert russischer Dichtung nahezubringen.

Doch solche Vermittlungen waren eher selten. Reduziert wurde ebenfalls die schöpferische und literaturkritische Auseinandersetzung mit russischer Literatur, was auch daran lag, dass ein großer Teil der an diesem Bereich interessierten Literaten und Kritiker emigriert war. Im westlichen Exil hat sich, wie erwähnt, vor allem Thomas Mann intensiv mit russischer Literatur beschäftigt. Noch weniger gewürdigt wurde die sowjetische Literatur. Dort wo im NS-Staat über diesen Gegenstand geschrieben wurde, geschah es meist aus propagandistischen Gründen, z.B. 1943 in der Rezensionszeitschrift *Bücherkunde der Reichsstelle zur Förderung des deutschen Schrifttums*, im Rahmen einer unter dem bezeichnenden Titel *Die Gefahr aus der Steppe* veröffentlichten Artikelserie über Majakovskij, Šolochov u.a. Bemerkenswert, weil ungemein hilfreich für die Betroffenen ist hingegen in dieser Zeit die Aneignung russischer Dichtung durch nicht so sehr literarisch handelnde, sondern systemkritisch denkende, Trost und geistige Orientierung suchende Menschen – eine Aneignung, in deren Rahmen nicht selten das Leiden von in den NS-Konzentrationslagern und Gefängnissen drangsalierten und gequälten Gefangenen mit Dostoevskijs *Aufzeichnungen aus dem Totenhaus* verglichen wird (u.a. von Dietrich Bonhoeffer; Schult 2012, S. 240f.).

6.2 Vermittlung russischer Dichtung durch deutschsprachige Schriftsteller im sowjetischen Exil

Bedeutsam hingegen war natürlich die Rezeption russischer und sowjetischer Literatur durch die im sowjetischen Exil lebenden deutschen Schriftsteller und Kulturfunktionäre der KPD, z.B. Johannes R. Becher, Willi Bredel, Friedrich Wolf, Alfred Kurella. Sie, aber auch andere namhafte Autoren wie Oskar Maria Graf, Ernst Toller und Klaus Mann, vertraten 1934 die deutsche Literatur auf dem Ersten Allsowjetischen Schriftstellerkongress, der für die mehr als zwanzig Jahre währende stalinistisch geprägte Kultur- und Literaturpolitik im sowjetischen Einflussbereich von zentraler Bedeutung gewesen ist. Die in der Sowjetunion Zuflucht suchenden kommunistischen Schriftsteller sowie die der KPD nahestehenden Verlage wie der Verlag für Literatur und Politik oder Zeitschriften wie die *Rote Fahne* hatten ja bereits vor 1933 viel für die Verbreitung der sowjetischen Literatur in Deutschland getan, Gor'kij als Lehrmeister des neuen, sozialen Realismus gefeiert (Johannes R. Becher), Werke wie Šolochovs *Der stille Don* erstmals in Übersetzungen zugänglich gemacht (die ersten beiden Bände 1929/1930 in der Übertragung von Olga Halpern). Gleichwohl war ihre Situation als Exilanten insbesondre im Kontext der stalinistischen Säuberungen nach 1937 alles andere als komfortabel; Umfang und Umstände von permanenter Kontrolle und Gefährdung sind in zahlreichen, aber häufig erst Jahrzehnte später veröffentlichten Memoiren dokumentiert (Hartmann 2003). Schließlich sind nicht wenige der vor den Nationalsozialisten in die Sowjetunion geflohenen Intellektuellen und Künstler Opfer stalinistischer Säuberungen geworden, deportiert wie die Regisseure Bernhard Reich und seine Frau, die u.a.

auch mit Walter Benjamin befreundete Asja Lacis, verbannt und im Lager umgekommen wie Herwarth Walden und die Schauspielerin Carola Neher, die selbst Bertolt Brecht trotz intensiver Bemühungen nicht retten konnte. Unterbrochen nur während der im Rahmen des Hitler-Stalin-Paktes 1939 bis 1941 erfolgten Annäherung des NS-Staates an die Sowjetunion, erfuhren allerdings zumindest die meisten der KPD-nahen deutschen Exilanten vielfache Förderung und viele von ihnen waren in unterschiedlichen Funktionen in der Sowjetunion tätig, Erich Weinert und Becher z.B. in der deutschen Abteilung des Verlags für fremdsprachige Literatur. Sie waren materiell abgesichert, ihre Schriften wurden in deutscher und russischer Sprache ediert, es gab Zeitschriften wie *Das Wort* (1936–1939) und *Internationale Literatur* (1931–1945) sowie Verlage wie Das Internationale Buch, den Deutschen Staatsverlag in Engels an der Wolga oder den Verlag für fremdsprachige Literatur in Moskau, mit deren Hilfe sie sich in deutscher Sprache artikulieren konnten. Dramatiker und Dramaturgen wie Friedrich Wolf, Erwin Piscator, Gustav von Wangenheim und Maxim Vallentin versuchten, letztlich vergeblich, ein deutschsprachiges sozialistisches Theater in der Sowjetunion aufzubauen, das betrifft z.B. ein von Piscator 1936 in Engels, der Hauptstadt der Autonomen Sozialistischen Sowjetrepublik der Wolgadeutschen, begonnenes Projekt. Die stalinistischen Säuberungen zwischen 1936 und 1938, insbesondre aber die 1941 im Gefolge des deutschen Überfalls auf die Sowjetunion von Stalin verfügte Liquidierung der Wolgadeutschen Sowjetrepublik sowie die in diesem Kontext verordnete Deportation der Wolgadeutschen nach Sibirien und Kasachstan haben solcherart Pläne scheitern lassen.

Was die Vermittlung russischer Literatur betrifft, so versuchten sich zahlreiche Exilanten als Übersetzer russischer Dichtung zu profilieren: Johannes R. Becher (Majakovskij, Bednyj, Esenin), Erich Weinert (Lermontov, Blok, Majakovskij, Nikolaj Nekrasov, Samuil Maršak, Vasilij Lebedev-Kumač, Aleksej Surkov, Konstantin Simonov), Alfred Kurella (Maršak, Tvardovskij, Stepan Ščipatsov), Hedda Zinner (Majakovskij, Michail Isakovskij, Sergej Michalkov), Franz Leschnitzer (Maršak, Majakovskij, Simonov, Eduard Bagrickij, Ilja Selvinskij). Der bedeutendste unter diesen ist sicher Hugo Huppert, dessen Majakovskij-Übertragungen nicht nur nach Ansicht von Bertolt Brecht Maßstäbe gesetzt haben. Huppert hatte als überzeugter Kommunist bereits 1928 seinen Wohnsitz in Moskau genommen. Dort lernte er im gleichen Jahr auch Majakovskij kennen, mit dessen Werk er sich in der Folgezeit intensiv beschäftigte, als Übersetzer ebenso wie als Literarhistoriker. Dies, seine exzellenten Russischkenntnisse und die eigene dichterische Begabung haben ihn befähigt, gerade auch die Versdichtungen Majakovskijs, deren rhythmische, bildnerische und thematische Spezifika kongenial zu übertragen. Huppert hat auch Werke anderer russischer Dichter übersetzt (z.B. Leonid Martynov, Boris Sluckij, Michail Isakovskij).

Ideologisch bedingt haben viele linksstehende Autoren der Sowjetmacht bereits seit den zwanziger Jahren gehuldigt; beginnend u.a. mit Johannes R. Bechers

Gruß des deutschen Dichters an die Russische Föderative Sowjet-Republik aus dem Jahre 1917 (zuerst in der Zeitschrift *Die Erde*, 1919). Dokumentiert sind zahlreiche dieser Würdigungen in der umfangreichen, 1967 anlässlich der 50-Jahr-Feiern der Oktoberrevolution im Aufbau-Verlag erschienenen Anthologie *Licht des großen Oktober*. Nach 1933 fühlten sich die deutschen Exilautoren nicht nur verpflichtet, ihren Gastgebern im Kampf gegen Nazideutschland mit eigenen Werken beizustehen (z.B. Bechers Gedicht *Rußland* aus dem Band *Die Hohe Warte. Deutschland-Dichtung*, 1944), sondern den Repräsentanten des sowjetischen sozialistischen Realismus nachzueifern, insbesondre nach der 1936 auch die deutschen Autoren betreffenden Kampagne gegen Formalismus und Naturalismus. Bechers Aufsatz *Wir müssen von Gorki lernen* (zuerst auf Russ. in *Inostrannaja kniga*, 1932), die von Erich Weinert hg. Anthologie *Dem Genius der Freiheit. Dichtungen um Stalin* (1939), Friedrich Wolfs Propagierung der Dramen von Vsevolod Višnevskij, der 1943 in Moskau erschienene erste Band von Willi Bredels Trilogie *Verwandte und Bekannte* u.a. zeugen von solcher Orientierung. Darüber hinaus haben sich einzelne Autoren auch eingehend mit der russischen Literatur des 19. und des frühen 20. Jahrhunderts beschäftigt, z.B. Weinert im Rahmen seiner Nachdichtungen von Texten Lermontovs (*Demon*; dt. u.d.T. *Der Dämon*, 1940; *Rodina*; dt. u.d.T. *Das Vaterland*, erstmals posthum in: *Nachdichtungen*, 1959) und Bloks (*Na pole Kulikovom*; dt. *Auf dem Felde Kulikowo*, ebenfalls in *Nachdichtungen*).

7 Bertolt Brecht

7.1 Biographische Kontexte

»Mein Lehrer/ Der große freundliche/ Ist erschossen worden [...]./ [...]/ Seine Bücher sind vernichtet. Das Gespräch über ihn/ Ist verdächtig und verstummt.« Mit diesen Versen beginnt das siebenstrophige, dem Andenken des russischen Dramatikers, Publizisten und Literaturtheoretikers Sergej Tret'jakov gewidmete Gedicht *Ist das Volk unfehlbar?*, mit dem im Jahre 1938 ein ideologisch und existenziell zutiefst verunsicherter Bertolt Brecht (1898–1956) auf die im Rahmen der stalinistischen Säuberungen erfolgte Verhaftung seines Freundes Tret'jakov reagierte (von der bereits am 10.9.1937 erfolgten Erschießung Tretjakovs konnte Brecht noch nichts wissen; entstanden wohl 1939, ist der Text aber erst in späteren Ausgaben erschienen – ohne Hinweis auf den ursprünglichen Widmungsträger). Das Gedicht verbindet das Gedenken an den Lehrer mit einem Nachdenken über grundsätzliche ideologische und persönliche Probleme. Der Marxist Brecht fragt nach der Legitimität stalinistischer Volksgerichte und reflektiert über die Rechtmäßigkeit ihrer Urteile, akzentuiert seine Zweifel mit der jede Strophe und das ganze Gedicht beschließenden Unschuldsvermutung »Gesetzt, er ist unschuldig?«. Als Sachwalter des Wortes beklagt er vor allem die den Prozess prägende Sprachlosigkeit, moniert, dass dem Angeklagten die Stimme verweigert wird, die er, Bertolt Brecht, in seiner Eigenschaft als Schüler und Freund dem zum Verstummen gebrachten Lehrer Tret'jakov mit diesem Gedicht leihen will.

Das Tret'jakov-Gedicht ist Denk- und Mahnmal, darüber hinaus aber auch eindrucksvolles Beispiel für Brechts zwiespältige, oft zwischen Identifikation und Kritik schwankende Haltung gegenüber der sowjetischen Kulturpolitik und der ihr verpflichteten sowjetischen Literaturszene, der er sich besonders verbunden fühlte. Im Gegensatz zu den meisten seiner Zeitgenossen hat sich Brecht nicht so sehr mit der russischen Literatur des 19. Jahrhunderts, sondern mit der Ästhetik, der Dramentheorie und Dramatik des frühen 20. Jahrhunderts beschäftigt. Von der erwähnten Begeisterung vieler Zeitgenossen für Tolstoj und Dostoevskij ist bei ihm wenig zu spüren, auch wenn eine seiner ersten publizierten Äußerungen zur russischen Literatur (im Nekrolog *Frank Wedekind*, in den *Augsburger Neuesten Nachrichten* vom 12.3.1918) Tolstoj »zu den großen Erziehern des neuen Europa« zählt.

Interesse an russischer Literatur in frühen Lebensjahren dokumentieren Theaterbesuche, u.a. der einer Aufführung von Gor'kijs *Nachtasyl* (4.3.1919), über deren naturalistischen Charakter er sich negativ äußert. Substanzielle Äußerungen nach Erhalt des *Idiot* von Dostoevskij (Weihnachtsgeschenk seiner Geliebten und späteren ersten Frau Marianne Zoff, 1921) sind nicht überliefert, Kritisches wird nach der Lektüre von *Verbrechen und Strafe* (1934) und *Die Brüder Karamazov* formuliert, u.a. im Hinweis darauf, dass Dostoevskij nur realistische Details, aber nicht die ihnen zugrunde liegenden sozialen Gesetzmäßigkeiten aufzeige. Mitte der zwanziger Jahre beginnt Brechts intensivere Beschäftigung mit Russland und mit der Sowjetunion. Anlässlich von Lenins Tod am 21.1.1924 liest er mit großer Zustimmung *Wladimir Iljitsch Lenin. Ein treues Bild seines Wesens* von Henri Guilbeaux (dt. 1923). Im August 1927 bittet er im Kontext seiner Marx- und Engels-Studien um Zusendung der *Illustrierten Geschichte der Russischen Revolution 1917* (hg. v. Vladimir Astrov u.a., 1927/1928). Dichterische und dramaturgische Manifestationen dieser Auseinandersetzung sind u.a. die *Ballade vom Stahlhelm* (in der KPD-Satirezeitschrift *Der Knüppel*, 1927) sowie die erwähnte, gemeinsam mit Piscator vorgenommene Bearbeitung des Stückes *Rasputin, die Romanows, der Krieg und das Volk, das gegen sie aufstand* von Aleksej Nikolaevič Tolstoj und Pavel Ščegolev (Premiere 10.11.1927). Kontakte werden zu dem während der zwanziger Jahre in Deutschland hochgeschätzten Tairov, zu Ėrenburg, Lunačarskij u.a. geknüpft, im Rahmen deutsch-russischer Dichterlesungen (z.B. im Dezember 1928) oder vorbereitender Gespräche für Aufführungen der *Dreigroschenoper* in Moskau durch Tairov (1930 im Moskauer Kammertheater). Intensiviert werden diese Beziehungen zu Beginn der dreißiger Jahre. Im Frühjahr 1930 gastiert Vsevolod Mejerchol'd mit seinem Theater in Berlin, mit Inszenierungen von Nikolaj Gogol's *Revizor*, Alexandr Ostrovskijs *Les* (Der Wald) und dem Brecht besonders beeindruckenden Stück *Ryči, Kitaj!* (Brülle, China!) von Tret'jakov. Letzterem begegnet er ein Jahr später in Berlin, Beginn einer bis zu Tret'jakovs Liquidierung währenden Freundschaft. Bereits 1929 hatte Brecht das von Ernst Hube übersetzte Stück Tret'jakovs *Choču rebenka* (1927; dt. u.d.T. *Ich will ein Kind haben*) bearbeitet. 1931 beginnt seine erste große schöpferische Auseinandersetzung mit russischer Literatur: die Dramatisierung von Gor'kijs Roman *Die Mutter* unter dem Titel *Die Mutter. Leben der Revolutionärin Pelagea Wlassowa aus Twer (nach dem Roman Maxim Gorkis)*. Vom 9. bis 21.5.1932 reist Brecht nach Moskau, um auf Einladung des sowjetischen Verbandes für Zeitschriften und Zeitungen an der Uraufführung des Films *Kuhle Wampe* teilzunehmen. Der von Brecht, Ernst Ottwalt, Hanns Eisler, Slátan Dudow u.a. konzipierte, in Deutschland von der Zensur zunächst nicht freigegebene Film wird in Moskau distanziert und kritisch aufgenommen, für Brecht ergeben sich auf diese Reise jedoch fruchtbare Begegnungen und Kontakte, neben Tret'jakov u.a. mit Sergej Ejzenštejn, Osip Brik, Semen Kirsanov (einem der russischen Übersetzer von Brechts Werken), Asja Lacis und Bernhard Reich; zudem besucht er Aufführungen des Moskauer Künstlertheaters (Evgenij Vachtangovs Inszenierung von Carlo Gozzis *Turandot*) und des Kammertheaters (Inszenierung der *Dreigroschenoper* durch Tairov, die Brecht ablehnt). Wichtige Vermittlerin, auch als Übersetzerin, ist bis zu ihrem Tod 1941 in Moskau Brechts Mitarbeiterin und Geliebte Margarete Steffin. Sie hat während der dreißiger Jahre unermüdlich, aber wenig erfolgreich Brechts Werk in der Sowjetunion bekannt zu machen versucht, hat u.a. dessen *Maßnahme* (1930) ins Russische übertragen. In den fünfziger Jahren wird die Dramaturgin Käthe Rülicke diese Aufgaben übernehmen. Brechts Aufenthalt war immerhin Anlass für die sowjetische Presse, ausführlich über ihn und sein Werk zu berichten.

Bedeutsam für Brechts Dramentheorie und Dramendichtung wird die zweite große Moskau-Reise vom 13.3. bis 17.5.1935. Der seit zwei Jahren im dänischen Exil lebende Autor trifft eine Fülle von Freunden, Bekannten und Kollegen (Ol'ga und Sergej Tret'jakov, Vsevolod Mejerchol'd). Besonders nachhaltig beeindruckt ihn das Spiel des chinesischen Schauspielers Mei Lan-fang, das ihm wesentliche Impulse für die Theorie des Epischen Theaters vermittelt und ihn zu den *Bemerkungen über die chinesische Schauspielkunst* (zuerst in einer engl. Fassung u.d.T. *The Fourth Wall of China: An Essay on the Effect of Disillusion in the Chinese Theatre*, in *Life and Letters To-day*, 1936) anregt. Brecht genießt die Anerkennung, die ihm während Interviews, Lesungen und Vorträgen (u.a. im Sender Moskau) zuteil wird, ist beeindruckt von der Moskauer Metro anlässlich von deren Einweihung (*Inbesitznahme der großen Metro durch die Moskauer Arbeiterschaft am 27. April 1937*, in den *Svendborger Gedichten*, 1939). Nach der Rückkehr aus Moskau werden die Kontakte zu Freunden und Kollegen in der Sowjetunion schwächer und seltener, nicht zuletzt aufgrund der stalinistischen Säuberungen während der zweiten Hälfte der dreißiger Jahre. 1937 hört er von Verhaftungen und Verurteilungen (z.B. von Ernst Ottwalt und von Carola Neher), spricht in Briefen davon, dass seine Verbindungen zu Kollegen und Freunden in der Sowjetunion sehr dürftig geworden sind. Im Januar 1939 beklagt Brecht nochmals in seinem Journal die am 26.7.1937 erfolgte Verhaftung von Tret'jakov und die des befreundeten Journalisten Michail Kol'cov sowie die kulturpolitischen Restriktionen, denen Mejerchol'd ausgesetzt ist (Verlust des Theaters). Ein Angebot von Piscator, in die Sowjetunion zu übersiedeln, gemeinsam mit ihm in Engels, der Hauptstadt der Wolgadeutschen, das dortige »Deutsche Staatstheater« zum Zentrum des deutschsprachigen Exiltheaters zu machen und eine Filmproduktion zu gründen, lehnt Brecht bereits 1936 ab, eine im gleichen Jahr geplante Reise in die Sowjetunion wird nicht realisiert. Lose Beziehungen bestehen zur Exilszene in Moskau, u.a. aufgrund einer marginalen redaktionellen Mitarbeit an der Zeitschrift *Das Wort*, die immer wieder Brecht-Texte veröffentlicht, deren zunehmenden Niveauverlust Brecht aber bereits 1938 gegenüber dem Redakteur Fritz Erpenbeck mit deutlichen Worten beklagt. Die innenpolitische Entwicklung der Sowjetunion zur Diktatur betrachtet er mit zunehmender Sorge; sie ist Gegenstand vieler Gespräche (u.a. mit Walter Benjamin während dessen Aufenthalt in

Svendborg) und schriftlich formulierter Reflexionen (*Über meine Stellung zur Sowjetunion* und *Sollen die Menschen unter eine neue Diktatur kommen*, beide entstanden im März 1937). Trotz zunehmend kritischer Äußerungen, u.a. zur Lage sowjetischer Lyriker, verteidigt Brecht zunächst die Moskauer Schauprozesse (*Über die Moskauer Prozesse, Über die Prozesse in der USSR (Zur Selbstwahrnehmung)*, beide entstanden im Frühjahr 1938). Selbst im erwähnten, die Liquidierung seines Freundes und Lehrers Tret'jakov beklagenden großen Gedicht *Ist das Volk unfehlbar?* kommt es nicht zu einer eindeutigen Verurteilung dieser verbrecherischen Justiz. In seinem Journal charakterisiert er 1939 aber dann doch den Zustand von Kunst und Literatur in der Sowjetunion als »beschissen«.

All das und die seit Anfang der dreißiger Jahre erfolgte Beschattung durch den Geheimdienst NKWD, der ihn wegen seiner eigenständigen Auslegung des Marxismus des Trotzkismus verdächtigt, führen zu dem Beschluss, nicht in der Sowjetunion um Exil nachzusuchen. Im Mai 1941 reist Brecht über Leningrad, Moskau und Wladiwostok in die USA. Während der Jahre des Exils in den Vereinigten Staaten werden die Kontakte zur Sowjetunion weiter reduziert, u.a. auch aufgrund zunehmender Sorge über die dortigen Zustände (»Souvarines niederdrückendes Buch über Stalin gelesen«, Journal, 19.7.1943). Eine intensivere Auseinandersetzung mit russischer und sowjetischer Kunst und Literatur ist erst gegen Ende des USA-Exils feststellbar (u.a. 1947 anlässlich von Pudovkins Film *Sturm über Asien*, eines Filmentwurfs nach Gogol's *Šinel'* (Der Mantel) sowie im Rahmen einer kritischen Lektüre von Ottofritz Gaillards *Deutschem Stanislawski-Buch*).

Mit der Rückkehr nach Europa, insbesondre mit Beginn der Arbeit am Berliner Ensemble beginnt Brechts letzte und fruchtbarste Auseinandersetzung mit russischer Literatur und Literaturtheorie. In deren Zentrum stehen zum einen die im Kontext der um 1950 neu einsetzenden Formalismus-Debatte intensivierte Beschäftigung mit Stanislavskij und zum anderen die dramaturgische Bearbeitung russischer Dramen (u.a. Maksim Gor'kijs *Vassa Železnova*, 1949; Nikolaj Pogodins *Kremlevskie kuranty*/Die Glockenspiele des Kreml, 1952; Aleksandr Ostrovskijs *Vospitannica*/Die Ziehtochter oder Wohltaten tun weh, 1955/1956). Brecht fahndet mit Hilfe von Mitarbeiterinnen wie Käthe Rülicke und alten Freunden wie Bernhard Reich nach russischen Stücken, um das Programm des Berliner Ensembles zu erweitern, bittet z.B. im September 1955 Michail Apletin, ihm die Stücke *Vystrel* (Der Schuss) von Aleksandr Bezymenskij, *Moj drug* (Mein Freund) und *Temp* (Tempo) von Nikolaj Pogodin, *Čudak* (Der Wunderliche) von Aleksandr Afinogenov sowie Majakovskijs *Wanze* und *Banja* (Das Schwitzbad) zu schicken. Freundinnen wie Ruth Berlau und jüngeren Kollegen wie Erwin Strittmatter empfiehlt er die Lektüre von Tolstoj, Čechov, Gor'kij und Makarenko. Anlässlich der Verleihung des (übrigens von Thomas Mann abgelehnten) Stalinpreises reist Brecht im Mai 1955 ein letztes Mal nach Moskau. Mit dem Germanisten und Übersetzer Ilja Fradkin bespricht er Modalitäten der russischen Brecht-Ausgabe und dessen einführenden Brecht-Aufsatz, trifft sich mit zahlreichen sowjetischen Schriftstellern, sorgt in diesem Zusammenhang dafür, dass – trotz erheblicher Vorbehalte seitens sowjetischer Kulturfunktionäre – Boris Pasternak seine Preisrede ins Russische übersetzen kann. Ein Jahr später, kurz vor seinem Tod, wird der mit einigen russischen Übersetzungen unzufriedene Brecht Pasternak bitten, Teile seiner Lyrik zu übertragen. Sein besonderes Interesse gilt weiterhin der sowjetischen Theaterszene. Brecht besucht das Moskauer Künstlertheater, das Mossovjet-, das Vachtangov-, das Malyj-Theater und das Theater des Leninschen Komsomol. Seine Eindrücke sind zwiespältig: Während er von den Majakovskij-Inszenierungen (*Das Schwitzbad*, *Die Wanze*) des Theaters der Satire sehr beeindruckt ist, kritisiert er die in Stanislavskij-Manier inszenierte Aufführung von *Viel Lärm um nichts* im Moskauer Künstlerteater »als ›[t]raditionell‹ [...], mit hohem Pathos, kleinbürgerlicher Innigkeit, Nippfigurenkomik« (im Journal, Mai 1955). Aus Moskau zurückgekehrt, plant Brecht die Inszenierung weiterer russischer Dramen, u.a. von Aleksandr Ostrovskij, wie *Groza* (Das Gewitter) und *Die Ziehtochter*, sowie Tolstojs *Der lebende Leichnam*. Die Realisierung dieser Pläne hat Brechts früher Tod im August 1956 verhindert.

7.2 Dichterische Aneignung: Die dramaturgische Bearbeitung von Gor'kijs Roman *Die Mutter* und Texten anderer russischer Dichter (Aleksandr Ostrovskij, Gogol')

Brechts Aneignung russischer Literatur ist vielfältig und umfangreich, konzentriert allerdings auf die Bereiche Drama, Dramentheorie und Film. Die erste bedeutsame schöpferische Auseinandersetzung ist diejenige mit Gor'kijs Roman *Die Mutter*. Gestützt auf reale Ereignisse zu Beginn des 20. Jahrhunderts in russischen Großstädten schildert Gor'kijs Text die Entstehung eines klassenbewussten Proletariats in Russland am Beispiel der Arbeiterwitwe Pelageja Vlasova und ihres Sohnes Pavel. Ausgehend von einer breiten Milieustudie wird der Kampf der Arbeiter mit der Obrigkeit für bessere und gerechtere Lebensbedingungen, vor allem aber die Entwicklung der Vlasova zur überzeugten und tätigen Mitstreiterin der Arbeiter gestaltet, wobei ihre Vorstellungen von einem sozial gerechten, liebevollen und wahrhaftigen Umgang der Menschen miteinander im Gegensatz zu denen ihres Sohnes nicht einseitig und nicht eindeutig von einer klassenkämpferischen Ideologie geprägt sind. Gleichwohl propagiert und verbreitet sie nach dessen Verhaftung seine Gedanken, bis zu ihrer eigenen Festnahme durch die zaristische Polizei.

Gor'kijs *Mutter* ist zwischen 1902 und 1906 entstanden; erschienen ist der Roman aus Zensurgründen zuerst in englischer Sprache in den Monatsheften der New Yorker Zeitschrift *Appleton's Magazine* (1906/1907), 1907 in deutscher und russischer Sprache im Berliner Ladyschnikow-Verlag, in Russland erstmals vollständig

1917. Spätestens seit den frühen dreißiger Jahren galt *Die Mutter* in der Sowjetunion als bedeutendster Repräsentant des Sozialistischen Realismus in der Literatur.

Nach der Lektüre des Romans im Jahre 1929 hat Brecht im Sommer 1931 mit der dramaturgischen Bearbeitung begonnen. Grundlage war eine bereits 1930 von Günther Weisenborn und Günther Stark angefertigte dramaturgische Bearbeitung des Textes. Mit Weisenborns, Dudows und Eislers Hilfe wird *Die Mutter. Leben der Revolutionärin Pelagea Wlassowa* zur Jahreswende 1931/1932 fertig gestellt und am 12.1.1932 in einer geschlossenen Aufführung erstmals aufgeführt. Die Uraufführung fand am 17.1. statt, mit Helene Weigel in der Titelrolle. Das Stück wurde mehrfach bearbeitet und modifiziert, in den gedruckten Ausgaben sowie im Gefolge neuer Aufführungen, z.B. der den amerikanischen Verhältnissen Rechnung tragenden, von Brecht aber als zu naturalistisch abgelehnten New Yorker Inszenierung von 1935 und der von Brecht als »Auflockerung des alten Modells« (Journal vom 10.1.1951) von 1931/1932 charakterisierten Neuinszenierung im Januar 1951. Obwohl letztere vom SED-Kulturpolitiker Fred Oelßner auf dem 5. Plenum des ZK der SED im März 1951 im Kontext der stalinistischen Formalismuskritik als schädliche »Kreuzung oder Synthese von Meyerhold und Proletkult« diffamiert wurde, gehört sie zu Brechts erfolgreichsten Inszenierungen; mit Helene Weigel in der Hauptrolle wurde sie bis zu deren Tod 1971 248-mal gespielt. Eine weitere, von Brecht 1956 erarbeitete Fassung ist erst 1957 erschienen.

Brecht hat Gor'kijs Roman zu einem politischen Lehrstück umgeformt, was er in den *Anmerkungen zur Mutter* (zuerst in *Versuche 7*, 1933) ausführlich erläutert und begründet hat. Der ca. 250 Seiten umfassende Roman wird auf vierzehn, knapp siebzig Seiten beanspruchende Szenen verkürzt. Brecht hat weitgehend auf die den ersten Teil des Romans prägende detaillierte Darstellung des russischen Milieus und der prekären sozialen und familiären Verhältnisse in Russland verzichtet und sich ganz auf die Entwicklung der Titelfigur von der unwissenden, bigotten, vom sozialen Elend umfangenen und gefangenen Arbeiterfrau zur bewusst und entschlossen handelnden proletarischen Kämpferin konzentriert. Sie erscheint in viel stärkerem Maße als bei Gor'kij als ein Mensch, der mit Hilfe von Bildung und solidarischem Handeln die Grenze zwischen privatem und gesellschaftlichem Bereich zum Nutzen des letzteren zu überwinden versteht, von der Mutter des von der zaristischen Polizei ermordeten Pawel Wlassow zur für alle Kinder, für alle Unterdrückten dieser Welt Verantwortung tragenden Frauengestalt reift. Gestützt durch implizite Verweise auf Rosa Luxemburg und Clara Zetkin entwickelt Brecht so Gor'kijs auch nach ihrer Wandlung religiös gefärbten Idealen wie Liebe und Wahrheit verpflichtete Mutter weiter zum international geltenden Typus einer erfolgreich agierenden Repräsentantin einer unterprivilegierten Klasse, ist, so Walter Benjamin in seiner Rezension *Zur Uraufführung »Die Mutter« von Brecht* (in *Die literarische Welt* vom 5.2.1932), »fleischgewordene Praxis« im Dienst der proletarischen Revolution. In ihrer Gestalt verschmelzen in beispielhafter Weise Individuum und Kollektiv. Darüber hinaus demonstriert Brechts *Mutter* in zweifacher Weise die Veränderbarkeit des Menschen im Rahmen revolutionärer Emanzipation: Das geschieht zum einen am Beispiel ihrer eigenen Entwicklung von der unwissenden, auf ihren Sohn Pawel ängstlich fixierten Mutter zur partikuläre Interessen überwindenden, intellektuell reifenden Klassenkämpferin; und es zeigt sich zum anderen daran, dass sie Repräsentanten unterschiedlicher sozialer Schichten, sowohl den Arbeiter als auch den Lehrer, für den Klassenkampf gewinnen kann. Dem korrespondiert auch der veränderte Schluss: Während bei Gor'kij die Vlasova verhaftet wird, übernimmt sie bei Brecht am Ende des Dramas die rote Fahne und marschiert mit streikenden Arbeitern und meuternden Matrosen. Neben der Hauptfigur hat Brecht noch weitere die Personengestaltung betreffende Veränderungen vorgenommen (das betrifft u.a. die Gestalt des Lehrers Nikolaj Vesovčikov sowie die des Arbeiters Smilgin). Darüber hinaus verzichtet Brecht auf eine Reihe der für Gor'kijs Roman wichtigen Handlungssegmente, z.B. auf die Gerichtsverhandlung gegen die Revolutionäre, auf die detaillierte Darstellung der Agitation auf dem Lande sowie auf die den ersten Teil des Romans prägende Beschreibung des russischen sozialen Milieus. Unübersehbar ist das Bemühen um Konzentration, das Bestreben, die paradigmatische Funktion von Szenen und Personen herauszuarbeiten. Dem korrespondiert die zeitliche Erweiterung der Handlung bis ins Jahr 1917, in deren Rahmen zusätzliche Themen wie Arbeitslosigkeit und Krieg berücksichtigt werden. All dies deutet darauf hin, dass Brecht Gor'kijs Roman bewusst aktualisiert, die politischen, ökonomischen und sozialen Verhältnisse um 1930 eingearbeitet hat, geleitet von der Intention, *Die Mutter* zu einem in der Gegenwart wirksamen Lehrstück zu machen.

Am deutlichsten zeigt sich die Umgestaltung des Romans an der Struktur. Orientiert an seiner Theorie des Epischen Theaters vermeidet Brecht durchgehende Dialogsequenzen zugunsten von Kurzszenen und unterbricht die Handlung permanent durch kommentierende und dozierende Rezitationen, Gesänge und Chorpartien. Distanzierend wirken außerdem der großen Raum beanspruchende epische Bericht bestimmter Protagonisten, die Rezitationen der Wlassowa, die Parallelisierung von Darstellung und Erzählung bestimmter Vorgänge sowie die bei den Inszenierungen einmontierten Filmsequenzen. Empathie und Identifizierung ermöglichende Darstellungen bei Gor'kij werden so bei Brecht entweder ausgeblendet (z.B. das private Mutter-Sohn-Verhältnis), werden distanziert, die Reflexion befördernd gestaltet, korrespondierend dem Lob des Lehrens und Lernens, das in dieser Dramatisierung stärker und expliziter zur Geltung kommt als in Gor'kijs Roman, z.B. im Lied *Lob des Lernens*. Typisch für Brecht ist dabei die betonte Verschränkung von Lehren und Lernen: Der Lehrer Wessowtschikow wird zum Lernenden, die lernende Analphabetin Wlassowa wird zur Lehrenden, der Lehrende bleibt der Lernende. Dem entspricht die von Inszenierung zu Inszenierung verschieden gehandhabte Einbeziehung des Publikums. Besondere Konturen als Lehrstück erhält die Brechtische Bearbeitung durch Hanns Eislers Vertonungen, in die Elemente des

Agitprop-Theaters eingegangen sind. Sie haben nach Auffassung Brechts die Aspekte Distanz und Kritik in innovativer Weise akzentuiert.

Brecht hat seine *Mutter* nicht so sehr als Bearbeitung von Gor'kijs Roman verstanden, sondern als eine, übrigens von Gor'kij autorisierte und im Rahmen unterschiedlicher Inszenierungen immer wieder veränderte Neuschöpfung nach Motiven aus Gor'kijs Text.

Brechts Lehrstück ist ein schönes Beispiel für eine in enger Kommunikation mit dem Autor der Vorlage erfolgte schöpferische Aneignung eines russischen Textes. Brecht hat Gor'kij mehrfach über seine Bearbeitung informiert, selbst über die von ihm als problematisch gewertete New Yorker Inszenierung berichtet er Gor'kij brieflich am 18.12.1935. Brecht hat Gor'kij verehrt. Die anlässlich von Gor'kijs Tod (18.6.1936) formulierte *Grabschrift für Gorki* (in den *Svendborger Gedichten*) würdigt den russischen Dichter als »Lehrer des Volkes/ Der vom Volk gelernt hat«, und der Aufsatz *Gorkis Einfluß auf die Literatur* (zuerst u.d.T. *Ausländische Schriftsteller über Gorki*, in der *Internationalen Literatur*, 1932) rühmt den russischen Dichter als einzigartige Mischung aus Talent und Lebenserfahrung, deren Wirkung so gewaltig ist, dass sie selbst Schriftsteller in Leser verwandelt.

Werkgeschichtlich ist die Bearbeitung der *Mutter* bedeutsam, weil Brecht hier in einer gelungenen Verbindung von schöpferischer Aneignung und theoretischer Reflexion Grundlegendes zum Epischen Theater formuliert hat. Die *Anmerkungen zur Mutter* sind eine erste zentrale Erörterung eines »nichtaristotelischen Theaters«, insbesondere aufgrund der detaillierten Konzipierung einer epischen Schauspielkunst, begleitet von einer Kritik an der genannten New Yorker Inszenierung und von einer Auseinandersetzung mit deutschen und amerikanischen Rezensionen des Stückes. Zu erwähnen ist die historisierende Neuinszenierung der *Mutter* durch Brecht im Januar 1951, die in stärkerem Maße russische Kontexte berücksichtigte, weil hier das deutsche Publikum offenkundig auch mit den Voraussetzungen und der Geschichte der russischen Arbeiterbewegung vertraut gemacht werden sollte.

Außer der *Mutter* sind im Bereich des Dramas die unter Beteiligung Brechts am Berliner Ensemble entstandenen, oben bereits genannten Aufführungen russischer Dramatiker erwähnenswert. Das betrifft insbesondere die Inszenierungen von Gor'kijs *Vassa Šeleznova* sowie Werke des in Deutschland zuvor wenig bekannten Aleksandr Ostrovskij (1823–1886), dessen im russischen Kaufmannsmilieu spielende Dramen Brecht zu den Vorläufern eines Epischen Theaters gerechnet hat, deren Realisierung im Rahmen dieser Konzeption er allerdings als schwierig erachtete. Seine kurzen Ausführungen *Zu ›Wassa Schelesnowa‹ von Gorki* (zuerst im von Helene Weigel hg. Band *Theaterarbeit*, 1952) akzentuieren den Aspekt des Dialektischen bei der Profilierung der von Therese Giehse verkörperten Titelfigur, die Anmerkungen zu Ostrovskij (*Relative Eile*; entstanden 1955) betreffen vor allem Varianten des Gestischen. Spuren sowjetischer Dichtung sind auch in anderen Dramen erkennbar, z.B. Reminiszenzen an das berühmte Lied Konstantin Simonovs *Ždi menja* (Warte auf mich) im *Kaukasischen Kreidekreis* (Uraufführung am 4.5.1948 in den USA), worauf Brecht im Essay *Wo ich gelernt habe* (entstanden um 1953) selbst aufmerksam gemacht hat.

Neben den Bearbeitungen russischer Texte für das Theater sind die für den Film zu nennen. Erwähnenswert ist dabei vor allem das 1947 gemeinsam mit Elisabeth Hauptmann geschriebene Drehbuch zu einem letztlich nicht realisierten Filmprojekt *Der Mantel*. Hauptmann und Brecht haben sich unübersehbar auf Nikolaj Gogol's berühmte gleichnamige Novelle (*Šinel'*) gestützt. Das gilt insbesondre für die vier ersten Bilder, während die folgenden sowohl die Hauptfigur, den kleinen Beamten Akakij Akakievič, als auch die Struktur der Novelle durch Erweiterungen und Modifizierungen maßgeblich verändern. Ist bei Gogol' der durch den Verlust des unter großen Entbehrungen erworbenen Mantels zugrundegehende kleine Beamte vor allem eine bemitleidenswerte tragische Figur, erscheint er in Brechts Bearbeitung in satirischer Überzeichnung als unmoralischer, beschränkter Spießer, dessen Scheitern notwendig und verdient ist (Knopf 3/2002, S. 399ff.).

Spuren russischer Lektüren finden sich auch in Brechts Prosa, z.B. in der 1938 geschriebenen Erzählung *Der Mantel des Ketzers* (1949 in den *Kalendergeschichten*; zuerst u.d.T. *Der Mantel des Nolaners* in der *Internationalen Literatur*, 1939). Die dem 1600 in Rom als Ketzer verbrannten Philosophen Giordano Bruno gewidmete Geschichte lässt Parallelen zu Gogol's *Mantel* erkennen, in der dominanten Motivik des Mantels ebenso wie in bestimmten Szenen (Bestellung des Mantels) und Personen wie dem Schneider (Knopf 3/2002, S. 328). Marginal hingegen ist die Relevanz von Leonid Andreevs Erzählung *Gubernator* (1905; dt Der Gouverneur) und deren Verfilmung unter dem Titel *Der weiße Adler* (Regie Jakov Protazanov, 1928) für die Entstehung der Kurzgeschichte *Die Bestie* (zuerst in der *Berliner Illustrirten Zeitung* vom 9.12.1928).

Wie bereits erwähnt stehen im Zentrum des Brechtschen Interesses für russische Literatur das 20. Jahrhundert betreffende weltanschauliche, ästhetische, dramentheoretische und dramaturgische Fragestellungen. Das distanzierte Verhältnis zu den großen russischen Dichtern des 19. Jahrhunderts hängt zum einen damit zusammen, dass sie vor allem Autoren von Romanen waren, ist zum anderen sicher auch auf die spätestens seit 1938 einsetzende Kritik am orthodoxen Sozialistischen Realismus zurückzuführen, in deren Rahmen sich Brecht, z.B. in Aufsätzen wie *Weite und Vielfalt der realistischen Schreibweise* oder *Volkstümlichkeit und Realismus* (beide 1938 entstanden), skeptisch über die Kanonisierung von Autoren wie Tolstoj als Vorläufer des Sozialistischen Realismus äußert. Diese Skepsis wird besonders nachdrücklich während der Expressionismus-Debatte gegenüber Lukács geäußert, der u.a. im Essay *Erzählen oder Beschreiben?* Balzacs und Tolstojs formale Gestaltung von gesellschaftlicher Wirklichkeit als vorbildlich bezeichnet hatte. Im Gegensatz dazu argumentiert Brecht historisierend, erklärt, dass man den Realismus eines Joyce nicht an dem von Tolstoj messen könne. Tolstoj und Balzac hätten in ihrer Zeit Großes geleistet, aber das prädestiniere sie keineswegs dazu, Vorbild für alle Zeiten zu sein, Exponate »einer Art Walhalla der bleibenden Gestalten der Literatur, einer Art von Madame Tussaudschen Panoptikums« zu werden. Das bedeutet nicht, dass Brecht die russische Erzählprosa ignoriert hätte. Entsprechende Lektürehinweise auf Autoren wie Tolstoj, Dostoevskij, Gogol', Čechov, Gor'kij finden sich in Briefen, Artikeln und Notizen ebenso wie solche auf die sowjetische Romanliteratur, z. B. auf Vasilij Ažaevs *Daleko ot Moskvy* (zuerst in *Novyj mir*, 1948; dt. Fern von Moskau) oder Šolochovs *Der stille Don*.

7.3 Brechts Dramentheorie und ihre russischen Kontexte

Im Zentrum von Brechts schöpferischer Auseinandersetzung mit russischer Literatur und Ästhetik stehen seine Dramaturgie und Dramentheorie. Bedeutsam sind dabei grundlegende Kategorien wie Verfremdung, Episierung, Montage, Operationalität. Sie spielen in den literaturtheoretischen Entwürfen der russischen Formalisten und in den dramaturgischen Experimenten eines Tret'jakov oder Mejerchol'd eine zentrale Rolle. Sowohl Brecht als auch die genannten russischen Autoren bzw. Dramaturgen verstehen Kunst als Verfahren und als Ergebnis gesellschaftlicher Produktion, definieren Sprache als spezifisches Material, das vom Künstler neu organisiert werden soll, sehen die Aufgabe der Kunst darin, nichtreflektierte Wahrnehmung von Wirklichkeit und Kunst in Gestalt von Automatisierung und Einfühlung durch neue Kunstmittel aufzubrechen und neu zu beleben. Verfahren wie die Verfremdung sind sowohl für Brecht als auch für den Formalisten Šklovskij Bestandteile des Bemühens, »dem Zuschauer eine untersuchende, kritische Haltung gegenüber dem darzustellenden Vorgang zu verleihen« (Brecht: *Kurze Beschreibung einer neuen Technik der Schauspielkunst, die einen Verfremdungseffekt hervorbringt*, entstanden wohl 1940, zuerst in *Versuche 11*, 1951), den Rezipienten also dahin zu bringen, Kunst nicht nur zu genießen bzw. zu konsumieren, sondern mit ihrer Hilfe sowohl das Kunstwerk als auch die durch es vermittelten Sachverhalte reflektiert und auf neue Weise wahrzunehmen.

Was den V-Effekt betrifft, so ist eine Anregung durch den russischen Formalismus denkbar; in der Tat erscheint der Begriff bei Brecht als Bestandteil seiner Dramaturgie erst nach seinem Moskau-Aufenthalt 1935, in dessen Verlauf er im April 1935 auf Šklovskij und dessen programmatischen Artikel *Iskusstvo kak priem* (1917; dt. Kunst als Verfahren) aufmerksam gemacht worden ist. Der frühe Šklovskij definiert dort wahrnehmungstheoretisch orientiert Verfremdung als sprachkünstlerisches Verfahren (priem), mit dessen Hilfe eine automatisierte Wahrnehmung aufgebrochen und das jeweils Spezifische des zu erkennenden Gegenstandes oder Ereignisses erfahrbar bzw. neu erfahrbar gemacht werden soll; das Objekt soll »gesehen« und nicht »wiedererkannt« werden. Neben dieser eine intensive und innovative Sicht der Lebenswelt ermöglichenden Funktion verleiht die Verfremdung dem von ihr geprägten Kunstwerk auch einen selbstreflexiven Charakter, aktualisiert die Wahrnehmung der Form, vermittelt die Erkenntnis, dass Kunst aus einer Summe von Verfahren besteht, mit deren Hilfe das Material Sprache bearbeitet und gestaltet wird. Eine umfangreiche schöpferische Auseinandersetzung Brechts mit Šklovskijs Verfremdungstheorie ist im Einzelnen nicht nachweisbar. Eine Begegnung mit Šklovskij hat nach dessen Auskunft nicht stattgefunden. Unterschiede sind sowohl hinsichtlich der Verfremdungsverfahren als auch hinsichtlich ihrer Funktion erkennbar. Im Gegensatz zu Brecht haben Šklovskij und auch die anderen Formalisten in ihren frühen Arbeiten ihren Ansatz nicht als Bestandteil eines wirkungsästhetischen Konzepts gesehen. Zudem hat Šklovskij seine Vorstellungen von Verfremdung gerade nicht am Beispiel des Genres entwickelt und diskutiert, das Brecht besonders interessierte: das Drama. Darüber hinaus hat Brecht für seine Verfremdungskonzeption neben philosophischen Entfremdungstheorien (Hegel, Marx) zwei Quellen fruchtbar gemacht, die er während seines Moskauer Aufenthaltes 1935 intensiv studieren konnte: die vom Schauspieler Mei Lan-fang vorgestellte chinesische Schauspielkunst und Mejerchol'ds Produktionstheater. Letzteres, das Spiel von Mei Lan-fang, das »Realistische Theater« Nikolaj Ochlopkovs sowie zahlreiche Gespräche führen zu einer stark auf das Theater bezogenen Ausdifferenzierung der Brechtschen Verfremdungskonzeption (Gestik des Zeigens, Distanz des Schauspielers zum Dargestellten, Reflexion etc.). Diese Aspekte sollen einen Erkenntnisprozess initiieren, der im Gegensatz zu Šklovskijs Konzeption in *Kunst als Verfahren* auf die Widersprüchlichkeit und Veränderbarkeit der ökonomischen und gesellschaftlichen Wirklichkeit bezogen ist und darüber hinaus den Zuschauer zu sozialem Handeln anregt.

Bedeutsamer für die Entwicklung von Brechts Theatertheorie und -praxis ist sein Interesse für das moderne russische Theater und seine Repräsentanten Tairov, Tret'jakov und Mejerchol'd, die ja auch exzellente Kenner des deutschen Dramas und deutscher Theaterkultur waren. Tairov hat er weniger beachtet, auch wenn dessen Konzeption von einem verschiedene Darbietungsformen wie Monolog, Dialog, Gesang, Pantomime und Tanz verschmelzenden »synthetischen Theater« für sein »episches Theater« sicher nicht uninteressant gewesen ist. Wichtiger für ihn waren jedoch Tret'jakov und Mejerchol'd. Was ihn mit beiden verbindet, ist die Suche nach einem neuen, operationalen Theater, das nicht durch Illusionserzeugung, Psychologisierung und Einfühlung geprägt ist. Alle drei suchen und verwenden vielmehr Verfahren, mit deren Hilfe eine die genannten Aspekte befördernde geschlossene, finale Dramenstruktur verfremdend aufgebrochen (z.B. durch Songs, Filmsequenzen, Kommentare) und neu montiert wird.

Besonders ergiebig für die Konzipierung eines »Nichtaristotelischen Theaters« seit Beginn der dreißiger Jahre war zweifellos die Begegnung mit Sergej Tret'jakov

(1892–1937), den Brecht, wie erwähnt, explizit als »Mein Lehrer« gewürdigt hat (»Mein Lehrer/ Der große, freundliche« im Gedicht *Ist das Volk unfehlbar?*). Partner eines schöpferischen Dialogs waren sie insofern, als sich beide ausgiebig mit dem Werk des anderen beschäftigt haben. So war Tret'jakov der erste, der sich in der Sowjetunion nachhaltig als Übersetzer, Herausgeber und Literaturkritiker für Brecht eingesetzt hat. U.a. hat er *Die Mutter, Die heilige Johanna der Schlachthöfe* und *Die Maßnahme* übersetzt (*Epičeskie dramy*, 1934), hat von der »kameradschaftlichen Verbundenheit«, von der »freundschaftlichen Arbeit« mit Brecht gesprochen. Beleg all dessen ist die kenntnisreiche und einfühlsame Charakterisierung von Autor und Werk im einführenden Essay zu den erwähnten Brecht-Übersetzungen, in dem er besonders auf die Offenheit der Stücke, ihre rational-lehrhafte, operationale Ausrichtung, die Übereinstimmung von Wort und Geste aufmerksam macht, sich gleichzeitig aber auch liebevoll-spöttische Anmerkungen über Brechts äußeren Habitus nicht verkneift (»das Wort Hänfling, gemessen an Brechts Konstitution, bezeichnet einen Hünen«, »Er ist wie ein Ton, den eine zu dünne Klarinette hervorquält«). Tret'jakov war mit vielen anderen deutschen Künstlern und Schriftstellern bekannt und befreundet (z.B. mit Oskar Maria Graf, mit John Heartfield, mit Hanns Eisler); bewegendes und informatives Zeugnis dessen sind seine an die Bücherverbrennung von 1933 anspielenden *Ljudi odnogo kostra* (1936; dt. Menschen eines Scheiterhaufens), eine umfangreiche Sammlung von Porträts vor allem deutscher sozialistischer Künstler (John Heartfield, Bert Brecht, Hanns Eisler, Friedrich Wolf, Gregor Gog, Oskar Maria Graf, Theodor Plievier, Johannes R. Becher, Ernst Busch, Lion Feuchtwanger), eingeleitet durch eine aus verfremdender Perspektive skizzierte Darstellung deutscher Lebenswelten um 1930. Tret'jakov hat sich mehrfach in Deutschland aufgehalten, längere Zeit zwischen Dezember 1930 und Oktober 1931, wo er mit zahlreichen Schriftstellern wie Brecht, Eisler, Graf, Becher, Piscator u.a. zusammentraf. 1934 begleitete er eine Gruppe deutscher und österreichischer Schriftsteller auf einer vom Sowjetischen Schriftstellerverband organisierten Reise durch den Süden der Sowjetunion (u.a. Ernst Toller, Adam Scharrer, Albert Ehrenstein). Darüber hinaus hat Tret'jakov für die sowjetische Presse eine Fülle von Artikeln über kulturelle und gesellschaftliche Ereignisse im Deutschland der Weimarer Republik geschrieben.

Das Multitalent Sergej Tret'jakov gehört zu den wichtigsten Repräsentanten der linken Avantgarde in Russland um die Zeitschrift *LEF*, war u.a. Mitarbeiter von Majakovskij, Mejerchol'd und Ejzenštejn, profilierte sich als erklärter Verfechter einer Kunstanschauung, die Drama und Theater als gesellschaftliches Handeln im Rahmen politischer Agitation versteht. Diese Intention bestimmte die plakative Sprache, die antagonistische Struktur und die typisierende Personengestaltung sowie die meisterhafte Choreographie von Massenszenen in seinen Stücken. Tret'jakov war ein breit interessierter, vielseitiger, innovativ denkender und ungemein dynamischer Künstler, tätig u.a. als Schriftsteller, Übersetzer, Theater- und Filmregisseur, Pianist, Bildungspolitiker, Kolchosarbeiter und Professor an der Pekinger Nationaluniversität (1924/1925), von daher ein hervorragender Kenner der gesellschaftlichen und kulturpolitischen Verhältnisse in China. Deshalb sind wichtige programmatische (*Deng-Schi-hua. Bio-Interview*, 1930) und dramatische Werke (*Ryči, kitaj!*, 1926; dt. Brülle, China!) auf chinesische Kontexte bezogen. Die Erörterung und Darstellung antagonistischer, klassenbezogener Auseinandersetzungen geschieht bei Tret'jakov mit Hilfe einer Montage faktographischen, nichtfiktionalen Materials aus Kultur, Gesellschaft und Geographie, aus Geschichte und Gegenwart. Tret'jakov ist damit wichtiger Repräsentant der sog. Faktenliteratur (literatura fakta), welche Kunst als materialgestützte Produktion von Wirklichkeitsmodellen versteht. Das Kunstwerk erscheint dabei als Montage selektierter, aber unveränderter Wirklichkeitselemente, es ist bearbeitetes Material, nicht die vom Sozialistischen Realismus verlangte intentional-weltanschaulich gesteuerte Widerspiegelung der Wirklichkeit. Tret'jakovs Materialästhetik versteht Kunst als alltägliche Praxis, die in einem ersten Schritt Wirklichkeit fixiert und diese in einem zweiten mit Hilfe verfremdender Verfahren zu verändern sucht. Zu dieser operativen Praxis, die »so intensiv wie möglich die Gehirne durchschüttelt« (Mierau 1976, S. 61), gehört auch die Aufhebung des Gegensatzes zwischen Kunst und Leben, zwischen Schriftsteller und Arbeiter; Autor und Publikum sollen identisch werden. Tret'jakov hat im Januar 1931 diese Materialästhetik im Rahmen des nicht nur Brecht, sondern auch andere deutsche Künstler und Intellektuelle wie Walter Benjamin beeindruckenden Vortrags *Der Schriftsteller und das sozialistische Dorf* zunächst in Berlin und danach in anderen deutschen Städten in deutscher Sprache vorgestellt. Er berichtete am Beispiel der Kollektivierung der Landwirtschaft über die radikalen gesellschaftlichen Veränderungen in der Sowjetunion und skizzierte die sich daraus ergebenden Aufgaben des Schriftstellers, dessen operative Teilnahme (erschienen ist der Vortrag 1931 in der Zeitschrift *Das Neue Russland*). Der Vortrag spricht vieles von dem an, was Brechts frühe Konzeption eines epischen marxistischen Theaters enthält. Während Tret'jakovs mehrmonatigem Aufenthalt in Deutschland kommt es zu mehreren Begegnungen zwischen beiden, Ausgangspunkt der erwähnten, bis zu Tret'jakovs Verhaftung währenden Zusammenarbeit. Brecht hat sich immer wieder für seinen russischen Freund und Lehrer eingesetzt, ihn gegenüber orthodox-marxistischen Literaturtheoretikern wie Lukács verteidigt, der Tret'jakov als Naturalist verunglimpft hatte. Brechts Interesse für Tret'jakovs Arbeit wurde endgültig 1930 geweckt, anlässlich der von Mejerchol'ds Theater in Berlin gezeigten Inszenierung von *Brülle, China!* Während Tret'jakovs Deutschlandsreise lernten sich beide persönlich kennen und schätzen und haben danach intensiv aneinander Anteil genommen. Brecht hat sich Tret'jakov-Texte übersetzen lassen (z.B. die im Sammelband *Literatura fakta*, 1929, erschienene Abhandlung *Biografija vešči*; dt. Die Biographie der Dinge) und bearbeitet (*Ich will ein Kind haben*). Zu Begegnungen kam es außerdem während Brechts Moskau-Reisen 1932 und 1935. Brecht und Tret'jakov hielten auch nach 1933 engen Kontakt. Eine bereits 1933/1934 geplante Reise kam nicht zustande, doch wurde die Korrespondenz aufrechterhalten. Beide betonen die Wichtigkeit ihres geistigen Austausches, Brecht z. b. im Rahmen eines Interviews mit Luth Otto (in der dänischen Zeitung *Ekstrabladet* vom 20.3.1934), in dem er die Nähe seiner Theaterkonzeption zu denen von Tret'jakov und Mejerchol'd betont. Tret'jakov artikuliert am 8.9.1934 brieflich das dringende Bedürfnis, mit Brecht literaturtheoretische Fragen zu erörtern. Tret'jakov war es auch, der Brecht während dessen Moskauer Aufenthaltes im Januar 1935 Zugang zu einer Aufführung des chinesischen Schauspielers Mei Lan-fang verschafft, dessen Spiel Brecht tief beeindruckte und ihm wichtige Anregung für sein Konzept eines Epischen Theaters vermittelte (z. B. für die noch in Moskau begonnenen *Bemerkungen über die chinesische Schauspielkunst*). Der Kontakt währte bis zur Verhaftung Tret'jakovs. Brechts *Rat an Tretjakow, gesund zu werden* (in einem 1930 geführten Notizbuch, aber wohl nach 1933 entstanden) ist nicht nur eine in Gedichtform gebrachte Aufforderung, »ein Glas Milch am Morgen [zu trinken]/ Damit nicht dein Rat für uns/ Eines kranken Mannes Rat sei!«, sondern Stärkung und Ermunterung eines von »Feinden« umgebenen Freundes, eine, wie das anfangs erwähnte Gedicht beklagt, letztlich erfolglose Ermunterung (»Mein Lehrer/ Der große, freundliche/ Ist erschossen worden [...]./ [...] Sein Name ist verdammt./ Seine Bücher sind vernichtet. Das Gespräch über ihn/ Ist verdächtig und verstummt.«).

Zu den ersten wichtigen schöpferischen Auseinandersetzungen Brechts mit Tret'jakov gehört die dramaturgische Bearbeitung der zweiten Fassung (1927) von dessen Stück *Ich will ein Kind* haben. Das in der Sowjetunion nicht aufgeführte Stück behandelt den Konflikt zwischen überlieferter und sozialistischer Auffassung von Liebe, Familienplanung und Erziehung, wobei Tret'jakov keine Lösungen anbietet, sondern das Publikum zur Auseinandersetzung mit den dargestellten Problemen animieren will. In der offenen Struktur, in der Typisierung von Dramenfiguren als Inkarnation sozialer Verhaltensweisen, in der umfänglichen Einbeziehung des Zuschauers ist *Ich will ein Kind haben* Vorbild für Brechts Lehrstücke. Brechts geringfügiger Bearbeitung liegt eine Übersetzung von Ernst Hube zugrunde (Mierau 1975, S. 227, 239ff.). Tret'jakovs Stück war für ihn in zweierlei Hinsicht von Interesse: zum einen wegen der erwähnten, von Verfremdungstechniken verschiedener Art geprägten Struktur, zum anderen aufgrund der innovativen Bearbeitung des Mutter-Kind-Motivs, das in Dramen wie *Der gute Mensch von Sezuan* (entstanden 1938–1940, uraufgeführt am 4.2.1943 in Zürich) und *Der kaukasische Kreidekreis* von zentraler Bedeutung sein wird. So ist z. B. die Gestaltung der siebenten Szene des *Guten Menschen von Sezuan* (Einführung des ungeborenen Kindes in die kapitalistische Welt) deutlich der neunten Szene in Tret'jakovs Drama verpflichtet (Mierau 1976, S. 97). Intensität und Umfang des schöpferischen Dialogs demonstriert beider Theaterarbeit. Deutliche Parallelen zeigen sich in der kritischen Auseinandersetzung mit Stanislavskijs Illusions-Konzeption und in dem aus dieser Kritik erwachsenen Verständnis von Theaterarbeit als konkreter gesellschaftlicher Handlung. Beide favorisieren eine Schauspielkunst, welche die Aspekte Distanz, Kritik, Reflexion akzentuiert, beide haben die dafür wichtige gestische Technik gemeinsam in Moskau bei der Aufführung von Mei Lan-fang kennengelernt. Darüber hinaus arbeiten beide mit verfremdenden Verfahren, mit Montage, mit den die Handlung unterbrechenden und sie kommentierenden Songs, Rezitationen, Filmsequenzen etc., bei beiden erhalten diese Verfahren eine wirkungsästhetisch relevante Funktion. Tret'jakovs »Operationalem Theater« entsprechend will Brecht das Publikum aktivieren, es dazu anregen, die durch Theaterspiel öffentlich gemachten gesellschaftlichen Widersprüche zu diskutieren. Im Gegensatz zu Tret'jakov arbeitet Brecht allerdings nicht mit unverändertem, lediglich neu zu montierendem Material, sondern fordert dessen ästhetische Bearbeitung. Intensität und Nachwirkung dieser schöpferischen Begegnung zeigen sich noch einmal 1950/1951 während der gemeinsam mit Käthe Rülicke betriebenen Arbeit am »Garbe/Büsching-Projekt«. Unter der Leitung des Arbeiters Hans Garbe hatte 1949/1950 eine Arbeitsbrigade des Werkes Siemens-Plania bei laufendem Betrieb einen für die Wirtschaft der DDR wichtigen Ringofen repariert – eine ungemein innovatorische Leistung, die zunächst von Eduard Claudius in der Erzählung *Vom schweren Anfang. Die Geschichte des Aktivisten Hans Garbe* (1950), dann vom gleichen Autor im Reportage-Roman *Menschen an unserer Seite* (1951) literarisch gestaltet worden ist, übrigens in unübersehbarer Orientierung an Gladkovs *Zement*, einem der wichtigsten Produktionsromane der Sowjetliteratur, der Jahre später von Heiner Müller dramatisiert worden ist. Brecht interessierte der Stoff seit 1950; 1951 formuliert er dazu erste Entwürfe eines an Tret'jakovs Agitprop-Theater anknüpfenden, aber die unmittelbare gegenwärtige Arbeitswelt wiedergebenden »Produktionsstücks«, dessen Hauptgestalt statt Garbe den Namen Büsching erhält. Um dem Ganzen eine festere und breitere Materialbasis zu geben, kommt es in der Tradition des Tret'jakovschen *Bio-Interviews* zu vor allem von Rülicke geführten Gesprächen mit Garbe (die sie als Erzählung *Hans Garbe erzählt* 1952 veröffentlicht). Trotz weiterer Arbeiten ist das Projekt nicht realisiert worden. Auch danach war Tret'jakov nicht vergessen; noch kurz vor seinem Tod hat sich Brecht in Moskau dafür eingesetzt, dass die im Iskusstvo-Verlag erscheinende russische Ausgabe seiner Werke auch Übertragungen seines Lehrers und Freundes berücksichtigt.

Brechts schöpferische Aneignung der Tret'jakovschen Theatertheorie und -praxis wird begleitet von einer Auseinandersetzung mit der Dramaturgie des Regisseurs Vsevolod Mejerchol'd (1874–1940). Dramen wie Tret'jakovs *Brülle, China!* hat er z. B. in der Inszenierung Mejerchol'ds in Berlin kennengelernt. Auch Mejerchol'd ist, gemeinsam mit Majakovskij, Repräsentant einer Dramenkunst und Revolution verbindenden operationalen Konzeption, die das Drama als Produktionskunst versteht, in deren Rahmen der Gegensatz zwischen Produktion und Freizeit, zwischen Kunst und Leben, von Arbeit und ästhetischem Handeln aufgehoben werden soll.

Ihm geht es weniger um die dramaturgische Interpretation bereits vorliegender Werke als vielmehr um die Inszenierung gesellschaftlicher Verhaltensformen, die auf diese Weise neu erfahren werden sollen. Besondere Aufmerksamkeit schenkt Mejerchol'd der physischen Kultur, dem körperlichen, dem gestischen Aspekt, die vom Schauspieler besonders herausgearbeitet werden sollen, orientiert an Techniken der commedia dell'arte und der asiatischen Schauspielkunst, formuliert bereits 1912 im Traktat *Balagan* (Die Schaubude). Ausgehend davon entwickelt er sein den Körper als Signalsystem interpretierendes Konzept der »Biomechanik«, das z.B. die Bewegungen des erfahrenen Arbeiters als Tanz und somit als ein Beleg für die Identität von Arbeit und Kunst interpretiert. Dieser »Biomechanik« soll auch die Schauspielkunst folgen und in der gestischen Modellierung von Bewegungen solcherart Verschmelzung von ästhetischem und produktivem Verhalten wieder an das Publikum weitergeben.

In Mejerchol'ds und Brechts Dramaturgie gibt es erstaunlich viele Parallelen. Beide stehen der Stanislavskij-Schule kritisch gegenüber, lehnen Illusionserzeugung und Einfühlung ab, beide ersetzen das »aristotelische«, die Einheit von Zeit, Ort und Handlung betonende Drama durch das aus einzelnen, nicht notwendig kausal bzw. final aufeinander bezogenen Szenen bestehende »Stück«. Sowohl Brecht als auch Mejerchol'd betonen das Artistische, Kunsthafte, Nichtmimetische und verwenden dafür Songs, Orchestermusik, Filmsequenzen und anderes Material, um die Handlung einerseits zu unterbrechen und um sie andererseits zu kommentieren und zu deuten. Beide akzentuieren eine illusionsbrechende und Reflexion ermöglichende Schauspielkunst, die sie gemeinsam 1935 im Spiel des erwähnten Mei Lanfang kennengelernt haben.

Wichtig für Mejerchol'd und Brecht ist ein verfremdendes, die Gestik des Zeigens kultivierendes Agieren des Schauspielers, mit dessen Hilfe die Distanz zwischen Dramenfigur und Darsteller verdeutlicht wird, zugunsten einer Abstrahierung und Typisierung des dargestellten Geschehens einerseits und einer reflektierten Rezeption durch das Publikum andererseits. Beide Dramaturgen sind dabei von der Intention geleitet, die Grenze zwischen Schauspieler und Zuschauer aufzuheben, dramatische Kunst zum integralen Bestandteil des alltäglichen Lebens zu machen. Wirkungsästhetisch gesehen erstreben sie eine Aktivierung des Publikums, das sich vergnügen, lernen und (z.B. im Weiterschreiben von Stücken) schöpferisch handeln soll.

Bei aller partiellen Nähe kann von einer Übernahme dramaturgischer Prinzipien Tret'jakovs und Mejerchol'ds durch Brecht freilich nur bedingt gesprochen werden. Grundsätzlich unterschiedlich ist die Beziehung zwischen Theater und Literatur: Brecht ist in viel stärkerem Maße als seine sowjetischen Kollegen von Beginn an Literat gewesen und es auch geblieben. Im Gegensatz zu ihnen hat er seine Wurzeln auch nicht in avantgardistischen Literaturströmungen wie dem Futurismus, seine Haltung zu deren ästhetischen Konzeptionen ist eher distanziert. Anders als Brecht geht es Tret'jakov und Mejerchol'd bei der Verwendung von Verfremdungstechniken nicht allein um Bewusstseinsveränderung und Erkenntnisgewinn, sondern um die Konstruktion eines neuen Menschen und um dessen Funktionsbestimmung in der neuen, sozialistischen Gesellschaft. Brecht hingegen akzentuiert stärker die Erkenntnis der Wirklichkeit, das Aufzeigen ihrer Veränderbarkeit (Historisierung); das gilt vor allem für die Arbeit nach der Abwendung von der Lehrstück-Konzeption. Unterschiedlich gewichtet und eingesetzt werden auch die genannten Verfremdungstechniken. Während bei Brecht Songs und chorische Einlagen dominieren, zeigen Mejerchol'ds Inszenierungen eine breite Palette von musikalischen, tänzerischen und bildlichen Einlagen. Auch das Konzept der Biomechanik hat Brecht zwar mit großem Interesse studiert, aber nur in Ansätzen übernommen. Brechts Nähe zu Tret'jakov und Mejerchol'd war übrigens einer der Gründe dafür, dass seine Stücke zwischen 1930 und 1957 in der Sowjetunion nicht aufgeführt werden durften. Erst mit dem ersten Gastspiel des Berliner Ensembles im Herbst 1957 in Moskau und Leningrad (*Mutter Courage*) beginnt die intensive und auch kritische Auseinandersetzung sowjetischer Dramaturgen mit Brecht; zu nennen sind hier vor allem die von Jurij Ljubimov verantworteten Brecht-Inszenierungen (z.B. *Der gute Mensch von Sezuan*) im Moskauer Tanganka-Theater.

Einer der Schwerpunkte von Brechts Rezeption russischer Literatur und Ästhetik bildet die Auseinandersetzung mit dem russischen Schauspieler, Regisseur und Theatertheoretiker Konstantin Stanislavskij (1863–1938). Dieser war nicht »Lehrer« wie Tret'jakov, sondern gleichsam ein negativer Impulsgeber, der Brecht immer wieder nötigte, seine Stanislavskijs Theatertheorie widersprechende Konzeption eines »nichtaristotelischen Theaters« zu überdenken und weiterzuentwickeln. Dabei werden Positionen Stanislavskijs nicht gänzlich negiert, sondern modifizierend weiterentwickelt, z.B. wenn Einfühlung in ein dialektisches Verhältnis zur Distanzierung gebracht wird. Bei aller Kritik hat Brecht seinen Antipoden deshalb auch immer wieder gewürdigt und darauf verwiesen, dass er ihm Wichtiges verdankt, dass seine ablehnenden Äußerungen mehr der im Kontext des Sozialistischen Realismus entstandenen Stanislavskij-Schule und nicht so sehr dem Meister selbst gelten. Ihr wirft Brecht vor, dass sie exaltiert, künstlich, verlogen und geistig zurückgeblieben ist.

Stanislavskij gilt als einer der wichtigsten Repräsentanten eines psychologischen Realismus im Bereich der Schauspielkunst. Grundlegend ist die Akzentuierung einer illusionistisch orientierten Dramaturgie, mit deren Hilfe eine möglichst adäquate Wiedergabe innerer und äußerer Wirklichkeit erreicht werden soll. Neben »Illusion« ist die »Einfühlung« eine zentrale Kategorie; beide sind neben unbedingter Detail- und Milieutreue konstitutiv für die »Wahrheit des Spiels«. Stanislavskij hat Ende des 19. Jahrhunderts als einer der ersten Regisseure versucht, seine Auffassungen von der Arbeit des Regisseurs und des Schauspielers systematisch darzustellen. Darin ist er ebenso ein Kind des 19. Jahrhunderts wie in seiner dem

Naturalismus und der Psychologie nahestehenden Theaterästhetik, deren theatralische Realisierung sogar den deutschen Kaiser Wilhelm II. so beeindruckte, dass er Stanislavskij den preußischen Orden des Roten Adlers verlieh – vierter Klasse. In seinen theoretischen Äußerungen propagierte er ein von den Prinzipien der Natürlichkeit, Echtheit und Wahrhaftigkeit geleitetes »Theater der strengen Wahrheit«, mit dessen Hilfe eine in Klischees und substanzlosem Virtuosentum erstarrte Schauspielkunst grundlegend erneuert werden sollte. Im Zentrum des von Stanislavskij v.a. in den zwanziger und dreißiger Jahren entwickelten umfangreichen Regelsystems für Schauspieler steht folglich die Arbeit des Schauspielers, stehen bestimmte, naturgesetzlich geprägte Voraussetzungen des schauspielerischen Handelns. Dazu gehören zum einen die individuelle Arbeit an sich selbst (*Rabota aktera nad soboj*, 1938; dt. Die Arbeit des Schauspielers an sich selbst) und zum anderen die Analyse der Gestaltung einer bestimmten Rolle (*Rabota aktera nad rol'ju*, 1957; dt. Die Arbeit des Schauspielers an der Rolle). Stanislavskij fordert vom Schauspieler eine auf intensives Erleben und Einfühlen gründende Wahrhaftigkeit des Spiels sowie die vollständige Identifikation mit der Rolle. Um diesen schöpferischen Prozess in Gang zu setzen, bedarf es einer Reihe von physischen Handlungen und psychischen Übungen, in deren Verlauf und Resultat die für wahrhaftes, psychologisch überzeugendes Spielen erforderliche Verschränkung von Erleben und Verkörpern ermöglicht wird (Reproduktion und Verstärkung von Empfindungen, Steuerung des Gedächtnisses, Anregung zum Phantasieren u.a.). Nach diesem vom Regisseur angestoßenen, vom Schauspieler individuell vollzogenen Erarbeiten der Rolle kommt es zur vom gesamten Ensemble geschaffenen Synthese (»durchgeführte Handlung«), orientiert an der sog. »Überaufgabe«, dem thematischen Zentrum des Stückes. Oberstes Ziel eines solchen Spielens ist, wirkungsästhetisch gesehen, die vollständige Illusionierung des Zuschauers, dessen distanzlose, einfühlende Rezeption des auf der Bühne dargestellten Geschehens. Die detailreichen Analysen einer schöpferischen, bis zur Identifizierung gehenden Rollengestaltung sind hier im Einzelnen ebenso wenig darstellbar wie die umfangreichen Ausführungen und Anweisungen zur Schulung von physischen Handlungen (Bewegung, Gestik) und Psychotechnik. Stanislavskij hatte geplant, diese oft fälschlicherweise als »System« charakterisierte Konzeption in einer dreibändigen *Grammatik der Schauspielkunst* darzustellen, die bislang immer noch auf eine vollständige Veröffentlichung wartet.

In der DDR hatte sich zunächst das Weimarer Theater unter der Leitung von Maxim Vallentin (1904–1987) um eine schöpferische Rezeption bemüht. Doch auch diese war eingeschränkt, weil selbst Vallentin nur wenige Schriften Stanislavskijs bekannt waren, z.B. der erste Teil von *Die Arbeit des Schauspielers an sich selbst* und die Autobiographie *Moja žizn' v iskusstve* (1926; dt. Mein Leben in der Kunst). Ausgehend von dem *Von unseren Freunden lernen* überschriebenen Artikel des Brecht-Antipoden Fritz Erpenbeck in der Zeitschrift *Theater der Zeit* kommt es dann ab 1951 zur offiziell geförderten Propagierung von Stanislavskijs Werk. *Thea-*

ter der Zeit veröffentlichte bislang unbekanntes Material (u.a. aus *Zu den physischen Handlungen*), sie enthielt bis 1953 eine Rubrik »unsere Stanislawski-Diskussion«, in der auch entsprechende Sekundärliteratur, Berichte von Aufführungen u.a. vorgestellt wurden. Neben Weimar wurde das Berliner Maxim-Gorki-Theater zum zweiten Schwerpunkt der Stanislavskij-Pflege, die anderen Theater waren aufgerufen, sich u.a. in sog. Stanislavskij-Zirkeln intensiv mit dem russischen Dramaturgen auseinanderzusetzen. Die wichtigsten Repräsentanten der Stanislavskij-Methoden im Bereich der Regie waren neben dem erwähnten Vallentin Wolfgang Langhoff, Karl Kayser und Wolfgang Heinz. Höhepunkt dieser durchaus auch kontroversen Rezeption war die vom 17. bis 19.4.1953 in der Berliner Akademie der Künste veranstaltete Stanislavskij-Konferenz, bei der es dann zu intensiven Diskussionen zwischen Stanislavskij-Anhängern wie Langhoff und der Brecht-Schule kam.

Brecht beschäftigte sich seit Mitte der dreißiger Jahre eingehender mit Stanislavskij, allerdings auf einer recht schmalen Informationsbasis. Im Februar 1936 bittet er Margarete Steffin um Übersetzungen von Passagen aus Stanislavskijs Autobiographie *Mein Leben in der Kunst*. Weitere Informationen erhält er durch die Lektüre englischsprachiger Aufsätze und der ersten deutschsprachigen Ausgabe einzelner Schriften Stanislavskijs (*Das Geheimnis des schauspielerischen Erfolges*, 1940). Die erste, kritische Stellungnahme Brechts bezieht sich nicht auf Stanislavskij selbst, sondern auf zwei von dessen Schülern. In einem im März 1937 geschriebenen Beitrag (*Das verräterische Vokabular*) kritisiert er zwei in der Zeitschrift *Theatre Workshop* erschienene Artikel von Josef M. Rapoport (*The Work of the Actor*, 1936) und Ilja Sudakov (*The Actor's Creative Work*, 1937), mokiert sich über das Mystische an Stanislavskijs Dramaturgie, erklärt, dass bereits das Vokabular der beiden Schriften die Überholtheit des Konzepts demonstriere, eine Einschätzung, die er etwa zeitgleich in einem Brief an Mordecai Gorelik wiederholt. Ähnliche Kritiken finden sich in seinem *Journal* (u.a. am 12.9.1938). Bereits hier wird erkennbar, dass Brechts ablehnende Haltung weniger Stanislavkij, sondern vor allem dessen Interpreten gilt (»Sammelbecken für alles Pfäffische in der Theaterkunst«). Nach Stanislavskijs Tod (7.8.1938) verschärft Brecht diese Kritik. Das betrifft vor allem das 1947 erschienene *Deutsche Stanislawski-Buch* von Ottofritz Gaillard und Maxim Vallentin, das er, u.a. wegen des »hausbackenen moralische[n] Ton[s]« heftig kritisiert hat (im *Journal* am 4.1.1948). Kurz vor seinem Tod, nach einem Besuch einer von Stanislavskijs 1926 entwickeltem Regiekonzept geprägten Ostrovskij-Aufführung im Moskauer Künstlertheater, äußert er sich positiv über die Aufführung, merkt aber an, dass man Stanislavskij gegen Anhänger und bestimmte Schüler in Schutz nehmen müsse.

Erster Höhepunkt dieser theatergeschichtlich bedeutsamen Auseinandersetzung ist Brechts Arbeit am *Messingkauf* (1939–1955), also an einer der umfangreichsten Darstellungen des »nichtaristotelischen Theaters«. In dieser Sammlung von Fragmenten wird Stanislavskij im Rahmen eines Dialogs zwischen fünf Personen als Repräsentant eines naturalistischen Einfühlungstheaters vorgestellt, das bestenfalls von historischem Interesse ist. Gleichwohl geben seine Schriften den am Theoriedialog Beteiligten die Möglichkeit, über grundlegende Probleme eines modernen Theaters zu reflektieren (Wahrheitsfindung und Wahrheitsvermittlung, Realisierung gesellschaftlicher Vorgänge und der sie bestimmenden Gesetzmäßigkeiten auf der Bühne, Kritik am Einfühlungs- und Illusionstheater). Verkörpert in der Gestalt des Philosophen bemängelt Brecht am System Stanislavskijs neben dem mangelnden künstlerischen Tiefgang das Fehlen eines gesellschaftswissenschaftlichen Interesses an den dargestellten Vorgängen. Erforscht würden nicht sozial relevante Strukturen, sondern bestenfalls das Seelenleben von Einzelpersonen. Der *Messingkauf* skizziert also in seinem ersten Teil (»Die erste Nacht«) Positionen der Stanislavskij-Schule, um das eigene Projekt eines wissenschaftlichen, nichtaristotelischen Theaters zu legitimieren und zu konturieren.

Die Auseinandersetzung mit Stanislavskij erreicht ihren Höhepunkt zu Beginn der fünfziger Jahre, als die DDR-Kulturpolitik das Stanislavskij-System zum Vorbild einer sozialistischen Theaterarbeit erklärte. Relevant sind hier vor allem die Stanislavskij-Konferenz im April 1953 sowie Brechts Arbeit an Erwin Strittmatters Drama *Katzgraben* (Uraufführung am 23.5.1953). Die in verschiedenen Brecht-Ausgaben unter dem Titel *Stanislawski-Studien* publizierten Statements sind weitgehend diesen Arbeitsphasen zuzuordnen, die in hohem Maße Experimentierphasen waren, geprägt vom Gestus des Suchens, vom Dialog aller an der Theaterarbeit Beteiligten. Die in diesem Zusammenhang entstandenen Äußerungen über Stanislavskij sind differenzierter und freundlicher, sicher auch bedingt durch bessere und umfangreichere Informationen. Brecht konnte neben übersetztem Material nun auf eine Reihe von seriöseren Monographien von Schülern und Mitarbeitern Stanislavkijs zurückgreifen, u.a. auf eine im Mai 1953 erhaltene Rohübersetzung von Gorčakovs *Regie. Unterricht bei Stanislawski* (erschienen erst 1959), auf die Bände *K. S. Stanislawski bei der Probe* (1952) des von ihm hochgeschätzten Schauspielers, Regisseurs und Theatertheoretiker Vasilij Toperkov sowie auf Konkordija Antarovas *Studioarbeit mit Stanislawski* (1951). Was die Beschäftigung mit Stanislavskij im Rahmen der ihm gewidmeten Konferenz betrifft, so sind die zu diesem Anlass formulierten Statements in hohem Maße von kulturpolitisch erzwungenen taktischen Überlegungen geprägt. Stanislavskijs »System« war während der dreißiger Jahre von den Theoretikern des Sozialistischen Realismus vereinnahmt und schließlich offiziell zur allein gültigen Doktrin für alle im Bereich von Drama und Theater tätigen Künstler erklärt worden. Nach 1945 galt dies für alle Kulturbereiche im Machtbereich der Sowjetunion, auch für die DDR, deren erster Theaterkongress unter dem Motto »Das sowjetische Theater – unser Vorbild im Kampf um den sozialistischen Realismus an deutschen Bühnen« (17./18.1.1953) veranstaltet wurde. In diesem Zusammenhang fand die erwähnte, von der staatlichen Kommission für Kunstangelegenheiten initiierte und im Dezember 1952 angekündigte »I. deutsche Stanislawski-Konferenz« statt. Brecht und die Mitarbeiter des Berliner Ensembles mussten damit rechnen, kritisiert und angegriffen zu werden und bereiteten sich deshalb sorgfältig auf den Kongress vor. Wichtigstes Dokument dieser Vorbereitung ist die von Brecht geschriebene, von Helene Weigel mit eigenen Ergänzungen am 18.4.1953 vorgetragene *Rede für die Stanislawski-Konferenz*. In ihr verweist Brecht explizit auf die schöpferische Auseinandersetzung mit dem russischen Kollegen, u.a. im Hinweis auf verwandte Methoden (Suche nach Titeln für Szenen und Unterszenen, materialistische Analyse der Epoche, in der das Stück spielt u.a.).

Umfangreicher und substanzieller sind die im Verlauf der Arbeit am *Katzgraben*-Drama von Strittmatter entstandenen Notate zu Stanislavskij. Die aus Dialogen zwischen Regisseur und Schauspielern, Protokollen, Kurzanalysen, theoretischen Äußerungen u.a. bestehenden Notate demonstrieren, wie ein eigentlich »aristotelisch« strukturierter moderner Dramentext mit Hilfe »nichtaristotelischer« Methoden zur Aufführung gebracht wird. Brecht wollte im Rahmen dieser Arbeit von Stanislavskij entwickelte Übungen für Schauspieler am Beispiel eines modernen sozialistischen Stücks erproben. Die Notate demonstrieren eine kritische Auseinandersetzung mit Stanislavskijs Dramaturgie, auch dort, wo er nicht genannt wird. Deutlich wird dies u.a. in Diskussionen darüber, ob eine Szenerie rein illusionserzeugend ist oder bereits bestimmte ökonomische Gesetzmäßigkeiten aufscheinen lässt (*Naturalismus und Realismus*), wo gegenüber der Einfühlung die reflektierte Nachahmung favorisiert wird. Betont wird gegenüber der Stanislavskij-Schule die Dominanz der Handlung über die Figur sowie ein Verständnis von Theater, in dem das Drama gerade nicht als Verkörperung von Ideen (Stanislavskijs »Überaufgabe«) verstanden wird. Deutliche Abgrenzungen zu Stanislavskij zeigen auch die wirkungsästhetischen Ausführungen, die u.a. den Aspekt der Veränderbarkeit akzentuieren, gegen Einfühlung und Identifikation seitens des Publikums. Zugleich wird aber auch immer wieder das Bemühen erkennbar, Theoreme und Methoden Stanislavskijs in die eigene Theaterarbeit zu integrieren, z.B. wenn Brecht in bestimmten Phasen der Probenarbeit zum *Katzgraben*-Drama das Prinzip der Einfühlung in einer bestimmten Phase der Aneignung durch den Schauspieler explizit gelten lässt. Die *Katzgraben*-Notate fordern also eine differenzierte und kritische Beschäftigung mit dem russischen Gegenüber; Nützliches soll übernommen, weniger Überzeugendes soll weiterentwickelt werden.

Brechts spätere Ausführungen zu Stanislavskij sind also kritisch, zugleich aber geprägt von Hochachtung für dessen dramentheoretisches Denken und für dessen dramaturgische Arbeit. Dezidiert kritische Äußerungen gelten häufig eher verfälschenden Interpretationen von Dramaturgen und Theoretikern. Grundsätzlich bescheinigt er dem russischen Kollegen nun, dass dieser in überzeugender Manier den Naturalismus zum Realismus weiterentwickelt hat. Dabei lobt er mehrfach die differenzierte Wiedergabe gesellschaftlicher Verhältnisse, bemängelt allerdings die fehlende Analyse der diese Verhältnisse bedingenden Ursachen. Fast vorbehaltlos rezipiert er Stanislavskijs Aussagen zur Theorie der »Physischen Handlungen« der

Schauspieler, lobt die Ensemble-Arbeit des Stanislavskij-Theaters, insbesondre die subtile und differenzierte Verschränkung von Einzelperson und Gruppe, und geht sogar, sicher auch aus taktischen Gründen, so weit, bestimmte Aufführungstechniken Stanislavskijs (»cachée«) als Vorläufer des eigenen Verfremdungskonzepts zu deklarieren. Bei all dem bleibt aber ein Grunddissens, der nach Brechts Worten darin besteht, dass Stanislavskij als Schauspieler, er selbst aber immer als Stückeschreiber inszeniert hat. Dem entsprechend stand bei Stanislavskij die Figur, bei Brecht die Handlung bzw. die sie bestimmende Fabel im Zentrum der dramaturgischen Arbeit.

8 Die Rezeption russischer und sowjetischer Literatur in der Sowjetischen Besatzungszone (SBZ) und in der DDR

8.1 Verordnete Aufnahme und schöpferische Aneignung zwischen 1945 und den sechziger Jahren

8.1.1 Historische Kontexte

Die umfassendste und intensivste Rezeption russischer Literatur im deutschsprachigen Raum hat es während der vierzigjährigen Existenz der Deutschen Demokratischen Republik gegeben. Bekanntlich hatten die Sowjets direkt nach der am 8.5.1945 erfolgten deutschen Kapitulation in der ihnen zugesprochenen Sowjetischen Besatzungszone (SBZ) mit einem radikalen ökonomischen und gesellschaftlichen Umbau begonnen, verantwortet und durchgeführt durch die Rote Armee, durch die Sowjetische Militäradministration in Deutschland (SMAD) und durch vor allem aus sowjetischem Exil zurückgekehrte Kommunisten wie Walter Ulbricht, Anton Ackermann, Rudolf Herrnstadt, Johannes R. Becher u.a. Gleich nach der deutschen Kapitulation wurden die Politorgane der Roten Armee angewiesen, die deutsche Bevölkerung zu informieren und zu indoktrinieren. Das geschah mit Hilfe von Publikationen, von Vorträgen in Betrieben, Schulen und Universitäten, von Periodika; so enthielt die von der SMAD bereits am 15.5.1945 gegründete Zeitung *Tägliche Rundschau* eine Rubrik »Informationen aus der Sowjetunion«. Weitere kulturpolitisch relevante Vermittlungsorgane waren ab September 1945 der *Aufbau* sowie die 1946 gegründete Wochenzeitschrift *Der Sonntag*. Die damit verbundene komplizierte, durchaus nicht spannungsfreie Angleichung an die politischen, wirtschaftlichen und sozialen Strukturen der Sowjetunion betraf auch den Bereich der Kultur. Sie erhielt in diesem Kontext eine herausragende Funktion, war man doch im Bereich marxistischen kulturpolitischen und ästhetischen Denkens von der starken erzieherischen Wirkung insbesondre der Literatur fest überzeugt. Auch hier war die Sowjetunion nicht hinterfragbares Vorbild, auch hier galt der für die Umgestaltung zu einer sozialistischen Gesellschaft allgegenwärtige Slogan »Von der Sowjetunion lernen, heißt siegen lernen« (u.a. Leitspruch des 3. Kongresses der »Gesellschaft für Deutsch-Sowjetische Freundschaft« am 20./21.1.1951). Russische und sowjetische

Literatur war in Schulen und Hochschulen Pflichtlektüre; selbst die während der Sommerferien eingerichteten staatlichen Pionierlager besaßen mit solcherart Literatur gut bestückte Bibliotheken, wo man von der aus dem späten 15. Jahrhundert stammenden Reisebeschreibung *Choždenie za tri morja* (Reise über drei Meere) des Kaufmanns Afanasij Nikitin bis zur neuesten Sowjetliteratur alles Erdenkliche zu lesen bekam. Und so gehörte zu jeder kulturellen Sozialisation in der SBZ und in der DDR auch die Beschäftigung mit russischer und sowjetischer Literatur. Es dürfte kaum einen in der DDR lebenden bzw. dort aufgewachsenen Schriftsteller gegeben haben bzw. geben, der nicht in irgendeiner Form mit russischer und sowjetischer Literatur bekannt geworden ist. Fast alle haben explizit Affinitäten zur russischen Literatur bekannt. Ihre Rezeption ist geprägt durch die Spannung zwischen verordnetem Lernen und auf Interesse und Zuneigung beruhender schöpferischer Aneignung. Das gilt für alle Generationen der DDR-Schriftsteller, für die älteren (Johannes R. Becher, Anna Seghers, Arnold Zweig, Bertolt Brecht, Johannes Bobrowski u.a.) ebenso wie für Erik Neutsch, Eduard Claudius, Max Walter Schulz, Erwin Strittmatter, Christa Wolf, Armin Stolper, für die Repräsentanten bestimmter Gruppierungen wie der »Sächsischen Dichterschule« (Adolf Endler, Karl Mickel, Rainer und Sarah Kirsch, Volker Braun u.a.) bis hin zur Avantgarde der achtziger Jahre. Zu den wenigen Ausnahmen gehört Uwe Johnson. Abgesehen von der Čechov- und Gor'kij-Zitate enthaltenden Erzählung *Skizze eines Verunglückten* (1982) gibt es in seiner Erzählprosa kaum Hinweise auf eine schöpferische Rezeption russischer Texte.

Die sofort nach dem 8.5.1945 einsetzende Propagierung russischer und sowjetischer Literatur ist sowohl von sowjetischer als auch von deutscher Seite betrieben worden. Was letztere betrifft, so wurde diese umfassende Vermittlung dadurch erleichtert, dass hier von Beginn an führende Kulturpolitiker wie Johannes R. Becher, Friedrich Wolf, Willi Bredel oder Erich Weinert tätig waren, die sich bereits während der dreißiger und frühen vierziger Jahre im sowjetischen Exil mit dem Verhältnis zwischen beiden Literaturen beschäftigt hatten, sowohl in fiktionalen Dichtungen als auch in Essays, Reiseberichten u.a. So erklärte Becher im Vorwort zu *Der Glücksucher und die sieben Lasten* (1938), dass der Aufenthalt in der UdSSR Katalysator für ein neues Dichten sei, dass Goethes »Stirb und werde« für ihn nun zentrale Bedeutung gewinne. Rückkehrer wie Becher, Bredel oder Georg Maurer priesen u.a. in z.T. pathetischen Elogen die russische und sowjetische Literatur als sprachliche Verkörperung eines in Deutschland vergessenen humanistischen Geistes und eines darauf beruhenden schöpferischen sozialen Handelns. Diese Haltung bestimmte nach 1945 in hohem Maße die staatlich gelenkte Literaturvermittlung, sorgte dafür, dass spätestens seit 1947 eine als formalistisch und dekadent charakterisierte, der westlich geprägten klassischen Moderne (Proust, Joyce, Kafka u.a.) verpflichtete Sprachkunst zugunsten sowjetischer und russischer Literatur vernachlässigt und bekämpft wurde. 1950 bestimmte Walter Ulbricht die Verbreitung der Kultur der Sowjetunion als eine der wichtigsten kulturellen Aufgaben und Ziele des ersten Fünfjahresplanes, eine Vorgabe, die dann auf vielfältige Weise propagandistisch aufbereitet wurde, z.B. im Rahmen der am 7.11.1952 von Friedrich Wolf in der *Täglichen Rundschau* erörterten Frage *Was können wir von den Sowjetschriftstellern lernen?* oder in Alexander Abuschs *Von der Wissenschaft und der Kunst in der Sowjetunion schöpferisch lernen* (1953). Verbunden war dies mit einer grundlegenden Veränderung des schriftstellerischen Rollenverständnisses. Der Autor erscheint nun als ein der Partei und dem Staate verpflichteter und von diesem geförderter Angestellter, fremdbestimmt in Thematik und in der Art künstlerischer Gestaltung. Inhaltlich geprägt war diese Vermittlung durch mehr oder minder bindende ideologische Vorgaben aus der Sowjetunion. Das galt vor allem für die Zeit zwischen 1948 und 1956. Ausgehend von einem die Leningrader Literaturzeitschriften *Leningrad* und *Zvezda* (Der Stern) scharf kritisierenden Erlass der KPdSU vom 14.8.1946 und legitimiert durch ihm folgende Dekrete wurden in der Sowjetunion Kunst, Literatur und Wissenschaft wieder verstärkt und kompromisslos auf die Prinzipien des 1932 eingeführten orthodoxen Sozialistischen Realismus eingeschworen. Verantwortet durch den Leningrader Parteisekretär Andrej Ždanov kam es dabei 1946 zu einer widerwärtigen Kampagne gegen Literaten wie die Lyrikerin Anna Achmatova und den Satiriker Michail Zoščenko sowie gegen die Musiker Aram Chačaturjan, Sergej Prokof'ev und Dmitrij Šostakovič, die alle der Dekadenz, des Formalismus und Kosmopolitismus bezichtigt wurden. Diese Kampagne beeinflusste auch entsprechende Auseinandersetzungen in der SBZ und in der frühen DDR, z.B. die Diskussionen während des ersten und bis 1989 einzigen gesamtdeutschen Schriftstellerkongresses im Oktober 1947 (Hartmann/Eggeling 1998, S. 35ff.) sowie die »Formalismusdebatte« der späten vierziger und frühen fünfziger Jahre, insbesondre nach dem vom Zentralkomitee der SED im März 1951 verabschiedeten Dekret »Der Kampf gegen den Formalismus in Kunst und Literatur, für eine fortschrittliche deutsche Kultur«.

8.1.2 Vermittlungsinstanzen

Institutionen und Organisationen

Effektiv umgesetzt wurden diese kulturpolitischen Vorgaben während der ersten fünf Jahre nach Kriegsende mit Hilfe der sowjetischen Militäradministration (SMAD). So erhielten in der Sowjetunion festgehaltene Kriegsgefangene zumindest in Teilen durch Kulturprogramme sowie durch die dort zwischen 1946 und 1949 herausgegebene Zeitschrift *Nachrichten für die deutschen Kriegsgefangenen in der Sowjetunion* Informationen über russische und sowjetische Kultur, wurden, wie u.a. von Johannes Bobrowski und Franz Fühmann bezeugt, in Kulturzirkeln angeregt, sich mit ihr künstlerisch auseinanderzusetzen. Von entscheidender Bedeutung war allerdings die Tätigkeit sowjetischer Kulturoffiziere in der SBZ und in der frühen DDR. Die dafür zentrale Institution war die der SMAD unterstellte, seit Oktober 1945 von Sergej Tjul'panov geleitete Abteilung für Propaganda und Kultur (ab 1947 »Verwaltung für Information«). Sie war verantwortlich für alles, was in der SBZ die Bereiche Kultur, Medien, Presse, Religion betraf. Entsprechend vielfältig waren ihre Aufgaben. Sie leisteten Hilfestellung bei der Organisation kultureller Veranstaltungen, sorgten für finanzielle Mittel, Räume u.a. (Hartmann/Eggeling, 1998, S. 147 ff). Sowohl gefördert als auch kontrolliert durch die sowjetische Militärverwaltung wurden auch die vielen Vermittlungsinstanzen, also Gesellschaften, Institutionen, Zeitschriften, Verlage, das am 28.2.1947 in Berlin eröffnete »Zentrale Haus der Kultur der Sowjetunion« u.a. Um die Verbreitung russischer Kultur und Literatur bemühte Gruppierungen hatten sich regional bereits direkt nach Kriegsende gebildet (z.B. die »Deutsch-Russische Studiengesellschaft« in Leipzig, der »Deutsch-Russische Kultur-Club« in Weimar). An ihre Stelle traten allerdings rasch zentral gesteuerte Institutionen wie der im Sommer 1945 etablierte »Kulturbund zur demokratischen Erneuerung Deutschlands« und die am 2.7.1947 gegründete, aus der »Gesellschaft zum Studium der Kultur der Sowjetunion« hervorgegangene »Gesellschaft für Deutsch-Sowjetische Freundschaft«. Einflussreiche Vermittlungsorgane waren natürlich Zeitungen wie die erwähnte *Tägliche Rundschau*, Zeitschriften wie *Neue Welt, Sowjetliteratur* und *Sowjetwissenschaft, Kunst und Literatur*. Die Aktivitäten Tjul'panovs und seiner Kulturoffiziere, u.a. Ilja Fradkins und Aleksandr Dymšic', erschöpften sich dabei nicht in Administration und Kontrolle, vielmehr waren sie, zumindest bis Ende der vierziger Jahre, aufgerufen, aktiv an der Konstituierung einer sozialistischen Kulturszene mitzuwirken, als Lehrer und als Vermittler auch von Erfahrungen, die man dabei in der Sowjetunion nach 1917 gemacht hatte. Das galt explizit für die Auseinandersetzung mit gegensätzlichen ideologischen und ästhetischen Positionen. Schließlich gab es durchaus Parallelen. So wie die junge Sowjetunion in den ersten Jahren nach der Revolution durch eine Vielfalt unterschiedlicher, z.T. höchst avantgardistischer Kunstrichtungen geprägt war, gab es auch in der SBZ während der ersten zwei Jahre nach dem Ende des Faschismus eine Koexistenz divergierender ästhetischer Konzepte und literarischer Produktionen. Und vergleichbar der stalinistischen Wende seit Anfang der dreißiger Jahre in der Sowjetunion erstarrte die ostdeutsche Kulturszene dann im Gefolge der erwähnten Ždanovschen »Reformen« in der Sowjetunion und der sich daraus ergebenden »Formalismusdebatte« spätestens seit 1948 mehr und mehr in Dogmatismus, in ideologischer Gängelei, in kultureller Monotonie. Die Kulturoffiziere förderten und kontrollierten also umfassend das literarische Leben, scheuten kleinliche Eingriffe in Theateraufführungen ebenso wenig wie unkonventionelle, den ideologischen Rahmenbedingungen nicht immer ganz entsprechende Entscheidungen. Diese Einflussnahme betraf auch die Auswahl der zu übersetzenden und zu publizierenden Werke der russischen Literatur. So erhielten DDR-Verlage bis in die siebziger Jahre von der sowjetischen Seite sog. »Empfehlungslisten«; danach übernahm eine »Bilaterale Kommission zu Fragen der Herausgabe sowjetischer Literatur in der DDR und der DDR-Literatur in der UdSSR« diese Aufgabe (Kossuth 2003, S. 253).

Ein erster Schwerpunkt der inhaltlichen Kulturarbeit war die umfassende Vermittlung von russischer Musik, Dichtung, Volkskunst, Filmen – geleitet von dem Bestreben, falsche Images vom primitiven und kulturlosen Russen zu zerstören und die Erziehung zum sozialistischen Menschen zu befördern. Das Kinoprogramm wurde dominiert von sowjetischen Filmen, die Militärverwaltung organisierte Konzerte, Dichterlesungen, Auftritte von Volksmusik- und Tanzgruppen der Roten Armee. Die Theater inszenierten in großer Zahl russische und sowjetische Dramen, von Ostrovskij, Čechov, Gor'kij sowie von Evgenij Švarc, Leonid Leonov, Aleksandr Kornejčuk, Vsevolod Višnevskij, Konstantin Trenev u.a. Gedenktage wurden aufwendig im ganzen Land inszeniert; z.B. stellten 1949 die Feiern zu Puškins 150. Geburtstag die im gleichen Jahr anlässlich von Goethes 200. Geburtstag veranstalteten vielerorts in den Schatten; beispielhaft demonstrierten dies 1949 die entsprechenden Aktivitäten von Anna Seghers in ihrer Funktion als Vorsitzende des Puškin-Komitees. Vermittelt wurde anfangs nicht nur ideologisch konforme Kunst; vielmehr verfuhr man, zumindest bis 1947, recht liberal bei der Auswahl von russischen Autoren und Kunstwerken, z.B. wenn bei Lesungen Gedichte des zum sowjetischen Literaturkanon nicht gehörenden russischen Symbolisten Aleksandr Blok rezitiert wurden. Spätestens mit der Abberufung von Aleksandr Dymšic im Jahre 1949 war damit Schluss, wobei angemerkt werden muss, dass bei aller Lockerheit in Einzelfällen die genannten Kulturoffiziere laut mündlicher Information von Ilja Fradkin letztlich immer den politischen Leitungsgremien in Moskau rechenschaftspflichtig waren und von diesen kontrolliert wurden. Deutlich wurde dies insbesondere bei der Kontrolle kulturpolitischer und ideologisch-ästhetischer Vorgaben. So gehörte zur Rezeption sowjetrussischer Kultur von Beginn an die Übernahme der erwähnten orthodoxen Version des Sozialistischen Realismus. Diese fordert von der Kunst generell eine präzise, typisierende, die subjektive Befindlichkeit des Künstlers vernachlässigende Wiedergabe der Wirklichkeit unter Berücksichtigung der Aspekte Parteilichkeit, Volksverbundenheit, heroisierender Optimismus und Durchschaubarkeit. Bevorzugt waren Genres der Erzählprosa, insbesondere der Roman, weil vornehmlich hier das Gesetzmäßige der Entwicklung zum Sozialismus pädagogisch wirksam in erforderlicher Breite und Anschaulichkeit dargestellt werden konnte. Bestimmend wurde die Doktrin sowohl für die Autoren als auch für Ästhetik und Literaturkritik. Neben der Disziplinierung der Autoren und der Einengung der Kritiker in Bezug auf Argumentation und Wertung führte dies auch bei der Rezeption russischer Literatur zu erheblichen Einschränkungen; das betraf Autoren wie Dostoevskij, Bunin, Repräsentanten der russischen Romantik (Tjutčev, Odoevskij), des Symbolismus (Blok, Brjusov, Belyj), des Akmeismus (Achmatova, Mandel'štam) und Futurismus (Chlebnikov, Kručenych). Die Doktrin des Sozialistischen Realismus und die dazu geführten, oft kontrovers verlaufenden Diskussionen über Definition, Enge und

Weite von dessen Anwendbarkeit und die damit verbundenen Kanonisierungen haben die Kulturpolitik der DDR bis 1989 geprägt. Ästhetisch nobilitiert wurde die Doktrin durch die erwähnten Arbeiten von Lukács zum »Kritischen« und zum Sozialistischen Realismus, in denen u.a. die Werke großer russischer Romanautoren des 19. Jahrhunderts (mit Ausnahme Dostoevkijs) als Repräsentanten eines den Sozialistischen Realismus vorbereitenden »Kritischen Realismus« interpretiert wurden.

So war die Tätigkeit dieser Kulturoffiziere sowohl kontrollierend als auch belebend, was noch dadurch befördert wurde, dass leitende Personen wie Aleksandr Dymšic oder Ilja Fradkin hervorragende Kenner der deutschen Kultur und Literatur waren. Fradkin z.B. agierte auch als Rezensent von Theateraufführungen, u.a. mit Artikeln zur Inszenierung von Gor'kijs *Nachtasyl* 1946 in der *Täglichen Rundschau* (28.6.1946) und *Theater der Zeit* (1946). Noch viel später, zu Beginn der achtziger Jahre, geführte Gespräche mit diesem hervorragenden Germanisten und Brecht-Übersetzer vermittelten etwas von der Begeisterung, mit der diese vom hohen künstlerischen Rang und von der humanistischen Dignität der deutschen Kultur weiterhin fest überzeugten kunstbegeisterten Offiziere ihre Tätigkeit ausübten. Oberstes Ziel war eine von nazistischer Ideologie gereinigte Wiedergewinnung des kulturellen Erbes und dessen Weiterentwicklung im Kontext marxistischer Ästhetik, eine Auffassung, die die Kulturoffiziere mit vielen aus dem Exil zurückgekehrten Schriftstellern verband, z.B. Sergej Tjul'panov mit Anna Seghers.

Neben der Tätigkeit der sowjetischen Kulturoffiziere waren natürlich auch staatliche sowjetische Institutionen und Organisationen für die Vermittlung russischer Kultur und Literatur zuständig. Das betrifft das erwähnte »Zentrale Haus der Kultur der Sowjetunion« in Berlin, die »Allunionsgesellschaft für kulturelle Verbindungen mit dem Ausland« (WOKS), deren Aufgabe es war, »die Kultur der Völker der UdSSR im Ausland zu popularisieren« (Hartmann/Eggeling 1998, S. 175) sowie den Sowjetischen Schriftstellerverband. Letzterer war u.a. zuständig für die Kontaktpflege und für die systemkonforme Ausrichtung der deutschen Kollegen. Unterstützt anfangs vom SMAD, organisierten er und später auch der 1950 mit Hilfe der sowjetischen Kollegen gegründete Schriftstellerverband der DDR (bis 1973 »Deutscher Schriftstellerverband«) bereits früh entsprechende Reisen in die UdSSR, beginnend mit dem von Dymšic betreuten Besuch namhafter Schriftsteller und anderer Kulturschaffender (u.a. Anna Seghers, Bernhard Kellermann, Stephan Hermlin, Wolfgang Harich, Wolfgang Langhoff) in Leningrad und Moskau im April und Mai 1948. Ihre später publizierten Erlebnisse und Eindrücke sind weitgehend positiv wertend und erinnern in der Art der positiven Wertung, z.B. im Vergleichen der sowjetischen mit der westeuropäischen Lebenswelt, an die Texte von Heinrich Vogeler oder Lion Feuchtwanger. Auch wenn solcherart Reisen durch ein vorgegebenes Programm reglementiert waren, kam es doch auch zu fruchtbaren Gesprächen, in denen nicht selten grundsätzliche ästhetische Fragen diskutiert wurden, z.B. die nach der Übertragbarkeit sowjetischer Theoriemodelle wie dem des Sozialistischen Realismus auf die Verhältnisse in der DDR. Erwähnenswert in diesem Zusammenhang sind auch die seit 1963 veranstalteten Schriftstellergespräche (z.B. das 1970 veranstaltete sowjetisch-deutsche Kolloquium zum Thema »Wesen und Bild des Revolutionärs«). Ein Dialog zwischen gleichberechtigten Partnern waren freilich auch diese Gespräche nicht, bestimmend war bei solch offiziellen Anlässen das Lehrer-Schüler-Verhältnis. Bereits auf dem ersten Deutschen Schriftstellerkongress im Oktober 1947 verpflichteten namhafte sowjetische Autoren wie Vsevolod Višnevskij und Valentin Kataev ihre deutschen Kollegen in der SBZ auf eine aktive und kritiklose Rezeption sowjetischer Vorbilder. Nicht vergessen werden darf aber auch in diesem Zusammenhang, dass sich im Gefolge offiziell arrangierter Begegnungen nicht selten freundschaftliche, für beide Seiten bereichernde Beziehungen entwickelten, bereits bestehende Kontakte weiter ausgebaut wurden, z.b. die zwischen Michail Šolochov und Erik Neutsch, Konstantin Fedin und Erwin Strittmatter, zwischen Anna Seghers und Ilja Ėrenburg sowie zwischen der Germanistin Tamara Motyleva, Christa Wolf, Lev Kopelev u.a. Gezielt gesteuert wurde diese Rezeption darüber hinaus durch Schulungen der Schriftsteller, zu Beginn in mehrwöchigen Kursen, später institutionell verankert an Arbeiter-und-Bauern-Fakultäten, an Universitäten, vor allem am seit 1955 bestehenden Literaturinstitut »J. R. Becher« in Leipzig. Wichtige Vermittlungsinstanzen insbesondere sowjetischer Literatur waren natürlich die Schulen und Hochschulen. Autoren wie Gor'kij, Nikolaj Ostrovskij, Fadeev und Simonov gehörten zur Pflichtlektüre in den Oberschulen der DDR.

Ein sehr gefördertes Vermittlungsmedium russischer und sowjetischer Literatur war der Film. Das betrifft Verfilmungen von Gor'kijs autobiographischer Trilogie *Detstvo, V ljudjach, Moi universitety* (Regie: Mark Donskoj, 1938–1940; dt. u.d.T. *Gorkis Kindheit, Unter fremden Menschen, Meine Universitäten*), von Gladkovs *Zement* (Regie: Semen Timošenko, 1927; dt. u.d.T. *Turbine Nr. 3*), von Šolochovs *Der stille Don* (Regie: Sergej Gerasimov, 1958) und *Podnjataja celina* (Regie: Aleksandr Ivanov, 1959–1961; dt. u.d.T. *Neuland unterm Pflug*), von Arkadij Gajdars *Timur i ego komanda* (Regie: Aleksandr Razumnyj, 1940; dt. u.d.T. *Timur und sein Trupp*), von Vasilij Ažaevs *Fern von Moskau* (Regie: Aleksandr Stolper, 1950) u.a. Auch spätere Literaturverfilmungen wie die von Valentin Rasputins *Proščanie s Materoj* (Regie: Larissa Sepitko/Elem Klimov, 1979/1983; dt. u.d.T. *Abschied von Matjora*) oder von Ajtmatovs *Belyj parochod* (Regie: Bolotbek Šamšijev, 1976; dt. u.d.T. *Der weiße Dampfer*) u.a. wurden in der DDR gezeigt.

Verlage

Wie bereits erwähnt, entwickelte sich sofort nach 1945 eine von der sowjetischen Militärverwaltung geförderte Verlagskultur. Dabei kam es zu grundlegenden Veränderungen sowohl in der Buchherstellung als auch im Buchvertrieb, in Orientierung an sowjetischen, bereits 1905 von Lenin in *Parteiorganisation und Parteiliteratur* formulierten Strategien. Im Rahmen dieser »sozialistischen Umgestaltung« sollten Verlage vor allem an Parteien und andere politische Organisationen gebunden werden, private Verlage nur begrenzt neue Lizenzen erhalten. So waren der Aufbau-Verlag an den »Kulturbund zur demokratischen Erneuerung Deutschlands«, der Verlag Neues Leben an die »Freie Deutsche Jugend« (FDJ), der für die Vermittlung russischer Literatur besonders wichtige Verlag Volk und Welt (Nachfolger von »Kultur und Fortschritt«) an die »Gesellschaft für Deutsch-Sowjetische Freundschaft« gebunden. Lizenzen wurden nach 1945 zunächst vom SMAD vergeben; ab 1949 übernahmen SED und verschiedene staatliche Organe, ab 1956 das Ministerium für Kultur die Verantwortung für die Belange des Verlagswesen. Neben dem direkt dem SMAD unterstellten Militärverlag kam es nach 1945 rasch zur Gründung solcher für die Literatur der späteren DDR so wichtigen Verlage wie Aufbau oder Kultur und Fortschritt. Andere Verlage wie Reclam, Brockhaus, Kiepenheuer wurden sowohl im Westen als auch im Osten weitergeführt. Bedeutsam für die Verbreitung russischer und sowjetischer Literatur waren vor allem im ersten Jahrzehnt nach Kriegsende der Verlag der sowjetischen Militäradministration, der Verlag der *Täglichen Rundschau* sowie die deutschsprachigen Ausgaben russischer Autoren im Moskauer Verlag für Fremdsprachenliteratur (ab 1963 Progreß-Verlag). Ein langjähriger Vermittler war auch die von 1946 bis 1990 erschienene deutschsprachige Ausgabe von *Sowjetliteratur*, dem Organ des Sowjetischen Schriftstellerverbandes. Hier wurden Übersetzungen von einzelnen dichterischen Texten, aber auch von literaturkritischen Artikeln sowie Berichte über das literarische Leben in der Sowjetunion publiziert.

Der für die Vermittlung russischsprachiger Literatur bedeutendste DDR-Verlag war sicher der aus dem Verlag Kultur und Fortschritt hervorgegangene Verlag Volk und Welt. Er war das zentrale Editionsorgan für moderne Weltliteratur, insbesondre für Sowjetliteratur. Wichtig war hier vor allem die Reihe »Lyrik international« (die sog. Weiße Reihe) bei Volk und Welt, die Autoren wie Blok, Pasternak, Simonov, Bella Achmadulina u. a. in zweisprachigen Ausgaben edierte. Es dürfte – abgesehen von den Exilschriftstellern – kaum einen namhaften russischsprachigen Autor des 20. Jahrhunderts geben, der bei Volk und Welt nicht verlegt worden wäre. Dabei hat der Verlag z. T. auf Editionen des Malik-Verlags zurückgegriffen. Prädestiniert dazu war Volk und Welt aufgrund eines überaus kompetenten Mitarbeiterstabes, von denen hier nur Lektoren wie Leonhard Kossuth und Lola Debüser sowie Slavisten wie Fritz Mierau, Edel Mirowa-Florin und Ralf Schröder genannt sein sollen; letztere, wie z.B. Mierau und Schröder, waren auch bei anderen Verlagen tätig. Die Lektoren waren hervorragende Kenner nicht nur der Literatur, sondern auch der sowjetischen Literaturszene (Verlage, Kulturpolitik, Schriftstellerverbände etc.), basierend auch auf engen, oft freundschaftlichen Beziehungen zu sowjetischen Schriftstellern. Das hat sie befähigt, innovative Literaturströmungen in der Sowjetunion und die sie repräsentierenden Dichter früh zu erkennen und sie dem deutschsprachigen Lesepublikum nahezubringen, z.B. so verschiedene Autoren wie Galina Nikolaeva, Jurij Trifonov, Vladimir Tendrjakov, Čingiz Ajtmatov u.a., oder (allerdings erst in der letzten Dekade vor der Wende) auch zuvor in der DDR schwer zu edierende Autoren wie Michail Bulgakov und Marina Cvetaeva. Das geschah im Rahmen einer differenzierten Konzeption themen- bzw. genreorientierter Reihen (Kossuth 2003, S. 165ff.), von denen hier stellvertretend die erwähnte, auch graphisch sehr schön gestaltete Lyrik-Edition »Weiße Reihe« genannt sein soll.

Doch auch der 1945 als Organ des »Kulturbundes zur demokratischen Erneuerung Deutschlands« gegründete Aufbau-Verlag (in Verbindung mit dem ihm angegliederten Verlag Rütten & Loening) hat sich unter dem Lektorat der slavistisch versierten Margit Bräuer intensiv um Übersetzungen von Autoren aus der Sowjetunion bemüht, neben den Klassikern der russischen Literatur gerade auch um von der Kulturpolitik in beiden Ländern nicht gerade geförderte Dichter wie Bulat Okudžava, Andrej Voznesenskij, Evgenij Evtušenko, Gavrilij Troepolskij, Vladimir Vysockij, Vasilij Aksenov, Exilautoren wie Ivan Bunin u.a. Das geschah übrigens nicht nur in allein der russischen Literatur vorbehaltenen Ausgaben, Anthologien und Reihen, sondern auch in russische und deutsche Literatur enthaltenden Publikationsreihen wie der »Edition Neue Texte«.

Dabei gab es durchaus Konkurrenz zwischen den Verlagen, Wettbewerb um attraktive Autoren, z.B. 1981 zwischen Volk und Welt und dem Aufbau-Verlag um die Veröffentlichung von Bulat Okudžavas Roman *Die Reise der Dilettanten* (Bräuer S. 53).

Russische und sowjetische Literatur in deutschen Übersetzungen edierten in nennenswerter Zahl außerdem Reclam Leipzig, dessen Programm fast die ganze Entwicklung der russischen Literatur vom *Igorlied* (1965, in der Übersetzung von Harald Raab) über die Klassiker des 19. Jahrhunderts bis Achmatova, Esenin, Mandel'štam, Pasternak u.a.) umfasste. Großen Anklang nicht nur in der DDR, sondern auch in der Sowjetunion fanden die erwähnten, von Volk und Welt sowie von Reclam Leipzig betreuten zweisprachigen Ausgaben von Lyrikern wie Achmatova, Blok, Mandel'štam, Cvetaeva, Pasternak und Esenin; bis zu drei Vierteln der hohen Auflagen wurden in die Sowjetunion exportiert. Zu nennen sind außerdem die Verlage Kiepenheuer in Leipzig, Verlag der Nation, der Eulenspiegel-Verlag (die Anthologie *Eine Wanne voll Kaviar. Humor und Satire aus der Sowjetunion*, Werke von Vasilij Belov u.a.), der List-Verlag Leipzig mit seiner schönen Dünndruck-Reihe »Epikon«, der Verlag Das Neue Berlin (Kriminalromane, Science-Fiction und phantastische Literatur). Auch Verlage von nicht gerade literarisch ambitionierten Organisationen publizierten sowjetische Belletristik, der Verlag Neues Leben der FDJ (u.a. mit der Reihe »Poesiealbum«; Kinder- und Jugendliteratur) oder der Militärverlag, der neben einschlägigen Publikationen (z.B. *Schild und Flamme. Erzählungen und Berichte aus der Arbeit der Tscheka*, 1974) auch Belletristik edierte (Venjamin Kaverins Roman *Ispolnenie želanij*/Verzicht und Erfüllung, 1988).

Als Vermittler russischer und sowjetischer Literatur agierten die Verlage auch insofern, als sie immer wieder Übersetzungen russischer Literaturkritiken edierten.

Anthologien

Neben der Edition einzelner Werke haben Anthologien bei der Rezeption russischsprachiger Literatur in SBZ und DDR eine bedeutsame Rolle gespielt. Häufig thematisch strukturiert, versuchten sie, einem mit der Literatur des Großen Bruders nicht sehr vertrauten Publikum auf kleinem Raum einen Überblick über den thematischen und sprachkünstlerischen Reichtum dieser fremden Literatur zu vermitteln. Darüber hinaus boten solche Editionen Möglichkeiten, offiziell nicht Gewünschtes in die DDR gleichsam »einzuschmuggeln«. In ihrer Fülle sind sie hier im Einzelnen weder nennbar noch darstellbar, deshalb seien im Folgenden nur einige genannt, die beispielhaft eine besonders innovative und wirkungsvolle schöpferische Auseinandersetzung von DDR-Autoren mit russischer Dichtung bezeugen.

Anspruchsvolle und für die Literaturentwicklung in der DDR bedeutsame Anthologien russischer Dichtung, insbesondre russischer Lyrik, wurden vor allem seit Beginn der sechziger Jahre veröffentlicht: *Solang es dich, mein Rußland, gibt* (1961), *Sternenflug und Apfelblüte* (1963), *Mitternachtstrolleybus* (1965), *Zwei und ein Apfel. Russische Liebesgedichte* (1965), *Oktoberland 1917–1924* (1967), *Licht des großen Oktober* (1967), *Mein Dokument – meine Poesie. Neue sowjetische Lyrik* (1967), *Links! Links! Links! Eine Chronik in Vers und Plakat. 1917–1921* (1970) u.a.

Die 1961 von Roland Opitz bei Reclam Leipzig herausgegebene Anthologie *Solang es dich, mein Rußland, gibt* vereint Gedichte von Puškin bis Evtušenko. Der kleine Reclam-Band vermittelt einen repräsentativen Überblick nicht nur über die Entwicklung der russischen Lyrik vom frühen 19. Jahrhundert bis zur Gegenwart, sondern auch über die Geschichte der Übersetzung russischer Lyrik ins Deutsche, vertreten durch Friedrich Fiedler, Rainer Maria Rilke, Wolfgang E. Groeger, Johannes von Guenther, Arthur Luther, Hugo Huppert, Bruno Tutenberg bis hin zu Alfred Kurella, Alfred Edgar Thoss und Jens Gerlach. Bemerkenswert an dieser frühen Edition ist die Berücksichtigung von in der DDR bis dahin weniger protegierten Autoren: der Symbolisten Aleksandr Blok und Valerij Brjusov, des Konstruktivisten Eduard Bagrickij, sowie damals junger, innovativer Lyriker wie Evgenij Evtušenko.

Sternenflug und Apfelblüte präsentiert, verantwortet von Edel Mirowa-Florin und Fritz Mierau, ausgewählte russische Lyrik aus der Zeit zwischen 1917 und 1962, mit einem Essay des Dichters Paul Wiens. Wie auch in den anderen genannten Anthologien handelt es sich dabei um Nachdichtungen renommierter DDR-Autoren, solcher der älteren Generation wie Annemarie Bostroem, Franz Fühmann und Jens Gerlach ebenso wie der jüngeren in Gestalt von Sarah und Rainer Kirsch, Volker Braun und Karl Mickel.

Licht des großen Oktober hingegen versammelt anlässlich des fünfzigjährigen Jahrestages der russischen Oktoberrevolution seit 1917 diesem Thema gewidmete deutschsprachige Lyrik und Prosa. Beginnend mit Johannes R. Bechers *Gruß des deutschen Dichters an die Russische Förderative Sowjet-Republik* von 1917 präsentiert die Anthologie Gedichte über die Sowjetunion von Becher, Tucholsky, Herzfelde, Brecht u.a., Prosa von Ludwig Renn, Egon Erwin Kisch, Anna Seghers u.a. und soll offenkundig eine seit 1917 kontinuierlich verlaufende dichterische Auseinandersetzung mit diesem Thema dokumentieren.

Literarhistorisch interessanter ist die ebenfalls von Fritz Mierau herausgegebene, auch graphisch aufwendig mit zeitgenössischen Plakaten gestaltete Anthologie *Links! Links! Links! Eine Chronik in Vers und Plakat 1917–1921*; sie vermittelt ein repräsentatives Bild der vielfältigen und innovativen operationalen russischen Literatur und Graphik zum Thema Oktoberrevolution während der ersten Jahre der Sowjetunion, demonstriert in überzeugender Weise, in welchem Ausmaß diese gesellschaftliche Umwälzung anfangs auch eine gewaltige Kulturrevolution gewesen ist. Neben zahlreichen Gedichten eher unbekannter Autoren sind Texte der Revolutionsbarden Demjan Bednyj und Vladimir Majakovskij ebenso vertreten wie die des Symbolisten Aleksandr Blok und der Futuristen Velemir Chlebnikov und Igor Severjanin. Der Band enthält außerdem ein Faksimile der einzigen Nummer der satirischen Zeitschrift *BOW* (russ. Akronym für »Kampfbund der Spötter«), die von Majakovskij 1921 initiiert und in großen Teilen gestaltet worden ist.

Zahlreich sind auch die im Einzelnen nicht darstellbaren Anthologien russischer und sowjetrussischer Prosa, z.B. *Reifende Frucht. Neue Erzählungen russischer Autoren* (1950), *Die Sternenbahn. Vierundzwanzig neue sowjetische Erzählungen* (1953), *Im Licht des Tages. Neue sowjetische Prosa* (1963), *Musik auf dem Bahnhof. Vierzehn neue sowjetische Erzähler* (1964), *Verwandlungen. Neue russische Novellen* (1977), *Frühe Sowjetische Prosa 1918–1941* (1978) u.a.

Zumindest erwähnenswert in diesem Zusammenhang ist die editorische Rezeption russischer Dichtung in der Spätphase der DDR in nicht zugelassenen bzw. illegalen Zeitschriften wie *Ariadnefabrik* oder *Mikado*. Einer der *Mikado*-Mitherausgeber (1983–1987) war Lothar Trolle, der u.a. als Übersetzer von Daniil Charms' Stück *Elizaveta Bam* in Erscheinung getreten ist (in dem von Fritz Mierau 1988 hg. Band *Russische Stücke 1913–1933*).

Übersetzerinnen und Übersetzer

Garanten dieser umfangreichen und vielfältigen Vermittlung russischer Literatur waren zahlreiche Übersetzer und Übersetzerinnen, deren Tätigkeit von Beginn an großzügige Förderung erfuhr. Allein zwischen 1945 und 1949 wurden 314 übersetzte Werke in meist hohen Auflagen veröffentlicht, zwischen 1949 und 1955 waren es 514 (Auerswald 1973, S. 10f., 1975b, S. 15, 539). Für die Auswahl der zu übersetzenden Werke war eine Kommission zuständig, an der zu Beginn Schriftsteller wie Anna Seghers, Johannes R. Becher, Friedrich Wolf und Willi Bredel mitarbeiteten. Zu den Übersetzern gehörten die bereits genannten Exil-Schriftsteller wie Erich Weinert (u.a. Texte von Lermontov und Nikolaj Nekrasov), Friedrich Wolf (Višnevskij), Hugo

Huppert (Majakovskij, Tvardovskij), Alfred Kurella (u.a. Tvardovskij), Olga Halpern (u.a. Šolochov, A. Avdejenko), Maria Riwkin, Nadeshda Ludwig, Jurij Elperin, Hilde Angarowa ebenso wie Alfred Edgar Thoss (Majakovskij), Fritz Mierau (Puškin, Babel', Mandel'štam, Bednyj, Tret'jakov, Pavel Florenskij u.a.), Elena Panzig (Rasputin), Ilse Tschörtner, Eckhard Thiele (Blok, Trifonov, Solženicyn, Šukšin), Thomas Reschke (Bulgakov, Zoščenko), der u.a. als Nachdichter von Aleksandr Tvardovskij hervorgetretene Jürgen Rennert, Elke Erb (von Puškin bis zur russischen Literatur der Gegenwart), Rainer und Sarah Kirsch (Blok, Mandel'štam, Achmatova, Novella Matveeva u.a.), Adolf Endler (Tret'jakov, Okudžava, Robert Roždestvenskij), Christa Reinig (Cvetaeva), Uwe Grüning (Puškin, Tjutčev, Fet, Brjusov, Mandel'štam, Achmatova, Chlebnikov u.a.).

Darüber hinaus griffen die Verlage auch auf ältere Übertragungen von Alexander Eliasberg oder Johannes von Guenther zurück; letzterer hat im Aufbau-Verlag und bei Rütten & Loening mehrere Klassiker-Ausgaben herausgegeben (Puškin, Gogol', Gončarov, Turgenev, Aleksandr Ostrovskij, Leskov und Čechov). Nicht zu vergessen sind auch sowjetische Übersetzer und Übersetzerinnen, die nicht nur deutsche Texte ins Russische, sondern auch russische Texte ins Deutsche übersetzt haben wie z.B. Tamara Silman, die Ehefrau des berühmten Germanisten Vladimir Admoni, die u.a. Werke von Achmatova ins Deutsche übertragen hat.

Vor allem während der ersten Jahre war die Qualität der Übertragungen nicht immer zufriedenstellend, weil neben den genannten auch weniger qualifizierte Übersetzer eingesetzt wurden, um die Masse der zu vermittelnden russischen Texte zu bewältigen. Bisweilen wurde aber auch die Vorlage bewusst verändert, wenn es darum ging, dem deutschen Leser das Verstehen des russischen Originals zu erleichtern. So verfuhr z.B. Friedrich Wolf bei der Übertragung des Dramas *Optimističeskaja tragedija* (Optimistische Tragödie) seines Freundes Vsevolod Višnevskij (1900–1951). Nicht selten wurden auch sowjetische Texte von DDR-Seite aus Zensurgründen gereinigt, so wenn man dem DDR-Leser in der Sowjetunion erkennbare Liberalisierungstendenzen, z.B. im Kontext der »Tauwetter«-Literatur der späten fünfziger Jahre vorenthalten wollte; das betrifft u.a. die »Reinigung« des Romans *Bitva v puti* (1957; dt. Schlacht unterwegs) der sowjetischen Schriftstellerin Galina Nikolaeva (1911–1965) von stalinkritischen Passagen.

Sprachkünstlerisch kompetentes Übersetzen war natürlich vor allem im Bereich der Lyrik gefragt. Spätestens seit den sechziger Jahren bestand ein großer und wichtiger Teil der Lyrik-Übertragungen aus Nachdichtungen von namhaften DDR-Autoren, die häufig auf Rohübersetzungen versierter Übersetzer zurückgreifen konnten. Zu nennen in diesem Zusammenhang sind vor allem die Übersetzer Oskar Törne und Marga Erb. Törne hat in dieser Funktion u.a. an der Anthologie *Links! Links! Links!*, an der dreibändigen Blok-Ausgabe (*Ausgewählte Werke*, 1978), an der sehr schönen Tvardovskij-Edition (*Gedichte dieser Jahre*, 1975) und an der 1979 erschienenen Achmatova-Ausgabe (*Poem ohne Held*) mitgearbeitet, Marga Erb u.a. an der 1978 publizierten Brjusov-Ausgabe (*Ich ahne voraus die stolzen Schatten*).

Der genannte Fritz Mierau hat nicht nur als Übersetzer, sondern vor allem als Herausgeber und Essayist Wesentliches für die Vermittlung russisch-sowjetischer Literatur geleistet. Der 1934 geborene Slavist, Mitglied des DDR-Schriftstellerverbandes und PEN-Mitglied, war zeitweise freischaffend tätig und konnte so unabhängiger von kulturpolitischen Vorgaben agieren als seine festangestellten Kollegen. Zahlreiche junge Autoren, u.a. die der »Sächsischen Dichterschule«, sind von Mierau angeregt worden, in der Sowjetunion und in der DDR lange verfemte Dichter wie Mandel'štam, Achmatova und Cvetaeva zu übertragen bzw. nachzudichten, er hat u.a. zahlreiche Anthologien und Autoren wie Isaak Babel' ediert.

Eine nicht zu unterschätzende Rolle bei der vertiefenden Rezeption russischer und sowjetischer Literatur spielten natürlich literarische Zeitschriften, z.B. *Neue Deutsche Literatur*, *Sinn und Form*, *Weimarer Beiträge*, *Kunst und Literatur* sowie, als Organ der DDR-Slavistik, die *Zeitschrift für Slawistik*.

8.1.3 Lernen im Spannungsfeld von Verordnung und Überzeugung: Literatur im Kontext des Sozialistischen Realismus

Die intensiv propagierte und kulturpolitisch auch massiv durchgesetzte Rezeption sowjetrussischer und russischer Literatur betraf alle Genres, von der Kinder- und Jugendliteratur über die Unterhaltungsliteratur bis zur anspruchsvollen Lyrik, Dramatik und Erzählprosa. Im Bereich der für die Erziehung zum sozialistischen Menschen wichtigen Kinder- und Jugendliteratur sind Verlage wie der Kinderbuchverlag Berlin und der Verlag Junge Welt gegründet worden. Hier und in anderen Verlagen (z.B. Volk und Wissen) wurden von Beginn an (allein zwischen 1945 und 1955 ca. 300 Titel) zahlreiche Texte übersetzt oder nachgedichtet, z.B. der von Lukács als »Geschichte der ›ursprünglichen Akkumulation‹ der Sowjetpädagogik« (in: *Der russische Realismus in der Weltliteratur*,[2] 1952) gerühmte, in hohen Stückzahlen edierte Erziehungsroman *Pedagogičeskaja poéma* (1933–1935; dt. u.d.T. *Der Weg ins Leben. Ein pädagogisches Poem*) von Anton Makarenko (1888–1939), der die Wandlung jugendlicher Verbrecher zu sozialistischen Menschen beschreibt. Viel gelesen wurden auch Arkadij Gajdars das Heldentum junger Menschen im sowjetischen Bürgerkrieg feiernder Roman *Timur und sein Trupp*, der ebenso wie Makarenkos Text auch dramatisiert und verfilmt wurde, sowie die Arbeiten *Syn polka* (Der Sohn des Regiments) von Valentin Kataev und Valentina Oseevas *Vasek Trubačev i ego tovariŝči* (Vasek Trubačev und seine Freunde). Sehr beliebt waren auch Kataevs zur Zeit der Revolution von 1905 spielende Jugendroman *Beleet parus odinokij* (Es blinkt ein einsam Segel) sowie hier im Einzelnen nicht aufzählbare Erzählprosa von Leonid Panteleev, Sergej Nosov, Michail Il'in, Evgenij Švarc u.a. Im Bereich der Lyrik für Kinder erschien die 1947 von Erich Weinert nachgedichtete Zoogeschichte in Versen *Detki v kletke* (dt. u.d.T. *Kinderchen im Käfig*) von Samuil Maršak, Walter Dehmel übersetzte im gleichen Jahr Lev Ošanins *Gimn demokratičeskoj molodeži mira* (dt. u.d.T. *Weltjugendlied*), 1951 erschien Evgenij Dolmatovskijs Anthologie lehrhafter Kalendergeschichten *Slovo o zavtrašnem dne* (in Alfred Edgar Thoss' Übersetzung: *Das Lied von morgigen Tag*), 1953 das von Ruprecht Haller graphisch sehr schön gestaltete *Gorbunok. Das Wunderpferdchen* (Konek-Gorbunok) von Petr Eršov in der Übersetzung von Martin Remané u.a.m. Eine wichtige Rolle in diesem Kontext spielten auch die zahlreichen Übersetzungen und Editionen russischer Volksmärchen, z.B. die des Ostberliner Akademie-Verlags.

Diese Rezeption russischer und sowjetischer Kinderliteratur hat prominente Kinderbuchautoren in der DDR, wie z.B. Willi Meinck, Alex Wedding (d.i. Grete Weiskopf), Karl Neumann oder Benno Pludra maßgeblich geprägt. So ist Neumanns *Das Mädchen hieß Gesine* (1966) Gajdars *Timur und sein Trupp* verpflichtet, Pludras *Insel der Schwäne* (1980) Nikolaj Dubovs *Der Junge am Meer* (Pieper 2006, S. 1047ff.).

Die agitatorische Lyrik von Johannes R. Becher, Erich Weinert und Kurt Barthel (Pseud. Kuba)

Auch in der Lyrik dominierte zunächst ein aus der sowjetischen Literatur übernommener agitatorischer Gestus. Fast alle namhaften Exilautoren sind in diesem Zusammenhang zu nennen; das gilt für Brecht, Louis Fürnberg, Stephan Hermlin, vor allem aber für die aus dem sowjetischen Exil zurückgekehrten, sofort mit wichtigen kulturpolitischen Funktionen betrauten Schriftsteller wie Johannes R. Becher und Erich Weinert.

Johannes R. Becher (1891–1958) hatte sich bereits während der expressionistisch geprägten Frühphase seines Schaffens mit russischer Literatur beschäftigt. Gedichte wie das 1919 verfasste *An Dostojewski* (zuerst in der »Dostojewski-Mappe« der Zeitschrift *Die Schaffenden*, 1920) und Prosatexte preisen diesen und andere Dichter wie Tolstoj noch ganz im Sinne der Zeit um 1900 als Propheten und Repräsentanten einer neuen, befreienden Welt im Osten. Bechers Roman *Abschied* (1940/1945) ist u.a. Dokument einer solchen Rezeption. Eine damit verbundene Erwartungshaltung bezieht sich wenig später auf das sozialistische Russland, auf die Oktoberrevolution sowie auf deren politische und dichterische Repräsentanten Lenin und Stalin, Majakovskij und Gor'kij. Beispielhaft demonstrieren dies ein 1917 konzipiertes Drama über die Oktoberrevolution, das im gleichen Jahr geschriebene Gedicht *Gruß des deutschen Dichters an die Russische Förderative Sowjet-Republik* und *Der große Plan.Epos des sozialistischen Aufbaus* (1931). 1919 war Becher in die KPD ein- und bald wieder ausgetreten, engagiert hat er sich für die Partei wieder seit 1923, u.a. als Vorsitzender der Arbeitsgemeinschaft kommunistischer Schriftsteller. Er beschäftigt sich nun vermehrt mit sowjetischer Literatur, übersetzt mit Hilfe von Rohübersetzungen Gedichte Majakovskijs, dessen Poeme *150000000* und *Oblako v štanach* (Wolke in Hosen), sein Drama *Misterija buff* (Mysterium buffo) sowie das Poem *Glavnaja ulica* (Die Hauptstraße) des sowjetischen Revolutionsbarden Demjan Bednyj. Die Übertragungen sind allerdings, nicht zuletzt aufgrund von Bechers begrenzter Sprachkompetenz, eher als Nachdichtungen mit stark einbürgernder Tendenz zu werten; besonders augenfällig zeigt dies die Bednyj-Übertragung. Bekannt mit zahlreichen sowjetischen Autoren (Gor'kij, Majakovskij, Tret'jakov, Fadeev, Šolochov u.a.) betont er bereits während der zwanziger und frühen dreißiger Jahre die Vorbildfunktion auch der jungen sowjetischen Literatur (*Wir müssen von Gorki lernen*, zuerst auf Russ. in der Zeitschrift *Inostrannaja kniga*, 1932). 1927 reist er erstmals in seiner Eigenschaft als Mitglied des Internationalen Büros für Revolutionäre Literatur zur ersten »Internationalen Konferenz der proletarischen und revolutionären Schriftsteller« in die Sowjetunion, wo er nach 1933 auch als Exilant Aufnahme findet, mehrfach gefährdet während der stalinistischen Säuberungen der späten dreißiger Jahre. Bisweilen sicher auch widerwillig unterwirft er sich den kulturpolitischen Vorgaben des Gastgebers und rezipiert russische Literatur in dessen Perspektive. So feiert er 1940 ganz im Sinne der einseitigen stalinistischen Majakovskij-Interpretation in einem *Pravda*-Artikel (*Otkryvatel' mira*, 14.4.1940; dt. Der Weltentdecker) den russischen Futuristen als revolutionären, künstlerische Sterilität und l'art-pour-l'art-Denken überwindenden Dichter. In diesem Kontext sind auch die erwähnten Nachdichtungen von Majakovskij und Bednyj zu sehen. Andererseits hat er in den zwanziger und dreißiger Jahren sehr schöne, Pasternak und Esenin gewidmete Gedichte geschrieben. Direkte Anlehnungen an russische Autoren sind allerdings bei Becher, der auch im sowjetischen Exil auf seinem Deutschtum beharrte, sich u.a. weigerte, sein marginales Russisch zu verbessern, schwer auszumachen, trotz der erwähnten Statements über die katalysatorische Funktion sowjetischer Literatur. Becher ist nach der Rückkehr aus dem sowjetischen Exil 1945 sofort mit wichtigen kulturpolitischen Funktionen betraut worden. Bereits davor, im Jahre 1944, war er von der KPD beauftragt worden, entsprechende Richtlinien für ein neues Deutschland zu entwerfen. In Ostberlin gründete er den »Kulturbund zur demokratischen Erneuerung Deutschlands«, die Zeitschrift *Sonntag*, den Aufbau-Verlag und wurde schließlich Minister für Kultur in der DDR. Abgesehen von anfänglichen Bemühungen um eine liberale Ausrichtung des kulturellen Lebens in der SBZ ist der Stalinpreisträger von 1953 bis zu seinem Tod als wichtiger Repräsentant einer von der Sowjetunion vorgegebenen Kulturpolitik aufgetreten (*Sterne, unendliches Glühen. Die Sowjetunion im Dichten und Denken eines Deutschen*, 1960). Das zeigt auch seine Rezeption russischer und sowjetischer Literatur. Affinitäten zu Stil und sprachlichem Gestus sowjetischer Propagandaliteratur demonstrieren Widmungs- und Preisgedichte auf Lenin, Stalin (*Danksagung*, in: *Sinn und Form*, 1953) oder Gor'kij und das peinliche Sonett *Für Walter Ulbricht* (zuerst in der *Berliner Zeitung*, 30.6.1950) sowie eine operationale Lyrik, mit der die Aufgaben der Dichter beim Aufbau der sozialistischen Gesellschaft bestimmt werden, z.B. in *An die Dichter* aus dem Zyklus *Glück der Ferne – leuchtend nah* (4. Aufl., 1955).

Erwähnenswert von den Exilautoren ist auch Erich Weinert (1890–1953). Dieser war 1943–1945 Präsident des Nationalkomitees »Freies Deutschland«, das die in der Sowjetunion lebenden KPD-Mitglieder sowie die zum Widerstand gegen Hitler bereiten Kriegsgefangenen offiziell repräsentierte, hat sich aber darüber hinaus als Literaturkritiker und Dichter (*Der Volksdichter Wladimir Majakowski*, zuerst posthum in: *Erinnerungen an Majakowski*. Hg. v. Gerhard Schaumann, 1972; *Puschkin in einer regnichten Abenddämmerung am Fenster seiner dunklen Stube in Michailowskoje*, aus seinem Band *Kapitel II der Weltgeschichte. Gedichte über das Land des Sozialismus*, 1947) mit russischer Literatur beschäftigt und ist auch mit Nachdichtungen, z.B. von Lermontov (*Der Dämon, Das Vaterland*), von Majakovskij (*Mai*), Maršak, Blok u.a. (*Dem Genius der Freiheit. Nachdichtungen aus Liedern der Sowjetvölker*, 1951) hervorgetreten.

Zu den einflussreichsten agitierenden Lyrikern nach 1945 gehört Kurt Barthel (Pseud. Kuba, 1914–1967). Der literarisch begabte Arbeitersohn hatte bereits im englischen Exil zu dichten begonnen, zu nennen ist dabei vor allem das von Heine, Walt Whitman und Majakovskij beeinflusste, 1948 vollendete Poem *Gedicht vom Menschen*. Dessen zentrales Thema ist die Geschichte des sich emanzipierenden, sich von Unterdrückung und Ausbeutung befreienden Menschen, von Spartakus bis zu den Widerstandskämpfern gegen den Faschismus. Der vielstimmig strukturierte Text verbindet unterschiedliche Genres wie Hymne, Elegie, Volkslied, Ballade, Bekenntnis (*Das Lächeln Lenins*), propagiert emphatisch und optimistisch den Sieg der Arbeiterklasse und den damit verbundenen Beginn einer neuen Zeit. Kuba hat sich sehr schnell vorbehaltlos in den Dienst des sozialistischen Staates gestellt, als Kulturfunktionär, als Redakteur im parteieigenen Dietz-Verlag, als Sekretär des Schriftstellerverbandes der DDR. Das hat dazu geführt, dass seine Lyrik mehr und mehr zur platten, bisweilen peinlichen (*Kantate auf Stalin*. Musik v. Jean Kurt Forest, 1949) Agitprop-Dichtung verkommen ist. Kubas Beziehungen zur russischen und sowjetischen Literatur sind vielfältig und umfangreich. Er hat übersetzt z.B. Rasul Gamsatovs *Kavkazskaja rapsodija* (Kaukasische Rhapsodie, 1967) und Volkslieder, eine Vielzahl seiner Texte ist russischen Themen gewidmet (*Flug nach Moskau, Besuch auf dem Kreuzer Aurora* u.a.). Schöpferisch rezipiert hat er vor allem Majakovskij. Das Poem *Achthundert Millionen friedvoll und frei* bezieht sich nicht nur im Titel unübersehbar auf Majakovskijs *150000000*, also auf einen Text, den bereits 1924 Johannes R. Becher ins Deutsche übertragen hatte. Unübersehbare Korrespondenzen zu Majakovskijs agitatorischer Dichtung zeigen sich in Struktur und Stil. Das betrifft vor allem den appellativen Gestus des Sprechens, die pathetische Rede, die Tendenz zum großen zyklischen Entwurf.

Mit dieser Art agitatorischer Dichtung gehört Kuba zu den frühen Repräsentanten einer kulturpolitisch sanktionierten Majakovskij-Rezeption in der SBZ und in der frühen DDR, in deren Rahmen der russische Dichter nicht als Futurist, sondern als Propagandist einer neuen sozialistischen Gesellschaftsordnung gefeiert wurde.

Diese bereits von Stalin Mitte der dreißiger Jahre dekretierte Bewertung, die damit verbundene Mythisierung zum russischen Nationaldichter (Hartmann, 1985), ist von deutschen Dichtern und Kulturfunktionären wie Becher übernommen und Majakovskij den Autoren in SBZ und DDR als Vorbild empfohlen bzw. als Klassiker gewertet worden, z.B. von Georg Maurer in seinem 1955 (in der Zeitschrift *Neue deutsche Literatur*) erschienenen Artikel *Majakowskis bildliche Argumentation*, der den Agitator, also den dichterisch handelnden Majakovskij in eine Reihe mit Lessing und dem jungen Schiller stellt. Entsprechend rasch und umfänglich hat man dessen agitatorische Lyrik ediert, während sein futuristisches Werk weitgehend ignoriert wurde. Bereits 1946 erschienen *Ausgewählte Gedichte* in der Übertragung des bedeutenden Majakovskij-Übersetzers Hugo Huppert, der im Nachwort Majakovskij systemkonform vor allem als »Dichter des Oktobersieges« vorstellt. Die zwischen 1966 und 1973 im Verlag Volk und Welt erschienene fünfbändige Majakovskij-Ausgabe basiert auf den Übersetzungen Hupperts. Majakovskijs Poeme wirkten modellhaft bei den Versuchen, mit Hilfe von Großformen wie Kantate, Oratorium, Gedichtzyklus die gesellschaftliche Entwicklung nach 1945, die sie bedingenden historischen Voraussetzungen und Gesetzmäßigkeiten auch im Bereich der Lyrik zu gestalten (z.B. in Stephan Hermlins *Mansfelder Oratorium.* Musik von Ernst Hermann Meyer, 1950). Vorbildlich für das Entstehen eines poetischen Führerkults in der SBZ und DDR dürfte sein Verspoem *Vladimir I'lič Lenin* (1925) gewesen sein.

Die sozialistische Erziehungs- und Aufbauprosa

Bedingt durch die genannten kulturpolitischen und ideologischen Kontexte stand von Beginn an die Rezeption russischer und sowjetischer Prosaliteratur im Vordergrund. Allein während des ersten Jahrzehnts nach Kriegsende wurden mehr als 500 Titel publiziert. Als vorbildlich galten gleichermaßen Werke des russischen Realismus, der Übergangzeit zum Sozialismus zu Beginn des 20. Jahrhunderts und der Sowjetliteratur. Nicht zufällig haben deshalb, was explizite Äußerungen über russische Vorbilder betrifft, Tolstoj, Gor'kij und Šolochov besondere Wertschätzung erfahren, u.a. in Äußerungen von Anna Seghers, Erik Neutsch, Wolfgang Joho, Erwin Strittmacher, Erich Köhler und Jurij Brězan. Wichtig waren die genanten russischen Autoren und ihre dem Epos nahestehenden Romane, also Tolstojs *Krieg und Frieden*, Gor'kijs *Žizn' Klima Samgina* (4 Bde., 1927–1936; dt. Das Leben des Klim Sangin) und Šolochovs *Der stille Don*, bei der Gestaltung großer mehrbändiger Geschichts- und Gesellschaftsromane, von Willi Bredels Trilogie *Verwandte und Bekannte* (1943–1953) über Anna Seghers' *Die Entscheidung* (1959) und *Das Vertrauen* (1968) bis hin zu Strittmatters dreibändigem Familiengemälde *Der Laden* (1983–1992). Letzterer ist sonst allerdings nach eigenem Bekunden in Briefen und im Tagebuch (23.5.1972) weniger durch Autoren wie Šolochov, sondern durch Repräsentanten der Kurzprosa wie Turgenev, Leskov, Prišvin und Babel' geprägt worden, erkennbar u.a. im *Schulzenhofer Kramkalender* (1966). Neben den epischen

»Klassikern« der russischen und sowjetischen Literatur wurde insbesondre eine Vielzahl von Werken publiziert, die im Kontext der grundlegenden Umgestaltung von Wirtschaft, Gesellschaft und Kultur während der Gründerjahre der SBZ und frühen DDR von großem Interesse waren.

Die forcierte Verbreitung russischer und sowjetischer Erzählliteratur hatte vor allem zwei Ziele: Sie sollte breitere Bevölkerungsschichten, namentlich die junge Generation, mit der Sowjetunion vertraut machen, die Dominanz westeuropäischer und US-amerikanischer Kultur zurückdrängen, sie sollte insbesondere in Orientierung an sowjetischer Erzählprosa die Erziehung zum sozialistischen Menschen sowjetischer Prägung befördern, also einen Personentypus gestalten, dessen Denken und Handeln geprägt ist von Zukunftsoptimismus, sozialer Verantwortung und Opferbereitschaft.

Das betraf in der Vorkriegszeit entstandene russische Texte, die sich mit dem Aufbau einer sozialistischen Gesellschaft befassten, wie z.B. Nikolaj Ostrovskijs *Kak zakaljalas' stal'* (zuerst in der Zeitschrift *Molodaja gvardija*, 1932–1934; dt. Wie der Stahl gehärtet wurde), Fedor Gladkovs *Zement*, Aleksandr Serafimovičs *Der eiserne Strom*, Aleksandr Fadeevs *Razgrom* (1927; dt. Die Zerschlagung/Die Neunzehn), Konstantin Fedins *Städte und Jahre* u.a. In diesen Kontext gehören auch die den heroischen Leistungen während des Zweiten Weltkriegs gewidmeten Romane, z.B. Vasilij Ažaevs *Fern von Moskau*, ein in der Sowjetunion ungemein populärer Roman, der vom heroischen Bau einer Erdölleitung in Sibirien zu Beginn des Zweiten Weltkriegs erzählt.

Darüber hinaus fanden Werke rasche Verbreitung, die sich in sowjetischer Perspektive mit Ursachen und Verlauf des Zweiten Weltkriegs beschäftigten, z.B. Viktor Nekrasovs differenzierter, den Krieg nicht nur als heroischen Kampf beschreibender Roman *V okopach Stalingrada* (1946; dt. In den Schützengräben von Stalingrad), Fadeevs den Widerstand junger Komsomolzen gegen die Deutschen rühmendes Kriegsepos *Molodaja gvardija* (1945; dt. Die junge Garde), Konstantin Simonovs Stalingradroman *Dni i noči* (1944; dt. Tage und Nächte) sowie seine ebenfalls dem Krieg gewidmete, aber entschieden differenzierter gestaltete Romantrilogie *Živye i mertvye* (1959–1970; dt. Die Lebenden und die Toten).

Überaus nachhaltig war die Propagierung sowjetischer Erzählprosa in Gestalt von Erziehungs- und Produktionsromanen. War der Roman in der Gattungshierarchie des Sozialistischen Realismus ohnehin ganz oben angesiedelt, so erhielten die genannten Untergattungen eine besondere Nobilitierung durch ihre ideologische Prägung. Als vorbildlich galten u.a. Gladkovs *Zement*, Ostrovskijs *Wie der Stahl gehärtet wurde*, Šolochovs *Der stille Don* und der erste Teil von *Neuland unterm Pflug* sowie Fadeevs *Die Neunzehn*. Bei der Bewertung der häufig undifferenzierten Rezeption der genannten Romane muss in Rechnung gestellt werden, welche Ausgabe die deutschen Autoren benutzten, da in vielen Fällen die in den zwanziger und dreißiger Jahren erschienenen sowjetischen Vorlagen auf politischen Druck hin verändert werden mussten; das betraf u.a. die genannten Texte von Šolochov, Gladkov und Fadeev. Darüber hinaus sollte bedacht werden, dass die Erzählprosa in der DDR nicht in die ästhetischen und literarhistorischen Kontexte eingebunden war, die den sowjetischen Produktionsroman der zwanziger und dreißiger Jahre vorbereitet und begleitet hatten. Dort hatte die später eliminierte literarische Avantgarde in Gestalt von Majakovskij, Tret'jakov u.a. eine operationale und »faktographische« Kunst geschaffen (literatura fakta), die Literatur für Propagandazwecke mobilisieren sollte, die aber zugleich innovativ, geistig und künstlerisch überaus beweglich agierte (u.a. in der Erörterung des Verständnisses von »Arbeit«) und so für eine literarische Qualität sorgte, die zumindest in frühen sowjetischen Produktionsromanen unverkennbar ist, z.B. in der ersten Fassung von Fedor Gladkovs *Zement*.

Literarische Existenz zwischen Parteilichkeit und kritischer Distanz: Das Spätwerk von Anna Seghers

Dieser vom Sozialistischen Realismus geprägten Erzählprosa verpflichtet und doch zugleich auch in kritischer Distanz zu ihr ist das Spätwerk von Anna Seghers (1900–1983). Als hochrangige Repräsentantin der DDR-Kulturpolitik hat sie fast immer deren Vorgaben vertreten und umgesetzt. Andererseits war sie eine viel zu anspruchsvolle Künstlerin, um sich ideologisch begründeten Dekreten gänzlich zu unterwerfen und hat diese mehrfach in Frage gestellt, u.a. im Rahmen einer differenzierten Auseinandersetzung mit der russischen Erzählprosa des 19. Jahrhunderts. Seghers hatte sich bereits vor dem Zweiten Weltkrieg als hochbegabte Erzählerin profiliert; für die Erzählung *Aufstand der Fischer von St. Barbara* erhielt sie 1928 den angesehenen Kleistpreis. Nach eigenem Bekunden bereits als Jugendliche begeisterte Dostoevskij-Leserin, insbesondre der Romane *Verbrechen und Strafe*, *Der Idiot* und *Die Brüder Karamazov* sowie der Erzählung *Die Sanfte*, lernte sie (laut Tagebuchnotizen vom Januar 1925) schon früh Russisch und hat sich ein Leben lang mit russischen Autoren beschäftigt; Dostoevskij las sie als Studentin »mit wachsender Leidenschaft« (so 1963 in dem Essayband *Über Tolstoi. Über Dostojewskij*). 1965 bezeichnete sie in einem Gespräch mit Christa Wolf die damalige Rezeption als ein »revolutionäre[s] Herauswühlen, In-Bewegung-Gehen des menschlichen Schicksals, etwas durch und durch Unkleinbürgerliches« (in Christa Wolf: *Die Dimension des Autors*, Bd. 1, 1986). Seghers ist nach eigenem Bekunden u.a. durch diese Auseinandersetzung zu eigenem Schreiben inspiriert worden; Spuren davon verrät die 1924 entstandene Erzählung *Legende von der Reue des Bischofs Jehan d'Aigremont von St. Anne in Rouen* (2003 aus dem Nachlass). Während der zwanziger Jahre wächst das Interesse an der jungen sowjetischen Literatur, dokumentiert u.a. durch ihre Rezension von Gladkovs Roman *Zement* in der *Frankfurter Zeitung* (u.d.T. *Revolutionärer Alltag*, 22.5.1927). Die Beschäftigung mit russischer Literatur wurde auch während des Exils in Mexiko nicht unterbrochen. Als sozial engagierte Autorin und Mitglied der KPD seit 1928 verband sie natürlich Vieles mit der Sowjetunion;

bereits 1930 war sie zum Internationalen Schriftstellerkongress nach Charkov gereist und dort auch mit sowjetischen Schriftstellern bekannt geworden; eine Reihe von Werken (ein Vorabdruck des berühmten Romans *Das siebte Kreuz* von 1942 sowie *Der letzte Weg des Koloman Wallisch*, zuerst in den *Neuen Deutschen Blättern*, 1934) sind während ihres Exils in Moskau erschienen. Seghers publizierte auch in den Moskauer Exilzeitschriften *Das Wort* und *Internationale Literatur*. Briefe aus dieser Zeit belegen engere Kontakte zu Ilja Ėrenburg, dessen Roman *Der Fall von Paris* (1942) sie sehr beeindruckt hat (Brief vom 6.5.1944). Ėrenburg hat ihr während der schweren Jahre des Exils nachhaltig geholfen, weshalb sie ihn in späteren Jahren auch gegenüber durchaus berechtigter Kritik immer in Schutz genommen hat, u.a. in Gesprächen mit Lev Kopelev. Obwohl Seghers nicht die Sowjetunion, sondern Mexiko als Exilort wählte, ist sie nach ihrer Rückkehr nach Berlin 1947 zu einem der wichtigsten, auch in der Sowjetunion hochangesehenen, bisweilen auch widerwilligen Repräsentanten einer von der Sowjetunion verordneten und kontrollierten Kulturpolitik geworden, als Stalinpreisträgerin 1951, als Vizepräsidentin der Gesellschaft zum Studium der Kultur der Sowjetunion und als Mitglied zahlreicher Kommissionen und Delegationen, insbesondre im Rahmen ihrer Funktion als langjährige Vorsitzende des Schriftstellerverbandes der DDR. Vornehmlich diese Funktion war natürlich mit zahlreichen Kontakten zur sowjetischen Literaturszene verbunden. Seghers unterhielt enge Kontakte zu den genannten sowjetischen Kulturoffizieren wie Tjul'panov; bereits ein Jahr nach ihrer Rückkehr ist sie in die Sowjetunion gereist und hat darüber berichtet (*Sowjetmenschen. Lebensbeschreibungen nach ihren Berichten*, 1948). Wichtige Gesprächspartner waren neben Ėrenburg vor allem Simonov, Fadeev, Fedin, Daniil Granin, Efim Ėtkind, die Germanistin Tamara Motyleva und Lev Kopelev. Dichterische Belege für die Orientierung an der sowjetischen Kulturpolitik sind u.a. der Stalin gewidmete Erzählband *Die Linie* (1950), vor allem aber die erwähnten großen, die sozialistische Arbeitswelt feiernden Romane *Die Entscheidung* und *Das Vertrauen*, die deutlich dem Sozialistischen Realismus verpflichtet sind, allerdings mit unterschiedlicher Intensität. So werden in *Das Vertrauen* zentrale Themen der Aufbauliteratur polyphoner und differenzierter gestaltet, z. B. die im Zusammenhang mit dem 17.6.1953 aufbrechenden gesellschaftlichen Probleme beim Aufbau des Sozialismus; darüber hinaus werden dabei zuvor weitgehend tabuisierte Themen wie Antisemitismus während der späten Stalin-Ära, systeminterne Fehlleistungen u.a. thematisiert.

Texte wie der bereits im Exil begonnene Roman *Die Toten bleiben jung* (1949) oder *Das Argonautenschiff* (zuerst in *Sinn und Form*, 1949) belegen jedoch, dass Anna Seghers der Doktrin nicht sklavisch gefolgt ist. Dabei sind für sie auch russische Schriftsteller des 19. Jahrhunderts, vor allem Dostoevskij und Tolstoj, literarische Vorbilder gewesen. Vornehmlich sie sind es, mit deren Hilfe sie einige 1938 an Lukács adressierte Vorbehalte gegenüber einer orthodoxen Widerspiegelungstheorie während der fünfziger Jahre neu formulieren und ausweiten wird; das betrifft

z. B. die Hinweise auf Subjektivität als Garanten künstlerischer Wahrheit im Prozess des literarischen Schaffens. Die Affinität gerade zu diesen zwei russischen Autoren bezeugen u.a. die ihnen gewidmeten essayistischen Arbeiten, auf die sich später Heinrich Böll in seinen Ausführungen über Dostoevskij und Tolstoj in seinem Artikel *Lieber Herr Grieshaber* (in der Zeitschrift *Der Engel der Geschichte*, 1965) stützen wird.

Künstlerisch ist Seghers Tolstoj und Dostoevskij insbesondre in zwei Exilromanen verpflichtet: In *Transit* (Erstdruck engl. 1944; dt. zuerst in der *Berliner Zeitung*, 1947) betrifft dies inhaltlich den Aspekt der permanenten Gefährdung des Menschen, stilistisch die an der Erzählprosa Dostoevskijs geschulte unruhige, dialogische Rede des Ich-Erzählers (Fridlender 1978, S. 173f.). Die schöpferische Auseinandersetzung mit beiden russischen Dichtern bezeugt der große Zeitroman *Die Toten bleiben jung*. An den Epiker Tolstoj und dessen kunstvolle Gestaltung gesellschaftlicher Totalität in *Krieg und Frieden* erinnert die Verbindung von Gesellschafts- und Geschichtsroman, insbesondere die handlungs- und figurenreiche Darstellung der verhängnisvollen deutschen Geschichte zwischen 1918 und 1945 am Beispiel einer klassenbewussten und kämpferischen Arbeiterfamilie, in deren Rahmen die Entstehung des Faschismus und seine Überwindung durch den Kampf der Arbeiterklasse nachgezeichnet wird. Der gleiche Roman enthält auch eine direkte Dostoevskij-Reminiszenz, und zwar in der Gestaltung des Offiziers und späteren SS-Angehörigen Lieven, dessen elitäres und menschenverachtendes Denken mit Dostoevskij-Figuren wie Rodion Raskol'nikov und Ivan Karamazov in Beziehung gesetzt wird. Erwähnenswert ist die späte Erzählung *Reisebegegnung* (in *Sonderbare Begegnungen*, 1972). In ihr diskutieren Künstler des Phantastisch-Imaginären wie E. T. A. Hoffmann, Nikolaj Gogol' und Franz Kafka über ihr Verhältnis zum Schreiben, über die Art ihres Bezuges zur Realität und über ihr Verhältnis zu ihren Lesern.

Zwiespältig ist der Eindruck nach der Lektüre der Essays zur russischen Literatur. Hier finden sich während der vierziger Jahre entstandene Artikel, die Puškin (*Puschkin*, in der Zeitschrift *Die neue Gesellschaft*, 1949) als Mann des Volkes oder Tolstojs Roman *Krieg und Frieden* als Dokument des russischen Widerstands gegen aus dem Westen kommende Invasoren feiern (*Tolstois irdisches Erbe*, in der Zeitschrift *Freies Deutschland*, 1942). Substanzieller sind die Tolstoj gewidmeten Studien der frühen fünfziger Jahre (*Tolstoi*, zuerst u.d.T. *Tolstoi, das ist die ganze Welt* in der *Täglichen Rundschau* vom 8.9.1953; *Über die Entstehung von ›Krieg und Frieden‹. Brief an Jorge Amado*, zuerst u.d.T. *Brief an Freunde im Westen* in der *Täglichen Rundschau* vom 29.5.1954), mit deren Hilfe sie noch einmal eine eigene, differenzierte Position gegenüber einem orthodoxen Sozialistischen Realismus zu gewinnen sucht. Gestützt auch auf Recherchen im Tolstoj-Archiv in Moskau formuliert Seghers hier Lesenswertes zu *Anna Karenina* und *Krieg und Frieden*. Lesenswert sind insbesondere die Ausführungen über Techniken des personalen Erzählens, über die Funktion des Eisenbahnmotivs und der Vergleich mit Proust in den

Anna Karenina gewidmeten Passagen. Gleiches gilt für die Reflexionen über das Verhältnis von Historiker und Künstler bei der Analyse der Entstehungsgeschichte von *Krieg und Frieden* und für die im Rahmen dieser poetologischen Gedankengänge formulierte dezidierte Absage an eine vom Staat ausgehende Auftragskunst. Korrespondierend damit kritisiert Seghers unter Berufung auf Tolstojs Diktum von den drei Stufen der literarischen Aneignung von Wirklichkeit (unmittelbares, »frisches« Erleben – Bewusstmachen des Erfahrenen – Aneignung des Erfahrenen als zweite Natur) ein abstraktes, Doktrinen verpflichtetes, auf der zweiten Stufe verharrendes Schreiben in der frühen DDR-Literatur. Christa Wolf hat bereits 1965 moniert (in: *Einiges über meine Arbeit als Schriftsteller*, in dem Sammelband *Junge Schriftsteller in der Deutschen Demokratischen Republik in Selbstdarstellungen*), dass Seghers' Tolstoj-Essays in der Realismus-Diskussion der DDR-Literaturkritik keine Rolle spielen; für die Formulierung ihrer eigenen Realismus-Konzeption in Gestalt der »subjektiven Authentizität« haben Seghers' Ausführungen über Subjektivität und Unmittelbarkeit im Prozess des künstlerischen Schaffens eine wichtige Rolle gespielt. Kenntnisreich und differenziert präsentieren sich die Essays zum Verhältnis Tolstoj – Dostoevskij, in deren Zentrum die Frage nach dem Einfluss einer durch Napoleon repräsentierten Machtidee steht (*Fürst Andrej und Raskolnikow*, in der mexikanischen Exilzeitschrift *Freies Deutschland*, 1944; *Die Napoleonische Macht-Ideologie in den Werken Tolstois und Dostojewskis*, in der Zeitschrift *Die neue Gesellschaft*, 1948). Die hier im Mittelpunkt stehende Erörterung einer falschen, übersteigerten Subjektivität ist im Napoleon-Motiv in *Verbrechen und Strafe* vorgeprägt und findet sich auch im von Merežkovskij zu diesem Roman verfassten Nachwort der Piper-Ausgabe. Demonstriert Tolstojs historischer Roman Napoleons Machtwahn und dessen Zerstörung durch den Abwehrkampf des russischen Volkes, so gestaltet Dostoevskij laut Seghers in der Figur des Raskol'nikov die verderblichen geistigen Nachwirkungen dieses Übermenschentums und deren Überwindung durch die ihm von Sonja Marmeladova vermittelte Erkenntnis, Kapitalverbrecher und nicht Protagonist einer großen Tat zu sein. Zu den bedeutendsten essayistischen Arbeiten über die russische Literatur gehört sicher der Dostoevskij gewidmete Artikel *Woher sie kommen, wohin sie gehen* (in *Sinn und Form*, 1963). Er darf als bemerkenswerter Versuch gewertet werden, einen durch Repräsentanten marxistischer Ästhetik von Lenin bis Lukács z. T. heftig kritisierten und verfemten Dichter zu rehabilitieren, lange vor entsprechenden Bemühungen in der Sowjetunion. Das geschieht zum einen dadurch, dass Seghers Dostoevskijs Romane (z. B. *Verbrechen und Strafe*) als tiefgründige und komplexe Darstellung realer Sachverhalte würdigt, als künstlerisch anspruchsvolle Gestaltung »grandiose[r] Konflikte«, die aber letztlich nicht durch Mitleid und Reue, sondern nur durch Revolutionen gelöst werden konnten. Eine ausgewogene literaturkritische Würdigung erfährt Dostoevskij zum anderen bei der Besprechung der *Brüder Karamazov*, speziell bei den Vergleichen mit Thomas Mann und Schiller. Was letzteren betrifft, so charakterisiert Seghers Schiller und Dostoevskij als Dichter, die sich während ihrer Jugendjahre als rebellisch gegenüber staatlicher Willkür verhalten haben, wobei allerdings vor allem Dostoevskij diese Haltung später verleugnen musste. Beider Werk sei thematisch dominiert von Konflikten, was die Bevorzugung dramatischer Handlungen erklärt. Die Schiller-Bezüge der *Brüder Karamazov* ergeben sich nach Seghers nicht allein aus den zahlreichen expliziten und impliziten intertextuellen Markierungen sowie strukturbildenden Motiven wie dem Vater-Sohn-Konflikt, sondern auch durch die Figur des Großinquisitors. Dieser übernimmt sowohl im *Don Carlos* als auch in Dostoevskijs Legende *Der Großinquisitor* die Funktion, den geistigen Machtanspruch einer das Geistige und Geistliche in Wahrheit verachtenden Instanz zu legitimieren. Der Vergleich mit Thomas Mann konzentriert sich auf die Teufelsgespräche im *Doktor Faustus* und in den *Brüdern Karamazov* als Kulmination einer durch das Medium des fiktiven Erzählers vermittelten »schrecklichen, dämonischen Geschichte«. Seghers interpretiert die sowohl Leverkühn als auch Ivan Karamazov begegnenden Teufelsgestalten als Verkörperung einer komplexen Verneinung, als »Widerspiegelung eines grauenhaft verlockenden Zweifels«.

Orientierung an sowjetischer Literatur in den Genres Produktionsroman und Landlebenliteratur

Literarisch vielfältig verarbeitet wurden Šolochovs *Neuland unterm Pflug* (1. Teil) und der bereits im Kontext des Brechtschen Garbe-Projekts vorgestellte Roman *Zement* von Gladkov. Letzterer gehört zu den besonders intensiv rezipierten Romanen der Sowjetliteratur; er ist bereits in den zwanziger Jahren, nach dem Erscheinen der ersten deutschsprachigen Ausgabe in der Übersetzung von Olga Halpern (1927), von Benjamin, Kisch, Seghers, Frida Rubiner u.a. rezensiert worden. In der DDR wurde der Roman 1949 vom Verlag Kultur und Fortschritt (in der Übersetzung von Alfred Edgar Thoss) herausgegeben und hat eine wichtige Rolle bei der Etablierung der sogenannten Produktions- bzw. Aufbauliteratur gespielt. Die heroische Geschichte des Rotarmisten und Arbeiters Gleb Čumalov, der gegen vielfältige Widerstände engagiert und durchsetzungsstark den Wiederaufbau eines Zementwerkes ermöglicht, aber auch die dabei aufgezeigte Unvereinbarkeit von unbedingtem gesellschaftlichen Engagement und privatem Glück, hat Autoren von Bertolt Brecht bis zu Heiner Müller (*Der Lohndrücker*, Uraufführung am 23.3.1958; *Zement*, Uraufführung am 12.10.1973) immer wieder beschäftigt. Die sicher folgenreichste Adaption war die von Eduard Claudius (1911–1976). Von den Nazis zunächst inhaftiert, war Claudius ins Exil gegangen, hatte u.a. 1936 bis 1938 als Mitglied der Internationalen Brigaden in Spanien gegen Franco gekämpft; von 1939 bis 1945 lebte er in der Schweiz, wohin er bereits 1934 geflohen war. Nach kurzen Aufenthalten nach 1945 in München und im Ruhrgebiet übersiedelte er 1947 in die SBZ/DDR. Claudius verbindet Elemente des Gladkovschen Romans mit der erwähnten Garbe-Story. Die

Geschichte der innovativen Erneuerung eines Brennofens im VEB Siemens-Plania 1950 durch den Maurer Hans Garbe und seine Kolonne hat er, der selbst das Maurerhandwerk gelernt hatte, zweimal erzählerisch verarbeitet: Die Novelle *Vom schweren Anfang* (1950) gestaltet Garbes Weg realitätsnäher und, orientiert an Gladkovs Text, konfliktreicher, was das Verhältnis von Einzelkämpfer und Kollektiv angeht, als der ein Jahr später erschienene Roman *Menschen an unserer Seite*. Dort wird die Auseinandersetzung zwischen sozialistischen Neuerern und Vertretern der alten kapitalistischen Wirtschafts- und Gesellschaftsordnung typisierend auf zwei Personen konzentriert, den innovativ denkenden und handelnden Maurer Hans Aehre und den als Westagent tätigen Betriebsleiter und Saboteur Matschat. Solcherart Zugeständnisse an die Doktrin der Sozialistischen Realismus sowie die versöhnlich endenden privaten Konflikte zwischen Aehre und seiner Frau Katrin entfernen Claudius' Roman von seinem Vorbild *Zement*.

Ähnlich einflussreich wie Gladkovs Roman für die Entwicklung einer auf die Industrie bezogenen Aufbauliteratur in der DDR war für die Entwicklung einer sozialistischen Landlebenliteratur die Erzählprosa Šolochovs. Dessen Romane waren bereits in den dreißiger Jahren ins Deutsche übersetzt worden (1929–1935 die Teile 1–3 des *Stillen Don* in der Übersetzung von Olga Halpern; der erste Teil von *Neuland unterm Pflug* 1933 in der Übersetzung von Eduard Schiemann; im gleichen Jahr in der Übertragung von Boris Krotkow und Georg Stephan Stoessler u.d.T. *Neuland unter dem Pflug*). Nach 1945 gehörten sie zu den ersten Werken, die von der Sowjetischen Militärverwaltung in deutschen Übersetzungen publiziert und beworben wurden. Ausgehend davon hat Šolochov in der SBZ und in der DDR eine umfangreiche und intensive Rezeption in Literaturkritik, Literaturwissenschaft, Filmkunst und durch zahlreiche Schriftsteller erfahren, durch Parteigrößen wie Willi Bredel, Otto Gotsche und Alfred Kurella ebenso wie durch jüngere Autoren wie Erwin Strittmatter, Herbert Nachbar, Bernhard Seeger und Erich Köhler. Sie alle haben Šolochov mehrfach explizit als Vorbild und Lehrer gerühmt.

Vorbildcharakter hatte insbesondre der 1932 erschienene erste Teil des Romans *Neuland unterm Pflug* für die frühe, durch eine Vielzahl von Dramen, Romanen und Erzählungen repräsentierte Landlebenliteratur in der DDR, mit der die sozialistische Umgestaltung der bäuerlichen Lebenswelt dargestellt und propagiert werden sollte. Šolochovs Roman schildert eine solche Umgestaltung im Rahmen der Kollektivierung um 1930 am Beispiel des Kosakendorfes Gremjačij Log am Don. Der aus Leningrad kommende Industriearbeiter Davydov soll im Dorf die verordnete Kollektivierung durchsetzen, obwohl er dafür weder die wirtschaftliche noch die soziale Kompetenz besitzt. Entsprechend langsam und problematisch verläuft der Prozess der Kollektivierung. Davydov kämpft nicht nur mit seinem erklärten Gegenspieler, dem brutalen Weißgardisten Polovcev, sondern auch mit Vorurteilen der Dorfbewohner und mit übermotivierten Parteigängern. Trotz der eindeutigen politischen Tendenz zeichnet der Roman in der differenzierten Charakteristik bäuerlicher Figuren, in der kenntnisreichen Wiedergabe bäuerlicher Lebensformen, in der volksnahen Sprache ein plastisches Bild des gesellschaftlichen Umbruchs auf dem Lande.

In der SBZ wurde *Neuland unterm Pflug* bereits 1946 wieder aufgelegt, eine zweite Auflage folgte schon im Jahr darauf; bis 1961 erlebte der Roman zehn Auflagen in der DDR. Stärker noch als *Der Stille Don* galt dieser Text auch in der SBZ und in der DDR als »Das klassische Epos des sozialistischen Dorfes« (so der Titel eines Artikels von Herbert Krempien in der Zeitschrift *Der Bibliothekar*, 1961) und im Hinblick auf die sozialistische Umgestaltung als »Lehrbuch des Lebens« (so Willy Bredel 1950 in seinem Aufsatzband *Sieben Dichter*). In dieser Eigenschaft ist er für zwei Phasen dieser Umgestaltung auf dem Lande bedeutsam geworden: für die literarische Propagierung der Bodenreform nach 1945 und für die Umwandlung von bäuerlichem in genossenschaftliches Eigentum bei der ab Mitte der fünfziger Jahre betriebenen Bildung landwirtschaftlicher Produktionsgenossenschaften (LPG). Beispiele für die in Orientierung an Šolochov erfolgte Darstellung gesellschaftlicher Auseinandersetzungen im Gefolge der Bodenreform sind Strittmatters erwähntes Drama *Katzgraben*, Werner Reinowskis Roman *Vom Weizen fällt die Spreu* (1952) u.a.

Repräsentativ für die Šolochov-Adaption bei der Gestaltung der LPG-Kampagnen sind Romane wie *Herbstrauch* (1961) von Bernhard Seeger und *Schatzsucher* (1964) von Erich Köhler; wie erwähnt haben beide Autoren in diesem Zusammenhang Šolochov explizit als ihren Lehrmeister gewürdigt (z.B. Köhler in seinem auch die Unterschiede formulierenden Beitrag »Die Entdeckung des Schatzes« in: *Neues Deutschland*, Beilage Nr. 33 vom 16.8.1965). Thematische Grundlage beider Romane ist die Überwindung von Klassengegensätzen auf dem Lande im Verlauf einer Vergenossenschaftlichung bäuerlichen Privateigentums. Die Überwindung der vielfältigen Widerstände wird dabei als Erziehungsprozess gestaltet, der nicht nur die selbständigen, der LPG ablehnend gegenüberstehenden Bauern betrifft, sondern auch fachfremde, überforderte Anhänger und Agitatoren dieses Prozesses.

Sowohl Köhlers als auch Seegers Roman lassen in Bezug auf Struktur und Personengestaltung deutliche Übereinstimmungen mit Šolochovs *Neuland unterm Pflug* erkennen: ein aus dem Industriebereich, im Auftrag der Partei kommender Arbeiter (der Stahlgießer Wollni bei Seeger, der Eisenbahner Ramm bei Köhler) wird aufs Land geschickt, um die Kollektivierung der Landwirtschaft, also die Gründung von LPGs, zu betreiben. Sie sehen sich mit Problemen vielfältiger Art konfrontiert, begegnen Widerständen von Zweifel bis zu offenem Hass, werden dabei von reaktionären Gegnern erschossen (Ramm) bzw. schwer verwundet (Wollni), was aber die letztlich erfolgreiche Umgestaltung ländlicher Besitz- und Gesellschaftsverhältnisse nicht aufhalten kann. Korrespondierend mit *Neuland unterm Pflug* wird die anfängliche Hilf- und Orientierungslosigkeit dieser Helden nicht verschwiegen, werden ihre Fehler und Irrtümer z.T. humorvoll beschrieben, ohne dass dabei allerdings die Aspekte positives Heldentum und Parteilichkeit in Frage gestellt werden. Dabei geht Köhler allerdings insofern über Šolochov hinaus, als er am Beispiel Ramms zu verdeutlichen sucht, dass bei der Umerziehung zum Sozialismus auch die Kunst eine entscheidende Rolle spielen kann. Ramm, der als Agitator und LPG-Vorsitzender scheitert, erfährt als Maler seine eigentliche Bestimmung, geistiger und künstlerischer Erzieher der Bauern zu sein. Seine Zeichnungen und schließlich das Porträt des von den Nationalsozialisten ermordeten Antifaschisten Malterer, des ersten Mannes von Ramms Ehefrau, lehren die Bauern, den wahren sozialistischen Menschen zu erkennen, zeigen ihnen mit dieser Ikone, dass die Vergenossenschaftung die Vollendung all dessen ist, was Malterer gedacht und getan hat. Darüber hinaus demonstriert Köhlers Roman, dass die Wege zum Sozialismus vielfältig seien und dass auf diesen Wegen jedem die Entfaltung seiner individuellen Begabungen ermöglicht werde.

Auch eine in der Sowjetunion nach Stalins Tod im Kontext der sogenannten Tauwetterperiode erfolgte Modifizierung des Produktionsromans ist in der DDR-Literatur mit großer Aufmerksamkeit verfolgt und schöpferisch rezipiert worden (unter dem Titel *Ottepel'*/Tauwetter erschienen 1953 ein Gedicht von Nikolaj Zabolockij und 1954/1956 der auch im Westen diskutierte zweiteilige Roman von Il'ja Ėrenburg). Die Handlung der betreffenden Texte ist nun von Konflikten bestimmt, die aus nicht-antagonistischen, also aus nicht klassenbedingten Widersprüchen erwachsen, Konflikten zwischen altem erstarrten sozialistischen Denken und Neuerertum. Dabei werden Missstände wie Personenkult, Schlamperei, Ineffizienz und ein sich daraus ergebendes Bemühen um Neustrukturierung ökonomischer Abläufe explizit thematisiert, ist die Handlungsstruktur und Personengestaltung differenzierter, weniger schematisiert. Beispielhaft demonstriert dies im Bereich der Sowjetliteratur neben Vladimir Dudincevs *Ne chlebom edinym* (1956, dt. Der Mensch lebt nicht vom Brot allein) Galina Nikolaevas 1957 erschienener Roman *Schlacht unterwegs*. Hier werden die Veränderungen in Wirtschaft und Gesellschaft mit Hilfe einer Auseinandersetzung zwischen zwei Führungskräften eines Traktorenwerkes, dem das alte System repräsentierenden Direktor Val'gan und dem Chefingenieur Bachirev, gleichsam personalisiert. Letzterer setzt sich gegen Widerstände, Verleumdungen sowie gegen Vorbehalte dogmatischer Parteifunktionäre trotz eigener Fehler als Erneuerer durch, die von ihm vorgenommene Neuorganisation der Produktionsabläufe erweist sich letztlich als sozial und profitabel. Charakteristisch für die Tauwetterperiode ist der Roman in mehrfacher Hinsicht: in der gleich zu Beginn nachdrücklich gestalteten Entheroisierung Stalins zum »gewöhnlichen Toten«, in der z. T. ungeschminkten Schilderung sozialer Missstände wie Alkoholismus und Diebstahl, insbesondere aber in der breit ausgeführten Darstellung einer am Beispiel des begabten Konstrukteurs Šatrov demonstrierten, alle Kreativität erdrückenden Planwirtschaft und in der Kritik an einer aller Wirtschaftlichkeit Hohn sprechenden, in Teilen aberwitzig agierenden Verwaltung in Gestalt von Parteifunktionären

»mit im Gehirn verknöcherten Anpassungsapparaten«. Demgegenüber feiert Nikolaevas Roman den Arbeiter als schöpferisches, verantwortlich handelndes, sich bewusst als Eigentümer der Produktionsmittel verstehendes Subjekt, das »Herr im Betrieb«, zugleich aber auch, wie die Hauptgestalt Bachirev, ein von Irrtümern und menschlichen Defiziten nicht freier »mittlerer Held« ist.

Nikolaevas Roman ist, nach anfänglichem, kulturpolitisch bedingtem Zögern, 1962 im Verlag Kultur und Fortschritt in deutscher Übersetzung erschienen und in der DDR intensiv diskutiert worden, auch im Kontext seiner Verfilmung. Letztere hat u.a. Walter Ulbricht so beeindruckt, dass der zuvor mit spitzen Fingern angefasste Text plötzlich in hohen Auflagen, nach Auskunft des zuständigen Cheflektors Leonhard Kossuth sogar, bedacht mit einer Sonderration Druckpapier, in einer verbilligten Volksausgabe erscheinen durfte bzw. musste.

Im Rahmen dieser Diskussionen ist auch Erik Neutschs viel beachteter Roman *Spur der Steine* (1964) als Reaktion auf *Schlacht unterwegs* interpretiert worden (z.B. in den *Weimarer Beiträgen*, 1964), als ein Roman, der – vergleichbar Nikolaevas Text, doch ohne ihn zu imitieren – wichtige ökonomische und gesellschaftliche Veränderungen thematisiert. Auch in der DDR war es zu Beginn der sechziger Jahre zu einer Umorientierung im Bereich der Wirtschaft gekommen. Das 1963 auf dem VI. Parteitag der SED verabschiedete »Neue Ökonomische System der Planung und Leitung« war weniger ideologiebelastet, akzentuierte die Aspekte Rationalität, Rentabilität, partielle Autonomie und Eigenverantwortung der Leitungskader. Entstanden in diesem Kontext, erzählt Neutschs Roman die sich auf einer Großbaustelle abspielenden Konflikte zwischen innovativ denkenden und schöpferisch handelnden Werktätigen auf der einen und in Denkschablonen erstarrten Führungskadern auf der anderen Seite. Auch hier wird versucht, aus automatisierten, typisierten Personenkonstellationen auszubrechen. Nicht der zwar unorthodox und engagiert agierende, letztlich aber sowohl menschlich als auch beruflich versagende Parteisekretär Horrath ist der Held des Romans, sondern der unangepasste, zu Beginn als anarchisch denkend und handelnd vorgestellte Maurer Balla, der im Verlauf des Romans zum nachdenklichen, verantwortungsbewusst handelnden sozialistischen Menschen reift, der innerhalb des von der Partei vorgegebenen Rahmens innovativ, aber nicht mehr individualistisch denkt, dabei auch Fehler macht, also einen Personentypus repräsentiert, den Neutsch in einem Interview mit Rulo Melchert 1974 als ›seinen Typus‹ bezeichnet hat (*»Weil ich möglicherweise so einer bin«*, in der Zeitschrift *Junge Welt*). Korrespondenzen zu Nikolaevas Roman zeigen sich auch in der ungewöhnlich starken Zuspitzung von Konfliktsituationen. Neutsch selbst hat sich allerdings nicht als Schüler Nikolaevas verstanden. In einem Brief an die Redaktion der *Weimarer Beiträge* (31.5.1964) räumt er ein, sich literarisch in manchem gleicher Methoden bedient zu haben, weist aber darauf hin, dass die Konzeption des Romans vor der Lektüre von *Schlacht unterwegs* erarbeitet worden ist und dass es in Bezug auf die jeweiligen Haupthelden deutliche Unterschiede gibt.

Weder Nikolaeva noch Neutsch opponieren gegen den Sozialistischen Realismus, versuchen eher, ihn zu modernisieren und in der Weise zu aktualisieren, dass die ihm verpflichteten Werke auch hohen künstlerischen Ansprüchen gerecht werden. In diesem Sinn versteht Neutsch auch weniger Autoren wie Nikolaeva, sondern solche wie Šolochov als russische Vorbilder und Lehrer (seine Rede *Verantwortung gegenüber der Gesellschaft* auf der 2. Bitterfelder Konferenz 1964; *Begegnungen mit Scholochow*, zuerst im Sammelband *Begegnung und Bündnis. Sowjetische und deutsche Literatur*, hg. v. Gerhard Ziegengeist, 1972). Insbesondre dessen Roman *Der stille Don* ist nach eigenem Bekunden von Neutsch hinsichtlich Konflikt- und Personengestaltung sowie in Bezug auf ein differenziertes Verständnis von Parteilichkeit Šolochov verpflichtet, mit dem er 1964 auch über *Spur der Steine* diskutiert hat. Deutliche Spuren einer Šolochov-Lektüre (*Sud'ba čeloveka*, 1956; dt. Ein Menschenschicksal) finden sich auch in Neutschs 1973 erschienenem Roman *Auf der Suche nach Gatt*, insbesondre bei der Gestaltung des Verhältnisses von persönlichem Glück und gesellschaftlicher Verantwortung.

8.1.4 Die »Molodaja literatura« (Junge Literatur) in der Sowjetunion und der »Sozialistische Ankunftsroman« in der DDR

Auch eine ab 1960 entstehende neue Generation von Romanen ist ohne sowjetische Anregungen nicht denkbar. Die Aufbau- und Erziehungsroman verschränkende »Ankunftsliteratur« befasst sich nicht mehr mit den frühen Aufbau- und Entwicklungsphasen einer sozialistischen Gesellschaft, sondern mit dem Hineinwachsen einer neuen Generation in diese bereits etablierte Sozialordnung. Vorbild ist die in der Sowjetunion Ende der fünfziger und zu Beginn der sechziger Jahre entstehende »Molodaja literatura« (Junge Literatur) bzw. »Molodaja proza« (Junge Prosa), die – in der Tradition des Bildungsromans, aber konkret auf Veränderungen in der sowjetischen Gesellschaft nach dem XX. Parteitag der KPdSU reagierend (Hiersche 1969, S. 32) – der Auseinandersetzung junger, gerade der Schule entwachsener Jugendlicher mit der Arbeitswelt gewidmet ist, ihrem von Konflikten, Irrtümern, Selbstzweifeln und Enttäuschungen begleiteten »Weg ins Leben«. Repräsentanten dieser literarischen Richtung waren u.a. Vasilij Aksenovs *Kollegi* (1960; dt. Kollegen) und *Zvezdnyj bilet* (1961; dt. Sternenfahrkarte), Anatolij Gladilins *Chronika vremen Viktora Podgurskogo* (1956; dt. Die Chronik aus der Zeit Viktor Podgurskijs), Daniil Granins *Posle svad'by* (1958; dt. Nach der Hochzeit), vor allem aber Anatolij Kuznecovs 1957 erschienener Roman *Prodolženie legendy* (Fortsetzung der Legende; dt. u.d.T. *Im Gepäcknetz nach Sibirien*, 1958). Geschildert wird die Entwicklung des Moskauer Schulabgängers Tolja, der aufgrund unzureichender Schulnoten nicht zum Studium zugelassen wird und sich erst einmal in der Arbeitswelt bewähren soll. Er entscheidet sich für die Aufbauarbeit an einem sibirischen Wasserkraftwerk am Fluss Angara bei Irkutsk. Beginnend mit der langen Eisenbahnfahrt erscheint der Weg des Ich-Erzählers als ein von Mühen und Enttäuschungen begleitetes Hineinwachsen in die Arbeitswelt, an dessen Ende die dort gefundene Rolle bewusst und bejahend angenommen wird. Kontrastierend und in retardierender Funktion wird das Erzählen immer wieder durch subjektive Statements in Form von Tagebuchnotizen, Briefen und Selbstgesprächen unterbrochen, in denen die andere, die Moskauer Welt, aufscheint. Sie lassen erkennen, dass es dem Autor nicht mehr allein, wie im Produktionsroman, um die Darstellung des sozialistischen Aufbaus, sondern auch um die einer individuellen Reifung geht.

Nur wenig später wird diese Thematik auch in der DDR-Literatur von Autoren wie Joachim Wohlgemuth im Jugendroman *Egon und das achte Weltwunder* (zuerst 1962 in der *Jungen Welt*) aufgenommen. Breite Beachtung findet vor allem Brigitte Reimann, deren Roman *Ankunft im Alltag* (1961) dem Genre zu seinem bis heute gültigen Namen »Ankunftsliteratur« verholfen hat. Im Zentrum der Handlung stehen die drei Abiturienten Recha, Curt und Nikolaus, die vor Beginn ihres Studiums ein Jahr lang in der Produktion Erfahrungen sammeln sollen. Alle drei begegnen auf verschiedene Weise und mit unterschiedlichem Erfolg den Gegebenheiten der ihnen fremden Arbeitswelt, wobei Reimann die Handlung insofern verkompliziert, als sie hier die Entwicklungsgeschichte der drei mit einer Liebesgeschichte verknüpft, mit der am Schluss verdeutlicht wird, dass Menschen wie der labile Curt, wenn überhaupt, erst spät in dieser Gesellschaft ankommen werden, dass die Entwicklung zum gereiften Menschen an individuellen Voraussetzungen scheitern kann, trotz eines, durch den Meister Hamann verkörperten, fördernden gesellschaftlichen Umfeldes. Recha und Nikolaus gelingt die Integration, sie sind in der sozialistischen Gesellschaft angekommen. Insofern bestätigt auch dieses Genre die Forderung nach Affirmation bestehender Verhältnisse, auch wenn das Bemühen unverkennbar ist, bei der Personengestaltung individualisierender, differenzierter zu verfahren. Neben der Makrostruktur sind es vor allem diese Eigenschaften, die Reimann mit Kuznecovs Roman verbinden.

Thematische und stilistische Übereinstimmungen, ohne dass direkte Beeinflussungen nachweisbar wären, zeigen sich in einer weiteren Variante des sozialistischen Entwicklungsromans der sechziger Jahre, bei der noch stärker der Aspekt der Orientierungslosigkeit von Jugendlichen und eine daraus resultierende kritische Befragung der sozialistischen Lebenswelt zur Sprache gebracht wird. Im Bereich der Sowjetliteratur sind dies, neben den erwähnten Arbeiten von Aksenov und Gladilin, Texte von Irina Grekova und Vladimir Tendrjakov; unter den DDR-Autoren betrifft dies hinsichtlich der Ankunftsthematik Karl-Heinz Jakobs Erzählung *Beschreibung eines Sommers* (1961) und in Bezug auf das Thema Orientierungssuche Ulrich Plenzdorfs auch in der BRD intensiv rezipierte Arbeit *Die neuen Leiden des jungen W.* (zuerst 1968 als Filmszenarium konzipiert, erschien 1972 eine erste Prosafassung in *Sinn und Form*; Uraufführung der Bühnenfassung am 18.5.1972, erweiterte Prosafassung in Buchform 1973). Letzterer knüpft insbesondre mit der

Einführung eines unangepassten, im umgangssprachlichen bzw. im jugendlichen Soziolekt argumentierenden Jugendlichen an Werke der o.g. Autoren an.

8.1.5 Christa Wolf

Wie in vielem anderen darf Christa Wolf (1929–2011) auch hinsichtlich der Rezeption russischer und sowjetischer Literatur eine Sonderrolle beanspruchen, denn sie hat sich mit diesem Thema ungewöhnlich lange, umfassend und differenziert beschäftigt. Zu Beginn ihrer schriftstellerischen Tätigkeit noch ganz der Doktrin des Sozialistischen Realismus verpflichtet, setzt sie sich spätestens seit Ende der sechziger Jahre mit dieser Doktrin kritisch auseinander, u.a. mit Hilfe einer fortgesetzten und intensiven Lektüre russischer und sowjetischer Literatur. Im Zentrum steht dabei das Thema Subjektivität in der sozialistischen Kunst, das spätestens seit Mitte der sechziger Jahre die Erzählprosa und die sie begleitenden poetologischen Reflexionen von Christa Wolf nachhaltig bestimmt. Sie hat nie einen Zweifel daran gelassen, dass sie sich als Repräsentantin einer realistischen sozialistischen Literatur begreift, in deren Mittelpunkt die Auseinandersetzung mit den Entwicklungsproblemen einer entstehenden sozialistischen Gesellschaft und den diese Entwicklung präformierenden historischen Voraussetzungen steht. Orientierung an der orthodoxen Variante einer solchen Konzeption demonstrieren vor allem die frühen Werke *Moskauer Novelle* (1961) und *Der geteilte Himmel* (1963). Andererseits hat Wolf schon sehr früh in der Betonung von Subjektivität, Unmittelbarkeit und Individualität in der Kunst eine eigene Position zu gewinnen versucht. Sie spricht dabei von einer »subjektiven Authentizität«, also von der wahrheitsgetreuen Erfindung einer literarischen Welt aufgrund eigener Erfahrung. Ausgehend davon versteht sie das Schreiben als gesellschaftliche Zusammenhänge und auch eigene innere Befindlichkeiten und Entwicklungen reflektierende Gestaltung individueller Erfahrung und in diesem Sinne auch als Selbstverwirklichung des schreibenden Subjekts. Diese dichterische, spätestens mit *Nachdenken über Christa T.* (1968) beginnende und durch zahlreiche Essays, Rezensionen und Interviews gestützte poetologische Position verdankt sich auch der langjährigen und überaus reflektierten Beschäftigung mit russischer bzw. sowjetischer Literatur und ihren Autoren. Diese ist integraler Bestandteil ihres literarischen Schaffens; in einem Interview mit Konstantin Simonov (1915–1979) hat sie die Begegnung mit Russland als wichtigste Erfahrung ihres Lebens bezeichnet; Russisches spiele eine zentrale Rolle in ihrem Werk, »wenn auch nicht unbedingt als ›Stoff‹«, sondern als leitende, Orientierung verleihende und existenzverbürgende Instanz (*Fragen an Konstantin Simonow*, in *Neue Deutsche Literatur*, 1973). Anlässlich der sie begeisternden Lektüre eines von Fritz Mierau edierten, u.a. Aufsätze von Granin, Achmatova und Cvetaeva enthaltenden Puškin-Bändchens (*Mozart und Salieri*, 1974) spricht sie vom Neid auf die russischen Schriftsteller, die sich in einer machtvollen, ungebrochenen Tradition aufgehoben fühlen und daraus ihr ungebrochenes Selbstbewusstsein beziehen können, die sich ihre Existenzberechtigung als Schriftsteller nicht immer wieder mühsam erkämpfen müssen (unveröffentlichter Brief an Mierau vom 30.1.1976).

Als prominente DDR-Autorin, die mehr als zwanzig Jahre dem Vorstand des Schriftstellerverbandes der DDR angehörte, hat Christa Wolf natürlich enge Verbindungen zur sowjetischen Literaturszene unterhalten, vertieft vor allem im Rahmen zahlreicher Besuche in der Sowjetunion, z.B. im Jahre 1970, als sie Lev Kopelev, Efim Ėtkind, Lev Ginzburg, Jurij Trifonov, Vladimir Tendrjakov u.a. näher kennenlernt. Russische Literatur wird immer wieder als Orientierung in persönlichen und schaffensbezogenen Krisensituationen bemüht; Tagebuchaufzeichnungen der sechziger Jahre sprechen in diesem Zusammenhang von der Lektüre Esenins, Majakovskijs u.a. Vieles davon ist aufschlussreich hinsichtlich Leben und Werk, manches problematisch, z.B. der völlig unangemessene implizite Vergleich der eigenen Situation als Opfer von SSD-Bespitzelung in *Was bleibt* (1990) mit dem ungleich härteren Schicksal der von stalinistischer Willkür jahrzehntelang drangsalierten und bedrohten Anna Achmatova (1889–1966).

»Russisches« thematisiert zu Beginn der literarischen Laufbahn die *Moskauer Novelle*, Ausdruck eines eher gutgemeinten, aber von Wolf später selbst als künstlerisch bescheiden eingestuften Versuchs einer literarischen Vermittlung zwischen beiden Völkern. Die nach dem zweiten Moskau Besuch (1959) geschriebene Erzählung über die unerfüllt bleibende Liebe zwischen einem Sowjet-Offizier und einer Deutschen artikuliert den Wunsch der Autorin, in beiden Sphären, »hier und dort sein zu können«, »einen Teil der Nachkriegsproblematik unserer beiden Völker in der konfliktreichen Liebesgeschichte zwischen einer Deutschen und einem Russen [...] zu erfassen« (*Einiges über meine Arbeit als Schriftsteller*). Als eine substanzielle Auseinandersetzung mit russischer Literatur kann dieser Text kaum gelten, umso mehr aber das sieben Jahre nach der *Moskauer Novelle* veröffentlichte *Nachdenken über Christa T.* Die mit diesem Buch dezidiert gestellte und nach Erscheinen in der DDR überaus kontrovers diskutierte Frage nach dem Recht auf Individualität und Subjektivität in einer sozialistischen Gesellschaft wird von Wolf auch vor dem Hintergrund russischer Dichtung formuliert. Indikatoren sind zum einen zahlreiche intertextuelle Verweise in Gestalt von Namenszitaten (Dostoevskij, Gor'kij, Makarenko) und Anspielungen (u.a. auf Vera Inber) und zum anderen im Kontext der Erzählung artikulierte Reflexionen über den Anspruch, dem Prinzip der Subjektivität im Prozess des Schreibens zu seinem Recht zu verhelfen (so im 1966 entstandenen *Selbstinterview*, zuerst in der Zeitschrift *Kürbiskern*, 1968). Bei der damit verbundenen, in *Kindheitsmuster* (1976) fortgesetzten Erkundung des eigenen Ich ist das Werk der sowjetischen Autorin Vera Inber (1890–1972), vor allem deren autobiographische Schrift *Mesto pod solncem* (1928; dt. Der Platz an der Sonne), eine wichtige Legitimationsinstanz, erkennbar auch in Wolfs Ausführungen im Inber gewidmeten Artikel *Der Sinn einer neuen Sache*. Vera Inber (entstanden 1967; zuerst im

Essayband *Lesen und Schreiben*, 1972), der u.a. die genuine Verbindung von Innen und Außen im literarischen Schaffen betont. In Berufung auf Inber wird hier die offene Struktur des Romans *Nachdenken über Christa T.* gerechtfertigt (»Ich liebe Bücher, deren Inhalt man nicht erzählen kann«), der planen, kohärentes Erzählen und geschlossene Strukturen verlangenden sozialistischen Widerspiegelung wird eine Absage erteilt. Von hoher Relevanz ist die russische Literatur für die im Zusammenhang mit *Christa T.* und *Kindheitsmuster* diskutierte Problematik einer »subjektiven Authentizität«. Erwähnenswert ist dabei das erwähnte, im Rahmen der Arbeit an *Kindheitsmuster* 1973 geführte Gespräch mit Konstantin Simonov über die Authentizität von Erinnerungen. Folgenreicher aber ist Wolfs differenzierte Auseinandersetzung mit Tolstoj und Dostoevskij, differenziert vor allem deshalb, weil sie mit Hilfe der genannten Essays von Anna Seghers über diese russischen Dichter geschieht. Im Seghers gewidmeten Essay *Glauben an Irdisches* (zuerst als Nachwort zu Anna Seghers: *Glauben an Irdisches. Essays*, hg. v. Christa Wolf, 1969) sowie in Passagen aus *Lesen und Schreiben* (1972) fragt Wolf am Beispiel Dostoevskijs nach dem Verhältnis von Stoff und Autor, also auch hier nach dem Anteil des Subjekts am literarischen Schaffen. Die enge Verbindung des Autors Dostoevskij mit seinem Protagonisten Raskol'nikov gilt Wolf dabei als Beleg dafür, dass mit Literatur Realität nicht einfach widergespiegelt wird, sondern nur über das Bewusstsein des Autors zur Erscheinung gebracht werden kann. Die in diesen Reflexionen erkennbare Tendenz, das literarische Werk Dostoevskijs als komplexe Art der Selbsterkundung zu interpretieren, korrespondiert Wolfs seit *Christa T.* praktizierter Strategie, Literatur als Selbstsuche und Standortbestimmung zu gestalten.

Verdeckte Hinweise auf russische Texte enthalten auch nach *Kindheitsmuster* entstandene Werke, deutlich erkennbar z.B. im *Sommerstück* (Ende der siebziger Jahre begonnen, doch erst 1989 publiziert). Hier lassen bereits Stoff und Titel eine Verbindung zu Gor'kijs *Dačniki* (Sommergäste) erkennen; aus der Thematik ergeben sich zudem indirekt und ansatzweise Bezüge zu Dramen Čechovs wie *Onkel Vanja*, *Die Möwe*, *Der Kirschgarten*: Landaufenthalt als Chiffre für Isolation, Resignation und Utopieverlust.

Die umfassende Präsenz russischer Dichtung im literarischen Denken Christa Wolfs demonstrieren auch ihre literaturkritischen und essayistischen Arbeiten. Die in den sechziger Jahren beginnende poetologische Selbstbefragung äußert sich während dieser Phase u.a. im erwähnten Artikel über Vera Inber sowie in einem Beitrag zur Erzählprosa von Jurij Kazakov (1927–1982), in dem sie für die Poesie in der Kunst plädiert (*Das Eigene. Jurij Kasakow*, zuerst als Vorwort zu Jurij Kazakov: *Larifari und andere Erzählungen*, 1966). Wolf charakterisiert Kazakovs Geschichten als sensible Mischung aus Konkretheit und Sensibilität für Menschen und die von ihnen bewohnten Räume, für deren Eigenheiten und Besonderheiten. Ihre solide Kenntnisse der russischen Literatur verratenden Vergleiche mit Čechov, Gor'kij, Bunin und Prišvin akzentuieren auch hier Individualität und Subjektivität im künstlerischen Schaffen. Substanzieller und umfänglicher wird dann die bereits angesprochene Beschäftigung mit Tolstoj und Dostoevskij, zunächst in *Glauben an Irdisches* und danach in *Lesen und Schreiben*. *Glauben an Irdisches* referiert u.a. Seghers' Dostoevskij-Interpretationen, und zwar in der Weise, dass Wolf hier ein besonderes Augenmerk auf die Aspekte richtet, die für ihr eigenes literarisches Schaffen von Bedeutung sind. Das betrifft die Berücksichtigung der Kategorie Innerlichkeit bei der Formulierung und Gestaltung einer sozialistischen Realismuskonzeption ebenso wie die Interpretation der Teufelsgestalt in *Die Brüder Karamazov* als Inkarnation eines kalten, unmenschlichen, zynischen Intellektualismus, als Pervertierung menschlichen Schöpfertums. *Lesen und Schreiben* thematisiert die erwähnte Verschränkung von literarischem Schaffen und Selbsterforschung (Dostojewski könne »mit Schattenfiguren durchspielen und bis zu einem gewissen Grad überwinden [...], was ihn in der wirklichen Welt an den Rand der Vernichtung oder Selbstvernichtung gebracht hat«). Ausgehend von einem Gedanken an Gor'kij konzentriert Wolf ihre poetologischen Reflexionen auf die Frage nach dem psychologischen Status des Autors und nach dessen Verhältnis zur Wirklichkeit. Dostoevskij wird dabei vor allem bei den Überlegungen zur Vielschichtigkeit der Kategorie Realität bemüht (die Realität des Autors, die Realität seiner Figuren, die Realität der das betreffende Werk rezipierenden Leser). Das geschieht vornehmlich am Beispiel von *Verbrechen und Strafe*. Der Roman erscheint als Paradigma dafür, dass Stoffe nicht bereitliegen, »um sich von jedem beliebigen Autor nach Hause tragen zu lassen«. Sie werden laut Wolf vielmehr erst dann zu künstlerisch gestalteter und überzeugender Realität, wenn der Autor eine besondere Affinität zu ihnen hat, wenn er als »Besessener« dieses Material organisieren kann, wenn sich subjektive Erfahrung und Stoff gegenseitig völlig durchdringen und der Autor seinen Stoff bewältigen, seine Besessenheit überwinden kann. Auch diese auf den russischen Dichter bezogenen Reflexionen über das besondere, komplexe Verhältnis eines Schriftstellers zur Wirklichkeit, über die damit verbundenen Gefährdungen und Auseinandersetzungen, sind genuiner Bestandteil der eigenen Standortbestimmung und prägen darüber hinaus auch Wolfs Verhältnis zu anderen Autoren. So hat sie Anna Seghers auch deshalb verehrt, weil diese schon während der dreißiger Jahre gegenüber dem damals orthodox-marxistisch argumentierenden Lukács solche Schriftsteller verteidigte, die nicht als Olympier die Totalität der Wirklichkeit widerspiegelten, sondern aus der Perspektive von Verzweifelten, Gefährdeten und Gebrochenen Realität gestalteten, also Autoren, die wie Dostoevskij und Hölderlin durch die »Konflikte der Epoche [...] hindurchgehen« (*Kiefern und Sand von Brandenburg. Gespräche mit Adam Krzemiński*, zuerst poln. u.d.T. *Sosny i piaski Brandenburgii in der Zeitschrift Polityka*, 1976).

8.1.6 Agitation auf der Bühne: Dramaturgische Bearbeitungen sowjetischer Texte

Im Gegensatz zur Prosa hat die Rezeption russischer und sowjetischer Dramen zunächst keine bedeutende Rolle gespielt. Das ist u.a. darauf zurückzuführen, dass das Drama in der russischen und auch sowjetischen Literatur die am schwächsten entwickelte Gattung ist. Thematisch und sprachkünstlerisch innovative Dramen wie die des in der DDR sehr geschätzten Vladimir Majakovskij waren erst seit Anfang der sechziger Jahre in Übersetzungen zugänglich. Natürlich erschienen wichtige Repräsentanten des russischsprachigen Dramas sofort nach 1945 in den Spielplänen der Theater, z.B. Werke von Gor'kij, Simonov, Pogodin, Trenev, Višnevskij, Aleksandr Ostrovskij, Evgenij Švarc, Boris Lavrenev u.a. Wichtige Vermittlungsinstanz war dabei das Maxim-Gorki-Theater (1947–1952 »Theater des Hauses der Sowjetischen Kultur«), das von dem im Brecht-Kapitel erwähnten Stanislavskij-Schüler Maxim Vallentin geleitet wurde. Ein wichtiger Vermittler war auch Friedrich Wolf, der Višnevskijs Drama *Optimistische Tragödie* bereits 1936/1937 ins Deutsche übertragen und sich mit zahlreichen literaturtheoretischen und literaturkritischen Arbeiten (*Das zeitgenössische Theater in Deutschland*, entstanden 1934) bereits während der dreißiger Jahre um die Vermittlung sowjetischer Dramen in Deutschland verdient gemacht hatte. Stilbildend bei der Entwicklung eines neuen Theaters in der SBZ bzw. DDR wirkten allerdings nur wenige Texte, weil die übrigen in Form und Inhalt dem deutschen Publikum zumeist fremd erschienen. Deshalb ist z.B. Višnevskijs *Optimistische Tragödie* von seinem Freund Wolf einbürgernd übersetzt und bearbeitet worden. Umgekehrt hat Višnevskij Dramen Wolfs für die sowjetische Bühne bearbeitet (*Bauer Baetz*, 1932, und *Floridsdorf*, 1935). Aus ähnlichen Gründen ist 1951 von Brecht das alte Inszenierungskonzept der Gor'kijschen *Mutter* aktualisiert worden.

Sicher auch wegen des Mangels an geeigneten Vorlagen hat es seit den sechziger Jahren aber immer wieder deutsche Dramatisierungen russischer und sowjetischer Prosatexte gegeben. So sind *Die neuen Leiden des jungen W.* von Ulrich Plenzdorf in der kritischen Sicht eines nichtangepassten Jugendlichen auf die Erwachsenenwelt des real existierenden Sozialismus zumindest ansatzweise Aleksej Arbuzovs *Žestokie igry* (Grausame Spiele), Gladilins *Chronik aus der Zeit Viktor Podgurskijs* und Michail Roščins *Valentin i Valentina* verpflichtet. Plenzdorf hat auch Texte des Kirgisen Čingiz Ajtmatov dramatisiert: *Zeit der Wölfe* (Uraufführung am 3.9.1989; nach Ajtmatovs Roman *Placha*, 1986; dt. Der Richtplatz) und *Ein Tag, länger als ein Leben* (Uraufführung am 3.10.1986, nach Ajtmatovs gleichnamigem Roman *I dol'še veka dlitsja den'*, 1981).

Erwähnenswert in diesem Zusammenhang ist auch Armin Stolper (geb. 1934), der nicht nur als Verfasser unideologischer Alltagsgeschichten (*Geschichten aus dem Giebelzimmer*, 1983), sondern in seiner Erzählprosa auch mit fiktiven Würdigungen russischer Dichter hervorgetreten ist (*Briefe über Turgenev*, in *Sinn und Form*, 1983). Der mit russischer und sowjetischer Literatur gut vertraute Stolper hat mehrfach die Erzählprosa sowjetischer Autoren dramatisiert, die das Verhältnis von Individuum und sozialistischer Gesellschaft problematisieren, insbesondre am Beispiel von Konflikten zwischen Funktionärsbürokratie und fachkundigen, engagierten Neuerern. Neben dem Galina Nikolaevas *Povest' o direktore MTS i glavnom agronome* (1954; dt. Erzählung über den Direktor der MTS und den leitenden Agronom) verpflichteten *Geständnis* (1963) sind es *Zwei Physiker* (1965) nach Daniil Granins Roman *Idu na grozu* (1962; dt. Dem Gewitter entgegen), die Dramatisierung von dessen Roman *Kartina* (1980; Das Gemälde) sowie die dramaturgische Bearbeitung von Sergej Antonovs Erzählung *Razorvannyj rubl'* (1967; dt. Der zerrissene Rubel) unter dem Titel *Himmelfahrt zur Erde* (1971). Insbesondre dieses Drama offenbart Stolpers Bemühen, die von sowjetischen Autoren wie Antonov ansatzweise vorgenommene Relativierung von Prinzipien des Sozialistischen Realismus (z.B. die Dominanz des Kollektivs gegenüber dem Einzelsubjekt) zurückzunehmen, eine Tendenz, die der sowjetische Dramatiker Viktor Rozov bereits 1966 in einem Gespräch mit Friedrich Dieckmann anlässlich der Bearbeitung seines Dramas *V doroge* (1962; dt. Unterwegs) durch Inge Müller beklagt hat (*Sinn und Form*, 1966, Sonderheft Probleme der Dramatik). Große Resonanz in der DDR gewann das nach einer sowjetischen Filmvorlage von Evgenij Gabrilovič und Julij Raisman (*Tvoi sovremennik*, 1967; dt. Dein Zeitgenosse) geschriebene Drama *Zeitgenossen* (Uraufführung am 13.9.1969), das neben den oben genannten Themen auch Generationen- und neu aufbrechende Klassenkonflikte (z.B. zwischen Arbeitern und Intellektuellen) behandelt.

8.2 Im Spannungsfeld von Gedächtnisarbeit und künstlerischer Emanzipation: Die Auseinandersetzung mit russischer Dichtung in der DDR-Literatur seit Mitte der sechziger Jahre

8.2.1 Historische Kontexte

Mit Beginn der sechziger Jahre kommt es in der DDR zu unübersehbaren Wandlungen in den Bereichen Kultur und Literatur. Im Kontext von Entstalinisierung und erhoffter innerer Befriedung nach dem Bau der Berliner Mauer im August 1961 verfährt die Kulturpolitik zunächst ambivalent: Neben kompromissloser Durchsetzung orthodoxer Doktrinen (gipfelnd in den Verlautbarungen des 11. Plenums des Zentralkomitees der SED, 16.–18.12.1965) erlaubte man auch kontroverse Diskussionen, z.B. über das Verhältnis von Realismus und Formalismus, über Autoren wie Kafka oder Proust, und duldete zumindest in Ansätzen neue Themen und Formen in

Kunst und Literatur. Kulturpolitisches Tauwetter setzte phasenweise nach Ulbrichts Ablösung im Jahre 1971 ein, programmatisch sanktioniert durch Äußerungen Erich Honeckers auf dem achten Parteitag der SED (15.-19.6.1971) und auf der vierten Tagung des Zentralkomitees der Partei im Dezember des gleichen Jahres, mit denen die Künstler aufgefordert wurden, die ganze Breite und Vielfalt künstlerischer Möglichkeiten auszuschöpfen, verbunden mit dem Bekenntnis, dass es auf dem Gebiet von Kunst und Literatur keine Tabus geben dürfe. Diese Position wurde auf dem VII. Schriftstellerkongress 14.-16.11.1973 nochmals bestätigt. Spätestens ab Mitte der siebziger Jahre wurde diese zarte Liberalisierung allerdings immer wieder in Frage gestellt, demonstrativ in der Ausbürgerung Wolf Biermanns im Jahre 1976.

Die stets gefährdeten geistigen und künstlerischen Freiräume erfuhren seit Ende der sechziger Jahre eine vielgestaltige Nutzung bei der Artikulation gesellschaftskritischer Fragestellungen, z.B. derjenigen nach Möglichkeiten einer Sebstverwirklichung des Subjekts in einer sozialistischen Gesellschaft, nach den Grenzen einer die Natur zerstörenden Ökonomisierung des Landes im Gefolge der 1963 beschlossenen Wirtschaftsreformen (NÖS) etc. Das betraf im Bereich der Literatur gleichermaßen Inhalte und Verfahren. Bereits die Ankunftsliteratur hatte ja neue Themen zur Sprache gebracht, z.B. das kritische Verhältnis von sich entwickelnden jungen Individuen zur sozialistischen Gesellschaft oder die Frage nach Möglichkeiten und Grenzen der Selbstbestimmung und der Verantwortung des Subjekts bei der Weiterentwicklung dieser Gesellschaft. Diesmal nicht verordnetes, sondern engagiert und schöpferisch rezipiertes Vorbild waren dabei zum einen bislang tabuisierte russische Dichter des russischen Symbolismus, Akmeismus und Futurismus (Blok, Mandel'štam, Achmatova, Cvetaeva, Majakovskij in seiner Eigenschaft als Futurist) und zum anderen neue sowjetische Autoren wie Trifonov, Tendrjakov, Belov, Rasputin, Ajtmatov, Evtušenko, Tvardovskij, Fedor Abramov u.a.

Ihre künstlerisch innovative Gestaltung erfahren die genannten und andere Themen (Verhältnis von Ich und Landschaft, Beziehung zum literarischen Erbe) vor allem in der Lyrik. Nicht zuletzt als Reaktion auf die Dominanz der Erzählprosa während der ersten eineinhalb Jahrzehnte erlebt die DDR-Literatur nun eine regelrechte Lyrik-Welle, ausgelöst insbesondre durch meist Anfang/Mitte der dreißiger Jahre geborene Angehörige einer neuen Generation von Autoren wie Karl Mickel (1935-2000), Adolf Endler (1930-2009), Sarah (1935-2013) und Rainer Kirsch (geb. 1934), Elke Erb (geb. 1938), Heinz Czechowski (1935-2009), Volker Braun (geb. 1939), Wulf Kirsten (geb. 1934). Vorbereitet wurde diese Entwicklung durch eine Mitte der fünfziger beginnende und sich seit Beginn der sechziger Jahre in der Sowjetunion verstärkende Lyrikwelle, deren Protagonisten Aleksandr Galič (1919-1977), Evgenij Evtušenko (geb. 1932), Vladimir Vysockij (1938-1980), Andrej Voznesenskij (1933-2010) in der Tradition Majakovskijs und anderer Barden der zwanziger Jahre die Rezeption von Dichtung im Rahmen öffentlicher Lesungen in Sälen (z.B. im Moskauer Polytechnischen Museum) und Stadien zum »Event« machten. In der DDR wurden die jungen Lyriker, von denen viele der auch als »Sächsische Dichterschule« bekannt gewordenen Gruppierung angehörten, durch ältere Dichter wie Stefan Hermlin (1915-1997), Georg Maurer (1907-1971) und Johannes Bobrowski gefördert. Beteiligt an diesem Dialog mit russischer Dichtung waren aber auch Autoren wie Inge Müller (1925-1966), Eva Strittmatter (1930-2011), Jens Gerlach (1926-1990), Paul Wiens (1922-1982). Begleitet von der Suche nach neuen künstlerischen Ausdrucksmöglichkeiten, im Experimentieren mit komplexen Formen bilanzieren sie distanzierter die sozialistische Lebenswelt, reflektieren über das Verhältnis von Subjekt und Gesellschaft, von Natur und Arbeitswelt, sind bemüht, sich eines literarischen Erbes zu versichern, das auch diejenigen Autoren einschließt, die zuvor kulturpolitisch ausgegrenzt und tabuisiert waren: Johann Georg Hamann, Friedrich Klopstock, Friedrich Hölderlin sowie einige Romantiker, Expressionisten und Repräsentanten der Weltliteratur des 20. Jahrhunderts (Marcel Proust, Franz Kafka, André Breton, Ezra Pound u.a.).

Die erwähnte Lyrikwelle manifestiert sich durch eine Fülle von Anthologien wie *Bekanntschaft mit uns selbst* (1961), *Sonnenpferde und Astronauten* (1964; enthält die einzigen in der DDR publizierten Gedichte von Wolf Biermann), *Mein Dokument – meine Poesie. Neue sowjetische Lyrik* (1967) und – besonders wichtig – die von Adolf Endler und Karl Mickel herausgegebene Sammlung *In diesem besseren Land. Gedichte der Deutschen Demokratischen Republik seit 1945* (1966). Begleitet wurde dies alles durch kontrovers geführte kulturpolitische und ästhetische Debatten, z.B. im Gefolge einer von Stefan Hermlin initiierten Lesung junger Autoren (Wolf Biermann, Volker Braun, Sarah Kirsch) am 11.12.1962 in der Berliner Akademie der Künste sowie durch die 1966 in der FDJ-Zeitschrift *Forum* geführte Diskussion über Gedichte der Repräsentanten der »Sächsischen Dichterschule«.

Im Rahmen dieser Neuorientierung kommt es auch zu einer umfänglichen und intensiven Rezeption russischer und sowjetischer Literatur. Vorbilder sind nun aber nicht die Ikonen des Sozialistischen Realismus, sondern innovativ schreibende, meist Ende der zwanziger und in den dreißiger Jahren geborene Angehörige einer neuen sowjetischen Lyriker-Generation wie Evgenij Evtušenko, Andrej Voznesenskij, Bella Achmadulina (1937-2010), Fasil Iskander (geb. 1929), Robert Roždestvenskij (geb. 1932), Bulat Okudžava (1924-1997) sowie die von der stalinistischen Kulturpolitik und ihren orthodoxen Nachfolgern diskreditierten Repräsentanten des russischen Symbolismus, Imaginismus, Akmeismus und Futurismus, also Autoren wie Blok, Esenin, Achmatova, Mandel'štam, Cvetaeva sowie Majakovskij in seiner Eigenschaft als Futurist. Mit ihnen setzen sich einige Repräsentanten der älteren Generation wie Erich Arendt (in seinem Widmungsgedicht *Marina Zwetajewa* aus dem Band *Memento und Bild*, 1976), vor allem aber jüngere Autorinnen und Autoren auseinander, z.B. Inge Müller, Volker Braun, Rainer und Sarah Kirsch, Elke Erb, Adolf Endler, Heinz Czechowski, Karl Mickel u.a., im Rahmen von Nachdichtungen, Widmungsgedichten und Essays. Zahlreiche Äußerungen der genannten Autoren bezeugen, dass gerade die Nachdichtungen das eigene Dichten in vielfältiger und substanzieller Weise beeinflusst haben.

8.2.2 Erinnerte Schuld: Johannes Bobrowski

Erster Repräsentant einer anspruchsvollen, so gar nicht den Prinzipien des sozialistischen Realismus verpflichteten Auseinandersetzung mit Osteuropa ist in der Lyrik der späten fünfziger und der frühen sechziger Jahre allerdings ein älterer Dichter: der in Tilsit geborene Johannes Bobrowski (1917–1965). Sein Thema ist die Geschichte der oft problematischen Beziehungen zwischen den Deutschen und den osteuropäischen Völkern, insbesondre der Krieg zwischen Russen und Deutschen 1941 bis 1945. Die Auseinandersetzung mit diesem Gegenstand ist – so Bobrowski in einem Interview mit dem Berliner Rundfunk vom 2.9.1964 – sein »Generalthema«. Explizit formuliert hat er das in einer seiner bekanntesten Äußerungen zum eigenen Dichten, in der »Notiz« für Hans Benders Anthologie *Widerspiel – Deutsche Lyrik seit 1945* (1962). Dort spricht er davon, dass am Beginn seines Dichtens das Schreiben über die russische Landschaft um Novgorod stand, und zwar aus der Perspektive des fremden Eindringlings. Daraus sei dann ein Generalthema geworden: »Die Deutschen und der europäische Osten [...]. Eine lange Geschichte aus Unglück und Verschuldung«. Diese Schuld nicht zu tilgen, aber in deutschen Gedichten zu bearbeiten, sei ihm tiefes Bedürfnis.

Gestaltet hat Bobrowski dieses Thema in den Gedichtbänden *Sarmatische Zeit* (Stuttgart 1961, Berlin 1961; in letztere Ausgabe ist zusätzlich die *Pruzzische Elegie* aufgenommen worden), *Schattenland Ströme* (Stuttgart 1962, Berlin 1963), *Wetterzeichen* (posthum 1966), *Im Windgesträuch* (posthum 1970) sowie in Prosatexten wie *Levins Mühle* (1964), *Litauische Claviere* (posthum 1966), *Über Isaak Babel* (entstanden 1962), *Mäusefest* (1965), *Die Seligkeit der Heiden* (entstanden 1963/1964) u.a.

Bedingt durch seine Verwurzelung in diesem osteuropäischen Raum, bedingt aber auch durch Kriegserlebnisse und Gefangenschaft in Russland hat sich Bobrowski immer wieder eingehend mit russischer Literatur und bildender Kunst in Gestalt der Ikonenmalerei beschäftigt, sprachlich artikuliert in Rezensionen, Interviews und Essays, in Gedichten wie *Der Ikonenmaler* (entstanden 1952), in an Tolstoj, Adam Mickiewicz, Kristijonas Donelaitis gerichteten Widmungsgedichten. Darüber hinaus dokumentieren Übersetzungen diese enge Verbindung, u.a. solche von Werken Samuil Maršaks und des von Bobrowski hoch geschätzten Boris Pasternak.

Im Zentrum steht jedoch die sprachkünstlerisch ungemein anspruchsvolle dichterische Gestaltung des genannten Zentralthemas. Geleitet wird Bobrowski von mehreren Intentionen: Evokation der osteuropäischen Landschaft, »Sarmatiens«, wie der Raum östlich von Weichsel und Karpaten in der Antike genannt wurde, Erinnerung an ihre Vergangenheit, die eine ursprüngliche Einheit von Mensch und Natur erahnen lässt, Erinnerung aber vor allem an eine durch Vernichtung und Unterdrückung geprägte Geschichte, in deren Verlauf diese ursprüngliche Einheit aufgebrochen und zerstört worden ist.

Bobrowski evoziert Sarmatien zunächst als Naturraum mit Hilfe von wiederkehrenden Bildern (Strom, Fluss, Wald, Baum, Ebene, Wolke, Himmel, Rauch u.a.). Darüber hinaus versteht er diese Naturbilder als Chiffren einer verborgenen, vom Dichter zu entschlüsselnden Einheit von Geist und Natur, als Zeichen aber auch einer permanenten Anwesenheit von Gewalt und Unfrieden (*Uferweg*, in *Wetterzeichen*; *Die russische Birke*, entstanden 1959), Hinweis darauf, dass Bobrowski seine Gedichte nicht als reine Naturlyrik versteht. Denn er gestaltet die sarmatische Landschaft auch mit identifizierenden Namen, die diesem Raum sein besonderes topographisches, kulturelles und historisches Profil geben: Flüsse wie die Jura, die Düna, der Dnjepr, der Don, die Memel, der Njemen, Orte wie Wilna, Kaunas, das Dorf Tollmingkehmen, Pleskau, Vladimir, die Wolgastädte, die Ostseestädte, Tilsit, und immer wieder die Stadt Novgorod, architektonische Denkmäler wie die Dome der Backsteingotik, die Marienkirche in Danzig u.a. Dies charakterisiert diesen Raum als geprägt vom Zusammenleben unterschiedlicher Menschen und Völker, von Deutschen, Polen, Juden, Russen, Letten, Pruzzen. Folglich bringen diese Gedichte umfassend und vielstimmig die meist verhängnisvolle, von Zerstörung und Vernichtung ganzer Völker wie der Pruzzen begleitete Geschichte dieses Raumes zur Sprache. Sie ist präsent in zerstörten Städten, Klöstern und Kirchen, im leitmotivisch wiederkehrenden Bild des Schattens und des Rauches, präsent im sprachlichen Gestus der Erinnerung, insbesondre der Erinnerung an die vom Mittelalter bis zum Zweiten Weltkrieg durch Deutsche verübten Verbrechen. Evoziert wird diese Landschaft auch als beseelter, als geistiger, als Kulturraum, in Hinweisen auf die slavische Mythologie (*Die Taufe des Perun. Kiew 988*; entstanden 1959), auf die bildende Kunst in Gestalt der Ikonenmalerei (*Der Ikonenmaler; Von Gottes Gegenwart (zu Andrej Rublews Dreifaltigkeitsikone)*, entstanden 1959), in Widmungsgedichten (*An Jawlenskij*, in *Wetterzeichen*), auf die in diesem Raum wirkenden und von ihm geprägten Dichter wie Donelaitis, Mickiewicz, Tolstoj. Dichtung wird so mit Hilfe einer Vielzahl von intertextuellen Verweisen zur sprachlichen Erinnerung an die ›verzweifelte Stimme des russischen Philosophen Petr Čaadaev (*Dorfstraße*, in *Sarmatische Zeit*), an den Leidensweg Tolstojs (*Aufenthalt*, in *Schattenland Ströme*), vor allem aber an Leiden und Tod von Russen und Juden.

Das Schicksal der letzteren gestaltet Bobrowski besonders eindringlich im Gedicht *Holunderblüte* (in *Schattenland Ströme*), und zwar im Rahmen eines intertextuellen Dialogs mit dem jüdisch-russischen Dichter Isaak Babel' (1894–1940), der vor allem durch seinen Erzählband *Konarmija* (1926; dt. Reiterarmee) bekannt geworden ist.

Das Gedicht evoziert in der Funktion des lyrischen Ich die Gestalt des Isaak Babel' und dessen Erzählung *Istorija moej golubjatni* (1926; dt. Geschichte meines

Taubenschlags). Die Rede ist von einem Judenpogrom im idyllisch gezeichneten Heimatdorf, geprägt durch seine Häuser mit Zäunen und weiß gescheuerten Schwellen, gesäumt vom Holunder. Diese heile Welt wird durch mörderische Gewalt zerstört, sprachlich konkretisiert im Satz »als ich ein Kind war, meiner Taube/ riß man den Kopf ab«. Abgeschlossen wird dieses erinnernde Sprechen des lyrischen Ich mit der Mahnung, nicht zu vergessen, mit dem Hinweis, dass ein Vergessen einen erneuten Tod bedeuten würde. Bobrowski erinnert mit seinem Gedicht einmal mehr an die leidvolle Geschichte Sarmatiens, insbesondre der Judenpogrome, nun aber erweitert durch den expliziten Hinweis auf das Verhältnis von Erinnern und Vergessen. Die sein Gesamtwerk bestimmende Spannung zwischen Natur und Gewalt erscheint hier als Antithese zwischen dörflicher Idylle und Totschlag. In diesem Kontext wird Babel's *Geschichte meines Taubenschlags* intensivierend weitergeschrieben. Bobrowski betont stärker als Babel' das Wiederholte solcher Vernichtungsakte, akzentuiert die Authentizität eines solchen Geschehens dadurch, dass der Sprecher Isaak Babel' als ein davon unmittelbar Betroffener vorgestellt wird: Babel' wurde im Januar 1940 im Kontext der stalinistischen Säuberungen umgebracht. Als solcher ist ihm, aber auch dem mit dieser Sprechergestalt verschmelzenden Autor Bobrowski, das Vergessen unmöglich, und in dieser Eigenschaft sind beide aufgerufen, auf die Folge des Vergessens aufmerksam zu machen – im Bild des Heilung, Fruchtbarkeit und Lebensfreude symbolisierenden, aber vom Sterben bedrohten Holunders.

Die spannungsreiche Geschichte zwischen Deutschen und Slaven, die dabei bis auf Herders »Taubentheorie« zurückgehende Charakterisierung der Deutschen als aggressives, der Slaven als friedfertiges Volk, gestaltet Bobrowski auch in seinem bedeutendsten Prosawerk *Levins Mühle. 34 Sätze über meinen Großvater*. Es ist die Geschichte einer Auseinandersetzung in Westpreußen, in deren Verlauf ein deutscher Mühlenbesitzer, der »Großvater« des fiktiven Erzählers, die Mühle seines Konkurrenten, des polnischen Juden Levin, zerstört, als Täter von diesem und seinen Freunden entlarvt, vom Gericht aber nicht belangt wird. Levin muss das Dorf verlassen, aber auch der deutschnationale und antisemitische Großvater wird gezwungen, in die von Deutschen dominierte Kreisstadt überzusiedeln. Als Vorlage hat Bobrowski die Chronik einer Familie Bobrowski benutzt, in der aber, anders als in *Levins Mühle*, der Großvater angeklagt und zu Schadensersatz und Haft verurteilt wird. Bobrowski hat also das Geschehen im Sinne der Typisierung von Täter und Opfer verändert. Was diesen Roman zu einem in der DDR-Literatur der sechziger Jahre einzigartigen Kunstwerk macht, ist die ungemein differenzierte Gestaltung der Erzählerfigur. Ihr im Bachtinschen Verständnis polyphones, Bericht, Frage, Reflexion miteinander verschränkendes Sprechen zwingt den Leser permanent zum Nach-Denken, die Profilierung eines mündlichen Erzählers erinnert in vielem an die skaz-Tradition russischer Erzähler des 19. und frühen 20. Jahrhunderts (Gogol', Leskov, Remizov).

8.2.3 Übersetzung – Nachdichtung – Dichtung: Emanzipatorische Aneignung von Werken russischer Symbolisten (Blok), Akmeisten (Mandel'štam, Achmatova) und Futuristen (Majakovskij)

Bobrowskis früher Tod im Jahre 1965 war, was den verantwortungsbewussten und künstlerisch anspruchsvollen Dialog mit der Kultur und Literatur Osteuropas angeht, ein herber Verlust und ein tiefer Einschnitt. Doch es war kein Bruch, ist doch die schöpferische Auseinandersetzung mit russischer Literatur, insbesondre auch in der Lyrik, von einer jüngeren Generation fortgesetzt und intensiviert worden, u.a. mit Hilfe literaturtheoretischer Reflexionen bedeutender Dichter und Lehrer wie Stephan Hermlin (*Wladimir Majakowski oder Die Entlarvung der Poesie*, in *Die neue Gesellschaft*, 1948) und Georg Maurer (*Majakowskis bildliche Argumentation*, in *Neue Deutsche Literatur*, 1955). Ausdruck dessen sind z.T. bereits erwähnte Anthologien, Editionen und andere Verlagsaktivitäten, in deren Rahmen auch bislang vernachlässigte bzw. tabuisierte russische Texte und Autoren in deutscher Übersetzung zugänglich wurden. Wichtig für die Vermittlung russischer Lyrik des 20. Jahrhunderts waren zudem Verlagsprojekte wie »Poesiealbum« und die »Weiße Reihe«. Ebenfalls in den sechziger und siebziger Jahren erschienen Gedichtsammlungen zuvor nicht edierter Autoren wie Achmatova (*Ein niedagewesener Herbst*, 1967), Pasternak (*Initialen der Leidenschaft*, 1969) und Mandel'štam (*Hufeisenfinder*, 1975).

Voraussetzung all dessen war eine umfängliche und vielgestaltige Übersetzungstätigkeit. Wie bereits erwähnt, war das Übersetzen russischer und sowjetischer Literatur von Beginn ein wesentlicher Bestandteil des Literaturbetriebs in der SBZ und der DDR. Zu der großen Zahl der damit befassten Kulturschaffenden gehörten anfangs renommierte Repräsentanten der offiziellen Kulturpolitik wie Becher, Weinert, Kuba u.a. Ihr Übersetzen ist meist mimetisch ausgerichtet, geleitet vom Bemühen, ideologisch und kulturpolitisch kanonisierte Vorlagen möglichst adäquat ins Deutsche zu übertragen. Ganz anders verfährt eine neue Generation von Übersetzern, repräsentiert u.a. durch Mitglieder der erwähnten »Sächsischen Dichterschule«. Ihre nicht selten durch fremde Rohübersetzungen gestützten Übertragungen (z.B. in der erwähnten, schönen Achmatova-Anthologie *Poem ohne Held*) sind Ergebnis einer schöpferischen Auseinandersetzung, bei der die Übertragungen häufig in Nachdichtungen übergehen (»Übrigens hat uns wohl diese ganze Übersetzerei am Anfang unserer Dichterei ganz schön geprägt« – so Sarah Kirsch in einem unveröffentlichten Brief an Fritz Mierau vom 15.8.1984). Geleitet sind diese Dichter-Übersetzer zum einen von der Intention, eine bislang weniger beachtete semantische Vielstimmigkeit der Vorlage herauszuarbeiten; solcherart semantische Äquivalenz ist ihnen wichtiger als die ja gerade in der Lyrik-Übersetzung nur selten gelingende bruchlose Übertragung formaler Strukturen. Zum anderen geht es ihnen darum, das für das eigene Dichten relevante künstlerische Potential sprachlich zu aktivieren, es präsent zu machen. Gerade dies führt dazu, dass die Übersetzung gewollt zur Nachdichtung gerät, beispielhaft in Übertragungen von Sarah Kirsch, (Blok, Achmatova), Rainer Kirsch (Mandel'štam, Esenin), Elke Erb (Blok, Brjusov, Esenin, Cvetaeva, Pasternak) und Heinz Czechowski (Achmatova, Esenin). In ihnen wird immer wieder das Bemühen um die eigene poetische Kontur erkennbar; das gilt z.B. für die Motiv- und Symbolverwendung bei Rainer und Sarah Kirsch, ist erkennbar im intellektuellen, sprachkünstlerisch präzisen Sprachgestus von Elke Erb. Künstlerische Auseinandersetzung sind auch die übersetzerischen Arbeiten von Adolf Endler und Heinz Czechowski, die bei ihren Esenin-Übertragungen, korrespondierend den eigenen Gedichten, die Aspekte der Verlorenheit, des Dunklen und des Resignativen akzentuieren. Die Intensität dieses dialogischen Übersetzens zeigt sich auch darin, dass es von dichtungs- und übersetzungstheoretischen Reflexionen begleitet ist, im Rahmen öffentlicher Auseinandersetzungen (Rainer Kirsch: *Eine Antwort*, in *Sinn und Form*, 1979), in Essays wie *Das Wort und seine Strahlung. Über Poesie und ihre Übersetzung* von Rainer Kirsch (1976), dichterisch in Elke Erbs großen Gedichten *Gestern, als ich die Übersetzungen ...* (in: *Mensch sein, nicht. Gedichte und andere Tagebuchnotizen*, 1998) und *Zum Thema Nachdichten. Eine erste Niederschrift nach dreißig Jahren* (aus dem Band *Der wilde Forst, der tiefe Wald*, 1995) sowie im Gedichtzyklus *Briefe an Andrej Wosnessenski* von Jens Gerlach (Teilabdruck in *Neue Texte. Almanach für deutsche Literatur*, 1967).

 Ein bedeutendes Zeugnis dieser Art schöpferischer Rezeption der modernen sowjetischen Lyrik war die 1965 von Fritz Mierau herausgegebene Anthologie *Mitternachtstrolleybus. Neue sowjetische Lyrik*. Neben Texten der bereits erwähnten sowjetischen Lyriker enthält der Band u.a. Gedichte von Leonid Ageev, Svetlana Evseeva, Novella Matveeva, Bulat Okudžava und Vladimir Fainberg. An dieser Ausgabe sind zahlreiche renommierte Autoren mit Übersetzungen bzw. Nachdichtungen beteiligt: Volker Braun, Heinz Czechowski, Adolf Endler, Jens Gerlach, Bernd Jentzsch, Sarah und Rainer Kirsch, Heiner Müller, Helmut Preißler, Axel Schulze. Nicht wenige der übersetzten Texte zeigen eine deutliche Affinität zu Gedichten ihrer Übersetzer. So erinnert das von Volker Braun übertragene Gedicht *Urok mužestva* (Lektion in Mut) von Evtušenko in Tonlage, Stil und Thematik an zahlreiche Gedichte des jungen Volker Braun. Der gleiche russische Dichter ist in Karl Mickels wichtigstem Gedichtband *Vita nova mea* (1966) präsent (*Freundin Schlaf*). Zahlreiche Motive in Sarah Kirschs Lyrik korrespondieren Motiven in von ihr übertragenen Gedichten, z.B. das Vogelflug-Motiv dem von ihr übersetzten *Hör, grauer Vogel* von Junna Moriz, die differenzierte Liebesmotivik Texten Achmatovas u.a.

 Diese Beschäftigung hat vielfältige Spuren hinterlassen, auch in nach 1989 entstandenen Texten, insbesondre im Werk von Sarah und Rainer Kirsch, Karl Mickel, Heinz Czechowski, Elke Erb, Volker Braun und Adolf Endler. Die übersetzten Autoren vermittelten den genannten und weiteren DDR-Autoren ästhetische und existenzielle Orientierung, erkennbar an Vergleichen der eigenen Person und ihrer künstlerischen Position mit den russischen Vorbildern (Paul Wiens: *Wladimir*, im

Gedichtband *Vier Linien aus meiner Hand*, 1976; Günter Kunert: *Jessenin und Majakowski*, im Gedichtband *Warnung vor Spiegeln*, 1970), legitimierten innovative Ansätze, gaben Anlass, im schöpferischen und reflektierenden Rezipieren russischer Texte das Verhältnis von Poesie und Poetik im Gedicht (Inge Müller: *Majakowski*, im posthum erschienenen Gedichtband *Wenn ich schon sterben muß*, 1985) zu diskutieren.

Erkennbar ist die schöpferische Rezeption vor allem bei der Gestaltung von fünf Themenkomplexen: bei der Demonstration des ungebrochenen Selbstbewusstseins einer jungen Generation, die ihr Dichten dezidiert als eine die Gesellschaft überprüfende und verändernde sprachliche Handlung versteht, bei der intertextuellen Gestaltung einer bislang nicht realisierten gesellschaftlichen Utopie, bei der erinnernden Wiedererweckung von Stimmen einiger – um mit Roman Jakobson zu sprechen – von der russischen Revolution zum Verstummen gebrachter, »vergeudeter« Dichter, bei der Reflexion über übersetzungstheoretische und poetologische Fragestellungen und bei der Artikulation von subjektiven Befindlichkeiten, von Beziehungsproblemen, Selbstmordgedanken u.a.

Besonders profiliert im Bereich der Übersetzung hat sich von den genannten Autoren Elke Erb. Ihre umfangreiche und deshalb hier im Einzelnen nicht darstellbare, bis in die Gegenwart reichende Vermittlung russischer Literatur betrifft Texte von Puškin, Lermontov, Gogol', Blok, Achmatova, Cvetaeva, Pasternak, Esenin und Evgenij Zamjatin ebenso wie solche von Oleg Jurev, Ol'ga Martynova oder Elena Švarc. Bedeutsam sind vor allem ihre sprachkünstlerisch anspruchsvollen Übertragungen der hochkomplexen, bisweilen hermetisch anmutenden Lyrik von Marina Cvetaeva, die der eigenen Dichtung in ihrer Sprödigkeit, im Verweigern vorschneller Deutungen besonders nahe ist. Cvetaevas sprachliche Besonderheiten hat Erb trotz zahlreicher lexikalischer Abweichungen, sprachlich innovativ und doch textnah ins Deutsche übertragen – erkennbar z.B. im *Poéma zastavy* (*Poem der Vorstadt*, in Cvetaeva: *Ausgewählte Werke*, Bd. 1, 1989). Die Nähe der Dichterin Elke Erb zur russischen Literatur zeigt sich in Zitaten (*J. S. Nikitin*, in *Trost. Gedichte und Prosa*, 1982) und zahlreichen Anspielungen auf Autoren und Texte, (Brjusov, Cvetaeva etc.), vor allem aber in den vielen das Verhältnis von Übersetzung und Dichtung behandelnden Reflexionen. Dabei wird erkennbar, dass Erbs Übersetzen Bestandteil einer hochgradig poetologischen Dichtung ist, in deren Rahmen die Auseinandersetzung mit russischer Literatur als überaus komplexer schöpferischer Dialog erscheint, z.B. in Gedichten wie *Gestern, als ich die Übersetzungen ...; Übersetzen, der Weg blinkt* (in *Sachverstand*, 2000) oder im Langgedicht *Zum Thema Nachdichten. Eine erste Niederschrift nach dreißig Jahren*. In letzterem, einer Poetik der dichterischen Übersetzung und einer Poetik des dichterischen Dialogs, erörtert Erb auf knapp zwanzig Seiten die Voraussetzungen und Phasen einer mentalen und sprachkünstlerischen Annäherung an die fremdsprachige Vorlage, spricht am Beispiel des Übersetzens aus dem Russischen über die Mühen des hermeneutischen Begreifens und des philologischen Ergreifens eines fremdsprachigen Textes und betont dabei die enge Verschränkung von Dichtung und Übertragung auf neue, originelle Weise, u.a. in Anlehnung an von ihr übersetzte Gedichte wie Cvetaevas *Poet* (*Der Dichter*: »Poet – aus Fernen führt er her die Rede./ Poet – die Rede führt ihn fort in Fernen.« Zuerst im Cvetaeva gewidmeten Heft der Reihe *Poesiealbum*, 1974). Ausgehend von der Prämisse, dass die zu übertragende Vorlage untrennbar von ihrer Ausgangssprache ist, negiert Erb jede Form des einbürgernden, imitierenden Übersetzens. Sie versteht diesen Transfervorgang vielmehr als einen ungemein langwierigen und komplizierten Kommunikationsprozess, in dessen Verlauf sie sich sowohl mit der fremden Sprache als auch mit deren Wirkung auf die eigene Sprache auseinandersetzen muss (»bin weit in seine und meine eigene [Sprache] hineingegangen«; *Zum Thema Nachdichten*). Voraussetzung einer dialogisch orientierten Annäherung an den fremdsprachigen Text ist also ein wiederholtes intensives Erschließen der eigenen Sprache. Der gesamte Vorgang vollzieht sich in Stufen, begleitet von notwendigen Fehlschlägen. Deshalb übersetzt Erb nach eigenem Bekunden Verse, nicht sofort ganze Gedichte – Ausdruck der Achtung vor dem fremdsprachigen künstlerischen Wort (»Steinbrucharbeit ist es,/ einem Gedicht die eigene Sprache zu öffnen«).

Repräsentant einer aufbegehrenden und sich dabei auf Dichter wie Majakovskij berufenden Generation ist vor allem der junge Volker Braun. Gedichte wie das berühmte *Anspruch* (zuerst in *Provokation für mich*, 1965, überarbeitet im 1966 bei Suhrkamp erschienenen Band *Vorläufiges*) erinnern im rhythmisch bewegten, weiterdrängenden deklamatorischen und pathetischen Gestus, im hyperbolischen Ausdruck (»Unsere Schultern tragen einen Himmel voll Sternen.«) und im appellativ-provokatorischen Anspruch unübersehbar an Majakovskijs revolutionäre Lyrik. Vorbild war Majakovskij zudem durch stilistische Merkmale; das gilt u.a. für den von Braun bewunderten gebrochenen Rhythmus der Verse (z.B. im Gedicht *Leichter, ungeheuer* aus dem Band *Gegen die symmetrische Welt*, 1974) sowie für das unverstellte Sprechen über ungewöhnliche Sachverhalte und Personen. In thematischer Hinsicht ist es die Rebellion gegen Erstarrung und Automatisierung von Verhaltensformen innerhalb der sozialistischen Gesellschaft, die Akzentuierung von Bewegung und Veränderung im erwähnten Gedicht *Anspruch* (»Kommt uns nicht mit Fertigem! [...]/ Hier herrscht das Experiment«). Fast identifikatorisch wirkt der in *Mitteilung an meine bedrückten Freunde* gepflegte Gestus des agitierenden ›Marktschreiers‹: »Ich postiere mich auf den Märkten morgens/ [...] Ich aber rede// Mit vollem Munde rede/ Mit hiebharten Zähnen, mit/ Künstlichem Rebellengebiß, bis mir übel wird« (in *Provokation für mich* bzw. *Vorläufiges*). Brauns Texte sind das Ergebnis einer schöpferischen und kritischen Aneignung Majakovskijs, keine Nachahmung. Auch er erinnert im u.a. auf Majakovskij bezogenen Gedicht *150000000* (*Hinlängliche Erfahrung*) an die vom Sowjetstaat »vergeudeten Dichter« (das 1969 entstandene Gedicht erschien erstmals im Suhrkamp-Band *Gedichte*, 1979; dort ohne die an die Toten in den stalinischen Lagern erinnernde Zahl im

Titel, die sich erstmals 1991 in der Ausgabe *Texte in zeitlicher Folge*, Bd. 6, findet). Essays wie *Politik und Poesie* (Vortrag von 1971; zuerst in den *Weimarer Beiträgen*, 1972) belegen, dass er bei aller Nähe auch die historisch bedingten Unterschiede in Form und Funktion reflektiert (Hartmann 1985, S. 209). Majakovskij ist freilich nicht der einzige »Ahnvater« dieses pathetischen, aufbegehrenden Sprechens. Neben Klopstock ist aus dem Bereich der Sowjetliteratur Evtušenko zu nennen, dessen Lyrik Braun, wie bereits erwähnt, in Teilen übersetzt hat (*Revolution und Patschanga*, *Pariser Pflastersteine*, *Lektion in Mut*; in den Anthologien *Sternenflug und Apfelblüte* sowie *Mitternachtstrolleybus*). Auch mit ihm teilt Braun das Verständnis von Dichtung als nicht-affirmative, sondern provokatorische, auf Veränderung drängende sprachliche Handlung in Gestalt des öffentlich vorzutragenden großen bzw. langen Gedichts. Diese auch die Gattung Drama einschließende literaturtheoretische Position ist von Braun mehrfach in Artikeln und Vorträgen (*Es genügt nicht die einfache Wahrheit. Notate* 1975) verteidigt worden. So wird in *Politik und Poesie* der russische Futurismus in Gestalt Majakovskijs als Garant einer aktiven, gesellschaftlich verantwortungsvoll handelnden Dichtung gewürdigt, als Beispiel dafür, dass sozialistische und moderne Poesie nicht Gegensätze, sondern lediglich zwei unterschiedliche Formen sind, den »Widerspüchen der späten bürgerlichen entfremdeten Kunst« aktiv zu begegnen. Braun hat diese Affinitäten zu den genannten sowjetischen Autoren mehrfach explizit bestätigt (z.B. in *Es genügt nicht die einfache Wahrheit. Notate*, 1975, sowie in *Poetische Gelegenheiten. Ein Gespräch mit Silvia Schlenstedt*, in *Sonntag*, 1964).

Ein weiterer Repräsentant dieser jungen aufbegehrenden Generation war der 1936 geborene Wolf Biermann, der 1957 bis 1959 zunächst als Regieassistent am Berliner Ensemble gearbeitet hatte, spätestens mit Beginn der sechziger Jahre aber als Lyriker hervorgetreten ist. Profiliert hat er sich als Liedermacher, durch von der Gitarre begleitete respektlose, im Stil umgangssprachliche Gedichte (*Die Drahtharfe*, 1965). Biermanns Lieder sind öffentlichkeitsbezogen, dialogisch, subversiv; sie sind deshalb von Beginn an durch die offizielle DDR-Literaturkritik als spießbürgerlich-anarchisch diskreditiert oder einfach tabuisiert worden (Biermann durfte in der DDR weder Bücher noch Schallplatten veröffentlichen). Biermanns Vorbilder waren neben Brecht, Heine, Tucholsky, Villon u.a. auch die bereits genannten sowjetischen Dichter Evtušenko, Voznesenskij und Roždestvenskij. In der Verschränkung von Text und Musik waren es vor allem aber die ebenfalls mit Beginn der sechziger Jahre in der Sowjetunion sehr populär werdenden Repräsentanten der sog. »Gitarrenlyrik«, die im erklärten Gegensatz zur Doktrin des Sozialistischen Realismus von den negativen Aspekten des Stalinismus, von dogmatischer Ideologie, aber auch vom problematischen Alltag, von Kriminalität u.a. erzählten. Die drei bedeutendsten sowjetischen Liedermacher Bulat Okudžava, Vladimir Vysockij und Aleksandr Galič verfuhren dabei unterschiedlich: Okudžava eher zurückhaltend, im Stil des melancholischen Chansons, Galič und insbesondre Vysockij, orientiert an Majakovskij, laut, aufbegehrend, mit pathetischer Sprachgestik vor großem Publikum auf Plätzen und in Stadien. Biermann hat die Lieder dieser Kollegen nach eigenem Bekunden gekannt, in Teilen übersetzt und davon gesprochen, dass er den genannten Dichtern künstlerische Anregungen verdankt. Was ihn mit ihnen verbindet, ist nicht nur die Vorliebe für politische Lyrik in Gestalt öffentlich vorgetragener Balladen, sondern auch die Inanspruchnahme bestimmter Soziolekte, die Verwendung von lexikalischen Elementen aus der Gaunersprache, das Vergnügen am Tabubruch; die bei ihm anzutreffende Verbindung von brutal-sexualisiertem Jargon mit politischer Provokation (*Walpurgisnacht*, in dem 1978, zwei Jahre nach seiner Ausbürgerung erschienenen Band *Preußischer Ikarus*) erinnert an Vysockij (*V gospitale*; Biermanns Übersetzung *Im Lazarett* erscheint 1986 in Vysockij: *Wolfsjagd. Gedichte und Lieder*). Ähnlich wie Braun hat Biermann die Verschränkung von Jargon und politischer Aussage im Hinweis auf russische Vorbilder explizit propagiert (*Nürnberger Bardentreffen*, in *Affenfels und Barrikade*, 1986).

Dezenter, aber deshalb nicht weniger nachdrücklich fordert auch Sarah Kirsch unter Berufung auf russische Dichter wie Ryleev, Majakovskij, Achmatova u.a. bislang nicht eingelöste Versprechen der sozialistischen Revolution ein. Ihre Beschäftigung mit russischer Geschichte, Kultur und Literatur ist allerdings weiträumiger und differenzierter, da sie die genannte Problematik auch in Verbindung mit anderen Themen gestaltet, insbesondre im Kontext ihrer Natur- und Liebeslyrik. Russische Literatur wird dabei zum Bestandteil komplexer intertextueller Strukturen, die ihrerseits Ausdruck eines schöpferische, geistige und künstlerische Begrenzungen negierenden Kosmopolitismus sind, der von der orthodoxen marxistischen Ästhetik und Literaturtheorie zuvor so massiv bekämpft worden war.

Beispielhaft demonstriert dies das berühmte Gedicht *Bäume lesen* aus dem frühen Gedichtband *Landaufenthalt* (1967; im gleichen Jahr mit leichten Abweichungen in der Anthologie *An Alle. Gedichte und Grafiken zum Großen Oktober*). Vorbereitet durch die Titelformulierung »Bäume lesen« wird der in seinen ersten Versen als Naturgedicht erscheinende Text mit Hilfe der semantischen Kette Baum – Holz – Papier – Lettern – Zeichen im Kontext der Topoi »Natur als Buch« und »Dichtung als Schifffahrt« zur poetologischen Reflexion über die Verbindung von Sprache und Natur, über die erkenntnisvermittelnde Lesbarkeit von Naturphänomenen, über die grenzüberschreitende Bewegung des Ich im und mit dem Text. Spätestens mit dem Hinweis auf »Eine merkwürdige Baumgruppe/ Offensichtlich vom Ausland« wird das Gedicht dabei im Rahmen einer ungemein dichten und differenzierten Intertextualitätsstruktur zum umfänglichen Dialog mit der Weltliteratur: mit Charles Baudelaires und Mandel'štams Definition des Gedichts als »Wald der Symbole«, Dantes »Wald der erlauchten Dichter« etc. Die im Kontext der Topik von der »Dichtung als Schifffahrt« vorgenommene Verschränkung von Baum – Text – Dampfer erinnert an das am Bug des Argonautenschiffs »Argo« befestigte redende Holz sowie an Mandel'štams Verspoem *Našedšij podkovu* (Hufeisenfinder) und thematisiert in Verbindung mit dem Hinweis auf den Panzerkreuzer »Aurora« nun – die poetologische mit der geschichtsphilosophischen Reflexion verbindend – den Aspekt von Emanzipation, Aufbruch und Zeitenwende. Dass dies nicht gelehrtes dialogisches Spiel, sondern kritische Auseinandersetzung mit ideologischer Gegenwart ist, belegt die Verschmelzung dieser intertextuellen Bezüge mit Majakovskijs Poemen *Wolke in Hosen* und *Flejta-pozvonočnik* (Wirbelknochenflöte), Stephan Hermlins Revolutionsgedicht *Aurora* (in *Der Flug der Taube*, 1952) und dem nun wieder eigenen Sprechen der Dichterin über den Dampfer, über die Schüsse, über *Aurora*. Die polyphone Verschränkung von Majakovskijs anarchischen, wuchernden, ungezügeltes Begehren artikulierenden, sprachliche, literarische, gesellschaftliche und religiöse Normen durchbrechenden Poemen mit impliziten Hinweisen auf die russische Oktoberrevolution akzentuiert die Aspekte Grenzüberschreitung, Aufbruch, auch in der Liebe (z.B. in der Anspielung auf das Genre des Tagelieds), und verleiht Kirschs Gedicht einen stark subversiven Charakter, gipfelnd im Schlusswort »Aurora«. Dieses verweist nicht nur auf den die Oktoberrevolution auslösenden Schuss vom Panzerkreuzer »Aurora«, sondern lässt – in der Verschränkung der Bibelreminiszenz vom leuchtenden Wort (»Dein Wort ist meines Fußes Leuchte«, Psalm 119,105) mit der »Aurora«, mit dem dabei mitklingenden proletarischen Kampflied »Dem Morgenrot entgegen,/ Ihr Kampfgenossen all« (Heinrich Eildermann: *Lied der Jugend*) – die Sehnsucht nach einer gesellschaftlichen Utopie »aufscheinen« (um mit Bloch zu reden), einer Utopie, die mit dieser Revolution versprochen, vom real existierenden Sozialismus aber schamlos verraten worden ist und deren wahre Realisierung mit dieser polyphonen Dichtung von einer neuen Generation eingefordert wird.

Sarah Kirschs Gedichte verweisen dabei immer wieder, bisweilen beiläufig, auf Dichter, die an bzw. in der russischen und sowjetischen Gesellschaft gescheitert sind: Puškin in *Moskauer Tag*, Bulgakov in *Moskauer Morgen* (in verdeckten Hinweisen auf *Master i Margarita*; beide Moskau-Gedichte in *Zaubersprüche*, 1973), Majakovskij in *Meine vielgereisten Freunde berichten mir* und *Bäume lesen* (beide in *Landaufenthalt*), Kopelev in *Eichen und Rosen* (in dem sieben Jahre nach ihrer Übersiedelung in die Bundesrepublik erschienenen Band *Katzenleben*, 1984), Vasyl' Stus in *Krähengeschwätz* (2010 erschienene Tagebuchaufzeichnungen der achtziger Jahre). Dabei werden anspielungsreich vergleichbare Defizite angesprochen wie im Gedicht *An Rylejew* (in *Erdreich*, 1982), wo am Beispiel des 1826 als Dekabrist zum Tode verurteilten Revolutionärs und Dichters nicht nur auf Repression und Zensur im zaristischen Russland, sondern auch auf vergleichbare Praktiken in der DDR aufmerksam gemacht wird. Nicht selten formuliert Kirsch solche auf russische Dichter bezogenen Anspielungen im Kontext von für ihre Lyrik zentralen Motivkomplexen, welche die Aspekte Emanzipation und Veränderung betonen, z.B. das Motiv des Reisens. Im erwähnten Gedicht *Meine vielgereisten Freunde berichten mir* wird dieses Motiv nicht nur räumlich, sondern auch zeitbezogen als Reise in die Vergangenheit entfaltet, in deren Verlauf, bei einem Treffen mit Lilja Brik, auch

Majakovskij und dessen von seiner Muse Lilja inspirierte Werke (*Die Wirbelknochenflöte, Wolke in Hosen* u.a.) vergegenwärtigt werden. Ein weiteres Beispiel einer solchen schöpferischen, russische Literatur mit dem eigenen Dichten verschränkenden Rezeption ist das Prosastück *Tatarenhochzeit* (2003), eine tagebuchartige Engführung biographischer Impressionen und Reflexionen mit Passagen aus dem altrussischen *Igorlied*.

Zu den Grundlagen und Voraussetzungen dieser Rezeption gehört auch hier das Übersetzen, das bei Sarah Kirsch aber mehr ein Nachdichten russischer Literatur mit Hilfe von Rohübersetzungen ist (Mierau 1969, S. 70). Relevant in diesem Zusammenhang sind Texte von Achmatova, Blok, Matveeva, Okudžava u.a., denen Kirschs Dichtung hinsichtlich Thematik und Struktur vielerlei Anregungen verdankt. Das betrifft z.B. die in der eigenen Lyrik erkennbaren strukturbildenden Themen und Motive des Unterwegsseins, der Sehnsucht nach Grenzüberschreitung, des Infragestellens bestehender Gegebenheiten, des mit Hilfe der Topik »Dichtung als Schifffahrt« formulierten Aufbruchgedankens sowie die Bloks Lyrik verpflichtete Verwendung des Schnee-Motivs in den Gedichtbänden *Landaufenthalt, Zaubersprüche* oder *Rückenwind* (1976); vgl. die von ihr übersetzten Zyklen *Faina* und *Snežnaja maska/Schneemaske* (beide in Blok: *Gedichte – Poeme*, 1989). Besonders wichtig in diesem Zusammenhang ist Sarah Kirschs Orientierung an Achmatova, die sie mehrfach, z.T. gemeinsam mit Rainer Kirsch, übertragen hat (z.B. *Ein niedagewesener Herbst*). Beispielgebend für sie war die deren Werk auszeichnende Verbindung von Liebeslyrik und poetologischer und existenzieller Reflexion, die dabei immer wieder gestellte Frage nach dem Bestand erotischer Anziehung, nach der Bewahrung eigener Identität in schwierigem politischen Umfeld (z.B. in der ebenfalls an Achmatova erinnernden Verwendung von Liebes- und Schnee-Motiv); gerade hierbei war ihr Anna Achmatova in ihrem Stolz, in ihrer festen Haltung gegenüber stalinistischem Terror und in ihrer Unnahbarkeit Vorbild und Beistand, so Kirsch in unveröffentlichten Briefen an Fritz (15.8.1984) und Sieglinde Mierau (23.3.1986). Verbindend sind auch die Thematik Erinnerung und Gedächtnis sowie die strukturbestimmende Dialogizität, in Form der Anrede ebenso wie in der Intertextualität vieler Gedichte.

Stärker noch hat sich Rainer Kirsch als Übersetzer und Übersetzungstheoretiker mit russischer Literatur auseinandergesetzt. Kirsch hat, z.T. gemeinsam mit seiner damaligen Frau Sarah, u.a Achmatova, Esenin, Gor'kij, Vysockij und vor allem Mandel'štam übertragen; nach Paul Celan und Ralph Dutli ist er einer der wichtigsten deutschsprachigen Vermittler des russischen Akmeisten in der zweiten Hälfte des 20. Jahrhunderts. Dokumentiert wird dies neben den Übersetzungen durch Porträt-Gedichte (*Gedächtnis Mandelstams*, in dem Band *Ausflug machen*, 1980; *Im Ton Mandelstams*, im *Jahrbuch für Lyrik*, 1983) und Äußerungen in Essays wie *Warum Gorki neu übersetzen* (Antwort auf eine Umfrage der Zeitschrift *Neue Deutsche Literatur*, 1975).

Nach eigenem Bekunden ist Kirsch den Werken Mandel'štams 1965 erstmals begegnet. Dieser hat ihn von Beginn an durch die Formvollendetheit seiner Lyrik, durch die »clarté« seiner Sprache beeindruckt. Darüber hinaus rühmt er ihn im Essay *Dachs Mandelstam* (in *Die Talare der Gottesgelehrten. Kleine Schriften*, 1999) als unbestechlichen Analytiker des »wölfische[n]« 20. Jahrhunderts. Kirsch ist auch ein bedeutender Vermittler Esenins, den er den deutschen Lesern nicht nur als einen dem bäuerlichen Milieu verhafteten Volksdichter vorstellen will, sondern als einen verzweifelt nach geistiger und künstlerischer Orientierung suchenden Künstler. Das zeigen seine in Teilen (z.B. der Versstruktur) abweichenden, den ›Esenin-Ton‹ gleichwohl präzis wiedergebenden Übersetzungen ebenso wie die essayistischen Äußerungen. Vornehmlich Esenins Suchen nach einem Standpunkt hat Kirsch nach eigenem Bekunden bewogen, sich mit dem russischen Imaginisten als mit einem tragischen Dichter zu beschäftigen, dem die Oktoberrevolution und ihre Ideologen diesen Standpunkt nicht vermitteln konnten und die deshalb an seinem Freitod nicht unschuldig waren. In Rainer Kirschs Dichtung ist auch andere russische Literatur präsent, z.B. in dem 1982 entstandenen, Konstantin Bogatyrev gewidmeten *Memorial* (in *Kunst in Mark Brandenburg*, 1988).

Kirschs Übertragungen russischer Lyrik sind allerdings bisweilen recht frei; so ist die gemeinsam mit Sarah Kirsch veröffentlichte Achmatova-Edition (*Ein niedagewesener Herbst*) aufgrund analogisierender Verfahren in Reim und Rhythmus kontrovers diskutiert worden.

Die Problematik des an den Folgen der Revolution und generell am Leben verzweifelnden Dichters verfolgt auch andere Autoren der jüngeren Generation. Sie wird am Beispiel von Esenin und Majakovskij immer wieder neu gestaltet. Beispielhaft demonstrieren dies einige dem Thema Selbstmord gewidmete Porträtgedichte. Bereits 1956 hatte Heiner Müller diese Thematik in seinem Gedicht *Majakowski* (erstmals in *Geschichten aus der Produktion 1*, 1974) zur Sprache gebracht, Günter Kunert (*Jessenin und Majakowski*), Heinz Czechowski (*Jessenin*, in *Was mich betrifft*, 1981), Endler (*Jessenin 1923*, in *Akte Endler*, 1981; zuerst u.d.T. *Randskizze: Jessenin*, in *Die Kinder der Nibelungen*, 1964) sind ihm gefolgt, mit unübersehbaren Spuren in der eigenen Dichtung.

Wie nachhaltig diese Art Auseinandersetzung mit den »vergeudeten« russischen Dichtern im eigenen dichterischen Werk nachwirken kann, demonstriert Heinz Czechowski (1935–2009). Auch ihn hat die russische Literatur angeregt und bewegt, erkennbar in dem Mandel'štam und Achmatova thematisierenden Gedichtband *Wüste Mark Kolmen* (1997), in Übersetzungen von Werken Lermontovs, Cvetaevas und vor allem Achmatovas (in der erwähnten Ausgabe *Poem ohne Held*), in poetischen Umgestaltungen (Opernlibretto nach Bulgakovs Roman *Der Meister und Margarita*, 1985; Musik von Rainer Kunad) und Gedichten wie *Majakowski* und *Jessenin*. Während *Majakowski* (in *Wasserfahrt*, 1967) den Aspekt Widerstand thematisiert, lässt Czechowski in *Jessenin* den russischen Autor sein Lebenswerk bilanzieren. Die dabei formulierte, von tiefer Resignation hinsichtlich der Möglichkeiten und Wirkungen künstlerischen Schaffens geprägte Bilanz weist in erschreckender Deutlichkeit voraus auf Czechowskis von tiefem Pessimismus getragene Alterslyrik, in der das frühere dichterische Schreiben als defizitär, fehlerhaft und wirkungslos beschrieben wird (*Requiem*, in *Nachtspur*, 1993; *Erhofft, erträumt*, in der Zeitschrift *Ostragehege*, 2006), *Da sitze ich nun mit meinen alten Scharteken*, in *Seumes Brille. Gedichte aus der Schöppinger Chronik*, 2000).

Der in diesem Zusammenhang bedeutendste Text entstammt der Feder von Inge Müller, der 1966 freiwillig aus dem Leben geschiedenen Frau von Heiner Müller. Ihr erst lange nach ihrem Tod in verschiedenen Ausgaben publiziertes Gedicht *Majakowski (Nach ›Wolke in Hosen‹)* ist eine beeindruckende Integration des eigenen dichterischen Sprechens mit Passagen aus Majakovskijs Poemen *Wolke in Hosen*, *Die Wirbelknochenflöte* und *Vojna i mir*/Krieg und Welt (Hartmann 1985, S. 210–212).

In seinem einfühlsamen Essay *Fragt mich nicht wie* (in *Sinn und Form*) hat Adolf Endler (1930–2009) bereits 1978 Inge Müller nicht nur als »erste[n] wichtige[n] weibliche[n] Autor lyrischer Texte in der DDR« gewürdigt, sondern auch darauf verwiesen, dass dieses lyrische Werk umfassend Majakovskij verpflichtet ist. Inge Müllers Verse dokumentieren dies in eindrucksvoller Weise, bringen die Vielschichtigkeit von Majakovskijs Person und Werk in den Blick, das Emanzipatorische ebenso wie das Tragische, die dessen Werk prägende Motivik (Kampf, allumgreifende Veränderung), die dynamische Sprachgestik u.a. Zugleich artikuliert Müllers Gedicht die Frage nach dem Preis für eine solche dichterische Existenz, verbindet mit dem Verweis auf die alles Veraltete zerreißende Kraft dieses dichterischen Sprechens auch die Erinnerung an die es begleitenden schmerzhaften Häutungen, ein Motiv, das später Franz Fühmann in seiner Bearbeitung des Marsyas-Mythos für die Charakterisierung der Situation des Künstlers im real existierenden Sozialismus in eindrucksvoller Weise verwenden wird.

Auch Endler hat sich dieses Themas in zahlreichen Arbeiten angenommen. Endler, der auch als Übersetzer hervorgetreten ist (Texte von Tret'jakov, Roždestvenskij, Okudžava) und der nach eigenem Bekunden in seiner Jugend ein kommunistischer Sänger in der Nachfolge Majakovskijs werden wollte, betreibt die Rehabilitierung »vergeudeter« Dichter erstaunlich direkt, z.T. provokant, z.B. wenn er in seinem Bändchen *Nadelkissen. Aus den Notizzetteln Bobbi Bergermanns* (1979/1980) davon spricht, dass in Bezug auf die russische Literatur nicht die Repräsentanten des Sozialistischen Realismus, sondern die nach Sibirien geschickten Dichter Korolenko, Babel' und Mandel'štam erwähnenswert seien. Ihre unverblümteste poetische Gestaltung hat diese Konfrontation in dem 1977 geschriebenen Gedicht *Besuch aus Moskau 1955* (in *Der Pudding der Apokalypse*, 1999) erfahren, das, scheinbar pflichtschuldig, die Begegnung mit einer sowjetischen Schriftstellerdelegation feiert, in dem aber die damit verbundene Aufzählung von systemkonformen

Dichtern wie Fadeev, Bek, Fedin, Isakovskij, Šolochov, Kataev u. a. immer wieder von der Frage nach dem Ergehen der von Stalinisten verfolgten und verleumdeten Achmatova unterbrochen wird (»lebt die Achmatowa noch?«). Endler erinnert damit an die Ždanov-Ära, also an eines der dunkelsten Kapitel stalinistischer Kulturpolitik, in deren Rahmen Achmatova in den Leningrader Zeitschriften *Zvezda* und *Leningrad* diffamiert und verfolgt worden war. Ebenfalls erinnernde Wiederbelebung eines von Stalinismus vernichteten Schriftstellers ist die Prosaskizze *Fakt. Fragmentarische Nachricht über einen Roman* (1980, zusammen mit *Notiz über Gressmann* in 300 nummerierten Exemplaren), in der in grotesk-spielerischer Weise die Existenz von Brechts Freund Sergej Tret'jakov und seiner Ästhetik der Faktographie zur Sprache gebracht wird.

Zunehmendes Interesse an der russischen »Zaum«-Dichtung der zwanziger Jahre verrät die DDR-Lyrik der achtziger Jahre. Beispielhaft demonstrieren dies lautmalerische Texte von Richard Pietraß (geb. 1946) aus dem 1989 erschienenen, Gedichte aus den siebziger und achtziger Jahren versammelnden Band *Was mir zum Glück fehlt* (z. B. *Preußen, Arpe diem, Klima*). Vor allem aber das Chlebnikov gewidmete Gedicht *Generation* aus dem 1982 erschienenen Band *Freiheitsmuseum* verrät in seinem innovativ sprachspielerischen, zugleich aber auch semantisch valenten Umgang mit Vokalen und Morphemen Vertrautheit mit den Sprachexperimenten des russischen Futuristen (»Ausgeschlupft./ Schlupfgehupft.// Hupfgebuttert./ Buttgemuttert.«). Pietraß ist außerdem als Übersetzer von Cvetaeva, Pasternak und Vjačeslav Kuprijanov hervorgetreten.

8.2.4 Systemkritische Befragung im Kontext russischer und sowjetischer Literatur im Drama nach 1960

Heiner Müller

Bemerkenswerte Rezeptionen russischer Literatur finden sich seit Mitte der sechziger Jahre auch im Bereich der Dramenliteratur. Bedeutsamer als die bereits genannten Stolper und Plenzdorf im Hinblick auf Umfang und Wirkung ist vor allem Heiner Müller (1929–1995), der sich trotz einer in der Autobiographie (*Krieg ohne Schlacht. Leben in zwei Diktaturen*, 1992) behaupteten »unterschwellige[n] Abwehr gegen das Russische« während seines gesamten Schaffens immer wieder mit russischen Texten beschäftigt hat, das betrifft seine genuin dichterischen Werke ebenso wie die literarhistorischen und -theoretischen Arbeiten.

Müller hat mit wechselnder Intensität auf Russland, seine Kultur, Literatur und Geschichte reagiert. Im Zentrum steht dabei immer wieder die Frage nach den Voraussetzungen, Realisierungsmöglichkeiten und Folgen der Oktoberrevolution. Das betrifft historische Dramen von *Zehn Tage, die die Welt erschütterten* (1956; nach John Reeds gleichnamigem Roman von 1919) bis hin zum u. a. dem Stalinismus und seinen Folgen gewidmeten *Germania. Gespenster am Toten Mann* (1996), das Müller erst kurz vor seinem Tod vollendete; es betrifft Widmungsgedichte wie das erwähnte *Majakowski* oder *Beim Wiederlesen von Alexander Fadejews ›Die Neunzehn‹* (zuerst im Programmheft zur Aufführung von Čechovs *Kirschgarten* im Schiller-Theater Berlin, 1978); vor allem aber betrifft es die zahlreichen und vielgestaltigen Bearbeitungen russischer literarischer Texte. Grundsätzlich radikalisiert Müller die in den russischen Vorlagen angesprochenen Fragestellungen. Was dort bisweilen verdeckt artikuliert ist, wird explizit thematisiert: die Kollision von individuellen, privaten Lebensentwürfen mit den im Kontext der Oktoberrevolution entstandenen gesellschaftlichen Verpflichtungen in *Zement* oder die Frage nach den Ursachen für Fehlschläge und menschliches Versagen zu Beginn des Großen Vaterländischen Krieges (1941-1945) in *Wolokolamsker Chaussee*. Das geschieht nicht selten im Rahmen intertextueller Verklammerungen mit sehr verschiedenen Autoren und Texten der europäischen Literatur, solchen aus der griechischen Mythologie wie in *Zement* ebenso wie aus der deutschen, z.B. Heinrich von Kleist und Anna Seghers in *Wolokolamsker Chaussee I-V* (entstanden 1984-1987; Uraufführung des vollständigen Zyklus 1988 in Paris) oder Friedrich Hölderlin im Gedicht *Majakowski*; das ermögliche es ihm – so Müller – die genannten Problemfelder auf eine höhere Abstraktionsstufe zu stellen.

In der Hierarchie der von Müller geschätzten Autoren sind Tolstoj, Dostoevskij, Čechov, Gor'kij und Šolochov ganz oben angesiedelt, eine Stufe darunter rangieren Babel', Gladkov, Majakovskij, Platonov, Fadeev, Ajtmatov und Trifonov. Der von ihm bearbeitete Aleksandr Bek fehlt merkwürdigerweise in dieser in der Autobiographie *Krieg ohne Schlacht* formulierten Rangordnung. Die Breite des Interesses an russischer Literatur dokumentieren bereits Müllers Übersetzungen aus dem Russischen, die Werke so verschiedener Autoren wie Aleksandr Suchovo-Kobylin (*Tarelkins Tod*, Erstaufführung 1972), Čechov (*Die Möwe*, Erstaufführung 1973), Majakovskij (*Wladimir Majakowski Tragödie*, 1985), Viktor Rozov (*Unterwegs*, 1965) und Nikolaj Pogodin (*Aristokraten*, 1959) betreffen. Sie sind allerdings Ergebnis der Zusammenarbeit mit seiner Frau Inge (*Aristokraten, Unterwegs*) und seiner späteren Partnerin Ginka Tscholakowa, mit der er auch Evgenij Švarc' satirisches, auf den Stalinismus anspielendes Märchen *Drakon* (Der Drache) zum Libretto für Paul Dessaus Oper *Lanzelot* umgearbeitet hat (Uraufführung 19.11.1969). Müllers als Übersetzungen deklarierte Arbeiten sind also eher Bearbeitungen bereits vorhandener Übertragungen von Sigismund von Radecki (*Tarelkins Tod*), Günter Jaeniche (*Unterwegs*), Eberhard Dieckmann (*Aristokraten*) sowie von übersetzerischen Arbeiten Ginka Tscholakowas (*Die Möwe, Wladimir Majakowski Tragödie*). Müller selbst hat in diesem Zusammenhang von »kopieren« gesprochen. Alle Texte waren Auftragsarbeiten für das Theater, zeigen dementsprechend auch Abweichungen vom russischen Original, z.B. *Wladimir Majakowski Tragödie* (Verzicht auf Sprecher im Prolog und Epilog, reduzierende bzw. modifizierende Eingriffe in die Versstruktur u.a.).

Im Spannungsfeld von Gedächtnisarbeit und künstlerischer Emanzipation 273

Das Kurzdrama *Held im Ring. Optimistische Tragödie. Festliches Requiem für Werner Seelenbinder* (entstanden um 1951, erstmals in *Werke*, Bd. 3, 2000) erinnert nur im Titel an Višnevskijs *Optimistische Tragödie*.

Die erste bedeutende Adaption russischer Literatur betrifft Fedor Gladkovs mehrfach erwähnten Roman *Zement*. Müller hatte sich bereits während der frühen fünfziger Jahre mit Gladkov beschäftigt, das bezeugt ein in der Autobiographie erwähnter Szenenentwurf mit dem Titel *Herr Pylop* (ebenfalls erstmals in *Werke*, Bd. 3), nach der eine Karrieristenvita beschreibenden Erzählung *Der Polyp* von Gladkov. *Zement* hat Müller nach eigenem Bekunden interessiert, weil dieser Roman als einer der ersten die Veränderung menschlicher Beziehungen im Gefolge der Revolution zur Sprache bringt und es damit ermöglicht, im Gewand des historischen Dramas ähnlich gelagerte Probleme der DDR-Gesellschaft in verdeckter Form öffentlich zu diskutieren. Deshalb wollte Müller diesen epischen Text zu einem Theaterstück umschreiben, seit er das Buch gelesen hatte. Dazu ist es allerdings erst 1973 gekommen. Die Uraufführung im Theater am Schiffbauerdamm (am 12.10.1973, Regie Ruth Berghaus) war nach Auffassung Müllers (in der Autobiographie *Krieg ohne Schlacht. Leben in zwei Diktaturen*) ungemein wichtig für seine Rehabilitierung in der DDR. Müllers Drama *Zement* besteht aus vierzehn Szenen, deren Titel teilweise der griechischen Mythologie entlehnt sind (»Heimkehr des Odysseus«, »Sieben gegen Theben«). Korrespondierend damit wird deren Abfolge durch Erzählungen antiker Mythen erweitert (»Befreiung des Prometheus«, »Herakles 2 oder die Hydra«, »Medeakommentar«). Müller orientiert sich hinsichtlich der Makrostruktur weitgehend an Gladkovs Roman, ein großer Teil der Szenen behandelt also die sozialen und ökonomischen Probleme zu Beginn der Sowjetunion am Beispiel des heruntergekommenen Zementwerkes, die Grausamkeiten des Bürgerkriegs zwischen Weißen und Roten, die Auseinandersetzungen zwischen dem revolutionären Aufbruch repräsentierenden Schlosser und Armeekommandanten Gleb Tschumalow und dem der alten Welt verhafteten Intellektuellen Kleist, die sich aus der Revolution ergebenden neuen Spannungen zwischen den Ansprüchen der Gesellschaft und den Bedürfnissen des Individuums, die radikalen Veränderungen in der Beziehung zwischen Mann und Frau. Letzteres akzentuiert Müller aber in viel stärkerem Maße als Gladkov, gipfelnd in der Szene »Medeakommentar«, einem Dialog vor allem zwischen Tschumalow und seiner Frau Dascha über Gründe, Voraussetzungen und Folgen des Scheiterns ihrer Ehe und des Todes ihres Kindes Njurka. Dieser Dialog wird dann, unter Einbeziehung des bürgerlichen Intellektuellen Iwagin und Daschas Freundin Polja, zu einer grundsätzlichen Frage nach der Vereinbarkeit von überkommenen Familienvorstellungen und sozialistischer Gesellschaft ausgeweitet, in deren Kontext sich Tschumalow genötigt sieht, seine Dascha auf neue Weise zu »erkennen«. In Verbindung mit der antiken Vorlage profiliert Müller viel stärker als Gladkov die Emanzipation der Frau im Sozialismus: Sie will nicht mehr Besitz und Opfer sein, ihr Aufbegehren ist nicht, wie bei der Medea des antiken Mythos, individueller Rachsucht geschuldet, sondern überzeugtem gesellschaftlichem Engagement (Dascha: »Auf die alte Art wirst du/ Deine Frau nicht mehr finden.«).

Zement ist eine höchst kunstvolle Adaption des Romans von Gladkov. Dessen zentrale Themen und Aussagen werden durch den stringenten Aufbau und durch den Blankvers, durch ein archaische Lexik und Umgangssprache mischendes Sprechen der Personen verdichtet, durch die mythologischen Einschübe verfremdet und so verallgemeinert. Mit der Einbeziehung von Homers *Ilias* modifizierenden Erzählungen schafft Müller eine aus Epos und Lehrstück bestehende Mischform, in deren Rahmen die antiken Texte zentrale Themen der Gladkovschen Vorlage sowohl unterstützend als auch kontrastierend erweitern und vertiefen. Was in Gladkovs Roman hinsichtlich der problematischen Begleiterscheinungen und Folgen einer revolutionären Umwälzung in der ersten Fassung bestenfalls angedeutet, in den späteren Fassungen gänzlich eliminiert worden ist, wird in Müllers Umgestaltung mit Hilfe des Mythos deutlich, prononciert, verschärfend zur Sprache gebracht: Im »Medeakommentar« ist es die Problematisierung sozialer Strukturen und Beziehungen, in der Geschichte von der Befreiung des Prometheus geht es um die mentalen Schwierigkeiten der Unterdrückten und Gefesselten, die sich an ihren Zustand so gewöhnt haben, dass sie sich mit dem Befreitwerden schwer tun – interpretierbar als Akzentuierung des durch den Ingenieur Kleist repräsentierten, die revolutionären Veränderungen nur widerwillig akzeptierenden Bürgertums. In »Herakles 2 oder die Hydra« ist es der Kampf des Kommunisten Tschumalow (Herakles) gegen die vielfältigen Aktivitäten der Konterrevolution (Hydra). Russische Romanliteratur ist auch präsent im Lehrstück *Mauser* (geschrieben 1970, Uraufführung 1975 in den USA). Dessen bestimmende Thematik, das im Auftrag der Revolution verordnete Töten (»das tägliche Brot der Revolution/ Ist der Tod ihrer Feinde«), ist entsprechenden Szenarien in Šolochovs *Der stille Don* verpflichtet.

Müllers sicher bedeutsamste Adaption eines russischen Textes ist die Szenenfolge *Wolokolamsker Chaussee I–V*, ein, wie er selbst behauptet hat, »elitärer« Text, in dem grundsätzliche Fragen über das Verhältnis von Befreiung und Knechtschaft, von Individuum und Gesellschaft, von Künstler und sozialistischem Staat, von Befreiung und erneuter Fesselung formuliert werden. Der Titel bezeichnet die von Moskau nach Westen führende Straße, auf der 1941 kurz vor Moskau die deutsche Invasion gestoppt und so die Wende des Krieges eingeleitet wurde. Müller bearbeitete einen Roman des sowjetischen Schriftstellers Aleksandr Bek, der ab 1943 in der Zeitschrift *Znamja* als Folge von Erzählungen u.d.T. *Panfilovcy na pervom rubeže* (Die Panfilovleute in vorderster Linie) erschienen ist sowie ab 1945 als Buch u.d.T. *Volokolamskoe šosse* und ab 1960 um zwei Erzählungen erweitert wurde (*Neskol'ko dnej*/Einige Tage, *Rezerv generala Panfilova*/General Panfilovs Reserve; vgl. dazu Grübel 1990, S. 117f.). Die von Müller verwendete erweiterte Version ist auf Deutsch 1962 in der Übertragung von Rahel Strassberg erschienen. Der umfangreiche Text berichtet aus der Perspektive des ehemaligen Bataillonskommandeurs Baurdžan Momyš-Uly über Probleme der sowjetischen Armee bei der Verteidigung Moskaus im Oktober 1941. Berichtet wird vom heldenhaften Kampf gegen die Deutschen, aber auch von Chaos und Orientierungslosigkeit, von Angst und Zweifel sowohl der Soldaten als auch der Offiziere, gipfelnd im Bericht über die vom Kommandeur befohlene Erschießung eines desertierten Soldaten und über die von ihm verantwortete Degradierung eines pflichtvergessenen, ihm im Rang übergeordneten Sanitätsoffiziers. Beks Ich-Erzähler rechtfertigt diese Handlungen vorbehaltlos als erforderliche Disziplinierung, er selbst sowie vor allem der als Vaterfigur gezeichnete Vorgesetzte General Panfilov erscheinen trotz Zweifeln und Fehlern als vorbildhafte Figuren, werden in ihren Handlungen, aber auch in ihren Reden als Garanten des späteren Sieges vorgestellt.

Die Szenenfolge *Wolokolamsker Chaussee* war nach Auskunft Müllers (in seiner Autobiographie) ebenfalls lange geplant. Nach seinen eigenen Worten haben ihn an Beks Roman schon während der sechziger Jahre vor allem zwei Dinge interessiert: die auch für den Bataillonskommandeur belastende Erschießung eines jungen Soldaten wegen Desertion sowie die im zweiten Teil seiner Szenenfolge thematisierte »Außerkraftsetzung der Sowjetordnung in einer Ausnahmesituation« (die erwähnte Degradierung eines im Rang höheren Sanitätsarztes wegen Fahnenflucht). Den in diesem Zusammenhang bei Bek vermuteten antistalinistischen Ansatz radikalisiert Müller. *Wolokolamsker Chaussee I-V* ist ein ausgesprochen subversiver Text, ein »Nachruf, auf die Sowjetunion, auf die DDR«, die Szenen III bis V hat Müller als »meine letzten drei Szenen zur DDR« (Autobiographie) bezeichnet.

Der Text besteht aus fünf Teilen: Teil I (»Wolokolamsker Chaussee I: Russische Eröffnung«) präsentiert den erinnernden Monolog des Bataillonskommandeurs über die Situation der sowjetischen Armee zu Beginn des Großen Vaterländischen Krieges im Jahre 1941, über die desolate materielle und mentale Verfassung der Truppe, über die den sich erinnernden Offizier bis in die Gegenwart verfolgende, von ihm verantwortete Erschießung eines Soldaten, der sich selbst verwundet hatte, um dem Grauen des Krieges zu entkommen. Vorbild für die formale Gestaltung des Versmonologs in fünffüßigen Jamben waren nach Müllers Angaben ebenfalls russische literarische Texte, nämlich Puškins späte Kurzdramen, die in ihrem klaren, gedrängten Aufbau der klassizistischen Dramaturgie verpflichtet sind (*Der steinerne Gast, Der geizige Ritter, Mocart i Salieri, Pir vo vremja čumy*/Das Gelage während der Pest).

Teil II (»Wolokolamsker Chaussee II: Wald bei Moskau«) setzt den erinnernden Bericht fort. Wieder geht es um Chaos, Mangel und Orientierungslosigkeit zu Beginn des Krieges, wieder geht es um Pflichtvergessenheit (des Bataillonsarztes), um die Rechtmäßigkeit der in der Degradierung bestehenden Bestrafung, um Selbstzweifel des Kommandeurs hinsichtlich der eigenen Führungsstärke, die nun ausgeweitet werden auf Zweifel an der militärischen und politischen Führung durch Stalin.

Teil III (»Wolokolamsker Chaussee III: Das Duell. Nach Anna Seghers«) versteht Müller als Fortsetzung des genannten Seghers-Textes. Auch dies ist ein Bericht, diesmal über die Gefährdung der DDR während des Aufstandes am 17.6.1953, die hier als Gefährdung all dessen erscheint, was mit dem Kampf der Roten Armee vor Moskau an der Wolokolamsker Chaussee begann und 1945 mit der Befreiung vom Faschismus seinen Höhepunkt erreichte. Bei dem Duell handelt es sich um den Kampf eines im Gefolge dieser Befreiung zum Leiter eines Volkseigenen Betriebes aufgestiegenen ehemaligen KZ-Häftlings mit seinem »Stellvertreter«, einem Arbeiter, dem er den Weg zum Akademiker bereitet hat, der ihn nun aber, als Sympathisant der streikenden Arbeiter, zum Rücktritt bewegen will. Dies wird durch das Eingreifen russischer Panzer verhindert – Akzentuierung einer deprimierenden historischen Paradoxie: Der von faschistischer Herrschaft durch russische Panzer befreite Arbeiter wird nun als Funktionär mit Hilfe russischer Panzer als Herrschender beglaubigt, der die Diktatur in Gestalt des NS-Staates Bekämpfende erscheint als Ausführungsorgan einer neuen Diktatur.

Teil IV (»Wolokolamsker Chaussee IV: Kentauren. (Ein Gräuelmärchen aus dem Sächsischen des Gregor Samsa)«) gestaltet die an Kafka erinnernde Absurdität eines in sprachlichen Schablonen und automatisierten Handlungen erstarrten, versteinerten sozialistischen Staates. Der diesen Staat repräsentierende »Kentaur« hat die Lebenswelt so umfassend und durchgehend geordnet, dass er eigentlich überflüssig ist und deshalb absurde Vergehen (bei Rotlicht die Straße überqueren) organisieren muss, um wieder tätig werden zu können.

Teil V (»Wolokolamsker Chaussee V: Der Findling. Nach Kleist«) thematisiert eine doppelte Schwellensituation in der Geschichte des sich vom Kampf auf der Chaussee vor Moskau her begründenden real existierenden Sozialismus. Es geht zum einen um den Konflikt zwischen Generationen, zwischen dem zum sozialistischen Establishment gehörenden Vater und seinem aus diesem erstarrten System ausgebrochenen Adoptivsohn. Schwelle ist zum anderen der diesen Ausbruch maßgeblich mitbestimmende »Prager Frühling«, für den sich der Sohn engagiert und daraufhin, denunziert vom Vater, für fünf Jahre im Zuchthaus landet. Erzählt wird hier aus der Perspektive des später in den Westen geflohenen Adoptivsohnes, der sich so von einem durch Sowjet-Panzer 1945 befreiten Land selbst befreien muss, aber letztlich doch innerlich leer und vereinsamt bleibt – Sinnbild des entfremdeten, zerrütteten Verhältnisses von DDR-Staatsmacht und ihren Bürgern.

Die einzeln entstandenen und publizierten Szenen bilden gleichwohl ein kohärentes Ganzes. Formal garantieren dies die durchgängig verwendeten Blankverse, die sprachliche Gestik des Erinnerns, die höchst kunstvolle Mischung aus monologischem Erzählerbericht und inneren und imaginierten Dialogen sowie die an Puškins Kurzdramen orientierte Konzentration auf eine bestimmte, inhaltlich ungemein verdichtete Situation. Das thematisch Verbindende ist vor allem die im Kontext der Oktoberrevolution virulente, komplizierte Dialektik von Gewalt, Befreiung und Fesselung, die u.a. durch Motive wie Verwundung und Einsamkeit sowie mit Hilfe von wiederkehrenden Leitmotiven zur Sprache gebracht wird. Beispielhaft demonstriert dies die auch in der Autobiographie vermerkte Verwendung des Panzer-Motivs: Ist der Panzer im ersten Teil Inbegriff von Aggression und Gewalt der Deutschen, wird er im Folgenden als Panzer der Roten Armee zum Instrument der Befreiung der Deutschen, in Teil III wird er am 17.6.1953 zum Retter des aus der Befreiung 1945 hervorgegangenen Staates, zugleich aber auch Instrument der gewaltsamen Disziplinierung der Aufbegehrenden und im fünften, im Kontext der Niederschlagung des »Prager Frühlings«, zum Symbol einer radikalen Entwertung der Utopie eines humanen, das Recht des Individuums achtenden Sozialismus.

Was das Verhältnis zur russischen Vorlage angeht, so ist Beks Roman vor allem für die zwei ersten Teile der Szenenfolge bedeutsam. Und auch hier hat Müller gravierende Änderungen vorgenommen. Abgesehen von der Konzentration des umfänglichen, über fünfhundert Seiten starken Romans auf die genannten recht kurzen Szenen verzichtet Müllers Text auf die detaillierte Wiedergabe von militärischen Operationen, auf die Darstellung ihrer gedanklichen Vorbereitung sowie auf die bereits angesprochene Beziehung des Kommandeurs zum General Panfilov. Grundsätzlich verschieden ist der Gestus des Erzählens. Bek gestaltet das Erinnern des Bataillonskommandeurs Baurdžan Momyš-Uly als historischen Bericht (Grübel 1990, S. 123ff.). Der Berichtende ist zugleich zur Heldenfigur stilisiert, deren Angst und Zweifel nur thematisiert werden, um die Heroik ihrer Überwindung im Kampf gegen den äußeren Feind zu akzentuieren. So wird die Vision des Kommandeurs, den Deserteur Barambaev zu begnadigen, nur in einer kurzen Sequenz formuliert und geht sofort über in eine systemkonforme Rechtfertigung des Tötens. Die von Müller im Kontext dieser Problematik des angemessenen und richtigen Handelns gestellte Systemfrage, also die nach Stalins Verantwortung für zweifelhafte Entscheidungen und daraus resultierendes Chaos, berührt Bek nicht. Darüber hinaus stellt Müller mit der Art seiner Umgestaltung des Bekschen Romans die durch diesen repräsentierte Doktrin des Sozialistischen Realismus differenziert und kunstvoll in Frage. Das geschieht im Rahmen der erwähnten inneren Dialogisierung des Monologs, die deutlicher als bei Bek die innere Gebrochenheit des Kommandeurs demonstriert.

Die Nachdichtung *Wladimir Majakowski Tragödie* ist die künstlerische Bearbeitung von Majakovskijs erstem Drama *Tragedija Vladimira Majakovskogo* (1913; dt. Die Tragödie Vladimir Majakovskijs). Das Stück ist eine futuristische Selbstinszenierung des Dichters Majakovskij, in der Personen und Dinge, aber auch der Autor, auf z.T. groteske Weise dekonstruiert werden und das Dekonstruierte auf verfremdende Art wieder miteinander in Beziehung gesetzt wird. Müllers Bearbeitung ist Bestandteil einer langjährigen Beschäftigung mit dem russischen Futuristen, die auch in einer Reihe von Gedichten dokumentiert ist. Im Zentrum steht dabei auch bei ihm die Figur des von der Revolution »vergeudeten« Dichters, der für Müller beispielhaft die tragische Spaltung zwischen großem künstlerischen Individuum und der sich formierenden sozialistischen Gesellschaft repräsentiert. Müllers dramaturgische Bearbeitung zeigt deutliche, u.a. der Montagetechnik verpflichtete formale Veränderungen; das betrifft die erwähnten Veränderungen in Prolog und Epilog, Eingriffe in die Versstruktur u.a.

Zu dieser Beschäftigung mit dem von der Oktoberrevolution »vergeudeten« Dichter gehört auch Heiner Müllers bereits erwähntes Gedicht *Majakowski*. Es fragt nach Ursachen für dessen Selbstmord und sieht diese nicht nur in der unglücklichen Liebe zu Lilja Brik begründet, sondern – im Einblenden von Hölderlin-Versen aus *Hälfte des Lebens* (»Die Mauern stehn/ Sprachlos und Kalt, im Winde/ Klirren die Fahnen.«) – resultierend aus Enttäuschung und Verzweiflung über eine in Dogmatismus und Bürokratie erstarrte sozialistische Gesellschaft.

Müller ist sicher der bedeutendste Rezipient russischer Literatur im Drama der DDR während der siebziger und achtziger Jahre, aber nicht der einzige. Ferner zu erwähnen sind in diesem Zusammenhang vor allem Karl Mickel, Volker Braun und Joachim Seyppel.

Mickel hat sich nicht nur in Gedichten wie dem erwähnten *Freundin Schlaf. Nach Jewtuschenko* oder *Aleksander Blok; 26.VIII.1914* (entstanden 1973, in *Geisterstunde*, 2004) oder im Rahmen seiner Übertragung von Cvetaevas *Rolandov rog* (*Rolands Horn*, in der Cvetaeva-Auswahl *Maßlos in einer Welt nach Maß*, 1980), sondern auch im Bereich des Dramas und der Dramentheorie mit russischer Literatur auseinandergesetzt. So integriert er Komponenten der Brechtschen *Mutter*-Adaption in seinen Essay *Pelageja Messinowa, oder: Der Chor* als Antwort auf Schillers Drama *Die Braut von Messina* (in Mickels Bearbeitung *Die Braut von Messina oder Die feindlichen Brüder. Ein Trauerspiel mit Chören von Schiller*, 1997). Seine aus drei Szenen bestehende Bearbeitung von Passagen aus Beks *Wolokolamsker Chaussee* (in *Sinn und Form*, 1971) thematisiert in den Szenen 1 und 3 Probleme der Kriegsführung. Das geschieht im Rahmen eines Spiels zwischen einem Reporter und dem sich erinnernden Kommandeur Momysh-Uli, bei dem beide immer wieder zu Protagonisten des erinnerten Geschehens werden und die bei Bek deutlich gewahrte Distanz zwischen Vergangenheit und Gegenwart aufgehoben wird.

Volker Brauns Drama *Übergangsgesellschaft*

Eine der wichtigsten Bearbeitungen russischer Literatur im Drama der achtziger Jahre stellt Volker Brauns Komödie *Die Übergangsgesellschaft* dar (entstanden bereits 1982, Uraufführung in Bremen am 24.4.1987, Erstaufführung in der DDR am 30.3.1988 im Maxim-Gorki-Theater). Der Text darf als eine Modernisierung von Čechovs *Drei Schwestern* gelten: das beide Dramen verbindende Zentralthema ist das mentale Gefangensein in erstarrten Lebenswelten. Am Beispiel der aus den drei Schwestern Olga, Mascha und Irina, ihrem Bruder Walter und deren Onkel Wilhelm bestehenden, von Lieblosigkeit und Perspektivlosigkeit dominierten Familie

Höchst schildert Braun Probleme und innere Widersprüche der sozialistischen Gesellschaft in der Spätphase der DDR, insbesondre den Gegensatz zwischen einem vom verstorbenen Vater und der Lehrerin Olga repräsentierten dogmatischen Sozialismus und der von der jüngeren Tochter Irina, ihrem Verlobten Franz, ihrer Schwägerin Mette und vom Bruder des Vaters, dem Spanienkämpfer und Anarchisten Wilhelm, eingeforderten Selbstbefreiung und Selbstbestimmung des Subjekts. Brauns Drama gestaltet fast überdeutlich die Gesellschaft der DDR in der Phase des Übergangs, in der Perspektive von 1989 sogar eher in der Phase ihres Zerfalls. Aspekte des Übergangs, z.B. von der Fremdbestimmung zur Selbstverwirklichung des Einzelnen, von einer durch Repression und Ordnungsdenken geprägten Gesellschaft zu einem von Toleranz, Offenheit und Freiheit bestimmten Sozialismus, werden in Träumen artikuliert, zu denen die handelnden Personen mit Hilfe eines von der Schauspielerin Mette initiierten Rollenspiels animiert werden. Ausgehend davon emanzipieren sich die daran Beteiligten vom bislang geltenden repressiven und autoritären sozialistischen Gesellschaftsmodell zugunsten eines wahren demokratischen Sozialismus, der von Wilhelm am Ende seines Lebens beschworen wird. Radikaler Ausdruck einer solchen Emanzipation ist die von Irina vorgenommene Brandstiftung an dem die DDR-Gesellschaft symbolisierenden Haus. Bezüge zu Čechovs *Drei Schwestern* sind auf verschiedenen Ebenen erkennbar: Explizit an der wörtlichen Einfügung von Personen Čechovs (die Schwestern Olga, Mascha, Irina), implizit an der Personenkonstellation, mit der am Beispiel des Čechov-Dramas eine Gesellschaft auf der Grenze zwischen Ermüdung und Resignation einerseits und Hoffnung auf eine glückliche Zukunft andererseits dargestellt wird. Unübersehbar präsent ist Anton Pavlovič Čechov außerdem durch Namensnennung, durch Zitate aus den *Drei Schwestern* sowie durch die Vornamen (Paul Anton) des Autors der »West-östlichen Gedichte«. Letzterer wird von Braun als Exponent einer mit Hilfe der Kunst reformierbaren DDR-Gesellschaft charakterisiert. Im Gegensatz zu Čechov betont Braun mit der Emanzipation einzelner Personen allerdings den Aspekt der Hoffnung auf einen humaneren, demokratischen Sozialismus. Das zeigt sich u.a. an der Braunschen Modifizierung des in den *Drei Schwestern* verwendeten Traum-Motivs. In Čechovs Drama bezeichnet der leitmotivisch artikulierte Traum einer Rückkehr nach Moskau (»V Moskvu«/Nach Moskau) die Hoffnung auf ein erfülltes Leben jenseits provinzieller Enge und Perspektivlosigkeit. Bei Braun sind die Träume der Protagonisten Voraussetzung und Ausgangspunkt einer gelungenen Emanzipation.

Eine eher marginale Auseinandersetzung mit russischer Literatur ist die Verwendung Majakovskijs als Dramenfigur in Joachim Seyppels *Die Unperson oder Schwitzbad und Tod Majakovskijs* (1979; Uraufführung 15.2.1980 in Münster) und in Stefan Schütz' *Majakowski* (entstanden 1971; Uraufführung 27.11.1980 in London). Im Zentrum beider Texte (deren Uraufführung jeweils kurz nach der Übersiedelung ihrer Verfasser in die Bundesrepublik stattfand) steht die Suche nach biographischen, historischen und kulturpolitischen Hintergründen für Majakovskijs Selbstmord, in deren Rahmen der russische Futurist vor allem als Opfer erscheint, eine literarische Auseinandersetzung aber bestenfalls in Ansätzen, z.b. in Schütz' Sprachgestik, erkennbar ist (Hartmann 1985, S. 218ff.).

8.2.5 Affinitäten in der Erzählprosa seit den sechziger Jahren

Die russische »Dorfprosa« und ihre Korrespondenzen in der DDR-Dorfgeschichte

Veränderungen in Orientierung an sowjetrussischer Literatur gibt es seit den späten sechziger Jahren auch im Bereich der Prosa. Das betrifft zunächst einmal mehr die Landlebenliteratur, die in der Sowjetunion als sog. »Dorfprosa« mit stark veränderten Formen und Inhalten die literarische Szene seit Beginn dieses Jahrzehnts maßgeblich geprägt hat. Autoren wie Fedor Abramov (1920–1983), Vasilij Belov (1932–2012), Valentin Rasputin (1937–2015), Vasilij Šukšin (1929–1974). gestalten das Dorf als selbstwertigen Raum mit eigenen Traditionen, geprägt von altüberlieferten bäuerlichen Lebensformen und Wertvorstellungen, deren Bestand und Geltung durch von außen kommende Personen und Institutionen gefährdet ist. Private und gesellschaftliche Interessen erscheinen nicht immer identisch, akzentuiert in der Person des Kauzes, der, z.B. bei Belov, oft ungebildet und mit beschränkter Perspektive die Gegebenheiten seiner ländlichen Umwelt und ihrer Vergangenheit erzählt und kommentiert, nicht selten unter Verwendung von Dialekt und der erwähnten skaz-Technik. Damit verbunden ist eine Aufwertung der Region und eine Neubesinnung auf das Verhältnis von Mensch und Natur, mit einer zivilisationskritischen Bestandsaufnahme von Naturzerstörungen im Gefolge von Industrieprojekten (in Rasputins Roman *Proščanie s materoj*, 1976; dt. Abschied von Matjora), von industrialisierter Landwirtschaft. Autoren wie Abramov verweisen in diesem Zusammenhang auf ein bereits bei Rilke erkennbares Motiv, nämlich darauf, dass das Dorf als »Mutter« die Wiege der russischen Kultur ist; ein wichtiges Anliegen solcher »Dorfprosaisten« (derevenščiki) ist es, diese Kultur der Vergessenheit zu entreißen und sie zu bewahren.

Ohne dass direkte Adaptionen nachweisbar wären, entstand etwa zeitgleich in der DDR eine thematisch ähnliche Kurzprosa. Dorfgeschichten aus den sechziger bis frühen achtziger Jahren wie *Der Windsucher und andere Dorfgeschichten* (1984) von Martin Stade (geb. 1931), *Kraftstrom* (in *Neue Deutsche Literatur*, 1967) von Erwin Strittmatter (1912–1994), *Das Gastmahl des Balthasar* (1973) von Axel Schulze (1943–1994) und Erzählungen anderer Autoren akzentuieren eine in Jahrhunderten gewachsene Verbindung zwischen Mensch und Natur. Landschaft und Naturräume sind nicht wie in den erwähnten sozialistischen Bauernromanen von Seeger und Köhler Kulisse gesellschaftlicher Auseinandersetzungen oder Objekt zweckrationalen Handelns im Kontext einer industrialisierten Landwirtschaft, sondern topographisch und historisch gezeichnete individuelle Erfahrungsbereiche, Orte, an denen ein Individuum personale Identität finden bzw. wiederfinden kann. Das Land erscheint durch aus der Stadt kommende ökonomische und soziale Beanspruchungen beeinträchtigt und gefährdet, seine Bewohner werden als Opfer solcher Gefährdungen gesehen. In Verbindung damit artikulieren die genannten Autoren, nicht selten dezidiert zivilisationskritisch und ökologisch argumentierend, grundlegende Bedenken gegenüber einer staatlich verordneten Nivellierung und Zerstörung individueller, vertrauter Lebensräume, gegenüber einer daraus resultierenden Entfremdung, polemisieren wie Martin Stade gegen den Insektengift verstreuenden »Totenvogel« (in der den *Windsucher*-Band beschließenden Erzählung *Der Herr, der schickt den Jockel aus* von 1982), gegen das Vernichten landschaftlicher Markierungen und gegen eine Informationspolitik, die diese Maßnahmen beschönigt und rechtfertigt. Korrespondenzen ergeben sich auch hinsichtlich stilistischer Besonderheiten. Auch in diesen Dorfgeschichten ist eine der skaz-Tradition vergleichbare Tendenz zum stilisierten mündlichen, regional gefärbten Erzählen unverkennbar. Trotz der genannten Übereinstimmungen dürfen die Unterschiede zwischen russischer »Dorfprosa« und DDR-Dorfgeschichte nicht übersehen werden. Das Themenspektrum der »Dorfprosa« ist vielfältiger, die dargestellten Sachverhalte sind vielschichtiger, nicht zuletzt aufgrund der in Teilen erkennbaren slavophilen Ausrichtung einiger Autoren, also einer expliziten Rückbesinnung auf traditionelle russische Sozialordnungen, handwerkliche Fähigkeiten, religiöse Orientierungen. Die »Dorfprosa« bevorzugt das Genre der Povest', also den Kurzroman, was differenziertere Personencharakterisierungen und die Erörterung umfassender gesellschaftlich und auch nationalhistorisch relevanter Fragestellungen ermöglicht (Lehmann 1987).

Das Banale des sozialistischen Alltags:
Jurij Trifonovs und Erich Loests Erzählprosa

Neben der »Dorfprosa« hat auch die sowjetische »Stadtprosa« großes Interesse bei deutschsprachigen Autoren hervorgerufen. Das gilt vor allem für Jurij Trifonov (1925–1981), also für einen sowohl in Ost- als auch in Westdeutschland stark beachteten sowjetischen Autor der Nachkriegszeit, erkennbar an zahlreichen Übersetzungen und Neuauflagen. In seinen *Moskovskie povesti* (Moskauer Novellen) wird der sowjetische Alltag mit seinen problematischen Wohnverhältnissen (*Obmen*, 1969; dt. Der Tausch) detailliert gezeichnet, werden Eheprobleme, persönliche Krisen (*Predvaritel'nye itogi*, 1970; dt. Zwischenbilanz), die Suche nach einem anderen Leben (*Drugaja žizn'*, 1975; dt. Das andere Leben) und materialistisches Denken psychologisch einfühlsam und zugleich kritisch dargestellt. Bereits in frühen Erzählungen wie *Vera i Zojka* (1966; dt. Vera und Sojka) zeigt er sich, in der Tradition Dostoevskijs stehend, als scharf und einfühlsam beobachtender Darsteller sozialer Milieus, der Familie ebenso wie der Arbeitswelt. Charakteristisch ist dabei die Absage an einen auktorialen Erzähler. Trifonov gestaltet sowjetische Lebenswelt aus der Perspektive der handelnden Personen, wodurch diese als Individuen profiliert werden, in ihren Stärken, vor allem aber in ihren Schwächen, in ihrem Egoismus und in ihrer Passivität. Darüber hinaus ist Trifonov im Rahmen einer umfassenden Recherche nach dem Schicksal seines während der stalinistischen Säuberungen 1938 erschossenen Vaters mit anderen Romanen als unbestechlicher und kritischer Beobachter der stalinistischen Sowjetunion und ihrer Geschichte hervorgetreten, beginnend mit der Dokumentation *Otblesk kostra* (1966; dt. Widerschein des Feuers), vor allem aber mit dem Romanfragment *Isčeznovenie* (1989; dt. Das Verschwinden) und mit dem Roman *Dom na naberežnoj* (1976; dt. Das Haus an der Uferstraße), der die Zeit nach der Oktoberrevolution, vornehmlich das Leben in einem den Funktionären vorbehaltenen Gebäudekomplex an der Moskva während der stalinistischen Säuberungen 1937, beschreibt.

Insbesondre mit in den *Moskauer Novellen* dominierenden Themen wie sozialistischer Alltag, geistige Stagnation, private Krisen korrespondiert eine Ende der sechziger Jahre in der DDR entstandene Literatur des Alltags, ohne dass dabei eindeutige genetische Verbindungen nachweisbar wären. Neben Werken von Christa Wolf, Günter de Bruyn, Werner Heiduczek u.a. ist dabei an erster Stelle Erich Loest (1926–2013) und sein vielbeachteter Roman *Es geht seinen Gang oder Mühen in unserer Ebene* (1977) zu nennen, die Geschichte des freundlichen, antriebsarmen Ingenieurs Wolfgang Wülff, der sich im kleinbürgerlichen Alltag der DDR eingerichtet hat und im Gegensatz zu seiner ehrgeizigen Frau Jutta eigentlich nur seine Ruhe haben möchte. Sowohl Trifonov als auch Loest schildern am Beispiel von durchschnittlich begabten, perspektivlosen und antriebsarmen Intellektuellen den realsozialistischen Alltag der sechziger und siebziger Jahre, den Rückzug von gesellschaftlichem Engagement, die daraus resultierenden Tendenzen zur Verspießerung. Beide, Trifonov in den genannten Kurzromanen und Loest in *Es geht seinen Gang*, profilieren ihre »Helden« durch Kontrastierungen mit ihren als ehrgeizig und zielstrebig charakterisierten Ehefrauen: Dmitriev (*Der Tausch*) mit Lena, Wülff (*Es geht seinen Gang*) mit Jutta, wobei Trifonovs Dmitriev allerdings als die reflektiertere und sensiblere Figur erscheint. Loest wiederum akzentuiert mit Hilfe von Ironie und Satire stärker den gesellschafts- und systemkritischen Aspekt.

Uwe Grüning

Eine überaus vielseitige Rezeption russischer Dichtung offenbart das literarische Werk des 1942 geborenen Uwe Grüning. Aufgewachsen in der DDR, zunächst ausgebildet und tätig als Fertigungstechniker, seit der Wende auch als Politiker im sächsischen Landtag aktiv, ist Grüning bereits in Familie (der Vater war Russisch-Lehrer) und Schule früh mit russischer Kultur und Literatur vertraut gemacht worden. Seit 1981 lebte er als freier Schriftsteller: als Lyriker dichterisch und persönlich Peter

Huchel verbunden und deshalb wie viele seiner Kollegen auch vom DDR-Staatssicherheitsdienst permanent überwacht, als Autor zahlreicher Prosatexte, als Nachdichter französischer und russischer Literatur sowie als Essayist. Was die schöpferische Auseinandersetzung mit russischer Literatur betrifft, so sind zunächst die Nachdichtungen und die sie begleitenden Essays zu nennen. Beides findet sich beispielhaft im Band *Afanasi Fet: Gedichte* (1990). Er enthält Nachdichtungen von Gedichten, die bei allem Bemühen um eigenes dichterisches Profil nah am Original bleiben, in Bezug auf Gedankenlyrik ebenso wie bei der Übersetzung von Naturgedichten (*Sosny*; dt. Kiefern). Ergänzt wird dies alles durch eine kenntnisreiche Einführung in Leben und Werk Fets. Erklärtes Bemühen um das russische Original offenbaren in mehr oder minder deutlicher Ausprägung auch die Übersetzungen von Gedichten Brjusovs (in *Ich ahne voraus die stolzen Schatten*, 1978), Mandel'štams (in *Hufeisenfinder*, 1975), Achmatovas (in *Poem ohne Held*, 1979) und Tjutčevs (*Fjodor Tjutschew*, 1988). Grüning überträgt formbewusst trotz metrischer Abweichungen, z.B. Brjusovs *Sonet k forme* (Sonett an die Form), bildkräftig, erkennbar an der Wiedergabe von Achmatovas *Severnye èlegii* (Nördliche Elegien), bisweilen angestrengt bei der Wahl adäquater Lexeme. Weitere Übersetzungen aus dem Russischen betreffen Texte von Kantemir, Puškin, Chlebnikov und Cvetaeva. Grüning hat sich außerdem in essayistischen Arbeiten zur russischen Literatur (Fet, Turgenev) geäußert.

Bemerkenswert als dichterische Auseinandersetzung mit russischer Literatur ist Grünings 1978 im Berliner Union-Verlag erschienener Kurzroman *Auf der Wyborger Seite*. Angezeigt durch den Titel, durch zwei einführende Zitate sowie durch zahlreiche Verweise im Text (Schümann 2005, S. 167 ff.), präsentiert sich Grünings Text als schöpferische Reaktion auf Ivan Gončarovs *Oblomov* (1859). Dieser Roman (der sich u.a. auf der »Wyborger Seite«, einem historischen Stadtteil St. Petersburgs, abspielt) gehört nicht nur zu den Klassikern der russischen Erzählprosa im 19. Jahrhundert, sondern er ist, wie Daniel Schümann umfassend und kenntnisreich nachgewiesen hat, im deutschsprachigen Raum ungewöhnlich intensiv rezipiert worden. Die komplexe Geschichte des sich der realen Lebenswelt verweigernden, inaktiven, in Trägheit, Träumen und Langeweile verharrenden Gutsbesitzers Oblomov ist seit 1868 auch in zahlreichen deutschsprachigen Übersetzungen erschienen, zuletzt 2012 in der vorzüglichen Übertragung von Vera Bischitzky. Darüber hinaus ist diese weltliterarisch einmalige Gestaltung des Nichtstuns Gegenstand zahlreicher Bearbeitungen geworden, literarischer ebenso wie solcher in den Massenmedien und in der Alltagssprache, z.B. »Oblomowerei« im Sinne von Lethargie.

Grünings Roman erzählt die letztlich unerfüllt bleibende Liebesbeziehung zwischen dem in dem kleinen Ort Glinderoda lebenden Bibliothekar Joachim Winkler zu der für einige Monate im gleichen Nest wohnhaften, aber eigentlich in der Großstadt Halle ansässigen Beate Trögis. Die ca. eineinhalb Jahre währende Beziehung scheitert vor allem deshalb, weil keiner der Partner seinen Lebensbereich zugunsten des anderen verlassen will. Die inzwischen von ihrem Mann geschiedene, als rational, aktiv und zielstrebig gezeichnete Beate vergleicht Joachims Welt mit der hübschen, engen Welt eines Domturmes, charakterisiert diese in Anspielung auf den *Oblomov* als Joachims »Wyborger Seite«, als eine Insel, auf der sie nicht leben will. Demgegenüber erscheint Joachim, der Herr der Bücher, als sensibler, reflektierter Intellektueller, der das Leben lieber durch sich hindurchrinnen lassen möchte, als es selbst zu gestalten; Grüning charakterisiert seinen Antihelden als eine von Träumen, Reflexionen und Erinnerungen umsponnene Figur, deren Leben und Lieben bei aller Intensität ohne Zukunft ist. Gleichwohl ist er kein Oblomov, kein Apathiker, der, abhold jeder Bewegung, in einem absoluten Nichtstun verharrt, sondern ein »Inselmensch«, der sich, geistig und körperlich beweglich, durchaus als handlungsfähiges und handlungswilliges Individuum versteht, dies aber nur in einem abgegrenzten, ihm die innere Freiheit garantierenden Raum. Zwar wird er mehrfach mit der Figur Gončarovs gleichgesetzt, doch das geschieht bezeichnender Weise nicht durch den Erzähler, sondern durch Beate (»Dreimal, 3x lieber Oblomow«), die auf diese Weise zu erkennen gibt, dass sie keinen Zugang zu der vielschichtigen, differenzierten Persönlichkeitsstruktur ihres Geliebten gefunden hat, der in vielem an die von Jurij Trifonov gestalteten Intellektuellen erinnert. Von daher ist Grünings Kurzroman, trotz der zahlreichen Bezugnahmen, keine Bearbeitung des Gončarovschen *Oblomov*. Das gilt auch für den Plot und die Figurenkonstellation; die den *Oblomov* prägende Konstellation Oblomov – Ol'ga – Stol'c ist in keinerlei Weise mit der in Grünings Roman, also Joachim – Beate – Harald (Beates Mann), vergleichbar. Das gilt für die Charakterisierung der genannten Personen ebenso wie für die betreffenden Beziehungen. Die Inspruchnahme des *Oblomov* erscheint vielmehr dadurch begründet, dass so, gerade auch durch die Kontraste zur russischen Vorlage, das moderne erzählerische Profil dieser Liebesgeschichte im Sozialismus geschärft werden sollte.

9 Dichterische und essayistische Rezeption russischer und sowjetischer Literatur nach 1945 in den deutschsprachigen Ländern westlich des »Eisernen Vorhangs«

9.1 Historische Kontexte

Mit der bedingungslosen Kapitulation der deutschen Wehrmacht am 8.5.1945 gab es kein einheitliches deutsches Staatsgebilde mehr. Die Westzonen entwickelten unter westlichem, insbesondre amerikanischem Einfluss ein eigenes Profil, die sowjetische Besatzungszone musste sich gezwungenermaßen an der Sowjetunion orientieren. Erster Höhepunkt des Auseinanderdriftens von Ost- und Westzonen war bekanntlich die Gründung von zwei deutschen Staaten im Jahre 1949. Die repressive Politik der Sowjetunion in Ostmitteleuropa und in der DDR, der Koreakrieg 1950–1953 und die Niederschlagung des Juniaufstandes 1953 in der DDR verstärkten einen bereits bestehenden Antikommunismus und die damit verbundenen Vorbehalte gegenüber der Sowjetunion. Bedingt durch diese Entwicklung, verschärft durch den beginnenden Kalten Krieg, durch die Aufnahme der Bundesrepublik in die NATO, durch das Verbot der KPD 1956 u.a. konnten sich zunächst engere Beziehungen zwischen der jungen Bundesrepublik und der Sowjetunion nicht entwickeln. Zwar gab es auch im Westen nach 1945 Bestrebungen, Deutschland die Rolle als Mittler zwischen Ost und West zuzuweisen (Walter Dirks in den *Frankfurter Heften*, Hans Werner Richter in der Zeitschrift *Der Ruf*), doch war ihnen wenig Erfolg beschieden. Gute Kontakte pflegte bestenfalls die bundesdeutsche Wirtschaft über den seit 1952 bestehenden »Ost-Ausschuß der deutschen Wirtschaft«. Darüber hinaus existierten Institutionen wie die bereits erwähnte, während der zwanziger Jahre gegründete »Deutsche Gesellschaft für Osteuropakunde«. Ernst zu nehmende Annäherungen ergaben sich erst im Kontext der von Chručšev initiierten Entspannungsbemühungen im Kontext der Doktrin von der »friedlichen Koexistenz«, gipfelnd 1955 in der Aufnahme diplomatischer Beziehungen zwischen beiden Ländern und der Freilassung der letzten deutschen Kriegsgefangenen im Gefolge des Adenauer-Besuches im September 1955. Gleiches galt für die Beziehungen der Sowjetunion zu Österreich nach der Unterzeichnung des Friedensvertrages am 15.5.1955.

Substanzielle Verbesserungen brachte ab Ende der sechziger Jahre die vom Prinzip »Wandel durch Annäherung« (erstmals formuliert durch Egon Bahr, 1963) geleitete neue Ostpolitik der Bundesregierung, gipfelnd in der Unterzeichnung des Moskauer Vertrags (12.8.1970) und des Viermächteabkommens in Berlin (3.9.1971), mit denen die Normalisierung der Beziehungen zwischen der Bundesrepublik und der Sowjetunion besiegelt werden sollte. Abgesehen von einer kurzzeitigen Abkühlung zu Beginn der achtziger Jahre hat sich der Prozess der Entspannung bis zu der von Michail Gorbačev in die Wege geleiteten Perestrojka und der daraus resultierenden Vereinigung der beiden deutschen Staaten fortgesetzt.

Aufgrund der ungünstigen politischen Großwetterlage wurde die kulturelle Kontaktaufnahme und -pflege zunächst nur zögerlich betrieben. Bis 1949 lag das auch an der »re-education policy« der westlichen Alliierten, insbesondre an der amerikanischen Zensurbehörde »Information Control Division«, zu deren Aufgaben zunehmend auch die Abwehr der als kommunistisch verstanden Kultur in Osteuropa gehörte. So verbot der Militärgouverneur der amerikanischen Besatzungszone Lucius D. Clay 1949 die Verbreitung von Majakovskij-Texten. 1956 war die Sowjetunion erstmals bei der Frankfurter Buchmesse vertreten. Ein Jahr zuvor hatten dort Übersetzer aus der DDR russisch-sowjetische Literatur vorgestellt. Am 30.5.1959 kam es dann endlich zum Abschluss eines Kulturabkommens zwischen beiden Ländern, das den kulturellen Dialog erleichterte und verbesserte, die Modalitäten eines Austausches von Künstlern, Wissenschaftlern und Sportlern, von Veranstaltungen wie Ausstellungen, Kongressen etc. regelte. Gustav Gründgens konnte im Dezember 1959 erfolgreich in Moskau und Leningrad Inszenierungen von Goethes *Faust I*, Kleists *Der zerbrochene Krug* und Teile aus Schillers *Wallenstein* vorstellen; Evgenij Evtušenko (1962) und Andrej Voznesenskij (1967) machten die bundesdeutschen Leser im Rahmen von stark beachteten Lesereisen mit ihrer Dichtung bekannt; David Oistrach gastierte mehrfach in deutschen Konzertsälen; russische Malerei wurde in Baden-Baden (1973, 1981/1982), Köln (1980, 1986), Düsseldorf (1977, 1984/1985), Hannover (1984/1985), München (1986) und anderen Städten ausgestellt; es kam nach und nach zu gegenseitigen Besuchen westdeutscher und sowjetischer Schriftsteller.

Was die literarischen Beziehungen betrifft, so hat es im deutschsprachigen Raum außerhalb der DDR nach 1945 eine mit der DDR vergleichbare intensive und umfängliche Vermittlung russischer Literatur nicht gegeben, auch wenn von einzelnen Schriftstellern nachdrücklich auf deren Bedeutung für das deutsche und europäische Geistesleben verwiesen wurde. Beispielhaft demonstriert dies der kleine, 1945 erschienene Essay *Die großen Russen* von Rudolf Kassner (1873–1959), der noch einmal bereits früher formulierte Statements zur russischen Literatur zusammenfasst (heute in *Sämtliche Werke*, Bd. 9, 1990). Kassner, der auch als Übersetzer von Puškin, Gogol' und Dostoevskij sowie als Verfasser eines Gogol'-Essays hervorgetreten ist (in *Essays*, 1923), bezeichnet das Aufkommen der russischen Literatur gegen Ende des 19. Jahrhunderts als das »bedeutendste Ereignis im Rahmen des geistigen Lebens innerhalb des vorigen Jahrhunderts«, weil sie von Maß und Ratio geprägte literarische Traditionen des Westens mit dem »Magisch-Mythischen des Volkslebens« verbunden habe, was zu einer vor allem durch Gogol' und Dostoevskij repräsentierten spezifischen Vermischung des Phantastischen mit dem Realen geführt habe. Literaturgeschichtlich wirksam waren solche der Geistesgeschichte des frühen 20. Jahrhunderts verpflichtete Äußerungen allerdings nicht. Wenn eine junge deutschsprachige Schriftstellergeneration westlich des »Eisernen Vorhangs« nach 1945 im Ausland nach Orientierung suchte, dann geschah das bei Repräsentanten des französischen Existenzialismus wie Albert Camus oder Jean-Paul Sartre, bei Autoren wie Jean Giraudoux, Samuel Beckett, Thornton Wilder, Ernest Hemingway, T. S. Eliot u. a. Präsent war russische und sowjetische Literatur zunächst vor allem im kulturpolitischen Bereich. Das lag u. a. daran, dass ihr in der deutschen Öffentlichkeit einmal mehr die Rolle der dominanten Informationsvermittlerin über alles Russische zugewiesen wurde, dass man literarische Texte als kulturelle, ja sogar politische Dokumente verstehen wollte. Russische und sowjetische Literatur wurde sowohl in speziellen Zeitschriften wie *Ost-Probleme* oder *Osteuropa* als auch in den Feuilletons von Zeitungen und Zeitschriften vorgestellt, in angemessenem Umfang allerdings erst seit Beginn der sechziger Jahre. Nicht selten wurden die literarischen Texte dominant unter historischen und politischen Gesichtspunkten kontrovers diskutiert. Letzteres betraf z. B. die 1962/1965 bei Kindler erschienene zweibändige Autobiographie *Menschen Jahre Leben* von Ėrenburg. Dieser galt wegen eines angeblichen, 1945 ergangenen Aufrufes an sowjetische Soldaten, deutsche Frauen zu vergewaltigen, als radikaler Deutschenhasser, was bei den Rezensionen insbesondere in konservativen Blättern eine wichtige Rolle spielte. Ebenfalls von politischen Interessen und Perspektiven geprägt war die intensive Diskussion über die bereits erwähnten, im Westen vor allem als Systemkritik verstandenen Romane *Tauwetter* von Ėrenburg sowie *Der Mensch lebt nicht vom Brot allein* von Vladimir Dudincev (1918–1998) und *Doktor Živago* von Boris Pasternak; die politisch gefärbten Diskussionen über letzteren entzündeten sich natürlich auch an der restriktiven Haltung der sowjetischen Regierung gegenüber Pasternak nach der Verleihung des Nobelpreises. Erst in diesem Kontext ist der Lyriker Pasternak wahrgenommen worden. Diese von politischen und ideologischen Interessen geleitete Rezeption, an der sich auch in der Bundesrepublik lebende Exilanten wie Vladimir Vojnovič beteiligten, hat einige Jahre später auch die Auseinandersetzung mit Autoren wie Andrej Sinjavskij (Pseud. Abram Terc), Julij Daniel', Aleksandr Solženicyn, Iosif Brodskij und Lev Kopelev beeinflusst. Nicht frei von politischen Interessen waren natürlich auch die Vermittlungsbemühungen kommunistischer bzw. links orientierter Publikationsorgane wie des *Russischen Digest* (1958–1961).

Das von politischen Feindbildern und überkommenen Vorurteilen gleichermaßen beeinflusste Rezeptionsverhalten hat bis in die sechziger Jahre einen umfassenden und differenzierten Dialog zwischen beiden Literaturen beeinträchtigt. Das gilt für die Rezeption der modernen russischen Literatur in der BRD ebenso wie die der bundesdeutschen in der Sowjetunion. Dabei haben allerdings Repräsentanten der sowjetischen Literatur und Kritik entschieden früher damit begonnen, sich mit den Arbeiten ihrer bundesdeutschen Kollegen auseinanderzusetzen als umgekehrt. Spätestens seit Ende der fünfziger Jahre ist sowohl in offiziellen Organen wie der *Literaturnaja gazeta* (Literaturzeitung) als auch in liberaleren Zeitschriften wie *Novyj mir* (Neue Welt) und *Inostrannaja literatura* (Ausländische Literatur) das Bemühen erkennbar, den sowjetischen Leser über Tendenzen, Autoren (z.B. Heinrich Böll) und Gruppierungen (z.B. die »Gruppe 47«) umfassend zu informieren. Erheblich reduzierter ist während der ersten eineinhalb Jahrzehnte nach 1945 das Interesse deutscher Literaten an der modernen sowjetischen Literatur. Russische und sowjetische Literatur spielt im literarischen Leben der BRD bis Mitte der sechziger Jahre eine marginale Rolle. Beispielhaft demonstrieren dies zwei meinungsbildende Zeitschriften: der ab 1947 erscheinende *Merkur* und die *Akzente* (seit 1954). *Merkur. Deutsche Zeitschrift für europäisches Denken* wird dem im Titel formulierten Anspruch auf Vermittlung europäischer Kultur bis Ende der fünfziger Jahre nur in Bezug auf die romanische und angelsächsische Literatur gerecht. Abgesehen von zwei Publikationen weniger Esenin-Gedichte und einem kurzen Essay von Vjačeslav Ivanov sind russische Dichter während dieses Zeitraumes in der Zeitschrift nicht präsent. Bezeichnend für diese Tendenz ist die von Curt Hohoff 1961 in der gleichen Zeitschrift (u.d.T. *Das russische Schlüsselloch*) aufgestellte Behauptung, das »russische Haus, literarisch eins der reichsten des 19. Jahrhunderts«, sei »seit vierzig Jahren verschlossen«. Ein ähnliches Bild ergibt sich zunächst bei den *Akzenten*. Russische Literatur wird erstmals 1958 (Esenin), etwas ausführlicher 1960 publiziert (jeweils ein Gedicht von Nikolaj Gumilev, Nikolaj Tichonov, Evgenij Abrosimov und Aleksej Lebedev sowie die Liebesbriefe von Majakovskij an Lilja Brik). Erst mit Beginn des 10. Jahrgangs erscheinen russische literarische Texte, zwar immer noch in geringer Zahl, aber mit einer gewissen Regelmäßigkeit. Andererseits sind es gerade diese *Akzente*, die dann aber 1974 auf knapp 100 Seiten umfassend über die Rezeption russischer und sowjetischer Literatur in der BRD zu informieren versuchen. Godehard Schramm, Heddy Pross-Weerth, Alexander Kaempfe, Helen von Ssachno, Hans-Joachim Schlegel und Hans-Jürgen Schmitt berichten hier aus unterschiedlicher Perspektive über Probleme, die insbesondre die Vermittlung sowjetischer Literatur erschweren, also über die Auswahl bestimmende politische Vorurteile und unausrottbare negative Images, über mangelnde Sachkenntnis in Verlagen und bei Rezensenten, sprechen in diesem Zusammenhang sogar von verdeckter Zensur. Darüber hinaus sind die Genannten auch bemüht, das westdeutsche Publikum mit Besonderheiten des literarischen Lebens in der Sowjetunion bekannt zu machen, mit Verlagen, Literaturzeitschriften, über das für westdeutsche Verhältnisse überaus große Interesse sowjetischer Bürger an Lyrik etc. Neben einigen Übersetzungen enthält der Band eine knapp drei Seiten umfassende Bibliographie der in westdeutschen Verlagen erschienenen Sowjetliteratur. Dokumentiert wird dieser Sachverhalt auch durch den am 11.3.1977 in der *Zeit* veröffentlichten *Öffentlichen Brief an einen sowjetischen Schriftsteller, das Überholte betreffend* von Alfred Andersch. In dem an Konstantin Simonov gerichteten Schreiben bekennt Andersch eine gewisse Distanz zur Sowjetliteratur, führt dies aber auf eine Editionspraxis zurück, welche während der fünfziger und frühen sechziger Jahre die Sowjetliteratur aus politischen Gründen bewusst vernachlässigt und sich vornehmlich auf Dissidentenliteratur beschränkt habe. Anderschs Ausführungen sind engagiert diskutiert worden, u.a. von Heinrich Böll und von dem Slavisten Wolfgang Kasack, der nachdrücklich die seiner Ansicht nach einseitige und fehlerhafte Argumentation kritisiert hat. Die von Andersch und anderen vermerkte Zurückhaltung betraf allerdings nicht die russischen Klassiker. Erwähnenswert in Bezug auf die Dostoevskij-Rezeption deutschsprachiger und französischer Schriftsteller (Heinrich Böll, Siegfried Lenz, André Malraux und Hans Erich Nossack) ist u.a. eine von Manès Sperber für ein am 12.11.1971 gesendetes Radioprogramm verantwortete Befragung zum Thema *Dostojewskij – heute?* (der Fragebogen, die Debatte dazu sowie ein biographischer Essay abgedruckt in *Wir und Dostojewskij*, 1972). Der dreiseitige Fragenkatalog betrifft Leseerfahrungen, die Einschätzung Dostoevskijs als Schriftsteller, Religionsphilosoph, Psychologe und Politiker, Aspekte der eigenen schöpferischen Rezeption von Werken Dostoevskijs und der Modernität von Themen und Romanfiguren.

Nicht zu vergessen in diesem Zusammenhang ist der Bereich des Theaters; insbesondre Gogol', Čechov und Gor'kij gehörten regelmäßig zum Repertoire deutschsprachiger Bühnen, beispielhaft repräsentiert u.a. durch durch Rudolf Noeltes Čechov-Inszenierungen ab den sechziger Jahren sowie durch Botho Strauß' dramaturgische Bearbeitung von Gor'kijs *Sommergästen* (für Peter Stein und die Schaubühne, Berlin 1975). Spätestens mit der erwähnten, in den späten sechziger Jahren eingeleiteten politischen Öffnung nach Osten sind auch die kulturellen Kontakte intensiviert worden, publizistisch vorbereitet z.B. durch die Tätigkeit von Publizisten und Literaturkritikern wie Klaus Mehnert, Jürgen Rühle, Helen von Ssachno u.a. In diesem Kontext hat die moderne sowjetische Literatur, vertreten durch Kazakov, Evtušenko, Dudincev, Tvardovskij, Voznesenskij, Rasputin, Trifonov, Ajtmatov, Solženicyn, Sinjavskij/Terc, Granin, Jurij Nagibin u.a., seit Ende der sechziger Jahre immer größere Akzeptanz erfahren. Diese und andere Autoren erreichen nun auch in der BRD ein größeres Publikum, werden vermehrt übersetzt, erscheinen in Einzelausgaben, mehrbändigen Editionen, Anthologien und Zeitschriften, u.a. im *Kürbiskern*, wo 1973 auf ca. 100 Seiten sowjetische Lyrik, Prosa und darauf bezogene Literaturkritik veröffentlicht wurde. Zugleich wird die russische und sowjetische Literatur Gegenstand höchst anspruchsvoller schöpferischer Rezeptionen durch Schriftsteller wie Paul Celan, Ingeborg Bachmann, Heinrich Böll, Thomas Bernhard, Christoph Meckel, Horst Bienek u.a.

9.2 Vermittler

Verlage

Im Gegensatz zu SBZ und DDR waren es in der Bundesrepublik private Verlage, die auf unterschiedliche Weise die Verbreitung der russischen Dichtung beförderten. Der Umfang und die Vielfalt dieser Editionspraxis ist hier im Einzelnen nicht darstellbar; dokumentiert ist sie vor allem in der erwähnten Bibliographie von Friedrich Hübner sowie in den verdienstvollen Übersichten von Wolfang Kasack in der Zeitschrift *Osteuropa* sowie in *Russische Literatur des 20. Jahrhunderts in deutscher Sprache*, Bd. 1: 350 Kurzrezensionen von Übersetzungen 1976–1984 (1985), Bd. 2: 450 Kurzrezensionen von Übersetzungen 1984–1990 (1991). Kasacks Rezensionen vermitteln trotz bisweilen umstrittener Wertungen einen zuverlässigen und differenzierten Überblick über die im deutschsprachigen Raum außerhalb der DDR edierten Bücher und Anthologien. Aufgrund seiner vielfältigen Funktionen als regierungsamtlicher Dolmetscher (u.a. beim Adenauer-Besuch in Moskau 1955), als Übersetzer, Literaturkritiker und Hochschullehrer für Slavistik in Köln sowie durch seine guten Beziehungen zu Verlagen darf er als einer der wichtigsten Vermittler russischsprachiger Literatur in der BRD gelten.

In den ersten Nachkriegsjahren konzentrierten sich Verlage und Leser eher auf Bekanntes, insbesondre auf die Erzählprosa des 19. und frühen 20. Jahrhunderts. Dementsprechend finden sich nicht selten alte Images reproduzierende Bewertungen russischer Literatur, selbst dort, wo man sie nicht erwartet. So charakterisiert Ekkehard Jäkel 1956 im Vorwort zur Anthologie *Russische Meistererzählungen von Karamsin bis Gorkj* die russische Dichtung als »enthüllende und anklagende Literatur, die kaum reines Ästhetentum kennt«, ignoriert also ein Künstlertum, das im 19. Jahrhundert von Autoren wie Baratynskij, Majkov, Fet oder Aleksej Konstantinovič Tolstoj, im frühen 20. Jahrhundert durch Repräsentanten des Symbolismus, Akmeismus und Futurismus vielgestaltig und zahlreich vertreten wurde. Selbst profilierte Kenner verzichten nicht auf solche die Kategorien Fremdheit und Exotik bemühenden Stereotype, so charakterisiert Johannes von Guenther noch in der 1960 erschienenen Anthologie *Heilig-unheiliges Rußland* die russische Literatur als zentrales Medium der Annäherung an eines der unbekanntesten Länder der Welt. Gegenstand eines weiterhin lebhaften, nicht nur bei Literaten erkennbaren Interesses ist weiterhin Dostoevskij, dem bedeutende Arbeiten gewidmet sind, philosophische (Reinhard Lauth: »*Ich habe die Wahrheit gesehen*«. *Die Philosophie Dostojewskijs in systematischer Darstellung*, 1950), psychologische (Alois Dempf: *Die drei Laster. Dostojewskis Tiefenpsychologie*, 1946), theologische (Martin Doerne: *Gott und Mensch in Dostoewskijs Werk*, 1957) oder literaturwissenschaftlich-geistesgeschichtliche (Walter Rehm: *Jean Paul – Dostojewski. Eine Studie zur dichterischen Gestaltung des Unglaubens*, 1962). Was die Übersetzungen betrifft, so waren es anfangs neben Dostoevskij vor allem die Klassiker wie Puškin, Gogol', Turgenev, Tolstoj, Čechov (u.a. die im Desch-Verlag 1958 erschienene Čechov-Auswahlausgabe), so erschienen seit Ende der fünfziger Jahre sowohl Lyrik- als auch Prosaübersetzungen von Autoren des frühen 20. Jahrhunderts, z.B. in der von Johannes von Guenther edierten Anthologie *Neue russische Lyrik* (1960), Mandel'štams Lyrik (in der Übertragung von Paul Celan, v.a. in Ossip Mandelstamm: *Gedichte*, 1959), Übertragungen von Gedichten Esenins durch Karl Dedecius (*Gedichte*, 1961), sowie Neuausgaben älterer Übersetzungen von Alexander Eliasberg (Aleksej Remizov: *Das knöcherne Schloß und andere Erzählungen*, 1965; Fedor Sologub: *Meisternovellen*, 1960). Bedeutsam in diesem Kontext ist das 1964 von Hans Magnus Enzensberger herausgegebene *Museum der modernen Poesie*, das Übersetzungen von Esenin, Clebnikov, Majakovskij, Mandel'štam und Pasternak enthält. Spätestens seit den sechziger Jahren wurden vermehrt auch Werke sowjetischer Autoren Gegenstand vielgestaltiger Übersetzungsbemühungen, solche von eher dem Sozialistischen Realismus nahestehenden wie Fadeev, Simonov, Nikolaj Ostrovskij ebenso wie Texte von Trifonov, Tendrjakov, Rasputin, Ajtmatov, Okudžava, Lyrik von Evtušenko, Voznesenskij u.a. (Hübner 2012, S. 306ff.). Darüber hinaus erschien sowjetische Unterhaltungsliteratur in Gestalt von Kriminalgeschichten, z.B. von Edvard Topol/ Fridrich Neznanskij (*Krasnaja ploščad'/Roter Platz*, *Žurnalist dlja Brežneva ili smertel'nye igry*, dt. u.d.T. *Geschäfte in Baku*, beide dt. 1983) und Arkadij Adamov (*Idet rozysk/Fahndung läuft*, dt. 1987) sowie Science-Fiction-Romanen (Texte von Arkadij und Boris Strugackij, Konstantin Ziolkovskij). Außerdem wurde Memoirenliteratur in großer Zahl veröffentlicht, u.a. von Viktor Šklovskij, Konstatin Paustovskij, Iosif Brodskij, Galina Višnevskaja (Sängerin am Bol'šoj teatr und Gattin des Cellisten Mstislav Rostropovič).

Erstaunlich zahlreich ist nach 1960 russische und sowjetische Kinderliteratur in Übersetzungen publiziert worden, sowohl in Einzelbänden (Kornej Čukovksij, Evgenij Čarušin, Nikolaj Dubov, Samuil Maršak, Leonid Panteleev u.a.) als auch in Sammelbänden. Zahlreiche Bände und Anthologien (z.B. *Das Regenbogentor. Volkstümliche russische Kinderreime*, 1973) sind von Hans Baumann übersetzt und herausgegeben worden, einem wichtigen, wegen seiner NS-Vergangenheit aber auch umstrittenen Vermittler russischer Kinderliteratur im deutschsprachigen Raum. Im Einzelnen hier nicht darstellbar sind die zahlreichen Aufführungen russischer Dramen (Puškin, Čechov, Aleksandr Ostrovskij, Viktor Slavkin, Evgenij Švarc, Aleksandr Vvedenskij, Ljudmila Petruševskaja, Vladimir Gubarev) und die dramaturgischen Bearbeitungen bedeutender Prosatexte (u.a. Dostoevskijs *Verbrechen und Strafe* oder Tolstojs *Kreutzersonate*).

Repräsentiert wurden Breite und Vielfalt der russischen Literatur auch durch zahlreiche Anthologien. Zu nennen sind u.a. die 1963 von Hermann Kesten herausgegebene zweibändige Anthologie *Europa heute. Prosa und Poesie seit 1945*, der Band *Gemordete Literatur. Dichter der russischen Revolution* (hg. v. Milo Dor und Reinhard Federmann, 1963), *Russische Erzähler von 1800 bis zur Gegenwart* (hg. v. Johannes von Guenther, 1967), *Phönix. Junge Lyrik aus dem anderen Rußland* (hg. v. Elimar Schubbe, 1964), die 1972 erschienene Sammlung *Russische Prosa heute* (hg. v. Helen von Ssachno mit Texten von Belov, Šukšin, Trifonov u.a., die zweibändige Sammlung *Russische Erzählungen* (hg. v. Evelies Schmidt und Bodo Zelinsky, 1988), die von Efim Ėtkind herausgegebene *Russische Lyrik. Gedichte aus drei Jahrhunderten* (1981), *Russische Lyrik. Von den Anfängen bis zur Gegenwart. Russisch und deutsch* (hg. v. Kay Borowsky und Ludolf Müller, 1983). Dazu kommen zahlreiche themenorientierte Anthologien wie *So lacht das Krokodil. Satirisches Rußland* (hg. v. Erich Müller-Kamp,1979; Neuauflage von *So lacht Rußland. Humor und Satire*, 1960), *Russische Kinder. Eine Anthologie* (hg. v. Ilma Rakusa und Hugo Schmid, 1979), *Tod per Zeitungsannonce und andere phantastische Erzählungen aus Rußland* (hg. v. Elisabeth Cheauré, 1983), *Meinst Du, die Russen wollen Krieg? Sowjetische Schriftsteller über Krieg und Frieden* (hg. v. Čingiz Ajtmatov, 1985). Erwähnenswert in diesem Kontext ist auch der Münchener Damnitz-Verlag, der im Rahmen der *Kleinen Arbeiterbibliothek* in den siebziger und frühen achtziger Jahren eine Reihe von Anthologien russischer Erzählprosa herausgegeben hat, sowie die vom Institut für Slawistik der Universität Salzburg herausgegeben Reihe *NRL Neue Russische Literatur* (1978–1983). Viele dieser Anthologien waren Lizenzausgaben von in der DDR erschienenen Editionen. Vermittelt wurde russische Literatur, insbesondre die des 20. Jahrhunderts, seit den siebziger Jahren vermehrt auch durch Zeitschriften. Zu nennen in diesem Zusammenhang sind u.a. eine Sammlung moderner russischer Prosa in *Akzente* (1988) und Publikationen in der deutschsprachigen Ausgabe der in Paris beheimateten Exilzeitschrift *Kontinent* (Untertitel: *Unabhängiges Forum russischer und osteuropäischer Autoren*, 1974–1989), in der regelmäßig zeitgenössische Belletristik, insbesondre von in der Sowjetunion unerwünschten Autoren erschien (u.a. von Nikolaj Gumilev, Aleksandr Vampilov, Vladimir Vojnovič, Vladimir Maksimov, Iosif Brodskij). Das Erscheinen von *Kontinent* hat eine intensive und kontroverse kulturpolitische Diskussion ausgelöst, an der auch eine Reihe deutscher Schriftsteller beteiligt war, u.a. Böll und Grass.

Diese umfängliche und vielfältige Editionspraxis hat dazu geführt, dass nach 1960 schließlich auch außerhalb der DDR ein breiteres Spektrum russischsprachiger Literatur vom frühen 19. bis zum Ende des 20. Jahrhunderts umfassend und repräsentativ in deutschen Übersetzungen zugänglich gemacht worden ist; es gibt kaum einen bedeutenden Autor, der nicht berücksichtigt worden wäre. Die Zahl der übersetzten Werke lag lange Zeit mehr oder weniger konstant zwischen sechzig und siebzig Veröffentlichungen pro Jahr, hat aber Ende der achtziger Jahre nochmals zugenommen. Neben Einzelbänden hat es auch immer wieder mehrbändige Werkausgaben gegeben, z.B. die auf zwanzig Bände angelegte Marburger Makarenko-Ausgabe (8 Bde. seit 1976), Mandel'štams *Gesamtwerk in 10 Bänden* im Amman-Verlag (Übersetzer: Ralph Dutli), die vierbändige Belyj-Edition des Insel-Verlages (1987), die auf dreiundzwanzig Bände angelegte Nabokov-Werkausgabe (Rowohlt, 22 Bde. seit 1989), die dreibändige Cvetaeva-Edition (Hanser in Lizenz v. Volk und Welt, 1989). Zu erwähnen in diesem Zusammenhang sind auch die verlegerischen Aktivitäten im Rahmen des sog. »Tamizdat« (Dortverlag), also die im Westen erfolgte Edition von in der Sowjetunion verbotener Literatur.

Ein erfreuliches Beispiel für deutsch-deutsch-russische Kooperation im kulturellen Bereich war die lizenzierte Übernahme von in der DDR publizierten Übersetzungen. Das betraf häufig dem Sozialistischen Realismus verpflichtete Werke zur Geschichte der Sowjetunion oder zum Zweiten Weltkrieg wie Dmitrij Furmanovs *Čapaev* (Damnitz in Lizenz v. Volk und Welt, 1978), Aleksandr Fadeevs *Razgrom* (Die Neunzehn; Röderberg in Lizenz v. Volk und Welt, 1977), aber auch Ausgaben von Gor'kij, Blok, Zoščenko, Jurij Tynjanov, der Brüder Strugackij (Science-Fiction), Arkadij Adamov (Kriminalliteratur).

Was die Rezeption russischer und sowjetischer Literatur in der BRD, Österreich und der Schweiz gegenüber derjenigen in der DDR besonders auszeichnete, war die Berücksichtigung von exilierten bzw. von lange Zeit in der Sowjetunion tabuisierten Autoren wie Nabokov, Pasternak, Solženicyn, Maksimov, Sinjavskij, Brodskij oder Bulgakov. Sie sind bis in die Gegenwart immer wieder neu verlegt und z.T. mehrfach übersetzt worden, gehören also zum festen Bestand der deutschsprachigen Verlage.

Wie erwähnt, lagen die Initiativen zur Verbreitung russischer und sowjetischer Literatur im Westen in hohem Maße bei privaten Verlagen. Bereits vor dem Zweiten Weltkrieg hierbei führende Verlage wie Beck, Piper, Rowohlt erweiterten nach 1945 ein bereits vorhandenes Verlagsprogramm durch die Aufnahme moderner sowjetrussischer Literatur, dem weitere wie der List-Vverlag, Goldmann, Possev, Ellermann (mit seiner *Kleinen russischen Bibliothek*) und Reclam Stuttgart folgten. Exil- und Dissidentenliteratur erschien vor allem bei Piper, Ullstein, Hanser und Diogenes. Zu nennen sind außerdem eine Reihe von kleineren, vor allem nach 1970 aktiven Verlagen. Beispiele dafür, dass auch kleinere Verlage bei der Vermittlung russischer Literatur eine wichtige Rolle spielen können, sind der Oberbaum-Verlag, der Ammann-Verlag und die Friedenauer Presse. Letztere hat sich neben Klassikern wie Puškin vor allem um die Verbreitung von Werken der klassischen Moderne (Cvetaeva) und der Avantgarde (Chlebnikov, Kručenych, Vvedenskij) verdient gemacht. Besonders zu würdigen in diesem Zusammenhang ist der Ammann-Verlag mit der großen, von Ralph Dutli betreuten Mandel'štam-Ausgabe und der Edition der sechs von Swetlana Geier übersetzten Romane Dostoevskijs (1994–2009: *Verbrechen und Strafe*; *Idiot*; *Böse Geister*/Besy; *Die Brüder Karamasov*; *Ein grüner Junge*/Podrostok; *Der Spieler*). In Österreich und in der Schweiz gab es während der ersten zwei Jahrzehnte nach 1945 nur marginale Editionsversuche, u.a. in den der österreichischen KP nahestehenden Verlagen Globus und Die Brücke; in der Schweiz war die Büchergilde Gutenberg aktiv, danach vor allem der erwähnte Ammann-Verlag und Diogenes.

Gesondert zu nennen in diesem Zusammenhang ist der als Herausgeber des *Museums für moderne Poesie* bereits genannte Hans Magnus Enzensberger. Als Mitherausgeber des Greno-Verlages und der Anderen Bibliothek hat er zahlreiche weniger bekannte russische Autoren und Werke in vorzüglicher Ausstattung ediert und z.T. mit kenntnisreichen Vor- bzw. Nachworten begleitet. Das betrifft Texte von Babel', Gercen, Pilnjak, Ivanov und vor allem die für die russische Geistesgeschichte des frühen 20. Jahrhunderts ungemein wichtige, 1909 erschienene Aufsatzsammlung *Vechi* (Wegzeichen). Darüber hinaus hat sich Enzensberger im Rahmen von Dramenbearbeitungen (zu Aleksandr Suchovo-Kobylins *Tarelkins Tod* und zu Texten Gercens), Rezensionen (zu Nabokov, Šklovskij) und Artikeln (u.a. über Lilja Brik mit russischer Literatur auseinandergesetzt.

Bedeutende russische Vermittler: Fedor Stepun und Lev Kopelev

Ein während der ersten zwei Jahrzehnte nach dem Zweiten Weltkrieg in der Bundesrepublik hoch angesehener Vermittler russischer Literatur und Geistesgeschichte war Fedor Stepun (1884–1965). Im Verlauf seines bewegten Lebens war dieser russische Emigrant sowohl in Russland als auch in Deutschland an verschiedenen Orten in unterschiedlichen Funktionen tätig. Der in Russland aufgewachsene Stepun unterhielt zu Beginn des 20. Jahrhunderts enge Beziehungen zu russischen Symbolisten, promovierte 1910 in Heidelberg über *Die Geschichtsphilosophie Wladimir Solowjews*, war nach der Februarrevolution 1917 Mitglied der Kerenskij-Regierung und wurde von den Bolschewiken 1922 mit 150 anderen Intellektuellen auf einem der sog. »Philosophendampfer« nach Deutschland verfrachtet. Dort lehrte er bis Mitte der dreißiger Jahre an der TU Dresden, wurde 1937 von den Nazis entlassen; bereits 1933 war er mit einem Schreibverbot belegt worden. Nach dem Zweiten Weltkrieg lehrte er an der Universität München russische Geistesgeschichte.

Stepun war ein hervorragender Kenner der deutschen und russischen Literatur und Geistesgeschichte und hat beide Bereiche in zahlreichen Schriften miteinander verglichen. In diesem Kontext war er bemüht, Russland als integralen Bestandteil des geistigen und kulturellen Europa darzustellen und begründete dies u.a. mit den deutsch-russischen Gemeinsamkeiten auf diesem Gebiet. Er hat den Deutschen vor allem Tolstoj, Dostoevskij, die russischen Symbolisten und die Philosophie Vladimir Solov'evs nahezubringen versucht (*Dostojewskij und Tolstoj. Christentum und soziale Revolution*, 1961; *Mystische Weltschau. Fünf Gestalten des russischen Symbolismus: Solowjew, Berdjajew, Iwanow, Belyj, Blok*, 1964). Darüber hinaus war Stepun ein scharfsinniger Analytiker der ideologischen und politischen Auseinandersetzungen, die in beiden Ländern zu Diktaturen geführt haben (*Der Bolschewismus und die christliche Existenz* 1959 u.a.).

Besonders große Verdienste bei der Vermittlung russischer Literatur in Deutschland und deutscher Literatur in Russland hat sich der Übersetzer, Germanist und

Publizist Lev Kopelev (1912–1997) erworben. Geboren 1912 in Kiev, war Kopelev in der Vorkriegszeit überzeugter Anhänger der stalinistisch geprägten Sowjetunion, agitierte während des Zweiten Weltkriegs nicht zuletzt aufgrund seiner vorzüglichen Deutschkenntnisse als Propagandaoffizier, protestierte aber nach dem Einmarsch der Roten Armee in Deutschland gegen die brutale Behandlung der deutschen Zivilbevölkerung, festgehalten in der beeindruckenden Dokumentation *Chranit' večno* (dt. u.d.T. *Aufbewahren für alle Zeit*, 1976); diese Formulierung »schmückte« die Strafakten der zu Lagerhaft Verurteilten, u.a. auch die Horst Bieneks. Die Folge von Kopelevs humanitärem Engagement waren zehn Jahre Haft im Arbeitslager. Dort machte er u.a. die Bekanntschaft mit Solženicyn, der ihm in seinem Roman *V kruge pervom* (1968; dt. u.d.T. *Im ersten Kreis der Hölle*) in der Gestalt des Lev Rubin ein literarisches Denkmal gesetzt hat; spätestens seit Beginn der achtziger Jahre hat Kopelev Solženicyn aufgrund von dessen nationalkonservativen Positionen allerdings sehr kritisch gesehen. Nach der Entlassung im Jahre 1954 war Kopelev in der Sowjetunion als Germanist und Publizist tätig (er veröffentlichte während dieser Zeit u.a. Arbeiten zur Geschichte des deutschsprachigen Theaters). In diesem Zusammenhang ist es zu zahlreichen Begegnungen mit deutschen Schriftstellern gekommen, u.a. mit Anna Seghers, Christa Wolf, Erwin Strittmatter und dem von ihm hochverehrten Heinrich Böll; von letzterem zeugt u.a. der 2011 erschienene Briefwechsel zwischen beiden. Sein mutiges Eintreten für Andersdenkende, für Dialog und Aussöhnung, für Dissidenten wie Andrej Sacharov ließ ihn schließlich ab 1968 in der Sowjetunion zur persona non grata werden (1968 Parteiausschluss, 1977 Publikationsverbot); das gilt übrigens auch für DDR-Kollegen wie Strittmatter, der ihn in Tagebuchnotizen (September/Oktober 1967, November 1969) recht abschätzig und herablassend beurteilt, ihm u.a. vorwirft, »täppisch und dumm [...] den Elogen westdeutscher Literaten« wie Weiss, Enzensberger oder Böll zu glauben (in *Nachrichten aus meinem Leben. Aus den Tagebüchern 1954–1973*, 2012). 1981 wurden er und seine Frau Raissa Orlova in die Bundesrepublik ausgebürgert. Dort lebte er zunächst für einige Zeit in Göttingen, wo er an der dortigen Universität im Sommersemester 1981 germanistische Lehrveranstaltungen abhielt. Danach war Köln bis zum Tod sein ständiger Wohnsitz.

Kopelev war ein begeisterter und begeisternder Befürworter eines deutsch-russischen Dialogs, in Gesprächen ebenso wie in seinen Publikationen. Bei letzteren handelt es sich um germanistische Arbeiten über Brecht, Heine und Friedrich Joseph Haass, Essays über bundesdeutsche und DDR-Literatur (*Verwandt und verfremdet*, 1976) und über deutsch-russische Literaturbeziehungen (*Zwei Epochen deutsch-russischer Literaturbeziehungen*, 1973; *Deutsch-russische Beziehungen. Verständnisse und Mißverständnisse*, Vortrag, gehalten am 21.2.1984), aber auch gesellschafts- und kulturpolitische Themen (*Buduščee uže načinaetsja*, 1993; dt. Die Zukunft beginnt bereits). Verdient gemacht um die Pflege der deutsch-russischen kulturellen und literarischen Beziehungen hat er sich vor allem mit der bereits erwähnten Reihe *West-östliche Spiegelungen*, die er initiiert und mit herausgegeben hat.

Übersetzerinnen und Übersetzer

Garanten dieser vielgestaltigen Editionstätigkeit waren einmal mehr die zahlreichen Übersetzerinnen und Übersetzer. In den ersten Jahren nach Kriegsende publizierten die Verlage häufig noch Übertragungen älterer Übersetzer; das betrifft vor allem Johannes von Guenther.

Einer der vielseitigsten Vermittler war Peter Urban (1941–2013), Übersetzer, Lektor für slavische Literatur bei Suhrkamp, Mitbegründer des Verlags der Autoren, Literaturkritiker. Er hat sich neben Übertragungen von Autoren des 19. Jahrhunderts (Puškin, Gogol', Lermontov, Odoevskij, Gončarov, Turgenev, Tolstoj) vor allem als Vermittler von Čechov, Chlebnikov, Charms, Kazakov, Venedikt Erofeev, aber auch von weniger bekannten Autoren wie Leonid Dobyčin, Michail Djomin u. a. profiliert. Veranlasst von ihm wurde auch das Projekt einer Kollektivübersetzung von Chlebnikovs futuristischem Gedicht *Zakljatie smechom* (1910; dt. u.d.T. *Beschwörung durch Lachen*, in: *Werke*, Bd. 1, 1972). Ausgehend von einer Interlinearübersetzung haben Paul Celan, Otto Nebel, Oskar Pastior, Franz Mon, Gerhard Rühm, Ernst Jandl und Hans Magnus Enzensberger das Gedicht Chlebnikovs »experimentell« nachgedichtet. Zu nennen sind weiterhin der Schriftsteller und Publizist Kay Borowsky, dessen umfangreiches Übersetzungswerk von Puškin, Gogol' über Turgenev, Dostoevskij, Čechov, Achmatova bis Kazakov und Solženicyn die Entwicklung der russischen Literatur vom frühen 19. bis zum Ende des 20. Jahrhundert widerspiegelt sowie die ebenfalls als Schriftstellerin und Übersetzerin russischer Dichtung hervorgetretene Ilma Rakusa (Texte von Čechov, Cvetaeva, Prišvin, Remizov). Eine besonders profilierte Vermittlerin russischer Literatur ist Rosemarie Tietze, die Werke von Aksenov, Cvetaeva, Dostoevskij und Pasternak sowie von Andrej Bitov und Evgenij Popov u. a. übertragen hat; vielgerühmt ist ihre Übersetzung von Tolstojs *Anna Karenina* (2009). Große Anerkennung erwarb sich Rolf-Dietrich Keil mit seinen Pasternak- und Puškin-Übertragungen (*Evgenij Onegin*, 1980). Zahlreiche Übersetzungen gerade auch von hierzulande weniger bekannten Autoren des 20. Jahrhunderts hat Annelore Nitschke vorgelegt (Boris Chazanov, Il'ja Kabakov, Vladimir Makanin, Aleksandr Ikonnikov, Vasilij Grossman, Sergej Anufriev, Pavel Pepperštejn, Valerija Narbikova u. a.). Alexander Nitzberg hat russische Dichter wie Cvetaeva und Majakovskij nicht nur übersetzt, sondern diese Tätigkeit zur Grundlage einer anspruchsvollen Reimpoetik gemacht. Nicht vergessen werden sollte die Tätigkeit russlanddeutscher Übersetzer wie Georg Luft, David Schellenberg, Friedrich Bolger, Herold Belger u. a. Russische Literatur des 20. Jahrhunderts erschien seit den sechziger und siebziger Jahre außerdem in Übersetzungen von Alexander Kaempfe, Gisela Drohla, Elisabeth Markstein, Heddy Pross-Weerth, Thomas Reschke, Felix Philipp Ingold, Peter Rühmkorf, Günter Kunert, Karl Dedecius, Vera Bischitzky, Ganna-Maria Braungardt u. a.

Hervorzuheben sind zwei jeweils einem russischen Autor gewidmete Großprojekte: Svetlana Geiers Dostoevskij-Übertragungen und Ralph Dutlis Mandel'štam-Übersetzungen. Geier hat Einzelwerke von Andreev, Bunin, Kataev, Belyj, Platonov, Solženicyn und Sinjavskij übersetzt, ist aber vor allem durch ihre sprachlich präzisen, den Aspekt der Polyphonie besonders berücksichtigenden, gut lesbaren Übertragungen der großen Romane Dostoevskijs bekannt geworden. Dutli hat als erster das Gesamtwerk Mandel'štams nicht nur übersetzt, sondern auch mit kenntnisreichen literarhistorischen Arbeiten im deutschsprachigen Raum bekannt gemacht. Darüber hinaus hat er Texte von Brodskij und Cvetaeva übersetzt.

Reiseberichte

Die skizzierten schwierigen politischen Verhältnisse und der Eiserne Vorhang haben persönliche Kontakte zwischen westdeutschen und sowjetischen Schriftstellern lange Zeit erschwert, aber nicht verhindert. Autoren wie Alfred Andersch, Heinrich Böll, Günter Grass, Max Frisch, Wolfgang Koeppen und Rudolf Hagelstange haben die Sowjetunion auf Einladung des Sowjetischen Schriftstellerverbandes z.T. mehrfach besucht, anlässlich von Schriftstellerkongressen und anderen Veranstaltungen, z.B. Siegfried Lenz, Peter Härtling, Alfred Andersch und Günter Grass im Oktober 1975 als Gäste einer Tagung über Literatur und Zweiten Weltkrieg. Daraus sind neben poetischen Erinnerungen (Anderschs Gedicht *Auf dem Roten Platz*, in: *Empört euch, der Himmel ist blau. Gedichte und Nachdichtungen 1946–1977*, 1977), zumindest bei einigen, engere Beziehungen zu russischen Kolleginnen und Kollegen erwachsen, u.a. von Heinrich Böll zu Lev Kopelev und Aleksandr Solženicyn.

Dokumentiert worden sind diese Aufenthalte durch einige literarisch durchaus anspruchsvolle, in Deutschland mit großem Interesse aufgenommene Reiseberichte, z.B. durch Hagelstanges *Die Puppen in der Puppe. Eine Rußlandreise* (1963), Koeppens *Nach Rußland und anderswohin. Empfindsame Reisen* (1958), durch Luise Rinsers *Grenzübergänge. Tagebuch-Notizen* (1972), Max Frischs Tagebuch seiner Vol'gareise (anlässlich von Gor'kijs 100. Geburtstag 1968; 1972 erschienen in *Tagebuch 1966–1971*), durch die Russland-Berichte von Gabriele Wohmann u.a.

Die erwähnte anfängliche Distanz zwischen westlicher und östlicher Literaturszene und das damit verbundene Fremdeln demonstriert auf westdeutscher Seite beispielhaft Koeppens 1958 erschienenes Buch, das sich als Sammlung von Berichten über Reisen nach Spanien, Großbritannien, in die Niederlande und in die Sowjetunion präsentiert. Die während der Russlandreise gewonnenen Erfahrungen und Eindrücke sind im gut einhundert Seiten langen Essay *Herr Polevoi und sein Gast* gestaltet. Bereits der Untertitel *Empfindsame Reisen* verortet den Text in der seit Lawrence Sterne, Nikolaj Karamzin, Jean Paul u.a. gepflegten Tradition des subjektiv gefärbten Reisejournals und legitimiert so in Verbindung mit spielerisch aufgerufenen Russland-Images von Beginn an eine sprachkünstlerisch ambitionierte, die Grenzen zwischen Wirklichkeit und Fiktion nicht streng beachtende Darstellung. Koeppen war – vertreten durch Boris Polevoj – vom Sowjetischen Schriftstellerverband eingeladen worden, die Sowjetunion zu besuchen. Er fuhr mit dem Zug nach Moskau und reiste dann, begleitet von seinem Übersetzer und Aufpasser Bernardus per Schiff auf der Vol'ga über Uglič, Gor'kij, Kazan' und Saratov nach Stalingrad. Von dort ging es per Flugzeug nach Soči, Moskau und Leningrad. Im Zentrum des Berichts steht die ihm begegnende russische Lebenswelt. Koeppen beschäftigt sich in seinem Reisebericht mit Spezifika und Merkwürdigkeiten des sowjetischen Alltags wie dem Einkaufen, der Konformität des Warenangebots, dem ihn spießbürgerlich anmutenden Feiern der Russen, die ihn beeindruckende Weite des Landes. Sprachmächtig und aus gewollt subjektiver Perspektive beschreibt er die sowjetische Lebenswelt der späten fünfziger Jahre, akzentuiert immer wieder den fremden Blick auf das ihm Begegnende. Bei aller Bewunderung für die vor allem während der Vol'ga-Fahrt gesehenen technischen Aufbauleistungen zeichnet er das Bild eines in Konformismus, Fatalismus, Biederkeit, Monotonie und Müdigkeit erstarrten Landes. Das gilt auch für die Bereiche Oper und Theater. Koeppen wundert sich über die Antiquiertheit von Inszenierungen, vermisst die von Dramaturgen wie Tairov und Mejerchol'd begründete Theatertradition, bedauert mit guten Gründen die verbürgerlichenden, verharmlosenden Inszenierungen von Majakovskij-Dramen, in deren Rahmen dessen Satire zum Kabarett verkommt. Die anberaumten Gespräche mit Repräsentanten der sowjetischen Literaturszene, z.B. mit Mitarbeitern der *Literaturnaja gazeta*, erweisen sich als wenig substanziell; die Berichte darüber dokumentieren die Kluft zwischen dem westlichen Künstlerindividuum und und einer staatlich gelenkten, vom Sozialistischen Realismus dominierten Kultur. Koeppen hat allerdings auch nicht nach Möglichkeiten eines schöpferischen Dialogs mit nicht systemkonformen Kollegen gesucht; so hat er es abgelehnt, Pasternak in Peredelkino zu besuchen. Seine Reisebeschreibung vermittelt Impressionen eines als fremd empfundenen Landes, als Vermittlung zwischen russischer und deutscher Literatur erscheint sie wenig geeignet.

9.3 Schöpferische Aneignung in Dichtung und Essayistik

9.3.1 Identifikation und Dialog: Der »Russkij poėt« Paul Celan

Celans Annäherungen an die russische Literatur

Wie bereits erwähnt, ist die dichterische Rezeption russischer und sowjetischer Autoren in der deutschsprachigen Literatur außerhalb der DDR während der ersten Jahrzehnte nach dem Zweiten Weltkrieg nicht besonders ausgeprägt. Zu den großen Ausnahmen gehören Heinrich Böll, Paul Celan, Ingeborg Bachmann, Thomas Bernhard und Horst Bienek; erwähnenswert sind zudem Autoren, die sich in Einzelwerken mit russischen Autoren auseinandergesetzt haben, so Christoph Meckel, Gerhard Meier oder Christine Lavant mit Gogol' und Dostoevskij in ihren *Aufzeichnungen aus einem Irrenhaus* (posthum 2001; vgl. Bakshi 2008) u.a.

Ungewöhnlich umfänglich und intensiv ist die schöpferische Rezeption russischer Dichtung durch den ab 1948 in Paris lebenden Paul Celan (1920–1970). Es gibt nur wenige deutschsprachige Dichter, für die der Dialog mit russischer Sprache und Dichtung so folgenreich und bedeutsam war wie für diesen sein Leben lang vom Holocaust gezeichneten und doch der deutschen Sprache und Literatur so eng verbundenen jüdischen Dichter – existenziell, sprachschöpferisch, poetologisch. Das belegen Übersetzungen, Dichtungen, poetologische Essays ebenso wie Aphorismen, Reden und Briefe. Das Interesse an russischen Dichtern und Philosophen bezeugen die umfangreichen, über 500 Titel umfassenden Bestände in Celans Bibliothek (Ivanović, 1996b) von 84 Autoren. Höhe- und Schwerpunkt der Auseinandersetzung mit russischer Literatur sind die Jahre 1957 bis 1963. Danach widmet sich Celan nur noch sporadisch russischen Autoren wie Esenin, Mandel'štam, Cvetaeva und Achmatova, im Rahmen von Übersetzungen vor allem Velemir Chlebnikov. Die Beschäftigung mit der russischen Sprache und Literatur beginnt 1940, durch ausgiebige Lektüre sowie im Rahmen eines zweisemestrigen Studiums an der Universität Czernowitz, und währt, wenn auch mit unterschiedlicher Intensität, bis ans Lebensende.

Celan als Übersetzer russischer Lyrik

Grundlage dieser äußerst vielgestaltigen Rezeption sind neben der erwähnten Lektüre zahlreiche Übersetzungen. Diese waren integraler Bestandteil der schriftstellerischen Tätigkeit Celans, von ersten, u.a. Esenin, Shakespeare, Verlaine und Tudor Arghezi gewidmeten Versuchen in Czernowitz bis zu den späten Übertragungen von Emily Dickinson, Giuseppe Ungaretti, André du Bouchet, Jean Daive und Jacques Dupin während der späten sechziger Jahre in Paris.

Berücksichtigt man neben den veröffentlichten auch die vielen unveröffentlichten Übersetzungsarbeiten sowie die zahlreichen Skizzen, Entwürfe und unvollendeten Texte, dann dürfte das übersetzerische Œuvre mehr als die Hälfte des Gesamtwerkes ausmachen. Neben der Quantität beeindruckt die Spannbreite. Celan hat eine Vielzahl von Werken aus sieben Sprachen und Literaturen übertragen, fiktionale und nichtfiktionale Texte, Werke von höchster künstlerischer Dignität ebenso wie Kriminalromane, Lyrik ebenso wie Prosa und dramatische Texte, als freier Übersetzer, als Dolmetscher, als Deutschlektor an der École normale supérieure in Paris. Zielsprache war – abgesehen von den Übersetzungen ins Rumänische während der Bukarester Jahre und einigen Übersetzungen für seine Frau ins Französische – das Deutsche. Beeindruckend ist die Vielfalt der Übersetzungsverfahren, die Ausdruck eines sich mehrfach wandelnden Verständnisses von Art und Funktion des Übersetzens ist.

Celans Übersetzen entspringt einer intensiv erlebten und durchlebten Fremderfahrung, die sowohl biographisch als auch literarisch erklärbar ist. Celans Geburtsort Czernowitz war ein multikultureller Ort par excellence, ein Ort der Polyphonie, des Dialogs verschiedener Sprachen und Literaturen. Hier hat er bereits früh erfahren, dass das Andere einer Sprache, einer Kultur nicht unbedingt das Fremde, Unbekannte, Bedrohliche sein muss. Hierin ist zum Teil die seine Dichtung auszeichnende Dialogizität, sein Verständnis von Dichtung als Dialog und Begegnung begründet. Historisch und existenziell ist diese Affinität aber vor allem erklärbar durch die Celan sein Leben lang verfolgenden Ereignisse der Shoah, durch die Erfahrung von Verfolgung, Vertreibung, Exil und durch die daraus erwachsene Notwendigkeit, sich in neue Kultur- und Sprachräume zu integrieren, die Sprache als Heimat zu suchen und zu gestalten.

Eine eigene Poetik des Übersetzens entwickelt Celan während der späten fünfziger und frühen sechziger Jahre, also in der Phase, in der er am intensivsten russische Literatur übersetzt hat. Das geschieht im Rahmen einer Neubestimmung der Kunst, wie sie die Literaturpreisreden und ihnen thematisch nahestehende kunsttheoretische Texte (z.B. der am 19.3.1960 gesendete Radioessay *Die Dichtung Ossip Mandelstamms* oder die Antwort auf eine Umfrage der Librairie Flinker in Paris, 1958) formuliert haben. Ausgangspunkt dieser Neubestimmung ist die Erkenntnis, dass nach der alle historische und kulturelle Kontinuität in Frage stellenden Shoah nicht nur das Dichten, sondern auch das andere Dichtung wieder zur Sprache bringende Übersetzen kritisch befragt und auf neue Weise realisiert werden muss. Im Kontext der Relation von Vergessen und Erinnern, von Verstummen und Sprechen werden Formen und Funktionen sowohl des Dichtens als auch des Übersetzens mit Hilfe von Begriffen wie Dialog und Begegnung, Gegenwort und Entwurf neu bestimmt. Was die in Verbindung mit der sprachkünstlerischen Neuorientierung und der daraus resultierenden Abkehr von einer ›wohlklingenden‹ Sprache veränderte Übersetzungspraxis betrifft, so akzentuiert Celan auch in seinen zwischen 1958 und 1961 entstandenen Übertragungen die Nähe der Sprache zum Verstummen, betont ihre Schroffheit durch einen ausgeprägten Nominalstil, durch eine andere Sprachbildlichkeit (Kompositions- statt Genitivmetaphern, Vertauschung von Bildspender und Bildempfänger, Vermeiden des Vergleichs u.a.), durch Pausen und Zäsuren. Darüber hinaus profiliert er die semantische Valenz des Einzelwortes, ›setzt es frei‹ für andere, neue Wortverbindungen, mit Hilfe innovativer Komposita, im Vermeiden von lexikalischen und syntaktischen Hierarchien, im Zer- bzw. Unterbrechen rhythmischer Einheiten u.a. Stärker noch als in der Dichtung betont Celan in den Übersetzungen die strukturbestimmende Dialogizität, z.B. in der Weise, dass er Ich-Du-Relationen formuliert, die in den Originalen nicht vorhanden sind.

Ausgehend davon versteht Celan in Bezug auf ihre Funktion das Übersetzen zum einen als Auseinandersetzung mit anderen Stilformen, mit vergangenen sprachkünstlerischen Gestaltungsweisen, in deren Verlauf das eigene Dichten überprüft und an anderen Werken gemessen wird. Zum anderen sieht er es gerade auch in Bezug auf seine Übersetzungen aus dem Russischen als ein erinnerndes Gespräch, in dessen Rahmen ein verschüttetes, vergessenes, unterdrücktes Sprechen wieder ›zutage tritt‹, mit Hilfe der Übertragungen aktualisiert wird. Beides, das Sichmessen mit dem Anderen und das aktualisierende Wiederbeleben, erklärt die unübersehbare Distanz und Differenz zwischen Original und Übertragung, welche insbesondre die zwischen 1958 und 1961 entstandenen Übersetzungen prägt – Ausdruck dessen, dass dieses Übersetzen sowohl Aneignung als auch Widerspruch ist.

Begonnen hat Celan das Übersetzen aus dem Russischen bereits als Student, angeregt durch die Lektüre von Esenin-Gedichten im Original. Ab Herbst 1945 übte er diese Tätigkeit professionell im Bukarester Verlag Cartea Rusă (Das russische Buch) aus, über den die wichtigsten Repräsentanten der russischen Literatur des 19. und 20. Jahrhunderts in Rumänien bekannt gemacht werden sollten. Celan hat zunächst 1946 Lermontovs Roman *Ein Held unserer Zeit* ins Rumänische übersetzt, seine erste Veröffentlichung überhaupt, die später noch mehrere Auflagen erlebte. Es folgen im gleichen Jahr die Übertragungen von vier Erzählungen Čechovs sowie von sechs Esenin-Gedichten und von zwei Brjusov-Texten; unklar ist, ob er 1947 Simonovs Propagandadrama *Russkij vopros* (Die russische Frage) und einen ebenfalls Propagandazwecken dienenden Prosatext (*Žizn'i smert' po dannym sovremennoj nauki*/Leben und Tod im Lichte der modernen Wissenschaft) des sowjetischen Arztes S. I. Galperin übersetzt hat.

Die zweite und wichtigste Phase der übersetzerischen Auseinandersetzung mit russischen Autoren beginnt 1958 mit der Übertragung von Bloks Versepos *Dvenadcat'* (Die Zwölf) und dauert bis 1961/1962, kulminierend in den Übersetzungen von Gedichten Mandel'štams und Esenins, begleitet von Übertragungen einzelner Gedichte von Chlebnikov, Evtušenko, Majakovskij, Pasternak und Konstantin Slučevskij. Die Auswahl ist nicht zufällig, es sind (bis auf Slučevskij und Evtušenko) fast ausnahmslos im Gefolge der russischen Oktoberrevolution gefährdete, verfolgte und vernichtete Autoren, ›vergeudete Dichter‹, wie sie auch Celan in Anlehnung an die erwähnte Formulierung von Roman Jakobson bezeichnet hat. Ihnen will er wieder eine Stimme geben bzw. will ihre Gedichte ›wieder zutage treten‹ lassen, wie es in der einführenden Vorrede zu den Mandel'štam-Übersetzungen heißt. Alle in dieser Zeit übersetzten Texte demonstrieren eine neue Übersetzungskonzeption. Im Gegensatz zu den sprachlich den Originalen näher stehenden Übertragungen der ersten Phase zeigen die zwischen 1958 und 1962 entstanden Arbeiten eine deutliche Nähe zur während dieser Jahre entstandenen Dichtung und zu den diese begründenden poetologischen Texten. Das Übersetzen wird zur dialogischen Auseinandersetzung, erkennbar u.a. an stilistischen Veränderungen wie der Auflösung finiter Satzstrukturen, der Tendenz zur Kontraktion und Nominalisierung (Olschner 1985, bes. S. 57–114), der Profilierung der personalen, zeitlichen und räumlichen Deixis (Eskin 2000, S. 176ff.), an lexikalischen Veränderungen, an der Akzentuierung des Einzelwortes u.a.

Eingeleitet wird diese zweite Phase mit der Übertragung des Versepos *Die Zwölf* des bedeutenden russischen Symbolisten Alexandr Blok (1880–1921). Das

1918 entstandene große Gedicht ist Bloks letztes Werk vor seinem durch Nachwirkungen der Oktoberrevolution ausgelösten endgültigen Verstummen. Die Revolution wird in diesem ungemein polyphonen Text als ein faszinierendes, aber auch ambivalentes Ereignis dargestellt, dessen Fremdheit am Schluss in einer sozialrevolutionäres und christliches Gedankengut synthetisierenden Utopie aufgelöst wird. Das diese Revolution kritisch darstellende Versepos gehört zu den wirkungsmächtigsten Gestaltungen des Themas Revolution in der Weltliteratur; es ist sofort nach seinem Erscheinen in ganz Europa intensiv rezipiert und erstaunlich oft übersetzt worden, auch ins Deutsche. Celan hat sich also – abweichend von seiner Gepflogenheit, meist eher unbekannte Autoren zu übersetzen – einem bereits wiederholt ins Deutsche übertragenen Text zugewandt, der für ihn in mehrfacher Hinsicht von Interesse war.

Relevant war zunächst Bloks Zugehörigkeit zum Symbolismus, einer literarischen Richtung, mit der sich Celan 1957 auch im Rahmen seiner Rimbaud-Übersetzungen beschäftigt hat; in Briefen an seinen Lektor Rudolf Hirsch verweist er selbst auf die Nähe zur Übertragung des *Bateau ivre* (*Das trunkene Schiff*). Zugleich sind *Die Zwölf* aufgrund der Themen Zeit und Zeitenwende besonders interessant, u.a. als Paradigma einer durch Katastrophen angereicherten Sprache und Dichtung, wie er sie in der nur wenig später entstandenen Ansprache anlässlich der Entgegennahme des Bremer Literaturpreises (26.1.1958) thematisiert. Dafür spricht auch, dass Celan noch andere Revolutionsgedichte von Chlebnikov, Mandel'štam und Esenin übersetzt hat, in denen das Ambivalente der Revolution, die durch sie vermittelte Mischung aus Elementarerfahrung und Befremden eine wichtige Rolle spielen; das betrifft vor allem das Esenin-Gedicht *Inonia* (wörtl. Anderland; Celan behält in seinem Titel *Inonien* den von Esenin geprägten Begriff als Namen bei).

Die Zwölf ist Celans erste in Deutschland veröffentlichte Übersetzung aus dem Russischen (versehen mit einer Vorbemerkung Celans als schmales Bändchen bei S. Fischer, 1958). Celan hat daran insbesondere zu Beginn des Jahres 1958 gearbeitet, abgeschlossen war die Arbeit laut Brief (17.2.1958) an den Freund Petre Solomon Mitte Februar 1958. Als Textvorlagen dienten eine zweibändige Blok-Ausgabe von 1955 sowie die in der Reihe *Biblioteka poeta* (Dichter-Bibliothek) erschienene Ausgabe der Gedichte Bloks. Zahlreiche Annotationen in dieser und in einer französischen Blok-Ausgabe sowie die zahlreichen Entwürfe und Vorstufen verraten eine überaus engagierte Auseinandersetzung mit der russischen Vorlage, aber auch mit weiteren Kontexten, z.B. mit Bloks literaturtheoretischem Artikel *Bez božestva, bez vdochnovenija* (1921; dt. Ohne das Göttliche, ohne Inspiration) und mit Bloks Tagebüchern.

Celans Blok-Übersetzung hinterlässt einen ambivalenten Eindruck (Lehmann 1997). Sie bemüht sich einerseits, dem Original sprachlich gerecht zu werden, was angesichts von dessen Komplexität und Polyphonie nur bedingt gelingen konnte, und verändert andererseits sehr bewusst, konzeptionell die inhaltliche Kontur des

Versepos. Celan hat die Makrostruktur der *Zwölf* kaum verändert. Der durch die vielgestaltigen Strophen, durch die Berücksichtigung unterschiedlicher Gattungstraditionen bedingte variable Aufbau wurde ebenso beibehalten wie die Differenziertheit von Reim und Rhythmus, erkennbar u.a. an der kongenialen Umsetzung von Formen russischer Volksdichtung ins Deutsche (im V. Gesang). Demonstriert wird das Bemühen um sprachliche Nähe zum Original vor allem durch das Arbeiten mit Dominanzen. Da eine adäquate übersetzerische Umsetzung eines solch komplizierten lyrischen Textes hinsichtlich Klang, Syntax, Lexik und Versstruktur nicht möglich ist, bleibt Celan wenigstens auf einer oder zwei dieser Ebenen sprachlich so nahe wie möglich am Original. Dieses Bemühen um Adäquatheit wird freilich überdeckt durch das unübersehbare Bestreben des Übersetzers, den *Zwölf* eine neue, eigene sprachliche wie inhaltliche Kontur zu geben. Erkennbar wird dies bereits an stilistischen Besonderheiten wie der durchgehenden Tendenz zur Nominalisierung. Adjektive werden zu eigenständigen Nomina (»schwarzer Abend« zu »Schwärze: Abend«), aus Nomen und finitem Verb bestehende Satzkonstruktionen (»es spaziert der Wind, es flattert der Schnee herum«) werden aufgelöst zugunsten von substantivierten Verben (»Stäuben, Wirbeln, Wehn«) bzw. Nominalkomposita (»Schneetanz« u.a.). Die damit verbundene Tendenz zur Abstraktion wird durch nicht immer glücklich gewählte lexikalische Veränderungen verstärkt. Begriffe, mit deren Hilfe Blok die konkrete historische Situation im Winter 1917/1918 sprachlich evoziert, werden in der Übersetzung durch verallgemeinernde Wendungen ersetzt: Die »kerenki«, also das von der Kerenskij-Regierung in Umlauf gebrachte Papiergeld, werden bei Celan zu »Rubelchen«, der »Genosse« wird zu »Mensch«, der Begriff »heiliges Rußland« wird durch das Klischee vom »Mütterchen Rußland« ersetzt.

Dem korrespondiert die unübersehbare Reduzierung der Bloks Epos auszeichnenden Polyphonie zu einem monotoneren Sprechen. Beispielhaft demonstriert diese und andere Veränderungen die Übersetzung des von Celan in seiner Vorbemerkung selbst als »Herzstück« bezeichneten VIII. Gesangs, mit der Celan eine bei Blok so nicht dargestellte geistige Leere akzentuiert. Seinen Höhepunkt erreicht dieses stark interpretierende Übersetzen bei der Wiedergabe der Schluss-Strophe der *Zwölf.* In ihr versucht Blok, im Bild des mit den Revolutionären gehenden Christus sozialrevolutionäres mit christlichem Gedankengut zu einer Utopie zu verbinden, in der das Elementare, Naturhafte und Chaotische der Revolution mit dem Religiösen und Künstlerischen eine Synthese eingehen sollen. In Celans Übertragung hingegen wird die Christus-Gestalt von den Rotarmisten isoliert, sie versinnbildlicht nun ein entferntes Unbekanntes. Der Übersetzer dementiert damit Bloks harmonisierende Utopie und betont die mit der revolutionären Zeitenwende verbundene Leere, Unbestimmtheit und Offenheit. Das Abstrahieren von den Blok tangierenden zeitgenössischen Kontexten gibt den Blick frei für andere, nach der Oktoberrevolution erfolgte Katastrophen. Die Übersetzung erscheint so als ein Gespräch zwischen Autor und Übersetzer über das Phänomen einer beide betreffenden katastrophischen Zeitenwende.

Mit der Lyrik des russischen Imaginisten Sergej Esenin (1895–1925) hatte sich Celan nach eigenem Bekunden bereits in Czernowitz beschäftigt (laut brieflicher Mitteilung an Nelly Sachs vom 6.10.1961). Die erneute Auseinandersetzung beginnt 1957, ab Anfang 1958 auch in Gestalt von Übersetzungen. Im Februar dieses Jahres überträgt Celan als erstes das Gedicht *Ustal ja žit' v rodnom kraju* (*In meiner Heimat leb ich nicht mehr gern*), dem im Verlauf der folgenden zwei Jahre 31 weitere Übersetzungen folgen; die letzte Esenin-Übertragung ist am 15.7.1960 entstanden *Ja pokinul rodimyj dom* (u.d.T. *Fort ging ich*). Erschienen ist der Band mit den Esenin-Übersetzungen erst im März 1961. Weitere Übertragungen blieben unvollendet liegen. Celan hat sich 1966/1967 noch einmal mit Esenin beschäftigt, u.a. im Rahmen einer Radiosendung in der Schweiz am 29.10.1966 (Olschner 1985, S. 326). Die zwischen 1958 und 1960 übersetzten Gedichte Esenins sind nicht zufällig ausgewählt, sondern geprägt durch Themen und Motive, die Celans Existenz und seine Dichtung gerade zu dieser Zeit maßgeblich bestimmen, was Interpreten bewogen hat, von einem identifikatorischen Übersetzen zu sprechen (Olschner 1985, S. 219f., Ivanović 1996a, S. 151). Ein großer Teil der Texte artikuliert, melancholisch gestimmt, die Thematik Herkunftsraum, reflektiert dessen Verlust, den daraus resultierenden Schmerz, die Entfremdung. Darüber hinaus hat Celan auch Gedichte Esenins übersetzt, die dessen ambivalentes Verhältnis zur russischen Oktoberrevolution zur Sprache bringen; das betrifft vor allem das große Gedicht *Inonien*, ein Bloks *Die Zwölf* vergleichbares »Gegenwort« zur russischen Revolution, ein biblische und russische mythologische Kontexte berücksichtigender literarischer Gegenentwurf.

Die Esenin-Übersetzungen sind geprägt von Verfahren, die bereits bei der Blok-Übersetzung begegneten: Tendenz zur Nominalisierung, Aufbrechen finiter Satzkonstruktionen, nicht selten verbunden mit der Eliminierung der 1. Person Singular (Olschner 1985, S. 225), nachgestellte Adjektive, Auflösung von Genitivkonstruktionen (»Schwarze Segel der Raben« – »Schwarze Segel, Raben«), Kontraktionen (»wer bist« statt »wer du bist«). Wiederholungen bzw. Verdoppelungen (z.B. in der ersten Strophe von *Kakaja noč'/Diese Nacht!*), werden nicht selten zur Erweiterung von Verszeilen eingesetzt (Ivanović 1996, S. 147), häufig aber auch verwendet, um der metrischen Struktur der Vorlage zu entsprechen bzw. nahezukommen, z.B. in der vierten Strophe des Gedichts *Tam, gde večno dremlet tajna* (*Rätselhaftes*). Syntaktisch kommt es immer wieder zur Auflösung von Partizipialkonstruktionen in Relativsätze (z.B. in *Inonien*), Fragesätze werden zu Aussagesätzen. Erkennbar ist eine Neigung zur elliptischen Formulierung. Celan ist meist bemüht, die Reime zu erhalten, z.B. die vielen Kreuzreime. Dort, wo dies nicht möglich ist, wird der Reim durch Assonanzen ersetzt (singen – trinken, Schneise – greifen, staunt – Baum). Auffallend ist die Tendenz zur dialogischen Rede, erkennbar an der häufigen Berücksichtigung des Pronomens »du«. Die Übersetzungen zeigen z.T. gravierende lexikalische und folglich semantische Veränderungen, bedingt durch das Vermeiden von Verfahren wie dem Vergleich (»Er liebte die Heimat und das Land,/ wie ein Säufer die Kneipe liebt« – »Säufer lieben ihre Kneipe –/ seine Kneipe war die Welt«) durch Reimzwang (»Baum« statt »Strauch«) u.a. Die entsprechende Wortwahl erscheint nicht immer gelungen (»der Nu« für »Augenblick«, »Maßholdergold«, »Effeff, die Schose«). Unübersehbar ist die Tendenz zur Kompositabildung (»eichkatzengolden«, »Bretterbrücke«, »Birkenflaumland«). Folgenreich sind solche lexikalischen Veränderungen dort, wo sie die semantische Kontur der Vorlage abstrahierend verändern, wo sie, wie z.B. in der Übersetzung von *Inonien*, im Eliminieren des Namens die Christusgestalt aus bestimmten Kontexten lösen, oder wo sie existenziell bedeutsame Aspekte wie Entfremdung, Unterwegssein, Exil neu und intensiv akzentuieren (*In meiner Heimat leb ich nicht mehr gern*, *Rätselhaftes*, *Fort ging ich*), den Gedichten eine stärkere intellektuelle Färbung auf Kosten ihrer Sangbarkeit verleihen.

Das Besondere an den Übersetzungen der Gedichte von Osip Mandel'štam (1891–1938) besteht darin, dass sie in viel stärkerem Maße als die anderen Übertragungen aus dem Russischen zum integralen Bestandteil der Dichtung Celans geworden sind; das betrifft insbesondere Gedichte der 1963 erschienenen *Niemandsrose* (z.B. *In eins*). »Das Übersetzen Mandelstamms ins Deutsche hat für mich keine geringere Bedeutung als mein eigenes Dichten«, so Celan gegenüber Emmanuel Rais (Terras/Weimar 1978, S.365), der ihn wohl als einer der ersten auf Mandel'štams Dichtung aufmerksam gemacht hat. Darüber hinaus ist ohne die Mandel'štam-Übersetzungen die Formulierung wichtiger dichtungstheoretischer Positionen nicht denkbar; das betrifft insbesondere den Rundfunkessay über Mandel'štam, aber auch die Vorarbeiten zur Bremer Rede und zur Büchnerpreisrede *Der Meridian*. Die Übersetzungen gehen aus einer ungemein intensiven Auseinandersetzung mit diesem russischen Dichter hervor; sie sind ein Akt der Identifikation sowie Ausdruck des erklärten Willens, einen bis dahin in Deutschland kaum bekannten Lyriker einem des Russischen nicht mächtigen Publikum vorzustellen und ihn der Vergessenheit zu entreißen.

Auch die Mandel'štam-Übersetzungen hat Celan sorgfältig vorbereitet. Grundlage waren eine 1955 in New York erschienene Mandel'štam-Ausgabe sowie ein 1961 ebenfalls in New York publizierter Band des Almanachs *Vozdušnye puti* (Luftwege), der neben der späten Lyrik Mandel'štams auch Gedichte von den bis dahin in der Sowjetunion verfemten Dichtern Achmatova, Cvetaeva, Pasternak u.a. enthält. Beide Ausgaben sind ausführlich annotiert. Mandel'štam ist derjenige der russischen Dichter, von dem am Celan am meisten übersetzt hat, ausschließlich Lyrik. Neben den 45 von ihm zum Druck freigegebenen Texten befinden sich im Nachlass noch weitere Übersetzungen und Übersetzungsentwürfe (Lehmann 1991, 1997). Eine Vielzahl von Gedichten weist Anstreichungen und Übersetzungsversuche auf (Ivanović 1996a, S. 235f.). Die meisten Mandel'štam-Übersetzungen sind zwischen Mai 1958 und April 1959 entstanden, also innerhalb einer recht kurzen Zeitspanne, nach Fertigstellung des 1959 erschienenen Gedichtbandes *Sprachgitter* und vor Beginn der Arbeit an *Die Niemandsrose*. Im Juni 1958 geschriebene Briefe an Hans Magnus Enzensberger und Rudolf Hirsch berichten von begeisterter Arbeit mit Mandel'štams Gedichten. Nach Erscheinen des Almanachs *Vozdušnye puti* folgten 1961 und 1962 Übertragungen von drei Nachlassgedichten, die letzten Mandel'štam-Übertragungen sind 1965 (*Nevyrazimaja pečal'/Ein Gram*; zu Lebzeiten nicht publiziert) und 1967 (*V Peterburge/In Petersburg*) entstanden. Einige der Übersetzungen sind in Vorabdrucken veröffentlicht worden, in Verbindung mit der Erstveröffentlichung von Gedichten der *Niemandsrose*. Notizen, umfangreiche Annotierungen, Briefe (z.B. an Rudolf Hirsch) belegen das Engagement Celans. Wichtig war ihm, dass die Mandel'štam-Übersetzungen in einem gesonderten Band erscheinen, was 1959 durch den S. Fischer Verlag auch realisiert worden ist. Ein Teil dieser Übertragungen ist zusammen mit weiteren von Esenin und Blok 1963 erschienen (*Drei russische Dichter. Alexander Block, Ossip Mandelstamm, Sergej Jessenin*). Vier übersetzte Mandelštam-Gedichte sind 1960 im von Enzensberger herausgegebenen *Museum der modernen Poesie* publiziert worden. Weitere Veröffentlichungen einzelner Gedichte erfolgten 1961 im *Fischer-Almanach* (*Osennij sumrak/Der Dämmer, herbstlich*), 1963 in der *Neuen Rundschau* (*Vnutri gory/Im Herz des Bergs* und *O kak že ja choču/Wo's mich nicht gibt*) und 1967 in der *Neuen Zürcher Zeitung* vom 23.12.1976 (*In Petersburg*).

Celan hat Gedichte aus allen Schaffensphasen Mandel'štams übersetzt, was in den Übertragungen durch gliedernde Überschriften angezeigt wird, also Texte aus den Gedichtbänden *Kamen'* (1913, dt. Der Stein), *Tristia* (1922), *Stichotvorenija* (1928, dt. Gedichte) sowie Nachlassgedichte. Geplante Übertragungen aus dem Bereich der Prosa sind nicht realisiert worden.

Was die Auswahl betrifft, so zeigt sich bereits hier, dass Celan seinen »Bruder Ossip« (wie es in einem nachgelassenen Gedichtentwurf vom 21.6.1961 heißt) aus einer spezifischen Perspektive rezipiert hat. Er verzichtet weitgehend darauf, Texte zu übertragen, die dem Verhältnis von Dichtung und Architektur sowie Mandel'štams Auseinandersetzung mit antiker frühchristlicher und romanischer Dichtung gewidmet sind, ignoriert also einen wesentlichen Bereich des Mandel'štamschen Werkes. Sein Interesse gilt vielmehr denjenigen Gedichten des russischen Akmeisten, die durch Themen und Motive geprägt sind, die von Celan bereits im Gedichtband *Sprachgitter* gestaltet wurden, vor allem aber in *Die Niemandsrose* eine dominante Rolle spielen werden: Atmen und Verstummen, Stein und Stern, Schwere und Melancholie, Zeit und Zeitenwende, Verbannung und Exil des Dichters, Dichtung als Gegenwort, Vergessen und Erinnerung. Einen Schwerpunkt bildet einmal mehr die Thematik Zeitenwende und Revolution, der die großen von Celan übersetzten Langgedichte Mandel'štams gewidmet sind: *Našedšij podkovu* (*Der

Hufeisen-Finder), *Grífel'naja oda* (*Griffel-Ode*) und *1 janvarja 1924* (*Der erste Januar 1924*). Nicht zufällig hat Celan – im Kontext seiner Arbeiten an der Bremer Rede und der *Meridian*-Rede – auch einige der sprachreflexiven Gedichte Mandel'štams ausgewählt, die sich mit dem Verhältnis von Verstummen und Sprechen (*Ja slovo pozabyl/Das Wort bleibt ungesagt*) oder mit dem Entstehen bzw. Wiederentstehen des Wortes befassen (*Silentium*). Diese Auswahl ist hinsichtlich der Interessen Celans verständlich; sie verdeckt allerdings den Zykluscharakter der Mandel'štamschen Gedichte, dessen Kenntnis für das Verständnis der betreffenden Texte nicht unwichtig ist. Belege dafür sind u.a. das zu den sog. Lethe-Gedichten gehörende *Das Wort bleibt ungesagt* und das zum Gedichtband *Der Stein* gehörende (aber von Celan nicht mit seiner Auswahl aus diesem Band veröffentlichte) *Ein Gram*.

Mit der Übersetzung von Gedichten Mandel'štams hat sich Celan einer besonderen Herausforderung gestellt. Lyrik ist generell kaum adäquat in eine andere Sprache übertragbar und für die ungemein klangvollen, rhythmisch hochkomplexen und bilderreichen Gedichte Mandel'štams gilt dies in besonderem Maße. Darüber hinaus sind es Schwierigkeiten auf der syntagmatischen Ebene, z.B. fehlende Similaritätsbeziehungen, scheinbar unverbunden nebeneinander stehende Verszeilen bzw. die für Mandel'štams Lyrik typische Dissozierung einzelner Lexeme von erwartbaren Kontexten. Dem Verstehen schwer zugänglich sind die Texte außerdem aufgrund der vielen Oxymora und Paradoxa sowie wegen der umfassenden intertextuellen Strukturierung. Celan war dies bewusst und er hat sich bemüht, gerade diese Aspekte in seinen Übersetzungen zu berücksichtigen. Diese übernehmen in fast allen Fällen die Makrostruktur der Vorlagen, sind ihnen entsprechend also strophisch gegliedert, bisweilen allerdings mit anderer Strophenform wie z.B. *Der erste Januar 1924*. Sie sind gereimt bzw. in freien Rhythmen gestaltet, letzteres betrifft das Langgedicht *Der Hufeisen-Finder*. Was die Form der Reime angeht, so nimmt Celan mehrfach Veränderungen vor, z.B. wenn der umarmende Reim zum Kreuzreim wird. Erstaunliche Korrespondenzen in Rhythmus und Metrum demonstrieren die Gedichte *Zvuk ostorožnyj i gluchoj* (*Der hohle Laut*), *Kak koni medlenno stupajut* (*Der Schritt der Pferde*) oder *Uničtožaet plamen'* (*Es tilgen Feuerzungen*). Klangliche Äquivalenz erreicht Celan häufig auch dort, wo ein nicht übertragbarer Reim mit Hilfe von Assonanz und Alliteration klangliche Gestalt gewinnt, z.B. in *Sestry tjažest' i nežnost'* (*Ihr Schwestern Schwer und Zart*) oder in *Za gremučuju doblest'* (*Den steigenden Zeiten*). Mit Hilfe solcher Verfahrensanalogien (Beese 1976, S. 82–92; Olschner 1985, S. 250–274) bleibt die Übersetzung der Vorlage auch dann nahe, wenn aufgrund sprachlicher Unterschiede ein den Prinzipien Werktreue und Adäquatheit verpflichtetes Übertragen nicht möglich ist. Überraschend nah an den ungemein schwer zu übersetzenden Klangstrukturen der Mandel'štamschen Gedichte sind u.a. das vorzüglich übertragene *Što pojut časy-kuznečik* (*Grillenlied, aus Uhren tickend*; das betrifft z.B. die o-Assonanzen der ersten zwei Strophen) oder *Das Wort bleibt ungesagt*, wo die erste Strophe durch die intensiv ausgearbeitete i-Assonanz noch stärker als in der Vorlage bestimmte, für die Semantik des Textes wichtige Lexeme wie ›ich‹, ›nicht‹, ›wieder‹, ›finden‹, ›blind‹, ›Spiel/spielen‹, ›singen‹ u.a. aufeinander bezieht.

Trotz eines solchen Bemühens, Gedichte Mandel'štams formal und inhaltlich adäquat zu übertragen, sind gravierende Differenzen zwischen Original und Übersetzung unübersehbar, wird erkennbar, dass Celan mit Hilfe der bereits im Zusammenhang mit den Blok- und Esenin-Übersetzungen genannten Verfahren auch den Mandel'štam-Übertragungen ein eigenes Profil verleihen wollte. Diese Verfahren akzentuieren die semantische Dichte und die Valenz des einzelnen Wortes, verhindern lexikalische bzw. syntaktische Hierarchien, ermöglichen die Lösung aus einengenden Kontexten, betonen die Pausen und Intervalle. Nach Auffassung Celans werden die Worte auf diese Weise frei für neue Verbindungen, werden »besetzbar«, der gesamte Texte wird offener – alles Aspekte, die mit Celans fast gleichzeitig entwickelten poetologischen Grundsätzen konvergieren. Deutliche Abweichungen zeigen sich auch im Umgang mit den die Vorlagen prägenden intertextuellen Strukturen (Lehmann 1987), z.B. bei der Übertragung des bereits genannten Gedichts *Das Wort bleibt ungesagt*. Es gehört zu den sog. Lethe-Gedichten aus dem Zyklus *Tristia*, die – alle im Jahr 1920 entstanden – unter starker Berücksichtigung antiker Mythologie sowie im Dialog mit Mandel'štam besonders nahestehenden Dichtern wie Anna Achmatova und Nikolaj Gumilev Themen wie Erinnerung und Vergessen, Sprachskepsis, Wort und Klang ungemein kunstvoll gestalten. In Celans Übersetzung sind diese Bezüge reduziert bzw. eliminiert. Kaum noch erkennbar sind die Relationen zu Vergil, Ovid, Dante, die – übrigens von Celan wenig geschätzte – Dichterin Achmatova gerät völlig aus dem Blickfeld. Mit dieser Isolierung des Gedichts von seinen Prätexten macht Celan deutlich, dass für ihn die Mandel'štams frühe Lyrik bestimmende »Glossolalie«, der sie bedingende Glaube an eine noch ungebrochene Geltung der kulturellen und literarischen Traditionen Europas, nicht mehr relevant ist, dass die Problematik des Wortverlustes von ihm viel radikaler gedacht wird. Die Übertragung gerät also zur dialogischen Auseinandersetzung, in deren Rahmen und Verlauf die fremdsprachige Vorlage der eigenen Dichtung angenähert, gleichsam weitergeschrieben wird.

Celan hat neben den genannten noch einige andere russische Autoren übersetzt. Neben zwei Übersetzungsversuchen, Majakovskijs *Flejta-pozvonočnik* (*Die Wirbelknochenflöte*) und Pasternaks *Otplytie* (*Abfahrt*), sind es Übertragungen einiger Gedichte von Chlebnikov, die des Langgedichts *Babij Jar* von Evtušenko und eines einzelnen Gedichts (*Upala molnija v ručej*/*Ein Bach*) des eher unbedeutenden Spätromantikers Konstantin Slučevskij. Mit *Babij Jar* erinnert Evtušenko an die Vernichtung der Kiever Juden im Jahre 1941, es ist ein ungemein erschütterndes, bis zur Identifizierung mit den Toten gehendes Manifest gegen Antisemitismus, insbesondre auch gegen den russischen. Die 1962 (im *Fischer-Almanach* wie in *Sinn und Form*) erschienene Übersetzung ist Bestandteil von Celans literarischer

Erinnerung an die Shoah und Zeugnis der in dieser Zeit besonders intensiven und bekenntnishaften Auseinandersetzung mit dem Judentum. Die Übertragung bleibt semantisch dem Original verpflichtet, verstärkt aber dessen Darstellung jüdischen Leidens sowie den expressiven, anklagenden Gestus. Von den sechs Chlebnikov-Übertragungen sind vor allem die von vier Lautgedichten erwähnenswert. Sie belegen, dass Celan auch in seiner Spätphase die Verbindung von Übersetzen und Dichten nicht aus den Augen verloren hat. Die auf intensiver Sprachreflexion beruhende Zaum-Dichtung (transmentale Dichtung) des russischen Futuristen hat ihn bereits 1959 beschäftigt und nur Tage nach der Entgegennahme des Büchnerpreises 1960 zur ersten Übersetzung (*Edinaja kniga*/Das eine Buch) animiert; erschienen ist die Übersetzung erst 1967 im *Kursbuch*. Die mit Chlebnikovs Sprachspielen verbundenen Erkundungen von Möglichkeiten und Grenzen menschlicher Sprache sind offenkundig nicht ohne Einfluss auf die späte Lyrik Celans gewesen (Ivanović 1996a, S. 261–287; Olschner 1985, S. 274, 279–286).

Die aneignende Rezeption Mandel'štams in Dichtung und Poetik

Im Zentrum nicht nur der übersetzerischen, sondern vor allem der dichterischen Rezeption russischer Literatur steht das literarische Werk Osip Mandel'štams. Der nach Achmatova wichtigste Repräsentant des russischen Akmeismus gehört zu den bedeutendsten russischen Lyrikern des 20. Jahrhunderts. Darüber hinaus hat sich Mandel'štam als Literaturtheoretiker profiliert, der in einer Vielzahl von Essays für eine Erneuerung von Sprache und Literatur plädiert hat, und zwar unter umfassender Berücksichtigung antiker und westeuropäischer Kulturtraditionen, was u.a. durch die hochgradig intertextuell geprägten Gedichtstrukturen demonstriert wird. Ausgehend davon begreift Mandel'štam Literatur und Kunst als einen räumliche und zeitliche Grenzen überschreitenden Dialog, als »Weltkultur« – eine ästhetische Position, mit der er spätestens Mitte der zwanziger Jahre im krassen Gegensatz zur vom sowjetischen Staat propagierten Kulturdoktrin stand, mit für ihn verhängnisvollen Folgen: Isolation, Verbannung, Tod im Arbeitslager. Celan hat sich mit Mandel'štam ab 1957 beschäftigt, in einer Lebensphase, die durch die Suche nach neuen Ausdrucksmöglichkeiten, durch Identitätsprobleme, durch die von Plagiatsvorwürfen gegenüber Celan ausgelöste Goll-Affäre geprägt ist. Mandel'štam, dessen Leben zeitweise durch ebenfalls ungerechtfertigte Plagiatsvorwürfe verdüstert worden war, wird als Jude, als verfolgter Dichter, als literarischer Erneuerer und als Übersetzer für Celan zu einer ungemein wichtigen Identifikationsfigur. Die von Mandel'štam exemplarisch vorgelebte Verschränkung von gefährdeter physischer Existenz und Dichtertum, sein Verständnis von Dichtung als Wirklichkeit entwerfende und Orientierung vermittelnde Instanz korrespondiert eng mit Celans Verständnis vom Gedicht als Daseinsentwurf.

Von Celans großem Interesse zeugen die z. T. äußerst seltenen Mandel'štam-Ausgaben in seiner Bibliothek sowie die mit zahlreichen Anstreichungen und Annotierungen versehene Sekundärliteratur (Ivanović 1996b, S. 83–91). Arbeitsexemplare waren die 1957 erworbene, 1955 in New York erschienene einbändige Ausgabe und der 1961 ebenfalls in New York erschienene Almanach *Luftwege*. Viele der im Nachlass befindlichen Zeugnisse belegen den hohen Grad an Identifizierung mit dem russischen Dichter. In seiner Eigenschaft als Jude und verfolgter Dichter fühlte sich Celan ihm besonders nahe, sieht ihn sogar nicht als Opfer Stalins, sondern des Holocaust. Nach dem Erscheinen des Gedichtbandes *Die Niemandsrose* hat sich Celan nur noch sporadisch mit Mandel'štam beschäftigt. Bucherwerbungen, Gedichte (*Lößpuppen*, entstanden 1968, posthum im Band *Schneeepart*) und einige Übersetzungen belegen allerdings, dass das Interesse für ihn nie ganz erloschen ist. Belege für diese ungewöhnlich intensive Rezeption eines russischen Autors finden sich, neben den Übersetzungen, in großer Zahl sowohl in den dichterischen als auch in den poetologischen Texten Celans. Zu nennen sind vor allem *Die Niemandsrose* und im Umkreis dieses Gedichtbandes entstandene Gedichte bzw. Gedichtentwürfe (*Walliser Elegie, Il cor compunto, Bruder Ossip, Ossip Mandelstamm*), die Erzählung *Gespräch im Gebirg* sowie die Literaturpreisreden und der Radio-Essay *Die Dichtung Ossip Mandelstamms*.

Bereits früh erkannt von der Forschung wurden weitgehende Motiv-Korrespondenzen (Terras/Weimar 1974, 1978, Gogol 1974, Parry 1978, Lehmann 1991), das betrifft vor allem die Motive Stein, Stern, Verstummen, Hand, Atem, Kristall, Dichtung als Dialog und Unterwegssein. Viele dieser Motive sind auch in den vor der Begegnung mit Mandel'štam entstandenen Gedichten Celans präsent, nach der Lektüre Mandel'štamscher Texte werden sie jedoch komplexer, erhalten nicht selten eine ausgeprägte poetologische Valenz (z.B. Stein, Atem oder Kristall). Diesen inhaltlichen korrespondieren grundlegende Übereinstimmungen in dichtungstheoretischer Hinsicht sowie daraus resultierende dichterische Verfahren. Man darf davon ausgehen, dass die Beschäftigung mit Mandel'štams Lyrik und Essayistik auch Celans Rezeption anderer Dichter präformiert hat; beispielhaft demonstriert das die sich ab 1960 intensivierende Auseinandersetzung mit Dante.

Die Celans Lyrik auszeichnende Dialogizität profiliert sich in der Auseinandersetzung mit Mandel'štams Glossolalie-Konzept (Dichtung als Ausdruck von »Weltkultur«, geprägt durch hochgradige intertextuelle Strukturierung) zu einer dynamischen Intertextualität, deren bestimmendes Merkmal das Aufnehmen und Transformieren fremder Dichtung und Rede ist. Realisiert wird die auf Mandel'štam bezogene dynamische Intertextualität auf verschiedene Weise. Motive wie z.B. das des sich öffnenden Steins werden Bestandteil von Motivkonstellationen (z.B. Stein und Stern in *Die hellen Steine* aus der *Niemandsrose*) oder erhalten eine andere poetologische Valenz, wie im Fall der Motive Stein und Atem. In Mandel'štams Lyrik und Prosa ist der Stein ein Leitmotiv, mit dessen Hilfe die Strukturiertheit und der Raumcharakter, aber auch das sowohl Zeit speichernde als auch antizipierende Vermögen dichterischer Gebilde versinnbildlicht wird. Celan hat von diesen vielfältigen Bedeutungsschichten des Motivs vor allem die auf die Zeit bezogenen für das eigene Dichten fruchtbar gemacht, allerdings weit umfassender und intensiver als Mandel'štam (Stein als das aus der Tiefe der Vergangenheit Kommende und in die Zukunft Weisende, Inkarnation des schweigenden Wortes, der »lapidaren« Sprache). Was die mit diesem Motiv artikulierte räumliche Dimension der Dichtung betrifft, so verkörpert der Stein bei beiden Autoren auch die bergende Funktion der Dichtung (vgl. die Formulierung vom ›gastlichen Stein‹ in der den Band *Sprachgitter* beschließenden *Engführung*); hier sind für Celan freilich noch andere Kontexte, wie die Schriften Heideggers, relevant gewesen.

Ähnlich produktiv ist der Umgang mit anderen Motiven in Mandel'štams Werk, z.B. wenn das bei Mandel'štam mit dichterischer Inspiration in Verbindung gebrachte Motiv des Atems bei Celan das Stadium äußerster Sprachreduktion, die Grenze, die »Atemwende« zwischen stimmloser und stimmhafter Artikulation bezeichnet. Nähe und Distanz kennzeichnen auch die bei beiden Dichtern beobachtbare Verschränkung von Tod, Erinnerung und Dichtung sowie die darauf bezogene Motivik des verlorenen und wiederzugewinnenden, des gestorbenen und wieder auferstandenen Wortes (bei Mandel'štam in von Celan übersetzten Gedichten wie *Das Wort bleibt ungesagt* und *Silentium*, bei Celan vor allem in Gedichten des vierten Zyklus' von *Die Niemandsrose*). Auf der stilistischen Ebene zeigt sich diese Auseinandersetzung durch Dekonstruktion von Mandel'štamschen, für Celans Poetik ungemein wichtigen Komposita wie »Schwarzerde« (»*Schwarzerde*, schwarze/ Erde du«), durch sprachspielerische Kompositabildung mit Elementen des Namens Mandel'štam (Baum und Mandel, z.B. in *Eine Gauner- und Ganovenweise*). Höhepunkte einer solchen durch Auflösung und Neuschöpfung gekennzeichneten Verfahrensweise sind die Bildung von Neologismen und Bedeutungsanreicherungen, z.B. in einem Gedicht mit dem programmatischen Titel *In eins*. Das dort verwendete Adjektiv »toskanisch« ist das Ergebnis einer von Celan vorgenommenen Verschmelzung zweier Lexeme aus dem Mandel'štam-Gedicht *Ne sravnivaj* (Vergleiche nicht): »toska« (russ. Sehnsucht, Wehmut) und »Toskana«. Mandel'štam artikuliert damit einmal mehr seine Sehnsucht nach einer durch Dante und Petrarca repräsentierten »Weltkultur«. Durch die Verschränkung von Nomen (toska) und Namen (Toskana) ruft Celan einerseits diesen Kontext auf, bezeichnet mit dem mit neuer Bedeutung angereicherten Adjektiv »toskanisch« nun aber eine Überschreitung von festumrissenen geographischen und sprachlichen Räumen, markiert die Öffnung der Dichtung auf ein unbestimmtes Anderes hin, akzentuiert die Spannung zwischen Erinnerung und Erwartung (Lehmann 1995).

Das bedeutendste Dokument dichterischer Auseinandersetzung mit Mandel'štam ist der Gedichtband *Die Niemandsrose*. Er ist als ganzer dem russischen »Bruder« gewidmet, eine in Celans Dichtung einmalige Geste gegenüber einem anderen Autor, eine Silhouette Mandel'štams sollte eines der Vorsatzblätter zieren. Eine Reihe von Gedichten der *Niemandsrose* ist in enger Nähe zu den Mandel'štam-Übersetzungen entstanden. Erkennbar ist dies auch daran, dass Celan Gedichte der *Niemandsrose* gemeinsam mit Mandel'štam-Übersetzungen 1963 in der *Neuen Rundschau* veröffentlicht hat. Darüber hinaus waren Passagen aus Mandel'štam-Gedichten als Motti für Gedichte wie *Eine Gauner- und Ganovenweise* oder *Ein Wurfholz* vorgesehen.

Alle vier Zyklen der *Niemandsrose* enthalten Hinweise auf den Namen Osip Mandel'štam, ein Vorgang, der in Mandel'štams Langgedicht *Der Hufeisen-Finder* mit den Worten artikuliert wird: »Dreimal selig, wer einen Namen einführt ins Lied!/ Das namengeschmückte Lied/ lebt länger inmitten der andern –«. Implizit geschieht dies in Zyklus I (*Eine Gauner- und Ganovenweise*) und II (*Mandorla*), explizit in Zyklus III (*Nachmittag mit Zirkus und Zitadelle*) und IV (*Es ist alles anders*; Terras/Weimar 1974, S. 11–29). Alle vier Gedichte evozieren mit Hilfe dieser Anspielungen wichtige Aspekte der *Die Niemandsrose* prägenden Literaturkonzeption: Dichtung als Gegenwort, die Auseinandersetzung mit jüdischer Religion und Theologie, die Wiedererweckung von Stimmen, das Prinzip der Alterität, die Voraussetzungen und Probleme dialogischer Begegnung. Höhepunkt dieser Poetisierung des Namens ist das Gedicht *Nachmittag mit Zirkus und Zitadelle*, in dem Celan die Gestalt Mandel'štams als Verkörperung einer Ost und West verbindenden dichterischen Bewegung und Begegnung imaginiert (Olschner 1985, S. 241–246). Dialogizität im Sinne von Aufnehmen und Weiterschreiben demonstrieren Gedichte wie *Eine Gauner- und Ganovenweise*, die eine von Mandel'štam (im Gedicht *Eto kakaja ulica?*/Welche Straße ist das?) artikulierte Reflexion über den Namen Mandel'štam in sprachspielerischer Gestaltung realisiert (Naiditsch 1998, S. 692f.), *Schwarzerde*, das sich mit einem gleichnamigen Gedicht Mandel'štams in Bezug auf das Verhältnis von Dichtung und Zeit im Sinne von Bergsons durée auseinandersetzt, und vor allem *In eins*. Dieses hochgradig intertextuell strukturierte Gedicht verarbeitet Textelemente aus drei z.T. von Celan übersetzten Mandel'štam-Gedichten: *Petropolis, diaphan, Der Hufeisen-Finder* und *Vergleiche nicht*. Es sind Gedichte, die den drei wichtigsten Schaffensphasen des russischen Dichters entstammen, sie repräsentieren gleichsam sein Gesamtwerk. Das Gedicht bündelt zentrale Themen und Motive der *Niemandsrose* u.a. mit Hilfe dieser Mandel'štam-Bezüge: Revolution, die in Stein bewahrte Zeit, Reflexionen über Metapher, Vergleich und Name, Dichtung als Unterwegssein, als Akt und Ort der Überschreitung, als Verschmelzung von Erinnerung und Erwartung.

Eine strukturelle Korrespondenz ist zwischen den im vierten Zyklus der *Niemandsrose* platzierten Langgedichten *Es ist alles anders* sowie *Und mit dem Buch aus Tarussa* und den von Celan übersetzten Mandel'štam-Gedichten *Griffel-Ode, Der Hufeisen-Finder* und *Der erste Januar 1924* erkennbar.

Die poetologischen Texte Celans belegen ein sorgfältiges Studium der Prosaschriften Mandel'štams. Als Prätexte zu nennen sind vor allem Mandel'štams Essays *Slovo i kul'tura* (Wort und Kultur), *O prirode slova* (Über die Natur des Wortes), *O sobesednike* (Über den Gesprächspartner), *Zametki o poézii* (Notizen über die Poesie), *Barsuč'ja nora* (Der Dachsbau), *Putešestvie v Armeniju* (Die Reise nach Armenien). Unklar bleibt weiterhin Celans Kenntnis des Dante-Essays *Razgovor o Dante* (Gespräch über Dante). Einerseits hat er diesen Text aufgrund der ungemein komplizierten Editionsgeschichte frühestens 1966 lesen können, andererseits gibt es in Bezug auf grundlegende dichtungstheoretische Positionen und Motive (Motive des Steins und des Kristalls, Dichtung als Bewegung und Gespräch) so viele Korrespondenzen, dass eine frühere, vielleicht über Gespräche oder andere Lektüren vermittelte Kenntnisnahme dieses bedeutendsten Mandel'štam-Essays vermutet werden darf.

Die dichterische Auseinandersetzung mit Mandel'štams Poetik betrifft zum einen deren Transformationen in poetische Rede, z.B. in Gedichten wie *Schwarzerde* oder *Die hellen Steine*. Letzteres gestaltet das Motiv des sich lösenden Steins im Kontext einer auf den russischen Spätromantiker Fedor Tjutčev bezogenen essayistischen Äußerung Mandel'štams. Das Gedicht *Schwarzerde* bezieht sich mit seinem Titelwort und dessen Variation »schwarze/ Erde« auf die in Mandel'štams Essay *Wort und Kultur* formulierte Vorstellung von der Dichtung als einem die Zeit aufsprengenden, ihre tiefsten Schichten zutage bringenden Pflug.

Die poetologische Aneignung offenbart unübersehbar Celans Bremer Literaturpreisrede, die insbesondre in der spezifischen Gestaltung des Motivs von der Dichtung als Flaschenpost Parallelen zu Mandel'štams Essay *Über den Gesprächspartner* erkennen lässt (Parry 1978, S. 66f., Olschner 1985, S. 235). Die Herkunft des von Celan verwendeten Flaschenpostmotivs wird inzwischen kontrovers diskutiert, zahlreiche im Kontext der Büchnerpreisrede und als Aphorismen formulierte Äußerungen (in: *Mikrolithen sinds, Steinchen. Die Prosa aus dem Nachlaß*, hg. v. Barbara Wiedemann und Bertrand Badiou, 2005) legen nahe, dass Celan den Essay Mandel'štams gekannt hat.

Als wichtigste literaturtheoretische Auseinandersetzung mit Person und Dichtung Mandel'štams darf Celans Radio-Essay über Mandel'štam gelten. *Die Dichtung Ossip Mandelstamms* ist zeitlich zwischen Bremer Rede und *Der Meridian* platziert und somit ein wichtiges Bindeglied zwischen den zwei bedeutendsten poetologischen Schriften Celans. Für seine Poetik zentrale Kategorien und Definitionen wie Alterität und Fremdheit, Dichtung als Dialog, als Verschränkung von stimmhafter und stimmloser Rede, als Begegnung, als Unterwegssein und Daseinsentwurf werden im Kontext von Leben und Werk des russischen Akmeisten formuliert bzw. weiterentwickelt. Der Essay antizipiert wichtige Passagen der nur acht Monate später gehaltenen Büchnerpreisrede, in der wörtliche Übernahmen aus dem Mandel'štam-Essay feststellbar sind (Böschenstein, S. 156–159; Ivanović, S. 325–329). Vornehmlich dieser Text ist ein Beleg dafür, dass Celan die dem *Meridian* zugrunde liegende Poetik in hohem Maße aus der Auseinandersetzung mit Mandel'štam gewonnen hat. Inhalt und Argumentationsstruktur des Essay verraten eine intime

Kenntnis nicht nur Mandel'štams, sondern auch der ihn betreffenden Kontexte. Das gilt für das literarhistorische Umfeld (Stellung innerhalb des russischen Akmeismus, dessen Auseinandersetzung mit dem russischen Symbolismus) ebenso wie für die Sekundärliteratur. Celan erörtert zentrale Aspekte von Mandel'štams Dichtung und Poetik: Dichtung als »Phänomen«, als realitätsverdichtende Erscheinung, Dichtung als sowohl auf Vergangenheit als auch auf die Zukunft bezogener Dialog, die zwischen Erinnerung und Erwartung vermittelnde Zeitstruktur der Dichtung, die Akzentuierung der Dichtung als Sprechen, als individuelle, kreatürlich sprachliche Handlung. Der vom Norddeutschen Rundfunk am 19.3.1960 gesendete Rundfunkessay ist zwischen dem 16.2. und dem 7. oder 8.3.1960 entstanden (erstmals in: *Ossip Mandelstam. Im Luftgrab. Ein Lesebuch*, hg. v. Ralph Dutli, 1988). Celan hatte bereits davor erwogen, einen Essay über Mandel'štam zu schreiben.

Der nicht sehr umfangreiche, klar gegliederte Text besteht aus Prosa- und Lyrik-Passagen. Zwei Sprecher charakterisieren in aufeinander bezogenen Sequenzen Person, Lebenslauf und dichterisches Werk, unterbrochen durch die Lesung von Gedichten. Akzentuiert durch das Motiv der Fremdheit wird Mandel'štam als ungewöhnliche Person vorgestellt, die sehr Verschiedenes (durch »Hasenfuß« bezeichnete Ängstlichkeit einerseits und Furchtlosigkeit bzw. Kompromisslosigkeit andererseits) in sich vereint.

Es folgt eine Charakterisierung der frühen Lyrik Mandel'štams am Beispiel von Gedichten aus dem ersten Gedichtband *Der Stein*. Dabei verweist Celan zunächst im Kontext eigener (Bremer Rede, *Der Meridian*) und Mandel'štamscher theoretischer Äußerungen auf den »phänomenalen Charakter« dieser Verse, die unter Verzicht auf Metapher und Emblem die Sprache als solche »zur Erscheinung« bringen. Die Sprache Mandel'štams wird als »aktualisierte Sprache«, als individuelles, kreatürliches, zeitgebundenes Sprechen, das Gedicht als ein wirklichkeitsnahes »terrestrisches, [...] kreatürliches Phänomen« charakterisiert, zeit- und raumbezogenen, nicht ablösbar von der Person des Sprechenden. Diese Mandel'štam als Person und Dichter zugesprochenen Eigenschaften werden im Folgenden der gesamten Bewegung des Akmeismus zuerkannt – eine nicht ganz unproblematische Aussage, welche z.B. die nicht unwesentlichen Differenzen zwischen Mandel'štam und Gumilev unterschlägt. Nach diesem kleinen literarhistorischen Intermezzo findet die Beschreibung der Gedichte Mandel'štams ihre Fortsetzung mit deren Charakterisierung als Gespräch und als Befragung, in deren Verlauf sich ein Anderes konstituiert. Im Rahmen phänomenologisch geprägter Argumentation charakterisiert Celan diesen Vorgang als Begegnung eines Wahrnehmenden mit einem Wahrgenommenen, das ›als Sprache erscheint‹, als »Name«, in dem Zeichen und Bezeichnetes identisch sind. Dialogizität und Alterität erscheinen als wesentliche Aspekte einer Dichtung, welche zudem vom »Spannungsverhältnis der Zeiten« geprägt ist, dem zwischen eigener und fremder Zeit, dem zwischen »Woher und Wohin«, zwischen Erinnerung und Erwartung. Wenn Celan dabei dieses Spannungsverhältnis als vornehmlich in den »Intervallen«, in den »Höfen«, und in den Pausen realisiertes »Vibrato« identifiziert, aufgrund dessen das Mandel'štamsche Gedicht »stimmhaft und stimmlos zugleich« ist, dann wird erkennbar, dass hier Gedankengänge neu formuliert werden, welche vorher die sprachreflexive Kontur des Gedichtbandes *Sprachgitter* maßgeblich bestimmen.

Vornehmlich in solchen Passagen wird deutlich, dass es Celan hier nicht allein um Mandel'štam, sondern um die Artikulation der eigenen Poetik geht; zudem werden nicht alle Zuschreibungen der Lyrik Mandel'štams gerecht (z.B. die vom verschwindenden Beiwort). Einen weiteren Schwerpunkt innerhalb von Celans Argumentation bildet die Diskussion der Zeitstruktur von Gedichten, die Celan als »zeitoffen« charakterisiert, korrespondierend den Eigenschaften des Gedichts, ›offen‹, ›besetzbar‹, sprachliche Konkretisation einer » ins Freie weisende[n] Frage« zu sein.

Die von den zwei Sprechern vorgetragene Kommentierung wird unterbrochen durch die Lesung von drei aus Mandel'štams erstem Gedichtband *Der Stein* stammenden Gedichten, deren Bezug auf das bislang Gesagte nicht erläutert wird, aber doch erkennbar ist, nämlich an der Thematisierung der die Mandel'štamsche Lyrik prägenden Spannung zwischen Erinnerung und Erwartung.

Der Lesung folgen drei weitere Rezitationen, jeweils eingeleitet durch nun sehr kurze Statements. Deren erstes stellt in wenigen Sätzen Mandel'štams zweiten Gedichtband *Tristia* vor, wobei die Aspekte Exil und Revolution im Vordergrund stehen, Revolution im Kontext des zuvor Ausgeführten und unter Berufung auf Mandel'štam, auf russische Symbolisten und Geschichtsphilosophen definiert wird als »Anbruch des Anderen [...], Erhebung der Kreatur«. Die Lesung von zwei weiteren Gedichten, des auf die Revolution bezogenen *Proslavim, brat'ja* (*Die Freiheit, die da dämmert*) und des auf Mandel'štams Judentum anspielenden *Eta noč nepopravima* (*Diese Nacht: nicht gutzumachen*) wird durch einen einzigen Satz unterbrochen, der nochmals auf die von Erinnerung und Erwartung geprägte Zeitstruktur der Gedichte und in diesem Kontext auf das »Jüdische« des russischen Dichters verweist. Der letzte der vorgetragenen Mandel'štam-Texte, das die Themen Zeit und Zeitenwende behandelnde Langgedicht *Der erste Januar 1924*, wird mit der Vorstellung des dritten Gedichtbandes von Mandel'štam (*Gedichte*) eingeleitet. Begleitet von Äußerungen, die in Anlehnung an Mandel'štams Essay *Wort und Kultur* (Dichtung als »Pflug«, der »die untersten Zeitschichten auf[reißt]« und »die ›Schwarzerde der Zeit‹ [...] zutage« treten lässt) einmal mehr auf die Spannung zwischen Rückschau und Vision verweisen, akzentuiert der kurze Abschnitt noch einmal den Aspekt der Alterität, die mit Schmerz verbundene Bezogenheit des Gedichts auf ›eine andere, fremdeste Zeit‹. Bemerkenswert am Schlusssatz ist die phänomenologisch begründete, in *Sprachgitter* und in Celans Notizen zum *Meridian* ebenfalls begegnende Verschränkung von Bild und Gedicht, von Sehen und Sprechen, von Auge und Mund. Die der letzten Lesung folgende, ebenfalls nur aus wenigen Sätzen bestehende

Schlusspassage akzentuiert noch einmal unter variierender Verwendung von Formulierungen der Bremer Rede (»Gedichte sind Daseinsentwürfe«) die Wirklichkeit konstituierende Funktion dichterischen Handelns. Celan verweist, allerdings sehr ungenau, auf Mandel'štams Leidensweg im Gefolge der stalinistischen Säuberungen und beendet den Essay mit dem Hinweis auf die von Mandel'štam bevorzugte Form des Gerundivs, »das Mittelwort der Leideform der Zukunft«. Mit der ja schon zuvor (»Zeit partizipiert«) beobachtbaren und noch einmal vorgenommenen poetologischen Interpretation eines grammatikalischen Begriffs betont Celan abschließend so nochmals die Verschränkung von sprachlicher und kreatürlicher Existenz.

Wie bereits erwähnt, ist der Text in vielfacher Weise mit anderen verbunden. Neben dem *Meridian* sind es Gedichte der *Niemandsrose*, auf die bestimmte Formulierungen vorausweisen; z.B. antizipiert der Satz »Es [das Gedicht, J. L.] steht in die Zeit hinein« den in *Le Menhir* vorgestellten, in die Tiefe und in die Höhe ragenden, die Zeit so symbolisierenden Stein. All dies sind Belege dafür, dass Celan zu dieser Zeit die eigene Dichtung weitgehend mit der Mandel'štams identifiziert, ja, dass er eigentlich mit diesem Essay sein eigenes Dichtungsverständnis zu formulieren und zu demonstrieren gedenkt. Denn von einer Einführung in Mandel'štams Leben und Werk, und dazu für ein breiteres Publikum, kann bestenfalls in Ansätzen gesprochen werden. Die Ausführungen sind assoziativ und bruchstückhaft, Mandel'štam nicht immer angemessen. Namen und Fakten werden meist ohne Erläuterungen vorgestellt, die Argumentation wirkt sprunghaft und ist aufgrund des von Celan verwendeten spezifischen Begriffsinventars schwer verständlich. Es verwundert nicht, dass der Radioessay auf keinerlei Resonanz gestoßen ist.

Abschließend muss bei all diesen expliziten, nachweisbaren, belegten und erschließbaren Affinitäten nochmals darauf verwiesen werden, dass Celan Mandel'štam unter einer ganz bestimmten Perspektive rezipiert hat. Es ist vor allem der Jude und der deshalb verfolgte, isolierte und stigmatisierte Dichter Mandel'štam, mit dem sich Celan identifiziert und dessen Werk er aus diesem Blickwinkel rezipiert hat. Das hat dazu geführt, dass er Mandel'štams Auseinandersetzung mit antiker, frühchristlicher und romanischer Kultur und Literatur ebenso vernachlässigt hat wie dessen Beschäftigung mit neuen Medien (Film) oder Phänomenen der modernen Zivilisation (Sport).

9.3.2 Oskar Pastior: *Mein Chlebnikov*

Der Lyriker Paul Celan entstammt bekanntlich einer in Südosteuropa situierten deutschsprachigen Lebenswelt, deren literarische Repräsentanten, also Celan, Moses Rosenkranz, Rose Ausländer u.a., einen hervorragenden Platz in der deutschsprachigen Literatur des 20. Jahrhunderts beanspruchen dürfen. Ebenfalls in Südosteuropa, allerdings nicht in der Bukowina, beheimatet ist eine andere deutschsprachige Literatur, die des Banats und Siebenbürgens. Auch von dort stammende Autoren wie die Nobelpreisträgerin Herta Müller, der Büchnerpreisträger Oskar Pastior, Franz Hodjak u.a. haben die deutschsprachige Literatur des 20. Jahrhunderts erweitert und bereichert. Die ihnen in Rumänien zunächst schulisch verordnete russische Literatur ist in etwas reiferem Alter interessiert gelesen und diskutiert worden, z.B. Esenin und Majakovskij in der »Aktionsgruppe Banat«, einer anfangs der siebziger Jahre entstandenen avantgardistischen Gruppierung, die wenig später vom rumänischen Geheimdienst Securitate zerschlagen worden ist. Eine substanzielle schöpferische Rezeption russischer Dichtung ist allerdings nur bei Oskar Pastior (1927–2006) erkennbar, und zwar im Rahmen seiner Beschäftigung mit der »transmentalen« Lyrik Chlebnikovs. Pastior hat selbst auf die Bedeutung des russischen Kollegen für sein Spätwerk verwiesen, u.a. in der poetologischen Schrift *Das Unding an sich* (1994). Pastiors späte Lyrik ist geprägt durch eine spezifische Kunst der Sprachkombinatorik, einer nach Pastiors Worten »Sprachalchimie«, die mit Hilfe von Verfahren und Gedicht- bzw. Liedformen wie Anagramm, Vokalise, Palindrom, Sestine, Villanelle u.a. Lautgedichte generiert. Geleitet vom Prinzip einer »Regellosigkeit nach Regeln« werden unterschiedliche Sprachen, verschiedene Sprachschichten, Dialekte, Soziolekte fragmentiert und mit Hilfe der o.g. Verfahren, im Spiel mit richtigen und falschen Etymologien zu neuen Sprachkonstrukten kombiniert. Diese Technik hat sich Pastior nach eigenem Bekunden bei Chlebnikov abgeschaut, ohne allerdings die für dessen Gedichte relevanten weltanschaulichen Kontexte zu berücksichtigen. Wichtigstes Dokument dieser Auseinandersetzung ist das Bändchen *Mein Chlebnikov* (2003). Es versammelt sämtliche Texte Pastiors »von und mit und zu« Chlebnikov – von den Nach- bzw. Umdichtungen, die Pastior für Peter Urbans erwähnte Chlebnikov-Ausgabe von 1972 angefertigt hat (u.a. *Allerleilach*, *Lieb-Satz*) bis zum *getoengedroehn um den verstand* (nach Chlebnikovs *Blagovest umu*; zuerst in: *Das Hören des Genitivs*, 1997), ergänzt durch poetologische Reflexionen und Kommentare Pastiors zu Problemen und Prinzipien seiner »Fort-Schrift« Chlebnikovs (so Felix Philipp Ingold in seinem Nachwort). Das Possessivpronomen im Titel zeigt an, dass es Pastior in erster Linie um die Bekundung und produktive Gestaltung einer empfundenen »enge[n] poetische[n] Wahlverwandtschaft« (Ingold) geht, weniger um die übersetzungsphilologisch korrekte Pflege eines (wie bereits Majakovskij beklagte, zumeist missverstandenen oder vernachlässigten) literarischen Erbes.

9.3.3 Ingeborg Bachmann

Bewundert worden sind die russischen Akmeisten auch von der Paul Celan in vielerlei Hinsicht verbundenen Ingeborg Bachmann (1926–1973). Es war allerdings nicht Osip Mandel'štam, sondern Anna Achmatova, der sie sich so nahe fühlte, dass sie ihr ein poetologisch bedeutsames Gedicht mit dem Titel *Wahrlich* (zuerst in der Zeitschrift *L'Europa letteraria*, 1965) gewidmet hat. Bachmann hat diesen Text am

12.12.1964 im Rahmen der Preisverleihung des »premio Etna-Taormina« an Achmatova vorgetragen. Vergleichbar der Mandel'štam-Rezeption Celans artikuliert Bachmanns kurzes Gedicht die durch Achmatovas Vita exemplarisch repräsentierte Verschränkung von Sprachkunst und Existenz. Auch Bachmann knüpft eine solche Verschränkung an bestimmte Voraussetzungen. Wahres, existenzielle Geborgenheit verheißendes und vermittelndes Sprechen erwächst aus dem Verstummen, aus einer durch tiefes Leid und Unterdrückung bedingten Reduzierung eines automatisierten und ideologiebehafteten Sprechens (»Einen einzigen Satz haltbar zu machen,/ auszuhalten in dem Bimbam von Worten.«). Die von den erwähnten bedrückenden politischen und ideologischen Kontexten (z.B. der Ždanov-Ära) geprägte Lyrik Achmatovas erwächst aus erzwungenem und freiwillig gewähltem Verstummen, ist aber gerade deshalb eine Sprachkunst, für die ihre Schöpferin mit ihrer ganzen Existenz einsteht (»Es schreibt diesen Satz keiner,/ der nicht unterschreibt.«). Bachmann hat sich auch engagiert für eine vom Piper-Verlag geplante Achmatova-Edition eingesetzt, sich dann allerdings empört zurückgezogen, als sie erfuhr, dass der erwähnte, durch seine Tätigkeiten in der Hitler-Jugend (u.a. Verfasser der Liedes *Es zittern die morschen Knochen*) kompromittierte Hans Baumann als Übersetzer vorgesehen war.

Bedeutsamer für das literarische Werk ist Bachmanns Beschäftigung mit der russischen Erzählprosa des 19. Jahrhunderts; das betrifft vor allem die Autoren Dostoevskij, Tolstoj und Čechov. Poetologische (*Frankfurter Vorlesungen*) und dichterische Texte (das »Todesarten«-Projekt und *Ein Monolog des Fürsten Myschkin*) enthalten zahlreiche argumentationsrelevante und strukturbildende Verweise. So bezieht sich Bachmann im dritten Teil der im Wintersemester 1959/1960 gehaltenen *Frankfurter Vorlesungen* (»Das schreibende Ich«) auf Tolstoj und Dostoevskij, um auf zwei »klassisch gewordene Muster der modernen Ich-Erzählung« aufmerksam zu machen. Bachmann behandelt dabei die für ihr Gesamtwerk, vor allem aber für das Projekt der »Todesarten« zentrale Problematik des sich nicht mehr selbst gewissen Subjekts. Dies erörtert sie am Beispiel verschiedener Ich-Erzählhaltungen in der Erzählprosa des späten 19. und des 20. Jahrhunderts, an denen die Auflösung einer eindeutigen Erzählinstanz erkennbar ist. Als eines dieser »Muster« versteht sie die moderne literarische Beichte in Gestalt von Tolstojs *Kreutzersonate*, wo das bekennende Subjekt durch eine gedoppelte Ich-Erzählinstanz abgelöst wird. Die zweite Variante einer Doppelung des Ich-Erzählers ist laut Bachmann die Herausgeberfiktion, deren Spezifika sie am Beispiel von Dostoevskijs *Aufzeichnungen aus dem Totenhaus* herausarbeitet. Ohne auf die behauptete Modernität des Textes näher einzugehen, interpretiert sie diesen Kunstgriff als eine das Subjekt verschleiernde Inszenierung, als »Versteckspiel mit dem Ich, das versteckt werden muß, um sich besser preisgeben zu können«.

Eine schöpferische Rezeption russischer Literatur im Rahmen des »Todesarten«-Projekts offenbart vor allem der Roman *Malina* (der einzige vollendete Teil der geplanten Romantrilogie, erschienen 1971). Der komplexe, hochgradig heterogene, intertextuell strukturierte Text artikuliert die Träume, Projektionen und Reflexionen einer weiblichen Ich-Figur, die von Themen wie Identitätsfindung, gescheiterter Liebe, Repression, Gewalt und Tod, Sprache und Existenz, Auflösung einer identifizierbaren Erzählerinstanz dominiert werden. Auf Affinitäten zu Tolstoj verweist bereits das Motiv der »Todesarten«. Neben Kierkegaard, Heidegger und Wagner ist für Bachmann der russische Dichter ein unübertroffener Darsteller von »Todesarten«, in Romanen wie *Krieg und Frieden* und Erzählungen wie *Tri smerti* (Drei Tode) oder *Der Tod des Ivan Il'ič*; sie sind wichtige literarische Instanzen im *Malina*-Roman. Explizit formuliert erscheint dieser Bezug im Kapitel »Der dritte Mann«, in dem, vermittelt durch Träume und Alpträume, eine Zerstörung, brutale Gewalt, Folter und Mord repräsentierende Vaterfigur evoziert wird. Im Rahmen traumhafter und traumatischer Erinnerung an die Unterdrückung und die Demütigung des Weiblichen durch das Männliche am Beispiel der Beziehung von Vater zu Mutter und Tochter erscheint drei Mal der Ballsaal aus Tolstojs *Krieg und Frieden* als symbolischer Raum für das zunächst von der Spannung zwischen Krieg und Frieden, letztlich aber allein von Gewalt geprägte Verhältnis der Geschlechter, explizit artikuliert im Dialog zwischen dem weiblichen Erzähler-Ich und seinem geliebten Ivan.

Was Dostoevskij betrifft, so sind sicher dessen *Aufzeichnungen aus einem Totenhaus* ein wichtiger Prätext für die »Todesarten«; dies umso mehr, als Bachmann selbst indirekt in den *Frankfurter Vorlesungen* darauf aufmerksam macht. Neben dem Todesmotiv und der Parallelisierung von »Totenhaus« und Konzentrationslager ist es die angesprochene Subjektproblematik und die aus ihr resultierende Aufspaltung eines Ich-Erzählers, die beide Dichtungen miteinander verbindet. Die erwähnte Doppelung der Ich-Erzählinstanz in Dostoevskijs Text verweist indirekt auf die von Bachmann selbst als »Doppelfigur« bezeichnete Symbiose von Ich und Malina; nicht zufällig werden in diesem Kontext Dostojevskijs *Aufzeichnungen aus einem Totenhaus* als eines der das erzählende Ich umgebenden Bücher benannt (im Kapitel »Glücklich mit Ivan«).

Die umfänglichste schöpferische Rezeption eines russischen Dichters demonstriert Bachmanns lyrischer *Monolog des Fürsten Myschkin zu der Ballettpantomime »Der Idiot«*, ein Libretto zu der von Tatjana Gsovsky eingerichteten und von Hans Werner Henze komponierten Adaption des Romans von Dostoevskij. Bachmanns 1953 entstandener Text ersetzt Gsovskys von der Kritik und auch vom Komponisten als misslungen gewertete Bearbeitung des *Idiot*; uraufgeführt wurde er erst sieben Jahre später an der Städtischen Oper Berlin.

Bachmanns Libretto offenbart eine sehr eigenwillige Auseinandersetzung mit dem *Idiot*. Sprachgestisch, sprachbildlich Bachmanns früher Lyrik verpflichtet, entfernt sich der Text deutlich von seiner epischen Vorlage; nicht zufällig beschließt der *Monolog* Bachmanns Gedichtband *Die gestundete Zeit*. Eine nicht veröffentlichte »Einführung« aus Bachmanns Nachlass begründet dies u.a. mit den Gesetzmäßigkeiten einer Choreographie sowie mit der Intention, ihre aus der Auseinandersetzung mit der russischen Vorlage erwachsenen »eigenen Absichten« zu artikulieren (Beck 1997, S. 138f.). Bachmann reduziert Dostoevskijs Vorlage auf sieben Bilder mit sieben Romangestalten (Myschkin, Parfion Rogoschin, Nastassia Filipowna, Totzki, Ganja Iwolgin, General Epantschin, Aglaja). Im Zentrum der choreographischen, die Sprache zugunsten von Musik und Gestik reduzierenden Konstruktion stehen Myschkin, Rogoschin, Nastassia Filipowna und Aglaja. Der aus der Dunkelheit des Wahnsinns kommende und dorthin am Schluss zurückkehrende Myschkin wird zu Beginn einer in Stummheit und Isolation gefangenen Gesellschaft gegenübergestellt, als einziger, der das ›aus der Hand der Trauer genommene Wort‹ hat, und so die anderen marionettenhaften Figuren sprachlich an die Hand nimmt. Die dieser Vorstellung folgenden sechs Szenen gestalten Myschkins Begegnungen mit Nastassia Filipowna (das von ihr gegebene und zugunsten Rogoschins zurückgenommene Liebesversprechen), mit Rogoschin (Mordversuch an Myschkin und Kreuztausch), mit Aglaja (seine Liebeserklärung und ihre ironische Charakterisierung Myschkins) sowie mit der als stummer Vogelschwarm dargestellten Petersburger Gesellschaft. Das siebte Bild gestaltet die Ermordung Nastassias und verweist auf Myschkins erneutes Versinken im Wahnsinn. Im Rahmen dieser Bilderfolge erfährt Myschkin Gewalt, Macht und Scheitern der Liebenden, Leid und Tod; er leidet und scheitert notwendig an dieser ihm fremd bleibenden Welt. Puškins in Dostoevskijs Roman von Aglaja zitierte Ballade vom armen Ritter wird in Bachmanns Diktion zur Selbstcharakterisierung eines Ausgestoßenen, auf dem »Weg durch die Gegenwart,/ zu auf den Horizont, wo die zerrissenen/ Sonnen im Staub liegen«. Darüber hinaus thematisiert das Libretto die Problematik einer aus tiefem Leid und damit verbundenem Verstummen erwachsenen neuen Sprache, deren Bestand aber am Schluss, im Zurückgehen Myschkins in die Dunkelheit des Wahnsinns, als gefährdet erscheint (»Alle Tore sind zugefallen, es ist Nacht,/ und was zu sagen ist, ist noch nicht gesagt.«). Bachmanns sich von der Diktion Dostoevskijs entfernende Sprache ist als Realisierung einer solch neuen, einer von Automatisierung, Entfremdung, von den Gräueln der jüngsten Geschichte nicht belasteten Sprache verstehbar, gesättigt mit einer ungemein dichten, z.T. schwer verständlichen Metaphorik und Symbolik. Auch diese sprachkritische Auseinandersetzung mit einer von der Geschichte belasteten Sprache erinnert an Celan, insbesondre an dessen Bremer Literaturpreisrede. Mit Hilfe dieses dem Fürsten Myschkin vorbehaltenen Sprechens akzentuiert Bachmann die Verbindung von Sprechen und Erkennen; der aus dem Dunklen kommende Myschkin wird hellsichtig bis hin zum Prophetischen (z.B. im Abschlussmonolog), eine Hellsichtigkeit, die sich im oben charakterisierten Sprechen offenbart. Es ist ein Sprechen, das zugleich die erwähnte Isolation noch verstärkt. Zudem verbindet insbesondre die ausgeprägte Klang- und Musikmetaphorik Bachmanns literarische mit Henzes musikalischer Interpretation des Romans (Bielefeldt 2003, S. 79f.), Demonstration der engen Zusammenarbeit beider Künstler.

9.3.4 Thomas Bernhard: Die schöpferische Aneignung Dostoevskijs, Lermontovs und Kropotkins

Thomas Bernhard (1931–1989) gehört sicherlich zu denjenigen österreichischen Schriftstellern der Nachkriegszeit, die sich am intensivsten mit russischer Literatur und Geistesgeschichte beschäftigt haben. Zu nennen sind dabei insbesondre Lermontov, Dostoevskij, Turgenev sowie die Anarchisten Michail Bakunin und Petr Kropotkin. Bekanntlich hat Bernhard den Weg zu sich selbst, die Emanzipation aus einer ihn bedrängenden, ihn fast vernichtenden Welt mit Hilfe der Kunst, vor allem der Sprachkunst gewonnen. Diese in fünf autobiographischen Bänden nachgezeichnete Entwicklung ist nicht denkbar ohne Mentoren wie den Großvater Johannes Freumbichler, aber auch nicht vorstellbar ohne die langjährige Beschäftigung mit Philosophie und Literatur. Ausdruck dessen ist die hochgradig intertextuelle Struktur des Gesamtwerkes, die auch zahlreiche Verbindungen zur russischen Literatur erkennen lässt.

Bernhard hat in etlichen autobiographischen Zeugnissen auf sein früh erwachtes Interesse für die russische Literatur verwiesen. So nennt er im Monolog *Drei Tage* (ursprünglich ein Filmporträt von Ferry Radax, 1970) als ihn beeindruckende Autoren neben Cesare Pavese, Ezra Pound, Robert Musil, »Lermontov, natürlich Dostojewski, Turgenjew, im Grunde alle Russen«, berichtet in *Die Kälte* von der ihn umwerfenden Lektüre der *Dämonen* (»ich löste mich für einige Zeit in den Dämonen auf«), die wie kaum eine andere seine geistige Emanzipation, seine dichterische Entwicklung beeinflusst habe. Bernhards Privatbibliothek enthält zahlreiche, z.T. mit ausführlichen Anstreichungen versehene Übersetzungen, vom altrussischen *Igorlied* über Gogol', Lermontov, Tolstoj, Turgenev, Dostoevskij, Gor'kij bis Majakovskij, Cvetaeva, Pasternak und Ajtmatov (Ritter 2014, Levkina 2015).

Literarisches Zeugnis dieser Beschäftigung sind die zahlreichen expliziten und impliziten intertextuellen Bezüge in Bernhards Gesamtwerk. Auffallend dabei ist die starke Präsenz Lermontovs; kein deutschsprachiger Dichter der Moderne hat dessen Werk, insbesondre den Roman *Ein Held unserer Zeit*, so häufig und funktional folgenreich in eigene Texte integriert wie Thomas Bernhard. Mehrere Protagonisten seiner Dramen und Romane tragen russische Namen (*Ein Fest für Boris*, Olga in *Heldenplatz*, Irina in *Wittgensteins Neffe*). Sie zitieren russische Texte (in *Die Jagdgesellschaft*, *Das Kalkwerk*), nicht selten wird ihre besondere Affinität zur russischen Literatur hervorgehoben (z.B. die des Professors Schuster zu Tolstoj, Gogol', Dostoevskij und Turgenev in *Heldenplatz* oder die des Fürsten Murau und seines Onkels Georg zu Dostoevskij, Lermontov, Kropotkin und Bakunin in *Auslöschung*).

Die genannten intertextuellen Verweise auf russische Texte sind nicht zufällig oder gelehrtes Spiel. Vielmehr akzentuieren sie einige der für Bernhards Gesamtwerk charakteristischen Themenkomplexe: Krise des Subjekts, Krankheit, Tod, gesellschaftliche Isolation, Gesellschaftskritik. Die Krise des Subjekts, seine Gefährdung, seine bis zum Wahnsinn gehende Deformation und die damit einhergehende gesellschaftliche Isolation gestalten Romane wie *Frost, Das Kalkwerk, Verstörung*, Dramen wie *Jagdgesellschaft* und *Ein Fest für Boris* in Verbindung mit Motiven wie Kälte, Auslöschung und Tod. Bernhards kranke Subjekte sind Repräsentanten einer erstarrten, verstörten, letztlich kranken Gesellschaft, welche die Geltungsansprüche der solipsistischen ratio dementiert, gegen die sie zugleich immer wieder aufbegehren. Letzteres geschieht mehrfach in Orientierung an russischen Autoren. Professor Josef Schuster, der sich im Drama *Heldenplatz* (Uraufführung am Burgtheater Wien, 4.11.1988) der vom Katholizismus und von verdecktem Antisemitismus geprägten österreichischen Gesellschaft durch Selbstauflösung entzieht, hat nach Auskunft seines Bruders Robert auf diesen Zustand der geistigen Monotonie und sozialen Enge durch ein Arbeiten in Chaos und Unruhe reagiert, gleich »allen diesen russischen Schriftstellern/ die er sein ganzes Leben so inständig verehrt hat/ Tolstoj Dostojewski Gogol Turgenjew/ das war seine Welt«. Gestalten wie der Maler Strauch in *Frost* (1963) oder Fürst Saurau in *Verstörung* (1967) erinnern dabei in der Verbindung von unproduktivem, selbstzerstörerischem Verstand an den in der russischen Literatur des 19. Jahrhunderts von Lermontov über Gončarov und Turgenev bis Dostoevskij dargestellten Typus des »überflüssigen Menschen« (lišnij čelovek); nicht zufällig erscheinen die genannten Autoren mehrfach an prominenter Stelle in Bernhards Texten (Levkina 2015). Der Aspekt des unproduktiven Intellekts und seiner zerstörerischen Wirkung verweist u.a. auf die Hauptfigur in Turgenevs Briefnovelle *Faust* (1856), noch mehr, in Verbindung mit den Motiven des Eingeschlossenseins und der Selbstisolierung, auf Dostoevskijs *Aufzeichnungen aus dem Untergrund* (1864). Dem entspricht auch der sowohl diesen Text Dostoevskijs als auch *Frost* bestimmende sprachliche Gestus das Monologisierens, des egomanischen, selbstbezogenen, vom Gestus der Verneinung dominierten sprachlichen Reflektierens. Im Gegensatz zu Dostoevskij radikalisiert Bernhard diese Welthaltung allerdings bis zur Auflösung, bis zur *Auslöschung*, so der Titel eines seiner wichtigsten Prosawerke. Doch auch das Akzentuieren von Zerfall und Tod geschieht mit Hilfe russischer Kon-Texte, strukturbestimmend z.B. im Drama *Die Jagdgesellschaft* (Uraufführung am Burgtheater Wien, 4.5.1974). Gleichsam rahmend kommentiert dort der als Reflexionsfigur und Beobachter fungierende Schriftsteller die vom General repräsentierte, zur Auflösung und zum Tod bestimmte Welt mit Hilfe von zwei Passagen aus Lermontovs Roman *Ein Held unserer Zeit* (1840), in denen von der notwendigen Todesverfallenheit des eigenen Ich gesprochen wird. Im gleichzeitigen Hinweis darauf, dass dieser Beobachter des Zerfalls permanent mit der Lektüre russischer Literatur beschäftigt ist, zeigt sich, dass Bernhard diese in besonderer Weise mit den Aspekten Krankheit, Gewalt und Tod identifiziert. Gerechtfertigt erscheint eine solche Perspektive insofern, als viele der hier explizit genannten bzw. implizit präsenten Autoren sehr früh eines unnatürlichen, gewaltsamen Todes gestorben sind: Lermontov mit siebenundzwanzig, Puškin mit siebenunddreißig in

Duellen, Majakovskij mit siebenunddreißig durch Suizid. Dieser Befund bestätigt eine Äußerung im Roman *Der Untergeher* (1983), in deren Rahmen die russische Literatur als »die tatsächlich tödliche« charakterisiert wird.

Eine besondere Profilierung erhält der gegen eine mental erstarrte, rückwärtsgewandte Gesellschaft aufbegehrende, letztlich aber unproduktive, isolierte Intellektuelle dort, wo er von Bernhard im Kontext anarchischer Gesellschaftsentwürfe gestaltet wird, z.B. im Roman *Das Kalkwerk* (1970). Konrad, der monomanisch und zerstörerisch agierende Protagonist, hat sich mit seiner verkrüppelten Frau in einem Kalkwerk verbarrikadiert, um ungestört an einer Studie über das Gehör arbeiten zu können. Der von Beginn seiner Existenz von der »Krankheit zum Tode« (I. S. Kierkegaards) gezeichnete Konrad erscheint als verkörperte Verneinung alles Organisch-Sinnlichen und jeder Art von Vergesellschaftung, als Bernhards radikalste Verkörperung des isolierten Geistesarbeiters, der seine im Kopf befindliche Welt nicht objektivieren, seine »Studie« deshalb auch nicht niederschreiben kann. Zur indirekten Charakterisierung dieser Figur bemüht Bernhard den russischen Anarchisten Petr Kropotkin (1842–1921). Dessen *Memoiren eines Revolutionärs* (zuerst engl. *Memoirs of a Revolutionist*, 1890) sowie Novalis' *Heinrich von Ofterdingen* (posthum 1802), beide Texte gehören übrigens auch zum Bestand der Murauschen Bibliothek in *Auslöschung*, liest Konrad seiner Frau immer wieder vor, widerwillig den Novalis auf Wunsch seiner Frau, die umgekehrt Konrads Favoriten Kropotkin ertragen muss. In diesem Zusammenhang wird Konrad als materialistisch orientierter, die Gesellschaft verneinender Wissenschaftler charakterisiert, wobei allerdings anzumerken ist, dass der dabei demonstrierte, geradezu asoziale Solipsismus Konrads nicht Kropotkins Gesellschaftsentwurf entspricht. Dieser verlangt zwar die Emanzipation eines selbstbewussten und selbstbestimmten Individuums von Herrschaft und Fremdbestimmung, sieht dieses Individuum aber auch als integralen Bestandteil einer von gemeinsamen Zielen geleiteten Gesellschaft. Zugleich erscheint Konrad im Rahmen dieser gegensätzlichen Lektürepräferenz als Repräsentant eines kunstfeindlichen Intellektualismus, der einer durch Novalis verkörperten »Universalpoesie« feindlich begegnet, die gerade nicht die Vereinzelung, sondern den durch die Kunst ermöglichten Zusammenhang alles Seienden propagiert. Letztlich erweist sich deshalb Konrads Vorliebe für Kropotkin als ein großes Missverständnis, wodurch indirekt seine bis zum Autismus gestörte Kommunikationsfähigkeit noch einmal akzentuiert wird. Denn dieses Missverstehen eines hochgeschätzten Autors und seines Textes demonstriert, dass diese Figur nicht einmal zu dem Autor eine kommunikative, verstehende Beziehung aufbauen kann, dem er sich besonders nahe fühlt. Bernhards letzter großer Roman *Auslöschung* (1986) ist auch in Bezug auf seine Rezeption russischer Literatur ein opus magnum. Mehrfach wird der hohe Rang letzterer gegenüber der deutschen Literatur betont, werden Dostoevskij, Lermontov, Turgenev und Tolstoj explizit benannt. Protagonisten dieser Rezeption sind die Hauptfigur Murau und der von ihm als Mentor charakterisierte Onkel Georg, der ihn auch mit den Gedanken des russischen Anarchisten Michail Bakunin (1814–1876) und dem bereits vorgestellten Peter Kropotkin bekannt gemacht hat. Relevant als Prätext zu *Auslöschung* sind Kropotkins *Memoiren* insofern, als die Lebensläufe beider Protagonisten, also Muraus und Kropotkins, erstaunliche Parallelen erkennen lassen. Beide entstammen einer privilegierten Adelsfamilie, von der sie sich im Verlauf einer komplizierten geistigen und sozialen Neuorientierung emanzipieren: in der Kindheit über das Theaterspiel, danach durch Flucht aus der Adelsgesellschaft in die Welt der Wissenschaft, durch die Annäherung an die unteren sozialen Schichten. Beide Herkunftsbereiche werden in ihrer Lebensferne mit Theatermetaphern charakterisiert. Im Gegensatz zu Kropotkin ist Murau allerdings nicht in der Lage, seine negative Sicht der bestehenden gesellschaftlichen Verhältnisse mit Hilfe eines innovativen Gesellschaftsentwurfs zu überwinden.

9.3.5 Heinrich Böll

Biographische Kontexte

Wichtigster Vermittler und Promotor deutsch-russischer Literaturbeziehungen unter den Autoren der Bundesrepublik Deutschland war zweifellos Heinrich Böll (1917–1985). Sein literarisches und essayistisches Werk dokumentiert dies ebenso wie die zahlreichen Begegnungen mit sowjetischen Schriftstellern (Trifonov, Rasputin, Solženicyn u.a.), von denen einige, wie z.B. Lev Kopelev, zu seinen engsten Freunden zählten. Böll gehört zu denjenigen bundesdeutschen Autoren, die in der Sowjetunion (ab 1952) am umfänglichsten und intensivsten rezipiert worden sind (Bukowski 1976; Bruhn/Glade 1980). In einer Notiz von 1972 (*Offenbarungseid*, in der *Zeit* vom 4.2.1972) geht Böll davon aus, dass sein Werk dort zu diesem Zeitpunkt in ca. drei Millionen Exemplaren verbreitet war. Böll wurde zunächst als Repräsentant einer von Sozialkritik, Kapitalismus-Kritik und Antimilitarismus dominierten Literatur gefeiert. Das betraf insbesondre die *Ansichten eines Clowns* (1963); der Roman wurde engagiert in der literarischen Öffentlichkeit der Sowjetunion diskutiert und sogar dramatisiert (180 ausverkaufte Aufführungen im Mossovet-Theater in Moskau). Eher problematisch war die Aufnahme von *Gruppenbild mit Dame* (1971), vor allem aufgrund der vielen Anspielungen auf die jüngste deutsch-russische Geschichte (z.B. das Thema russische Kriegsgefangene in Deutschland). Hier hat die sowjetische Zensur bei der Übersetzung ins Russische massiv mit Streichungen eingegriffen. Gleichwohl ist Böll auch von russischen Schriftstellern wie Kopelev, Bitov, Aksenov, Jurij Bondarev u.a. intensiv rezipiert worden. Mit Beginn der siebziger Jahre hat sich dann zumindest im Bereich des von der Kulturbürokratie gelenkten literarischen Lebens das Blatt gewendet. Böll wurde aufgrund seines engagierten Einsatzes für in der Sowjetunion drangsalierte und verfolgte Künstler (z.B. Solženicyn) sowie wegen kritischer Äußerungen über den sowjetischen Schriftstellerverband (z.B. in *Der fragende Reporter*, in der *Zeit* vom 8.4.1977) mehr und mehr zur persona non grata: Die Verleihung des Nobelpreises im Jahre 1972 ist in den offiziellen die Literatur betreffenden Presseorganen (*Literaturnaja gazeta*) kaum erwähnt worden; ab 1973 wurde er z.T. massiv angegriffen, geplante Veröffentlichungen sind torpediert worden.

Böll war zeit seines Lebens ein begeisterter Leser russischer Literatur, die er außerordentlich schätzte; in seiner Antwort auf eine Anfrage des Instituts für russische Literatur an der sowjetischen Akademie der Wissenschaften vom 14.11.1969 bezeichnet er die russische Literatur des 19. Jahrhunderts als »die größte, die humanste und gleichzeitig wichtigste der Welt« (in: *Werke. Kölner Ausgabe*, Bd. 16, 2008); und ein anderes Statement von ihm spricht davon, dass die deutsche Sprache nach 1945 auch durch die »ungeheure Sensibilität der russischen Literatur« von der NS-Sprache befreit worden ist (der Erzählungsband *Die Verwundung*, 1983). Gogol', Tolstoj, vor allem aber Dostoevskij hat er mehrfach als Autoren bezeichnet, die sein literarisches Schaffen beeinflusst haben, die Lektüre von Schriftstellern des 19. Jahrhunderts (Puškin, Lermontov, Tolstoj, Gončarov, Čechov u.a.) ist vielfach belegt, ebenso wie die von Repräsentanten der Sowjetliteratur (Gor'kij, Šolochov, Fedin, Trifonov, Rasputin, Achmadulina u.a.), auch die von Dissidenten wie Solženicyn, Vladimir Bukovskij, Aleksandr Ginzburg u.a. Kopelev hat immer wieder davon gesprochen, wie beeindruckt er von Bölls Interesse und umfänglichem Wissen gewesen ist. Kein deutschsprachiger Schriftsteller von Rang außerhalb der DDR hat sich in der Zeit nach 1945 so oft, so engagiert und so kenntnisreich über Literatur und literarisches Leben in Osteuropa geäußert wie Heinrich Böll, in fiktionalen Texten ebenso wie in literaturkritischen Artikeln, Rezensionen, Interviews, Briefen.

Böll hat sich bereits als Jugendlicher für russische Dichtung, insbesondre für Dostoevskij interessiert. Diesem Idol seiner Jugend begegnet er nach eigenem Bekunden erstmals 1934/1935 beim Besuch einer Vortragsreihe des katholischen Akademikerverbandes – Beginn einer ihn als Person und Autor fesselnden, leidenschaftlichen Lektüre. Außerdem las er bereits während der dreißiger Jahre zahlreiche Texte von Turgenev, Tolstoj, Gogol', Čechov, dokumentiert in einer 1936 angelegten Lektüreliste und in einem auf 1937 datierten Notizkalender. Eine weitere, 1938 entstandene Liste vermerkt den Erwerb von »13 Bänden Dostojewski«, offenkundig eine verramschte Piper-Ausgabe. Auch die während des Zweiten Weltkriegs geschriebenen Briefe an seine Frau Annemarie bezeugen eine permanente Auseinandersetzung mit dem Werk Dostoevskijs. Böll spricht darin wiederholt von seiner bis zur Identifizierung mit dem russischen Dichter gehenden, tiefen Verehrung. Bereits in diesen Briefen erscheint Dostoevskij als Repräsentant eines den Armen und Leidenden zugewandten Christentums (Brief vom 18.3.1943), als »der christliche König aller Armen und Leidenden und Liebenden« (Brief von 26.3.1943). Mehrfach bittet er sie, ihm Werke wie *Verbrechen und Strafe*, *Idiot*, *Die Sanfte*, *Belye noči* (Weiße Nächte) zuzuschicken. Den »Raskolnikow«, also *Verbrechen und Strafe*, hat er nach eigenem Bekunden bereits zu dieser Zeit »6- oder 7-mal« gelesen.

Spätestens seit Beginn der sechziger Jahre beschäftigt sich Böll vermehrt mit Gesellschaft, Kultur und Literatur der Sowjetunion, die er sieben Mal besucht hat. 1963 reist er erstmals mit anderen Schriftstellern wie Rudolf Hagelstange und Richard Gerlach in die Sowjetunion, wo er u.a. Kopelev kennenlernt – Beginn einer bis zu Bölls Tod währenden engen Freundschaft. Während des zweiten, mehrwöchigen Besuchs im Jahre 1965 vertieft er die Freundschaft mit Kopelev und dessen Frau Raissa Orlova, besucht Ėrenburg, wird bekannt mit zahlreichen sowjetischen Autoren und Künstlern. 1966 bereist er erneut die Sowjetunion, insbesondre Leningrad, wo er im Rahmen erster Vorarbeiten zu einem 1969 zusammen mit Erich Kock realisierten Film *Der Dichter und seine Stadt. F. M. Dostojewski und Petersburg* (Erstsendung: 15.5.1969) auf den Spuren des verehrten russischen Dichters wandelt. Während seines vierten Aufenthaltes in der Sowjetunion im Jahre 1970 lernt er neben Trifonov u.a. auch Solženicyn persönlich kennen, dessen Werk er in zahlreichen Artikeln und Rezensionen lobt und den er nach dessen Ausbürgerung für kurze Zeit bei sich aufnehmen wird. Weitere Reisen in die Sowjetunion unternahm er 1972, 1975 und 1979. Während der siebziger Jahre ist ihm die offizielle Sowjetunion aus den o.g. Gründen mit zunehmender Distanz begegnet, was seinem Interesse und seinem Engagement für die russische Literatur aber keinen Abbruch getan hat. Engagiert hat er sich auch in zahlreichen öffentlichen Auftritten, in deren Rahmen er auch immer wieder auf die Bedeutung der russischen Literatur für sein eigenes literarisches Schaffen verwiesen hat, z.B. in den *Frankfurter Vorlesungen* (»Zur Ästhetik des Humanen in der Literatur«, gehalten im Sommersemester 1964) und in seiner in Stockholm am 2.5.1973 gehaltenen Nobelvorlesung *Versuch über die Vernunft der Poesie*.

Dostoevskij-Rezeption

Lektürespuren finden sich in zahlreichen Texten Bölls; in der Erzählprosa ebenso wie in autobiographischen Zeugnissen (*Wenn ich danken müßte*, 1938; posthum in: *Werke. Kölner Ausgabe*, Bd. 1, 2004), in Essays (*Entweder – Oder*, im *Jahrbuch der Deutschen Akademie für Sprache und Dichtung* 1962, ersch. 1963) in den *Frankfurter Vorlesungen* oder in »Hörbildern« wie *Chesterton über Dickens* (Erstsendung am 17.3.1955), wo Dostoevskij gegenüber Turgenev als Schöpfer großer literarischer Gestalten wie Raskol'nikov oder Šatov gerühmt wird.

Dostoevskij steht denn auch im Zentrum der Auseinandersetzung mit russischer Literatur. Böll hat Dostoevskijs Erzählprosa bereits während der Jahre vor dem Zweiten Weltkrieg geradezu verschlungen. Seine frühe Dostoevskij-Rezeption erinnert in vielem an die Auseinandersetzungen deutschsprachiger Autoren zu Beginn des 20. Jahrhunderts, z.B. an die erwähnten von Trakl, Hesse und Döblin Auch ihn fasziniert eine von Dostoevskij literarisch verheißene Erlösung von Sünde und geistig-seelischer Zerrüttung durch ein von den Prinzipien Demut und Liebe geprägtes Christentum. In der frühen autobiographischen Skizze *Wenn ich danken müßte* erscheint Dostoevskij als derjenige, der von allen Schriftstellern als erster diesen Dank verdient, als einer von »vier große[n] Christen [...], Männer[n] großen Geistes und großen Herzens« (neben Gilbert Keith Chesterton, Leon Bloy und Sören Kierkegaard). Im ein Jahr später verfassten Tagebuchroman *Am Rande der Kirche* (posthum in: *Werke. Kölner Ausgabe*, Bd. 1) berichtet er nur leicht verschlüsselt von der leidenschaftlichen, ihn ergreifenden Lektüre bestimmter Erzählungen (*Die Sanfte*) und Romane (*Dämonen*). Auch in später entstandenen autobiographischen Zeugnissen (*Was soll aus dem Jungen bloß werden?*, 1981), Reden (Nobelpreisrede), Interviews u.a. hat Böll immer wieder auf diese Begeisterung für Dostoevskij verwiesen. Darüber hinaus hat er bereits in früher Jugend wichtige Sekundärtexte über Dostoevskij in deutscher Übersetzung gelesen, z.B. die der Philosophen Vladimir Solov'ev (*Drei Reden zum Andenken Dostojewsky's*, 1922) und Nikolaj Berdjaev (*Die Weltanschauung Dostojewskijs*, 1925). Auch in den erwähnten Lektürelisten und in Interviews ist bis in die siebziger Jahre wiederholt von der Faszination die Rede, die das Werk Dostoevskijs auf ihn ausgeübt hat (z.B. in *Lieber Herr Grieshaber*). Besonders informativ ist die erwähnte Antwort auf die Anfrage der sowjetischen Akademie der Wissenschaften, in der um Auskunft über seine Beziehung zu Dostoevskij, über dessen Einfluss auf das eigene Werk, über dessen weltliterarische Bedeutung und Modernität gebeten wird. In seiner Antwort bestätigt Böll einmal mehr die Bedeutung des russischen Dichters für sein Schreiben, ohne dies hier allerdings näher zu erläutern, erwähnt dabei seine besondere Präferenz für die Romane *Der Idiot* und *Dämonen*. Was die Modernität betrifft, so sieht er Dostoevskij als Vorläufer Kafkas, insbesondre wie »er prophetisch die existenzielle Sinnlosigkeit des Lebens der Menschen in den großen Städten voraussah«. Bölls substanziellste Äußerung zu diesem Thema ist sein Beitrag zu dem erwähnten Radioprogramm *Dostojewski – heute?* von Manès Sperber (1971). Dort gibt er einmal mehr Auskunft über die Entwicklung seiner Beziehung zu diesem russischen Autor, charakterisiert darüber hinaus ausführlich dessen Person und zentrale Aspekte des Werkes. Substanziell sind diese Ausführungen auch wegen der sie begleitenden poetologischen Reflexionen. Das betrifft u.a. Bölls Realismusverständnis, speziell die Frage nach der Entwicklung von literarischen Personen, insbesondre die Forderung nach deren Lösung von »herkömmliche[r] Ikonographie und Ikonologie«, von normierten Ideen und Wertvorstellungen. Dostoevskij hat letzteres nach Böll zumindest im Fürsten Myškin (*Der Idiot*) erreicht, weil er diesen nicht von außen, aus der von einer abstrakten Idee geleiteten Perspektive darstellt, sondern aus der sein Verhältnis zur Welt prägenden spezifischen, durch die Epilepsie begünstigten Sensibilität für die Einsicht in die Gegebenheiten dieser Wirklichkeit, für die Akzeptanz ihrer Hinter- und Abgründe. Diese besondere Wahrnehmung mache Myškin, aber auch andere »Helden« Dostoevskijs zu Ausgesetzten, zu Geworfenen, zu Fremden, in sozialer ebenso wie in ideologischer Hinsicht, schwankend zwischen tiefer Gläubigkeit und radikalem Nihilismus. Im Artikulieren dieser, auch den Autor Dostoevskij betreffenden Fremdheit sieht Böll den russischen Dichter als Vorläufer von Kafka und von Existenzialisten wie Albert Camus. Vornehmlich diese Charakterisierung des *Idiot* erinnert in manchem an die von Hermann Hesse. Darüber hinaus charakterisiert Böll Dostoevskij auch hier als Dichter der Großstadt, in und an der der genannte Aspekt Fremdheit besonders intensiv erfahrbar ist. Zu diesem spezifischen Realismus gehört nach Böll auch, dass Dostoevskij die bürgerlich-kapitalistische ›Entwirklichung‹ des Geldes entlarvt und immer wieder auf die bedrückende, alle Vorstellungen von Ethik und Ästhetik relativierende Macht des Geldes aufmerksam gemacht hat. Die das Geldmotiv betreffenden Ausführungen gelten auch dem Autor, wie Böll überhaupt davon überzeugt ist, dass die von Dostoevskij geschaffenen Personen »seine seelische und körperliche Summe« sind, sein persönlicher Kosmos. Vornehmlich diese existenzielle Nähe des Dichters zu seinen Romanpersonen erklärt Böll zufolge die so oft bewunderten Analysen des Psychologen Dostoevskij.

Bölls Dichtung rekurriert in mehrfacher Weise auf Dostoevskij, von der Erwähnung des Namens über Themen und Motive, Aspekte der Raumdarstellung bis hin zur Übernahme literarischer Verfahren. Das Motiv der Dostoevskij-Lektüre findet sich sowohl in frühen Erzählungen (*Belladonna*, Fragment um 1950, posthum in: *Werke. Kölner Ausgabe*, Bd. 1) als auch in der späten Erzählprosa (*Frauen vor Flußlandschaft*, 1985). Was Themen und Motive betrifft, so ist Dostoevskij für Böll vor allem der im Briefwechsel mit Annemarie Böll als »sozialer Christ« charakterisierte Autor, der »christliche König aller Armen und Leidenden und Liebenden«. An dessen Roman *Der Idiot* wird ihm bewusst, dass der Gegensatz von »gesund« nicht »krank«, sondern »leidend« ist. Durch die Lektüre dieses und anderer Romane, insbesondre *Verbrechen und Strafe*, wird er mit ihn tief beeindruckenden und beeinflussenden literarischen Gestaltungen des Motivs der Demut vertraut, worüber er u.a. im *Versuch über die Vernunft der Poesie* reflektiert hat. Darüber hinaus ist Dostoevskij nach Ansicht von Böll der bedeutendste und glaubwürdigste literarische Repräsentant eines von Liebe und sozialer Verantwortung geprägten Christentums; »ich weiß immer noch keine bessere literarische Jesus-Darstellung als seinen [Dostoevkijs, J. L.] »Idioten« – so Böll in seiner Rezension von Rudolf Augsteins *Jesus Menschensohn* (*Blick zurück mit Bitterkeit*, in *Der Spiegel*, 9.4.1973). Wichtig als Thema ist auch – vermittelt durch *Verbrechen und Strafe* – der aus der christlich-bürgerlichen Welt und ihren Wertvorstellungen herausgefallene junge Mensch. Deutliche Bezüge zu diesem Roman Dostoevskijs verrät die frühe Erzählung *Die Brennenden* (1936/1937; erstmals posthum in *Der blasse Hund*, 1995). Name der Hauptfigur (Heinrich) und der sie bestimmende geographische und soziale Raum (große Stadt am großen Fluss, das durch Armut erzwungene Erteilen von Nachhilfestunden u.a.) verweisen auf autobiographische Hintergründe. Es ist die kurze, etwas wirre Geschichte eines jungen, mit der Welt zerfallenen Menschen, welcher der reinen Hure Susanne begegnet, die ihr Geschäft aus christlicher Nächstenliebe ausübt, um seelisch leidende, zu Außenseitern gewordene Jünglinge zu retten. In der Liebe zu ihr und in der Gemeinschaft mit Gleichgesinnten vergisst Heinrich sein Leiden. Neben einem expliziten Hinweis auf Dostoevskij erinnert vor allem die Konstellation Heinrich – Susanne an dessen Roman *Verbrechen und Strafe*, insbesondre an die Beziehung der Hauptfigur Raskol'nikov, deren innere Zerrissenheit ja bereits im Namen akzentuiert wird (russ. raskolot' = spalten, entzweien), zu der ihn letztlich erlösenden »heiligen Hure« Sonja Marmeladova. In der sie charakterisierenden Verschmelzung von christlichem Mitleid und umfassender Liebe ist Sonja unübersehbares Vorbild der Böllschen Susanne ebenso wie in Bezug auf die beiden Frauen zuerkannte Erlöserfunktion. Bölls Dostoevskij-Rezeption zeigt gerade hier erstaunliche Übereinstimmungen mit der von Trakl. Abgesehen von marginalen Verweisen in kleineren Texten (z.B. in *Beatrix*, posthum in: *Werke. Kölner Ausgabe*, Bd. 1) spielt Dostoevskij im Frühwerk eine wichtige Rolle auch im erwähnten fragmentarischen Roman *Am Rande der Kirche*. Hier berichtet der in vielem an den jungen Böll erinnernde Tagebuchschreiber von der ihn bereits als Knabe fesselnden Dostoevskij-Lektüre, die er nun, distanziert argumentierend, als verfrüht und schädlich, als ›Morphium‹ charakterisiert, weil sie letztlich nur Fluchtinstanz war, das falsche Mittel, einem physisch und psychisch leidenden jungen Menschen die Illusion von Geborgenheit zu vermitteln. Explizit genannt wird dabei Dostoevskijs Novelle *Die Sanfte*, auf die in Bölls Frühwerk auch die Erzählung *Die Unscheinbare* (1938, posthum in: *Werke. Kölner Ausgabe*, Bd. 1) anspielt.

In enger Verbindung mit den Themen Armut und Leiden steht Bölls Interesse für die Gestaltung von Raum und sozialem Milieu in den Romanen und Erzählungen Dostoevskijs. Mit dem Briefroman *Arme Leute*, mit *Verbrechen und Strafe*, mit Erzählungen wie *Die Sanfte* u.a. ist Dostoevskij für Böll der bedeutendste Darsteller prekärer sozialer Verhältnisse in der russischen Literatur des 19. Jahrhunderts, detailgenauer Analytiker einer von Armut, gesellschaftlichem Abstieg und Entfremdung gekennzeichneten Lebenswelt der Kleinbürger und Arbeiter in den Großstädten St. Petersburg und Moskau. Diese bereits die deutschen Naturalisten beeindruckenden Milieustudien haben Böll schon früh an seinen Herkunftsbereich, an die Welt der Kölner Handwerker, Kleinbürger und unteren Beamten erinnert. Mehrfach spricht er davon, dass er das Ambiente von Dostoevskijs *Verbrechen und Strafe* und *Arme Leute* in der Nachbarschaft der Kölner Hinterhäuser und Mietskasernen, im Milieu der kleinen Leute, in ihren Denkweisen, Gerüchen und Stimmungen wiedergefunden hat (Fernsehinterview mit Peter Hamm und Renate Matthaei am 18.5.1975, Radiointerview mit Heinz Ludwig Arnold am 20.7.1971). So ist Dostoevskij auch als Autor der modernen Großstadt für ihn wichtig, mit ihren Mietskasernen, den Armenvierteln, den sozial Entwurzelten, also mit alledem, was bereits in der frühen Erzählprosa Bölls eine zentrale Rolle spielt (*Die Inkonsequenzen des Christoff Sanktjörg*, entstanden 1936, posthum in: *Werke. Kölner Ausgabe*, Bd. 1; *Die Brennen-*

den, Die Unscheinbare, Am Rande der Kirche u.a.). Böll hat in mündlichen (Gespräch mit Heinz Ludwig Arnold) und schriftlichen Äußerungen (*Wenn ich danken müßte*) auf diese Beziehungen zwischen seinem Frühwerk und Dostoevskij verwiesen.

In diesen Kontext gehört eine der bedeutendsten dichterischen Auseinandersetzungen mit Dostoevskij, das Drehbuch zum erwähnten Film *F. M. Dostojewski und Petersburg* (1969). Böll war 1965 vom Westdeutschen Rundfunk eingeladen worden, im Rahmen der Fernsehreihe *Der Dichter und seine Stadt* einen Film zu diesem Thema literarisch zu gestalten. Böll hat dieses Projekt gern übernommen und mehr als drei Jahre akribisch vorbereitet, im Rahmen der erwähnten Russlandreise 1966 sowie in Form einer erneuten intensiven Dostoevskij-Lektüre und der auf diesen bezogenen Sekundärliteratur, dokumentiert im Arbeitsbuch und im Briefwechsel mit Mitarbeitern des WDR. Der Film war als Gemeinschaftsprojekt mit der sowjetischen Film-Agentur Novosti geplant, die ihn aber nach Fertigstellung wegen einer angeblichen Akzentuierung von Trostlosigkeit und Hässlichkeit ablehnte.

Die auf eine halbe Stunde angelegte, ca. 20 Druckseiten starke Fernsehdokumentation besteht aus einer Montage von Dostoevskij-Zitaten, Kommentaren, Passagen aus Briefen Dostoevskijs und anderer Personen, von Interviews mit Bewohnern Leningrads und verschiedenen Statements, u.a. denen eines Dostoevskij-Enkels und des aus der Sowjetunion vertriebenen Dichters Iosif Brodskij (1940–1996). Die von Böll kenntnisreich ausgewählten Dostoevskij-Zitate entstammen verschiedenen Werken und Schriften wie *Verbrechen und Strafe*, *Der Idiot*, *Der Jüngling*, *Die Sanfte*, *Der Traum eines lächerlichen Menschen*, der berühmten Puškin-Rede und Briefen und repräsentieren so recht gut Dostoevskijs literarisches Schaffen.

Vermittelt durch diese unterschiedlichen Texte sowie durch ein am Schluss platziertes Curriculum vitae gestaltet das Drehbuch ein Lebensbild des russischen Dichters, das diesen vor allem als Leidenden, als Mitleidenden und zugleich als vom Geld und Gelderwerb Getriebenen zeigt. Was die Beziehung zu St. Petersburg betrifft, so wird Dostoevskij von Böll als besondere Ausprägung des Flaneurs mit dem Blick für die Unterprivilegierten und deren erbärmliche Lebensumstände charakterisiert. Befähigt für eine solche Sichtweise sei er aufgrund seiner Epilepsie, vergleichbar der Romanfigur Fürst Myškin im Roman *Der Idiot*. Diese Krankheit verleiht ihm laut Böll die Begabung, eine auf die Moderne vorausweisende, sich im Großstadtmilieu offenbarende Störung des Verhältnisses von Individuum und Gesellschaft, Phänomene wie Entfremdung und geistige Orientierungslosigkeit geradezu prophetisch zu gestalten. Darüber hinaus sei er durch diese Leidenserfahrung zum unübertroffenen Gestalter eines von Mitleid und uneigennütziger Liebe geprägten Christentums geworden, verkörpert ebenfalls durch Myškin, der nach Böll in zuvor nicht gekannter Weise zur literarischen Verkörperung des mitleidenden Christus geworden ist. Dieser vor allem die Unterprivilegierten in den Blick nehmenden Betrachtung korrespondierend erscheint St. Petersburg als dem Sumpf entstiegene, auf Nässe gegründete und ständig von ihr bedrohte und heimgesuchte Stadt, in Form von Überflutungen, sumpfigem Untergrund, Schnee und Regen. In Dostoevskijs Äußerungen zu St. Petersburg dominieren nach Böll Hinterhöfe, Kellertreppen, dunkle, enge Räume, schmale Straßenfluchten und nicht die zahlreichen Prachtbauten die Darstellung der Stadt.

Die erwähnten Zitate stützen und verdeutlichen die Kommentierungen. Passagen aus *Arme Leute, Verbrechen und Strafe* sowie aus den *Aufzeichnungen aus dem Untergrund* akzentuieren vor allem im ersten Teil die Aspekte Schäbigkeit, Armut, Leiden, das Geworfensein, die geistige Orientierungslosigkeit des Individuums und die daraus resultierende Neigung zu einem geistigen Träumen, zur Entwicklung hypertropher Ideen, bis zum Wahnsinn. Gerade dies wird am Schluss des Böll-Textes noch einmal mit Hilfe eines Statements von Iosif Brodskij betont. Im letzten Drittel seines Drehbuchs zitiert Böll mehrfach aus dem *Idiot*, weil er so die Thematik eines durch Krankheit bewirkten, von unendlicher Liebe und Empathie geleiteten Sehertums profilieren möchte.

Der Fernsehfilm ist in Deutschland überwiegend freundlich rezensiert worden. Von den sowjetischen Kooperationspartnern wurde er abgelehnt und auch nach einigen Änderungen in der Sowjetunion nicht gezeigt. Die Darstellung der »Heldenstadt« Leningrad als dunkel, hässlich und trostlos entsprach so gar nicht der u.a. von der Kategorie »Optimismus« geprägten Doktrin des Sozialistischen Realismus. Zudem dürfte das erwähnte Statement des drei Jahre später aus der Sowjetunion vertriebenen Iosif Brodskij die sowjetischen Kulturfunktionäre verärgert haben.

Indirekt geantwortet hat Böll auf diese ablehnende Reaktion ein Jahr später im Vorwort zum Bildband *UDSSR. Der Sowjetstaat und seine Menschen*. Böll beschreibt dort das für ihn über Russland Vermittelnswerte im Rahmen zweier imaginärer Filmprojekte, von denen das erste dem russischen Schnee, dem (sic!) Tauwetter und dem Entsorgen der Schneereste in den Abwasserkanälen gewidmet ist. In diesem Zusammenhang wären – so Böll – auch jene Autoren zu würdigen, »die – real wie symbolisch gesprochen – unbedingt in die Abwasserkanäle blicken wollen«, also die Künstler, die das Leben als Ganzes, auch in seiner Hässlichkeit, erfassen wollen und deshalb die »einzig wahren Realisten« sind.

Bölls fiktionale Erzählprosa ist auch hinsichtlich Stil und Struktur an Dostoevskij orientiert: durch strukturbildende Motive ebenso wie durch die verwendeten sprachkünstlerischen Verfahren, insbesondre die der Redeverschmelzung und der Polyphonie. Böll hat selbst von der stilprägenden Wirkung der Erzählprosa Dostoevskijs gesprochen, ohne dies allerdings genauer zu belegen. Stilistische Affinitäten zeigen sich in der Verwendung von innerem Monolog (*Wanderer kommst du nach Spa ...*, in der gleichnamigen Kurzgeschichtensammlung, 1950; *Und sagte kein einziges Wort*, 1953) und erlebter Rede (*Billard um halb zehn*, 1959), die an Dostoevskij-Texte wie *Die Sanfte* oder *Aufzeichnungen aus dem Untergrund* erinnern. Auf Korrespondenzen zwischen den eigenen literarischen Werken und der analytischen Struktur einiger Romane Dostoevskijs hat Böll selbst in seinem Interview mit Hans Ludwig Arnold verwiesen. Das betrifft vor allem *Gruppenbild mit Dame*. Insbesondre dieser Text lässt, neben der Gestaltung eines durch Leni Pfeiffer und ihren Sohn Lev repräsentierten humanen, antikirchlichen Christentums, auch Verbindungen hinsichtlich eines der russischen Literatur eigenen ›wahren Realismus‹ erkennen. Wiederholt hat Böll von seiner Intention gesprochen, bei der Gestaltung von Figuren wie der der Leni die tradierte abendländische Ikonographie, also die von bestimmten Ideen, von einer Außensicht geleitete Darstellung seiner »Helden« zu vermeiden und Figuren zu erschaffen, die in ihrem Sein »einfach da« sind. Mit ähnlichen Worten charakterisiert er in *Dostojewski – heute?* Teile der Erzählprosa Dostoevskijs, vor allem den *Idiot*.

Auseinandersetzung mit Gogol', Tolstoj und Čechov

Gruppenbild mit Dame lässt auch erkennen, dass nicht nur Dostoevskij, sondern auch andere russische Schriftsteller Spuren in Bölls Werk hinterlassen haben: So erinnert der dort als »Tote-Seelen-Skandal« dargestellte Bauskandal um zweckentfremdeten Zement und um nur auf dem Papier existierende Fremdarbeiter natürlich an Nikolaj Gogol's Roman *Die toten Seelen*, die vom Slavisten Scholsdorff entdeckten manipulierten Namenslisten sind voll von Namen russischer Dichter und Romangestalten. Im gleichen Roman Bölls finden sich auch Hinweise auf Tolstojs Romane *Anna Karenina* und *Auferstehung*, z.B. bei der Charakterisierung der Hauptfigur, der innerlich freien und unangepassten Leni Pfeiffer (Hummel 2002, S. 241ff.).

Tolstoj ist es denn auch, der neben Dostoevskij für Böll eine ebenfalls wichtige Rolle gespielt hat. Mehrfach hat er beide miteinander verglichen; bei beiden fand er z.B. das Motiv der unschuldigen Hure. Wichtiges Zeugnis einer dichterischen Auseinandersetzung ist seine 1970 entstandene Bearbeitung von Tolstojs Drama *I svet vo t'me svetit* (Und das Licht scheinet in der Finsternis) für das Kölner Theater auf der Grundlage einer Übersetzung von August Scholz. Und so ist denn auch einer der größeren Essays über die russische Literatur Tolstoj gewidmet, nämlich das 1970 unter dem Titel *Annäherungsversuch* geschriebene Nachwort zu *Krieg und Frieden* (in der Übersetzung von Werner Bergengruen). Ausgehend von einer in Teilen recht eigenwilligen Analyse des Romans, diskutiert Böll grundsätzliche poetologische und gesellschaftspolitische Fragestellungen; der Beitrag ist folglich ein Annäherungsversuch nicht nur an den Autor Tolstoj, sondern darüber hinaus an die gesamte russische Literatur, an das Verhältnis von Osten und Westen, an Russen und Deutsche betreffende Problemfelder, an das Russlands Geschichte prägende spezifische Verhältnis von Literatur und Gesellschaft. Darüber hinaus darf das Nachwort als ein Annäherungsversuch an sich selbst interpretiert werden, z.B. in den Reflexionen über das eigene Schreiben, in der Charakterisierung der eigenen Erzählprosa als »Annäherungsversuch« an die jüngste deutsche Geschichte. Was den Roman *Krieg und Frieden* betrifft, so betrachtet ihn Böll vor allem biographisch und kontextuell; biographisch, weil er in ihm und nicht in biographischen Zeugnissen den Autor Tolstoj entdecken möchte, kontextuell, weil diese Betrachtung immer wieder durch geschichtsbezogene (z.B. Napoleons und Hitlers Kriege gegen Russland), gesellschaftskritische (Arroganz des Westens gegenüber dem Osten) und imagologische (Art der Zuschreibung von Images bei Russen und Deutschen) Problemstellungen erweitert wird. Letzteres, auch die Kritik an klischeehaften Fremdbildern in der russischen Literatur, findet sich mehrfach bei Böll, z.B. in den *Frankfurter Vorlesungen*. Dem komplexen sprachkünstlerischen Profil von *Krieg und Frieden* wird Böll dabei nur in Ansätzen gerecht. So referiert er kurz den Aufbau und spricht mehrfach von einer positiv verstandenen stilistischen ›Langatmigkeit‹, ohne dies zu erläutern; offenkundig beziehen sich die diesbezüglichen Ausführungen auf die für Tolstojs Erzählprosa charakteristischen langen und komplexen Satzperioden. Eingehender befasst er sich mit »waghalsig[en]« Techniken der Personenkonstellation und der Charakterisierung bestimmter Personen, insbesondre mit der des »Tölpel[s]« Pierre Bezuchov, der in Bölls Augen in seiner Eigenschaft als ziviler Antiheld während der Schlacht bei Borodino dem Leser die Sinnlosigkeit und Lächerlichkeit von Kriegen vor Augen führt. Bölls Aufmerksamkeit gilt zudem immer wieder dem Schöpfer des Romans, der Person Lev Tolstoj. Ihn vergleicht er – wie bei einem Dostoevskij-Verehrer nicht anders zu erwarten – mit Dostoevskij, stellt dem »langatmig[en]«, erd- und materieverbundenen, einer »irdische[n] Religiosität« verpflichteten Tolstoj den »kurzatmig[en]«, im Geiste einer »metaphysische[n]« Religiosität schreibenden Großstadtautor Dostoevskij gegenüber. Den Autor Tolstoj in seiner inneren Widersprüchlichkeit findet er im Roman in dessen bipolarer Struktur wieder, die seiner Ansicht nach u.a. darin besteht, dass hier die Darstellung epochaler historischer Ereignisse mit einer bis dahin nicht gekannten Gestaltung von Alltäglichkeit verbunden wird. Solche großen Spannungsbögen innerhalb des Romans verweisen laut Böll implizit auf die komplexe psychische Verfassung seines Autors, der sich letztlich in der Differenziertheit seines geistig-seelischen Habitus jeglicher eindeutigen Charakterisierung entzieht.

Ambivalent ist Bölls Verhältnis zu Čechov, den er als Jugendlicher trocken, kühl und befremdlich empfand, den er aber später in Briefen (an Peter Urban, am 28.12.1983, posthum u.d.T. *Über Čechov* in: *Die Fähigkeit zu trauern*, 1986), in Gesprächen mit Siegfried Lenz, Lev Kopelev u.a. als großen Gestalter von unsterblichen Ideen, als wahren, großen Realisten charakterisiert hat, als einen Autor, der in seinen zarten, melancholischen Aquarellen dem wahren Russland näher gekommen sei als Gor'kij und andere Realisten des späten 19. und frühen 20. Jahrhunderts. Bezeichnend für Bölls den Leidenden und Ausgestoßenen geltende Aufmerksamkeit ist das besondere Lob für Čechovs Reisebericht *Die Insel Sachalin*.

Dialog mit der russischen Exilliteratur

Ganz in Übereinstimmung mit dem lebenslangen Eintreten für die Leidenden und Unterdrückten hat Böll wiederholt die Belange sowjetischer Dissidenten vertreten, hat sich für Andrej Sacharov (z.B. *Es wird immer später. Gedanken zum Sacharow-Memorandum*, in: *Die Zeit* vom 7.2.1969), Andrej Sinjavskij, Vladimir Bukovskij, Aleksandr Solženicyn, Lev Kopelev u.a. eingesetzt. Beispielhaft demonstrierten dies Bölls Redebeiträge auf dem Kongress des Verbandes deutscher Schriftsteller im Jahre 1984, in deren Rahmen er u.a. den sowjetischen Schriftstellerverband wegen seiner Parteitreue angegriffen und darauf verwiesen hat, dass dessen Funktionäre verfolgte Autoren wie Anna Achmatova, Vladimir Vojnovič, Georgij Vladimov und Iosif Brodskij in schmählichster Weise im Stich gelassen haben. In ähnlich eindeutiger Weise hatte er sich bereits in einem Brief an Bernt Engelmann, den Vorsitzenden des linkslastigen Schriftstellerverbandes, im Jahre 1982 geäußert. Zugleich war er aber immer bemüht, auch in seinen Augen überzogene Äußerungen von Dissidenten kritisch zu hinterfragen, z.B. deren Kritik an einer zu nachgiebigen Haltung des Westens gegenüber der Sowjetunion, deren nur die Verhältnisse in der Sowjetunion beachtende Nabelschau, wenn es sich um Armut, Leiden und Unterdrückung handelt. Böll geht dabei so weit, Autoren wie Bukovskij darauf aufmerksam zu machen, dass ihre Glaubwürdigkeit durch solche Sichtweisen und die damit verbundene Kritik am Westen nachhaltig Schaden nehmen könnte (Rezension *Über Wladimir Bukowski ›Dieser stechende Schmerz der Freiheit‹*, Deutschlandfunk am 30.10.1983). Böll hat seine Position brieflich sowohl gegenüber Bukovskij als auch gegenüber anderen sowjetischen Exilanten wie Naum Koržavin nachdrücklich verteidigt, dem er bescheinigt, trotz vieler Jahre im westlichen Exil den Grundwerten einer freiheitlichen Demokratie ohne jedes Verständnis zu begegnen (*Offene Antwort an Naum Korschawin*, zuerst russ. u.d.T. *Otvet Naumu Koržavinu* in der Exilzeitschrift *Strana i mir*, 1984). Böll war ein hervorragender Kenner der in der Sowjetunion unterdrückten Autoren wie Lidija Čukovskaja, Aleksandr Ginzburg, Iosif Brodskij, Andrej Sinjavskij, der samizdat-Literaturszene (*Panorama*-Fernsehinterview mit Peter Merseburger vom 10.1.1972).

Im Zentrum der engagierten Parteinahme für sowjetische Dissidenten stehen Solženicyn und Kopelev. Böll hat sich in zahlreichen Beiträgen zu Leben und Werk Solženicyns geäußert; hat ihn in seiner Eigenschaft als Präsident des P.E.N.-Clubs für den Nobelpreis vorgeschlagen. Er hat fast alle bis 1985 erschienenen Werke rezensiert, z.B. *Die verhaftete Welt. In Solshenizyns »Erstem Kreis der Hölle«* (*Merkur*, 1969), *Leiden, Zorn und Ruhe. Über Alexander Solschenizyns Erzählungsband »Im Interesse der Sache«* (*Der Spiegel*, 30.3.1970), *Die himmlische Bitterkeit des Alexander Solschenizyn. »Der Archipel Gulag«: Versuch einer künstlerischen Bewältigung der stalinistischen und leninistischen Vergangenheit der Sowjetunion* (*Frankfurter Allgemeine Zeitung*, 9.2.1974), *Die Eiche und das Kalb. Über Alexander Solschenizyn, »Die Eiche und das Kalb«* (*Die Welt des Buches*, TV-Sendung des Österreichischen Rundfunks, 4.2.1976).

In diesen Rezensionen wird Solženicyn als wahrer sozialistischer Realist charakterisiert, der in der Tradition Dostoevskijs und Tolstojs sowjetische Vergangenheit hochartifiziell gestaltet und aufarbeitet. Solženicyn schreibe in einer aus tiefer Leidenserfahrung gewonnenen Ruhe, ohne distanziert zu sein, gebe so, z.B. im *Archipel Gulag*, all denen eine Stimme, die zum Verstummen gebracht wurden, gebe ihnen so ihre Würde als menschliche Individuen zurück. In dieser Eigenschaft sei er Nachfolger des ›langatmigen‹ Epikers Tolstoj (vgl. das erwähnte Nachwort zu *Krieg und Frieden*), in der Gestaltung einer spezifisch russischen ›Passionssucht‹ und ›Passionserfahrung‹ Erbe von Dostoevskij. Solženicyns Realismus ist nach Böll geprägt durch eine strenge, fast mathematisch geordnete und zugleich ungemein vielschichtige Materialität, die seinen Texten den Charakter einer durch Klarheit und Empathie ausgezeichneten Dokumentation verleiht. So attestiert Böll Solženicyns Roman *Im Ersten Kreis der Hölle* u.a. eine »geistesgeschichtliche, eine politikgeschichtliche, eine gesellschaftliche« Dimension und vergleicht ihn mit einer »Kathedrale«; die »ungeheuerliche Masse Leiden und Geschichte«, die der *Erste Kreis der Hölle* »summiert und durchleuchtet«, sei angeordnet in Gestalt einer »riesigen Rosette«. Darüber hinaus hat Böll Solženicyn wiederholt sowohl gegenüber falschen Freunden von der rechten Seite als auch gegenüber dem sowjetischen Schriftstellerverband in Schutz genommen (*Man muß immer weiter gehen. Alexander Solshenizyn und sein Lagerbuch »Archipel Gulag«*, in: *Die Zeit*, 11.1.1974), gegenüber dem Missbrauch seines Namens und seiner Werke für politische Zwecke (z.B. gegenüber der rechtslastigen *National-Zeitung* in *Die unbequeme Hoffnung auf eine geistige Wende. Über Alexander Solschenizyn*, »Drei Reden an die Amerikaner«, in: *Kölner Stadt-Anzeiger*, 25.11.1975). Solženicyn habe sowohl in literarischer als auch politischer Hinsicht »eine Weltwende bewirkt«, deshalb werde er »[i]m Kerbholz der Zeit [...] bleiben« (*Gruß an Solschenizyn*, in: *Frankfurter Allgemeine Zeitung*, 9.12.1978), nicht nur als Russe, sondern auch als Europäer, der immer wieder Anregungen vermittelt, über die Bestimmung Europas nachzudenken. Bölls Widerstand gegen die politische Instrumentalisierung von Dissidentenliteratur durch rechtslastige Presseorgane in der Bundesrepublik der siebziger Jahre hat ihn selbst zum Angegriffenen gemacht; er ist wegen dieses Engagements immer wieder diffamiert und beleidigt worden.

9.3.6 Siegfried Lenz

Auch für Siegfried Lenz (1926–2014) ist Dostoevskij derjenige russische Schriftsteller, der ihn in besonderer Weise beschäftigt und zu schriftlichen Reflexionen angeregt hat, u.a. im Rahmen der erwähnten, auch von Böll beantworteten Umfrage Manès Sperbers (*Wir und Dostojewskij*) sowie im 1988 erschienene Essay *Dostojewski – der gläubige Zweifler*. Wie kein anderer verkörpert Dostoevskij nach Lenz die Besonderheiten Russlands und seiner Literatur, wie kein anderer versteht er dessen Schreiben als einen die ganze Existenz ergreifenden, sie bestimmenden Akt; er und Tolstoj »bezeichnen das Spektrum der russischen Literatur« (*Wir und Dostojewskij*). Lenz ist Dostoevskijs Werken nach eigenen Angaben erstmals als Zwanzigjähriger begegnet, vergleichbar Böll liest auch er zuerst *Verbrechen und Strafe*, ist bis zur partiellen Identifikation gepackt von der Figur des Raskol'nikov und von dessen Ideen, bewundert die von Dostoevskij gestaltete Spannung von radikaler Legitimation von Gesetzesübertretung und der diese Legitimierung letztlich doch in Frage stellenden Stimme des Gewissens. Lenz hat in den genannten Beiträgen, z. T. in deutlicher Übereinstimmung mit den dargestellten Auffassungen Bölls, Dostoevskij als einen Schriftsteller charakterisiert, für den »die Wirklichkeit durch Leiden bestimmt ist« (*Dostojewski – der gläubige Zweifler*), die menschliche Existenz durch eine anzuerkennende und anzunehmende Schuld. Die Welt seiner Romane und die sie bevölkernden Gestalten seien von daher bedürftig des Mitleids und der Erlösung, einer Erlösung im Sinn einer christlichen Nächstenliebe, verkörpert in Fürst Myškin aus *Der Idiot*. Gebeutelt und zerrissen von Leidenschaften und Ideen, sind Dostoevskijs Romanpersonen laut Lenz extrem denkende und handelnde Ideenträger, zugleich aber auch Unfertige, Suchende, »Probewesen« nach einem Ausdruck von Ivan Karamazov, geleitet von einem »Bedürfnis der Seele«, ihren sündhaften Status zu transzendieren. Beispielhaft demonstriere dies die Figur des Raskol'nikov in *Verbrechen und Strafe*. Wie auch Böll sieht Lenz diese Romanwelt und ihren Autor als beherrscht von der Macht des Geldes, wie Böll würdigt er Dostoevskij als ersten Romancier, der die moderne, von Geld und Materialismus geprägt Großstadt mit ihren Mietskasernen und kahlen Straßen am Beispiel St. Petersburg eindrucksvoll geschildert hat. In diesem Kontext sieht er den russischen Romancier auch als einen eminent politischen Autor.

Eine schöpferische Rezeption Dostoevskijs durch Lenz ist ansatzweise in Texten wie *Deutschstunde* (1968), *Stadtgespräch* (1963) und *Zeit der Schuldlosen* (1961) erkennbar. Das betrifft vor allem die Motive Schuld und Gerechtigkeit. Lenz hat nach eigenem Bekunden im Drama *Zeit der Schuldlosen* das Problem einer nicht existenten Schuldlosigkeit zur Sprache gebracht, in Orientierung an Dostoevskij, aber nicht unter seinem direkten Einfluss. Berufen hat sich Lenz in dieser distanzierten Weise auch auf Anton Čechov, insbesondre auf dessen Gestaltung von Kurzgeschichten. Dokumentierte Gespräche, u.a. mit Heinrich Böll (in *Über Phantasie*, 1982), lassen erkennen, dass Lenz auch mit dem Werk anderer russischen Autoren wie Lev Tolstoj vertraut war.

Bachmann, Bernhard, Böll und Lenz dokumentieren ein auch nach 1945 im deutschsprachigen Raum ungebrochenes Interesse vieler Schriftsteller am Werk Dostoevskijs. Als weitere Belege dafür sind Heimito von Doderers *Dämonen* (1956), Elisabeth Langgässers Roman *Das unauslöschliche Siegel* (1946), Martin Walsers Dostoevskij-Bezüge verratender Roman *Finks Krieg* (1996), Günter Grass' an das karnevaleske und polyphone Schreiben Dostoevskijs erinnernde *Blechtrommel* (1959) oder Gottfried Benns großes, sich auf *Verbrechen und Strafe* beziehendes Gedicht *St. Petersburg – Mitte des Jahrhunderts* aus den 1948 veröffentlichten *Statischen Gedichten* zu nennen.

9.3.7 Horst Bienek

Vergleichbar dem im äußersten Westen Deutschlands beheimateten Heinrich Böll hat sich der im äußersten Osten, im schlesischen Gleiwitz, geborene Horst Bienek (1930–1990) eingehend mit russischer Literatur auseinandergesetzt, sich dabei wie Böll auf Dostoevskij und die russische Dissidentenliteratur konzentriert und sich engagiert für aus Ostmitteleuropa und Osteuropa stammende Künstler und Intellektuelle eingesetzt. Er ist einer der wichtigsten Repräsentanten der im Vorwort dieses Buches erwähnten, die »Lazarenische Literatur« betreffenden Rezeptionslinien. Voraussetzungen und Hintergründe dieses Engagements sind allerdings sehr verschieden. Bieneks Interesse für russische Sprache und Literatur verdankt sich Demütigungen, tiefem Leid und Schmerz, die er im Heimatland dieser Literatur erfahren musste. Im Gefolge einer im November 1951 erfolgten Verhaftung und einer völlig unhaltbaren Verurteilung wegen Spionage durch ein sowjetisches Militärtribunal (SMT), die von den sowjetischen Behörden erst 1994, also vier Jahre nach seinem frühen Tod kassiert wurde, musste Bienek von 1952 bis 1955 als Zwangsarbeiter in Sibirien schuften, drei Jahre im berüchtigten Kohlebergbau Workuta am nördlichen Eismeer. Während dieser Haft hat er nach eigenem Bekunden (u.a. in *Das allmähliche Ersticken von Schreien. Sprache und Exil heute. Münchner Poetik-Vorlesungen*, 1987) gelernt, die russische Sprache und Literatur zu lieben, hat begonnen, russische Dichter zu lesen: Tolstoj, Gogol', Puškin, Turgenev, Čechov, die im 20. Jahrhundert verfolgten und ermordeten Bulgakov, Pasternak, Achmatova, Pilnjak, Babel, Mandel'štam, vor allem aber Dostoevskij. Die Gulag-Erfahrungen haben Leben und Werk Bieneks nachhaltig geprägt, größere und kleinere Texte gleichermaßen, Romane wie *Die Zelle* (1968) ebenso wie Gedichte. Letzteres belegt u.a. die *Elegie auf den Tod Wyssotzkijs* (zuerst in: *Die Worte haben es schwer mit uns*, hg. v. Wolf Peter Schnetz u. Inge Meidinger-Geise, 1985), die poetische Erinnerung an den trinkenden russischen Dichter, Sänger und Schauspieler, der »mit dem Wodka Vergessen« trank und Lieder sang über die Hoffnung auf Rückkehr aus sowjetischen Straflagern – »Und alle sangen mit. Denn jede Familie/ hatte jemand, der heimkehrte, aus den/ Lagern, in dieser Zeit.« Mit Vysockij erinnert die Elegie an die durch Freitod aus dem Leben geschiedenen Dichter Esenin und Majakovskij, reiht den sowjetischen Sänger damit ein in die Schar der vom Sowjetstaat »vergeudeten Dichter«. Direkte Bezüge auf die eigene Lagerhaft finden sich eher im Spätwerk; neben Gedichten sind es vor allem das spät geschriebene Romanfragment *Das Lager* und die unvollendet gebliebenen szenischen Rückblicke u.d.T. *Workuta* (posthum 2013), in denen er nach eigener Aussage erstmals explizit von diesem für ihn so schwierigen Lebensabschnitt spricht.

Indirekte Bezugnahmen auf die Lagerhaft hingegen sind von Beginn an Bestandteil seines Schreibens, neben der genannten Elegie im erwähnten Roman *Die Zelle*, in dem Lyrik und Prosa enthaltenen Band *Traumbuch eines Gefangenen* (1957), in den *Nachtstücken* (1959) und im Gedichtband *Was war was ist* (1966). Strukturbildende

Motive wie Isolation, das Gefangensein, die damit verbundene existenzielle Verengung des Individuums verweisen auf den leidvollen lebensgeschichtlichen Hintergrund ebenso wie Besonderheiten des Erzählens, z.B. die von einzelnen »Zellen« geprägte Struktur des gleichnamigen Romans. Der biographische Kontext ist allerdings nicht dominierend, sondern nur Grundlage einer hochartifiziellen Gestaltung der genannten Motive, die Rezensenten des *Traumbuch eines Gefangenen* zur Bemerkung veranlasst hat, die bewegende inhaltliche Aussage der Texte werde durch die anspruchsvolle sprachkünstlerische Bearbeitung fast verdeckt. Dabei wurde nicht erkannt, wie stark diese Gestaltung bereits hier von der Auseinandersetzung mit russischen Autoren geprägt ist (z.B mit Dostoevskij im Bezug auf die Motive Leiden und Eingeschlossensein). Bieneks Liebe zur russischen Literatur, Musik und bildenden Kunst ist in zahlreichen Aufsätzen, Vorworten, Editionen, Rezensionen, Interviews und Briefen dokumentiert. Breite und Umfang der Beschäftigung mit russischen Dichtern zeigen sich in der von ihm herausgegebenen Anthologie *Dostojewski für alle* (1981), im Essay-Band *Solschenizyn und andere* (1972), in Nachworten zu Ausgaben von Gogol', Dostojewskij und Kataev. Eine grundsätzliche Affinität zu Russland offenbaren auch die von Freunden wie Ota Filip u.a. bezeugte Freude an russischen Volksliedern, die verdeckte Selbstporträtierung in den Gestalten Bakunins und eines ihn erforschenden Studenten (*Bakunin, eine Invention*, 1970) u.a.

Die aus Unrecht, Demütigung, Verfolgung und Leid erwachsene Beziehung zu Russland erklärt Bieneks Präferenzen, sein von Mitleiden und Identifikation geprägtes Engagement für aus dem Ostblock kommende Dissidenten wie Filip, Sinjavskij, Solženicyn, Kopelev u.a. sowie die langjährige, intensive Beschäftigung mit Dostoevskij. Bienek war einer der ersten, die in der Bundesrepublik über das von Petersburger Studenten 1962 gegründete oppositionelle Literaturmagazin *Phoenix* berichteten (*Auskunft über Samisdat*, in *Solschenizyn und andere*). Dokumentiert ist diese Präferenz für die verfolgten und tabuisierten, für die »vergeudeten Dichter« in seiner Anthologie *Mein Lesebuch* (1984), die Werke von Dostoevskij, Pasternak, Bulgakov, Achmatova, Solženicyn und Nadežda Mandel'štam enthält, und darüber hinaus in Essays, die – neben den Genannten – weiteren vom Sowjetstaat drangsalierten und verfolgten Autoren gewidmet sind (z.B. Osip Mandel'štam, Babel' und Bunin). Einige von ihnen gehören zum Besten, was nach 1945 im deutschsprachigen Raum über russische Literatur des 20. Jahrhunderts geschrieben worden ist. Sie zeichnen sich durch präzise, treffende Analysen aus, bei gleichzeitiger kenntnisreicher Berücksichtigung von literarhistorisch und kulturpolitisch relevanten Kontexten. Veröffentlicht hat Bienek seine Arbeiten zur russischen Literatur seit 1958 (*Dostojewskij in Köln*, im *Jahrbuch des Kölnischen Geschichtsvereins*) in schöner Regelmäßigkeit, besonders viel ist während der achtziger Jahre erschienen. Einige Projekte wurden nicht realisiert, z.B. *Neue Gedichte und Aufsätze zur russischen Literatur* (1984/1985) sowie eine als Korrektur der sowjetischen Literaturwissenschaft geplante Esenin-Biographie.

Bieneks literaturkritische Essays über Solženicyn (*Welt als Gefangenschaft. Alexander Solschenizyn und der Kritische Realismus* sowie *Untergang und Aufstand. Solschenizyn und Beckett*, beide in *Solschenizyn und andere*) sind geprägt vom Bemühen, dessen Verdienste als Sprachkünstler herauszuarbeiten. Dies erscheint ihm besonders wichtig angesichts einer gerade auch in der Bundesrepublik erkennbaren politischen Instrumentalisierung, an der Solženicyn laut Bienek nicht ganz unschuldig ist, die aber die hohe literarische Qualität von dessen Erzählprosa in unangemessener Weise verdeckt (»die [...] Wirkungen seiner Literatur sind im Begriff, diese zu überwuchern«). Bienek ist bemüht, diese Wirkungen aus einer Solženicyns Werk prägenden Mischung aus sprachkünstlerischem und ethischem Anspruch zu erklären, einer »Mischung aus lazarenischer Erfahrung und künstlerischer Reflexion«, in deren Rahmen die intensive, an Dostoevskij erinnernde Gestaltung menschlichen Leids mit der gesellschaftskritischen Darstellung des Sowjetstaates und seinen historischen Fehlentwicklungen verbunden wird. Insbesondre darin ist Solženicyn laut Bienek genuiner Nachfolger der Kritischen Realisten Tolstoj, Gor'kij und Dostoevskij. Romane wie *Im ersten Kreis der Hölle* und *Rakovyj korpus* (1968; dt. Krebsstation) seien Romanepen, Epopöen, die in Breite und Reichtum der dargestellten gesellschaftlichen Schichten und Beziehungen an Tolstoj, in der Komprimiertheit von Raum und Zeit sowie in der dramatischen Verkürzung von Handlungsabläufen an Dostoevskij erinnerten. Zugleich schlägt Solženicyn laut Bienek mit seiner Erzählprosa eine Brücke vom Kritischen Realismus zur Literatur der Moderne in Gestalt Becketts oder französischer Existenzialisten wie Camus. Mit letzterem verbindet ihn laut Bienek die Einheit von Leben und literarischem Handeln, von Integrität und Verantwortung, mit Beckett die Akzentuierung von Isolation, Gefangenschaft und Einsamkeit des Menschen. Im Gegensatz zu Beckett sei dieser existenzielle Zustand bei Solženicyn allerdings nicht selbst gewählt, sondern erduldet; seine Figuren seien Ausgestoßene, deren Schicksal repräsentativ für eine ganze Gesellschaft ist.

Kenntnisreich hinsichtlich der biographischen und literarhistorischen Kontexte ist auch die die einfühlsame Würdigung Osip Mandel'štams. Gestützt auf die Autobiographie Nadežda Mandel'štams (*Vospominanija*, 1970; dt. u.d.T. *Das Jahrhundert der Wölfe*) sowie auf die bereits vorgestellten Mandel'štam-Übersetzungen aus der Feder von Paul Celan, zeichnet Bienek den Lebensweg eines außergewöhnlich begabten, nonkonformistischen und deshalb verfolgten russischen Dichters nach. Einige der Einschätzungen sind durchaus fragwürdig, so wenn dem Dichter Mandel'štam eine poetische Reifung und Entwicklung abgesprochen wird oder wenn Bienek einmal mehr das Motiv des Gefangenseins auf dichterische Figuren des russischen Akmeisten überträgt. Im Großen und Ganzen aber ist Bienek eine bei aller Kürze doch präzise und angemessene Würdigung von Leben und Werk gelungen. Mandel'štams Gedichte werden zutreffend als dialogische, semantisch ambivalente und stilistisch überaus differenzierte Sprachgebilde vorgestellt, in ihrer Mischung aus ausgeprägtem Formbewusstsein und zeitbezogener, prophetischer Artikulation des Chaotisch-Bedrohlichen Klassizität und Avantgarde verbindend. Bemerkenswert sachkundig sind die Ausführungen über Mandel'štams Essays und dessen fiktionale Erzählprosa: die Charakterisierung als Schriften Turgenevs, Čechovs und Bunins verwandte Mischung von Lyrik und Erzählung, von Feuilleton und philosophischem Essay, die Hinweise auf eine stilistische Nähe zu Andrej Belyjs Roman *Petersburg* (1913).

Bevorzugter Gegenstand sowohl der sprachkünstlerischen als auch der literaturkritischen Rezeption ist Dostoevskij; vor allem 1981, anlässlich von dessen einhundertstem Todestag, sind zahlreiche Arbeiten in Zeitschriften, Zeitungen und Hörfunk erschienen. Bieneks Dostoevskij betreffende Essays sind von mehreren Intentionen geleitet. In seiner Eigenschaft als Sprachkünstler betont Bienek zunächst die Literarizität von dessen Erzählprosa, die spannungsreiche, dialogische Struktur der Romane, die Raffinesse der Entwicklung und Verknüpfung von Handlungssträngen sowie die kunstvolle Verschränkung von Idee und dialoggesteuerter Handlung. Dabei beachtet er allerdings weniger den bereits mehrfach erwähnten Aspekt der »inneren Dialogizität« im Sinne Bachtins, sondern richtet sein Augenmerk auf die Dialoge zwischen den einzelnen Personen, z. B. auf die verbale Auseinandersetzung zwischen Raskol'nikov und dem Untersuchungsrichter in *Verbrechen und Strafe*. Umfänglichstes Dokument der Beschäftigung mit Dostoevskij ist die erwähnte Anthologie *Dostojewski für alle*, die auf gut 1600 Seiten einen repräsentativen Überblick über die Erzählprosa zu geben versucht. Dabei verzichtet Bienek verdienstvollerweise auch bei der Wiedergabe von Romanen wie *Arme Leute*, *Der Spieler* und *Verbrechen und Strafe* auf Kürzungen, bringt aus anderen Werken in sich abgeschlossene Teile wie die *Beichte Stavrogins* aus den *Dämonen* und die Legende *Der Großinquisitor* aus den *Brüdern Karamazov*.

Bieneks sprachkünstlerisch sicher substanziellste Auseinandersetzung mit russischer Literatur ist die Dramatisierung von Dostoevskijs *Aufzeichnungen aus dem Untergrund* unter dem Titel *Im Untergrund*. Die über zehn Jahre (1970–1981) während Arbeit an diesem Text ist in jeweils drei, z.T. unveröffentlichten, Theater- und Hörspielfassungen dokumentiert; die Hörspielfassung wurde 1981 für den WDR realisiert (Regie: Friedhelm Ortmann), die Bühnenfassung im gleichen Jahr vom Münchner Studiotheater (Regie: Dieter Gackstetter) uraufgeführt (Kemper 2012, S. 103 f.). Der bereits im Thomas-Mann-Kapitel vorgestellte Text Dostoevskijs erfährt in Bieneks Bearbeitung eine radikale Verkürzung. Die zwei getrennten Teile werden miteinander verschränkt, die Prostituierte Lisa erscheint als, allerdings stumme, Ansprechpartnerin des monologisierenden Kellerlochmenschen (Kemper 2012, S. 113). Inhaltlich ist eine einbürgernde Tendenz erkennbar, weil Bienek, ausgehend von seiner Interpretation in der erwähnten Anthologie *Dostojewski für alle*, in Sprache und Personencharakterisierung den Kellerlochmenschen nicht im Kontext der russischen Nihilismus-Debatten des 19. Jahrhunderts, sondern in dem des französischen Existenzialismus als Inkarnation einer radikalen Ablehnung bürgerlicher Gesellschaftsformen im 20. Jahrhundert, als einen »Unbehausten« gestaltet. Was dabei allerdings verloren geht, ist der Dostoevskijs innerer Dialogizität geschuldete spezifische Bekenntnischarakter der Rede des Kellerlochmenschen. Dessen sowohl die Lebenswelt als auch die eigene Person in nihilistischer Weise in Frage stellendes, mit einer Hypostasierung des Willens verbundenes Sprechen, wird im russischen Original nämlich permanent durch antizipierte Einwände, Fragen, Berichtigungen unterbrochen, »innerlich dialogisiert« (Lehmann 2000, S. 269 ff.). Solcherart selbstinszeniertes, aber von antizipierter Gegenrede geprägtes Bekenntnis ist nicht Absage, sondern ein Werben, in Dostoevskijs Diktion geradezu ein Betteln um Kommunikation, Ausdruck der Sehnsucht, in einer christlichen, vom Leiden an der eigenen Subjektivität erlösenden Gesprächsgemeinschaft aufgehoben zu sein. Diesen für Dostoevskij zentralen Aspekt der dialogischen Beichte hat Bienek weitgehend ignoriert, vielleicht auch deshalb, weil er für seine dramaturgische Bearbeitung nicht das russische Original, sondern die Rahsin-Übersetzung der Piper-Ausgabe benutzt hat. Spuren der ausgiebigen Beschäftigung mit Dostoevskij finden sich auch in der Erzählprosa, z.B. in der *Gleiwitzer Tetralogie* (1975–1982). Hier ist es vor allem die an Dostoevskijs Romane erinnernde Komprimierung von Raum und Zeit, die Verdichtung einer an Personen und Ereignissen ungemein reichen Handlung in den ersten drei Romanen auf jeweils einen Tag. In einem unveröffentlichten Typoskript unter dem Titel *Das Erlebnis der Sekunde bei Dostojewskij – ein Hörspiel und Essay* hat sich Bienek ausführlich mit dieser Besonderheit der Romankunst Dostoevskijs auseinandergesetzt und sie – biographisch argumentierend – auf den die gesamte Existenz Dostoevskijs bestimmenden Augenblick vor der angekündigten und sofort danach abgesagten Hinrichtung zurückgeführt (Pietrek 2012, S. 345 f.).

9.3.8 Christoph Meckel

Zu den anspruchsvollsten schöpferischen Auseinandersetzungen mit russischer Literatur nach 1945 gehört der Essay *Nachricht für Baratynski* (1981) von Christoph Meckel (geb. 1935). Der knapp 150 Seiten lange Text würdigt umfassend und differenziert einen in Deutschland nur wenig bekannten russischen Dichter aus der ersten Hälfte des 19. Jahrhunderts. Evgenij Baratynskij (1800–1844), Zeitgenosse Puškins, gehört zu den bedeutendsten russischen Lyrikern des 19. Jahrhunderts. Seine formvollendeten Elegien kreisen bevorzugt um die Themen Tod, Zerfall, Vereinsamung, reflektieren skeptisch und resignativ Möglichkeiten und Grenzen menschlicher Vernunft, artikulieren in diesem Zusammenhang bis zum Nihilismus gehende kulturkritische Gedanken. Meckels Essay präsentiert sich als ein ungemein komplexer, vielschichtiger Text, bestehend aus Dichterbiographie, historischem Bericht, poetologischer Reflexion, eigener künstlerischer Standortbestimmung. Die hochgradig intertextuelle Struktur demonstriert Meckels intime Kenntnis der russischen Literatur, ihrer Spezifika und Voraussetzungen.

Gestützt auf sorgfältige biographische und historische Recherchen entwirft Meckel zunächst das Porträt einer schwer greifbaren Persönlichkeit, skizziert deren von Demütigungen, sozialer Isoliertheit, Resignation und Melancholie gezeichneten Lebensweg, charakterisiert Baratynskij als »Liebenden ohne Vermögen zu lieben«, entlastet von Gefühlen und Emotionen, als einen »zum Denken bestellte[n]« Hamlet. Im Rahmen dieser Charakterisierung erscheint der russische Elegiker als ein der realen Welt fremd Gebliebener, der eigentlich nur in der Sprache zu Hause ist, als eine trotz hohen gesellschaftlichen Ansehens nicht gesellschaftsfähige Person, die notwendig ihre Existenz als sprachlich begreift, erkennbar u.a. im radikalen Vernichten aller privaten Spuren in der Dichtung, geleitet vom »Lebensgedanken: Alles ist Sprache«. Profiliert wird dieses Dichterbild mit Hilfe von Kontrastierungen, insbesondre in Bezug auf Puškin. Meckels Essay ist so auch ein Puškin-Buch, denn Baratynskij wird immer wieder mit seinem großen Zeitgenossen verglichen, ist, so Meckel, »verschattet« von ihm, dem »glücklichen Namen der Poesie«. Puškin erscheint als das von Baratynskij ersehnte, aber niemals erreichte Andere des Südlichen, Leichten, Eleganten, Vielseitigen, Offenen und Maßlosen. Er ist präsent im Bild und in Zitaten, als Gegenbild und zugleich auch als geistesverwandter Repräsentant einer von zaristischer Autokratie zermürbten Dichtergeneration.

Meckels Essay ist biographisch korrekt und geht doch über das von einer Biographie Erwartbare weit hinaus. Geleitet von der Intention, einem Unbekannten und zu Unrecht Verkannten wieder Gehör zu verschaffen, vermittelt er nicht nur die dokumentierten Realia dieses Dichterlebens, sondern erkundet dessen verborgene Gedanken und Potentiale, artikuliert sie in Fragen und Projektionen, gipfelnd im abschließenden Versetzen des russischen Dichters in eine u.a. als durchrationalisierten Raum des Todes gestaltete Gegenwart, in der sich der Autor und Baratynskij als Zeitgenossen begegnen. Diese stilistisch durch die Verwendung des Präsens vorbereitete Zeitgenossenschaft gründet in einer umfänglichen Zivilisationskritik, welche Vernunfterkenntnis, Fortschrittsglauben und Zukunftshoffnung radikal in Frage stellt, begleitet von der pessimistischen Erkenntnis, dass auch die Poesie und die auf sie bezogene Wissenschaft zur geistigen und kulturellen Emanzipation des Individuums wenig beigetragen haben. Demonstriert wird diese Gemeinsamkeit in der Zivilisationskritik in einem den Essay beschließenden geschichtsphilosophischen Szenario, dessen letzter, die Phase von Zerfall und Tod thematisierender Teil als Paraphrase von Baratynskijs großem Gedicht *Poslednjaja smert'* (1827, dt. Der letzte Tod) zu lesen ist.

Korrespondierend der genannten Begegnung als Zeitgenossen wird die *Nachricht* neben der biographischen durch eine autobiographische Ebene geprägt. Meckel präsentiert sich in ihrem Rahmen als Privatperson und als Autor. Das geschieht zum einen durch die betont subjektive Wahrnehmung der Person Baratynskijs und durch die auf ihn bezogenen Projektionen, insbesondre durch bewusste Veränderung biographischer Fakten, bei der Paraphrasierung von Zitaten und bei fingierten Zitierungen, z.B. wenn Meckel ein selbst geschriebenes Sonett als Text von Baratynskij deklariert oder in dessen Leben nicht existente Personen in die Biographie aufnimmt (Schwarz 1984, S. 238, 240f.). Autobiographisch geprägt erscheint zum anderen die *Nachricht für Baratynski* durch die begleitenden Reflexionen über Möglichkeiten und Grenzen literarischer Vergegenwärtigung und Rekonstruktion von Verlorenem, über die Veränderbarkeit von Daten und Fakten im Verlauf ihrer sprachlichen Gestaltung, über die Macht des Gedächtnisses als Instanz von Selbsterkenntnis und handwerklichem Gewissen. Meckels auf das eigene Ich bezogene Ausführungen geraten dabei zur Bestandsaufnahme, die auf Baratynskij bezogene Recherche erweist sich einmal mehr als Suche nach sich selbst, als vielschichtige Selbstreflexion im Entwurf eines Gegenübers in Gestalt Baratynskijs. Darüber hinaus betrifft diese Bestandsaufnahme auch das Verhältnis von Intellektuellen und Machtapparaten, die Rolle des Künstlers in einer von Monotonie und Erstarrung geprägten, entseelten Welt. Vor allem aber gilt sie dem Nachdenken über eine auf diese Welt antwortende Existenz in Sprache, in einer Weltliteratur bzw. »Weltkultur« als simultaner Gegenwart von Epochen und Autoren, die der von Meckel gleich zu Beginn zitierte Mandel'štam in seinem Essay *Wort und Kultur* 1921 proklamiert hatte.

Meckels *Nachricht für Baratynski* präsentiert sich als eine solche Welt in Sprache, in der – so die Nachricht für den russischen Dichter – auch die verkannten Poeten ein Zuhause finden, in der ihren Stimmen wieder Gehör verschafft wird, zeigt sich als eine Welt, die durch Polyphonie und Dialog ausgezeichnet ist. Der Essay erweist sich geradezu als ein Kompendium verschiedenster Formen von Dialogizität. Das beginnt mit der Titelformulierung, die nicht nur einen kommunikativen Vorgang anzeigt, sondern in der Verwendung der Präposition »für« dessen Relevanz für den Adressaten und eine besondere, enge Beziehung zwischen ihm und dem Absender betont. Dem korrespondierend zitiert Meckel zu Beginn die Baratynskij-Reminiszenz aus dem Essay *Über den Gesprächspartner* von Mandel'štam, und zwar im Kontext der im gleichen Essay verwendeten Flaschenpost-Metaphorik, mit der Mandel'štam auf den grundsätzlich dialogischen Charakter von Dichtung aufmerksam macht. Meckel zitiert Mandel'štam, der wiederum Baratynskij zitiert: deutlicher kann die erwähnte Synchronie von Epochen, die ja auch von Mandel'štam im Essay *Wort und Kultur* beschworene Gegenwart des Vergangenen im dichterischen Wort, nicht artikuliert werden. Vielstimmig ist der Text auch durch die zahlreichen intertextuellen Bezugnahmen auf andere Autoren wie Puškin, Šklovskij, T.S. Eliot, Albert Camus, Honoré de Balzac, Gottfried Benn, Günter Eich, Georg Trakl, Oskar Loerke u.a. Im Entwerfen dieses vielstimmigen literarischen Raumes ist die *Nachricht für Baratynskij* Dokumentation und Programm, Artikulation eines Anspruchs, im Gegensatz zur Literaturwissenschaft der wahre Sachwalter der verkannten Dichter, der »verlorenen Kräfte der Poesie«, der »liegengelassenen Chancen der Poesie« zu sein, im Schreiben einer »Bruderepistel für die Zwetajewa« und eines »Bruderepos« über Malcolm Lowry, im Erzählen von Fernando Pessoa, Aleksandr Blok und Miklós Radnóti, im »Prosakonzert für Blaise Cendrars« u.a. Höhepunkt dieses dialogischen Verhaltens ist die Ankündigung, dem in der Gegenwart erscheinenden Baratynskij das zum Lesen zu geben, was er vor 150 Jahren schrieb, den russischen Dichter mit dessen eigenem Werk über die Vermittlung durch den Poeten Meckel bekannt zu machen. Darüber hinaus akzentuiert Meckel mit dieser intertextuellen Strukturierung eine genuine Verwandtschaft aller Poeten im Rahmen einer Weltliteratur. Beispielhaft demonstriert dies die Integration der Stimmen Meckels und Eliots mit Baratynskijs berühmtem Gedicht *Der letzte Tod*.

Meckels Baratynskij-Essay darf als ein eindrucksvolles Beispiel für eine höchst anspruchsvolle aneignende Rezeption eines russischen Autors gelten. In deren Rahmen wird der ohnehin dominierende pessimistisch-zivilisationskritische Aspekt von dessen Werk bewusst hervorgehoben, z.B. in der gleich zu Beginn vorgenommenen Zitierung des dem Thema »Leid« gewidmetem Gedichts *Kogda vzojdet dennica zolotaja* (Wenn von der Dämmerung), geleitet von dem Bestreben, Baratynskij zum Zeitgenossen und zum Partner eines Gesprächs zu machen, in dessen Verlauf der Kunst die ihr in den Augen des Dichters Christoph Meckel zustehende Funktion wieder zufällt, nicht nur »schöne Bücher und gute Gedichte zu schreiben«, sondern in der innovativen, anspruchsvollen Formulierung von die Dichtung, das Individuum und die Entwicklung der Gesellschaft betreffenden Gedanken »Kronzeuge [der] Welterfahrung« zu sein.

Nach mündlicher Auskunft Meckels ist der Baratynskij-Essay Ergebnis und Bestandteil einer langjährigen, u.a. durch Johannes Bobrowski geförderten Beschäftigung mit russischer Literatur. Neben der mündlichen Information finden sich Belege dafür in den *Frankfurter Vorlesungen* (*Von den Luftgeschäften der Poesie*, gehalten im Wintersemester 1988/1989) sowie in dem 1992 erschienenen Roman *Shalamuns Papiere*. Letzterer spielt einmal mehr mit literarhistorischen Gegebenheiten und Personen, um sie aus festgelegten temporalen Ordnungen und wissenschaftlichen Zuordnungen zu befreien. Hier ist es Aleksandr Puškin, genauer die Imagination seiner Befreiung aus familiären und gesellschaftlichen Fesseln. *Shalamuns Papiere* präsentieren sich als eine Umschrift aller bisherigen literarhistorischen Darstellungen über den russischen Dichter, indem sie dessen Tod im Duell als Fiktion und Maskerade entlarven. Puškin hat in dieser Version das Duell überlebt, wird auf dem Landgut seines Freundes, des Historikers Aleksandr Turgenev, mit Hilfe eines unwissenden deutschen Chirurgen gesund gepflegt und geht als Franzose namens Mathieu de Combel nach Paris. Dort begegnet er unvermittelt seinem Schüler Nikolaj Gogol', entzieht sich aber dieser Begegnung in panischer Flucht und stirbt – so Christoph Meckels briefliche Information – »gänzlich unbekannt« in Paris. Auch hier begegnet also wieder das Motiv der poetischen Wiedergeburt eines

Dichters, der nun allerdings im Gegensatz zum Baratynskij-Essay vom berühmten Autor zur unbekannten Person in der Fremde transformiert wird – gleichwohl auch dies ein subversiver Versuch, einen etablierten, sprachlich und gedanklich erstarrten literatur-historischen Diskurs dichterisch in Frage zu stellen.

9.3.9 Gerhard Meier: Tolstojs *Krieg und Frieden* als Leitmotiv im Roman *Borodino*

Zu den literarisch anspruchsvollen Rezeptionen russischer Dichtung durch die neuere Schweizer Literatur gehört die Tolstoj-Adaption in dem 1982 veröffentlichten Kurzroman *Borodino* aus der *Amrainer Tetralogie* von Gerhard Meier (1917–2008). In seinem Zentrum stehen die befreundeten Berufskollegen Baur und Bindschädler, ihre Spaziergänge und die sie begleitenden Gespräche und Erinnerungen. Sowohl der Ort des Geschehens, die Provinzstadt Amrain, als auch der Gegenstand des erinnernden Erzählens, die Familiengeschichte Baurs, erscheinen zunächst auf einen begrenzten Raum bezogen, werden aber durch von den Gesprächen ausgelöste Reflexionen und Assoziationen innerlich ausgeweitet, Provinz und persönliche Geschichte werden zu Paradigmen von Welt und Weltgeschichte. Zu den assoziierten Bereichen gehört auch die russische Kultur und Natur; beides hat Meier sein ganzes Leben lang fasziniert, die Romane Tolstojs, die Musik von Šostakovič, altrussische Kirchen und das Motiv der russischen Birke sind integraler Bestandteil von Meiers Erzählprosa (Bakshi 2009, S. 109). Die literarische Aneignung Tolstojs dokumentiert vor allem der Roman *Borodino*. Dessen Titel erinnert an die in Tolstojs *Krieg und Frieden* dargestellte Schlacht zwischen Russen und Franzosen am 26.8.1812, die Napoleon zwar den Sieg brachte, gleichzeitig aber den Beginn seines Untergangs markiert. Die leitmotivisch eingefügten Verweise und Anspielungen auf *Krieg und Frieden* strukturieren in Meiers Roman in karnevalesker Weise die vom Erzählen ausgehenden und es erweiternden Assoziationen: Zentrale Personen (Nataša Rostova, Andrej Bolkonskij), Ereignisse und Situationen aus Tolstojs Text werden zitierend zu Bestandteilen von Visionen Bindschädlers oder Baurs, erweitern deren Wahrnehmung der realen Welt zur Reflexion über das Verhältnis von äußerer und innerer Wirklichkeit, von Provinz und Universum, von gespieltem Chaos und Schrecken (die Böllerschüsse und Trommeln des Karnevals in Amrain) zu welthistorisch folgenreichem Schlachtenlärm (die Kanonen der Schlacht von Borodino). *Borodino* beginnt mit einem als Motto verwendeten Zitat aus *Krieg und Frieden*, das vom Unvermögen des Verstandes spricht, das menschliche Leben zu regieren. Der Meiers Roman prägende Dialog zwischen Baur und Bindschädler und die ihn bereichernden intertextuellen Referenzen akzentuieren die Aspekte Bezug und Potentialität, betonen die Fülle in der Einfachheit, verdeutlichen, dass das Einzelne nichts ist ohne seine Verbindung zum Anderen, zum Gegensätzlichen. Artikuliert wird dies dadurch, dass die vom Veteranentreffen, von der Geschichte des Ortes

Amrain u.a. handelnden autobiographischen Erzählungen Baurs bei Bindschädler Bilder und Bilderketten von einem durch Tolstojs Roman *Krieg und Frieden* literarisch und deshalb geistig präformierten Russland auslösen. Im Rahmen dieser Visionen kommt es zur Verschränkung von Natur und Geschichte, von Leben und Tod: Naturbetrachtungen wie das Anschauen des Großen Bären am Sternenhimmel evoziert den russischen Bären als Symbol des Aggressors Russland, dem aber sofort das angegriffene Russland in der Gestalt des in Borodino tödlich verwundeten, den Sternenhimmel betrachtenden Andrej Bolkonskij aus *Krieg und Frieden* an die Seite gestellt wird. In ähnlicher Weise wird das weltgeschichtlich und literaturgeschichtlich Bedeutsame mit dem schweizerisch Provinziellen verschränkt, so, wenn Nataša Rostova aus Tolstojs Romanepos in den genannten Visionen als Flädlisuppe und Rindsbraten essende Matrone erscheint. Meiers Roman evoziert so ein vielgestaltiges literarisches Universum, dessen Beziehungsreichtum in hohem Maße durch die intertextuellen Verweise auf Tolstojs Roman garantiert wird.

9.3.10 Späte *Oblomov*-Adaptionen durch Kroetz, Koerbl, Rücker und Wagner

Erstaunlich präsent ist Ivan Gončarovs Roman *Oblomov* in der deutschsprachigen Literatur der vergangenen drei Jahrzehnte. Dessen bereits im Rahmen der Ausführungen über Uwe Grüning angesprochene Rezeption erlebt in Texten von Franz Xaver Kroetz, Jörg Michael Koerbl, Günter Rücker und Bernd Wagner einen neuen Höhepunkt, neben zahlreichen Bearbeitungen in Radio, Film und Fernsehen (Schümann 2005). Art und Umfang der Bezugnahme ist unterschiedlich; relevant ist vor allem der Motivkomplex Passivität und Nichtstun sowie der Gegensatz Oblomov – Stol'c, der im Kontext eines Antagonismus' Russland – Deutschland bzw. Osten – Westen umgestaltet wird.

Kroetz' (geb. 1946) dramaturgische Bearbeitung des Romans unter dem Titel *Oblomow oder Der Freund der Leidenschaften* hat eine komplizierte Entstehungs- und Aufführungsgeschichte (Schümann 2005, S. 250ff.). Die letzte, auf 1989 zu datierende Fassung verkürzt Gončarovs umfänglichen Text auf zwei, jeweils in fünf Auftritte untergliederte Akte, mit entsprechend reduzierenden Veränderungen von Zeit- und Raumstruktur, Personendarstellung und -konstellation. Räumlich dominieren Oblomows Zimmer und Bett das Drama, die Handlung konzentriert sich auf die Beziehungen zwischen der Titelfigur, Stolz und Olga. Dabei werden die männlichen Protagonisten noch stärker als im Roman zu Gegenspielern gestaltet, Oblomow als Repräsentant einer ohne Sinn und ohne soziale Aufgaben dahinvegetierenden spätfeudalen Adelsgesellschaft und Stolz als zweckrational agierender und rücksichtsloser Funktionsträger. Da auch die von Gončarov durchaus differenziert gezeichnete Olga im Drama als beschränkte, in Teilen lächerliche und materialistisch denkende Figur vorgestellt wird, ergibt sich ein wenig erfreuliches Gesellschaftsbild, das auch nicht dadurch aufgehellt wird, dass Kroetz seinen Helden am Schluss nicht sterben lässt und ihm so eine Chance eröffnet, über Möglichkeiten einer sinnvollen Existenz zumindest nachzudenken.

Umfassender und radikaler als bei Kroetz ist die Dramenadaption des *Oblomov* bei dem 1950 geborenen, in der DDR aufgewachsenen Jörg Michael Koerbl. *Oblomows Traum. Ein deutsches Drama* (entstanden 1983, Erstaufführung als szenische Lesung am Berliner Ensemble 1996) ist eine literarische Groteske, die nur noch ansatzweise an Gončarovs Roman erinnert. Das betrifft die Abstrahierung des Raumes zur »Gegend« ebenso wie die Substanzlosigkeit und Inkohärenz der Figuren, ihre Unfähigkeit zur Kommunikation sowie die zwischen Wirklichkeit und Traum changierenden Handlungsabläufe. In dieser Eigenschaft erscheint Koerbls Text zum einen als Dementi eines durch Gončarov repräsentierten literarischen Realismus und zum anderen als existenzialphilosophisch gefärbte Abrechnung mit einer von Gewinnstreben, geistiger und gesellschaftlicher Erstarrung geprägten Weltordnung (Schümann 2005, S. 284 ff.).

Ebenfalls von in der DDR aufgewachsenen Autoren stammen zwei auf Gončarovs *Oblomov* verweisende Prosatexte: der 1991 erschienene Roman *Otto Blomow. Geschichte eines Untermieters* von Günther Rücker (1924–2008) und die 1999 veröffentlichte Erzählung *Club Oblomow* von Bernd Wagner (geb. 1948). Letzterer nennt im Titel einen Club, zu dessen Aufnahmebedingungen striktes Nichtstun gehört. Zu den russischen und deutschen Mitgliedern gehört der Schriftsteller Max, der sich diesem Verdikt trotz Erfolgslosigkeit nicht unterwerfen kann. Erfolglos im Beruf und in der Liebe – sein lebenstüchtiger Freund und Rivale Schuldenreich heiratet seine Chat-Freundin Irene – endet Max durch selbstgewählten Tod. Die wenigen echten Korrespondenzen zu Gončarovs Roman ergeben sich aus dem bereits im Titel formulierten Zentralmotiv des erklärten Nichtstuns, das aber hier in der Weise modifiziert wird, dass sich der Protagonist Max einer kollektiven, in den Clubdirektiven institutionell verankerten Passivität verweigert, wobei ihn diese Haltung allerdings nicht aus seiner gesellschaftlichen Isolierung erlöst.

Günther Rückers *Otto Blomow. Geschichte eines Untermieters* präsentiert sich als pikareske Adaption von Gončarovs *Oblomov*. Es ist die Geschichte des jungen, bindungslosen Kriegsheimkehres Otto Blomow, der im steten Wechsel von Beruf, Identität, Betten und Frauen im östlichen Nachkriegsdeutschland ziel- und orientierungslos herumirrt. Mit Gončarovs Titelfigur verbinden ihn seine Passivität und seine Unfähigkeit zu sozialer Integration, die Existenz als »Untermieter« im umfassenden Sinn, als Mensch ohne eigenen ideologischen Standpunkt, der die Lebenswelt auf sich zukommen lässt, ihr nicht aktiv begegnet. Andererseits erscheint Rückers »Held« in viel stärkerem Maße als Figur ohne eigene Identität, ohne Standpunkt, was u.a. dadurch betont wird, dass er im Gegensatz zu Gončarovs Gestalt ständig die Betten wechselt. Unterschiedlich ist auch die Personenkonstellation und die damit verbundene Konfliktgestaltung. Handlungsbestimmend ist nicht das Verhältnis des Protagonisten zu zwei weiteren Hauptfiguren (Stol'c und Ol'ga), sondern Blomows von zahlreichen, unterschiedlichen und flüchtigen Kontakten bestimmtes Sozialverhalten. Mit diesen Eigenschaften erscheint Rückers Roman als eine unterhaltsame, in Teilen fundiert gesellschaftskritische Darstellung einer von geistiger und materieller Zerstörung geprägten Nachkriegsgesellschaft; eine genuine schöpferische Auseinandersetzung mit Gončarovs Text ist er bestenfalls in Ansätzen.

10 Tendenzen und Perspektiven nach 1989

Im Gefolge von Glasnost' und Perestrojka, vor allem aber nach der politischen Wende im Jahre 1989, hatte sich das Interesse an Russland vorübergehend massiv verstärkt. Die in diesem Kontext entstandenen publizistischen und literarischen Veröffentlichungen sind hier nicht einmal in Ansätzen darstellbar. Im Bereich der Literatur sind zahlreiche Reiseberichte und Erinnerungsbücher erschienen (Hoge 2012). Texte von Gerd Ruge, Arno Surminski, Herta Müller, Wolfgang Büscher u.a. versuchen erneut eine Annäherung an Russlands Topographie, Geschichte, Mentalität und Kultur, beschäftigen sich mit dem wechselvollen und problematischen Verhältnis von Russen und Deutschen im vergangenen Jahrhundert. Das geschieht literarisch anspruchsvoll in Romanen wie Herta Müllers *Atemschaukel* (2009) oder Ulla Hahns *Unscharfen Bildern* (2003), bedient aber auch immer wieder alte Images von der russischen Weite und der Konturlosigkeit des Landes, beschwört die daraus resultierende »russische Seele« etc.

Neben diesen insbesondre der Darstellung Russlands und seiner Beziehungen zu Deutschland im Zweiten Weltkrieg und in der Nachkriegszeit gewidmeten Büchern ist in der deutschsprachigen Literatur aber auch eine vielgestaltige und differenzierte Rezeption russischer Dichtung erkennbar, auf die am Beispiel ausgewählter Autoren und Texte abschließend aufmerksam gemacht werden soll.

10.1 Ingo Schulze

Zu den bemerkenswertesten Rezipienten russischer Literatur der Nachwendezeit gehört der durch Erzählbände wie *Simple Storys* (1998), *33 Augenblicke des Glücks* (1995), *Adam und Evelyn* (2008) u.a. bekannt gewordene Ingo Schulze (geb. 1962). Der in der DDR aufgewachsene Autor hat sich 1992/1993 in St. Petersburg aufgehalten und dort die Annonce-Zeitung *Privet Peterburg* (Hallo Petersburg) herausgegeben, Ausgangspunkt einer intensiven Beschäftigung mit russischer Literatur in der Folgezeit. Petersburg habe ihn, so Schulze in seiner *Vorstellung in der Darmstädter Akademie* (in: *Deutsche Akademie für Sprache und Dichtung. Jahrbuch 2007*), zum Schriftsteller gemacht. Dokumentiert ist diese Rezeption durch zahlreiche Veröffentlichungen: Das betrifft fiktionale Texte ebenso wie Artikel und Rezensionen über Charms, Čechov und Sorokin. Bevorzugte russische Dialogpartner sind die Moskauer Konzeptualisten, eine seit den achtziger Jahren aktive Spielart des Dekonstruktivismus, vertreten u.a. durch Dmitrij Prigov, Lev Rubinštejn und Vladimir Sorokin. Vor allem letzterer hat Schulzes frühe Prosa nach dessen Aussage maßgeblich geprägt. Sorokin und einige Arbeiten des russischen Kritikers und Kulturphilosophen Boris Groys waren »Katalysatoren« und »Geburtshelfer«, leiteten seine »kopernikanische Wende« ein, so Schulze in seiner 2007 gehaltenen Leipziger Poetikvorlesung *Tausend Geschichten sind nicht genug*.

Eine ertragreiche und originelle Auseinandersetzung mit Russland und seiner Literatur prägt die erwähnten *33 Augenblicke des Glücks. Aus den abenteuerlichen Aufzeichnungen der Deutschen in Piter*. Der 1995 erschienene Erzählband enthält, eingeleitet durch eine fiktive Erzählinstanz namens Hoffmann, 33 in Umfang und Diktion unterschiedliche Geschichten. Diese erzählen mehr oder wenige grotesk von St. Petersburg und seiner Umgebung, von einer durch Armut und Verelendung, von Chaos und Gewalt deformierten russischen Lebenswelt der frühen neunziger Jahre. Grotesk wirken die Erzählungen aufgrund der unvermittelten Zusammenführung des extrem Gegensätzlichen, so wenn in Kapiteln wie *Die einzige Zeit* das von Liebe und gegenseitiger Achtung geprägte Eheglück eines älteren Ehepaares in ein sadistisches Töten einer Frau umkippt, wenn in *Sehr Verehrte* der scheinbar objektive Bericht eines wegen Mordes angeklagten Sauna-Bediensteten zu einer in seiner Übersteigerung und Monstrosität geradezu absurden Darstellung von Gewalt und in Kannibalismus mündender Sexualität mutiert, wenn zunächst realistisch wirkende Artikulationen von Überlebensstrategien durch Verschränkungen mit Aspekten des Skatologischen als dekonstruierende Sprachspiele entlarvt werden. Schulzes Erzählungen sind folglich keine planen Widerspiegelungen der bedrückenden St. Petersburger Realität der neunziger Jahre, sondern hochartifizielle Sprachprodukte, verschiedenen Diskursen verpflichtete Konstrukte, die zu einem nicht geringen Teil Spuren russischer literarischer Texte enthalten. In der erwähnten Poetikvorlesung spricht Schulze davon, dass er »mit der russischen Literatur am Ohr« geschrieben habe, und dieses Hören zeigt sich in der hochgradig intertextuellen Strukturierung der Erzählungen. Präsent ist so die gesamte russische Dichtung von Puškin über Lermontov, Gogol', Dostoevskij, Belyj, Čechov, Chlebnikov, Charms, Nabokov, Bulgakov bis zu den genannten Konzeptualisten. Indikatoren sind explizite Namenszitate wie »Puschkin«, implizite wie der für die Titelgebung verwendete Name *Iwan Toporyschkin* (d.i. Daniil Charms, 1905–1942). Es sind zur Charakterisierung von Personen adaptierte Romantitel (*Ein Held unserer Zeit* von Lermontov), Zitate aus Čechovs Dramen *Platonov, Die Möwe, Drei Schwestern, Onkel Vanja*. Die Erzählung *Es verging* präsentiert sich als modernisierte, auf das Russland der späten achtziger und frühen neunziger Jahre bezogene Variante von Puškins *Stancionnyj smotritel'* (1831; dt. Der Postmeister). Der Erzählband ist darüber hinaus durchsetzt von einer Vielzahl hier im Einzelne nicht dokumentierbarer Anspielungen auf Texte von Bulgakov, Chlebnikov, Charms, Nabokov u.a.

Dominierend aber ist der russische Konzeptualismus, der in diesem Text so präsent ist, dass russische Literaturkritiker die *33 Augenblicke* im Kontext der russischen Postmoderne verortet haben (Urupin, 2002, S. 82). Bevorzugter Gegenstand dieser Rezeption ist das literarische Werk des bereits genannten Vladimir Sorokin (geb. 1955), der mit Werken wie dem Roman *Norma* (entstanden 1979–1984; erschienen 1994), *Obelisk* (Erzählungen, zuerst dt., 1992), *Tridcataja ljubov' Mariny* (1984; dt. Die dreißigste Liebe der Marina) u.a. als einer der profiliertesten Repräsentanten der russischen Postmoderne zu gelten hat. Seine Darstellungen russischer Lebenswelt sind von Gewalt, Sexualität, Perversion und anderen Tabubrüchen geprägt, deren sprachliche Artikulation er aber nicht als realitätsbezogene Wiedergabe, sondern als Auseinandersetzung mit den ihnen zugrunde liegenden Diskursen verstanden wissen will. Menschliche Existenz erscheint dabei als eigentlich sprachliche Existenz, als ein Gefangensein in Normen und Wertvorstellungen, die, von einer automatisierten und entfremdeten Sprache vermittelt, das Existieren von Menschen bis hin zum Orgasmus determinieren (beispielhaft in *Die dreißigste Liebe der Marina*). Sorokin deformiert aggressiv und provozierend bestimmte, das Bewusstsein der Russen prägende, Diktatur und Gewalt legitimierende, philosophische, religiöse und literarische Diskurse, z.B. die der marxistischen Ideologie (Urupin 2002. S. 84). Das geschieht in der Weise, dass Elemente des Hässlichen, Gewalttätigen, Sexuellen und Skatologischen in sie eindringen und destruieren. Hymnisches Lob der Arbeit im Kollektiv in der Tradition des Sozialistischen Realismus wird durch Elemente des Sexuellen und Skatologischen ironisiert, Natur- und Landschaftsdarstellungen aus der Schule des russischen Realismus im 19.Jahrhundert werden durch abstoßende Einmontierung von Gewaltorgien deformiert (z.B. in *Roman*, entstanden 1985–1989; erschienen 1994). Sorokins Texte erlangen mit Hilfe solcher karnevalistischer Verfahren eine eigene asemantische Valenz, werden zu monströsen Grotesken, in denen Erzählinstanzen und dargestellte Personen als entsubjektivierte, aus verschiedensten Prätexten bestehende Sprachkörper erscheinen. Es ist ein Schreiben ohne erkennbare soziale und ästhetische Intention, das jegliche Form von Realitätsvermittlung und Sinnstiftung dementiert.

Schulze knüpft mit den oben skizzierten Stil- und Strukturmerkmalen an diese Erzählstrategien an, verwendet sie aber nicht so aggressiv und kompromisslos wie Sorokin (Urupin 2007, S. 71). Die Brüche sind nicht so unvermittelt, die Sprache ist nicht so gewalttätig, der Tabubruch nicht so radikal. Seine literarischen Konstruktionen, die sie prägenden Grotesken und Überschreitungen verweisen stärker auf die das Russland der Perestrojka bestimmende »Zeit der Wirren«, der geistigen Orientierungslosigkeit und der sozialen Verelendung. Diese Orientierungslosigkeit motiviert erzähltechnisch ein verwirrtes und verwirrendes Aufeinandertreffen verschiedener Diskurse, z.B. solcher des Sozialen, des tabuisierten Sexuellen und des Religiösen in der letzten Geschichte. In ihr wird auf der Straße ein zusammengeschlagener, sterbender, hässlicher Greis von einer schönen »Ärztin« zunächst liebevoll umsorgt, die sich dann vor ihm und für ihn entkleidet, ihm tatkräftig zu einem letzten Orgasmus verhilft und daraufhin von der gaffenden und ergriffenen Menge zur Heiligen erklärt wird. Bewusste Nachahmungen Sorokins (des *Obelisk*) sind laut Schulze außerdem die Erzählungen *Schnitzeljagd* und *Stimmabgabe* in *Neue Leben*.

Neben den genannten Autoren und E. T. A. Hoffmann, auf den der Name des fiktiven Erzählers in *33 Augenblicke* verweist, erscheint als weiterer Ahnherr der grotesken Strukturen in Schulzes Erzählprosa Nikolaj Gogol'. Unübersehbar präsent ist er vor allem in *Von Nasen, Faxen und Ariadnefäden* (1994), einem Text, der eng mit *33 Augenblicke* zusammenhängt. Er besteht aus einem Fax-Briefwechsel zwischen dem Autor und seinem im Sterben liegenden Freund, dem Graphiker Helmar Penndorf, über Schulzes Aufenthalt in St. Petersburg. Auch hier geht es um den Petersburger Alltag zu Beginn der neunziger Jahre, um die Geschichte der Stadt, um ihre Topographie, um ihre deprimierende, von Verelendung, Schwarzmarkt und anderen dubiosen Geschäften geprägte Gegenwart. Bereits der Titel erinnert an Gogol's berühmte phantastische, in St. Petersburg spielende Novelle *Die Nase*. Wie in dieser erscheint bei Schulze die Nase als Doppelgänger des Ich, verkörpert bestimmte mentale Zustände, dessen Wünsche, dessen spezielle Wahrnehmungen eines fremden Milieus. Darüber hinaus ist die Nase Bindeglied, Garant und Vergegenwärtigung eines künstlerischen Dialogs mit Helmar Penndorf, in dessen Zeichnungen sie bildnerische Vergegenwärtigung erfährt. Auch dieser Bericht über St. Petersburg ist ein hoch literarisierter Text. Neben den Gogol'-Reminiszenzen enthält er literarische Hinweise auf die Stadt und ihre wechselvolle und leidensreiche Geschichte, z.B. auf Leben und Werk der leidgeprüften Achmatova, zitiert aus Brodskijs *Erinnerungen an Leningrad* (zuerst engl. u.d.T. *Less Than One*, 1986), erinnert an Platonov, Osip und Nadežda Mandel'štam, Sorokin und Dostoevskij.

Schulzes literaturkritische Arbeiten befassen sich in hohem Maße mit russischen Autoren, die für sein Schreiben von Bedeutung sind. Das betrifft den ›Vater der short story‹, Čechov, an dessen Kurzprosa er in einer Rezension zu den von Peter Urban herausgegebenen Erzählungen nicht zufällig das Spiel mit Diskursen und Gattungen, die harte Zeichnung von absurd erscheinenden Vorfällen, das ›Umkippen‹ von Tonlagen rühmt (*Die Nachtigall sang, was das Zeug hielt*, in der *Frankfurter Allgemeinen Zeitung*, 12.12.2000). Von Čechov sind laut Schulze all die russischen Autoren inspiriert worden, die seine Laufbahn als Schriftsteller maßgeblich beeinflusst haben, also Chlebnikov, Charms, Sorokin und Viktor Pelevin.

Charms erscheint in einer anderen Rezension (*Mit Charms ist alles auszuhalten*, in der *Frankfurter Allgemeinen Zeitung*, 3.12.2002) als ein Schriftsteller, der noch stärker als Chlebnikov die Absurdität der Sprache in der stalinistischen Diktatur demonstriert, ihre Entwurzelung, ihre Entindividualisierung und Entfremdung.

Die Rezension zu Sorokins *Norma* (*Die Norm des Romans*, in der *Frankfurter Allgemeinen Zeitung*, 23.3.1999) betont nochmals die Bedeutung des russischen Autors für das eigene Werk. Neben dem Aspekt einer allumfassenden, auch die Sprache betreffenden, ins Absurde gehenden Lebenswelt interessiert Schulze an diesem Roman vor allem die Vielschichtigkeit von Struktur und Stil sowie die damit gestaltete Auflösung von Personen in eine Sprache, die ihrerseits auch von Auflösung bedroht ist.

10.2 Hans Joachim Schädlich

Dass auch die von Russen im 19. Jahrhundert begründete Erzähltradition bei deutschen Autoren der Gegenwart ungebrochen präsent ist, demonstriert der 2010 erschienene Roman *Kokoschkins Reise* von Hans Joachim Schädlich (geb. 1935). Hier sind es allerdings nicht Dostoevskij, Tolstoj oder Turgenev, sondern der in der o.g. Tradition stehende erste russische Nobelpreisträger Ivan Bunin (1870–1953), dessen Werk einen deutschsprachigen Text maßgeblich bestimmt. In Schädlichs Roman begibt sich der über neunzigjährige Exilrusse Fjodor Kokoschkin im Rahmen einer Russland-Reise auf den Weg in die Geschichte, in die eigene individuelle ebenso wie in die Europas während der ersten Hälfte des 20. Jahrhunderts. Kokoschkin ist der Sohn eines von den Bolschewiken in Petrograd ermordeten Ministers der Kerenskij-Regierung. Geflohen 1921 aus Russland, emigriert er mit seiner Mutter nach Berlin, wird 1933 von den Nationalsozialisten aus Deutschland vertrieben und gelangt schließlich über Prag in die USA, wo er als Biologie-Professor Karriere macht. Erzählt wird auf zwei Ebenen: Die erste betrifft die letzte Phase der Reise, die Überfahrt von Southampton nach New York auf der »Queen Mary 2«, und die dabei geführten Tischgespräche über Russland und andere Themen, die zweite besteht aus Erinnerungen Kokoschkins, die er seinem Begleiter nach Russland, dem tschechischen Bibliothekar Hlaváček erzählt; einmal mehr erfährt hier das Thema »Russen in Berlin« eine sehr anschauliche und detaillierte Darstellung. Dabei wird eine von Oktoberrevolution, Stalinismus und Nationalsozialismus negativ geprägte Jugend sichtbar, gezeichnet durch Verletzungen und Traumatisierungen, bereichert aber auch durch Begegnungen mit Schriftstellern wie Vladislav Chodasevič, Nina Berberova und dem genannten Bunin. Letzterer ist in Schädlichs Roman in mehrfacher Weise präsent: zum einen als erinnerte Person, zum anderen durch verschiedene Werke. Strukturbildend ist der Bezug auf Bunins berühmte Novelle *Gospodin iz San-Francisko* (Der Herr aus San Francisco). Vergleichbar dem dort geschilderten Luxusdampfer, der den Leichnam des toten Herrn aus San Franzisco von Capri in die USA bringt, erscheint das Schiff »Queen Mary 2« auch in *Kokoschkins Reise* als ein in sich abgeschlossener, begrenzter, sich zwischen Alter und Neuer Welt bewegender Raum, als ein die Verlorenheit und Unbehaustheit des Menschen symbolisierender Topos. Entschieden deutlicher intertextuell markiert sind Passagen aus Bunins Erzählungen *Solnečnyj udar* (Der Sonnenstich) und *Pervaja ljubov'* (Erste Liebe). Letztere wird zwei Seiten lang zitiert und evoziert in einer an Turgenev und Čechov erinnernden melancholischen Darstellung von Natur und Landleben das vorrevolutionäre Russland, charakterisiert auf diese Weise all das, was den Exilanten Kokoschkin mit Russland verbindet. Die ebenfalls zwei Seiten umfassende Zitierung aus *Solnečnyj udar* bezieht sich auf die dort dargestellte flüchtige, in einer einzigen Liebesnacht endende Begegnung zweier Reisender. In Schädlichs Roman artikuliert sie indirekt die während der Überfahrt wachsende Zuneigung des Greises zu einer Mitreisenden, ein Begehren, das notwendig unerfüllt bleiben muss.

10.3 Tret'jakov-Rezeptionen

Bemerkenswert ist das seit den neunziger Jahren wieder erstarkende Interesse deutscher Autoren für sowjetische Literaturtheoretiker. Beispielhaft demonstriert dies die Rezeption von Werken des im Brecht-Kapitel vorgestellten Sergej Tret'jakov. Dieser war bereits während der siebziger Jahre sowohl in der DDR als auch in der BRD Gegenstand literaturtheoretischer Erörterungen, nicht zuletzt deshalb, weil sich in der u.a. von ihm formulierten Konzeption einer »literatura fakta« fiktionales mit dokumentatorischem und theoretischem Schreiben vereinen sollte. Vorbereitet in der Sowjetunion durch Arbeiten von Tamara Motyleva und in der DDR durch Editionen und Kommentare von Fritz Mierau, wird Tret'jakov in der DDR der siebziger Jahre für Autoren wie Volker Braun zum Gewährsmann einer operationalen Literatur, welche die Grenzen zwischen einzelnen Genres ebenso ignoriert wie die zwischen Kunst und Leben (Eintrag in Brauns »Arbeitsbuch« vom 16.5.1977). In der Bundesrepublik waren es zur gleichen Zeit linksorientierte Intellektuelle wie Eberhard Knödler-Bunte und Slavisten wie Karla Hielscher und Hans Günther, die als Herausgeber und Kommentatoren von Tret'jakov-Schriften hervorgetreten sind, z.B. in der Zeitschrift *Ästhetik und Kommunikation* (1971). Wenig später beschäftigten sich im Kontext von sowjetischen und DDR-Editionen auch Autoren wie Yaak Karsunke u.a. mit dem sowjetischen Schriftsteller. Beispielhaft für die gegenwärtige schöpferische Tret'jakov-Rezeption in Deutschland ist das vielgestaltige Werk von Annett Gröschner. Im Kontext der am Berliner Prenzlauer Berg angesiedelten Literaturszene erkundet Gröschner als Romanautorin (*Moskauer Eis*, 2000), Sachbuchautorin und Essayistin unter Berufung auf Tret'jakov Möglichkeiten einer modernen »literatura fakta«, in deren Rahmen das Operationale von Literatur, das Verständnis von Schreiben als Dokumentation und gesellschaftlicher Handlung, besonders profiliert wird. Gröschner hat Essays über Tret'jakov veröffentlicht; von seinen Werken hat sie nach eigenem Bekunden besonders durch *Biografija vešči* (1929; dt. Die Biographie des Dings) wesentliche Anregungen erfahren. Orientiert daran stehen Dinge im Zentrum ihrer literarischen Texte, Dinge, die über Menschen Auskunft geben, zu denen sie gehören (*X Dinge. Aus dem Leben der Trude Menzinger*; derzeit noch nicht erschienen). Ausgangspunkt des Schreibens ist also der Gegenstand, der Auskunft über menschliche Biographien gibt. Ebenfalls angeregt durch Tret'jakov sind die theoretischen Erörterungen zum Verhältnis von Produzent und Rezipient in der Literatur, zu der in diesem Kontext beobachtbaren Auflösung der Grenzen zwischen den Bereichen Film, Fernsehen und Internet.

10.4 Russen als deutschsprachige Autoren

Abschließend ist noch auf eine besondere Form russisch-deutscher literarischer Begegnung zu verweisen, und zwar auf die deutschsprachige Erzählprosa russischer und ukrainischer Schriftsteller und Schriftstellerinnen, die wie die des Arztes, Malers und Schriftstellers Vladimir Lindenberg (Čeliščev, 1902–1997) in der deutschsprachigen Literatur bereits früher präsent war, seit Ende der achtziger Jahre aber durch in die Bundesrepublik Deutschland übergesiedelte Autoren besondere Aufmerksamkeit und Wertschätzung erfährt. Vladimir Kaminer, Lena Gorelik, Ol'ga Martynova, Katja Petrovskaja u.a. schreiben für deutschsprachige Leser; ihre Namen besitzen in dieser Literaturszene inzwischen einen guten Klang. Im Zentrum ihrer Texte stehen Identitätsprobleme, Fragen nach dem Verhältnis von russischer und deutscher Kultur und Literatur, nach der Geltung von Fremdbildern (Images) sowie die kritisch-ironische Auseinandersetzung mit der untergegangenen sowjetischen Lebenswelt.

Der 1967 in der Sowjetunion geborene und seit 1990 in Deutschland lebende Vladimir Kaminer ist mit Büchern bekannt geworden, in denen unterhaltsam und witzig über Absonderlichkeiten des sowjetischen Alltags, über das Leben von Russen in Deutschland und ihr Verhältnis zu den Deutschen sowie über Grenzen und Bestand nationaler Identitäten im Zeitalter von Globalisierung und Migration geredet wird. Beginnend mit der überaus erfolgreichen *Russendisko* (2000) über *Mein deutsches Dschungelbuch* (2003), *Karaoke* (2005), *Meine russischen Nachbarn* (2009) bis hin zu *Onkel Wanja kommt* (2012) schreibt Kaminer über bestimmte, die Deutschen fremdartig anmutende Verhaltensweisen der Russen, stilisiert dabei zugleich den jeweiligen Erzähler »als Medium verwunderter Wahrnehmung« (Uffelmann 2003, S. 295). Angereichert durch Ausblicke auf Ereignisse der deutsch-russischen Geschichte (z.B. die spektakuläre, 1922 von den Bolschewiken erzwungene Exilierung namhafter russischer Intellektueller nach Deutschland mit Hilfe des sog. Philosophendampfers »Oberbürgermeister Haken« in *Onkel Wanja kommt*) spielt Kaminer in seinen Texten virtuos und ironisierend mit von Deutschen auf Russen und mit von Russen auf Deutsche bezogenen Images und dementiert damit Geltungsansprüche nationalistisch bzw. ideologisch argumentierender Identitätszuweisungen.

Dezidierter und sprachkünstlerisch anspruchsvoller als Kaminer, Gorelik u.a. ist die literarische Auseinandersetzung mit den o.g. Themen in Texten von Ol'ga

Martynova und Katja Petrovskaja. Bemerkenswert sind sie vor allem deshalb, weil hier die deutsch-russischen Begegnungen zum beherrschenden Thema werden. Die Identitätsfrage wird hier mit sprach- und literaturtheoretischen Reflexionen verbunden, die Standortbestimmung als Dichterin in Deutschland vollzieht sich im Kontext russischer und sowjetischer Literatur. Namen wie Tolstoj, Pasternak, Bulgakov, Solženicyn u.a., die in anderen Texten bestenfalls benannt werden (z.B. in Goreliks 2013 erschienenem Roman *Die Listensammlerin*), erscheinen hier als integrale Bestandteile einer von Sprachkunst dominierten Lebenswelt, die ihrerseits mit Hilfe zahlreicher intertextueller Bezüge zur russischen Dichtung gestaltet wird.

Die im Gebiet Krasnojarsk geborene und in Leningrad aufgewachsene Ol'ga Martynova (geb. 1962) ist mit Lyrik, Erzählprosa, Hörspielen, Essays und Rezensionen hervorgetreten. Ihre russischen Gedichte sind u.a. von Elke Erb übersetzt worden, als Erzählerin schreibt sie auch in deutscher Sprache. In Romanen wie *Sogar Papageien überleben uns* (2010) und *Mörikes Schlüsselbein* (2013) wird neben Themen wie russische Geschichte des 20. Jahrhunderts, deutsch-russische Begegnungen etc. auch Literatur selbst zum Gegenstand von Literatur, mischt sich Erzählen mit Reflexion, werden entworfene Handlungen und Figuren spielerisch reflektierend, ganz im Sinne der romantischen Ironie und Universalpoesie, in Frage gestellt, um im Zugriff auf andere Texte semantisch verdichtet und erweitert zu werden. *Sogar Papageien überleben uns* wird bestimmt vom Thema deutsch-russische Begegnungen, differenziert gestaltet auf den Ebenen des Biographischen, Historischen und Literarischen. Ausgangspunkt des Erzählens ist eine Daniil Charms gewidmete Veranstaltung in Berlin, in dessen Kontext die Liebesgeschichte einer daran teilnehmenden Literaturwissenschaftlerin aus Leningrad mit einem Deutschen, Begegnungen zwischen Deutschen und Russen sowie die Beschäftigung mit russischer und deutscher Literatur assoziativ erinnernd und episodenhaft erzählt wird. Das geschieht unter umfassender Berücksichtigung deutsch-russischer und deutsch-jüdischer Geschichte (Belagerung Leningrads durch die Deutschen im Zweiten Weltkrieg, Holocaust u.a.) und mit Hilfe einer hochgradigen, die literarischen Beziehungen beider Völker betonenden intertextuellen Strukturierung. Der Text ist gespickt mit Zitaten und Anspielungen auf die deutsche (Goethe, Rilke, Celan, Bernhard u.a.), vor allem aber auf die russische Literatur von Puškin über Gogol', Tolstoj, Mandel'štam bis hin zu Charms, wobei letzterer und seine Freunde aus der Gruppierung »Oberiu« (Aleksandr Vvedenskij, Nikolaj Zabolockij, Jakov Druskin, Leonid Lipavskij und Nikolaj Olejnikov) im Vordergrund stehen. In noch dichterer Literarizität verwandelt Martynova in *Mörikes Schlüsselbein* eine dem Genre Familienroman verpflichtete Geschichte deutsch-russischer Beziehungen in ein verwirrendes Kaleidoskop unterschiedlichster Begegnungen, Wahrnehmungen und Assoziationen, mit Hilfe zahlreicher Bezüge auf Werke von Leskov, Dostoevskij, Belyj u.a.

Anspielungs- und assoziationsreich arbeitet auch die erst kürzlich mit dem Ingeborg-Bachmann-Preis ausgezeichnete, aus der Ukraine stammende, aber mit der russischen Dichtung eng verbundene Katja Petrovskaja (geb. 1970) in ihrem Buch *Vielleicht Esther* (2014), einer literarischen Suche nach jüdischer Identität im Spannungsfeld von deutscher und russischer Geschichte. Wie Martynova ist auch Petrovskaja eine literarisch und literaturwissenschaftlich versierte Erzählerin; sie hat bei Jurij Lotman studiert und über Chodasevič promoviert. Auch in *Vielleicht Esther* verbindet sich biographisch ausgerichtetes Erzählen mit historiographischer Intention; die Suche der Erzählerin nach den eigenen jüdischen Wurzeln und die damit verbundene Familiengeschichte geraten zu einer differenzierten und vielschichtigen Darstellung der leidvollen deutsch-russischen Vergangenheit in der ersten Hälfte des 20. Jahrhunderts. Die russische Literatur ist dabei präsent, bleibt aber im Hintergrund; Petrovskaja verzichtet auf eine direkte Auseinandersetzung mit implizit anwesenden russischen Autoren wie Tolstoj, Bulgakov, Mandel'štam, Achmatova, Babel', Evtušenko, Ol'ga Berggol'c. Bestimmend ist der Gestus des Fragens. Noch stärker als bei den anderen genannten Autoren entwickelt sich dabei die biographische Recherche zu einer Suche nach Möglichkeiten der Sprache, das im Rahmen von Holocaust, von nationalsozialistischer und stalinistischer Diktatur Verantwortete, eigentlich nicht Sagbare, Unsägliche sprachlich zu erfassen. Ausgehend davon und geleitet von der Erkenntnis, dass all dies Unsagbare nicht in die narrative Ordnung einer Geschichte zu bringen ist, gerät *Vielleicht Esther* zu einem offenen, literarisch vielstimmigen, erinnerndes Erzählen mit anspruchsvoller Sprachreflexion verbindendem Text. Es ist ein Schreiben im Modus des im Titel angekündigten »Vielleicht«, getragen von der Überzeugung, dass eine einzige, eine Nationalsprache, nicht den Anspruch erheben kann, die hier geschilderten Sachverhalte zu benennen. Russisches und Deutsches wird folglich im Kontext von Erkundungen verwendet: So führt z.B. die Frage nach der Richtigkeit des Benennens von Sachverhalten im Deutschen zur Berücksichtigung des russischen Idioms. Ausgehend von dieser sprachskeptischen Position changiert Petrovskajas Diktion zwischen dem Deutschen und Russischen, geleitet nach mündlicher Auskunft der Autorin von einem nach klanglichen Korrespondenzen suchenden Hören, das nationalsprachliche Grenzen ignoriert. Solcherart Gleichklang (Google – Gogol') und Assoziationen besonders berücksichtigende, den Aspekt der Unmittelbarkeit betonende Haltung ist Grundlage eines sich im Hören und Sprechen entwickelnden spontanen Schreibens, das bewusst auf narrative Kohärenz und Geschlossenheit verzichtet. Die damit verbundene Offenheit eröffnet die Räume für die sich im Text manifestierende Begegnung von deutscher und russischer Sprachkunst, von der die mannigfaltigen intertextuellen Bezüge zeugen. *Vielleicht Esther* ist gesättigt mit Reminiszenzen an deutsche und russische literarische Texte, mit deren Hilfe die ihr Buch bestimmenden Leitthemen Chaos und Ungeordnetheit menschlicher Existenz, Verfolgung, erzwungenes Unterwegssein, Leid, Vernichtung und Tod gestaltet werden. Aufgrund dieser Offenheit und Polyphonie, der »Glossolalie« im Sinne Mandel'štams, verweigert Petrovskaja ihrem aus mehr als 70 Geschichten bestehenden Text die Genrebezeichnung Roman, hätte aber sicher nichts dagegen, wenn *Vielleicht Esther* als Roman im Sinne der Schlegelschen »Progressiven Universalpoesie« verstanden würde, also als ein Text, der Realität und Fiktion, Genialität und Kritik, vor allem aber scheinbar getrennte Sprachen und Literaturen wie die deutsche und die russische als Bestandteile eines größeren Ganzen, der »Progressiven Universalpoesie«, erscheinen lässt und so die in diesem Buch skizzierte Rezeptionsgeschichte einmal mehr beispielhaft dokumentiert.

Anhang

I. Siglen

WÖS   West-östliche Spiegelungen
WÖS NF West-östliche Spiegelungen, Neue Folge
ZfSl   Zeitschrift für Slawistik
ZsPh   Zeitschrift für slavische Philologie
NDL   Neue Deutsche Literatur

II. Bibliographie

Allgemeines: Geschichtliche, kultur- und literarhistorische Übersichtsdarstellungen

Beutin, W.: Deutsche Literaturgeschichte. Von den Anfängen bis zur Gegenwart. Stuttgart/Weimar 2013 (8. Aufl.).
Düwel, W./Graßhoff, H. (Hg.): Geschichte der russischen Literatur von den Anfängen bis 1917. 2 Bde. Berlin/Weimar 1986.
Eichler, E.: Slawistik in Deutschland von den Anfängen bis 1945. Bautzen 1993.
Eimermacher, K./Volpert, A. (Hg.): West-östliche Spiegelungen, Neue Folge. Wuppertaler/Bochumer Projekt über Russen und Deutsche im 20. Jahrhundert: Bd. 1: Verführungen der Gewalt. Russen und Deutsche im Ersten und Zweiten Weltkrieg. München 2005; Bd. 2: Stürmische Aufbrüche und enttäuschte Hoffnungen. Russen und Deutsche in der Zwischenkriegszeit. München 2006; Bd. 3: Tauwetter, Eiszeit und gelenkte Dialoge. Russen und Deutsche nach 1945. München 2006.
Emmerich, W.: Kleine Literaturgeschichte der DDR. Erweiterte Neuausgabe. Köln 1997.
Gitermann, V.: Geschichte Russlands. 3 Bde. Frankfurt a.M. 1987 (unveränderter Nachdruck der 1944–1949 ersch. Ausg.).
Goerdt, W.: Russische Philosophie. Grundlagen. Freiburg/München 1995 (2. Aufl.).
Haase, H. et al.: Geschichte der Literatur der Deutschen Demokratischen Republik (Geschichte der deutschen Literatur, Bd. 11). Berlin 1977 (2. Aufl.).
Hellmann, M. (Hg.): Tausend Jahre Nachbarschaft. Rußland und die Deutschen. München 1988.
Kasack, W. : Die russische Literatur 1945–1982 mit einem Verzeichnis der Übersetzungen ins Deutsche. München 1983.
Kasack, W.: Russische Literatur des 20. Jahrhunderts in deutscher Sprache. Bd. 1: 1976–1983, Bd. 2: 1984–1990. München 1985, 1991.

Kasper, K.: Russische Literatur 1991-1996 in Rußland und in deutschen Übersetzungen. In: Osteuropa 1993-1997.
Kopelev, L. et al. (Hg.): West-östliche Spiegelungen. Reihe A: Russen und Rußland aus deutscher Sicht. 5 Bde. München 1985-2000: Bd. 1: 9.-17. Jahrhundert (1985), Bd. 2: 18. Jahrhundert: Aufklärung (1987), Bd. 3: 19. Jahrhundert: Von der Jahrhundertwende bis zur Reichsgründung (1992), Bd. 4: 19./20. Jahrhundert: Von der Bismarckzeit bis zum Ersten Weltkrieg (2000); Bd. 5: Deutschland und die russische Revolution 1917-1924 (1998).
Lauer, R.: Geschichte der russischen Literatur. Von 1700 bis zur Gegenwart. München 2000.
Lettenbauer, W.: Russische Literaturgeschichte. Wiesbaden 1958 (2. Aufl.).
v. Rauch, G./Meissner, B.: Die deutsch-sowjetischen Beziehungen von 1917-1967. Würzburg 1967.
Städtke, K. (Hg.): Russische Literaturgeschichte. Stuttgart 2011 (2. Aufl.).
Stökl, G.: Russische Geschichte. Von den Anfängen bis zur Gegenwart. Stuttgart 1997 (6. erw. Aufl.).
Surkov, A. (Red.): Kratkaja literaturnaja enciklopedija [Kurze Literaturenzyklopädie]. 9 Bde. Moskau 1962-1978.
Thomas, L./Wulff, D. (Hg.): Deutsch-russische Beziehungen. Ihre welthistorischen Dimensionen vom 18. Jahrhundert bis 1917. Berlin 1992.
Zeil, W.: Slawistik in Deutschland. Köln et al. 1994.

Bibliographien

Hübner, F.: Russische Literatur des 20. Jahrhunderts in deutschsprachigen Übersetzungen. Eine kommentierte Bibliographie. Köln et al. 2012.
Koenen, G.: Blick nach Osten. Versuch einer Gesamt-Bibliographie der deutschsprachigen Literatur über Rußland und den Bolschewismus 1917-1924. In: WÖS Reihe A, Bd. 5 (1998), S. 827-934.
Kondrat'eva, J./Petrova, G.: Vzaimosvjazi russkoj i nemeckoj literatury. Bibliografija literaturovedčeskich rabot na russkom jazyke s načala 19. veka do 1968 g. [Die wechselseitigen Beziehungen zwischen der russischen und deutschen Literatur. Bibliographie der literaturwissenschaftlichen Arbeiten in russischer Sprache vom Anfang des 19. Jahrhunderts bis 1968]. 4 Bde. Moskau 1968.
Proizvedenija sovetskich pisatelej v perevodach na inostrannye jazyki [Werke sowjetischer Schriftsteller in Übersetzungen in ausländische Sprachen]. Vyp. 1-7. Moskau 1954-1986.
Schweikert, W.: Die russische Literatur der früheren Sowjetrepubliken in deutscher Übersetzung. Teil I: 1880-1965. Flein bei Heilbronn 2003.

Einzeluntersuchungen

Alekseev, M. P.: Puškin na zapade [Puškin im Westen]. In: Puškin. Vremennik Puškinskoj komissii [Jahrbuch der Puškin-Kommission]. Bd. 3, Moskau/Leningrad 1937, S. 104-151.
Alekseev, M. P. (Hg.): Meždunarodnye svjazi russkoj literatury. Sbornik statej. [Internationale Beziehungen der russischen Literatur. Artikelsammlung]. Moskau/Leningrad 1963.

Alekseev, M. P.: Zur Geschichte der russisch-europäischen Literaturtraditionen: Aufsätze aus vier Jahrzehnten. Berlin 1974.
Andreesen, W.: Berlin und die russische Literatur der 20er Jahre. In: Mitteilungen. Staatsbibliothek Preußischer Kulturbesitz 15 (1983), S. 13-35.
v. Arseniew, N.: Die russische Literatur der Neuzeit und der Gegenwart in ihren geistigen Zusammenhängen. Mainz 1929.
Asadowski, K.: »Blick ins Chaos«. Hermann Hesse über Dostojewskij und Rußland. In: WÖS Reihe A, Bd. 5 (1998), S. 503-526.
Auerswald, H.: Die Rezeption der russischen Sowjetliteratur in der Deutschen Demokratischen Republik im Zeitraum von 1949-1955 (N. A. Ostrowski, A. S. Makarenko, W.A. Ashajew, sowjetische Kinder- und Jugendliteratur). Phil. Diss. Jena 1973.
Auerswald, H.: Zur Rezeption sowjetischer Prosaliteratur im ersten Jahrzehnt der Deutschen Demokratischen Republik. In: ZfSl. 20 (1975a), S. 538-544.
Auerswald, H.: Zur Rezeption sowjetischer Prosaliteratur in der Deutschen Demokratischen Republik in der Zeit von 1945 bis 1962. In: Stellung und Bedeutung der Sowjetliteratur in der Entwicklung der sozialistischen Gesellschaft in der DDR. Hg. v. Zentralvorstand der Gesellschaft für Deutsch-Sowjetische Freundschaft. Berlin 1975b, S. 14-27.
Aumüller, M.: Minimalistische Poetik. Zur Ausdifferenzierung des Aufbausystems in der Romanliteratur der frühen DDR. Münster 2015.
Avetisjan, V. A.: K voprosu o recepcii Puškina v Germanii [Zur Frage nach der Rezeption Puškins in Deutschland]. In: Puškin. Issledovanija i materialy [Puškin. Untersuchungen und Materialien]. St. Petersburg 1995, S. 155-160.
Bakshi, N.: Der Einfluss der russischen Literatur auf Christine Lavants *Aufzeichnungen aus einem Irrenhaus*. In: Mitteilungen aus dem Brenner-Archiv Nr. 27/2008, S. 101-109.
Bakshi, N.: Überblendungen – intertextuell und intermedial. Gerhard Meiers Tolstoj-Rezeption. In: D. Komorowski (Hg.): Jenseits von Frisch und Dürrenmatt. Raumgestaltung in der gegenwärtigen Deutschschweizer Literatur. Würzburg 2009, S. 109-119.
Bakši, N.: Robert Walsers *Der Gehülfe* im russischen Kontextsystem des »kleinen Menschen«. In: D. Kemper et al. (Hg.): Eigen- und fremdkulturelle Literaturwissenschaft. München 2011, S. 179-198.
Bauer, E.: Naturalismus, Nihilismus und Idealismus in der russischen Dichtung. Berlin 1890.
Beck, T.: Bedingungen librettistischen Schreibens. Die Libretti Ingeborg Bachmanns für Hans Werner Henze. Würzburg 1997.
Beitz, W. et al.: Die Sowjetliteratur als Grundmodell für die Entwicklung der sozialistischen Literatur in der DDR. In: Weimarer Beiträge 16 (1970), H. 4, S. 71-90.
Belentschikow, V.: Rußland und die deutschen Expressionisten 1910-1925. Zur Geschichte der deutsch-russischen Literaturbeziehungen [Rossija i nemeckie ekspressionisty 1910-1925]. 2 Bde. Frankfurt a.M. 1993/1994.
Belentschikow, V.: Träume und Enttäuschungen. Expressionistische Russlandbilder in der *Aktion*. In: WÖS Reihe A, Bd. 4 (2000), S. 986-1011.
Belobratow, A.: Der klassische russische Roman und österreichische Romanciers zwischen zwei Weltkriegen. In: A. Belobratow/A. Žerebin (Hg.): Dostojewskij und die russische Literatur in Österreich seit der Jahrhundertwende (Literatur, Theater). St. Petersburg 1994, S. 53-64.

Belobratow, A.: »... diese Einheit allen Lebens, dort und hier«: Doderer in Rußland und Rußland bei Doderer. In: G. Sommer/W. Schmidt-Dengler (Hg.): »Erst bricht man Fenster. Dann wird man selbst eines«. Zum 100. Geburtstag von Heimito von Doderer. Riverside 1997, S. 81–91.

Belobratow, A.: Traum und Trauma: Literarische Russlandreisen der 1920er Jahre bei Joseph Roth, Leo Perutz und Stephan Zweig. In: J. Holzner et al. (Hg.): Russland – Österreich: Literarische und kulturelle Wechselwirkungen. Bern et al. 2000, S. 221–234.

Belobratow, A.: Joseph Roth in Russland und Russland bei Joseph Roth. In: M. Müller/L. Cybenko (Hg.): Reise in die Nachbarschaft. Zur Wirkungsgeschichte der deutschsprachigen Literatur aus der Bukowina und Galizien nach 1918. Wien 2009, S. 109–131.

Berkov, P. N.: Literarische Wechselbeziehungen zwischen Rußland und Westeuropa im 18. Jahrhundert. Berlin 1968.

Bevernis, M.: Zur Aufnahme Leonid Andreevs in Deutschland. In: ZfSl 11 (1966), S. 75–91.

Beyer, T. R. et al.: Russische Autoren und Verlage in Berlin nach dem Ersten Weltkrieg. Berlin 1987.

Bielefeldt, Chr.: Hans Werner Henze und Ingeborg Bachmann: Die gemeinsamen Werke. Beobachtungen zur Intermedialität von Musik und Dichtung. Bielefeld 2003.

Bielfeldt, H.-H. et al. (Hg.): Deutschland – Sowjetunion. Aus fünf Jahrzehnten kultureller Zusammenarbeit. Berlin 1966.

Birkenmaier, W.: Das russische Heidelberg: Zur Geschichte der deutsch-russischen Beziehungen im 19. Jahrhundert. Heidelberg 1995.

Birus, H./Donat, S. (Hg.): Roman Jakobson. Poesie der Grammatik und Grammatik der Poesie: 2 Bde. Berlin/New York 2007.

Bittner, K.: Herders Geschichtsphilosophie und die Slawen. Reichenberg 1929.

Böhme, E./Luther, A.: Frühe deutsche Übersetzungen aus dem Russischen. In: Die neue Gesellschaft. Monatszeitschrift der Gesellschaft zum Studium der Kultur der Sowjetunion 3 (1948), H. 3, S. 19–27; H. 5/6, S. 37–47.

Böhmig, M.: Das russische Theater in Berlin 1919–1931. München 1990.

Botnikova, A.B.: Farngagen fon Enze i russkaja literatura [Varnhagen von Ense und die russische Literatur]. In: Voprosy literatury i fol'klora [Fragen der Literatur und Folklore]. Voronež 1972, S. 96–114.

Brandes, G.: Menschen und Werke. Frankfurt a.M. 1900 (3. Aufl.).

Bräuer, M.: Der Kreml, Doktor Schiwago und ich. In literarischer Mission zwischen Berlin und Moskau. Berlin 2010.

Breuer, St.: Anatomie der Konservativen Revolution. Darmstadt 1995 (2. Aufl.).

Brückner, A.: Geschichte der russischen Literatur. Leipzig 1905.

Bruhn, P./Glade, H.: Heinrich Böll in der Sowjetunion 1952–1979. Einführung in die sowjetische Böll-Rezeption und Bibliographie der in der UdSSR in russischer Sprache erschienenen Schriften von und über Heinrich Böll. Berlin 1980.

Bukowski, P.: Zur Rezeption des kritischen Realismus in der Sowjetunion: Die Kritik der Werke Heinrich Bölls. In: I. Nowikowa/B. Haas (Hg.): Rezeption westeuropäischer Autoren in der Sowjetunion. Hamburg 1976, S. 41–104.

Bürger-Koftis, M. (Hg.): Eine Sprache – viele Horizonte ... Die Osterweiterung der deutschsprachigen Literatur. Porträts einer neuen europäischen Generation. Wien 2008.

Burchard, A.: Klubs der russischen Dichter in Deutschland 1920-1941. Institutionen des literarischen Lebens im Exil. München 2001.
Burchard, A.: Aspekte des russischen kulturellen Lebens in Berlin unter dem Nationalsozialismus. In: A.J. M. Davids/F. B. Poljakov (Hg.): Die russische Diaspora in Europa im 20. Jahrhundert. Religiöses und kulturelles Leben. Frankfurt a.M. et al. 2008, S. 271-315.
Cadot, M.: *Finks Krieg* von Martin Walser: Eine Metamorphose des *Doppelgängers* von Dostojevskij. In: H.-J. Gerigk (Hg.): Literarische Avantgarde. Festschrift für Rudolf Neuhäuser. Heidelberg 2001, S. 29-37.
Carli, G.: Varnhagen von Enses Puškin-Interpretation. Prämissen, Positionen und Wirkungsgeschichte einer Mittlerleistung aus dem deutschen Vormärz. Phil. Diss. Berlin 1987.
Cheauré, E.: E. T. A. Hoffmann. Inszenierungen seiner Werke auf russischen Bühnen. Ein Beitrag zur Rezeptionsgeschichte. Heidelberg 1979.
Claus, H.: Das altrussische Igorlied in den deutschen Übersetzungen der ersten Hälfte des XIX. Jahrhunderts. Jena 1956 (Diplomarbeit).
Condee, N.: The Study of Soviet Literature in the GDR: An Overview of Research Trends, 1945-1980. In: Germano-Slavica 4 (1982), H. 1, S. 39-49.
Čyževskyj, D./Gerhardt, D.: Deutsche Puschkin-Übersetzungen von Karolina Pavlova. In: Germanoslavica 5 (1937), H. 1-2, S. 32-51.
Dahlmann, D./Potthoff, W.: Deutschland und Rußland. Aspekte kultureller und wissenschaftlicher Beziehungen im 19. und frühen 20. Jahrhundert. Wiesbaden 2004.
Danilevskij, R. Ju.: Molodoj Karl Guckov o russkoj literature [Der junge Karl Gutzkow über die russische Literatur]. In: Berkov, P. N. et al. (Hg.): Russko-evropejskie literaturnye svjazi. Sbornik statej k 70-letiju so dnja roždenija akademika M. P. Alekseeva [Russisch-europäische Literaturbeziehungen. Artikelsammlung zum 70. Geburtstag des Akademiemitglieds M. P. Alekseev]. Moskau/Leningrad 1966, S. 187-192.
Danilevskij, R. Ju.: »Molodaja Germanija« i russkaja literatura. Iz istorii russko-nemeckich literaturnych otnošenij pervoj poloviny XIX veka [Das »Junge Deutschland« und die russische Literatur. Aus der Geschichte der russisch-deutschen literarischen Beziehungen in der ersten Hälfte des XIX. Jahrhunderts]. Leningrad 1969.
Danilevskij, R. Ju.: Russkaja tema v nemeckoj literature pervoj poloviny XIX v. [Das russische Thema in der deutschen Literatur der ersten Hälfte des 19. Jahrhunderts]. In: Vosprijatie russkoj kul'tury na Zapade. Očerki [Die Rezeption russischer Kultur im Westen. Skizzen]. Leningrad 1975, S. 86-107.
Davids, A. J. M./Poljakov, F. B. (Hg.): Die russische Diaspora in Europa im 20. Jahrhundert. Religiöses und kulturelles Leben. Frankfurt a.M. 2008.
Dehn, F. P.: Bettina von Arnim und Russland. In: ZfSl 4 (1959), S. 344-347.
Demmer, S.: Der Dichterfürst und die »russische Seele« - Paul Heyse und das literarische Rußland. In: WÖS Reihe A, Bd. 4 (2000), S. 539-565.
Deppermann, M.: A. P. Čechov und Arthur Schnitzler. Diagnose und Dialog im modernen Drama: Bausteine zu einem Vergleich. In: R.-D. Kluge (Hg.): Anton Čechov. Werk und Wirkung. Wiesbaden 1990, S. 1161-1186.
Deppermann, M. (Hg.): Russisches Denken im europäischen Dialog. Innsbruck/Wien 1998.

Deutsche Rußlandbilder im 20. und 21. Jahrhundert. Forum für osteuropäische Ideen- und Zeitgeschichte 12 (2008), H. 1.

Dmitrieva-Einhorn, M.: Zwischen Futurismus und Bauhaus. Kunst der Revolution und Revolution in der Kunst. In: WÖS Reihe A, Bd. 5 (1998), S. 733–759.

Donat, S.: »Es klang aber fast wie deine Lieder«. Die russischen Nachdichtungen aus Goethes »West-östlichem Divan«. Göttingen 2002.

Donat, S.: Übersetzung als Brücke zwischen poeta und philologus. Das Phänomen Friedrich Bodenstedt. In: M.-G. Dehrmann/A. Nebrig (Hg.): Poeta philologus. Eine Schwellenfigur im 19. Jahrhundert. Bern et al. 2010, S. 161–175.

Donnert, I.: Neue Wege im russischen Geschichtsdenken des 18. Jahrhunderts. Berlin 1985.

Donnert, I.: Zum russischen Buch-, Verlags- und Zeitschriftenwesen (1700–1783). In: H. Graßhoff (Hg.): Literaturbeziehungen im 18. Jahrhundert. Studien und Quellen zur deutsch-russischen und russisch-westeuropäischen Kommunikation. Berlin 1986, S. 236–260.

Dralle, L.: Von der Sowjetunion lernen, ... Zur Geschichte der Gesellschaft für Deutsch-Sowjetische Freundschaft. Berlin 1993.

Drews, P.: Die slawische Avantgarde und der Westen: Die Programme der russischen, polnischen und tschechischen literarischen Avantgarde und ihr europäischer Kontext. München 1983.

Drews, P.: Herder und die Slaven. Materialien zur Wirkungsgeschichte bis zur Mitte des 19. Jahrhunderts. München 1990.

Dücker, B.: »Nur eine russische Berichterstattung kann meinen guten Ruf retten«. Rußlandorientierungen deutscher Künstler und Schriftsteller im 20. Jahrhundert. In: D. Harth (Hg.): Fiktion des Fremden. Erkundungen kultureller Grenzen in Literatur und Publizistik. Frankfurt a.M. 1994, S. 137–158.

Düwel, G.: DDR-Literatur – Sowjetliteratur. In: ZfSl 27 (1972), S. 187–199.

Düwel, G.: Friedrich Wolf und Wsewolod Wischnewski. Eine Untersuchung zur Internationalität sozialistisch-realistischer Dramatik. Berlin 1975.

Düwel, W.: Černyševskij in Deutschland. Aus der Geschichte deutsch-russischer Kulturbeziehungen. Phil. Diss. Berlin 1955.

Dukmeyer, F.: Die Einführung Lermontows in Deutschland und des Dichters Persönlichkeit. Berlin 1925.

Dwars, J.-F.: Der Engel steht auf Barrikaden. Sowjetrußland im Leben und Schreiben Johannes R. Bechers. In: WÖS NF, Bd. 3 (2006), S. 427–454.

Eimermacher, K.: Rezeptionsmechanismen russischer Prosa-Literatur in der zweiten Hälfte des 20. Jahrhunderts in Deutschland. In: Fischer, Chr. (Hg.): Russische Literatur als deutsch-deutscher Brückenschlag (1945–1990). Jena 2010, S. 35–60.

Eliasberg, A.: Russische Literaturgeschichte in Einzelportraits. Berlin 1922.

Engelberg, W.: Die Sowjetunion im Spiegel literarischer Berichte und Reportagen in der Zeit der Weimarer Republik. In: Oktoberrevolution und Wissenschaft. Hg. v. der Deutschen Akademie der Wissenschaften zu Berlin 1967, S. 201–260.

Erné, N.: Ein Beitrag zum Thema: Hermann Hesse und Dostojewski. In: Deutsche Beiträge 1 (1946/1947), H. 4, S. 345–357.

Eßmann, H./Paul, F. (Hg.): Übersetzte Literatur in deutschsprachigen Anthologien. Bd. 2. Anthologien mit russischen Dichtungen. Hg. v. U. Jekutsch. Stuttgart 1997.

Fähnders, W.: Zwischen ästhetischer und politischer Avantgarde. Franz Jung und seine »Reise(n) in Rußland«. In: WÖS Reihe A, Bd. 5 (1998), S. 431–461.

Fechner, J.-U.: Rußland-Erfahrungen eines barocken Gelehrten aus Deutschland: Adam Olearius. In: D. Kemper et al. (Hg.): Deutschsprachige Literatur im westeuropäischen und slavischen Barock. München 2012, S. 199–220.
Federov, D. V.: Der sowjetische Roman in der Weimarer Republik. Phil. Diss. Minsk 1970.
Feher, Z. A.: Georg Lukács' Role in Dostoevsky's European Reception at the Turn of the Century. A. Study in Reception. Phil. Diss. Los Angeles 1978.
Fiedler, F.: Der russische Parnaß. Anthologie russischer Lyriker. Dresden 1889.
Fischer, Chr. (Hg.): Russische Literatur als deutsch-deutscher Brückenschlag (1945–1990). Jena 2010.
Flejšman, L. et al. (Hg.): Russkij Berlin 1921–1923. Po materialam B. I. Nikolaevskogo v guberovskom institute [Das russische Berlin 1921–1923. Nach Materialien V. I. Nikolaevskijs im Huberovskij-Institut]. Paris 1983.
Fliege, H.: KPD und Sowjetliteratur 1919–1933. Habil. Jena 1966.
Fresinskij, B.: Ilja Ehrenburg und Deutschland. In: WÖS NF, Bd. 2 (2006), S. 291–327.
Furler, B.: Augen-Schein. Deutschsprachige Reisereportagen über Sowjetrußland 1917–1939. Frankfurt a.M. 1987.
Gerhardt, D.: Die erste deutsche Übersetzung eines Puškin-Gedichtes. In: Die Welt der Slawen 11 (1966), S. 1–16.
Geiger. L.: Wilhelm Wolfsohn. In: Jahrbuch für jüdische Geschichte und Literatur 15 (1912), S. 163–197.
Gesemann, W.: »Junges Deutschland« und russische Literaten. Ein typologischer Vergleich. In: Deutsche Studien 10 (1972), S. 204–216.
Ginsberg, L.: Druz'ja novoj Rossii. Dviženie v zaščitu Sovetskoj strany v Vejmarskoj Germanii [Die Freunde des neuen Russland. Die Bewegung zur Verteidigung des Sowjetischen Landes im Weimarischen Deutschland]. Moskau 1983.
Globig, K.: Die Zeitschrift »Das neue Rußland« als Propagandist der jungen Sowjetliteratur in Deutschland. In: ZfSl 10 (1965), S. 296–314.
Göpfert, F.: Wilhelm Wolfsohn als Mittler zwischen russischer und deutscher Literatur aus heutiger Sicht. In: H. Delf von Wolzogen/I. Shedletzky (Hg.): Theodor Fontane und Wilhelm Wolfsohn – eine interkulturelle Beziehung. Tübingen 2006, S. 325–336.
Gorski, G. et al.: Deutsch-sowjetische Freundschaft. Ein historischer Abriß von 1917 bis zur Gegenwart. Berlin 1975.
Graßhoff, H.: Russische Literatur in Deutschland im Zeitalter der Aufklärung. Die Propagierung russischer Literatur im 18. Jahrhundert durch deutsche Schriftsteller und Publizisten. Berlin 1973.
Graßhoff, H. (Hg.): Literaturbeziehungen im 18. Jahrhundert. Studien und Quellen zur deutsch-russischen und russisch-westeuropäischen Kommunikation. Berlin 1986.
Graßhoff, H.: Die Kenntnis und Verbreitung der altrussischen Chronikliteratur im 18. Jahrhundert in Deutschland. In: ders. (Hg.): Literaturbeziehungen im 18. Jahrhundert. Studien und Quellen zur deutsch-russischen und russisch-westeuropäischen Kommunikation. Berlin 1986, S. 152–189.
Grau, K. et al. (Hg.): Deutsch-russische Beziehungen im 18. Jahrhundert. Kultur, Wissenschaft und Diplomatie. Wiesbaden 1997.
Grauert, W.: Ästhetische Modernisierung bei Volker Braun. Studien zu Texten aus den achtziger Jahren. Würzburg 1995.
Gregor, R.: Lermontov in Deutschland. Phil. Diss. Greifswald 1973.
Gregor, R.: Zur deutschen Lermontov-Rezeption in Literaturkritik und Nachdichtung. In: ZfSl 28 (1983), S. 179–186.

Greifenhagen, G.: Erich Weinert und Majakovskij. In: G. Ziegengeist (Hg.): Begegnung und Bündnis. Sowjetische und deutsche Literatur. Historische und theoretische Aspekte ihrer Beziehungen. Berlin 1972, S. 388–397.

Grell, P.: Ingeborg Bachmanns Libretti. Frankfurt a.M. et al. 1995.

Groh, D.: Rußland im Blick Europas. 300 Jahre historische Perspektiven. Frankfurt a.M. 1988.

Grübel, R.: Hans/Jean Arp und die russische Avantgarde. In: Text + Kritik 92 (1986), S. 51–65.

Grübel, R.: Metamorphosen und Umwertungen. Heiner Müllers Dramatisierung von Motiven aus Aleksandr Beks Prosatext *Volokolamskoe šosse*. In: Jahrbuch zur Literatur der DDR 7 (1990), S. 115–146.

Günther, E.: Das deutsch-russische Sprachbuch des Heinrich Newenburgk von 1629. Einführung, sprachliche Analysen, Text, Faksimile. Frankfurt a.M. et al. 1999.

Gugnin, A.: Zur Rezeption von Sowjetliteratur (*Zement* und *Wolokolamsker Chaussee I und II*). In: F. Hörnigk (Hg.): Heiner Müller. Material. Texte und Kommentare. Göttingen 1989, S. 213–225.

Gutschmidt, K. et al.: Bibliographie slawistischer Publikationen aus der Deutschen Demokratischen Republik 1978–1981. Berlin 1983.

Haarmann, H. et al.: Das ›Engels‹-Projekt. Ein antifaschistisches Theater deutscher Emigranten in der UdSSR (1936–1941). Worms 1975.

Haller, K. : Geschichte der russischen Literatur. Riga/Dorpat 1882.

Halm, H.: Wechselbeziehungen zwischen L.N. Tolstoi und der deutschen Literatur. In: Archiv für slavische Philologie 35 (1914), S. 452–476.

Harang, U.: Heinrich Böll und die klassische russische Literatur. Phil. Diss. Jena 1981.

Harnack, O.: Tolstoi in Deutschland. In: Preußische Jahrbücher 67 (1891), S. 1–13.

Hartmann, A.: ›Wer die Sonne sucht, beginnt von dir zu lernen ...‹ Zur Rolle der Sowjetliteratur im Prozeß der gesellschaftlichen und literarischen Selbstverständigung in der DDR. In: Jahrbuch zur Literatur in der DDR 3 (1983), S. 99–130.

Hartmann, A.: Zur Bedeutung der sowjetischen Literaturtheorie für die literaturwissenschaftliche Diskussion in der DDR. In: Deutschland-Archiv 11 (1984), S. 1164–1179.

Hartmann, A.: Von Vorbildern und poetischen Reverenzen. DDR-Autoren im lyrischen Gespräch mit sowjetischen Dichtern. In: L. Jordan et al. (Hg.): Lyrik – Blick über die Grenzen. Gedichte und Aufsätze des zweiten Lyriktreffens in Münster. Frankfurt a.M. 1984, S. 182–200.

Hartmann, A.: Traum und Trauma Sowjetunion. Deutsche Autoren über ihr Leben im sowjetischen Exil. In: D. Herrmann/A. Volpert (Hg.): Traum und Trauma. Russen und Deutsche im 20. Jahrhundert. München 2003, S. 143–200.

Hartmann, A./Eggeling, W.: Sowjetische Präsenz im kulturellen Leben der SBZ und frühen DDR 1945–1953. Berlin 1998.

Hauberg, J. et al. (Hg.): Der Malik-Verlag 1916–1947: Chronik eines Verlages. Bibliographie aller im Malik-Verlag & Aurora-Verlag erschienenen Titel. Kiel 1986.

Heeke, M.: Reisen zu den Sowjets. Der ausländische Tourismus in Rußland 1921–1941. Münster et al. 2003.

Hell, M.: Rußland antwortet. Ein Reisebericht. Berlin 1949.

Heller, I./Krause, H.Th.: Kulturelle Zusammenarbeit DDR – UdSSR. Berlin 1967.

Herden, W.: »Sie ist mir nahe – und ich ihr«. Zur Verbundenheit Heinrich Manns mit der Sowjetunion. In. G. Ziegengeist (Hg.): Begegnung und Bündnis. Sowjetische und deutsche Literatur. Historische und theoretische Aspekte ihrer Beziehungen. Berlin 1972, S. 377–387.
Heresch, E.: Schnitzler und Russland. Aufnahme – Wirkung – Kritik. Wien 1982.
Hermann, F.: Der Malik-Verlag 1916–1947. Eine Bibliographie. Kiel 1989.
Hermlin, St.: Russische Eindrücke. Berlin o.J. (1948).
Hermlin, St.: Reise in das Land der unbegrenzten Möglichkeiten. Berlin 1954.
Herrmann, D./Volpert, A. (Hg.): Traum und Trauma. Russen und Deutsche im 20. Jahrhundert. München 2003.
Herrmann, D./Keller, M. (Hg.): Zauber und Abwehr. Zur Kulturgeschichte der deutschrussischen Beziehungen. München 2003.
Hertling, V.: Quer durch: Von Dwinger bis Kisch. Berichte und Reportagen über die Sowjetunion aus der Epoche der Weimarer Republik. Königstein/Ts. 1982.
Hexelschneider, E.: Über die Rezeption der russischen Literatur in Deutschland im letzten Viertel des 19. Jahrhunderts. In: ZfSl 18 (1973), S. 50–58.
Hexelschneider, E.: Kulturelle Begegnungen zwischen Sachsen und Russland 1790–1849. Köln et al. 2000.
Hiersche, A.: Ankunft und Bewährung. Zwei Literaturen zu einem Problem. In: A. Hiersche/E. Kowalski (Red.): Konturen und Perspektiven. Zum Menschenbild in der Gegenwartsliteratur der Sowjetunion und der Deutschen Demokratischen Republik. Berlin 1969, S. 29–45.
Hoefert, S.: Russische Literatur in Deutschland. Texte zur Rezeption von den achtziger Jahren bis zur Jahrhundertwende. Tübingen 1974.
Hoefert, S.: »Gerhart Hauptmann und andere«. Zu den deutsch-russischen Literaturbeziehungen in der Epoche des Naturalismus. In: H. Scheuer (Hg.): Naturalismus. Stuttgart et al. 1974, S. 235–264.
Hoefert, S.: Stefan Zweigs Verbundenheit mit Russland und der russischen Literatur. In: Modern Austrian Literature 14 (1981), S. 251–270.
Hoeschen, A.: Das »Dostojewsky-Projekt«. Lukács' neukantianisches Frühwerk in seinem ideengeschichtlichen Kontext. Tübingen 1999.
Hoge, B.: Schreiben über Russland. Die Konstruktion von Raum, Geschichte und kultureller Identität in deutschen Erzähltexten seit 1989. Heidelberg 2012.
Holzner, J.: Majakowskij in Österreich. In: A. Belobratow/A. Žerebin (Hg.): Dostojewskij und die russische Literatur in Österreich seit der Jahrhundertwende (Literatur, Theater). St. Petersburg 1994, S. 117–130.
Humboldt Universität zu Berlin, Sektion Slawistik und Haus der Sowjetischen Wissenschaft und Kultur (Hg.): Die Rezeption der sowjetischen Literatur in der Deutschen Demokratischen Republik. Berlin 1986.
Hummel, C.: Intertextualität im Werk Heinrich Bölls. Trier 2002.
Huppert, H.: Erinnerungen an Majakowski. Berlin 1976.
Ingold, F. Ph.: Russische Wege. Geschichte – Kultur – Weltbild. München 2007.
Isenbeck, W.: Rußland in der politischen Lyrik des vormärzlichen Deutschland. Phil. Diss. Münster 1929.
Ivanov, V.: Dichtung und Briefwechsel aus dem deutschsprachigen Nachlaß. Hg. v. M. Wachtel. Mainz 1995.
v. Jakob, Th. A. L. *siehe unter* Robinson, Th.
Jarmatz, K. et al.: Exil in der UdSSR. Leipzig 1979.

Jekutsch, U.: Anredekonventionen in N. V. Gogol's Komödie *Revizor*: Übersetzungsprobleme im Feld von Komikpotential und Realien. In: ZfSl 38 (1993), S. 539–559.

Jekutsch, U.: Die »Rußlandschwelle«. Zur Rezeption russischer Poesie in Deutschland, England und Frankreich in den zwanziger Jahren des 19. Jahrhunderts. In: H. Eßmann/U. Schöning (Hg.): Weltliteratur in deutschen Versanthologien des 19. Jahrhunderts. Berlin 1996, S. 151–180.

Jekutsch, U.: Isaak Babel's *Konarmija* im Deutschland der zwanziger Jahre. In: ZfSl 50 (2005), S. 255–269.

Jelitte, H. (Hg.): Deutsch-russische Sprach- und Literaturbeziehungen im 18. und 19. Jahrhundert. Frankfurt a.M. et al. 1994.

Jonas, G.: Paul Heyses Beziehungen zur russischen Literatur und ihren Vermittlern in Deutschland (1854–1883). Phil. Diss. Berlin 1966.

Jonas, G.: Wilhelm Henckel als Mittler von F. M. Dostoevskijs Roman *Prestuplenie i nakazanie*. In: ZfSl 26 (1981), S. 874–885.

Jünger, H.: Die Aufnahme der Sowjetliteratur in der Deutschen Demokratischen Republik. In: ders. (Hg.): Geschichte der russischen Sowjetliteratur. Bd. 2 (1941–1967). Berlin 1975, S. 431–580.

Jünger, H.: Die Rezeption der russischen und sowjetischen Literatur. In: ZfSl 31 (1986), S. 791–802.

Kagan; G.E.: Dostoevskij und Thomas Bernhard. In: J. Holzner. et al. (Hg.): Russland – Österreich. Literarische und kulturelle Wechselbeziehungen. Bern 2000, S. 285–291.

Kändler, K.: Berliner Begegnungen. Ausländische Künstler in Berlin 1918–1933. Berlin 1987.

Kahle, E.: Die russische Literatur in Deutschland in der ersten Hälfte des neunzehnten Jahrhunderts. Phil. Diss. Würzburg 1950.

Kaiser, B.: Über Beziehungen der deutschen und russischen Literatur im 19. Jahrhundert. Berlin 1948.

Kaiser, F. B./Stasiewski, B. (Hg.): Wechselbeziehungen zwischen deutscher und slavischer Literatur. Köln/Wien 1978.

Kaiser, F. B./Stasiewski, B. (Hg.): Reiseberichte von Deutschen über Russland und von Russen über Deutschland. Köln/Wien 1980.

Kalb, J.: Müller and Mayakovsky. In: G. Fischer (Hg.): Heiner Müller. Con*texts* and *History*. Tübingen 1995, S. 221–231.

Kämmerer, J.: Zur Rezeption von Russica und Polonica in einer europäischen Gelehrtenzeitschrift des 18. Jahrhunderts. In: H. G. Göpfert et al. (Hg.): Buch- und Verlagswesen im 18. und 19. Jahrhundert. Beiträge zur Geschichte der Kommunikation in Mittel- und Osteuropa. Berlin 1977, S. 347–366.

Kappeler, A.: Die deutschen Flugschriften über die Moskowiter und Iwan den Schrecklichen im Rahmen der Rußlandliteratur des 16. Jahrhunderts. In: WÖS Reihe A, Bd. 1 (1985), S. 150–182.

Kasack, W.: Wechselseitige Literaturbeziehungen. In: R. Olesch (Hg.): Slavistische Studien zum IX. Internationalen Slavistenkongreß in Kiev 1983. Köln/Wien 1983, S. 211–218.

Kasack, W.: Die russische Schriftsteller-Emigration im 20. Jahrhundert. Beiträge zur Geschichte, den Autoren und ihren Werken. München 1996.

Kaspar, K.: Figurenaspekt und intellektueller Held im sowjetischen und deutschen Gegenwartsroman. In: H. H. Bielfeldt/W. Krauss (Hg.): Slawisch-deutsche Wechselbeziehungen in Sprache, Literatur und Kultur. Berlin 1969, S. 383–391.

Keith, Th.: Poetische Experimente der deutschen und russischen Avantgarde (1912–1922) – ein Vergleich. Berlin 2005.
Keller, M.: Geschichte in Reimen: Rußland in Zeitgedichten und Kriegsliedern. In: WÖS Reihe A, Bd. 2 (1987a), S. 298–335.
Keller, M.: »Politische Seeträume«. Herder und Rußland. In: WÖS Reihe A, Bd. 2 (1987b), S. 357–395.
Keller, M.: Bücher vom Nachttisch – Trivialliteratur als Massenmedium für Russenstereotypen. In: WÖS Reihe A, Bd. 4 (2000), S. 807–852.
Kellermann, B. und E.: Wir kommen aus Sowjetrußland. Berlin o.J. (1948).
Kemper, D.: Sterne, Goethe, Ossian. Zur Evokation eines europäischen Rezeptionsrahmens in Nikolaj M. Karamzins erstem Reisebrief (fremdkulturelle Analyse). In: D. Kemper et al. (Hg.): Eigen- und fremdkulturelle Literaturwissenschaft. München 2011, S. 119–143.
Keßler, P.: Anna Seghers und der Realismus L.N. Tolstois und F. M. Dostoevskijs. In: Weimarer Beiträge 25 (1977), S. 18–61.
Keßler, P.: Walter Benjamin über Nikolaj Leskov. In: ZfSl 28 (1983), S. 95–103.
Kirjuchina, L.: Russische klassische Theatertradition von Alexander Puschkin in Heiner Müllers »Wolokolamsker Chaussee 1–5«. In: Chr. Gorek (Hg.): Dokumentation einer vorläufigen Erfahrung: Texte zum Werk Heiner Müllers. Berlin 1991, S. 72–83.
Kirjuchina, L.: Petersburger Mythos und Alltag. Deutsches literarisches Leben in St. Petersburg (1703–1917). Frankfurt a.M. et al. 2011.
Kluge, R.-D.: Johannes von Guenther als Übersetzer und Vermittler russischer Literatur. In: Die Welt der Slaven 12 (1967), H. 1, S. 77–96.
Klunker, H.: Die geborgte Revolution. Sowjetische Stücke auf der DDR-Bühne. In: ders.: Zeitstücke und Zeitgenossen. Gegenwartsliteratur in der DDR. München 1975, S. 164–193.
Köhler, E.: Über die Scholochow-Resonanz in meiner Erzählung *Schatzsucher*. In: Michail Scholochow. Werk und Wirkung. Materialien des Internationalen Symposiums »Scholochow und wir«. Leipzig, 18.–19. März 1965. Leipzig 1966, S. 270–275.
Koenen, Gerd: Der Russland-Komplex. Die Deutschen und der Osten 1900–1945. München 2005.
Koljazin, V.: Tairov, Mejerchol'd i germanija [Tairov, Mejerchol'd und Deutschland]. Moskau 1998.
Kopelev, L.: Zwei Epochen der deutsch-russischen Literaturbeziehungen. Frankfurt a.M. 1973.
Kopelev, L.: Der Wind weht, wo er will. Gedanken über Dichter. Hamburg 1988.
Koreneva, M.: D. S. Merežkovskij und die deutsche Kultur (Nietzsche und Goethe). In: ZfSl 37 (1992), S. 512–537.
Korn, K.-H.: Vermittler der Musen – Russische Literatur in Deutschland. In: WÖS Reihe A, Bd. 3 (1992), S. 247–286.
Kossuth, L.: Volk und Welt. Autobiographisches Zeugnis von einem legendären Verlag. Berlin 2003.
Kratz, G.: Russische Verlage in Berlin nach dem Ersten Weltkrieg. In: Th.R. Beyer et al. (Hg.): Russische Autoren und Verlage in Berlin nach dem Ersten Weltkrieg. Berlin 1987, S. 39–150.
Krause, F.: Schöne Literatur aus der Sowjetunion in deutscher Übersetzung, erschienen von 1945 bis 1949 in Deutschland. Eine Auswahlbibliographie. In: Sowjetwissenschaft, Kunst und Literatur 5 (1965), S. 528–550.

Kronsteiner, O. (Hg.): Europa und die fremden Nachbarn. Vorlesungen über vergessene euroslawische Beziehungen. Salzburg 1998.
Kulešov, V. I.: Literaturnye svjazi Rossii i zapadnoj Evropy v XIX. veke (Pervaja polovina). [Die literarischen Beziehungen Russlands und Westeuropas im 19. Jahrhundert (Erste Hälfte)], Moskau 1977 (2. Aufl.).
Kulešov, V. I. et al. (Hg.): Iz istorii russko-nemeckich literaturnych vzaimosvjazej [Aus der Geschichte der russisch-deutschen Literaturbeziehungen]. Moskva 1987.
Kux, M.: Alexander von Humboldt im russischen Vielvölkerreich. In: WÖS Reihe A, Bd. 3 (1992), S. 174–195.
Lapšin, V.P.: Iz istorii chudožestvennych svjazej Rossii i Germanii v konce XIX–XX veka [Aus der Geschichte der Kunstbeziehungen Russlands und Deutschlands vom Ende des 19. bis zum 20. Jahrhundert]. In: Vzaimosvjazi russkogo i sovetskogo iskusstva i nemeckoj chudožestvennoj kul'tury [Wechselwirkungen der russischen und sowjetischen Kunst und der deutschen künstlerischen Kultur]. Moskau 1980, S. 193–229.
Lauch, A.: H. L. Ch. Bacmeister und die russische Literatur. Die *Russische Bibliothek* als Vermittlerin der russischen Literatur im Deutschland des 18. Jahrhunderts. In: ZfSl 9 (1964), S. 371–399.
Lauch, A.: Wissenschaft und kulturelle Beziehungen in der russischen Aufklärung. Zum Wirken von H. L. Chr. Bacmeister. Berlin 1969.
Lauch, A.: Russische und deutsche Literatur in der Epoche der Aufklärung. In: G. Ziegengeist (Hg.), Begegnung und Bündnis. Sowjetische und deutsche Literatur. Historische und theoretische Aspekte ihrer Beziehungen. Berlin 1973, S. 452–469.
Lehmann, J.: Der Einfluß der Philosophie des deutschen Idealismus in der russischen Literaturkritik des 19. Jahrhunderts. Die ›organische Kritik‹ Apollon A. Grigor'evs. Heidelberg 1975.
Lehmann, J.: Ambivalenz und Dialogizität. Zur Theorie der Rede bei Michail Bachtin. In: F. A. Kittler/H. Turk (Hg.): Urszenen. Literaturwissenschaft als Diskursanalyse und Diskurskritik. Frankfurt a.M. 1977, S. 355–380.
Lehmann, J.: Dorfgeschichte und Dorfprosa. Vergleichende Anmerkungen zur Landlebenliteratur in der DDR und der Sowjetunion. In: G. Helwig/I. Spittmann-Rühe (Hg.): Das Profil der DDR in der sozialistischen Staatengemeinschaft. Köln 1987, S. 82–91.
Lehmann, J.: Der »reine Ton« und die »innere Sprache«. Vladimir F. Odoevskijs »Russische Nächte« und ihre Beziehung zur deutschen Romantik. In: H. Helbig et al. (Hg.): Hermenautik – Hermeneutik. Literarische und geisteswissenschaftliche Beiträge zu Ehren von Peter Horst Neumann. Würzburg 1996, S. 381–390.
Lehmann, J.: Der Waldbauernbub und der Graf. Vergleichende Betrachtungen zu Peter Rosegger und Lev Nikolaevič Tolstoj. In: W. Schmidt-Dengler/K. Wagner (Hg.): Peter Rosegger im Kontext. Wien 1999, S. 135–148.
Lehmann, J.: Städtebild und Image. Die Bedeutung Weimars für die Entstehung eines literarischen Deutschlandbildes in der europäischen Literatur des 19. Jahrhunderts. In: Hebbel-Jahrbuch 55 (2000a), S. 135–154.
Lehmann, J.: Rezeption als Aneignung. Goethes »Faust« in der russischen Literatur des 19. Jahrhunderts. In: W. Stellmacher/L. Tarnói (Hg.): Goethe. Vorgaben. Zugänge. Wirkungen. Frankfurt a.M. et al. 2000b, S. 259–273.
Lehmann, J.: Die Kunst als »Dokument der Philosophie«. Zur Goethe-Rezeption des russischen Literaturkritikers Apollon A. Grigor'ev. In: A. Bohnenkamp/M. Martínez (Hg.): Geistiger Handelsverkehr. Komparatistische Aspekte der Goethezeit. Für Hendrik Birus zum 16. April 2008. Göttingen 2008, S. 261–270.

Lehmann, J.: »Mein Lehrer/ Der große freundliche«. Über deutsche Dichter und ihre russischen Vorbilder. In: N. A. Bakši et al. (Hg.): Geterogennost' i gibridnost' kak predmet izučenija v germanistike [Heterogenität und Hybridität als Lehrgegenstand in der Germanistik]. Moskau 2013, S. 65–74.

Lehmann, U.: Der Gottschedkreis und Rußland. Deutsch-russische Literaturbeziehungen im Zeitalter der Aufklärung. Berlin 1966.

Lehmann, U.: Zu den Rußlandbeziehungen des Klassischen Weimar (Herder, Wolzogen, Maria Pavlovna). In: H. Graßhoff/U. Lehmann (Hg.): Studien zur Geschichte der russischen Literatur des 18. Jahrhunderts, Berlin 1968, Bd. 3, S. 426–442, 604–614.

Lehmann, U.: Wirkung und schöpferische Aneignung der russischen Aufklärung in Deutschland von Gottsched bis Goethe. In: H. Graßhoff et al. (Hg.): Humanistische Traditionen der russischen Aufklärung. Berlin 1973, S. 185–234.

Lehmann, U.: Herder und die slawische Geisteswelt. Berlin 1976.

Lehmann-Schultze, Chr. *siehe unter* Schultze, Chr.

Lenzer, R.: Die Konfliktgestaltung in Galina Nikolaevas Roman *Bitva v puti* und in Erik Neutschs Roman *Spur der Steine*. In: ZfSl 10 (1965), S. 393–409.

Lersch, E.: Hungerhilfe und Osteuropakunde. Die »Freunde des neuen Russland« in Deutschland. In: WÖS Reihe A, Bd. 5 (1998), S. 617–645.

Lettmann-Sadony, B.: Karolina Karlovna Pavlova. Eine Dichterin russisch-deutscher Wechselseitigkeit. München 1971.

Levkina, A.: Thomas Bernhard und die Tradition der russischen Literatur. Phil. Diss. Erlangen 2015.

Liszkowski, U.: Adam Olearius' Beschreibung des Moskauer Reiches. In: WÖS Reihe A, Bd. 1 (1985), S. 223–263.

Literaturnoe nasledstvo [Literarisches Erbe]. Bde. 4–6. Moskau/Leningrad 1932.

Loew, R.: Wilhelm Henckels Veröffentlichungen über Rußland im »Börsenblatt für den Deutschen Buchhandel« (1879–1910). In: ZfSl 32 (1987), S. 131–139.

Loew, R.: Wilhelm Henckel. Buchhändler – Übersetzer – Publizist. Aus der Geschichte der deutsch-russischen Kulturbeziehungen des 19. Jahrhunderts. Frankfurt a.M. 1995.

Loew, R./Tschistowa, B. (Hg.): Majakowski in Deutschland. Texte zur Rezeption 1919–1930. Mit einer Studie von Bella Tschistowa. Berlin 1986.

Lokatis, S.: Sowjetisierung und Literaturpolitik. Von der Förderung zur Verstümmelung sowjetischer Literatur in der frühen DDR. In: K. Jarausch/H. Siegrist (Hg.): Amerikanisierung und Sowjetisierung in Deutschland 1945–1970. Frankfurt a.M. 1997, S. 361–386.

Lomokova, G. A.: E. Strittmatter i literatura Rossii [E. Strittmatter und die Literatur Russlands].In: Problema tradicii i vzaimovlijanija v literaturach stran Zapadnoj Evropy i Ameriki [Das Problem der Tradition und der Wechselwirkung in den Literaturen Westeuropas und Amerikas]. Gor'kij 1987, S. 25–32.

Luther, A.: Geschichte der russischen Literatur. Leipzig 1924.

Luther, A.: Russische Literatur in Deutschland. In: Russische Rundschau 1 (1925), S. 67–74.

Luther, A.: Puškin in Deutschland. In: Revue de littérature comparée 17 (1937), S. 182–190.

Mann, J.: V kružke Stankeviča. Istoriko-literaturnyj očerk. [Im Kreis von Stankevič. Literarhistorische Skizze]. Moskau 1983.

Matthes, E.: Das veränderte Rußland. Studien zum deutschen Rußlandverständnis im 18. Jahrhundert zwischen 1725 und 1762. Frankfurt a.M. et al. 1981.

Matthes, E.: Das veränderte Rußland und die unveränderten Züge des Russenbilds. In: WÖS Reihe A, Bd. 2 (1987), S. 109–135.

Mehnert, E. (Hg.): Russische Ansichten – Ansichten von Russland. Festschrift für Hugo Dyserinck. Frankfurt a. M. et al. 2007.

Metzger, W.: Bibliographie deutschsprachiger Sowjetunion-Reiseberichte, -Reportagen und -Bildbände 1917–1990. Wiesbaden 1991.

Meurer, Chr.: »Ihr seid anders und wir auch«: Inter- und transkulturelle Russlandbilder bei Wladimir Kaminer. In: Schmitz, H. (Hg.): Von der nationalen zur internationalen Literatur. Transkulturelle deutschsprachige Literatur und Kultur im Zeitalter globaler Migration. Amsterdam/New York 2009, S. 227–241.

Meyer, Th.: Nietzsches Rußlandbild. Protest und Utopie. In: WÖS Reihe A, Bd. 4 (2000), S. 866–903.

Meyer-Fraatz, A.: Lermontov in Ost und West – Zur übersetzerischen Rezeption seiner Lyrik zwischen 1945 und 1989. In: Fischer, Chr. (Hg.): Russische Literatur als deutsch-deutscher Brückenschlag (1945–1990). Jena 2010, S. 86–108.

Michailovič, V. D.: Hermann Hesse as a critic of Russian literature. In: Arcadia 2 (1967), S. 91–102.

Michailow, A.: Zum Bild des Russen in ausgewählten Werken der deutschen Gegenwartsliteratur. In: Literatur für Leser 30 (2007), S. 35–46.

Mierau, F.: Die Rezeption der russischen Literatur in Deutschland in den Jahren 1920–1924. In. ZfSl 3 (1958), S. 620–638.

Mierau, F.: Zum Problem der deutschen Übersetzung sowjetischer Lyrik. In: ZfSl 8 (1963), S. 755–764.

Mierau, F.: Zur Edition und Interpretation sowjetischer Lyrik in Westdeutschland in den Jahren 1945–1960. In: G. Ziegengeist (Hg.): Wissenschaft am Scheidewege. Kritische Beiträge über Slawistik, Literaturwissenschaft und Ostforschung in Westdeutschland. Berlin 1964, S. 183–204.

Mierau, F.: Zur deutschen Rezeption sowjetischer Lyrik. In: H. Sanke (Hg.): Deutschland – Sowjetunion. Aus fünf Jahrzehnten kultureller Zusammenarbeit. Berlin 1966, S. 299–307.

Mierau, F.: Deutsche Esenin-Übersetzungen. In. ZfSl 11 (1966), S. 317–330.

Mierau, F.: Deutsche und russische Lyrik im 20. Jahrhundert. In: G. Ziegengeist (Hg.): Aktuelle Probleme der vergleichenden Literaturforschung. Berlin 1968, S. 339–345.

Mierau, F.: Novella Matveeva und Sarah Kirsch. In: A. Hiersche/E. Kowalski (Red.): Konturen und Perspektiven. Zum Menschenbild in der Gegenwartsliteratur der Sowjetunion und der Deutschen Demokratischen Republik. Berlin 1969, S. 69–80.

Mierau, F. (Hg.): Fjodor Gladkov/Heiner Müller: Zement. Mit Dokumenten im Anhang. Leipzig 1975.

Mierau, F.: Tretjakow in Berlin. In: K. Kändler et al. (Hg.): Berliner Begegnungen. Ausländische Künstler in Berlin 1918–1933. Aufsätze – Bilder – Dokumente. Berlin 1987, S. 206–211.

Mierau, F. (Hg.): Russen in Berlin. Literatur. Malerei. Theater. Film. 1918–1933. Leipzig 1987. (westdt. Lizenzausgabe: Russen in Berlin. Eine kulturelle Begegnung. Weinheim/Berlin 1988a.

Mierau, F.: Leben und Schriften des Franz Jung. Eine Chronik. In: L. Schulenburg (Hg.): Der Torpedokäfer. Hommage à Franz Jung. Hamburg 1988b, S. 133–186.

Mierau, F.: »Affenrat« und »Zwovierson«. Alexej Remisow in Berlin (1921–1923). In: I. Antonowa/J. Merkert (Hg.): Berlin – Moskau 1900–1950. München/New York 1995, S. 179–185.

Mierau, F.: Wind vom Kaukasus. Die Russen in Berlin. Begegnungen und Entfremdungen. In: WÖS Reihe A. Bd. 5 (1998), S. 646–675.
Mierau, F.: Mein russisches Jahrhundert. Autobiographie. Hamburg 2001.
Mierau, F. „Ach, lebt die Achmatowa noch?" – Gedichte der russischen Moderne in der DDR. In: Fischer, Chr. (Hg.): Russische Literatur als deutsch-deutscher Brückenschlag (1945–1990). Jena 2010, S. 109-123.
Moe, V. I.: Deutscher Naturalismus und ausländische Literatur. Zur Rezeption der Werke von Zola, Ibsen und Dostojewski durch die deutsche naturalistische Bewegung (1880–1895). Phil. Diss. Aachen 1981.
Mondon, Chr.: Die dämonischen Mächte im Werke Stefan Zweigs im Hinblick auf den Dostojewski-Essay. In: M. Birk/Th. Eicher (Hg.): Stefan Zweig und das Dämonische. Würzburg 2008, S. 61–67.
Motyleva, T.: Roman – svobodnaja forma. Stat'i poslednych let [Roman als freie Form. Artikel der letzten Jahre]. Moskau 1982.
Mühlpfordt, G.: Deutsche über Kiev. Herbinius und seine Vorgänger. In: H. Graßhoff (Hg.): Literaturbeziehungen im 18. Jahrhundert : Studien und Quellen zur deutsch-russischen und russisch-westeuropäischen Kommunikation. Berlin 1986, S. 13–37.
Müller, H.-D.: Der Malik-Verlag als Vermittler der jungen Sowjetliteratur in Deutschland 1919–1933. In: ZfSl 7 (1962), S. 720–738.
Müller, L.: Ein Jahrhundert deutsch-russischer Wechselseitigkeit in Literatur und Dichtung. In: W. v. Markert (Hg.): Deutsch-russische Beziehungen von Bismarck bis zur Gegenwart. Stuttgart 1964, S. 207–222.
Naimark, N. M.: Die Russen in Deutschland. Die Sowjetische Besatzungszone 1945–1949. Berlin 1997.
Nikonova, J. N.: V. A. Žukovskij i ego nemeckie druz'ja: Novye fakty iz istorii rossisko-germanskogo mežkul'turnogo vzaimodejstvija pervoj poloviny XIX veka [V. A. Žukovskij und seine deutschen Freunde: Neue Fakten aus der Geschichte der russisch-deutschen interkulturellen Wechselwirkung in der ersten Hälfte des 19. Jahrhunderts]. Tomsk 2012.
Nilsson, N. A.: ›The Sound Poem'. Russian Zaum and German Dada. In: Russian Literature 10 (1981), S. 307–317.
Nodia, N.: Das Fremde und das Eigene. Hugo von Hofmannsthal und die russische Kultur. Frankfurt a.M. et al. 1999.
Nöldeke, E.: Boris Leonidovič Pasternak und seine Beziehungen zur deutschen Kultur. Tübingen 1986.
Nowikowa, I./Haas, B. (Hg.): Die Rezeption westeuropäischer Autoren in der Sowjetunion. 2 Bde. Hamburg 1976/1979.
Oellers, N.: Ein rastloser Wanderer – Johann Gottfried Seume. In: WÖS Reihe A, Bd. 3 (1992), S. 83–99.
Otto, F.: Lehrbuch der russischen Literatur. Leipzig/Riga 1837.
Pape, W.: Eispalast der Despotie. Russen und Russlandbilder in der politischen Lyrik des Vormärz (1830–1848). In: WÖS Reihe A, Bd. 3 (1992), S. 435–472.
Peters, H. F.: Lou Andreas-Salomé. Das Leben einer außergewöhnlichen Frau. München 1983 (7. Aufl.).
Pieper, K.: Die besten Helden. Literatur für Kinder und Jugendliche in der DDR nach sowjetischen Leitbildern der 30er Jahre. In: WÖS NF, Bd. 3 (1992), S. 1033–1056.
Pietrek, D.: Ich erschreibe mich selbst. (Autor)Biographisches Schreiben bei Horst Bienek. Dresden 2012.

Pike, D.: Deutsche Schriftsteller im sowjetischen Exil 1933–1945. Frankfurt a.M. 1981.
Piper, R.: Vormittag. Erinnerungen eines Verlegers. München 1947.
Pirojkov, A.: Russizismen im Deutschen der Gegenwart. Bestand, Zustand und Entwicklungstendenzen. Berlin 2002.
Pohrt, H.: Leben und Wirken Friedrich Fiedlers als Übersetzer russischer Literatur (1878–1917). Phil. Diss. Berlin 1965.
Pohrt, H.: Friedrich Fiedler und die russische Literatur. Aus dem Leben und Wirken des Übersetzers 1878–1917. In: ZfSl 15 (1970), S. 694–718.
Poljakov, F. B./Sippl, C.: A. S. Puškin im Übersetzungswerk Henry von Heiselers (1875–1928). Ein europäischer Wirkungsraum der Petersburger Kultur. München 1999.
Poljakov, R.: »Mit aufrichtiger Feder meist gegenwärtig aufgezeichnet«. Rußlandberichte deutscher Reisender vom 16. bis zum 19. Jahrhundert. Frankfurt a.M. 1999.
Polonsky, G.: Geschichte der russischen Literatur. Leipzig 1902.
Polubojarinova, L.: Leopol'd fon Zacher-Mazoch, avstrijskij pisatel' epochi realizma [Leopold von Sacher-Masoch, ein österreichischer Autor der realistischen Epoche]. Sankt Petersburg 2006a.
Polubojarinova, L.: Wladimir Kaminer, ein Nomade – »Kleine Literatur« als ein großes Problem der Intertextualitätsforschung. In: Germanica 38 (2006b; Themenheft »Voix étrangères en langue allemande«), S. 87–102.
Polubojarinova, L.: Russisches Sektierertum als Motiv und Intertext. Ivan Turgenevs »Ein König der Steppe«, Leopold von Sacher-Masochs »Die Gottesmutter« und »Die silberne Taube« von Andrej Belyj. In: D. Kemper et al. (Hg.): Eigen- und fremdkulturelle Literaturwissenschaft. München 2011, S. 235–250.
Pypin, A.N./Spasovič, V.D.: Geschichte der slavischen Literaturen (Übers. a.d. Russ.). 2 Bde. Leipzig 1880–1884.
Raab, H.: Die Lyrik Puškins in Deutschland (1820–1870). Berlin 1964.
Raev, A.: Von »Halbbarbaren« und »Kosmopoliten« – Russische Kunstausstellungen im Deutschland der Jahrhundertwende und ihre Rezeption. In: WÖS Reihe A, Bd. 4 (2000), S. 695–756.
Rammelmeyer, A.: Russische Literatur in Deutschland. In: W. Stammler (Hg.):Deutsche Philologie im Aufriß. Bd. 3. Berlin 1962 (2. Aufl.), S. 439–480.
Rammelmeyer, A.: Grundsätzliches zu den deutsch-slavischen literarischen Wechselbeziehungen. In: F. B. Kaiser/B. Stasiewski (Hg.): Wechselbeziehungen zwischen deutscher und slavischer Literatur. Köln/Wien 1978, S. 1–32.
Rammelmeyer, A.: Die Aufnahme der russischen Literatur in Deutschland. In: K. Kanzog/A. Masser (Hg.): Reallexikon der deutsche Literaturgeschichte. Bd. 4. Berlin/New York 1979 (2. Aufl.), Sp. 1–32.
Rappich,H.: Kritische Untersuchungen zu frühen deutschen Igorliedübertragungen. Berlin 1957 (Diplomarbeit).
Rappich, H.: Friedrich Bodenstedts literarische Beziehungen zu Rußland. In: ZfSl 8 (1963), S. 582–594.
v. Reinholdt, A.: Geschichte der russischen Literatur von ihren Anfängen bis in die neueste Zeit. Leipzig 1884.
Reiss, W.: Erweiterung der rezeptionsästhetischen Aktivität bei der Rezeption der Sowjetliteratur in den 70er Jahren, dargestellt an der Rezeption literarischer Werke durch Armin Stolper und Heiner Müller. In: ZfSl 20 (1975), S. 532–537.
Reiss, W.: Aneignung, Verarbeitung und Wirkung sowjetischer Dramatik in den siebziger Jahren in der DDR. In: Weimarer Beiträge (1984), S. 1958–1973.

Reiss, W.: Die Rezeption der russischen und sowjetischen Literatur in der entwickelten sozialistischen Gesellschaft. In: Zur Rezeption der russischen und sowjetischen Literatur. Hg. v. der Humboldt-Universität zu Berlin. Sektion Slawistik. Bereich Literaturwissenschaft. Berlin 1984, S. 58–69.

Reißner, E.: Die Forschung auf dem Gebiet der Rezeption russischen Literaturgutes in Deutschland, ihre Problematik, ihre Methodik und ihre Aufgaben. In: ZfSl 7 (1962), S. 24–45.

Reißner, E.: Alexander Herzen in Deutschland. Berlin 1963.

Reißner, E.: Deutschland und die russische Literatur. 1800–1848. Berlin 1970.

Reißner, E.: Die deutsch-russischen Literaturbeziehungen. In:»Tausend Jahre Nachbarschaft«. Rußland und die Deutschen. Hg. v.d. Stiftung Ostdeutscher Kulturrat. Bonn/München 1988, S. 209–221.

Reißner, E.: Der russische Realismus in Deutschland. In: W. Beitz (Hg.): Die gemeinsamen Wurzeln der europäischen Zivilisation. Baden-Baden 1990, S. 50–59.

Renner, R. G.: Grundzüge und Voraussetzungen deutscher literarischer Rußlandbilder während der Dritten Reichs. In: H.-E. Volkmann (Hg.): Das Russlandbild im Dritten Reich. Köln et al. 1994, S. 387–419.

Reus, G.: Oktoberrevolution und Sowjetrußland auf dem deutschen Theater. Zur Verwendung eines geschichtlichen Motivs im deutschen Schauspiel von 1918 bis zur Gegenwart. Bonn 1978.

Ritter, Chr.: Slavica in Thomas Bernhards Bibliothek. In: A. Belobratow et al. (Hg.): Österreichische Literatur. Ort der Begegnungen. St. Petersburg 2014, S. 185–196.

Robinson, Th. (= v. Jakob, Th. A. L.): Historical view of the Slavic language in its various dialects. Biblical Repository. Andover 1834.

[Robinson, Th.] Talvj: Übersichtliches Handbuch einer Geschichte der slavischen Sprache und Literatur. Nebst einer Skizze ihrer Volkspoesie. Leipzig 1852.

Rosenfeld, G.: Kultur und Wissenschaft in den Beziehungen zwischen Deutschland und der Sowjetunion von 1933 bis Juni 1941. In: Berliner Jahrbuch für osteuropäische Geschichte 1995, H. 1, S. 99–129.

Rothe, H.: N. M. Karamzins europäische Reise: Der Beginn des russischen Romans. Bad Homburg v. d. H. 1968.

Rothe, H.: Die Berührung der russischen mit der deutschen Literatur vor der Revolution. In: F. B. Kaiser/B. Stasiewski (Hg.): Wechselbeziehungen zwischen deutscher und slavischer Literatur. Köln/Wien 1978, S. 53–76.

Sakulin, P. N.: Geschichte der russischen Literatur. Wildpark-Potsdam 1927.

Saltykov, M. E.: Aus dem Volksleben Rußlands. Skizzen aus dem Gouvernement. Von Schschtedrin (Saltikoff). Berlin 1863.

Sauerland, K.: Arnold Zweigs Sicht der Sowjetunion und deren Einfluß auf seine persönlichen intellektuellen Beziehungen. In: A.T. Alt/J. Bernhard (Hg.): Arnold Zweig – sein Werk im Kontext der deutschsprachigen Exilliteratur. Bern et al. 1999, S. 199–212.

Scandura, C.: Das »Russische Berlin« 1921–1923. In: ZfSl 33 (1988), S. 515–522.

Schaller, H.: Raphael Löwenfeld (1854–1910). Sein Weg von der Slawischen Philologie in Breslau zum Theater in Berlin. In: K. Harer/H. Schaller (Hg.): Festschrift für Hans-Bernd Harder zum 60. Geburtstag. München 1995, S. 489–499.

Schlegel, H.-J.: Anmerkungen zur Rezeption der frühen sowjetischen Literatur. In: Akzente 21 (1974), S. 506–512.

Schlögel, K.: Berlin Ostbahnhof Europas. Russen und Deutsche in ihrem Jahrhundert. Berlin 1991.

Schlögel, K. (Hg.): Russische Emigration in Deutschland 1918 bis 1941: Leben im europäischen Bürgerkrieg. Berlin 1995.
Schlögel, K. et al. (Hg.): Der große Exodus. Die russischen Emigranten und ihre Zentren 1917–1941. München 1994.
Schlögel, K. et al. (Hg.): Chronik russischen Lebens in Deutschland 1918–1941. Berlin 1999.
Schmidt, Chr.: Ein deutscher Slawophile? – August von Haxthausen und die Wiederentdeckung der russischen Bauerngemeinde 1843/44. In: WÖS Reihe A, Bd. 3 (1992), S. 196–216.
Schmidt, H.: Aktuelle Fragen der Rezeption russischer und sowjetischer Literatur 1917–1933. In: ZfSl 31 (1986), S. 865–871.
Schneider, M.: Postmeister und Stationsaufseher. Eine Studie zur deutschen Puškin-Rezeption. München 1997.
Schröder, J.: »Die Laus aus Mansfeld (Westprignitz)«: Gottfried Benn und Fjodor Dostojewski. In: Jahrbuch der deutschen Schillergesellschaft 55 (2011), S. 307–323.
Schultze (= Lehmann-Schultze), Chr.: Aus Wilhelm Wolfsohns Leben und Wirken als Vermittler russischer Literatur in Deutschland (1840–1865). Phil. Diss. Berlin 1963a.
Schultze, Chr.: I. S. Turgenev und Friedrich Spielhagen. In: ZfSl 18 (1973), S. 154–162.
Schultze, Chr.: Die Gogol'-, Kol'cov- und Turgenev-Lesungen A. Viederts 1854/55 im Berliner »Tunnel über der Spree«. In: ZfSl 19 (1974), S. 393–406.
Schultze, Chr.: Theodor Fontanes und Wilhelm Wolfsohns Begegnungen 1848/49 in Berlin (mit Briefen Fontanes aus der Frühzeit ihrer Freundschaft). In: Fontane-Blätter 1987, H. 43, S. 481–501.
Schultze, Chr. (Hg.): Theodor Fontanes Briefwechsel mit Wilhelm Wolfsohn. Berlin 1988.
Schulze, H.: Die Rezeption der Werke A. S. Puškins in der DDR von 1945 bis 1987. Phil. Diss. Magdeburg 1989.
Schuhmann, K.: Zu einigen Aspekten der Aufnahme und Wirkung des literarischen Werkes von Michail Scholochow in der DDR-Literatur. In: W. Beitz et al. (Hg.): Werk und Wirkung M. Scholochows im weltliterarischen Prozeß. Leipzig 1977, S. 195–201.
Schuster, W./Wieser, M.: Weltliteratur der Gegenwart. 2 Bde. Berlin 1931.
Schwarz, Chr.: Die Rolle der sowjetischen Belletristik im deutschen Verlagsschaffen 1917–1933. Phil. Diss. Berlin 1965.
Schwarz, W.F.: Biographisches Schreiben und literarische Montage: Christoph Meckels Baratynskij-Rezeption (mit typologischem Ausblick auf Jurij Tynjanov und Sergej Tret'jakov). In: Germano-Slavica 4 (1984), H. 5, S. 231–249.
Seemann, K.-D.: Adelbert von Chamissos Beziehungen zur russischen Literatur. In: ZsPh 31 (1963), S. 97–123.
Ševčenko, E.: Obraz Čajkovskogo v romane Klausa Manna »Patetičeskaja simfonija« [Das Bild Čajkovskijs im Roman »Symphonie pathétique« von Klaus Mann]. In: H. Jelitte/M. Sobieroj (Hg.): Deutsch-russische Sprach-, Literatur- und Kulturbeziehungen im 20. Jahrhundert. Frankfurt a. M. et al. 1996, S. 225–234.
Sippl, C.: Hermann Bahr und Russland: Das Salzburger Erbe. In: J. Holzner et al. (Hg.): Russland – Österreich. Literarische und kulturelle Wechselwirkungen. Bern 2000, S. 145–157.
Sippl, C.: Verlage und Übersetzer in der Zwischenkriegszeit. In: WÖS NF, Bd. 2 (2006), S. 783–803.
Sljapkin, I.: V. A. Žukovskij i ego nemeckie druz'ja [V. A. Žukovskij und seine deutschen Freunde]. In: Russkij bibliophil [Der russische Bibliophile] 1912, Nr. 7/8, S. 3–37.

Sobotka, O.: Stephan Hermlins Verhältnis zur Sowjetunion und dessen Widerspiegelung im publizistischen wie literarischen Schaffen des Schriftstellers. Phil. Diss. Zwickau 1991.
SSSR GDR. 30 let otnošenij 1949-1979. Dokumenty i materialy. Ministerstvo inostrannych del SSSR/Ministerstvo inostrannych del GDR [UdSSR DDR. 30 Jahre Beziehungen 1949-1979. Dokumente und Materialien. Außenministerium der UdSSR/Außenministerium der DDR]. Moskau 1981.
Städtke, K.-D.: Zum Problem der deutschen Puškin-Rezeption. In: ZfSl 32 (1987), S. 23-29.
Staeyen, G. V.: Ein Beitrag zum Thema Hesse – Dostojewski. In: Germanistische Mitteilungen. Zeitschrift des belgischen Germanistenverbandes 16 (1981), H. 13, S. 43-54.
Stephan, H.: »Cement«: From Gladkov's Monumental Epos to Müller's Avantgarde Drama. In: Germano-Slavica 3 (1979), H. 2, S. 85-103.
Stepun, F.: Vergangenes und Unvergängliches. 3 Bde. München 1947-1950.
Suhr, E.: Die »Gesellschaft der Freunde des neuen Russland«: Im Dienst der Kommunistischen Internationale. In: G. Hübinger/Th. Hertfelder (Hg.): Kritik und Mandat. Intellektuelle in der deutschen Politik. Stuttgart 2000, S. 151-159.
Swirgun, O.: Das fremde Rußland. Rußlandbilder in der deutschen Literatur 1900-1945. Frankfurt a.M. et al. 2006.
Talvj *siehe unter* Robinson, Th.
Thiele. E.: Literatur nach Stalins Tod. Sowjetliteratur und DDR-Literatur. Ilja Ehrenburg, Stephan Hermlin, Erwin Strittmatter, Christa Wolf, Juri Trifonow. Frankfurt a.M. 1995.
Thiergen, P.: »Die Zukunft des großen Slavenreiches« – Wilhelm Heinrich Riehl über Rußland und die Slawen. In: WÖS Reihe A, Bd. 4 (2000), S. 599-615.
Tichomirova, E. (Hg.): Russische zeitgenössische Schriftsteller in Deutschland. Ein Nachschlagewerk. München 1998.
Tschistowa, B.J.: Iwan Goll, der erste Majakowski-Nachdichter. In: Kunst und Literatur 21 (1973), S. 702-713.
Uffelmann, D.: Konzilianz und Asianismus. Paradoxe Strategien der jüngsten deutschsprachigen Literatur slavischer Migranten. In: ZsPh 62 (2003), S. 277-309.
Urban, Th.: Russische Schriftsteller im Berlin der Zwanziger Jahre. Berlin 2003.
Volkmann, H.-E. (Hg.): Das Rußlandbild im Dritten Reich. Köln et al. 1994.
Volkov, E.M.: Theodor Fontane und Lev Tolstoj. In: Fontane-Blätter 1977, H. 26, S. 85-107.
Wagner, F.: »Von Grund auf anders, neu«. Anna Seghers' Bild Russlands und der Sowjetunion. In: WÖS NF, Bd.3 (2006), S. 895-930.
Walenski, T.: Christa Wolf und Sowjetrußland 1945-1991. Bern et al. 1999.
Warm, G.: Zur Scholochow-Rezeption in der DDR. In: Michail Scholochow. Werk und Wirkung. Materialien des Internationalen Symposiums »Scholochow und wir«. Leipzig, 18-19. März 1965. Leipzig 1966, S. 263-269.
Warm, G.: Urteile und Entdeckungen. DDR-Literatur in der sowjetischen Kritik. Halle 1978.
Wegner, M.: Theoretische Grundfragen der Rezeption der russischen Literatur in Deutschland zu Beginn des 20. Jahrhunderts. In: ZfSl 13 (1968), S. 1-12.
Wegner, M.: Erbe und Verpflichtung. Zur internationalen Wirkung der russischen und sowjetischen Literatur im 19. und 20. Jahrhundert. Jena 1985.

Wergin, U. et al. (Hg.): Bilder des Ostens in der deutschen Literatur. Würzburg 2009.
Werner, H. G.: Der polnische Aufstand von 1830/31 und die deutsche politische Lyrik. In: ZfSl 20 (1975), S. 114–130.
Wiegand, G.: Zum deutschen Russlandinteresse im 19. Jahrhundert. E. M. Arndt und Varnhagen von Ense. Stuttgart 1967.
Winter, E. (Hg.): August Ludwig Schlözer und Rußland. Berlin 1961.
Winter, E./Jarosch, G.: Wegbereiter der deutsch-slawischen Wechselseitigkeit. Berlin 1983.
Wytrzens, G.: Slawische Literaturen – Österreichische Literatur(en). Hg. v. F. B. Poljakov/ St. Simonek. Bern et al. 2009.
Zabel, E.: Literarische Streifzüge durch Russland. Berlin 1885.
Zabel, E.: Russische Litteraturbilder. Berlin 1899.
Žerebin, A.: Joseph Roths Essay »Der Antichrist« im Kontext der russischen Apokalyptik. In: A. Belobratow/A. Žerebin (Hg.): Dostojewskij und die russische Literatur in Österreich seit der Jahrhundertwende (Literatur, Theater). St. Petersburg 1994, S. 41–52.
Žerebin, A.: Hugo von Hofmannsthals *Chandosbrief* und die russische Philosophie der konkreten All-Einheit. In: D. Kemper et al. (Hg.): Eigen- und fremdkulturelle Literaturwissenschaft. München 2011, S. 281–295.
Žerebin, A.: Die Wiener Moderne und die russische Literatur. Wien 2013.
Ziegengeist, G.: Varnhagen von Ense und V. A. Žukovskij (ein ungedruckter Brief Varnhagens vom 11.IX.1839 an Žukovskij). In: ZfSl 4 (1959), S. 1–14.
Ziegengeist, G.: N.I. Borchardt – ein früher Propagandist Puškins und der russischen Literatur. In: ZfSl 8 (1963), S. 10–19.
Ziegengeist, G. (Hg.): Begegnung und Bündnis. Sowjetische und deutsche Literatur. Historische und theoretische Aspekte ihrer Beziehungen. Berlin 1972.
Ziegengeist, G. (Hg.): Slawische Kulturen in der Geschichte der europäischen Kulturen vom 18. bis zum 20. Jahrhundert. Berlin 1982.
Ziegengeist, G.: Varnhagen von Ense als Vermittler russischer Literatur im Vormärz. In: ZfSl 29 (1984), S. 929–942; 30 (1985), S. 119–128; 32 (1987), S. 109–123, 165–186, 520–537; 33 (1988), S. 473–506; 34 (1989), S. 637–674; 35 (1990), S. 159–178; 36 (1991), S. 319–338.
Ziegengeist, G.: Miszellen zur frühen deutschen Karamzin-Rezeption (1799–1803). In: ZfSl 36 (1991), S. 522–534.

Einzeluntersuchungen zu russischen Autoren

Aleksandr Blok

Baade, M.: Zur Aufnahme von Aleksandr Bloks Poem *Die Zwölf* in Deutschland. In: ZfSl 9 (1964), Teil 1: (1920–33), S. 175–195; Teil 2: (1945–1963), S. 551–573.
Baade, M.: Die Aufnahme des Poems *Die Zwölf* von Alexander Blok in Deutschland. Phil. Diss. Berlin 1965.
Baade, M.: Alexandr Blok. 60 Jahre deutsche Rezeptionsgeschichte. Ein Überblick (1905–1966). In: ZfSl 12 (1967), S. 328–363.
Baade, M.: Grundfragen der Übersetzung von Dichtung Aleksandr Bloks ins Deutsche. In: ZfSl 14 (1969), S. 1–11.
Dudkina, V.: Blok v Germanii [Blok in Deutschland]. In: Literaturnoe nasledstvo [Literarisches Erbe] 92 (1993), S. 244–289.

Gyöngyös, M.: A. Blok i nemeckaja kul'tura [A. Blok und die deutsche Kultur]. Frankfurt a.M. et al. 2004.
Lehmann, J.: Sprache – durch Katastrophen angereichert. Paul Celans Übersetzung der *Zwölf* von Alexander Blok. In: ders./Chr. Ivanović (Hg.): Stationen. Kontinuität und Entwicklung in Paul Celans Übersetzungswerk. Heidelberg 1997, S. 81–98.
Mierau, F.: »Sturmgesang und Maskenspiel«. Nachwort zu Alexander Blok: *Die Zwölf.* Ein Poem. Deutsche Nachdichtung von Paul Celan. Mit 5 Schablithographien von Ralf Münzer. Leipzig 1977, S. 73–79.

Anton Čechov

Bednarz, K.: Theatralische Aspekte der Dramenübersetzung, dargestellt am Beispiel von deutschen Übertragungen und Bühnenbearbeitungen der Dramen Anton Čechovs. Phil. Diss. Wien 1969.
Dick. G.: Čechov in Deutschland. Berlin 1956.
Dick, G.: Tschechow und Feuchtwanger. In: NDL 8 (1960), H. 7, S. 149–151.
Hielscher, K.: Die Rezeption A. P. Čechovs im deutschen Sprachraum seit 1945. In: W. Girke/H. Jachnow (Hg.): Aspekte der Slavistik. Festschrift für Josef Schrenk. München 1984, S. 73–101.
Kluge, R.-D.: Die frühe Rezeption A. P. Čechovs in Deutschland (1890–1914). In: ZsPh 48 (1988), S. 131–139.
Kluge, R.-D.: Anton P. Čechov in Deutschland. In: ders. (Hg.): Anton P. Čechov: Werk und Wirkung. Vorträge und Diskussionen eines internationalen Symposiums in Badenweiler im Oktober 1985. 2. Bde. Wiesbaden 1990, S. 1120–1139.
Nečeporuk, E.I.: Rainer Maria Rilke i A. P. Čechov [Rainer Maria Rilke und A. P. Čechov]. In: Čechovskie čtenija v Jalte. Čechov i XX vek [Čechov-Lektüren in Jalta. Čechov und das XX. Jahrhundert]. Moskau 1997, S. 99–110.
Reiss, W.: Čechov auf den Bühnen der DDR. Zur Erberezeption in den 70er/80er Jahren in der DDR. In: ZfSl 31 (1986), S. 840–849.
Reuchner, Th.: Selbstmörder und Clown. Zum Verfall allgemeiner Kommunikations- und Handlungsmöglichkeiten in Tschechows »Iwanow« und Hofmannsthals »Der Schwierige«. In: Literatur für Leser 2 (1979), H. 1, S. 45–66.
Simonek, St.: Peter Altenbergs Annäherung an Anton P. Čechov. In: J. Holzner et al. (Hg.): Russland – Österreich. Literarische und kulturelle Wechselwirkungen. Bern 2000, S. 127–144.
Tippner, Anja: Alterität, Übersetzung und Kultur. Čechovs Prosa zwischen Rußland und Deutschland. Frankfurt a.M. et al. 1997.

Marina Cvetaeva

Asadowski, K.: Marina Zwetajewa: Der »Rilke-Hain«. In: Wissenschaftskolleg-Jahrbuch 1990/1991, S. 186–201.
Ingold, F. Ph.: M. I. Cvetaevas Lese- und Verständnishilfen für Rainer Maria Rilke. Unbekannte Marginalien zu *Stichi k Bloku* und *Psicheja.* In: Die Welt der Slaven 24 (1979), S. 352–368.
Lehmann, J.: Übersteigen und Übersetzen. Zum Problem der Grenzüberschreitung bei Rainer Maria Rilke und Marina Cvetaeva. In: M. Engel/D. Lamping (Hg.): Rilke und die Weltliteratur. Düsseldorf/Zürich 1999, S. 263–280.

Lehmann, J.: Das Dichterbild als Dementi von images. Anmerkungen zum Rilke-Bild der Marina Cvetaeva. In: J. Holzner et al. (Hg.): Russland – Österreich. Literarische und kulturelle Wechselwirkungen. Bern et al. 2000, S. 209–220.

Schäfer, C. G.: Projizierte Sehnsucht und schöpferische Begegnung. Die Bedeutung Rußlands und Deutschlands für das Leben und Werk R. M. Rilkes und M. Cvetaevas sowie ihr Briefwechsel. Frankfurt a.M. et al. 1996.

Smirnov, V. B./Chomitov, I. I.: M. I. Cvetaeva: Sovremennik i interpretator Rainera Marii Rilke [M. I. Cvetaeva: Zeitgenosse und Interpret Rainer Maria Rilkes]. In: Vestnik Volgogradskogo gosudarstvennogo universiteta [Bote der Volgograder Staatlichen Universität] 2 (1998), H. 3, S. 91–95.

Tavis, A. A.: Russia in Rilke. Rainer Maria Rilke's Correspondence with Marina Tsvetaeva. In: Slavic Review 52 (1993), S. 494–511.

Fedor Dostoevskij

Allenov, S. G.: Rusofil'stvo nemeckich konservatorov načala XX veka [Das Russophilentum deutscher Konservativer zu Beginn des 20. Jahrhunderts]. In: Vestnik Voronežskogo gosudarstvennogo universiteta [Bote der Staatlichen Universität Voronež] 1997, H. 1, S. 36–51.

Allenov, S. G.: Obraz Rossii i formirovanie političeskogo mirovozrenija molodogo Jozefa Gebbelsa.»Svet s vostoka« (1918–1923) [Das Bild Russlands und das Sichformieren einer politischen Weltanschauung beim jungen Joseph Goebbels.»Das Licht aus dem Osten« (1918-1923)]. In: Politija 1 (2012), S. 55–75.

Allenov, S. G.: Obraz Rossii i formirovanie političeskogo mirovozrenija molodogo Jozefa Gebbelsa.»Rossija, ty nadežda umirajuščego mira!« (1923–1924) [Das Bild Russlands und das Sichformieren einer politischen Weltanschauung beim jungen Joseph Goebels.»Russland, du Hoffnung der sterbenden Welt« (1923–1924)]. In: Politija 2 (2013), S. 86–106.

Anderle, M.: Das Motiv der Ich-Spaltung bei Dostojewskij und Hesse. In: Germano-Slavica (Prag) 1 (1973–1975), H. 5, S. 5–18.

Asadowski, K.: »Blick ins Chaos«. Hermann Hesse über Dostojewskij und Rußland. In: WÖS Reihe A., Bd. 5 (1998), S. 503–526.

Azadovskij, K. M./Dudkin, V. V.: siehe Dudkin, V. V.

Balalykina, E. A.: Jazykovye osobennosti perevodov biografičeskich esse Stefana Cvejga o russkich pisatel'ach (na baze esse o Dostoevskom) [Sprachliche Besonderheiten bei den Übersetzungen der biographischen Essays über russische Schriftsteller von Stephan Zweig (auf der Grundlage des Essays über Dostoevskij)]. In: H. Jelitte/M. Sobieroj (Hg.): Deutsch-russische Sprach-, Literatur- und Kulturbeziehungen im 20. Jahrhundert. Frankfurt a.M. et al. 1996, S. 9–22.

Belobratow, A. W./Žerebin, A.J. (Hg.): Dostojewskij und die russische Literatur in Österreich seit der Jahrhundertwende (Literatur, Theater). St. Petersburg 1994.

Benda, Chr.: Die literarische Gestaltung und die Funktion des Raumes in den *Dämonen*-Romanen Heimito von Doderers und Fjodor Michailowitsch Dostojewskis. In: A. W. Belobratow et al. (Hg.): Österreichische Literatur: Ort der Begegnungen. St. Petersburg 2014, S. 118–130.

Berezina, A.: F. M. Dostoevskij v vosprijatii G. Gesse [Dostoevskij in der Wahrnehmung H. Hesses]. In: Dostoevskij v zarubežnych literaturach [Dostoevskij in den ausländischen Literaturen]. Leningrad 1978, S. 220–239.

Cadot, M.: *Finks Krieg* von Martin Walser; eine Metamorphose des *Doppelgängers* von Dostojewskij. In:H.-J. Gerigk (Hg.): Literarische Avantgarde. Festschrift für Rudolf Neuhäuser. Hürtgenwald 2000, S. 40-48.

Chevrel, É.: *Die Dämonen*: Doderer und der Fall Dostojewskij(s). In: G. Sommer (Hg.): Gassen und Landschaften. Heimito von Doderers »Dämonen« vom Zentrum und vom Rande aus betrachtet. Würzburg 2004, S. 141-168.

Dodd, W. J.: Ein Gottträgervolk, ein geistiger Führer — Die Dostojewskij-Rezeption von der Jahrhundertwende bis zu den zwanziger Jahren als Paradigma des deutschen Rußlandbildes. In: WÖS Reihe A, Bd. 4 (2000), S. 853-865.

Dudkin, V. V./Azadovskij, K. M.: Dostoevskij v germanii (1846-1921) [Dostoevskij in Deutschland (1846-1921)]. In: V. V. Dudkin/K. M. Azadovskij (Hg.): F. M. Dostoevskij. Novye materialy i issledovanija. Literaturnoe nasledstvo [Neue Materialien und Untersuchungen. Literarisches Erbe]. Moskau 1973, S. 659-740.

Dudkin, V. V.: Dostoevskij v nemeckoj kritike (1882-1925) [Dostoevskij in der deutschen Kritik (1882-1925)]. In : B.G. Reizov (Hg.): Dostoevskij v zarubežnych literaturach [Dostoevskij in den ausländischen Literaturen]. Leningrad 1978, S. 175-219.

Erné, N.: Ein Beitrag zum Thema: Hermann Hesse und Dostojewski. Briefe eines jungen Europäers an seinen Freund. In: Deutsche Beiträge 1(1947), H. 4, S. 345-353.

Feher, Z. A.: Georg Lukács's Role in Dostoevsky's European Reception at the Turn of the Century. A Study in Reception. Phil. Diss. Los Angeles 1978.

Feld, W.: Die Bedeutung der Reflexion für Musil. Am Beispiel seiner Auseinandersetzung mit Dostojewski. In: Musil-Forum 13-14 (1987/1988), S. 241-256.

Fliedl, K.: Dialog mit Fürst Myschkin. Russische Literatur bei Ingeborg Bachmann. In: Belobratow, A./Žerebin, A. (Hg.): Dostojewskij und die russische Literatur in Österreich seit der Jahrhundertwende. St. Petersburg 1994, S. 152-167.

Fridlender, G. M.: Dostoevskij, nemeckaja i avstrijskaja proza XX v [Dostoevskij, die deutsche und österreichische Prosa im 20. Jahrhundert]. In: V. V. Dudkin/K. M. Azadovskij (Hg.): F. M. Dostoevskij. Novye materialy i issledovanija. Literaturnoe nasledstvo [Neue Materialien und Untersuchungen. Literarisches Erbe]. Moskau 1973, S. 117-174.

Fridlender, G. M.: Dostoevskij i mirovaja literatura [Dostoevskij und die Weltliteratur]. Leningrad 1985.

Garstka, Chr.: Arthur Moeller van den Bruck und die erste deutsche Gesamtausgabe der Werke Dostojevskijs im Piper-Verlag 1906-1919. Eine Bestandsaufnahme sämtlicher Vorbemerkungen und Einführungen von Arthur Moeller van den Bruck und Dmitrij S. Mereschkowskij unter Nutzung unveröffentlichter Briefe der Übersetzerin E.K. Rahsin. Mit ausführlicher Bibliographie. Frankfurt a.M. et al. 1998.

Garstka, Chr.: »Den Osten aus der Tiefe erfassen«. Der »deutsche Dostojewskij« im Piper-Verlag. In: WÖS NF, Bd. 2 (2006), S. 749-782.

Gabriel, C.: Heimat der Seele: Osten, Orient und Asien bei Thomas Mann. Rheinbach-Merzbach 2010.

Gerigk, H.-J.: Die Gründe für die Wirkung Dostojewskijs. In: Dostoevsky Studies 2 (1981) S. 3-26.

Gerigk, H.-J.: Dostojewskij, der »vertrackte Russe«. Die Geschichte seiner Wirkung im deutschen Sprachraum vom Fin de siècle bis heute. Tübingen 2000.

Gerigk, H.-J.: Dostojewskijs Wirkung im deutschen Sprachraum. Fragmente eines Überblicks vom Fin de siècle bis heute. In: Jahrbuch der deutschen Dostojewski-Gesellschaft 8 (2001), S. 24-59.

Gesemann, G.: Dostojevskij in Deutschland. In: Slavistische Rundschau 3 (1931), S. 318–323.
Gesemann, W.: Nietzsches Verhältnis zu Dostojewski auf dem europäischen Hintergrund der 80er Jahre. In: Die Welt der Slawen 6 (1961), S. 129–156.
Graßhoff, H./Jonas, G. (Hg.): Dostojewskis Erbe in unserer Zeit. Neueste Forschungen sowjetischer Literaturwissenschaftler zum künstlerischen Erbe Dostojewskis. Berlin 1976.
Hauswedell, E.: Die Kenntnis von Dostojewsky und seinem Werke im deutschen Naturalismus und der Einfluß seines *Raskolnikoff* auf die Epoche 1880–1895. Phil. Diss. München 1924.
Hielscher, K.: Dostojewskijs antiwestliche Zivilisationskritik und die deutsche Konservative Revolution. In: R. Neuhäuser (Hg.): Polyfunktion und Metaparodie. Aufsätze zum 175. Geburtstag Dostojewskijs. Dresden 1998, S. 271–288.
Hielscher, K.: Dostojewski in Deutschland. Frankfurt a.M. 1999.
Hoeschen, A.: Das »Dostojewsky-Projekt«. Lukács' neukantianisches Frühwerk in seinem ideengeschichtlichen Kontext. Tübingen 1999.
Hoffmann, N.: Th. M. Dostojewsky. Eine biographische Studie. Berlin 1899.
Jekutsch, U.: Auktorial-personal oszillierendes Erzählen in Dostoevskijs *Prestuplenie i nakazanie* und in der Wiedergabe durch frühe deutsche Übersetzungen. In: D. Kullmann (Hg.): Erlebte Rede und impressionistischer Stil. Europäische Erzählprosa im Vergleich mit ihren deutschen Übersetzungen. Göttingen 1995, S. 137–178.
Jonas, G.: Wilhelm Henckel als Mittler von F. M. Dostoevskijs Roman *Prestuplenie in nakazanie.* In: ZfSl 26 (1981), S. 874–885.
Kampmann, Th.: Dostojewski in Deutschland. Phil. Diss. Münster 1931.
Kappen, R.: Die Idee des Volkes bei Dostojewski. Phil. Diss. Bonn 1936.
Kasack, W.: Dostojewski mit den Augen deutscher Schriftsteller. Ein Beitrag zur Frage nach den Wurzeln der europäischen Kultur. In: W. Beitz (Hg.): Die gemeinsamen Wurzeln der europäischen Zivilisation. Baden-Baden 1990, S. 27–40.
Kaus, O.: Dostojewski. Zur Kritik der Persönlichkeit. München 1916
Kemper, D.: »Nemeckaja slavofilija«: neskol'ko slov o kul'turno-filosovskoj kategorii Tomasa Manna [»Deutsches Slavophilentum«: einige Worte über eine kulturphilosophische Kategorie bei Thomas Mann]. In: Voprosy filosofii [Fragen der Philosophie] 2012, H. 2, S. 125–127.
Kemper, D.: Bienek und Dostoevskij. In: B. Laube/V. Nolte (Hg.): Horst Bienek. Ein Schriftsteller in den Extremen des 20. Jahrhunderts. Göttingen 2012, S. 102–117.
Kemper, D.: Ideologieseitigkeit. Reinhard Piper, Arthur Moeller van den Bruck und die erste deutsche Dostoevskij-Ausgabe. In: ders. (Hg.): Weltseitigkeit. Jörg-Ulrich Fechner zu Ehren. München 2014, S. 483–512.
Keßler, P.: Anna Seghers und die Raskol'nikov-Problematik. In: ZfSl 13 (1968), S. 651–659.
Keßler, P.: Anna Seghers und der Realismus L.N. Tolstois und F. M. Dostoevskijs. In: Weimarer Beiträge 16 (1970), S. 18–61.
Keßler, P.: Der verwandelte Teufel Ivan Karamazovs in Anna Seghers' Erzählung »Das Ende«. In: ZfSl 22 (1977), S. 325–337.
Klessinger, H.: Krisis der Moderne. Georg Trakl im intertextuellen Dialog mit Nietzsche, Dostojewskij, Hölderlin und Novalis. Würzburg 2006, S. 59–114.
Kurzke, H.: Dostojewski in den *Betrachtungen eines Unpolitischen*. In: E. Heftrich (Hg.): Thomas Mann und seine Quellen. Festschrift für Hans Wysling. Frankfurt a.M. 1991, S. 138–151.

Lauer, R.: Eine Dostojewskij-Parodie von Ludwig Strauß. In: ZsPh 22 (1953), S. 12-39.
Lauth, R.: »Ich habe die Wahrheit gesehen«. Die Philosophie Dostojewskis. In systematischer Darstellung. München 1950.
Löwenthal, L.: Die Auffassung Dostojewskis im Vorkriegsdeutschland. In: Zeitschrift für Sozialforschung 3 (1934), S. 343-382.
Löwy, M.: Der junge Lukács und Dostojewski. In: R. Dannemann (Hg.): Georg Lukács. Jenseits der Polemiken. Beiträge zur Rekonstruktion seiner Philosophie. Frankfurt a.M. 1986, S. 23-37.
Luther, A.: Dostoevskij v Germanii [Dostoevskij in Deutschland]. In: Literaturnyj Al'manach 2 (1923).
Mereschkowski, D. S.: Tolstoi und Dostojewski als Menschen und Künstler. Eine kritische Würdigung ihres Lebens und Schaffens. Leipzig 1903.
Motyleva, T.: Dostojevskij i mirovaja literatura [Dostoevskij und die Weltliteratur]. In: dies.: Inostrannaja literatura i sovremennost' [Ausländische Literatur und die Gegenwart]. Moskau 1961, S. 212-274.
Motyleva, T.: O mirovom značenii Dostoevskogo [Über die Bedeutung Dostoevskijs in der Welt]. In: dies.: Dostojanie sovremennogo realizma [Die Errungenschaft des modernen Realismus] Moskau 1973, S. 223-375.
Opitz, R.: Dostoevskijs Wirkung im deutschen Sprachraum. In: Kultursoziologie. Aspekte, Analysen, Argumente 13 (2004), S. 71-88.
Pachmuss, T.: Dostoevskij and Franz Werfel. In. German Quarterly 3 (1963), S. 445-458.
Pachmuss, T.: Dostoevskij and Rainer Maria Rilke. The Alienated Man. In: Canadian-American Slavic Studies 12 (1978), S. 392-401.
Pietsch, E.-M.: Thomas Mann und F. M. Dostojewski. Phil. Diss. Leipzig 1958.
Rakusa, I./Ingold, F. Ph. (Hg.).: Dostojewskij in der Schweiz. Ein Reader. Frankfurt a.M. 1980.
Rehm, W.: Experimentum medietatis. Eine Studie zur dichterischen Gestaltung des Unglaubens bei Jean Paul und Dostojewski. In: ders.: Experimentum medietatis. Studien zur Geistes- und Literaturgeschichte des 19. Jahrhunderts. München 1947, S. 7-95.
Richter, R.: Der Einfluß F. M. Dostojevskijs auf die Werke Jakob Wassermanns. Phil. Diss. Bonn 1951.
Roman, S. G.: Thomas Mann interprete di Dostoevskij. In: Rivista di estetica 20 (1980), H. 6, S. 24-42.
Saidman, M.: F. M. Dostoevskij v zapadnoj literature [Dostoevskij in der westlichen Literatur]. Odessa 1911.
Schmid, U.: Die Dostojewski-Rezeption im deutschen Nationalsozialismus. In: Jahrbuch der Deutschen Dostojewski-Gesellschaft 14 (2007), S. 47-58.
Schmidt, H.: Die deutsche Dostoevskij-Rezeption der 20er Jahre. In: ZfSl 16 (1971), S. 871-879.
Schmidt-Dengler, W.: Die Aufnahme Dostojewskijs in Deutschland (Überblick). Hausarbeit für das Lehramt Deutsch. Wien 1966.
Schröder, J.: »Die Laus aus Mansfeld (Westprignitz)«. Gottfried Benn und Fjodor M. Dostojewski. In: Jahrbuch der deutschen Schillergesellschaft 55 (2011). S. 307-323.
Schult, M.: Im Banne des Poeten. Die theologische Dostoevskij-Rezeption und ihr Literaturverständnis. Göttingen 2012.
Schultze, Chr.: Die Erstübersetzung von F. M. Dostoevskijs Roman *Bednye ljudi* in deutschsprachigen Publikationsorganen 1846/47. In: ZfSl 26 (1981), S. 864-873.

Schulz, Ch.: Geschichtsschreibung der Seele. Goethe und das 6. Buch der *Bratja Karamazovy*. München 2006.
Setschkareff, V.: Dostojevskij in Deutschland. In: ZsPh 22 (1954), S. 12–39.
Sielmann, Ch. (Streisinger): The Devil Within. A Study of the Role of the Devil in Goethe's *Faust*, Dostoevski's *The Brothers Karamazov*, and Mann's *Doktor Faustus*. Master's thesis, Cornell University, 1951.
Stojanovič, D.: Dostojewski und Thomas Mann lesen. Von der Notwendigkeit und Fragwürdigkeit des Deutens. Frankfurt a.M./Bern 1987.
Strelka, J. P.: Kafka und Dostojewski. In: ders. (Hg.): Austroslavica. Die Slaven und Österreich in ihrer literarischen Wechselwirkung. Tübingen 1996, S. 60–77.
Strutz, J.: Dostojewskis »Dämonen« und Musils »Mann ohne Eigenschaften«. In: A. Belobratow/A. Žerebin (Hg.): Dostojevskij und die russische Literatur in Österreich seit der Jahrhundertwende. St. Petersburg 1994, S. 225–239.
Tamm, B.: Thomas Mann und F. M. Dostoevskij. Phil. Diss. Jena 1985.
Tukian, M.: Dostojewskij und Franz Werfel. Bern 1950.
Val'd, Ch.: Metody raboty nad sravnitel'nym analizom proizvedenij T. Manna i F. M. Dostoevskogo [Arbeitsmethoden bei der vergleichenden Analyse der Werke von Th. Mann und F. M. Dostoevskijs]. In: ZfSl 31 (1986), S. 355–357.
Vykoupil, S.: Das geistige »Duell« Raskol'nikov – Porfirij in deutschen Übersetzungen. Vergleichende Analysen. In: ZfSl 38 (1993), S. 560–583.
Wald, H.: Romanstruktur und Perspektive bei F. M. Dostoevskij und Th. Mann. In: ZfSl 33 (1988), S. 223–228.
Wefers, H.: Der literarische Erzähler als Faktor textueller Kommunikation und Konstruktion. Zum Verfahren des Textaufbaus und der Textgestaltung durch explizite Äußerungen des Erzählers in H. Bölls *Die verlorene Ehre der Katharina Blum* und F. M. Dostoevskijs *Die Brüder Karamazov*. In: Wiener Slawistischer Almanach 3 (1979), S. 75–92.
Wegner, M.: Fjodor Dostojewski – und kein Ende. Zur Rezeption Dostojevskis in der neueren europäischen Romanliteratur des 20. Jahrhunderts. In: H. Rothe (Hg.): Dostojevskij und die Literatur. Köln/Wien 1983, S. 363–390, und in: Wegner, M.: Erbe und Verpflichtung. Jena 1985, S. 71–90.
Weiß, V.: Dostojewskis Dämonen: Thomas Mann, Dmitri Mereschkowski und Arthur Moeller van den Bruck im Kampf gegen »den Westen«. In: H. Kauffmann et al. (Hg.): Völkische Bande. Dekadenz und Wiedergeburt – Analysen rechter Ideologie. Münster 2005, S. 90–122.
Wir und Dostojewski. Eine Debatte mit Heinrich Böll, Siegfried Lenz, André Malraux, Hans Erich Nossack, geführt von Manès Sperber. Hamburg 1972.
Wolandt, G.: Einige Notizen über Dostojevskij im Werk Thomas Manns. In: H. Rothe (Hg.): Dostojevskij und die Literatur. Köln/Wien 1983, S. 402–412.
Zerner, M.: Thomas Mann's *Der Bajazzo*: A Parody of Dostoevskij's *Notes from the Underground*. In: Monatshefte 56 (1964), S. 286–290.
Ženin, I.: Vosprijatie Rossii konservativnymi intellektualami Germanii: 1919–1933 [Die Rezeption Russlands durch konservative Intellektuelle in Deutschland 1919–1933]. Phil. Diss. Moskau 2010.

Sergej Esenin

Jurchen, S.: *Die sowjetische Rus* – verzerrt im ernsten Spiel? Rainer Kirsch übersetzt Sergej Esenin. In: Fischer, Chr. (Hg.): Russische Literatur als deutsch-deutscher Brückenschlag (1945-1990). Jena 2010, S. 124–146.
Mierau, F.: Deutsche Esenin-Übersetzungen. In: ZfSl 11 (1966), S. 317–330.
Olschner, L. M. : Sergej Esenin bei Paul Celan. Unbekannte Texte aus dem Nachlaß und ihre Bedeutung für Celans Werk. In: J. Lehmann/Chr. Ivanović (Hg.): Stationen. Kontinuität und Entwicklung in Paul Celans Übersetzungswerk. Heidelberg 1997, S. 105–118.
Parry, Chr.: Übersetzung als poetische Begegnung. Paul Celan als Übersetzer und als Gegenstand von Übersetzung. In. Jahrbuch Deutsch als Fremdsprache 24 (1998), S. 159–184.
Rexheuser, A.: Die poetische Technik Paul Celans in seinen Übersetzungen russischer Lyrik. In: Arcadia 10 (1975), S. 273–295.

Ivan Gončarov

Rehm, W.: Gontscharow und Jacobsen oder Langeweile und Schwermut. Göttingen 1963.
Rohse, H.: Unsichtbare Tränen : Effi Briest – Oblomow – Anton Reiser – Passion Christi. Psychoanalytische Literaturinterpretationen zu Theodor Fontane, Iwan A. Gontscharow, Karl Philipp Moritz und Neuem Testament. Würzburg 2000.
Schümann, D.: Oblomov-Fiktionen. Zur produktiven Rezeption von I. A. Gončarovs Roman »Oblomov« im deutschsprachigen Raum. Würzburg 2005.
Thiergen, P.: O recepcii Gončarova v nemeckojazyčnych stranach [Über die Rezeption Gončarovs in den deutschsprachigen Ländern]. In: Russkaja literatura 2 (1998), S. 113–119.

Maksim Gor'kij

Alding, W.: Zur aktuellen Bedeutung von Gorkis Dramaturgie für die Dramatik der DDR. In: Weimarer Beiträge 18 (1972), H. 11, S. 32–56.
Bielfeldt, H. H. et al.: Maxim Gorki in Deutschland (Ausstellung). Berlin 1958.
Czikowsky, E. et al.: Maksim Gorki in Deutschland. Bibliographie 1899–1965. Berlin 1968.
Goes. G.: Immer *Nachtasyl* und *Sommergäste* – Maksim Gor'kijs Dramen auf deutschen Bühnen seit 1945. In: Fischer, Chr. (Hg.): Russische Literatur als deutsch-deutscher Brückenschlag (1945-1990). Jena 2010, S. 61–85.
Idzikowski, I.: Maxim Gorki in der Deutschen Demokratischen Republik (1945–1949). Phil. Diss. Berlin 1968.
Lengyel. B.: Gorkij über Rilke – Rilke über Gorkij. In: Studia Slavica Academiae Scientiarum Hungaricae 21 (1975), S. 191–198.
Mierau, F.: *Die Mutter* von Maxim Gorki. Das deutsche Leben eines großen russischen Romans. In: Deutschunterricht (Berlin) 14 (1961), S. 339–348.
Nagy, B.T.: Rilke und Gorki. Dokumente einer Begegnung. In: Studii Germanici 14 (1976), S. 297–314.
Stauche, I.: Maxim Gorkis Dramen in Deutschland. In: dies. (Hg.): Maxim Gorki. Drama und Theater. Berlin 1968, S. 249–361.
Zubareva, K. : Genrich Mann i Maksim Gor'kij [Heinrich Mann und Maksim Gor'kij]. In: ZfSl 19 (1975), S. 1–14.

Vladimir Majakovskij

Čistova, B. I.: »Vse, što ja sdelal, vse ėto Vaše ...« (K istorii vzaimootnošenij Majakovskogo s nemeckimi literatorami [»Alles, was ich getan habe, ist Eures ...« (Zur Geschichte der wechselseitigen Beziehungen Majakovskijs mit deutschen Literaten)]. In: Voprosy literatury [Fragen der Literatur] 4 (1960), H. 6, S. 146–163.

Hartmann, A.: Aufbau und Demontage eines Denkmals: Zur Majakowski-Rezeption in der DDR-Literatur. In: Michigan Germanic Studies 8 (1982), S. 197–227.

Loew, R./Tschistowa, B. (Hg.): Majakowski in Deutschland. Texte zur Rezeption 1919–1930. Mit einer Studie von B. Tschistowa. Berlin 1986.

Schaumann, G.: Majakovskij und der deutsche Expressionismus. In: ZfSl 15 (1970), S. 517–520.

Thun, N.: Majakowski und Deutschland. In: NDL 1 (1953), H. 7, S. 158–179.

Tschistowa, B. I.: Iwan Goll, der erste Majakovskij-Nachdichter. In: Kunst und Literatur 21 (1972), S. 702–713.

Osip Mandel'štam

Belorudec, M.: Celan i Mandelštam. Dialogi [Celan und Mandel'štam. Dialoge]. In: Naiditsch, L. (Hg.): Paul Celan. Materialy, issledovanija, vospominanija. Tom I: Dialogi i perekliči [Paul Celan. Materialien, Forschungen, Erinnerungen. Bd. I: Dialoge und Echos]. Moskau/Jerusalem 2004, S. 164–175.

Böschenstein, B.: Celan und Mandelstamm. Beobachtungen zu ihrem Verhältnis. In. Celan-Jahrbuch 2 (1988), S. 155–168.

Broda, M.: »An Niemand gerichtet«. Paul Celan als Leser von Mandelstamms »Gegenüber«. In: W. Hamacher/W. Menninghaus (Hg.): Paul Celan. Frankfurt a.M. 1988, S. 209–221.

Eskin, M.: Translating the Other: Celan's Encounter with Mandelštam. In. Germano-Slavica 11 (1999), S. 27–38.

Eskin, M.: Ethics and Dialogue in the Works of Lévinas, Bakhtin, Mandel'štam and Celan. Oxford 2000.

Gellhaus, A. (Hg.): »Fremde Nähe«. Celan als Übersetzer. Marbach a.N. 1997.

Gogol, J. M.: Paul Celan and Osip Mandelstam. Poetic Language as Ontological Essence. In: Revue de Langues Vivantes 40 (1974), S. 341–354.

Ingold, F. Ph.: Der Autor und der Andere: Emmanuel Lévinas; Ossip Mandelstam. In: ders.: Der Autor am Werk. Versuche über literarische Kreativität. München 1992, S. 195–215.

Lehmann, J.: Atmen und Verstummen. Anmerkungen zu einem Motivkomplex bei Mandel'štam und Celan. In: G. Buhr/R. Reuß (Hg.): Paul Celan, *Atemwende*. Materialien. Würzburg 1991, S. 187–199.

Lehmann, J.: Karnevaleske Dialogisierung. Anmerkungen zum Verhältnis Mandel'štam – Celan. In: H. Birus (Hg.): Germanistik und Komparatistik. DFG-Symposion 1993. Stuttgart/Weimar 1995, S. 541–555.

Naiditsch, L.: Paul Celans Gedicht *Eine Gauner- und Ganovenweise* im Blick auf die Frage »Celan – Mandelstam«. In: Etudes germaniques 53 (1998), H. 4, S. 687–700.

Olschner, L. M.: Poetic Mutations of Silence. At the Nexus of Paul Celan and Osip Mandelstam. In: A. Fioretos (Hg.): Word Traces. Readings of Paul Celan. Baltimore/London 1994, S. 369–385.

Parry, Chr.: Mandelstam der Dichter und der erdichtete Mandelstam im Werk Paul Celans. Phil. Diss. Marburg 1978.

Terras, V./Weimar, K.S.: Mandelstamm and Celan: Affinities and Echoes. In: Germano-Slavica 1 (1974), S. 11-29.
Terras, V./Weimar, K.S.: Mandelstamm and Celan. A Postscript. In: Germano-Slavica 2 (1978), S. 353-370.
Werberger, A.: Das ›sublunarische Gedicht‹. Celans Dialog mit dem Akmeismus. In: Celan-Jahrbuch 8 (2001/2002), S. 237-257.
Wiedemann, B.: Eine Flaschenpost auf Atemwegen. Paul Celans zweite Begegnung mit Ossip Mandelstamm. In: Sprachkunst 36 (2005), S. 69-97.

Boris Pasternak

Asadowski, K. M.: Boris Pasternak i Rainer Maria Rilke [Boris Pasternak und Rainer Maria Rilke]. In: S. Dorzweiler/H.-B. Harder (Hg.): Pasternak-Studien I. München 1993, S. 1-12.
Barnes, C. I.: Boris Pasternak and Rainer Maria Rilke. Some Missing Links. In: Forum for Modern Language Studies 8 (1972), S. 61-78.
Livingstone, A.: Some Affinities in The Prose of the Poets Rilke and Pasternak. In: Forum for Modern Language Studies 19 (1983), S. 274-284.
Röhling, H.: Gethsemane bei Rilke und Pasternak. In: Die Welt der Slaven 8 (1963), S. 388-402.
Röhling, H.: Boris Leonidovič Pasternak und die russische Rilke-Rezeption. In: Die Welt der Slaven 17 (1972), S. 118-154.
Salys, R.: Love, Death and Creation. Boris Pasternak and Two Rilke Requiems. In: The Russian Review 55 (1996), S. 265-278.
Smirnov, I.: Poroždenie interteksta. Elementy intertekstual'nogo analiza s primerami iz tvorčestva B.L. Pasternaka [Die Erzeugung des Intertextes. Elemente der intertextuellen Analyse mit Beispielen aus dem Werk B.L. Pasternaks]. St. Petersburg 1996 (2. Aufl.).

Lev Tolstoj

Dieckmann, E.: Erzählstrukturen im Frühwerk L.N. Tolstojs und ihr vergleichender Aspekt: Dargestellt am Beispiel von *Detstvo, Otročestvo, Junost'* und Thomas Manns *Buddenbrooks.* In: ZfSl 13 (1968), S. 78-88.
Dieckmann, E.: »Der Tod des Iwan Iljitsch« und »Untergang eines Herzens«. Ein Vergleich zwischen Lev Tolstoj und Stefan Zweig. In: G. Ziegengeist (Hg.): Begegnung und Bündnis. Sowjetische und deutsche Literatur. Historische und theoretische Aspekte ihrer Beziehungen. Berlin 1972, S. 418-426.
Halm, H.: Wechselbeziehungen zwischen L.N. Tolstoi und der deutschen Literatur. In: Archiv für slawische Philologie 35 (1914), S. 452-476.
Hanke, E.: Prophet des Unmodernen: Leo N. Tolstoi als Kulturkritiker in der deutschen Diskussion der Jahrhundertwende. Tübingen 1993.
Harnack, O.: Tolstoi in Deutschland. In: Preußische Jahrbücher 67 (1891), S. 1-13.
Keßler, P.: Anna Seghers und der Realismus L.N. Tolstois und F. M. Dostoevskijs. In: Weimarer Beiträge 16 (1970), S. 18-61.
Lehmann, J.: Der Waldbauernbub und der Graf. Vergleichende Betrachtungen zu Peter Rosegger und Lev Nikolaevič Tolstoj. In: W. Schmidt-Dengler/K. Wagner (Hg.): Peter Rosegger im Kontext. Wien 1999, S. 135-148.

Loew, R.: Die Verleger Friedrich Fontane (Berlin) und Adolph Marcks. (St. Petersburg) im Disput um Lew Tolstois Roman *Auferstehung*. In: Fontane-Blätter 1997, H. 63, S. 48-63.
Löwenfeld, R.: Dramy Tolstogo na nemeckoj cene [Die Dramen Tolstojs auf der deutschen Bühne]. In: Teatr i iskusstvo [Theater und Kunst] 34 (1908), S. 581-585.
Mereschkowski, D. S.: Tolstoi und Dostojewski als Menschen und Künstler. Eine kritische Würdigung ihres Lebens und Schaffens. Leipzig 1903.
Morris, M.A.: Sensuality and Art. Tolstoyan Echoes in *Tristan*. In: Germano-Slavica 5 (1987), S. 211-222.
Motyleva, T.: L.N. Tolstoi und die deutsche Literatur. In: Kunst und Literatur 8 (1960), S. 1104-1122, 1215-1235.
Motyleva, T.: O mirovom značenii L.N. Tolstogo [Über L.N. Tolstojs Bedeutung in der Welt]. Moskau 1957.
Neuscheler, K.: G. Hauptmann und L. Tolstoi. I. Teil: Das Ideal der Wirklichkeitserfassung. Ein literarhistorischer Beitrag zur Kritik des Naturalismus. Phil. Diss. München 1924.
Nötzel, K.: Tolstoi und wir. München 1919.
Pechstedt, E.: L.N. Tolstoj auf der deutschsprachigen Bühne (1890-1945). In: ZfSl 18 (1973), S. 664-676.
Pechstedt, E.: L.N. Tolstojs Bühnenwerke im Wirkungsfeld des deutschen Expressionismus. In: ZfSl 27 (1982), S. 501-511.
Rempel, M.: Leo Tolstoy, Gerhart Hauptmann and Maxim Gorkij. A Comparative Study. Phil. Diss. Univ. of Iowa 1959.
Schmidt, H: L.N. Tolstoj in der realistischen deutschen Literatur des 20. Jahrhunderts. In: ZfSl 23 (1978), S. 38-73.
Schestow, L.: Tolstoj und Nietzsche. Köln 1923.
Stulz, Ch.: Lev Nikolaevič Tolstoj in der zeitgenössischen deutschen Literaturkritik (1856-1910). Ein Beitrag zur Geschichte deutsch-russischer Literaturbeziehungen. Phil. Diss. Berlin 1958.
Stulz, Ch.: Tolstoj v Germanii (1856-1919) [Tolstoj in Deutschland (1856-1919)]. In: Literaturnoe nasledstvo [Literarisches Erbe] 75 (1965), H. 2: Tolstoj i zarubežnyj mir [Tolstoj und die Welt des Auslands], S. 207-248.
Tavis, A. A.: Rilke and Tolstoy. The Predicament of Influence. In: The German Quarterly 65 (1992), S. 192-200.
Tolstoj, L.N. Bibliographie der Erstausgaben deutschsprachiger Übersetzungen und der seit 1945 in Deutschland, Österreich und der Schweiz in deutscher Sprache erschienenen Werke. Mit einem einleitenden Artikel von Anna Seghers. Leipzig 1958.

Ivan Turgenev

Danilevskij, R. Ju.: K perepiske Turgeneva s Teodorm Stormom [Zum Briefwechsel zwischen Turgenev und Theodor Storm]. In: Turgenevskij sbornik I [Sammelband Tugenev]. Moskau/Leningrad 1964, S. 320-323.
Dornacher, K.: I. S. Turgenev und Deutschland (1845-1871). Phil. Diss. Potsdam 1962.
Dornacher, K.: Die Anfänge der deutschen Rezeption von Turgenevs Roman »Väter und Söhne«. In: ZfSl 18 (1973), S. 59-69.
Dornacher, K.: Bibliographie der deutschsprachigen Buchausgaben der Werke I. S. Turgenevs (1854-1900). In: Wissenschaftliche Zeitschrift der Pädagogischen Hochschule Potsdam (GSR) 19 (1975), S. 285-292.

Dornacher, K.: Die Evolution des deutschen Turgenev-Bildes im 19. Jahrhundert. Eine Untersuchung zur Rezeption und Funktion russischer Literatur in Deutschland. Potsdam 1980.
Dornacher, K.: Zur Rezeption und Funktion von Turgenevs Roman »Neuland« in Deutschland (1877–1883). In: ZfSl 28 (1983), S. 86–94.
Dornacher, K.: Grundzüge der deutschen Turgenev-Rezeption im 20. Jahrhundert. In: ZfSl 33 (1988), S. 235–243.
Egger, F.: M. von Ebner-Eschenbach und I. S. Turgenjew. Phil. Diss. Innsbruck 1943.
Eichholz, J.: Turgenev in der deutschen Kritik bis zum Jahre 1883. In: Germanoslavica 1 (1931/1932), H. 1, S. 43–54 u. H. 4, S. 557–593.
Finke, M. S.: Sacher-Masoch, Turgenev and Other Russians. One Hundred Years of Masochism. In: Literary Texts, Social and Cultural Contexts. Amsterdam/Atlanta 2000, S. 119–137.
Fischer, K.: Auf Iwan Turgenjews Spuren in Baden-Baden. Marbach a.N. 2008 (Spuren 9).
Helberger, M.: Die Turgenev-Rezeption im Werk Marie von Ebner-Eschenbachs und Ferdinand von Saars. Phil. Diss. Innsbruck.
Hock, E. Th.: Turgenev und die deutsche Literatur. Phil. Diss. Göttingen 1953.
Hock, E. Th.: Turgenev in Karlsruhe. In: G. Ziegengeist (Hg.): I. S. Turgenev und Deutschland. Materialien und Untersuchungen. Bd. 1. Berlin 1965, S. 270–287.
Kantor, W.: Russland im deutschen Zauberspiegel – Iwan Turgenev. In: D. Herrmann/ M. Keller (Hg.): Zauber und Abwehr. Zur Kulturgeschichte der deutsch-russischen Beziehungen. München 2003, S. 69–108.
Laage, K. E.: Theodor Storm und Iwan Turgenjew. Persönliche und literarische Beziehungen. Einflüsse, Briefe, Bilder. Heide 1967.
Laage, K. E.: Theodor Storms russische Begegnungen. In: WÖS Reihe A, Bd. 4 (2000), S. 521–538.
Polubojarinova, L.: I. S. Turgenev und Ferdinand von Saar. In: A. Belobratow/ A. Žerebin (Hg.): Dostojewskij und die russische Literatur in Österreich seit der Jahrhundertwende. St. Petersburg 1994, S. 101–108.
Polubojarinova, L.: I. S. Turgenjews »Väter und Söhne« in österreichischer Rezeption. In: H. Arlt (Hg.): Kunst und internationale Verständigung. St. Ingbert 1995, S. 140–151.
Polubojarinova, L.: »Vešnie vody« I. S. Turgeneva i »Džinevra« F. fon Zaara. K probleme recepcii russkoj literatury v Avstro-Vengrii [»Frühlingsfluten« von I. S. Turgenev und F. v. Saars »Ginevra«. Zum Problem der Rezeption russischer Literatur in Österreich-Ungarn]. In: A. G. Berezina (Hg.): Literatura v kontekste kul'tury. [Literatur im Kontext der Kultur]. St. Petersburg 1998, S. 192–203.
Polubojarinova, L.: Zacher-Mazoch – čitatel' Turgeneva. K probleme recepcii »Zapisok ochotnika« v Avstrii [Sacher-Masoch – als Leser Turgenevs. Zum Problem der Rezeption der »Aufzeichnungen eines Jägers« in Österreich]. In: A. G. Berezina/A.M. Fursenko (Hg.): Literatura v kontekste chudožestvennoj kultury [Literatura im Kontext der künstlerischen Kultur]. Novosibirsk 2000, S. 14–22.
Polubojarinova, L.:Sacher-Masoch und die Slawen. In: I. Spörk/A. Strohmaier (Hg.): Leopold von Sacher-Masoch. Graz 2002, S. 222–251.
Polubojarinova, L.: Russisches Sektierertum als Motiv und Intertext. Ivan Turgenevs »Ein König der Steppe«, Leopold von Sacher-Masochs »Die Gottesmutter« und »Die silberne Taube« von Andrej Belyj. In: D. Kemper et al. (Hg.): Eigen- und fremdkulturelle Literaturwissenschaft. München 2011, S. 235–250.
Schultze, Chr.: I. S. Turgenev und Friedrich Spielhagen. In: ZfSl 18 (1973), S. 154–162.

Schultze, Chr.: Die Gogol'-, Kol'cov- und Turgenev-Lesungen A. Viederts 1854/55 im Berliner »Tunnel über der Spree«. In: ZfSl 19 (1974), S. 393–406.
Simonek, St.: Spuren von Ivan Turgenevs »Frühlingsfluten« im Werk von Peter Altenberg. In: A. Belobratow (Hg.): Wien und St. Petersburg um die Jahrhundertwende(n): Kulturelle Interferenzen. St. Petersburg 2001, S. 126–139.
Tabak, G.: Iwan Sergeewitsch Turgenews Einfluß auf die deutsche Literatur. Phil. Diss. Wien 1926.
Time, G.A.: Ivan Turgenev und die deutsche Literatur. Sein Verhältnis zu Goethe und seine Gemeinsamkeiten mit Berthold Auerbach, Theodor Fontane und Theodor Storm. Frankfurt a.M. 2000.
Wytrzens, G.: Zur österreichischen Turgenev-Rezeption bis 1918. In: Wiener slavistisches Jahrbuch 28 (1982), S. 107–126.
Ziegengeist, G. (Hg.): I. S. Turgenev und Deutschland. Materialien und Untersuchungen. Bd. 1. Berlin 1965.
Ziegengeist, G.: Neue Zeugnisse über Turgenev und den »russischen Kreis« in Berlin (1838–1840). In: ZfSl 32 (1987), S. 385–401.

Einzeluntersuchungen zu deutschsprachigen Autoren

Bertolt Brecht

Bradley, L.: Collaboration and Cultural Practice: The »Brecht«-Version of *Die Mutter*. In: The Brecht Yearbook 28 (2003), S. 188–209.
Di Tommaso, L.: Ostrannenije/Verfremdung: eine vergleichende Studie. In: The Brecht Yearbook 33 (2008), S. 2–22.
Eaton, K.: *Die Pionierin* und *Feld-Herren* vorm *Kreidekreis*. Bemerkungen zu Brecht und Tretjakow. In: Brecht-Jahrbuch 1979, S. 19–29.
Fiebig, J.: Sovetskoe teatral'noe iskusstvo i proletarskij revoljucionnyj teatr Vejmarskoj respubliki [Sowjetische Theaterkunst und das proletarisch-revolutuionäre Theater der Weimarer Republik]. In Zapiski o teatre [Aufzeichnungen über das Theater]. Leningrad 1968.
Fradkin, I.: Bertolt Brecht. Moskau 1966 (russ.).
Fuegi, J. B.: The exile's choice. Brecht and the Soviet Union. In: Spalek, J. M./Bell, R. F. (Hg.): Exile. The writer's experience. Chapel Hill 1982, S. 119–132.
Hecht, W. (Hg.): Materialien zu Bertolt Brechts »Die Mutter«. Frankfurt a.M. 1969.
Hentschel, J. et al. (Hg.): Brecht & Stanislawski und die Folgen. Anregungen für die Theaterarbeit. Berlin 1997.
Hoover, M.: Brecht's Soviet Connection: Tretiakov. In: The Brecht Yearbook 3 (1973), S. 39–56.
Kesting, M.: Wagner/Meyerhold/Brecht oder Die Erfindung des »epischen« Theaters. In: Brecht-Jahrbuch 1977, S. 111–130.
Kluge, R.-D. (Hg.): Gegenwartsliteratur in Osteuropa und der DDR. München 1982.
Knopf, J. (Hg.): Brecht-Handbuch. 5 Bde. Stuttgart/Weimar 2001–2003.
Koljazin, V.: Tairov, Mejerchol'd i Germanija. Piskator, Brecht i Rossija. Očerki istorii russko-nemeckich cudožestvennych svjazej [Tairov, Mejerchol'd und Deutschland. Piscator, Brecht und Russland. Skizzen zur Geschichte deutsch-russischer künstlerischer Verbindungen]. Moskau 1998.

Lageder, F.: Brecht und die sowjetische Avantgarde. Bertolt Brechts Beziehungen zur sowjetischen Produktionskunst der zwanziger Jahre im Kontext der historischen Avantgarde. Innsbruck 1982.
Lachmann, R.: Die ›Verfremdung‹ und das ›Neue Sehen‹ bei Viktor Šklovskij. In: Poetica 3 (1970), S. 226–249.
Mierau, F.: Sergej Tret'jakov und Bertolt Brecht. Das Produktionsstück *Choču rebenka* [Ich will ein Kind haben] (2. Fassung). In: ZfSl 20 (1975), S. 226–241.
Mierau, F.: Erfindung und Korrektur. Tretjakows Ästhetik der Operativität. Berlin 1976.
Pike, D.: Brecht and Stalin's Russia. The victim as apologist (1931–1945). In: The Brecht Yearbook 11 (1982), S. 140–193.
Richter, H.: Zu Brechts Aufnahme sowjetischer Literatur. In: Jünger, H. (Hg.): Das Menschenbild in der Sowjetliteratur. Jena 1969, S. 198–210.
Surina, T. M.: Stanislavskij i Brecht. Moskau 1975.
Tretjakow, S.: Gesichter der Avantgarde. Porträts – Essays – Briefe. Berlin/Weimar 1985.

Paul Celan

Beese, H.: Nachdichtung als Erinnerung. Allegorische Lektüre einiger Gedichte von Paul Celan. Darmstadt 1976.
Belorudec, M.: Celan i Mandelštam. Dialogi [Celan und Mandel'štam. Dialoge]. In: Naiditsch, L. (Hg.): Paul Celan. Materialy, issledovanija, vospominanija. Tom I: Dialogi i perekličvki [Paul Celan. Materialien, Forschungen, Erinnerungen. Bd. I: Dialoge und Echos]. Moskau/Jerusalem 2004, S. 164–175.
Böschenstein, B.: Celan und Mandelstamm. Beobachtungen zu ihrem Verhältnis. In: Celan-Jahrbuch 2 (1988), S. 155–168.
Broda, M.: »An Niemand gerichtet«. Paul Celan als Leser von Mandelstamms »Gegenüber«. In: W. Hamacher/W. Menninghaus (Hg.): Paul Celan. Frankfurt a.M. 1988, S. 209–221.
Eskin, M.: Translating the Other: Celan's Encounter with Mandelštam. In. Germano-Slavica 11 (1999), S. 27–38.
Eskin, M.: Ethics and Dialogue in the Works of Lévinas, Bakhtin, Mandel'shtam, and Celan. Oxford 2000.
Fischer, Chr.: „In eines Anderen Sache sprechen" – Paul Celan als Übersetzer russischer Lyrik in deutschen Literaturzeitschriften. In: In. Fischer, Chr. (Hg.): Russische Literatur als deutsch-deutscher Brückenschlag (1945-1990). Jena 2010, S. 147–167.
Ginsburg, L.: Jessenin, übertragen von Paul Celan. In: Sowjetliteratur 8 (1963), S. 171–173.
Gogol, J. M.: Paul Celan and Osip Mandelstam. Poetic Language as Ontological Essence. In: Revue de Langues Vivantes 40 (1974), S. 341–354.
Goltschnigg, D.: Intratextualität, Intertextualität und Subtextualität im modernen Gedicht. Paul Celan und Ossip Mandelstam. In: Sprachkunst 12 (1991), S. 95–105.
Gellhaus, A. (Hg.): »Fremde Nähe«. Celan als Übersetzer. Marbach a.N. 1997.
Gutu, G.: »... Und dem Herzen träumt ein andres Land« (Jessenin). Paul Celans frühe Übersetzungen. In: Zeitschrift der Germanisten Rumäniens 1 (1992), S. 50–54.
Ingold, F. Ph.: Der Autor und der Andere: Emmanuel Lévinas; Ossip Mandelstam. In: ders.: Der Autor am Werk. Versuche über literarische Kreativität. München 1992, S. 195–215.
Ivanović, Chr.: »Wem bloß erzählchen«. Celans Chlebnikov-Lektüre. Beobachtungen am Nachlass. In: Celan-Jahrbuch 5 (1993), S. 165–192.

Ivanović, Chr.: Zwei unbekannte Übersetzungen Celans aus dem Russischen. Vladimir Majakovskij: Die »Wirbelknochenflöte«. Boris Pasternak »Abfahrt«. In: Celan-Jahrbuch 6 (1995), S. 217-225.

Ivanović, Chr.: Das Gedicht im Geheimnis der Begegnung. Dichtung und Poetik Celans im Kontext seiner russischen Lektüren. Tübingen 1996.

Ivanović, Chr.: »Kyrillisches, Freunde auch das ...«. Die russische Bibliothek Paul Celans im Deutschen Literaturarchiv Marbach. Aufgezeichnet, beschrieben und kommentiert von Christine Ivanović. Marbach a.N. 1996.

Lehmann, J.: Intertextualität als Problem der Übersetzung. Die Mandel'štam-Übersetzungen Paul Celans. In: Poetica 19 (1987), S. 238-260.

Lehmann, J.: Atmen und Verstummen. Anmerkungen zu einem Motivkomplex bei Mandel'štam und Celan. In: G. Buhr/R. Reuß (Hg.): Paul Celan, *Atemwende*. Materialien. Würzburg 1991, S. 187-199.

Lehmann, J.: Berührung und Dialog. Zu einer unbekannten Mandel'štam-Übersetzung Paul Celans. In: Celan-Jahrbuch 4 (1991), S. 83-99.

Lehmann, J.: »Dichten heißt immer unterwegs sein«. Literarische Grenzüberschreitungen am Beispiel Paul Celans. In: Arcadia 28 (1993), S. 113-130.

Lehmann, J.: Karnevaleske Dialogisierung. Anmerkungen zum Verhältnis Mandel'štam – Celan. In: H. Birus (Hg.): Germanistik und Komparatistik. DFG-Symposion 1993. Stuttgart/Weimar 1995, S. 541-555.

Lehmann, J.: *Nicht Triumph, nicht Krieg*. Eine Mandel'štam-Übersetzung aus dem Nachlaß Celans. In: ders./Chr. Ivanović (Hg.): Stationen. Kontinuität und Entwicklung in Paul Celans Übersetzungswerk. Heidelberg 1997, S. 99-104.

Lehmann, J.: Sprache – durch Katastrophen angereichert. Paul Celans Übersetzung der *Zwölf* von Alexander Blok. In: ders./Chr. Ivanović (Hg.): Stationen. Kontinuität und Entwicklung in Paul Celans Übersetzungswerk. Heidelberg 1997, S. 81-98.

Markov, V.: Paul Celan i ego perevody russkich poetov [Paul Celan und seine Übersetzungen russischer Dichter]. In: Grani 14 (1959), H. 44, S. 227-230.

Mierau, F.: Deutsche Esenin-Übersetzungen. In: ZfSl 11 (1966), S. 317-330.

Naiditsch, L.: Paul Celans Gedicht *Eine Gauner- und Ganovenweise* im Blick auf die Frage »Celan – Mandelstam«. In: Etudes germaniques 53 (1998), H. 4, S. 687-700.

Olschner, L. M.: Der feste Buchstab. Erläuterungen zu Paul Celans Gedichtübertragungen. Göttingen 1985.

Olschner, L. M.: Poetic Mutations of Silence. At the Nexus of Paul Celan and Osip Mandelstam. In: A. Fioretos (Hg.): Word Traces. Readings of Paul Celan. Baltimore/London 1994, S. 369-385.

Olschner, L. M.: Sergej Esenin bei Paul Celan. Unbekannte Texte aus dem Nachlaß und ihre Bedeutung für Celans Werk. In: J. Lehmann/Chr. Ivanović (Hg.): Stationen. Kontinuität und Entwicklung in Paul Celans Übersetzungswerk. Heidelberg 1997, S. 105-118.

Parry, Chr.: Mandelstam der Dichter und der erdichtete Mandelstam im Werk Paul Celans. Phil. Diss. Marburg 1978.

Parry, Chr.: Meridian und Flaschenpost. Intertextualität als Provokation des Lesers bei Paul Celan. In: Celan-Jahrbuch 6 (1995), S. 25-50.

Parry, Chr.: Übersetzung als poetische Begegnung. Paul Celan als Übersetzer und als Gegenstand von Übersetzung. In. Jahrbuch Deutsch als Fremdsprache 24 (1998), S. 159-184.

Rexheuser, A.: Die poetische Technik Paul Celans in seinen Übersetzungen russischer Lyrik. In: Arcadia 10 (1975), S. 273-295.

Stahl-Schwaetzer, H.: Räuber in Worthöhlen. Velimir Chlebnikovs *Kuznečik* und *Das Heupferdchen* Paul Celans. In: Gerigk, H.-J. (Hg.): Literarische Avantgarde. Festschrift für Rudolf Neuhäuser. Heidelberg 2001, S. 189-223.
Terras, V./Weimar, K.S.: Mandelstamm and Celan: Affinities and Echoes. In: Germano-Slavica 1 (1974), S. 11-29.
Terras, V./Weimar, K.S.: Mandelstamm and Celan. A Postscript. In: Germano-Slavica 2 (1978), S. 353-370.
Turk, H.: Intertextualität als Fall der Übersetzung. In: Poetica 19 (1987), S. 261-277.
Werberger, A.: Das ›sublunarische Gedicht‹. Celans Dialog mit dem Akmeismus. In. Celan-Jahrbuch 8 (2001/2002), S. 237-257.
Wiedemann, B.: Eine Flaschenpost auf Atemwegen. Paul Celans zweite Begegnung mit Ossip Mandelstamm. In: Sprachkunst 36 (2005), S. 69-97.

Theodor Fontane

Delf von Wolzogen, H./Shedletzky, I. (Hg.): Theodor Fontane und Wilhelm Wolfsohn – eine interkulturelle Beziehung. Tübingen 2006.
Hock, E. Th.: Fontanes Verhältnis zur Erzählkunst Turgenevs. In Ziegengeist, G. (Hg.): I. S. Turgenev und Deutschland. Materialien und Untersuchungen. Bd. 1. Berlin 1965, S. 303-329.
Laage, K. E.: Fontanes »Husumerei« und Gontscharows »Oblomowerei«. In: Fontane-Blätter 2000, H. 70, S. 161-165.
Plett, B.: »Sie ... mit einer Hinneigung zu Rußland, ich zu England« – Die Russlandbilder Theodor Fontanes. In: WÖS Reihe A, Bd. 4 (2000), S. 566-598.
Rohse, H.: Unsichtbare Tränen : Effi Briest – Oblomow – Anton Reiser – Passion Christi. Psychoanalytische Literaturinterpretationen zu Theodor Fontane, Iwan A. Gontscharow, Karl Philipp Moritz und Neuem Testament. Würzburg 2000.
Schultze, Chr.: Theodor Fontanes frühe Begegnung mit der russischen Literatur. In: ZfSl 8 (1963b), S. 330-348.
Schultze, Chr.: Theodor Fontane und die russische Literatur. In: Fontane-Blätter 1965, H. 2, S. 40-55.
Schultze, Chr.: Theodor Fontane als Kritiker der ersten deutschen Aufführung von L. N. Tolstojs *Macht der Finsternis* (1890). In: ZfSl 23 (1978), S. 54-62.
Schultze, Chr.: Fontanes Beziehung zu dem Gogol-Übersetzer August Viedert. In: Fontane-Blätter 35 (1983), S. 303-315.
Schultze, Chr.: Theodor Fontanes und Wilhelm Wolfsohns Begegnungen 1848/49 in Berlin (mit Briefen Fontanes aus der Frühzeit ihrer Freundschaft). In: Fontane-Blätter 1987, H. 43, S. 481-501.
Schultze, Chr. (Hg.): Theodor Fontanes Briefwechsel mit Wilhelm Wolfsohn. Berlin 1988.
Schwoebel, W. H.: The Influence of Turgenev on the Narrative Technique of Fontane. Phil. Diss. Michigan States University 1981.
Volkov, E. M.: Theodor Fontane und Lev Tolstoj. In: Fontane-Blätter 1977, H. 26, S. 85-107.

Johann Wolfgang Goethe

Avetisjan, V. A.: Goethe und Puschkin. In: Gutjahr, O. (Hg.): Westöstlicher und nordsüdlicher Divan. Goethe in interkultureller Perspektive. Paderborn 2000, S. 227-240.

Avetisjan, V. A.: Puškin, Ševyrëv und Goethes *Helena*-Zwischenspiel.
   In: A. Bohnenkamp/M. Martínez (Hg.): Geistiger Handelsverkehr. Komparatistische
   Aspekte der Goethezeit. Für Hendrik Birus zum 16. April 2008. Göttingen 2008,
   S. 13-35.
Donat, S.: Stille Post oder wie Goethe vor dem Ersaufen gerettet wurde: Deutsche,
   russische und englische *Grenzen der Menschheit*. In: Arcadia 38 (2003), S. 179-192.
Durylin, S. N.: Russkie pisateli u Gëte v Veimare [Russische Schriftsteller bei Goethe in
   Weimar]. In: Literaturnoe nasledstvo [Literarisches Erbe] 4-6 (1932), S. 81-504.
Harder, H.-B./Rothe, H. (Hg.): Goethe und die Welt der Slawen. Gießen 1981
Harnack, O.: Goethes Beziehungen zu russischen Schriftstellern. In: ders. (Hg.): Essays
   und Studien zur deutschen Literaturgeschichte. Braunschweig 1899, S. 231-237.
Henning, J.: Goethes Kenntnis vom Rußlandschrifttum. In: Jahrbuch des Wiener Goethe-
   Vereins 84/85 (1980/1981), S. 25-32.
Jagoditsch, R.: Goethes Beziehungen zu Rußland. In: Chronik des Wiener Goethe-Vereins
   51 (1947), S. 58-66.
Lednicki, W.: Goethe and the Russian and Polish romantics. In: Comparative Literature 4
   (1952), S. 23-43.
Lehmann, J.: Die Literaturen Osteuropas im Dichten und Denken Goethes. In: J. Golz/
   W. Müller (Hg.): »Von Pol zu Pol Gesänge sich erneun ...«. Das Europa Goethes und
   seine Nationalautoren. Weimar 2001, S. 47-63.
Lehmann, J.: Die Kunst als »Dokument der Philosophie«. Zur Goethe-Rezeption des
   russischen Literaturkritikers Apollon A. Grigor'ev. In: A. Bohnenkamp/M. Martínez
   (Hg.): Geistiger Handelsverkehr. Komparatistische Aspekte der Goethezeit. Für
   Hendrik Birus zum 16. April 2008. Göttingen 2008, S. 261-270.
v. Propper, M.: Goethes Aufzeichnung über die Palastrevolution gegen Kaiser Paul I.
   Datierung - Quelle - Interpretation. In: Jahrbuch der Goethe-Gesellschaft 22 (1960),
   S. 179-214.
v. Propper, M.: In Goethes Gesichtskreis: Die »Weimarer Russen«. In: Jahrbuch der
   Goethe-Gesellschaft 17 (1955), S. 210-235.
Schulz, Chr.: Geschichtsschreibung der Seele. Goethe und das 6. Buch der *Brat'ja
   Karamazovy*. München 2006.
Sommer, E. F.: Über das Rußland-Bild Goethes. In: Ostdeutsche Wissenschaft 5 (1958),
   S. 252-284.
Zabel, E.: Goethe und Rußland. In: Jahrbuch der Goethe-Gesellschaft 8 (1921), S. 27-48.
Žirmunskij, V.: Gëte v russkoj literature [Goethe in der russischen Literatur]. Leningrad
   1937.

Gerhart Hauptmann

Coates, W. A.: Dostoyevski and G. Hauptmann. In: The American Slavic and East European
   Review 4 (1945), S. 107-127.
Dick, G.: A. Čechov und G. Hauptmann. In: Eekman, T. (Hg.): Anton Čechov 1860-1960.
   Leiden 1960, S. 8-12.
Hoefert, S.: »G. Hauptmann und andere« - Zu den deutsch-russischen
   Literaturbeziehungen in der Epoche des Naturalismus. In: H. Scheuer (Hg.):
   Naturalismus. Bürgerliche Dichtung und soziales Engagement. Stuttgart 1974,
   S. 235-264.
Kersten, G.: Gerhart Hauptmann und Lev Nikolajevič Tolstoj. Studien zur
   Wirkungsgeschichte von L.N. Tolstoj in Deutschland 1885-1910. Wiesbaden 1966.

Neuscheler, K.: G. Hauptmann und L. Tolstoi. I. Teil: Das Ideal der Wirklichkeitserfassung. Ein literarhistorischer Beitrag zur Kritik des Naturalismus. Phil. Diss. München 1924.
Rempel, M.: Leo Tolstoy, Gerhart Hauptmann and Maxim Gorky: A Comparative Study. Phil. Diss. Iowa 1959.
Richter, T.: Hauptmann und Garschin. In: ZfSl 9 (1964), S. 673–678.
Wengerowa, Z.: »Hauptmanns russische Seele«. In: L. Marcuse (Hg.): Gerhart Hauptmann und sein Werk. Berlin/Leipzig 1922, S. 116–123.

Franz Kafka

Binder, H.: Kafka-Kommentar zu sämtlichen Erzählungen. München 1975.
Binder, H.: Kafka-Kommentar zu den Romanen, Rezensionen, Aphorismen und zum Brief an den Vater. München 1976.
Caputo-Mayr, M. L./Herz, J. M.: Franz Kafka. Eine kommentierte Bibliographie der Sekundärliteratur. Bern/Stuttgart 1987.
Church, M.: Dostoevsky's *Crime and Punishment* and Kafka's *The Trial*. In: Literature and Psychology 19 (1969), S. 47–55.
Dodd, W. J.: Kafka and Dostoyevsky: The Shaping of Influence. London 1992.
Dodd, W. J.: Kafkas Russland – Sinnbild, Mythos, Erkenntnisquelle. In: WÖS Reihe A, Bd. 4 (2000), S. 963–985.
Dornemann. A.: Im Labyrinth der Bürokratie. Tolstojs »Auferstehung« und Kafkas »Schloß«. Heidelberg 1984.
Erlich, V.: Gogol and Kafka: A Note on ›Realism‹ and ›Surrealism‹. In: M. Halle et al. (Hg.): For Roman Jakobson. Den Haag 1956, S. 100–108.
Fetzer, L./Lawson, R. H.: Der Tod zur Schau gestellt: Gogol und Kafkas Hungerkünstler. In: Modern Austrian Literature 11 (1978), S. 167–177.
Iehl, D.: Über einige Aspekte des Bewußtseins bei Kafka und Dostojevskij. In: H. Rothe (Hg.): Dostojevskij und die Literatur. Köln/Wien 1983, S. 391–401.
Karst, R.: Die Realität des Phantastischen und die Phantasie des Realen bei Kafka und Gogol. In: Literatur und Kritik 15 (1980), S. 28–39.
Kesting, M.: Im Labyrinth der Wahrnehmung. Dostojevskijs *Doppelgänger* als Modell für Kafkas *Proceß*. In: Germanisch-Romanische Monatsschrift 43 (1993), S. 63–81.
Kunstmann, H.: Einige Parallelen zwischen Dostoevskij und Kafka. In: J. T. Baer/ N. W. Ingham (Hg.): Mnemozina. Studia litteraria russica in honorem Vsevolod Setchkarev. München 1974, S. 243–251.
Nagel, B.: Kafka und die Weltliteratur. Zusammenhänge und Wechselwirkungen. München 1983.
Ranftl, J. J.: Von der *wirklichen* zur *behaupteten* Schuld. Studie über den Einfluß von F. M. Dostojewskijs Romanen *Schuld und Sühne* und *Der Doppelgänger* auf Kafkas Roman *Der Prozeß*. Erlangen 1991.
Rahv, Ph.: The Death of Ivan Ilyich and Joseph K. In ders.: Image and Idea. New York 1957 (2. Aufl.), S. 121–139.
Sandstrom, G.: Dostoevskian Thought and Rhetorical Strategy in *The Trial*. In: Journal of the Kafka Society of America 15 (1991), S. 53–61.
Sarraute, N.: De Dostoïevski à Kafka. In: Les Temps modernes 25 (1947), S. 664–685.
Schillemeit, J.: Tolstoj-Bezüge beim späten Kafka. In: J. Schillemeit (Hg.): Kafka-Studien. Göttingen 2004, S. 164–180.

Siefken, H.: Man's Inhumanity to Man – Crime and Punishment: Kafka's Novel *Der Prozess* and Novels by Tolstoy, Dostoyevsky, and Solzhenitsyn. In: Trivium 7 (1972), S. 28–40.
Spilka, M.: Kafka's Sources for *The Metamorphosis*. In: Comparative Literature 11 (1959), S. 289–307.
Starobinski, J.: Kafka et Dostojewski. In: Les cahier de Sud 37 (1950), S. 466–475.
Starobinski, J.: Kafka et Dostoievski. In: Obliques 3 (1973), S. 40–44.
Strelka, J. P.: Dostojewski und Kafka. In: A. Belobratow/A. Žerebin (Hg.): Dostojewskij und die russische Literatur in Österreich seit der Jahrhundertwende. St. Petersburg 1994, S. 204–224.
Strelka, J. P.: Kafka und Dostojewski. In: ders.: Austroslavica. Die Slaven und Österreich in ihrer literarischen Wechselwirkung. Tübingen 1996, S. 60–77.
Struc, R. S.: Kafka and Dostoevsky as »Blood Relatives«. In: Dostoevsky Studies 2 (1981), S. 111–117.
Struc, R. S.: Categories of the Grotesque. Gogol and Kafka. In: W.T. Zyla (Hg.): Franz Kafka. His Place in World Literature. Lubbock 1971, S. 135–154.
Terras, V.: Zur Aufhebung bei Kafka und Dostojewski. In: Papers on Language and Literature 5 (1969), S. 156–169.
Trofimow, E.: Dostojewskij und Kafka. Das Phänomen des »Untergrund«-Bewußtseins. In: Jahrbuch der Deutschen Dostojewski-Gesellschaft 8 (2001), S. 100–107.
Wexelblatt, R.: The Higher Parody. Ivan Ilych's Metamorphosis and the Death of Gregor Samsa. In: Massachusetts Review 21 (1980), S. 601–628.

Thomas Mann

Apt, S.: Das Tolstoische und das Mannsche. In: ders.: Bei der Arbeit an Thomas Manns Werken. Moskau 1980, S. 118–178.
Banuls, A.: Thomas Mann und die russische Literatur. In: B. Bludau et al. (Hg.): Thomas Mann 1875–1975. Vorträge in München, Zürich, Lübeck. Frankfurt a.M. 1977, S. 398–423.
Baskakov, A.: Thomas Mann und Iwan Schmeljow. Interpretation einer Bekanntschaft. In: Thomas Mann Jahrbuch 13 (2000), S. 133–145.
Despoix, Ph.: Ethiken der Entzauberung. Zum Verhältnis von ästhetischer, ethischer und politischer Sphäre am Anfang des 20. Jahrhunderts. Bodenheim 1998.
Dierks, M.: Studien zu Mythologie und Psychologie bei Thomas Mann. An seinem Nachlaß orientierte Untersuchung zum »Tod in Venedig«, zum »Zauberberg« und zur »Joseph«-Tetralogie. Bern/München 1972, S. 67–78.
Gabriel, Chr.: Heimat der Seele. Osten, Orient und Asien bei Thomas Mann. Rheinbach-Merzbach 1990.
Gerigk, H.-J.: Turgenjew unterwegs zum Zauberberg. In: Thomas Mann Jahrbuch 8 (1995), S. 53–69.
Gerigk, H.-J.: Thomas Manns »Anna Karenina«. Überlegungen zu Humanität, Hermeneutik und Poetologie. In: Thomas Mann Jahrbuch 12 (1999), S. 171–190.
Gončarova, E./Šiškina, I.: Russland und Deutschland »sollen Hand in Hand in die Zukunft gehen«. Thomas Mann und die russische Literatur. In: R. Brütting et al. (Hg.): Konflikt und Konsens. Deutschland, Italien und Russland auf dem Weg zum vereinten Europa. Ergebnisse des 5. Internationalen Seminars 1999. New York et al. 2001, S. 65–74.
v. Gronicka, A.: Thomas Mann and Russia. In: The Germanic Review 20 (1945), S. 105–137.

v. Gronicka, A.: Thomas Mann: Profiles and Perspectives. New York 1970.
Haber, K.: Das Teufelsgespräch im *Doktor Faustus*. Ein Beitrag zur Dostoevskij-Rezeption Thomas Manns. Regensburg 1996.
Heftrich, U.: Thomas Manns Weg zur slavischen Dämonie. Überlegungen zur Wirkung Dmitri Mereschkowskis. In: Thomas Mann Jahrbuch 8 (1995), S. 71-91.
Hindus, A.: The Duels in Mann and Turgenev. In: Comparative Literature 11 (1959), S. 308-312.
Hofmann, A.: Thomas Mann a Rusko. Prag 1959 (tschech.).
Hofmann, A.: Thomas Mann und Turgenev. In: G. Ziegengeist, G. (Hg.): I. S. Turgenev und Deutschland. Materialien und Untersuchungen. Bd. 1. Berlin 1965, S. 330-349.
Hofmann, A.: Thomas Mann und die Welt der russischen Literatur. Berlin 1967.
Karthaus, U.: *Anna Karenina* im *Zauberberg*. In: Thomas Mann Jahrbuch 8 (1995), S. 33-52.
Koelb, C.: The Genesis of Thomas Mann's *Goethe und Tolstoi*. In: Monatshefte 75 (1983), S. 55-68.
Koenen, G.: Betrachtungen eines Unpolitischen. Thomas Mann über Rußland und den Bolschewismus. In: WÖS Reihe A, Bd. 5 (1998), S. 313-379.
Koopmann, H.: Über den asiatischen Umgang mit der Zeit in Thomas Manns *Zauberberg*. In: P.-P. Schneider (Hg.): Arbeitskreis Heinrich Mann. Mitteilungsblatt Sonderheft. Lübeck 1981, S. 161-172.
Kurzke, H.: Thomas Mann und die russische Revolution. Von den *Betrachtungen eines Unpolitischen* bis zu *Goethe und Tolstoi*. In: Thomas Mann Jahrbuch 3 (1990), S. 86-94.
Kurzke, H.: Dostojewski in den *Betrachtungen eines Unpolitischen*. In: E. Heftrich (Hg.): Thomas Mann und seine Quellen. Festschrift für Hans Wysling. Frankfurt a.M. 1991, S. 138-151.
Laage, K. E.: Turgenev-Zitate bei Thomas Mann. Zum 100. Todestag Ivan S. Turgenevs. In: ZsPh 43 (1983), S. 55-81.
Laage, K. E.: Thomas Manns Verhältnis zu Theodor Storm und Iwan Turgenjew (dargestellt an der Novelle *Tonio Kröger*). In: Blätter der Thomas-Mann-Gesellschaft Zürich 20 (1983/1984), S. 15-29.
Laage, K. E.: Storm und Turgenjew in Thomas Manns Novelle *Tonio Kröger*. In: ders.: Theodor Storm. Studien zu seinem Leben und Werk. Berlin 1988 (2. Aufl.), S. 113-123.
Lehmann, J.: Über die Gerechtigkeit von Vergleichen. Thomas Manns Essay »Goethe und Tolstoi«. In: S. Donat et al. (Hg.): Poetische Gerechtigkeit. Düsseldorf 2012. S. 117-137.
Lehnert, H./Wessell, E.: Nihilismus der Menschenfreundlichkeit. Thomas Manns »Wandlung« und sein Essay *Goethe und Tolstoi*. Frankfurt a.M. 1991.
Morris, M.: Sensuality and Art. Tolstoyan Echoes in *Tristan*. In: Germano-Slavica 5 (1987), S. 211-222.
Motyleva, T.: Ein Gut des Gegenwartsrealismus. Moskau 1973.
Motyleva, T.: Tomas Mann i russkaja literatura [Thomas Mann und die russische Literatur]. Moskau 1975.
Reed, T.J.: Mann and Turgenev: A First Love. In: German Life and Letters 17 (1964), S. 313-318.
Rybakov, A.: Deutsche Russophilie zu Beginn des 20. Jahrhunderts. Rußland in den Werken von Rainer Maria Rilke und Thomas Mann. In: Forum für osteuropäische Ideen- und Zeitgeschichte 12 (2008), H. 1, S. 13-28.

Rusakova, A. V.: Tomas Mann i russkaja literatura [Thomas Mann und die russische Literatur]. In: Slavjano-germanskie kul'turnye svjazi [Slavisch-deutsche Kulturbeziehungen]. Moskau 1969, S. 295–312.
Schmidt, Ch.: Bedeutung und Funktion der Gestalten der europäisch östlichen Welt im dichterischen Werk Thomas Manns. Untersuchungen zur deutschen Literatur und zur Wirkungsgeschichte der russischen Literatur in Deutschland. München 1971.
Schober, E.: Thomas Mann und Tolstoi. Ein Beitrag zur geistigen Gestalt Thomas Manns. Göttingen 1950.
Schröder, R.: Zur Überwindung des spätbürgerlichen Romanzerfalls in der Sowjetliteratur. Gorkis Bedeutung für Thomas Mann. In: Ziegengeist, G. (Hg.): Begegnung und Bündnis. Sowjetische und deutsche Literatur. Historische und theoretische Aspekte ihrer Beziehungen. Berlin 1972, S. 121–130.
Schröder, R.: ›Wenn der Durchbruch gelänge ...‹. Historische Beziehungen zwischen Thomas Mann und der Sowjetliteratur. In: NDL 23 (1975), H. 6, S. 44–58.
Schulz, E. W.: Thomas Manns Beziehungen zur russischen Literatur. In: ders. (Hg.): Wort und Zeit. Aufsätze und Vorträge zur Literaturgeschichte. Neumünster 1968, S. 106–130.
Sdwischkow, D. A.: Der einsame Bildungsbürger auf der Suche nach der »Mitte«. Rußland im Deutschlandkonzept Thomas Manns. In: Weimarer Beiträge 45 (1999), S. 180–198.
Solovieva, O.V.: Polyphonie und Karneval. Spuren Dostoevskijs in Thomas Manns Roman »Doktor Faustus«. In: Poetica 37 (2005), S. 463–494.
Struc, R. S.: Thomas Mann and Turgenev. In: Canadian Slavonic Papers 26 (1984), S. 35–41.
Struc, R. S.: Thomas Mann as Critic of Russian Literature. In: Germano-Slavica 6 (1988), S. 17–28.
Sugden, J. N. K.: Thomas Mann and Dostoevsky: A Study of »Doctor Faustus« in Comparison with the »Brothers Karamazov«. Phil. Diss. Cambridge 1982.
Tamm, B.: Thomas Mann und F. M. Dostoevskij. Phil. Diss. Jena 1985.
Venohr, L.: Thomas Manns Verhältnis zur russischen Literatur. Meisenheim 1959.
Wald, H.: Anna Seghers' *Die Toten bleiben jung* und Thomas Manns *Doktor Faustus*. Epochenbilanz im Exil und das Erbe L.N. Tolstois und F. M. Dostoevskijs. Phil. Diss. Erfurt 1981.
Wald, H.: Strukturprobleme der Romane F. M. Dostoevskijs und Thomas Manns. Das Paradigma der Musik in *Doktor Faustus* unter komparatistischem Aspekt. In: ZfSl 28 (1983), S. 693–703.
Wegner, M.: Thomas Manns *Zauberberg* und die russische Literatur. In: ders. (Hg.): Erbe und Verpflichtung. Jena 1985, S. 91–97.
Wenzel, G.: Ivan Sergeevič Turgenev in Aufzeichnungen Thomas Manns. In: ZfSl 28 (1983), H.6, S. 889–914.
Wisskirchen, H.: »... die Wahrheit, die niemand vernachlässigen darf ...«: Thomas Manns politische Entwicklung im Spiegel seiner Dostojewski-Rezeption. In: Thomas Mann Jahrbuch 13 (2000), S. 9–26.
Wolandt, G.: Einige Notizen über Dostojevskij im Werk Thomas Manns. In: H. Rothe (Hg.): Dostojewskij und die Literatur. Köln/Wien 1983, S. 402–412.
Zerner, M.: Thomas Mann's *Der Bajazzo*: A Parody of Dostoevskij's *Notes from the Underground*. In: Monatshefte 56 (1964), S. 286–290.

Rainer Maria Rilke

Azadovskij, K. M. et al. (Hg.): Rainer Maria Rilke, Marina Zwetajewa, Boris Pasternak: Briefwechsel. Frankfurt a.M. 1983.
Asadowski, K. M. (Hg.): Rilke und Rußland. Briefe, Erinnerungen, Gedichte. Frankfurt a.M. 1986.
Asadowski, K. M.: Marina Zwetajewa: Der »Rilkehain«. In: Wissenschaftskolleg-Jahrbuch 1990/1991, S. 186–201.
Azadovskij, K. M.: Orfej i Psicheja. In: Nebesnaja arka. Marina Cvetaeva i Rainer Maria Rilke. Pis'ma [Orpheus und Psyche. In: Der Himmelsbogen. Marina Cvetaeva und Rainer Maria Rilke. Briefe]. St. Petersburg 1992, S. 10–27.
Asadowski, K. M.: Boris Pasternak i Rainer Maria Rilke [Boris Pasternak und Rainer Maria Rilke]. In: S. Dorzweiler/H.-B. Harder (Hg.): Pasternak-Studien I. München 1993, S. 1–12.
Azadovskij, K. M.: Vstuplenie [Einführung]. In: R. M. Rilke. M. I. Cvetaeva. B. L. Pasternak. Perepiska [Briefwechsel]. Moskau 1994, S. 17–36.
Azadovskij, K. M./Čertkov, L.: Rilke i Rossija. In: Rilke, R.M.: Vorpsvede. Stichotvorenija. Perevod s nemeckogo [Worpswede. Gedichte. Übersetzung aus dem Deutschen]. Moskau 1994.
Azadovskij, K. M./Čertkov, L.: Russkie vstreči Rilke [Rilkes russische Begegnungen]. In: Rainer Maria Rilke, Vorpsvede. Ogjust Roden,. Pis'ma, Stichi [R. M. Rilke. Worpswede. August Rodin. Briefe, Verse]. Moskau 1994.
Asadowski, K. M. (Hg.): Ril'ke i Rossija. Pis'ma. Dnevniki. Vospominanija. Stichi [Rilke und Russland. Briefe, Tagebücher, Erinnerungen, Gedichte]. St. Petersburg 2003.
Barnes, C. I.: Boris Pasternak and Rainer Maria Rilke. Some Missing Links. In: Forum for Modern Language Studies 8 (1972), S. 61–78.
Belobratov, A.: »Gott (wohne) in der Achselhöhle ...«: Zur Bedeutung von Rilkes Rußlanderlebnis. In: N. Fischer (Hg,): »Gott« in der Dichtung Rainer Maria Rilkes. Hamburg 2014, S. 161–174.
Berezina, A. G.: Poezija i proza molodogo Rilke [Dichtung und Prosa des jungen Rilke]. Leningrad 1985.
Bieber, U.: Rilkes Igorlied-Übersetzung. In: W. Pöckl (Hg.): Österreichische Dichter als Übersetzer. Wien 1991, S. 57–79.
Brutzer, S.: Rilkes russische Reisen. Königsberg 1934; Reprint Darmstadt 1969.
Čertkov, L.: Rilke in Rußland. Auf Grund neuer Materialien. Wien 1975.
Cushman, J. S.: The Avant-Garde Rilke. Russian (Un)Orthodoxy and the Visual Arts. In: H. Heep (Hg.): Unreading Rilke: Unorthodox Approaches to a Cultural Myth. New York 2001, S. 137–148.
Emerson, K.: Rilke, Russia and the Igor Tale. In: German Life and Letters 33 (1980), S. 220–233.
Epp, G. K.: Rilke und Rußland. Frankfurt a.M. et al. 1984.
Ètkind, A.: Eros nevozmožnogo. Istorija psichoanaliza v Rossii [Der Eros des Unmöglichen. Geschichte der Psychoanalyse in Rußland]. Moskau 1994, S. 26–30.
Frank, S.: R. M. Rilke und die russische Geistesart. In: Germanoslavica 2 (1932/1933), S. 481–497.
Greber, E.: Ikonen, entikonisierte Zeichen. Zur Semiotik der Einbildung bei Rilke. In: Poetica 29 (1997), S. 158–197.

v. Gronicka, A.: Rainer Maria Rilkes Übersetzung des »Igor-Liedes« (Slovo). In: Solbrig, I. H./Storck, J.W. (Hg.): Rilke heute. Beziehungen und Wirkungen. Frankfurt a.M. 1975, S. 130-153.
Ingold, F. Ph.: Zur Rezeption Rainer Maria Rilkes in der UdSSR. In: Osteuropa 26 (1976), S. 1058-1063.
Ingold, F. Ph.: Rilkes Rußland und die »russischen Dinge«. In: ders. (Hg.): Zwischen den Kulturen. Festschrift für Georg Thürer. Bern/Stuttgart 1978, S. 63-85.
Ingold, F. Ph.: M. I. Cvetaevas Lese- und Verständnishilfen für Rainer Maria Rilke. Unbekannte Marginalien zu *Stichi k Bloku* und *Psicheja*. In: Die Welt der Slaven 24 (1979), S. 352-368.
Kopelew, L.: Rilkes Märchen-Rußland. In: WÖS Reihe A, Bd. 4 (2000), S. 904-937.
Lehmann, J.: Übersteigen und Übersetzen. Zum Problem der Grenzüberschreitung bei Rainer Maria Rilke und Marina Cvetaeva. In: M. Engel/D. Lamping (Hg.): Rilke und die Weltliteratur. Düsseldorf/Zürich 1999, S. 263-280.
Lehmann, J.: Das Dichterbild als Dementi von images. Anmerkungen zum Rilke-Bild der Marina Cvetaeva. In: J. Holzner et al. (Hg.): Russland – Österreich. Literarische und kulturelle Wechselwirkungen. Bern et al. 2000, S. 209-220.
Lehmann, J.: Rilke und Rußland. In: M. Engel (Hg.): Rilke-Handbuch. Leben – Werk – Wirkung. Stuttgart/Weimar 2004, S. 98-112.
Lengyel. B.: Gorkij über Rilke – Rilke über Gorkij. In: Studia Slavica Academiae Scientiarum Hungaricae 21 (1975), S. 191-198.
Livingstone, A.: Some Affinities in the Prose of the Poets Rilke and Pasternak. In: Forum for Modern Language Studies 19 (1983), S. 274-284.
Mattenklott, G.: Der geistige Osten bei Rilke und Kassner. In: Blätter der Rilke-Gesellschaft 15 (1988), S. 21-33.
Nagy, B.T.: Rilke und Gorki. Dokumente einer Begegnung. In: Studii Germanici 14 (1976), S. 297-314.
Naumann, H.: Rußland in Rilkes Werk. Rheinfelden/Berlin 1993.
Nečeporuk, E. I.: Rainer Maria Rilke i A. P. Čechov [Rainer Maria Rilke und A. P. Čechov]. In: Čechovskie čtenija v Jalte. Čechov i XX. vek [Čechov-Lektüren in Jalta. Čechov und das XX. Jahrhundert]. Moskau 1997, S. 99-110.
Nevzgljadova, E.: Čem? Krylami: Po povodu perepiski Cvetaevoj i Rilke s Pasternakom [Womit? Mit Flügeln: Anläßlich des Briefwechsels zwischen Cvetaeva und Rilke mit Pasternak]. In: Zvezda 9 (1996), S. 228-233.
Nivelle, A.: Rilke, Rußland und Das Buch vom mönchischen Leben. In: Études allemandes et autrichiennes [o. Bd.] (1989), S. 281-297.
Pachmuss, T.: Dostoevskij and Rainer Maria Rilke. The Alienated Man. In: Canadian-American Slavic Studies 12 (1978), S. 392-401.
Pollock Brodsky, P.: Russia in Rilke's Das Buch der Bilder. In: Comparative Literature 29 (1977); S. 313-327.
Pollock Brodsky, P.: Rilkes Relation to Russian Painting. In: Z. Konstantinovič et al. (Hg.): Literature and the Other Arts. Innsbruck 1981, S. 143-148.
Pollock Brodsky, P.: The Russian's Rilke Reception as a Mirror of Literary Reality. In: Germano-Slavica 4 (1983), S. 143-150.
Pollock Brodsky, P.: Russia in the Works of Rainer Maria Rilke. Detroit 1984.
Raceva, B.: »Was weih ich Dir?« Zu Rilkes Schimmel-Sonett und zur Bedeutung des ›Russischen‹ für seine dichterische Entwicklung. In: Jahrbuch der Deutschen Schillergesellschaft 38 (1994). S. 207-228.

Raev, A.: Von »Halbbarbaren« und »Kosmopoliten«. Russische Kunstaustellungen im Deutschland der Jahrhundertwende und ihre Rezeption. In: WÖS Reihe A. Bd. 4 (2000), S. 695–756.
Reshetylo-Rothe, D.A.: Rilke and Russia. A Re-evaluation. New York et al. 1990.
Röhling, H.: Gethsemane bei Rilke und Pasternak. In: Die Welt der Slaven 8 (1963), S. 388–402.
Röhling, H.: Boris Leonidovič Pasternak und die russische Rilke-Rezeption. In: Die Welt der Slaven 17 (1972), S. 118–154.
Rudnickij, M.: Russkie motivy v »Knige Časov« Ril'ke [Russische Motive im »Stundenbuch« Rilkes]. In: Voprosy literatury [Fragen der Literatur] 12 (1968), H. 7, S. 135–149.
Rybakov, A.: Deutsche Russophilie zu Beginn des 20. Jahrhunderts. Rußland in den Werken von Rainer Maria Rilke und Thomas Mann. In: Forum für osteuropäische Ideen- und Zeitgeschichte 12 (2008), H. 1, S. 13–28.
Salys, R.: Love, Death and Creation. Boris Pasternak and Two Rilke Requiems. In: The Russian Review 55 (1996), S. 265–278.
Schäfer, C. G.: Projizierte Sehnsucht und schöpferische Begegnung. Die Bedeutung Rußlands und Deutschlands für das Leben und Werk R. M. Rilkes und M. Cvetaevas sowie ihr Briefwechsel. Frankfurt a.M. et al. 1996.
Smirnov, V. B./Chomitov, I. I.: M. I. Cvetaeva: Sovremennik i interpretator Rainera Marii Rilke [M. I. Cvetaeva: Zeitgenosse und Interpret Rainer Maria Rilkes]. In: Vestnik Volgogradskogo gosudarstvennogo universiteta [Bote der Volgograder Staatlichen Universität] 2 (1998), H. 3, S. 91–95.
Stahl, A.: »... und es war die Znamenskaja«. Rilke und die Kunst der Ikonenmaler. In: Blätter der Rilke-Gesellschaft 7/8 (1980/1981), S. 84–91.
Tavis, A. A.: Rilke and Tolstoy. The Predicament of Influence. In: The German Quarterly 65 (1992), S. 192–200.
Tavis, A. A.: Russia in Rilke. Rainer Maria Rilke's Correspondence with Marina Tsvetaeva. In: Slavic Review 52 (1993), S. 494–511.

III. Namensregister

Ablesimov, Alexandr Onisimovič 20
Abramov, Fedor Aleksandrovič 256, 280
Abrosimov, Evgenij 288
Abusch, Alexander 223
Achmadulina, Bella Achatovna 228, 257, 325
Achmatova (eigentl. Gorenko), Anna Andreevna 6, 144, 223, 225, 229, 232 f., 250 f., 256 f., 261 ff., 266, 268 f., 271, 283, 296, 299, 305, 308 f., 318, 334, 337 f., 352, 357
Ackermann, Anton 221
Adamov, Arkadij Grigor'evič 291, 293
Adelung, Friedrich 46
Adenauer, Konrad 285
Adler, Viktor 84, 176, 207
Admoni, Vladimir Grigor'evič 232
Afinogenov, Aleksandr Nikolaevič 202
Ageev, Leonid 262
Ajtmatov, Čingiz Torekulovič 227 f., 254, 256, 272, 289, 291 f., 321
Aksakov, Ivan Sergeevič 27, 35, 53, 92
Aksenov, Vasilij Pavlovič 229, 248, 249, 296, 324
Alexander I. 19
Alexander II. 27, 31, 61
Alexander III. 59, 60
Alighieri, Dante 308, 310 f.
Altenberg, Peter 2
Andersch, Alfred 289, 297
Andreas-Salomé, Lou 62, 67, 92, 95, 97, 99, 149, 161
Andreev, Leonid Nikolaevič 109 f., 145, 177 f., 207, 297
Angarowa, Hilde 232
Annenskij, Innokentij Fedorovič 98
Antarova, Konkordija Evgen'evna 218
Antonov, Sergej Petrovič 255
Anufriev, Sergej Aleksandrovič 296
Apletin, Michail Jakovlevič 202
Arbuzov, Aleksej Nikolaevič 254
Archipenko, Aleksandr 137
Arendt, Erich 257
Arghezi, Tudor 299
Ariosto, Ludovico 49
Arnim, Bettina von 31, 44, 46

Arnold, Heinz Ludwig 167, 177, 222, 329, 332
Arp, Hans 91
Artmann, H. C. 91
Arvatov, Boris Ignat'evič 149
Aržak, Nikolaj (eigentl. Julij Markovič Daniėl') 287
Assmann, Aleida 3
Assmann, Jan 3
Auerbach, Berthold 31 f., 34, 37, 52 f., 72
Ausländer, Rose 317
Avdejenko, Aleksandr Ostapovič 232
Avenarius, Ferdinand 76
Averčenko, Arkadij Timofeevič 195
Ažaev, Vasilij Nikolaevič 208, 227, 238

Baader, Franz von 93
Babel', Isaak 137, 140, 143, 154, 159, 232 f., 237, 259, 260, 270, 272, 294, 337, 339, 357
Bachmann, Ingeborg 4, 71, 289, 298, 317 ff., 337
Bachtin, Michail Michajlovič 73, 85, 118, 152, 185
Bacmeister, Hartwig Ludwig Christian 19
Bagrickij (eigentl. Dzjubin), Eduard Georgievič 197, 230
Bahr, Egon 286
Bahr, Hermann 2, 59, 73, 78 f., 84 f., 158
Bakunin, Michail Aleksandrovič 105, 321 f., 324
Ball, Hugo 91
Bal'mont, Konstantin Dmitrievič 88, 90, 98, 144, 146, 159
Balte, Fred M. 142
Balzac, Honoré de 126, 159, 172 f., 207, 208, 343
Bang, Herman 177
Baratynskij (Boratynskij), Evgenij Abramovič 6, 35, 40, 290, 342 ff.
Barkov, Ivan Semenovič 20
Barlach, Ernst 90
Baron Haxthausen, August von 61
Barta, Lajos 136
Barthel, Kurt 234, 236
Bartók, Béla 167

Batjuškov, Konstantin Nikolaevič 34, 45
Bauer, Erwin 43, 63, 69, 71, 254
Bauer, Felice 83, 97, 105 ff.
Baum, Oskar 106
Baumann, Hans 291, 318
Becher, Johannes R. 89 f., 140, 146, 148, 154, 158, 196 ff., 210 ff., 221 f., 230 f., 234 ff., 261
Beckett, Samuel 287, 339
Beckmann, Max 74
Bednyj, Demjan (eigentl. Efim Aleksandrovič Pridvorov) 146, 197, 231 f., 235
Bek, Aleksandr Al'fredovič 2, 170, 174, 271 f., 274 f., 277 f.
Belger, Herold 296
Belinskij, Vissarion Grigorevič 9, 50, 80, 170
Belov, Vasilij Ivanovič 229, 256, 280, 292
Belyj, Andrej (eigentl. Boris Nikolaevič Bugaev) 1, 89 f., 98, 137 ff., 144, 176, 225, 227, 297, 340, 350, 357
Bender, Hans 258
Benjamin, Walter 3, 5, 148 f., 155, 159, 174 f., 197, 201, 204, 211, 243
Benn, Gottfried 5, 66, 89, 336, 343
Benua, Aleksandr Nikolaevič (Benoîs, Alexandre) 94, 96, 98
Berberova, Nina Nikolaevna 353
Berg, Leo 81
Berg, Nikolaj 96
Bergengruen, Werner 7, 64, 177, 186 f., 188, 332
Berggol'c, Ol'ga Fedorovna 357
Berghaus, Ruth 273
Berlau, Ruth 202
Bernhard, Thomas 5, 9, 143, 289, 298, 321 ff., 337, 356
Bernoulli, Maria 178
Bestužev, Aleksandr Aleksandrovič (Pseud. Marlinskij) 35, 51
Bezymenskij, Aleksandr I'lič 202
Bielschowsky, Albert 123, 126
Bienek, Horst 5, 71, 73, 77, 289, 295, 298, 337 ff.
Bierbaum, Otto Julius 78
Biermann, Wolf 256 f., 265 f.
Birukof, Paul 123, 126

Bischitzky, Vera 283, 296
Bismarck, Otto von 25, 59 f.
Bitov, Andrej Georgievič 296, 324
Bloch, Ernst 168, 267
Blok, Aleksandr Aleksandrovič 88 ff., 98, 142, 144, 146, 168, 197 f., 225, 228 ff., 236, 256 f., 261 ff., 268, 293, 301 ff., 306, 344
Bloy, Leon 327
Bobrov, Sergej Pavlovič 34
Bobrowski, Johannes 9, 222 f., 257 ff., 344
Bode, Heinrich 33
Bodenstedt, Friedrich 31 ff., 36, 41 ff., 49, 52, 54
Bogatyrev, Konstantin 269
Bogdanovič, Ippolit Fedorovič 34
Boguslavskaja, Xenia (verheiratete Puni) 139
Boisserée, Sulpiz 31
Bolger, Friedrich 296
Böll, Annemarie 326, 328
Böll, Heinrich 1, 3, 4 f., 7, 9, 71, 186, 241, 288 f., 292, 295, 297 f., 324 ff.
Boltz, August 32
Bondarev, Jurij Vasil'evič 324
Bonhoeffer, Dietrich 196
Bonner, Jelena Georgievna 96
Borchard, Leo 195
Borchardt, Nicolaus 31, 45
Borg, Friedrich von der 34, 46
Borowsky, Kay 292, 296
Bostroem, Annemarie 230
Bouchet, André du 299
Bowring, John 34
Brahm, Otto 82, 158, 159
Brambäus, Baron. Siehe Senkovskij, Osip Ivanovič
Brandes, Georg 65, 67, 73, 98, 113
Bräuer, Margit 229
Brauner, Clara 142
Braungardt, Ganna-Maria 296
Braun, Volker 2, 111, 222, 230, 256 f., 262, 264 ff., 278 f., 354
Brecht, Bertolt 1, 2, 3, 6, 9, 134, 136, 197, 199, 200 ff., 222, 226, 231, 234, 243, 254, 265, 271, 278, 295
Bredel, Willi 196, 198, 222, 231, 237, 244 f.
Breton, André 257

Brězan, Jurij 237
Brik, Lilja Jur'evna 267, 278, 288, 294
Brik, Osip Maksimovič 200
Brjusov, Valerij Jakovlevič 88, 90, 98, 140, 142, 144, 146, 159, 225, 230, 232, 262 f., 301
Brockdorff-Rantzau, Ulrich Karl Christian Graf 132
Brod, Max 106
Brodskij, Iosif Aleksandrovič 287, 291 ff., 297, 330 f., 334
Broemel, Franz 54
Bruno, Giordano 142, 207
Bruyn, Günter de 282
Budberg-Benninghausen, Roman Freiherr von 46, 54
Bühren (Biron), Ernst Johann von 17
Bukovskij, Vladimir Konstantinovič 325, 334
Bulgakov, Michail Afanas'evič 146, 229, 232, 267, 269, 293, 337 f., 350, 356 f.
Bulgarin, Fadej Venediktovič 26, 28, 47, 51
Bunin, Ivan Alekseevič 96, 98, 114, 144, 159, 175, 195, 225, 229, 252, 297, 339, 340, 353
Bürger, Gottfried August 30
Busch, Ernst 210
Büscher, Wolfgang 349
Büsching, Anton Friedrich 18
Busse, Johann Heinrich von 20, 34

Čaadaev, Petr Jakovlevič 259
Čajkovskij, Petr Il'ič 193
Camus, Albert 287, 328, 339, 343
Canetti, Elias 66
Caprivi, Leo von 60
Careckij, Nikolaj Vladimirovič 139
Carlyle, Thomas 50
Carus, Carl Gustav 31
Čarušin, Evgenij Ivanovič 291
Cassirer, Bruno 109
Čechov, Anton Pavlovič 2, 5, 11, 65, 80, 85 f., 88, 96, 98, 107, 109 ff., 113, 120, 122, 128, 135, 142, 144 ff., 178, 193, 195, 202, 208, 225, 232, 252, 272, 278 f., 289, 291, 296, 301, 318, 325, 332 ff., 336 f., 340, 349 f., 352, 354

Celan, Paul 1, 2, 4 ff., 9, 268, 289, 291, 296, 298 ff., 320, 339, 356
Černyševskij, Nikolaj Gavrilovič 80, 115, 169, 170
Cervantes, Miguel de 185
Chačaturjan, Aram 223
Chagall, Marc 137
Chamisso, Adelbert von 51
Charms (eigentl. Juvačev), Daniil Ivanovič 231, 296, 349 ff., 356
Chazanov, Boris (eigentl. Gennadij Faibusovič) 296
Chemnicer, Ivan Ivanovič 34
Cheraskov, Michail Matveevič 20, 30
Chesterton, Gilbert Keith 326 f.
Chlebnikov, Velemir (eigentl. Vladimir Vladimirovič) 90 f., 225, 231, 271, 283, 293, 296, 299, 301 f., 308 f., 317, 350, 352
Chodasevič, Vladislav Felicianovič 138 f., 353, 357
Chomjakov, Aleksej Stepanovič 35
Chručšev, Nikita Sergeevič 285
Čičerin, Georgij 132
Claudius, Eduard 213, 222, 243 f.
Clay, Lucius D. 286
Conradi, Hermann 80 f.
Conrad, Michael Georg 82
Čukovskaja, Lidija 334
Čukovskij, Kornej Ivanovič (eigentl. Nikolaj Vasil'evič Kornejčukov) 291
Cvetaeva, Marina Ivanovna 2, 94, 96, 103 ff., 137, 229, 232 f., 250, 256 f., 262 ff., 269, 271, 278, 283, 293, 296 f., 299, 305, 321
Czechowski, Heinz 256 f., 262, 269

Dach, Simon 15
Daive, Jean 299
Dammert, Lilo 150
Daniel', Julij 287
Danilevskij, Nikolaj Jakovlevič 27
Dante Alighieri 173, 179, 266
Debüser, Lola 228
Dedecius, Karl 291, 296
Defoe, Daniel 172
Deržavin, Gavrila Romanovič 16, 20, 34, 40, 54

Namensregister **405**

Dessau, Paul 272
Dickens, Charles 82
Dickinson, Emily 299
Dieckmann, Eberhard 272
Dieckmann, Friedrich 255
Dietert, Friedrich W. 69
Dietrich, Anton 34
Dirks, Walter 285
Djagilev, Sergej Pavlovič 62, 98, 135
Djomin, Michail Vasil'evič 296
Dmitriev, Ivan Ivanovič 34
Döblin, Alfred 2, 64, 71, 82, 111, 126, 137, 141, 143, 159, 177, 184 f., 326
Dobroljubov, Nikolaj Aleksandrovič 80, 170
Dobyčin, Leonid Ivanovič 296
Doderer, Heimito von 336
Doerne, Martin 78
Dolmatovskij, Evgenij Aronovič 234
Donelaitis, Kristijonas 258 f.
Dostoevskij, Fedor Michajlovič 2 ff., 7 f., 10 f., 23, 26, 28, 34, 37, 40 f., 46, 53, 60, 62 ff., 66 ff., 92 ff., 96, 98, 102, 105 ff., 111 ff., 126, 128 ff., 134, 142, 144 ff., 156 f., 159 ff., 167 f., 170, 174 ff., 193, 196, 199 f., 208, 225 f., 239 ff., 251 ff., 272, 281, 286 ff., 293 f., 296 ff., 318 ff., 335 ff., 350, 352 f., 356
Drohla, Gisela 296
Droste-Hülshoff, Annette von 28
Drožžin, Spiridon Dmitrievič 95 f., 99
Druskin, Jakov Semenovič 356
Dubov, Nikolaj Ivanovič 234, 291
Dudincev, Vladimir Dmitrievič 246, 287, 289
Dudow, Slátan 200, 204
Dupin, Jacques 299
Dutli, Ralph 268, 292 f., 296 f.
Dwinger, Edwin Erich 193 f.
Dymov, Osip Isidorovič (eigentl. Perel'man) 85, 177
Dymšic, Aleksandr L'vovič 224 ff.

Ebner-Eschenbach, Marie von 2, 5, 34, 53, 56
Eckardt, Julius von 59
Eckermann, Johann Peter 45
Eckstein, Friedrich 78

Ehrenstein, Albert 89, 130, 210
Eich, Günter 343
Eimermacher, Karl 7, 10
Einstein, Albert 140
Eisler, Hanns 136, 200, 204 f., 210
Ejzenštejn, Sergej Michajlovič 134, 140, 147, 150, 200, 210
Eliasberg, Alexander 113, 142 ff., 147, 177 f.s, 232, 291
Eliasberg, David 144
Eliot, T.S. 287, 344
Èl' Lisickij, Lazar Markovič 138
Eloesser, Arthur 110
Elperin, Jurij 232
Endler, Adolf 222, 232, 256 f., 262, 269 ff.
Engelhardt, Alexis von 110
Engelmann, Bernt 334
Enzensberger, Hans Magnus 291, 294 ff., 306
Erb, Elke 2, 232, 256 f., 262 ff., 356
Erb, Marga 232 f.
Erdmann, Johann Friedrich 28
Èrenburg, Ilja Grigor'evič 90, 137 ff., 142 ff., 147, 159, 200, 227, 240, 246, 287, 326
Erman, Georg Adolf 47, 51
Ernst, Paul 17, 73, 82, 200
Erofeev, Venedikt Vasil'evič 296
Erpenbeck, Fritz 201, 216
Eršov, Petr Pavlovič 234
Eschenburg, Johann Joachim 30
Esenin, Sergej Aleksandrovič 5, 89, 137, 146, 195, 197, 229, 235, 251, 257, 262 f., 268 f., 288, 291, 299, 301 f., 304, 306, 317, 338
Ètkind, Efim Grigor'evič 240, 251, 292
Ettinger, Pavel 98
Eulenburg, Herbert 158
Evseeva, Svetlana Grigor'evna 262
Evtušenko, Evgenij Aleksandrovič 229 f., 256 f., 262, 265, 286, 289, 291, 301, 308, 357

Fadeev, Aleksandr Aleksandrovič 170, 184, 227, 235, 238, 239 f., 271 f., 291, 293
Fainberg, Vladimir 262

Fedin, Konstantin Aleksandrovič 141, 143, 159, 227, 238, 240, 271, 325
Feofanoff, Michael 109
Fet(-Šenšin), Afanasij Afanas'evič 35, 65, 232, 283, 290
Feuchtwanger, Lion 111, 134, 148, 150, 151 ff., 210, 226
Feuerbach, Ludwig 169
Fiedler, Friedrich 53, 65, 95, 230
Filip, Ota 338
Fischer, Samuel 114, 140, 239, 302
Flaubert, Gustave 105, 185
Fleming, Paul 15
Florenskij, Pavel Aleksandrovič 232
Fofanov, Konstantin Michajlovič 96
Fontane, Emilie 55
Fontane, Theodor 2, 7, 34, 36 f., 40, 42, 44, 47 f., 52 ff., 59, 68
Fonvizin, Denis Ivanovič 19
Fradkin, Ilja Moiseevič 10, 202, 224 ff.
Francke, Hermann 17 f.
Frank, Leonhard 139, 177
Freud, Sigmund 4, 73, 84, 178, 180 f.
Freytag, Gustav 31
Friedlaender, Georg 32
Friedländer, Ludwig 31
Friedrich, Caspar David 31
Friedrichs, Ernst 147
Frisch, Fega 142
Frisch, Johann Leonhard 21
Frisch, Max 297
Frolova, Elizaveta 46
Fučík, Bedřich 113
Fühmann, Franz 223, 230, 270
Fülöp-Miller, René 78
Fürnberg, Louis 234

Gabrilovič, Evgenij Josifovič 255
Gaertringen, Dora Hiller von 146, 195
Gaillard, Ottofritz 202, 217
Gajdar, Arkadij Petrovič (eigentl. Golikov) 227, 233 f.
Galič (eigentl. Ginzburg), Aleksandr Arkad'evič 256, 265
Gamsatov, Rasul 236
Gans, Eduard 46
Garbe, Hans 213, 244

Garšin, Vsevolod Michajlovič 2, 63, 65, 80, 84, 98, 109, 111, 184 f.
Geier, Svetlana 296
Gejman, Boris 45
Gerasimov, Sergej Apollinarievič 227
Gercen (Herzen), Aleksandr Ivanovič 29, 35, 40, 45, 48, 51, 105, 294
Gerlach, Harald 111, 262, 326
Gerlach, Jens 230, 257, 262
Gide, André 153
Giehse, Therese 206
Ginzburg, Aleksandr Il'ič 325, 334
Ginzburg, Lev Vladimirovič 251
Gippius, Zinaida Nikolaevna 66, 96, 98, 144
Giraudoux, Jean 287
Gladilin, Anatolij Tichonovič 248 f., 254
Gladkov, Fedor Vasil'evič 2, 89, 141, 154, 175, 213, 227, 238, 239, 243 f., 272 ff.
Glaßbrenner, Adolf 48
Glinka, Michail Ivanovič 193
Glück, Ernst 17, 236
Glümer, Claire von 33, 44, 53
Goebbels, Joseph 94, 192 f.
Goethe, Johann Wolfgang von 5, 7, 15, 21, 24, 31, 38, 44 f., 48 ff., 63, 66, 113, 123 f., 126 f., 159, 185, 195, 222, 225, 286, 356
Goetze, Peter Otto von 34
Gog, Gregor 210
Gogol', Nikolaj Vasil'evič 5, 7, 27, 35, 37, 40 ff., 44, 46, 51 f., 54, 58, 68, 70, 81, 93, 98, 105 ff., 112 f., 142, 144 ff., 158, 160, 168, 170, 175, 177 f., 195, 200, 202 f., 207 f., 232, 241, 260, 263, 286 f., 289, 291, 296, 298, 321 f., 325, 332, 337 f., 350, 352, 356
Gollitzin, Fürst von 42
Goll, Yvan 2, 89 f., 309
Gomringer, Eugen 91
Gončarov, Ivan Aleksandrovič 5, 9, 63, 70, 93, 98, 115, 121, 145 f., 159, 168, 173, 178, 189, 195, 232, 283 f., 296, 322, 325, 346 ff.
Gorbačev, Michail Sergeevič 286
Gorbunov, Kuz'ma Jakovlevič 145
Gorčakov, Nikolaj Michajlovič 218
Gorelik, Lena 355 f.

Gorelik, Mordecai 217
Gor'kij, Maksim (eigentl. Aleksej
  Maksimovič Peškov) 5, 63, 65, 80, 88,
  96, 98 f., 109 ff., 113, 123, 126, 134 f.,
  137 f., 142 f., 145, 147, 156, 159, 160,
  166 f., 170, 172 ff., 177, 184, 196, 200,
  202 ff., 208, 225 ff., 234 f., 237, 251 ff.,
  268, 272, 289, 293, 297 f., 321, 325,
  334, 339
Gorodeckij, Sergej Mitrofanovič 88, 136
Gotsche, Otto 244
Gottsched, Johann Christoph 18 f.
Gozzi, Carlo Graf 201
Graf, Oskar Maria 148, 196, 210
Granin (eigentl. German), Daniil
  Aleksandrovič 240, 248, 250, 255, 289
Granovskij, Nikolaj Nikolaevič 46
Granovskij, Timofej Nikolaevič 46
Grass, Günter 292, 297, 336
Graßhoff, Helmut 10
Greč, Nikolaj Ivanovič 26, 51
Grekova, Irina Nikolaevna (eigentl. Elena
  Sergeevna Ventcel') 249
Griboedov, Alexandr Sergeevič 44, 47, 98
Grigor'ev, Apollon Aleksandrovič 23, 28,
  67, 92
Grillparzer, Franz 31, 105
Grimmelshausen, Hans Jacob Christoffel
  von 15
Groeger, Wolfgang E. 142 f., 146, 230
Gropius, Walter 134
Gröschner, Annett 11, 354
Grossman, Vasilij Semenovič (eigentl. Iosif
  Solomonovič) 296
Grosz, George 134, 139, 142
Groys, Boris 350
Grün, Anastasius 31
Gründgens, Gustav 110, 286
Grüning, Uwe 232, 282 ff., 346
Gsovsky, Tatjana 319
Guardini, Romano 179 f.
Gubarev, Vladimir Stepanovič 291
Guenther, Johannes von 142 ff., 193, 230,
  232, 290 f., 296
Guilbeaux, Henri 200
Gumič, A. 139
Gumilev, Nikolaj Stepanovič 144, 288, 292,
  308, 314

Günther, Hans 354
Gutzkow, Karl 27, 44, 47 f., 51

Haass, Friedrich Joseph 295
Hagelstange, Rudolf 297, 326
Hahn, Helena 40
Hahn, Ulla 349
Haller, Albrecht von 19
Haller, Karl 69
Haller, Ruprecht 234
Halpern, Olga 143, 146, 173, 196, 232,
  243 f.
Hamann, Johann Georg 249, 257
Hamm, Peter 329
Harden, Maximilian 66
Harich, Wolfgang 226
Hart, Heinrich 81
Hart, Julius 81
Härtling, Peter 297
Hartmann, Moritz 10, 33, 52
Hasenclever, Walter 89, 136
Hauptmann, Elisabeth 207
Hauptmann, Gerhart 2, 82 ff., 111
Hauser, Arnold 167
Hausmann, Raoul 91
Haxthausen, Baron August von 28, 93
Heartfield, John (eigentl. Helmut Herzfeld)
  134, 139, 142, 210
Hebel, Johann Peter Hebel 31
Hegel, Georg Wilhelm Friedrich 38, 46,
  169, 171, 209
Hehn, Victor 33
Heidegger, Martin 319
Heiduczek, Werner 282
Heine, Heinrich 47, 236, 265, 295
Heine, Maximilian 47
Heinz, Wolfgang 217
Heiseler, Henry von 142 f., 145, 195
Hemingway, Ernest 111, 287
Henckell, Karl 159
Henckel, Wilhelm 33, 53, 63 ff., 72, 184
Henze, Hans Werner 319
Hepner, Lotte 102
Herberstein, Sigismund Freiherr von 13 f.
Herder, Johann Gottfried 19, 20, 22 ff., 30,
  34, 38, 44, 260
Hermlin, Stephan 226, 234, 237, 257, 261,
  267

Herrnstadt, Rudolf 221
Herwegh, Georg 28, 36, 51
Herzfelde, Wieland 139, 142, 231
Hess, Adolf 143
Hesse, Hermann 2, 3, 5 f., 53, 60, 66, 71, 80, 84, 130 f., 143, 146, 159, 161 f., 177 ff., 326, 328
Heyse, Paul 31 f., 53, 82
Hielscher, Karla 354
Hilpert, Heinz 110
Hirsch, Rudolf 302, 306
Hitler, Adolf 133, 191, 333
Hodjak, Franz 317
Hoffmann, E. T. A. 28, 48, 52, 110, 241, 352
Hoffmann, Nina 75, 93, 105 f.
Hoffmann von Fallersleben, August Heinrich 28, 48, 52
Hofmannsthal, Hugo von 7, 66, 74, 76, 79, 81, 86 f., 165, 185
Hohoff, Curt 288
Hölderlin, Friedrich 253, 257, 272
Holitscher, Arthur 149, 158
Hollaender, Felix 110
Holm, Korfiz 146
Holz, Arno 80
Homer 274
Honecker, Erich 256
Honegger, Johann Jakob 68
Hube, Ernst 200, 212
Hübner, Friedrich 9 f., 290 f.
Huchel, Peter 283
Humboldt, Alexander von 28, 36, 50
Humboldt, Wilhelm von 31
Huppert, Hugo 146, 197, 230, 232, 237
Huyssen, Heinrich von 17

Ibsen, Henrik 56, 62, 80
Ikonnikov, Aleksandr 296
Il'in, Michail (eigentl. Il'ja Jakovlevič Maršak) 233
Immermann, Karl 51
Inber, Vera Michajlovna 251 f.
Ingold, Felix Philipp 296, 317
Isakovskij, Michail Vasil'evič 197, 271
Iskander, Fasil' Abdulovič 257
Ivan IV. 14
Ivanov, Aleksandr Andreevič 98, 227
Ivanovna, Anna 17

Ivanov, Vjačeslav Ivanovič 98, 110, 144, 146, 159, 288, 294

Jacob, Therese von 44
Jaeniche, Günter 272
Jäkel, Ekkehard 290
Jakob, Karl-Heinz 249
Jakobson, Roman 137, 263, 301
Jančeveckij, Vasilij Grigor'evič 96
Jandl, Ernst 296
Javlenskij, Aleksej Grigor'evič 62
Jazykov, Nikolaj Michajlovič 35, 36, 195
Jean Paul 290, 297
Jentzsch, Bernd 262
Jessner, Leopold 136
Johnson, Uwe 222
Joho, Wolfgang 237
Joyce, James 208, 222
Jung, Carl Gustav 178, 180 f., 182 ff.
Jung, Franz 89, 148 f.
Junkelmann, Albert 41
Jurev, Oleg 263

Kabakov, Il'ja Iosifovič 296
Kaempfe, Alexander 288, 296
Kaerrick, Elisabeth 78
Kaerrick, Lucy 78
Kafka, Franz 5, 75, 105 ff., 222, 241, 255, 257, 276, 327 f.
Kallinikov, Iosif 146
Kaminer, Vladimir 355 f.
Kandinskij, Vasilij Vasil'evič 62, 90, 135, 137
Kant, Immanuel 30
Kantemir, Antioch Dmitrievič 16, 19 f., 283
Kappen, Richard 193
Karadžić, Vuk 44
Karamzin, Nikolaj Michajlovič 20, 29 ff., 34, 44 f., 58, 115, 297
Karl V. 13
Karsunke, Yaak 354
Kasack, Wolfgang 10, 289 f.
Kasper, Karlheinz 10
Kassner, Rudolf 286
Kataev, Valentin Petrovič 227, 233, 271, 297, 338
Katharina II. 11, 16 f., 19 f., 22, 57
Katkov, Michail Nikiforovič 60

Kaus, Otto 106
Kaverin (eigentl. Zil'ber), Venjamin Aleksandrovič 229
Kayser, Karl 217
Kayssler, Leopold 33
Kazakov, Jurij Pavlovič 252, 289, 296
Keil, Rolf-Dietrich 296
Kellermann, Bernhard 140, 177, 226
Keller, Mechthild 7, 19, 23
Kerner, Justinus 31, 51
Kerr, Alfred 141
Kersten, Kurt 158
Kesten, Hermann 291
Kierkegaard, Sören 319, 327
Kireevskij, Ivan Vasil'evič 35, 50, 92, 97
Kirsanov, Semen Isaakovič 200
Kirsch, Rainer 2, 222, 230, 232, 256 f., 262, 268 f.
Kirsch, Sarah 2, 3, 5, 91, 222, 230, 232, 256 f., 261 f., 266 ff.
Kirsten, Wulf 256
Kisch, Egon Erwin 148, 153 f., 231, 243
Kjuchel'beker (Küchelbecker), Vil' gel'm Karlovič 29, 45
Klaj, Johann 15
Klee, Paul 62
Kleist, Heinrich von 105, 272 ff.
Klimov, Elem 227
Ključevskij, Vasilij Osipovič 146
Klopstock, Friedrich Gottlieb 20, 257, 265
Klopstock, Robert 106
Knödler-Bunte, Eberhard 354
Knorring, Karl von 44, 47
Koenen, Gerd 7
Koeppen, Wolfgang 297 f.
Koerbl, Jörg Michael 346 f.
Köhler, Erich 237, 244, 245 f., 280
Kol'cov, Alexej Vasil'evič 54, 65, 98, 145
Kol'cov, Michail Efimovič 201
Kollwitz, Käthe 140
Kommissarževskaja, Vera Fedorovna 85
Koni, Anatolij Fedorovič 195
König, Heinrich 49, 50, 51
Kopelev, Lev Zinov'evič 7, 10, 227, 240, 251, 267, 287, 294 f., 297, 324 ff., 333 f., 338
Kopitar, Jernej 44
Koppel, Ernst 68, 73

Korff, Hermann August 163
Kornejčuk, Aleksandr Evdokimovič 225
Korolenko, Vladimir Galaktionovič 65, 80, 95, 109, 141, 177, 270
Koržavin (eigentl. Mandel'), Naum Moiseevič 334
Kossuth, Leonhard 225, 228, 247
Kostrov, Ermil Ivanovič 34
Kotzebue, August von 20, 27 f.
Kozinceva, Ljubov 90
Kramskoj, Ivan Nikolaevič 98, 102
Krempien, Herbert 245
Kroetz, Franz Xaver 346 f.
Kropotkin, Petr Alekseevič 105, 321 ff.
Krotkow, Boris 244
Kručenych, Aleksej Eliseevič 90 f., 225, 293
Krylov, Ivan Andreevič 34
Kuba. Siehe Barthel, Kurt
Kulešov, Vasilij Ivanovič 10
Kunert, Günter 91, 263, 269, 296
Kuprijanov, Vjačeslav Glebovič 271
Kurella, Alfred 147, 152, 196 f., 230, 232, 244
Kürnberger, Ferdinand 52
Kuzmin, Michail Alekseevič 88, 178
Kuznecov, Anatolij Vasil'evič 248 f.

Lacis, Asja 197, 200
Lagarde, Paul de 60
Landauer, Gustav 76
Lan-fang, Mei 201, 209, 212 ff.
Lange, Hermann 112
Lange, Wilhelm 33
Langgässer, Elisabeth 336
Langhoff, Wolfgang 217, 226
Lankenau, Heinrich von 33
Lasker-Schüler, Else 139
Laube, Heinrich 51
Lauth, Reinhard 4
Lavant, Christine 298
Lavrenev, Boris Andreevič 254
Lebedev, Aleksej Alekseevič 197, 288
Lebedev-Kumač (eigentl. Lebedev), Vasilij Ivanovič 197
Leibniz, Gottfried Wilhelm 17, 18
Lejbovič, Chaim Flekser. Siehe Volynskij, Akim L'vovič

Lenau, Nikolaus 31
Lenin 152, 157, 190, 200, 227, 234, 236, 242
Lenz, Jakob Michael Reinhold 30
Lenz, Siegfried 107, 289, 297, 333, 335 f.
Leonov, Leonid Maksimovič 225
Lermontov, Michail Jur'evič 5, 7, 27, 31, 37, 40 ff., 46, 50 f., 54, 68, 96, 98, 102, 142, 144, 147, 197 f., 231, 236, 263, 269, 296, 301, 321 ff., 350
Leschnitzer, Franz 197
Leskov, Nikolaj Semenovič 5, 63, 93, 95, 144 f., 159, 175 ff., 195, 232, 237, 260, 356
Lessing, Gotthold Ephraim 237
Lettenbauer, Wilhelm 10
Lewald, August 35, 47
Lindau, Paul 31, 52
Lindau, Rudolf 31
Lindenberg, Vladimir 355
Lipavskij, Leonid Savel'evič 356
Lipiner, Siegfried 84
Lippert, Robert 35, 44, 52
Lisickij, Lazar Markovič 138
Litvinov, Maksim Maksimovič 133
Löbe, Paul 140
Loerke, Oskar 343
Loest, Erich 281 f.
Lomonosov, Michail Vasil'evič 16, 19 ff., 34, 40
Löwenfeld, Raphael 65, 75 ff.
Lowry, Malcom 344
Ludolf, Heinrich Wilhelm 14, 18
Ludwig, Nadeshda 232
Ludwig, Otto 37, 39
Luft, Georg 296
Lukács, Georg 3, 7, 56, 62, 71, 124, 159, 167 ff., 185, 207, 211, 226, 233, 240, 242, 253
Lunačarskij, Anatolij Vasil'evič 139 f., 200
Luther, Arthur 113, 142 f., 145, 147, 193, 195, 230
Lüth, Paul 184
Luxemburg, Rosa 3, 141, 204

Mach, Ernst 73
Macke, August 62
Maien, Carl. Siehe Wolfsohn, Wilhelm

Majakovskij, Vladimir Vladimirovič 5, 88 ff., 134, 136 ff., 143, 145 ff., 156 f., 195 ff., 202 f., 210, 213, 231 f., 234 ff., 239, 251, 254, 256 f., 261, 264 ff., 272, 277, 279 f., 288, 291, 296, 301, 308, 317, 321, 323, 338
Majkov, Apollon Nikolaevič 28, 40, 290
Makanin, Vladimir Semenovič 296
Makarenko, Anton Semenovič 170, 202, 233, 251, 292
Maksimov, Vladimir Emel'janovič 292, f.
Malevič, Kazimir Severinovič 135, 137
Malraux, André 289
Mandelkern, Solomon 69
Mandel'štam, Nadežda 338 f., 352
Mandel'štam, Osip Ėmil'evič 2, 5 f., 144, 225, 229, 232 f., 256 f., 261 f., 266, 268 ff., 283, 291 ff., 297, 299, 301 f., 305 ff., 318, 337 ff., 343 f., 352, 356 ff.
Mannheim, Karl 167
Mann, Heinrich 74, 111, 120 f., 134, 140 f.
Mann, Katja 114
Mann, Klaus 153, 196
Mann, Thomas 1 ff., 46, 53, 56, 60, 66 f., 74, 77 ff., 86, 92, 111 ff., 131, 140 f., 143, 149 f., 153, 159, 164, 166, 182 f., 196, 202, 242 f., 284, 319
Mansfield, Katherine 111
Marc, Franz 62
Marchwitza, Hans 148, 154, 158
Marcuse, Herbert 150
Mariengof, Anatol 89
Markstein, Elisabeth 172, 296
Marlinskij. Siehe Bestužev, Aleksandr Aleksandrovič
Maršak, Samuil Jakovlevič 197, 234, 236, 258, 291
Martin, Karl Heinz 136
Martynov, Leonid Nikolaevič 197
Martynova, Ol'ga Borisovna 263, 355 ff.
Marx, Karl 146, 200, 209
Matthaei, Renate 329
Matveeva, Novella Nikolaevna 232, 262, 268
Maurer, Georg 222, 237, 244, 257, 261
Maximilian I. 13
Meckel, Christoph 3, 6, 9, 11, 289, 298, 341 ff.

Mehnert, Klaus 289
Meidinger-Geise, Inge 337
Meier, Gerhard 67, 298, 345
Meier-Graefe, Julius 67
Meinck, Willi 234
Meinecke, Friedrich 60
Meiners, Christoph 18
Mejerchol'd, Vsevolod Ėmil'evič 85, 134 ff., 158, 175, 194, 200 f., 208 ff., 298
Mel'gunov, Nikolaj Aleksandrovič 49 ff., 54
Menzel, Adolf 31
Menzel, Wolfgang 27, 47
Merežkovskij, Dmitrij Sergeevič 7, 65 f., 77 f., 80 f., 84, 86, 92, 113 f., 123 f., 126 f., 129, 143 f., 182, 242
Merseburger, Peter 334
Meyer, Agnes E. 72, 119
Meyer, Ernst Hermann 237
Meyer, Hannes 135
Michajlov, Aleksandr Larionovič 10
Michalkov, Sergej Vladimirovič 197
Mickel, Karl 2, 222, 230, 256 f., 262, 278
Mickiewicz, Adam 35, 258 f.
Mierau, Fritz 10 f., 90, 228, 230 ff., 250 f., 261 f., 268, 354
Mierau, Sieglinde 268
Mirowa-Florin, Edel 228, 230
Mitrofanoff-Demelič, Vera 78
Moeller van den Bruck, Arthur 4, 77 f., 92
Mon, Franz 296
Morgenstern, Christian 74
Mörike, Eduard 31 f.
Moritz, Karl Philipp 30
Moriz, Junna 262
Morozov, Ivan Abramovič 62
Moser, Hans 64
Motyleva, Tamara 227, 240, 354
Mozart, Wolfgang Amadeus 195
Müller, Erich 142
Müller, Georg 142 f.
Müller, Gerhard Friedrich 18
Müller, Heiner 1 f., 5 f., 9, 21, 174 f., 213, 243, 262, 269 ff.
Müller, Heinrich 35
Müller, Herta 317, 349
Müller, Inge 91, 255, 257, 263, 270
Müller, Ludolf 292
Mundt, Theodor 47
Musil, Robert 71, 321

Nabokov, Vladimir Vladimirovič 138, 293 f., 350 f.
Nachbar, Herbert 244
Nadson, Semen Jakovlevič 65
Nagibin, Jurij Markovič 289
Napoleon 25, 79, 86, 242, 333, 345
Narbikova, Valerija Spartakovna 296
Natorp, Paul 92
Nebel, Otto 296
Necheles, Moritz 32, 52
Neher, Carola 197, 201
Nekrasov, Nikolaj Alekseevič 40, 147, 197, 231
Nekrasov, Viktor Platonovič 238
Neledinskij-Meletzkij, Jurij Aleksandrovič 34
Neumann, Karl 234
Neutsch, Erik 2, 222, 227, 237, 247 f.
Neverov, Januarij Michajlovič 46, 49
Neznanskij, Fridrich 291
Nicolai, Friedrich 18, 30
Nietzsche, Friedrich 24, 62 f., 66 f., 72, 79, 98, 112, 114, 124, 129, 178, 186
Nikitin, Ivan Savvič 65, 222
Nikolaeva (eigentl. Voljanskaja), Galina Evgen'evna 228, 232, 246, 247 f., 255
Nikolaus I. 26, 27, 48
Nikolaus II. 60
Nitschke, Annelore 296
Nitzberg, Alexander 91, 296
Noë, Heinrich 44
Noelte, Rudolf 289
Nordau, Max 59
Nosov, Sergej Anatol'evič 233
Nossack, Hans Erich 289
Nötzel, Karl 67, 93, 143, 146, 179
Novalis 323
Novgorod-Seversk, Igor von 13

Odoevskij, Vladimir Fedorovič 35, 49 f., 142, 225, 296
Oelßner, Fred 204
Ogarev, Nikolaj Platonovič 49
Okudžava, Bulat Šalvovič 229, 232, 257, 262, 265, 268, 270, 291
Olberg, Eduard von 35
Oldekop, August von 35
Olearius, Adam 14 f.

Olejnikov, Nikolaj Makarovič 356
Onasch, Konrad 180
Opitz, Roland 230
Orlova, Raissa 295, 326
Ošanin, Lev Ivanovič 234
Osborn, Max 140
Oseeva, Valentina Aleksandrovna 233
Ossietzky, Carl von 190
Ostrovskij, Aleksandr Nikolaevič 193, 200, 202 f., 206, 217, 225, 232, 254, 291
Ostrovskij, Nikolaj Alekseevič 227, 238, 291
Otto, Friedrich 48, 50
Otto, Luth 212
Ottwalt, Ernst 200 f.
Ovid 308

Panteleev, Leonid (eigentl. Aleksej Ivanovič Eremeev) 233, 291
Panzig, Elena 232
Paquet, Alfons 136, 148, 153
Pascal, Blaise 186
Pasternak, Boris Leonidovič 1, 5, 7, 9, 94 f., 103, 137 ff., 146 f., 203, 228 f., 235, 258, 261 ff., 271, 287, 291, 293, 296, 298, 301, 305, 308, 321, 337 f., 356
Pasternak, Leonid Osipovič 94
Pastior, Oskar 91, 296, 316 f.
Paustovskij, Konstantin Georgievič 291
Pavese, Cesare 321
Pavlov, Nikolaj Filippovič 35, 37, 40, 42, 54
Pavlova, Karolina Karlovna (geb. v. Jaenisch) 35 f., 41
Pavlovna, Maria 26, 45
Pelevin, Viktor Olegovič 352
Pepperštein, Pavel Vitalievič 296
Pernerstorfer, Engelbert 84
Pessoa, Fernando 344
Peter I. 11, 16 f., 22, 45, 51
Petrov, Vasilij Petrovič 20, 195
Petrovskaja, Katja 11, 355 ff.
Petruševskaja, Ljudmila Stefanovna 291
Pezold, Marie von 33
Pfemfert, Franz 88, 130
Pietraß, Richard 91, 271
Pietsch, Ludwig 31 f., 44, 52 f.
Pilnjak (eigentl. Vogau), Boris Andreevič 159, 294, 337

Piscator, Erwin 133 f., 136, 197, 200 f., 210
Pisemskij, Aleksej Feofilaktovič 44, 53
Planck, Max 134
Platen, August von 28
Platonov, Andrej Platonovič (eigentl. Klimentov, Pseud. F. Čelovekov, A. Firsov) 170, 272, 297, 350, 352
Plenzdorf, Ulrich 249, 254, 271
Pleščeev, Aleksej Nikolaevič 65
Plievier, Theodor 210
Pludra, Benno 234
Pogodin (eigentl. Štukalov), Nikolaj Fedorovič 202, 254, 272
Polevoj (eigentl. Kampov), Boris Nikolaevič 297
Polgar, Alfred 139
Polonskij, Georg 69
Polonskij, Jakov Petrovič 63, 65
Pongs, Hermann 94
Popov, Evgenij Anatol'evič 296
Pound, Ezra 257, 321
Preißler, Helmut 262
Preußen, Friederike Charlotte Wilhelmine von 31
Prigov, Dmitrij Aleksandrovič 350
Prišvin, Michail Michajlovič 144, 237, 252, 296
Prokof'ev, Sergej Sergeevič 223
Pross-Weerth, Heddy 288, 296
Protazanov, Jakov Aleksandrovič 207
Proust, Marcel 186, 222, 241, 255, 257
Prutz, Robert 41
Pudovkin, Vsevolod Illarionovič 134, 147, 202
Puni, Ivan Albertovič 139
Puškin, Aleksandr Sergeevič 5, 7, 9, 27, 31, 34 ff., 39 f., 42 ff., 46 ff., 58, 64, 68, 70, 92, 98, 101, 111 ff., 115, 129, 142 f., 145 f., 170 f., 177, 184, 195, 225, 230, 232, 241, 263, 267, 275 f., 283, 286, 291, 293, 296, 320, 322, 325, 337, 342 f., 350, 356
Pypin, Aleksandr Nikolaevič 69

Raab, Harald 48, 51 f., 229
Radecki, Sigismund von 194 f., 272
Radnóti, Miklós 344
Radványi, László 167

Namensregister **413**

Rahsin, E.K.. Siehe Kaerrick, Lucy und Kaerrick, Elisabeth
Raisman, Julij 255
Rakusa, Ilma 292, 296
Ramler, Karl Wilhelm 19, 30
Ranke, Leopold 46
Rapoport, Josef M. 217
Rasputin, Valentin Grigor'evič 227, 232, 256, 280, 289, 291, 324 f.
Rathenau, Walther 132
Razumnyj, Aleksandr 227
Razumovskij, Aleksej Grigor'evič 46
Reed, John 271
Reich, Bernhard 196, 200, 202
Reimann, Brigitte 249
Reinhardt, Max 135, 136
Reinholdt, Alexander von 69 f.
Reinig, Christa 232
Reißner, Eberhard 10, 47
Remané, Martin 234
Remizov, Aleksej Michajlovič 114, 142, 144, 260, 296
Rennert, Jürgen 232
Renn, Ludwig 148 f., 231
Repin, Ilja Efimovič 95
Reschke, Thomas 232, 296
Reutern, Wilhelm von 31
Richter, Hans Werner 285
Richter, Johann Gottfried 30, 44, 47
Riehl, Wilhelm 61
Rilke, Rainer Maria 1 ff., 7, 9, 24, 37, 62, 65, 67, 76, 92 ff., 116, 149, 161, 165, 230, 280, 356
Riwkin, Maria 232
Rodenberg, Julius 31 ff.
Roščin, Michail Michajlovič 254
Rose, Gustav 28
Rosenberg, Alfred 66, 94, 192 f.
Rosenberg, Käthe 114
Rosenkranz, Moses 317
Rostropovič, Mstislav Leopol'dovič 291
Roth, Joseph 139, 148, 153 ff.
Rousseau, Jean-Jacques 30, 86, 186
Rowohlt, Ernst 140, 293
Rožalin, Nikolaj Matveevič 44
Roždestvenskij, Robert Ivanovič 232, 257, 265, 270
Rozenfel'd, Semen Efimovič 186

Rozov, Viktor Sergeevič 255, 272
Rubiner, Frida 65, 89 f., 106, 243
Rubiner, Ludwig 89, 142
Rubin, Lev Grigor'evič 295
Rubinštejn, Lev Semenovič 350
Rücker, Günther 346 ff.
Rückert, Friedrich 25, 31, 60
Ruge, Gerd 349
Rühle, Jürgen 289
Rühm, Gerhard 91, 296
Rühmkorf, Peter 296
Rülicke, Käthe 201 f., 213
Ruoff, Hans 143
Ryleev, Kondratij Fedorovič 51, 145, 266

Saar, Ferdinand von 53, 56
Sabinin, Stephan 44
Sacharov, Alexander u. Clothilde 96
Sacharov, Andrej Dmitrievič 295, 334
Sacher-Masoch, Leopold von 2, 34, 53, 56 ff.
Sachsen-Weimar-Eisenach, Carl Friedrich von 26
Sachs, Nelly 304
Šafarik, Pavol 44
Saitschik, Robert 78
Saltykov-Ščedrin, Michail Evgrafovič 42, 63, 168
Samarin, Jurij Fedorovič 27, 60
Šamšijev, Bolotbek Tolenovič 227
Samson-Himmelstjerna, Hermann von 188
Sartre, Jean-Paul 287
Sazonova, Julia Leonidovna 96
Ščegolev, Pavel Eliseevič 134, 200
Schädlich, Hans Joachim 353 f.
Schaffy, Mirza 42
Scharrer, Adam 210
Schellenberg, David 296
Schelling, Friedrich Wilhelm Joseph 29, 38, 50, 92
Scherr, Johannes 48, 59 f.
Schickele, René 88
Schiemann, Theodor 60, 244
Schiller, Friedrich von 15, 31, 36, 38, 49, 79, 82, 124, 129, 237, 242 f., 278, 286
Schlegel, Hans-Joachim 288
Schlözer, August Ludwig 20 ff.
Schlözer, Leopold von 94

Schmidt, Julian 28, 32, 33, 52
Schmitt, Hans-Jürgen 288
Schnetz, Wolf Peter 337
Schnitzler, Arthur 2, 8, 73, 84 ff., 111
Scholz, August 65, 75, 83, 109 f., 142 f., 145, 332
Schopenhauer, Arthur 57
Schramm, Godehard 288
Schröder, Ralf 228
Schubart, Christian Friedrich Daniel 18
Schüller, Hermann 136
Schult, Maike 10, 75
Schulz, Max Walter 222
Schulze, Axel 262, 280
Schulze, Ingo 9, 11, 349 ff.
Schümann, Daniel 283
Schütz, Stefan 279 f.
Schwabe, Johannes 14
Schwitters, Kurt 90 f.
Ščipatsov, Stepan Petrovič 197
Ščukin, Sergej Ivanovič 62
Seeger, Bernhard 244 f., 280
Seghers, Anna 2 ff., 9, 71, 79, 154, 158, 167, 222, 225 ff., 231, 237, 239 ff., 252 f., 272, 276, 295
Selke, Rudolf 143
Selvinskij, Ilja (eigentl. Karl) L'vovič 197
Senkovskij, Osip Ivanovič 26
Sepitko, Larissa Efimovna 227
Serafimovič, Aleksandr (eigentl. Aleksandr Serafimovič Popov 141, 238
Šestov (eigentl. Švarcmann), Lev Isaakovič 114, 146
Seume, Johann Gottfried 20
Severjanin, Igor (eigentl. Igor' Vasilevič Lotarev) 231
Ševyrev, Stephan Petrovič 29, 35, 45, 50
Seyppel, Joachim 278 f.
Shakespeare, William 30, 43, 49, 82, 156, 179, 299
Shaw, George Bernhard 111
Šil', Sof'ja Nikolaevna 98 f.
Silman, Tamara 232
Simmel, Georg 163
Simonov (eigentl. Kirill), Konstantin Michajlovič 197, 207, 227 f., 238, 240, 250, 252, 254, 289, 291, 301
Sinjavskij, Andrej Donatovič 287, 289, 293, 297, 334, 338

Šklovskij, Viktor Borisovič 137 ff., 147, 208 f., 291, 294, 344
Slavkin, Viktor Iosifovič 291
Slovo o polku Igoreve (Igorlied) 13, 21, 40, 51, 96, 229, 268, 321
Slučevskij, Konstantin Konstantinovič 301, 308
Sluckij, Boris Abramovič 197
Šmelev, Ivan Sergeevič 113 f., 159, 175
Smirdin, Aleksandr Aleksandrovič 63 f.
Smirdin, Aleksandr Filippovič 63
Smirnova, Aleksandra Osipovna 46
Solmar, Henriette 46
Šolochov, Michail Aleksandrovič 2, 170 f., 173, 184, 196, 208, 227, 232, 235, 237 ff., 243 ff., 248, 271 f., 274, 325
Sologub, Fedor Kuzmič (eigentl. Teternikov) 89, 96, 98, 142, 144, 146, 177 f.
Solomon, Petre 302
Solov'ev, Sergej Michajlovič 80, 90, 93, 195
Solov'ev, Vladimir Sergeevič 92, 168, 177, 179, 294, 327
Solženicyn, Aleksandr Isaevič 5 f., 11, 169, 232, 287, 289, 293, 295 ff., 324 ff., 334 f., 338 f., 356
Sophokles 135
Sorokin, Vladimir Georgievič 349 ff.
Šostakovič, Dmitrij Dmitrievič 223, 345
Spasovič, Vladimir Danilovič 69
Spengler, Oswald 4, 60, 76, 78, 92, 131, 182
Sperber, Manès 289, 327, 336
Spielhagen, Friedrich 33
Spieß, Christian Heinrich 30
Ssachno, Helen von 288 f., 292
Stade, Martin 280 f.
Stählin, Karl 76
Stalin 133, 146, 150 ff., 156 f., 168, 191, 193 f., 197 f., 202, 234, 236 f., 240, 246, 275, 277, 310
Stanislavskij (eigentl. Alekseev), Konstantin Sergeevič 2, 134 f., 140, 202, 212, 215 ff.
Stankevič, Nikolaj Vladimirovič 46
Stark, Günther 204
Steffin, Margarete 201, 217
Stegemann, Friedrich August von 28
Stein, Alexander 65, 139, 306, 315 f.
Stein, Peter 289

Steiner, George 78
Steiner, Rudolf 63
Stepun, Fedor Augustovič 78, 294
Sterne, Lawrence 235, 297
Stieff, Christian 18
Stoessler, Georg Stephan 244
Stolper, Armin 222, 227, 254 f., 271
Storch, Heinrich 46
Storm, Theodor 31 ff., 44, 53, 55, 72, 113, 115
Strauß, Botho 289
Strauss, Richard 87
Stresemann, Gustav 133
Strich, Fritz 163
Strindberg, August 62
Strittmatter, Erwin 202, 218 f., 222, 227, 237, 244 f., 280, 295
Strittmatter, Eva 257
Strugackij, Arkadij Natanovič 291, 293
Strugackij, Boris Natanovič 291, 293
Stus, Vasyl' Semenovič 267
Suchovo-Kobylin, Aleksandr Vasil'evič 272, 294
Sudakov, Ilja Jakovlevič 217
Šukšin, Vasilij Makarovič 232, 280, 292
Sumarokov, Aleksandr Petrovič 16, 19 f., 34
Surkov, Aleksej Aleksandrovič 197
Surminski, Arno 349
Švarc, Elena Andreevna 263
Švarc, Evgenij L'vovič 225, 233, 254, 272, 291
Svjatoslav, Großfürst 13

Tairov, Aleksandr Jakovlevič 85, 134 ff., 158, 200 f., 209, 298
Talvj. Siehe Jacob, Therese von
Tendrjakov, Vladimir Fedorovič 228, 249, 251, 256, 291
Terc, Abram. Siehe Sinjavskij, Andrej Donatovič
Thiele, Eckhard 232
Thoss, Alfred Edgar 230, 232, 234, 243
Tichonov, Nikolaj Semenovč 288
Tieck, Ludwig 31
Tietze, Rosemarie 296
Tietz, Friedrich 35 f.
Timošenko, Semen Alekseevič 227
Tjul'panov, Sergej Ivanovič 224, 226, 240

Tjutčev, Fedor Ivanovič 29, 37, 40, 44 f., 49, 96, 98, 102, 225, 232, 283, 313
Toller, Ernst 90, 139, 148, 156 f., 196, 210
Tolstoj, Aleksej Konstantinovič 36, 40 f., 77, 96, 102 f., 116, 120 ff., 142, 144, 159 f., 164 ff., 168, 170, 241 f., 290
Tolstoj, Aleksej Nikolaevič 134, 137, 139, 200
Tolstoj, Lev Nikolaevič 2 ff., 11, 32, 34, 37, 40 f., 44, 53 ff., 62 f., 65 ff., 88 ff., 92 ff., 98 ff., 102, 105 ff., 109, 111 ff., 115 ff., 121 ff., 126 f., 131, 134, 142, 144 ff., 158 ff., 164 ff., 170 ff., 177 ff., 184 ff., 189, 199, 202 f., 207 f., 234, 237, 240 ff., 252 f., 258 f., 272, 291, 294, 296, 318 f., 321 f., 324 f., 332 f., 335 ff., 339, 345 f., 353, 356 f.
Tönnies, Ferdinand 93
Toperkov, Vasilij Osipovič 218
Topol, Edvard 291
Törne, Oskar 232
Trakl, Georg 74, 88, 326, 329, 343
Trautmann, Reinhold 134, 193
Trediakovskij, Vasilij Kirillovič 16, 20
Trenev, Konstantin Andreevič 225, 254
Tret'jakova, Ol'ga Viktorovna 201
Tret'jakov, Sergej Michajlovič 1, 2, 6, 134, 136, 149, 175, 199 ff., 208 ff., 232, 235, 239, 270v, 354 f.
Trifonov, Jurij Valentinovič 228, 232, 251, 256, 272, 281 f., 284, 289, 291 f., 324, 325 f.
Tröbst, Christian Gottlob 44
Trockij (eigentl. Bronštein), Leo Davidovič 140, 151 f.
Troepolskij, Gavriliij Nikolaevič 229
Trolle, Lothar 231
Trubeckoj, Pavel Sergeevič 95
Tscholakowa, Ginka 272
Tschörtner, Ilse 232
Tucholsky, Kurt 139, 231, 265
Turgenev, Aleksandr Sergeevič 49
Turgenev, Ivan Sergeevič 1 f., 4 ff., 26, 29, 31 ff., 40 f., 43 ff., 52 ff., 63, 68 ff., 72, 82, 86 f., 95, 98, 111 ff., 115 f., 121 f., 142, 144 ff., 171, 177 f., 184, 186, 232, 237, 283, 291, 296, 321 f., 324 f., 337, 340, 353 f.

Tutenberg, Bruno 230
Tvardovskij, Aleksandr Trifonovič 147, 197, 232, 256, 289
Tynjanov, Jurij Nikolaevič 293

Uhland, Ludwig 31
Ulbricht, Walter 221 f., 235, 247, 255
Umanskij, Dmitrij 143, 146
Ungaretti, Giuseppe 299
Ungern-Sternberg, Eduard von 33
Urban, Peter 11, 296, 352
Uvarov, Sergej Semenovič 26, 45
Uz, Johann Peter 19

Vachtangov, Evgenij Bagrationovič 158, 201
Vallentin, Maxim 197, 216, 217, 254
Vampilov, Aleksandr Valentinovič 292
Varnhagen von Ense, Karl August 9, 44, 49 ff.
Vasmer, Max 193
Vasnecov, Apollinarij Michajlovič 95
Vaznecov, Viktor Michajlovič 97 f., 101
Venevitinov, Dmitrij Vladimirovič 35, 50
Vengerova, Zinaida Afanas'evna 85
Vereščagin, Vasilij Vasil'evič 64
Vergil 308
Verlaine, Paul 299
Viedert, August 32 f. 41, 44, 49, 54, 65
Villon, François 265
Višnevskaja, Galina Pavlovna 291
Višnevskij, Vsevolod Vital'evič 146, 198, 225, 227, 231 f., 254
Vjazemskij, Petr Andreevič 35, 49
Vladimov (eigentl. Volosevič), Georgij Nikolaevič 334
Vogeler, Heinrich 148 ff., 154, 226
Vogüé, Eugène-Melchior de 66 f., 73
Vojnovič, Vladimir Nikolaevič 287, 292, 334
Volpert, Astrid 7, 10
Voltaire 185
Volynskij, Akim L'vovič 65, 67, 78, 80, 86, 95, 113, 179
Voronina, Elena Michajlovna 1, 94, 99 ff.
Voß, Johann Heinrich 19
Voznesenskij, Andrej Andreevič 229, 256 f., 265, 286, 289, 291

Vvedenskij, Aleksandr Ivanovič 291, 293, 356
Vysockij, Vladimir Semenovič 229, 256, 265 f., 268, 338

Wachler, Ludwig 46
Wagner, Bernd 346 f.
Wagner, Richard 63, 193, 319, 346
Waissnix, Olga 85
Walden, Herwarth 90, 139, 197
Walser, Martin 336
Walter, Reinhold von 143, 146
Wangenheim, Gustav von 197
Wassermann, Jakob 95, 177
Weber, Alfred 60
Weber, Friedrich Christian 18
Weber, Max 62, 76, 167
Wedding, Alex. Siehe Weiskopf, Grete
Wegner, Armin T. 10, 148, 153, 155 ff.
Weidlé, Wladimir 93
Weigel, Helene 204, 206, 219
Weinert, Erich 146, 197 f., 222, 231, 233 f., 236, 261
Weisenborn, Günther 204
Weiskopf, Franz Carl 158
Weiskopf, Grete 234
Weiss, Peter 295
Weiße, Christian Felix 19, 30
Weltsch, Felix 106
Werder, Karl 46
Werefkin, Marianne von 62
Werfel, Franz 177
Whitman, Walt 236
Wieland, Christoph Martin 18, 30, 49
Wiens, Paul 230, 257, 262
Wilder, Thornton 287
Wilhelm II. 59, 216
Winckelmann, Johann Joachim 23
Wohmann, Gabriele 297
Wolf, Christa 2, 3, 9, 71, 111, 222, 227, 239, 242, 250 ff., 282, 295
Wolf, Friedrich 90, 146, 196 ff., 210, 222 f., 231 f., 254
Wolfenstein, Alfred 89, 158, 195
Wolff, Oskar Ludwig Bernhard 48
Wolfsohn, Wilhelm 3, 7, 33, 35 ff., 49, 53 f., 72, 75, 143
Woltner, Margarete 193
Woolf, Virginia 111

Zabel, Eugen 34, 52, 54, 64, 67 ff., 73, 159
Zabolockij, Nikolaj Alekseevič 246, 356
Zamjatin, Evgenij Ivanovič 263
Ždanov, Andrej Aleksandrovič 169, 223
Zetkin, Clara 204
Zeyer, Julius 95
Ziegengeist, Gerhard 10
Zimmer, Rudolf 98
Zinner, Hedda 197
Zoff, Marianne 200
Zola, Émile 80
Zoščenko, Michail Michajlovič 175, 223, 232, 293
Žukovskij, Vasilij Andreevič 1, 29 ff., 34, 36, 45, 49, 51, 54
Zweig, Arnold 177, 222
Zweig, Stefan 1, 3, 5, 7, 53, 66, 71, 75, 80, 82, 110, 126, 127, 129, 143, 148, 159 ff., 185, 188

KINDLER SCHLÄGT WIKIPEDIA! DIE WELT

Ausgewählt von Matthias Freise
192 Seiten, geb. € 19,95
ISBN 978-3-476-04055-8

Aleksandr Nikolaevič Afanas'ev, **Sergej Timofeevič Aksakov**, Evgenij Abramovič Baratynskij, **Anton Pavlovič Čechov**, Fëdor Michajlovič Dostoevskij, **Nikolaj Vasil'evič Gogol'**, Ivan Aleksandrovič Gončarov, **Aleksandr Sergeevič Griboedov**, Aleksandr Ivanovič Herzen, **Michail Lermontov**, Nikolaj Semënovič Leskov, **Nikolaj Alekseevič Nekrasov**, Aleksandr Nikolaevič Ostrovskij, **Aleksandr Sergeevič Puškin**, Aleksandr Vasil'evič Suchovo-Kobylin, **Fëdor Ivanovič Tjutčev**, Lev Nikolaevič Tolstoj, **Ivan Sergeevič Turgenev**, Vasilij Andreevič Žukovskij

info@metzlerverlag.de
www.metzlerverlag.de

J.B. METZLER

Gabriele Rippl/Simone Winko
(Hrsg.)
Handbuch Kanon und Wertung
Theorien, Instanzen, Geschichte
2013, VII, 438 Seiten, geb. € 69,95
ISBN 978-3-476-02430-5

Wer sagt, welche Literatur es wert ist, dass wir sie lesen? Das Handbuch zeigt alle Instanzen des Literaturbetriebs, in denen Wertungen von Literatur und Kanonbildungen vorkommen – von der Literaturkritik über das Verlagswesen bis zu den Literaturhäusern und Museen. Die Ausführungen zu den Kanongeschichten aller größeren Nationalliteraturen verdeutlichen, wie ein literarischer Kanon entsteht und sich verändert. Dies zeigen exemplarisch auch Beiträge zu verschiedenen Genres, darunter zu Krimi, Fantasy und Comics. Ein Praxiskapitel vermittelt Wege der Analyse von Wertungen und Kanonbildungen.

info@metzlerverlag.de
www.metzlerverlag.de

J.B. METZLER

Klaus Städtke (Hrsg.)
Russische Literaturgeschichte
2., aktualisierte und erweiterte Auflage 2011
XIV, 466 Seiten, 205 s/w Abb., geb. € 29,95
ISBN 978-3-476-02404-6

Mit dem Anbruch der spät- und postsowjetischen Zeit wurden Strömungen, Autoren und Werke neu interpretiert. Die überarbeitete und erweiterte Neuauflage der Literaturgeschichte trägt dieser Entwicklung Rechnung. Mit einem Schwerpunkt auf dem 20. Jahrhundert schildert das Werk die Geschichte der russischen Literatur von der mittelalterlichen Schriftkultur bis heute. Gattungen, Autoren und Werke werden in ihren kultur- und mediengeschichtlichen Kontexten eingehend beleuchtet. Mit zahlreichen Illustrationen aus Geschichte, Kunst und kulturellem Leben.

info@metzlerverlag.de
www.metzlerverlag.de
J.B. METZLER

MIX
Papier aus verantwortungsvollen Quellen
Paper from responsible sources
FSC® C105338

If you have any concerns about our products,
you can contact us on
ProductSafety@springernature.com

In case Publisher is established outside the EU,
the EU authorized representative is:
**Springer Nature Customer Service Center GmbH
Europaplatz 3, 69115 Heidelberg, Germany**

Printed by Libri Plureos GmbH
in Hamburg, Germany